2014 चुनाव

जिसने भारत को बदल दिया

2014 चुनाव
जिसने भारत को बदल दिया

राजदीप सरदेसाई

प्रभात प्रकाशन

प्रकाशक • **प्रभात प्रकाशन प्रा. लि.**
4/19 आसफ अली रोड,
नई दिल्ली–110002

संस्करण • 2025
मूल्य • सात सौ रुपए
अनुवाद • अनूप कुमार भटनागर
आवरण • अपराजिता नैनन
मुद्रक • नरुला प्रिंटर्स, दिल्ली

पूर्व में यह पुस्तक पेंगुइन बुक्स द्वारा पेपरबैक संस्करण में प्रकाशित हो चुकी है।

2014 CHUNAV : JISNE BHARAT KO BADAL DIYA
by Shri Rajdeep Sardesai ₹ 700.00
Published by Prabhat Prakashan Pvt. Ltd., 4/19 Asaf Ali Road, New Delhi-2
by arrangement with Penguin Book India
e-mail: prabhatbooks@gmail.com ISBN 978-93-5186-420-2

सागरिका को
उम्मीद बनाए रखने के लिए

अनुक्रम

प्राक्कथन

गर्मी और पसीने से तरबतर करने वाले मौसम में वाराणसी में लोक सभा चुनाव प्रचार ने भारत में चुनाव के प्रति शाश्वत आकर्षण के बारे में मेरी यादें एक बार फिर ताज़ा कर दीं। शहर के एक मशहूर पहलवान लस्सी की दुकान पर शीतल पेय के लिए रुकने पर हमने यूंही इसके मालिक से पूछ लिया कि वह किसे वोट देने जा रहे हैं तो अपनी रोबीली मूंछें मरोड़ते हुए पहलवान चाचा ने हमें देखा और कहाः जो बाबा जगन्नाथ और दिल कहे। मैंने उन्हें कुछ और कुरेदने की कोशिश कीः नरेंद्र मोदी या अरविंद केजरीवाल? सुस्वादिष्ट लस्सी पर प्रेम से रबड़ी डालते हुए वह तपाक से बोलेः 'देखिए सर, वोट हमारा है, आपको क्यों बताएं?'

पिछले पांच दशकों से भी अधिक समय के दौरान पहलवान चाचा सरीखे करोड़ों भारतीय उम्मीदों और संकल्प के साथ देश भर में अपने मताधिकार का इस्तेमाल करने के लिए लाइन में खड़े होते हैं। यही वह दिन है जब 'खास आदमी और आम आदमी' 'लाल बत्ती वाली गाड़ी और ऑटो रिक्शा' 'फोर्ब्स के अरबपति और बीपीएल परिवार' के बीच वास्तव में अंतर खत्म हो जाता है। हम कतार में खड़े होकर अपनी उंगलियों पर चुनाव की स्याही लगने का इंतज़ार करते हैं। जब कोई कतार को तोड़ने की कोशिश करता है तो, जैसा अभिनेता सांसद चिरंजीवी ने इस बार हैदराबाद में किया, आपमें से किसी को उनसे यह कहने का साहस भी आ जाता है कि जाकर पीछे कतार में खड़े हों।

यह सच्चाई है कि भारत में उच्च आमदनी वाला वर्ग, समाज के निर्धन और गरीब तबके की तुलना में कम वोट करता है : वंचित तबके के लिए समानता

की लालसा हमेशा उनकी प्रेरणा का स्रोत रहती है। हमारे घर में दो दशकों से काम कर रही उत्तरी बंगाल की जॉर्जीना ने अपने जीवन में कभी भी वोट नहीं डाला और दिल्ली विधान सभा चुनाव में मतदान के लिए भी उनके पास फोटो पहचान पत्र नहीं था। जब हमने 2014 के चुनावों से पहले अंततः उनके लिए इसकी व्यवस्था कर दी तो उनकी खुशी देखते ही बनती थी। मतदान के दिन वह अपनी मुस्कान छिपा ही नहीं पा रही थी, हर किसी को अपनी उंगली दिखा रही थी जो उसे देखने की ज़हमत करे। उसकी आंखों की चमक से उसके सशक्तीकरण का अहसास झलक रहा था। उसने विजयीभाव के साथ मुझे बताया, 'सर, हमने भी वोट डाला।'

इंडिया आफ्टर गांधी में इतिहासकार रामचंद्र गुहा लिखते हैं कि 1952 में संपन्न पहला चुनाव हमारे संविधान निर्माताओं के लिए 'भरोसे और आत्मविश्वास की पहचान था। प्रथम निर्वाचन आयुक्त सुकुमार सेन ने इसे 'मानव इतिहास में लोकतंत्र का सबसे बड़ा प्रयोग' बताया था। चेन्नई के एक संपादक ने कहाः बहुत बड़ी जनसंख्या पहली बार अपने वोट का इस्तेमाल करेगी; अधिकांश को मालूम ही नहीं था कि वोट क्या है, उन्हें क्यों वोट देना चाहिए और किसके लिए वोट देना चाहिए; इसमें कोई अचरज नहीं है कि इस समूचे अभियान को इतिहास के सबसे बड़े जुए के रूप में लिया गया।

आज 62 साल बाद, हम गर्व से कह सकते हैं कि भरोसे की जीत हुई; प्रयोग सफल हुआ है; जुआ सही था। 2014 के चुनाव, एक तरह से, 1952 में शुरू हुई प्रक्रिया की एक बार फिर पुष्टि करती थी। 55 करोड़ से अधिक भारतीयों ने इन चुनावों में वोट किया जो दुनिया के सबसे पुराने लोकतंत्र संयुक्त अमेरिका की पूरी आबादी से भी ज़्यादा था। मैं कभी नहीं भूलूंगा जो मेरे एक पाकिस्तानी मित्र ने कहाः 'पाकिस्तान में, हम जब सरकार बदलना चाहते हैं, हम सेना ले आते हैं; भारत में, आप सिर्फ मतपेटी का इस्तेमाल करते हैं।' निश्चित ही, हम यह करते हैं।

हमारे देश में संपन्न हुए सभी 16 लोकसभा चुनावों का विशेष महत्व था, हालांकि इसमें से कुछ अन्य चुनावों से अधिक महत्वपूर्ण थे। निश्चित ही पहला चुनाव एक बड़ी उपलब्धि था– यह अंधेरे में देश की एक लंबी कूद थी जिसके बारे में पश्चिमी टीकाकारों का मानना था कि यह तेज़ी से विघटित हो जाएगा। 1977 का चुनाव भी ऐतिहासिक था–आपातकाल के बाद इसने लोकतंत्र में जनता का विश्वास बहाल किया और इसने पुरज़ोर ताकत से उभर रही तानाशाही को नकार दिया था। उस समय मैं सिर्फ 12 साल का ही था, लेकिन मुझे बड़े अक्षरों की हेडलाइनें

अभी भी याद हैं: 'भारत की जनता ने इंदिरा गांधी को हरा दिया।' मुझे पूरा विश्वास है कि एक पत्रकार के नज़रिए से यह चुनाव बहुत ही महत्वपूर्ण रहा होगा। इंदिरा गांधी की पराजय के बाद राज नारायण के व्यक्तित्व की कल्पना कीजिए।

मैं 2014 के चुनाव को 1952 और 1977 के समकक्ष ही रखना चाहूंगा। पत्रकार के रूप में 1989 से भारतीय चुनावों को बहुत ही नज़दीक से देखने का मुझे मौका मिला है। मेरा मानना है कि 16वीं लोकसभा का चुनाव भारतीय राजनीति में तकनीकी दृष्टि से बहुत बड़े बदलाव का प्रतीक थी। इस चुनाव के लिए मैंने बहुत सोच समझ कर राजनीतिक सुनामी—या 'सुनमो'—शब्द का प्रयोग किया था। इस शब्द का प्रयोग भाजपा के प्रमुख रणनीतिकार अमित शाह ने पहली बार यह बताने के लिए किया था कि यह चुनावी 'लहर' से भी ज़्यादा है। यह इससे भी बड़ी और बहुत बड़ी है।

भारत में सुनामी शब्द दिसंबर 2004 में देश के दक्षिणी तट पर आई विनाशकारी विभीषिका से जुड़ा हुआ है जिसमें बड़ी संख्या में लोगों की मृत्यु हुई और संपत्ति का विनाश हुआ था। इस चुनाव में लोगों की जान तो नहीं गई लेकिन इसने निश्चित ही देश में राजनीति के बारे में लोगों की कुछ पुरानी मान्यताओं को तार तार कर दिया। एक तरह से यह लंबे समय से चल आ रहे पारंपरिक मतदान के तरीके का खात्मा था जिसने ग्रामीण-शहरी के बीच का पारंपरिक अंतर, क्षेत्रीय वफादारियों, परिवारों के प्रति निष्ठा और संरक्षण वाले शासन को नकार दिया था। हो सकता है कि इसने दशकों से भारतीय राजनीति में वर्चस्व बनाए रखने वाली नेहरू युग की आम सहमति को भी खत्म कर दिया हो। चुनाव नतीजे के बाद गुहा ने एक स्तंभ में लिखा था: मोती लाल नेहरू और उनके वंशजों द्वारा स्थापित प्रसिद्ध संरचना अब खंडहर का ढेर बन गई है। इसने सामाजिक समूहों द्वारा एक पुराने ढर्रे के आधार पर कांग्रेस, भाजपा और जाति पद आधारित दलों राजनीति को नकार दिया। भारत की राजनीति की ज़मीन हिल गई, इसने अपने रास्ते में आने वाली सभी बाधाओं को दरकिनार कर दिया और भारतीय चुनाव की धुरी को पहचान वाली राजनीति से हटाकर आकांक्षाओं वाली राजनीति में पहुंचा दिया। अब एक नया पहलु जुड़ गया है, जो जाति और समुदाय के वोट बैंक की संकीर्ण अपील से आगे अतिरिक्त महत्वपूर्ण समर्थन देता है।

2014 के चुनाव ने नतीजों, प्रक्रियाओं और व्यक्तित्वों में बदलाव देखा। भारतीय जनता पार्टी अपने दम पर स्पष्ट बहुमत प्राप्त करने वाली (1977 में जनता पार्टी कई दलों का गठबंधन थी) पहली गैर कांग्रेसी पार्टी बन गई। जनसंघ के रूप में अपने पहले अवतार में इसने 1952 के चुनाव में सिर्फ तीन सीटें

जीती थीं और 3.1 प्रतिशत वोट हासिल किए थे। लेकिन अब, इसने 282 सीटें जीतीं और राष्ट्रीय स्तर पर 31 प्रतिशत मत प्राप्त किए– जब आप भाजपा के प्रभाव वाले इलाकों में 350 से कम जीतने वाली सीटों के बारे में सोचते हैं तो ऐसी स्थिति में यह चमत्कृत करने वाला आंकड़ा है। कमल वाकई खिला है और ये बाह्मण-बनिया पार्टी भी अपनी पहचान से बहुत आगे निकल आई है।

छह राज्यों में भाजपा ने सारी सीटों पर विजय प्राप्त की। उत्तर और पश्चिमी भारत में उसका प्रदर्शन 80 प्रतिशत से अधिक था और उसने इस इलाके में हर उन पांच सीटों में से चार पर जीत हासिल की जिस पर उसने चुनाव लड़ा था। उत्तर प्रदेश और बिहार दो ऐसे राज्य हैं जिनके बारे में हमारा मानना है कि वे जातीय गणित पर आधारित हैं लेकिन भाजपा को यहां भी अपेक्षा से अधिक अप्रत्याशित नतीजे मिले। मुस्लिम समुदाय के इतर लगभग सभी समुदायों ने भाजपा के लिए बढ़-चढ़ कर वोट किया। चुनाव में सिर्फ ऊंची जातियां ही एकजुट नहीं हुईं बल्कि ओबीसी, दलित और आदिवासियों ने भी बड़ी संख्या में भाजपा को वोट दिया। भाजपा कम से कम 2014 में राजनीतिक क्षितिज पर एक नए इंद्रधनुषी गठबंधन के रूप में नज़र आई।

इसके विपरीत, 129 साल पुरानी कांग्रेस, जिसकी जड़ें स्वतंत्रता आंदोलन से जुड़ी थीं, सिमट कर रह गईं। सत्ता पर उसका एकाधिकार पहले जैसा नहीं रहा। यहां तक कि 1977 के चुनाव में, पार्टी कम से कम विंध्याचल के दक्षिण में अपनी लाज बचाने में सफल रही थी। इस बार, सिर्फ केरल ही ऐसा राज्य है जहां कांग्रेस को दस से अधिक सीटों पर जीत हासिल हुई। चुनाव में इसकी सीटें 44 तक ही रह गई और वोट प्रतिशत भी सिर्फ 19.3 रह गया। पहली बार कांग्रेस का वोट प्रतिशत 20 से कम गया। कांग्रेस का प्रदर्शन मज़ाक का विषय बन गया। जून में विमान से दिल्ली लौटते वक्त एक सहयात्री ने टिप्पणी की, 'ऐसा लगता है कि जल्द ही देश का तापमान भी लोकसभा में कांग्रेस को मिली सीटों से अधिक होगा।'

परंतु चुनाव के अंतिम नतीजों ने ही 2014 के चुनाव को इतना अधिक अलग नहीं बनाया बल्कि चुनाव ने एक ऐसी सिलसिलेवार प्रक्रिया शुरू की है– प्रत्यक्ष और परोक्ष जो भविष्य में लड़े जाने वाले चुनावों के तरीकों को ही बदल कर रख सकती है। यह सही है कि पहले कभी भारत के चुनाव में इतना अधिक धन खर्च नहीं किया गया। महंगाई आलू की कीमतों को ही प्रभावित नहीं करती, इससे चुनाव खर्च भी प्रभावित होता है। कॉर्पोरेट जगत से मिल रहे बेहिचक समर्थन की वजह से भाजपा ने खर्च के मामले में बड़ी आसानी से अपने विरोधियों

को पछाड़ दिया था लेकिन चिंता की बात अब यह है कि आने वाले लोकसभा में प्रत्येक सदस्य के लिए चुनाव जीतने के लिए बहुत अधिक धन की आवश्यकता होगी क्योंकि इसमें दान में दिए गए प्रत्येक रुपए को चुनाव के बाद भुनाने की आवश्यकता होगी।

आंध्र प्रदेश में एक प्रत्याशी ने मुझसे स्वीकार किया कि उसे 'सिर्फ चुनाव मैदान में टिके रहने के लिए 15 से 20 करोड़ रुपए चाहिए।' चुनाव में धन का इतने बड़े पैमाने पर प्रवाह यही संकेत देता है कि यदि आप करोड़पति नहीं हैं तो अब भारत में चुनाव लड़ना आपके लिए पूरी तरह असंभव है। सरकार के खर्च पर चुनाव लड़ने का प्रस्ताव अब वज़नदार हो गया है।

चुनाव में बेधड़क धनबल का इस्तेमाल लोकतंत्र को पंगु बनाता है और मतदाताओं के सामने विकल्प सीमित कर देता है। ऐसा नहीं है कि प्रत्येक भारतीय मतदाता इसकी शिकायत कर रहा है लेकिन वस्तुस्थिति यही है। मुंबई में, मैं सासून गोदी में एक मछुआरन से मिला जिसने बताया कि कांग्रेस ने उसे वोट देने के लिए एक हज़ार रुपए और भाजपा के प्रत्याशी ने 1500 रुपए देने का प्रलोभन दिया। उसने हंसते हुए कहा, 'मैं दोनों से पैसा लूंगी और फिर वोट किसे देना है, इस बारे में फैसला करूंगी।'

पैसा चुनाव के लिए खतरा है, लेकिन प्रौद्योगिकी नहीं। प्रथम चुनाव में, मतपत्रों से भरी मतपेटियों को रेगिस्तान में उंटों पर और पर्वतीय क्षेत्रों में घोड़ों पर ले जाया गया था। मतगणना भी कई हफ्ते चली थी। अब, इलेक्ट्रॉनिक वोटिंग मशीन के दौर में, यह प्रक्रिया काफी तेज़, सुनिश्चत और साफ सुथरी है। इसके बावजूद अभी भी ईवीएम के ठीक से काम नहीं करने, मतदाता सूची से नाम गायब होने और कभी कभी धमकाने जैसी शिकायतें होती हैं। लेकिन अब भारत में चुनावों में 'बाहुबलियों' की भूमिका कम हो गई है। बाहुबलियों का स्थान 2014 के चुनाव में मशीन तंत्र, प्रौद्योगिकी ने ले लिया है जिसमें अंतिम मतदान केंद्र तक की रणनीति बनाई जा सकती है। इस चुनाव में आधुनिक प्रौद्योगिकी की मदद से निचले स्तर तक संदेश पहुंचाने का काम अभूतपूर्व रहा है। आज तक एक एसएमएस ने किसी राजनीतिक दल को उतने स्वयंसेवक नहीं दिए जितने भाजपा को इस बार मिले।

इस किताब पर काम के लिए शोध के दौरान उन युवक युवतियों से मुलाकात करना भी काफी दिलचस्प था जिन्होंने राजनीतिक सफलता हासिल करने के लिए आधुनिक प्रौद्योगिकी का सहारा लेने के लिए भाजपा की रणनीति तैयार की। इनमें से अनेक आईआईटी और आईआईएम के पूर्व छात्र थे जिन्होंने चुनाव की

योजना का हिस्सा बनने के लिए आकर्षक नौकरियां छोड़ी थीं। यह तो बिल्कुल इस तरह था कि मानो आप किसी बिज़नेस स्कूल में थे और कॉर्पोरेट प्रबंधन में सहायता के लिए आपसे सेवाएं मांगी गई थीं। निश्चित ही, इस बात पर भरोसा करने के कारण भी हैं कि भारतीय चुनाव में भाजपा के 'मिशन 272' की रणनीति कारोबारी उपक्रम की तरह तैयार की गई। जातीय गणित को भी अब पेशेवर रूप दिया गया। एक ऐसे नौजवान से मैं मिला जिसके पास कंप्यूटर में मतदान केंद्र के जातीय समीकरण का पूरा खाका था और उसके पास यह जानकारी भी थी कि पिछले चुनावों में किस घर से किसे कितने मत मिले थे।

चुनावी हथियार के रूप में प्रौद्योगिकी के इस्तेमाल के साथ मीडिया की ताकत ने काफी समीकरण बदल दिए। 2014 के चुनावों में तो ऐसा आभास होने लगा कि मानो चुनावी दंगल गर्मी और धूल भरे चुनाव मैदानों से हटकर वातानुकूलित सुविधाओं वाले मल्टीमीडिया के दायरे में आ गया है। चुनाव के दौरान बड़ी चुनावी सभाएं करना अब पर्याप्त नहीं था। अब हुआ यह कि ये रैलियां 360 डिग्री पर पूरे मीडिया, लाइव टेलीविज़न, इंटरनेट, सोशल मीडिया और मोबाइल उपकरणों पर भी नज़र आनी चाहिए।

हम अभी अमेरिका की तरह टेलीविज़न पर चर्चा और बहस वाले लोकतंत्र में नहीं पहुंचे हैं और न ही मीडिया चुनाव की दिशा बदलने में सक्षम है। भारत में अभी भी चुनाव स्थानीय स्तर पर तालमेल और संगठनात्मक तंत्र के सहारे ही लड़े और जीते जाते हैं। प्राइम टाइम पर आपकी बहस और परिचर्चा के हुनर बहुत अधिक निर्णायक नहीं है पर ये चुनावी जंग की प्रक्रिया में एक महत्वपूर्ण हथियार हैं। न्यूज़ टेलीविज़न एजेंडा तय कर सकते हैं। ये बहुत अधिक शोर करने वाला हो सकता है लेकिन इसे सुना जाता है।

कई साल पहले की बात है कि कांग्रेस के एक बुजुर्ग नेता स्वर्गीय वी. एन. गाडगिल ने महसूस किया था कि किसी तरह अब वह पार्टी प्रवक्ता के रूप में उपयुक्त नहीं है। उन्होंने मुझसे कहा, 'मैं 30 मिनट बोलता हूं, आप इसे 30 सेकेंड की साउंड बाइट में निबटा देते हैं।' हम अब साउंड बाइट सोसायटी में तब्दील होते जा रहे हैं। लंबे चौड़े घोषणापत्र की बजाए अब छोटे और पैने वाक्य पसंद किए जा रहे हैं। कभी कभी मैं सोचता हूं कि क्या कोई वोट डालने से पहले इतने लंबे चौड़े घोषणापत्र को पढ़ता भी है।

यह सिर्फ साउंड बाइट का युग नहीं: यह मार्केटिंग का दौर है। 2014 के चुनाव राजनीतिक विज्ञापनों के दौर को इंगित कर रहा है। हां, हमने विज्ञापन से प्रचार किया था--इस संबंध में सबसे महत्वपूर्ण 1984 के चुनाव थे जिसने

सनसनी पैदा की थी लेकिन जिस तरह का ज़बर्दस्त चुनाव प्रचार का तरीका इस बार देखा उसका कोई मुकाबला नहीं है। होर्डिंग, बैनर, समाचार और मनोरंजन चैनल, समाचार पत्र और रेडियोः यदि अब मार्च से मई के दौरान आठ सप्ताह भारत में बिताते तो आप सोचते कि यहां सिर्फ राजनीति ही बिक्री का 'उत्पाद' है। टेलीविज़न की तरह ही विज्ञापन भी चुनाव नतीजे पर असर नहीं डाल पाते हैं लेकिन शेष भारत की तरह ही यह आसपास चुनावी माहौल बना सकते हैं। भाजपा का विज्ञापन वाक्य थाः 'अच्छे दिन आने वाले हैं' जो जनमानस को प्रभावित कर गया। लाड्स के मैदान में जब भारत ने टेस्ट मैच जीता तो हिंदी कमेंट्टर ने उत्साह के साथ कहा, 'अच्छे दिन आ गए।'

लेकिन चुनावों की दिशा व्यक्तित्व तय करते हैं या जैसा कि 2014 में देखा गया व्यक्तित्वों का टकराव इसे तय करता है। नरेंद्र मोदी बनाम राहुल गांधीः प्रचारक बनाम प्रिंस, 'बाहरी' बनाम 'घरेलू', छोटे कस्बे का चाय वाला लड़का बनाम सभ्रांत संपन्न। हम हिंदी सिनेमा पसंद करते हैं जहां एकदम विपरीत व्यक्तित्व वाले–उदाहरण के लिए नाजुक हालत में राजेश खन्ना और अमिताभ बच्चन–टेनिस के मुकाबले में–फेडरर बना नाडाल–कुछ इसी तरह का रोमांच पैदा करते हैं। राजनीति भी इससे अलग नहीं है। वैसे भी परस्पर टकराव वाले व्यक्तित्व चुनावी जंग को अधिक दिलचस्प बनाते हैं।

निश्चित ही, इस चुनाव के दौरान शुरू से ही कुछ दूसरे खेल भी चल रहे थेः मसलन, अचानक ही आम आदमी पार्टी और उसके हठी नेता अरविंद केजरीवाल का उदय, क्षेत्रीय क्षत्रपों के रूप में ममता, नवीन पटनायक और जयललिता, आंध्र प्रदेश का विभाजन, उत्तर भारत के ताकतवर जातीय नेताओं, नीतीश कुमार की वैचारिक चुनौती। लेकिन यह सब तो छोटे-मोटे खेल थे। मुख्य मुकाबला तो नरेंद्र मोदी बनाम राहुल ही था।

अनेक राजनीतिक जानकार तो संसदीय लोकतंत्र को राष्ट्रपति चुनाव जैसा मानने के विचार को नकार चुके हैं। कांग्रेस के एक वरिष्ठ नेता ने तो टेलीविज़न कार्यक्रम के दौरान मुझ पर ही भारतीय चुनाव के तर्क को समझने में असफल रहने का आरोप लगा दिया था। इस नेता ने काफी आक्रोश में टिप्पणी की थी कि 543 निर्वाचन क्षेत्र हैं लेकिन आप सिर्फ दो व्यक्तियों के बारे में ही उलझे हो। सच्चाई तो यह है कि इसी तरह हमेशा आम चुनाव लड़े गए हैं। 1952 का चुनाव अंत समय में जवाहरलाल नेहरू के करिश्मे पर टिका था। 1970 में यह इंदिरा गांधी की प्रभावशाली छवि से प्रभावित था जिसने राजनीतिक बहस की दिशा तय की थी। 1984 में राजीव गांधी ने खुद को भविष्य के नए चेहरे

के रूप में पेश किया तो 1989 में वीपी सिंह को 'मिस्टर क्लीन' के रूप में पेश किया गया था। 1990 में भाजपा ने 'अबकी बारी अटल बिहारी' का नारा बुलंद किया था। यही नहीं, 2009 के चुनाव से पहले ही डॉ. मनमोहन सिंह को 'सिंह इज़ किंग' की तरह जनता के सामने पेश किया गया था।

अंत में, 2014 का चुनाव गुजरात के वडनगर के राजनीतिक की 'छप्पन की छाती' वाले राजनेता के बारे में था। दक्षिणपंथी स्तंभकार स्वपन दासगुप्ता के मुताबिक: 'कुछ लोगों के लिए वह आधुनिक काल के छत्रपति शिवाजी थे जो अंततः हिंदुओं को आत्मसम्मान दिलाने आए हैं, दूसरों के लिए वह पड़ोस के लड़के थे जिसने दिल्ली की कुरूप और क्रूर दुनिया में अपने लिए महत्वपूर्ण जगह बना ली थी और एक अन्य वर्ग के लिए वह देश की लचर और अक्षम समाजवाद वाली अर्थव्यवस्था को मुक्त कराने वाले थे। इन अलग अलग दृष्टिकोण के लोगों को सिर्फ इस विश्वास ने एकजुट किया कि उनकी जीत ही संभवतः अच्छे दिन लाएगी।'

निश्चित ही मोदी की यह सबसे बड़ी सफलता थी कि उन्होंने खुद को गुजरात में बेहतरीन विकास दर हासिल करने, आमदनी में वृद्धि करने वाले और शासन के 'गुजरात मॉडल', वाले व्यक्ति के रूप में पेश किया। गुजरात मॉडल, एक ऐसा मॉडल रहा जिसमें खामियों वाले बिंदुओं को चुनाव के अंत तक चुनौती नहीं दी सकी। एक तरह से इस चुनाव में आशा पर खरे उतरने वाले व्यक्ति के रूप में पेश किया। उन्होंने खुद को एक राज्य के मुख्यमंत्री, ऐसे चमत्कारी वक्ता के रूप में पेश किया जो ऐसे समय में अच्छे भविष्य के लिए सपने बुन रहा है जब देश नकारात्मक विचारों के बोझ से दबा हुआ है। कांग्रेस के एक नेता ने स्वीकार किया कि ऐसे समय में जब आर्थिक स्थित खस्ता और राजनीतिक वर्ग भ्रष्टाचार से ग्रस्त था तो मोदी सही समय पर सही भाषणों के साथ सही व्यक्ति के रूप में सामने आए।

इस दौरान नरेंद्र मोदी अपने और अपनी पार्टी के दागी अतीत से छुटकारा पाने में सफल हो गए। 2002 में गोधरा के बाद हुए सांप्रदायिक दंगे और इस दौरान उनकी ही नाक के नीचे हज़ारों व्यक्तियों के मारे जाने की हकीकत 2014 में कोई मुद्दा ही नहीं थी क्योंकि मोदी ने बहुत ही कुशलता के साथ प्रभावी सुशासन का मुद्दा उछालकर राजनीतिक बहस की धारा को ही मोड़ दिया था। यह भी हो सकता है कि देश की बहुमत वाली आबादी उन्हें किसी धार्मिक राष्ट्रवादी प्रवर्तक के रूप में नहीं बल्कि एक सख़्त और कुशल प्रशासक के रूप में देखना चाहती था।

राहुल गांधी अल्पसंख्यकों में भय और असुरक्षा का भाव पैदा कर रहे थे।

चुनाव प्रचार के दौरान मोदी का नारा था कि 21वीं सदी भारत की है जबकि राहुल अक्सर अतीत की बातें करते नज़र आए। उदाहरण के लिए वह उस त्याग और बलिदान का ज़िक्र कर रहे थे जो उनके परिवार ने किए। उन्होंने युवा पीढ़ी को कोई भावी दृष्टिकोण पेश ही नहीं किया। यहां तक कि उनका 'भारत बनाम इंडिया' भी ऐसा लगता था कि दो हिस्सों में बंट गया था। उनका चुनाव प्रचार कभी भी नरेंद्र मोदी के ऊर्जावान आक्रामक नज़रिए का सामना ही नहीं कर पाया। इसीलिए आश्चर्य नहीं हुआ जब पहली बार के मतदाताओं में राहुल-मोदी के बीच अंतर काफी बढ़ गया। इसने यह भी स्पष्ट किया कि नए भारत का आदर्श, विरासत में सत्तासुख पाने वाला व्यक्ति नहीं बल्कि अपने दम पर इस मुकाम पर पहुंचने वाला व्यक्ति ही है।

निश्चित ही, यह चुनाव शुरू से ही राहुल गांधी के लिए आसान नहीं था। उन्हें संप्रग के 10 साल के शासन का बोझ लेकर चलना पड़ रहा था। सोनिया-मनमोहन की जुगलबंदी ने शुरू में जनता से ढेर सारे वायदे किए थे लेकिन अंततः सत्ता के लालच में एकजुट हुए इस असंतुलित और अव्यावहारिक गठबंधन को टूटना ही था। इसका एक मुख्य कारण नौकरशाह प्रधानमंत्री और यथास्थिति बनाए रखने की पक्षधर कांग्रेस अध्यक्ष के बीच स्थापित तालमेल में बहुत तेज़ी से विघटन होना, भ्रष्टाचार और इन सबसे ज़्यादा निरंकुश महंगाई ने स्थिति को अधिक बिगाड़ दिया। भारतीय मतदाता भ्रष्टाचार को तो नज़रअंदाज कर सकता है लेकिन मंहगाई और तेज़ी से बढ़ रही कीमतों से उत्पन्न स्थिति के लिए सत्तारूढ़ दल और गठबंधन को कभी माफ नहीं करता है। देश के प्रत्येक चुनाव का विश्लेषण करने पर यही पता चला कि बढ़ती कीमतें हमेशा ही मतदाताओं की चिंता का कारण रही हैं। पांच साल के दौरान धीमी विकास गति और बढ़ती मंहगाई हमेशा ही राजनीतिक आत्महत्या का नुस्खा है। और आखिर में, अर्थव्यवस्था की दशा थी जिसका तात्पर्य अधिकांश मतदाताओं के लिए यही था कि चुनाव में कोई भी जीते लेकिन कांग्रेस नहीं जीतनी चाहिए। पूर्व वित्त मंत्री पी. चिदंबरम ने चुनाव के बाद सारी स्थिति का बारीकी से विश्लेषण करने के बाद कहा, 'आर्थिक स्थिति ने अंततः 2014 के चुनाव में हमें बर्बाद कर दिया। यदि हम विकास की रफ्तार को फिर से पटरी पर ला पाते और महंगाई पर नियंत्रण पा लेते तो शायद बाकी सभी बातों को मतदाता भुला देता लेकिन ऐसा नहीं हुआ।'

इसके बावजूद, चुनाव में कोई एक मुद्दा या कोई व्यक्तित्व रातों रात निर्णायक नहीं हो जाता है। यह पुस्तक मोदी और राहुल पर केंद्रित नहीं है बल्कि यह

इससे कहीं कुछ ज़्यादा है। इस चुनाव को अंतिम शक्ल देने में अनेक चरित्रों ने अहम भूमिका निभाई थी। मैंने भारतीय राजनीति के उभरते परिदृश्य के व्यापक संदर्भ में कुछ पहलुओं और बिंदुओं को छूने का प्रयास किया है।

चुनाव कोई एक दिन का मैच नहीं है। हालांकि इसके अंतिम दृश्य का मंचन 16 मई को चुनाव के नतीजों की घोषणा के साथ हुआ लेकिन इसकी भूमिका तो इससे कई साल पहले ही बननी शुरू हो गई थी और यह एक तरह से उन जड़ों को खोजने का भी प्रयास है। उदाहरण के लिए मेरा दृढ़ विश्वास है कि कांग्रेस के नेतृत्ववाला संप्रग 2014 का चुनाव तो 2011 में ही उस समय हार गया था जब बढ़ते भ्रष्टाचार पर जनता का गुस्सा ज्वालामुखी की तरह फूट पड़ा था। इसके बाद से ही पार्टी और सरकार दोनों ही एक ऐसे मरीज़ की तरह हो गई थी जिसकी ज़िंदगी ड्रिप के सहारे चल रही थी और जिसका अंत पहले से ही निश्चित था। ठीक इसी तरह, मोदी का उदय भी कोई तत्काल हुआ जादू नहीं था। यह एक बहुत ही सुविचारित, कई सालों में तैयार की गई चुनाव प्रचार की कुशलता का नतीजा था। निश्चित ही मेरी पुस्तक का केंद्र बिंदु चार साल पहले शुरू हुए संप्रग के पराभव के आसपास है। मोदी ने दिल्ली की सत्ता हासिल करने के लिए पहले ही योजना बनानी शुरू कर दी थी। यह रातोरात किसी विद्रोह का परिणाम नहीं बल्कि एक व्यक्ति की लंबी सुनियोजित अथक तैयारियों का नतीजा थी।

मैं आपको आगाह करना चाहता हूं कि यह पुस्तक किसी राजनीतिक विज्ञानी ने या जनमत संग्रह विशेषज्ञ ने नहीं लिखी है। मैं समाचार रिपोर्टर की बिरादरी का हूं और हर बार जब मैं शीशा देखता हूं तो मैं खुद को पहले शर्ट की बांह मोड़े रिपोर्टर के रूप में पाता हूं और इसके बाद उपदेश देने वाले संपादक या जैकेट और टाई गांठे एंकर के रूप में। कलम के सिपाही या फिर साउंड बाइट के योद्धा के रूप में हो सकता है कि हमारे पास किसी विद्वान सरीखे वैचारिक आधार या जनमत संग्रह कराने वालों जैसी कुशलता नहीं हो लेकिन पत्रकारिता सदन में आपको बैठने का सबसे अच्छा स्थान उपलब्ध कराती है। आप उन लोगों से मिल सकते हैं, उनकी गतिविधियां देख सकते हैं और हर किस्म के लोगों को समझ सकते हैं जिनके बारे में आप रिपोर्ट कर रहे होते हैं। आपके सूत्र आपको बहुत कुछ बताते हैं और आने वाले सालों में यही जानकारी लंबी कहानी का रूप भी ले सकती है। यह पुस्तक 26 साल की पत्रकारिता के दौरान मिले अवसरों पर आधारित है जिसने इस विलक्षण देश की राजनीति को रिपोर्ट करने का मौका दिया जहां दो दिन (और कई बार तो दो घंटे भी!) एक जैसे नहीं होते हैं।

मैं कोई भविष्यवक्ता नहीं हूं, हालांकि पत्रकारों और संपादकों को अपने आप में यह गुमान रहता है कि वे भविष्य की झलक बता सकते हैं। यदि आप मुझसे पूछें कि जब मैं पहली बार 1990 में नरेंद्र मोदी से मिला तो क्या मुझे लगता था कि क्या वह भारत के 15वें प्रधानमंत्री बनेंगे तो मेरा जवाब एकदम नकारात्मक ही होगा। यदि आप आज मुझसे पूछें कि क्या राहुल गांधी दुबारा ने अपनी दावेदारी साबित करने की स्थिति में होंगे तो इसका सकारात्मक जवाब देने में मुझे बहुत सोचना पड़ेगा। भारत और भारत के चुनावों के संदर्भ में यह बेहद दिलचस्प है कि कोई भी पूरे विश्वास से कुछ नहीं कह सकता है।

देश का लोकतंत्र अंततः सभी चीज़ों को बराबर कर देता है। चुनाव में मतगणना के दिन टेलीविज़न कार्यक्रम की एंकरिंग करना बेहद दिलचस्प होता है और उन ताकतवर नेताओं के हारने पर उनके चेहरे को देखते ही बनता है जो चुनाव को जीता हुआ मानकर चलते हैं। मुझे याद है 1996 में नरसिम्हा राव के चुनाव हारने के बाद उनसे मुलाकात में भी मुझे इसी तरह का आनंद मिला था। हमेशा ही टेलीविज़न पत्रकारों को हिकारत की नज़र से देखने वाले प्रधानमंत्री को भारत के मतदाताओं ने सबक सिखा दिया था। अब उनका मुंह पहले से कहीं अधिक फूला हुआ था।

मुझे याद आता है कि 1976 में अमेरिकी राष्ट्रपति का चुनाव। मैं उस समय 11 साल का था और मैं मुंबई में यूएसआईएस की बिल्डिंग में पूरा दिन बैठा रहा और एक एक कर सामने आ रहे चुनावों के नतीजे देखता रहा। मैं चाहता था कि गेराल्ड फोर्ड के मुकाबले जिमी कार्टर चुनाव जीतें। यह मत पूछें कि क्यों, हो सकता है कि मुझे मूंगफली अच्छी लगती हो। जब कार्टर विजयी घोषित हुए तो मेरी खुशी का ठिकाना नहीं था। 1989 से चुनावों के प्रति मेरे मन में यही उत्साह और उमंग बना रहा। वाराणसी के पहलवान चाचा से लेकर ससून गोदी की मछुआरी महिला तक सभी में भारतीय चुनाव के प्रति उत्साह जैसी भावना आपके जीवन में स्फूर्ति और दिलचस्पी पैदा करती है। मैंने अपनी पुस्तक में भारत की इसी कहानी की इंद्रधनुषी छठा को रेखांकित करने का प्रयास किया है। 2014 के चुनाव का जनादेश एक ऐसी कहानी है जिसमें भारत और इसकी राजनीति को हमेशा के लिए बदलने और नई दिशा देने की क्षमता है।

1

नरेंद्र भाई, गुजरात से आया व्यक्ति

मतगणना के दिन टेलीविज़न स्टूडियो। एक बाइट टी-20 मैच सरीखी। तेज़ी, आक्रामकता और उत्तेजना असल में भी और कल्पना में भी। 16 मई 2014 इससे अलग नहीं था। यह भारत के चुनाव इतिहास में हुए ज़बर्दस्त और सबसे लंबे चुनाव प्रचार का अंतिम दिन था। यह लोकतांत्रिक दुनिया में हो रहे सबसे बड़े इंडियन पालिटिकल लीग का फाइनल था। स्टूडियो में, हम सतत स्फूर्ति बनाए रखने के लिए चिप्स के पैकेट और ऑरेंज जूस के डिब्बों के साथ पूरे दिन काम करने के लिए तैयारी कर रहे थे। लेकिन इससे पहले कि हम खुद को काम के अनुरूप ढाल पाते या 'ब्रेक' के लिए जा पाते, हमारी सांसें थम गईं क्योंकि सब कुछ खत्म हो गया था।

सुबह साढ़े नौ बजे, यह निश्चित हो गया था कि नरेंद्र मोदी भारत के 15वें प्रधानमंत्री बनेंगे। हमारे स्टूडियो में, दक्षिणपंथी स्तंभकार और नरेंद्र मोदी के कट्टर समर्थक स्वपन दासगुप्ता का चेहरा खिला हुआ था। उन्होंने उत्साह भरे शब्दों में कहा, 'यह भारतीय इतिहास को परिभाषित करने वाला क्षण है।' स्टूडियो में उनके साथ प्रख्यात इतिहासविद रामचंद्र गुहा मौजूद थे जो मोदी और राहुल गांधी को एक समान नापसंद करते हैं। उन्होंने तत्परता से जवाब दिया, 'मैं समझता हूं कि मोदी को भारत का प्रधानमंत्री बनने में मदद के लिए राहुल गांधी को धन्यवाद का कार्ड भेजना चाहिए!'

हम जब जीत के पैमाने का विश्लेषण कर रहे थे तो एक क्षण के लिए मेरे दिमाग में वह क्षण कौंध गए जब मुझे लगता है कि यह सब शुरू हुआ। यह 20 दिसंबर, 2012 में हुआ ये एक और टी-20 मैच था। एक और मतगणना

का दिन था। यह था गुजरात और हिमाचल प्रदेश विधान सभा के चुनावों के नतीजे का दिन। सुबह ही नतीजे आने शुरू हो गए थे। गांधीनगर में सारी गतिविधियां थीं और हिमाचल में भी चुनाव हुए जैसे भाव थे। दोपहर तक हमारे पास 'ब्रेकिंग न्यूज़' थीः नरेंद्र मोदी ने गुजरात में हैट ट्रिक कर दी थी। अंतर भविष्यवक्ताओं के अनुमान से कम था। गुजरात विधान सभा की 182 सीटों में से 116 सीटें एक बार फिर गुजरात के 'स्वयंभू शेर' मोदी ने जीत ली थीं।

शाम होते होते, मोदी ने अहमदाबाद के जेपी चौक में पार्टी समर्थकों की विशाल सभा को संबोधित किया। गुजरात के मुख्यमंत्री ने कहा, 'यदि मुझसे कहीं कोई गलती हुई हो या कोई चूक हुई हो तो मैं आपसे, छह करोड़ गुजरातियों से माफी मांगता हूं।' उन्होंने कहा, 'गुजरात के चुनाव एक आदर्श उदाहरण हैं। पूरा चुनाव सिर्फ विकास के मुद्दे पर लड़ा गया था। गुजरात ने विकास के मुद्दे का अनुमोदन कर दिया है। यह जीत नरेंद्र मोदी की जीत नहीं बल्कि छह करोड़ गुजरातियों और उन भारतीयों की है जो संपन्नता और विकास की अपेक्षा और आकांक्षा रखते हैं। यह उन सभी की जीत है जो देश का भला चाहते हैं।'

निश्चित ही यह चुनाव जीतने के अवसर पर दिया गया कोई सामान्य भाषण नहीं था। राजनीतिक मौके की नज़ाकत को देखते हुए यह भाषण गुजराती में नहीं बल्कि हिंदी में दिया गया था और यह गुजरात से आगे राष्ट्रीय स्तर पर जनता को ध्यान में रख कर दिया गया भाषण था। जनसभा के दौरान ही अतिउत्साहित भीड़ में अचानक ही कुछ पोस्टर नज़र आने लगे जिन पर लिखा थाः 'मोदी 2012 में मुख्यमंत्री, 2014 में प्रधानमंत्री।' मोदी का एक समर्थक तो और आगे बढ़कर 'मोदी इज़ इंडिया, इंडिया इज़ मोदी' जैसा दावे करने लगा। इस घटना ने 1970 के दौरान के इंदिरा गांधी के लिए कांग्रेस के नारों की याद ताज़ा कर दी। जनसभा में भाषण के दौरान 'पीएम, पीएम' के नारे बुलंद हो रहे थे, मोदी ने भी जनसमूह को उपकृत करते हुए कहा, 'यदि आप चाहते हैं कि मैं दिल्ली जाऊं, मैं एक दिन के लिए 27 दिसंबर को वहां जाऊंगा।'

उस दिन भी हमारे स्टूडियो में स्वपन दासगुप्ता के चेहरे पर खुशी की लहर देखते ही बनती थी। वह आत्मप्रशंसा करते हुए यही कह रहे थे कि 'मैं आपसे यह कहा था' कि चुनाव बाद के अधिकांश जनमत संग्रहों में मोदी के जीतने की उम्मीद व्यक्त की गई है। वह भी आश्वस्त थे कि मोदी देश की राजधानी में बड़ी भूमिका लेने के लिए तैयार थे। स्वपन दासगुप्ता ने टिप्पणी की, 'यह तो अभी शुरुआत है, राष्ट्रीय राजनीति में अब मोदी की भूमिका को नए सिरे से परिभाषित किया जाएगा।' मोदी की जीत 'वामपंथी उदारवादियों' पर जीत थी,

जिसने उस आवाज़ को खामोश कर दिया जो मुख्यधारा पर हावी थी। भारत की दक्षिणपंथी विचार धारा की आवाज़ उन तथाकथित 'धर्मनिरपेक्षकों' को धता बताते हुए स्फुटित होने के लिए बेकरार थी जिन्होंने मोदी पर होने वाली चर्चाओं पर अपना वर्चस्व बना रखा था। मोदी की जीत पर स्वपन दासगुप्ता सबसे अधिक खुश नज़र आ रहे थे और उनकी खुशी का मुख्य कारण वैचारिक विरोधियों पर मिली सफलता थी।

स्टूडियो में मौजूद पैनल के अन्य सदस्य थोड़े ज़्यादा सशंकित थे। वैसे भी मोदी राज्य में हैटट्रिक करने वाले पहले मुख्यमंत्री नहीं थे। ओडीशा के नवीन पटनायक, दिल्ली की शीला दीक्षित यह करिश्मा कर चुके थे और पश्चिम बंगाल में ज्योति बसु तो पहले ही दिखा चुके थे कि ऐसा करना संभव है। तो क्या मोदी अद्वितीय थे? क्या भगवा शासित अहमदाबाद की हवा में उस शाम ऐसा कुछ था जिससे यह संकेत मिलता था कि यह क्षण देश की राजनीति में ज़बर्दस्त बदलाव लाने वाला है?

बाद में उसी दिन रात में जब दिनभर का हंगामा थमा और टेलीविज़न पर होने वाली चर्चा खत्म हुई तो मैंने गांधीनगर स्थित मोदी के निवास पर उन्हें बधाई देने के लिए फोन किया। आधी रात के बाद उन्होंने फोन का जवाब दिया। मैंने कहा, 'आपको इस शानदार जीत के लिए बहुत बहुत बधाई।' उन्होंने ठेठ हिंदी में कहा, 'धन्यवाद भईया।' मैंने उनसे पूछा कि चुनाव में जीतने पर हिंदी में दिया गया उनका भाषण क्या यह स्पष्ट संकेत था कि वह प्रधानमंत्री पद के लिए दावा कर रहे हैं। इस पर मोदी ने अपने चिरपरिचित अंदाज़ में तपाक से कहा, 'राजदीप, जब आप रिपोर्टर से संपादक बन सकते हो तो एक मुख्यमंत्री प्रधानमंत्री क्यों नहीं बन सकता?' मोदी के इस सवाल का मेरे पास कोई जवाब नहीं था।

मै पहली बार नरेंद्र दामोदरदास मोदी से जब मिला तो मैं मुंबई में *टाइम्स ऑफ इंडिया* में एक युवा रिपोर्टर था। यह 1990 की बात है और उस समय मुझे इस पेशे में आए हुए दो साल से भी कम समय हुआ था। मेरे बाल न तो सफेद हुए थे और न ही मोदी के। वह कलफ लगा हुआ ढीला-ढाला कुर्ता पाजामा पहने थे और उन्होंने गर्मजोशी से मेरा स्वागत किया था। तत्काल ही वह सभी पत्रकारों के लिए नरेंद्रभाई हो गए।

यह लाल कृष्ण आडवाणी की सोमनाथ से अयोध्या की राम रथ यात्रा का अवसर था। मुझे इस यात्रा के एक चरण की रिपोर्टिंग की ज़िम्मेदारी सौंपी गई

थी क्योंकि इसे गुजरात से महाराष्ट्र में प्रवेश करना था। वास्तव में मुझे तो मुख्य कार्यक्रम से इतर 'झलकियों' जैसी दूसरी रोचक खबरों का संकलन करना था। मैं सूरत से यात्रा में शामिल हुआ क्योंकि रथयात्रा को दक्षिण गुजरात से होते हुए महाराष्ट्र में प्रवेश करना था। मेरे लिए यह मुंबई की स्थानीय राजनीति से परे राष्ट्रीय राजनीति की एक बहुत बड़ी घटना को नज़दीक से रिपोर्ट करने का महत्वपूर्ण अवसर था।

यह नरेंद्र मोदी के लिए भी बहुत बड़ी चुनौती थी। वह उस समय गुजरात में भाजपा के संगठन सचिव और राज्य में राष्ट्रीय स्वंयसेवक संघ के एक ऐसे कार्यकर्ता थे जो किसी दूसरे प्रचारक से इतर अपनी पहचान बनाने का अवसर खोज रहा था। यदि इस रथ यात्रा ने मुझे पहले पन्ने पर बाईलाइन के अवसर दिए तो इसने मोदी को भी राजनीति की सीढ़ी पर चढ़ने का अवसर प्रदान किया। मोदी की ज़िम्मेदारी इस यात्रा को गुजरात से इस सुगम तरीके से शुरू करके आगे भेजने की ही नहीं बल्कि ऐसा माहौल तैयार करने की भी थी जिसका भाजपा पूरे देश में लाभ उठा सके।

गुजरात उस समय 'राजनीतिक हिंदुत्व की प्रयोगशाला' बनने की कगार पर था और बाद की घटनाओं ने इसकी पुष्टि भी की। भाजपा ने उस साल संपन्न हुए विधान सभा चुनाव में 67 सीटों पर जीत हासिल करके शानदार प्रदर्शन किया और फिर चिमनभाई पटेल की जनता दल (गुजरात) के साथ गठबंधन सरकार बनाई। यह गठबंधन लंबे समय तक नहीं चला क्योंकि पटेल ने अपनी पार्टी का कांग्रेस में विलय कर दिया था लेकिन इस समय तक यह स्पष्ट हो गया था कि राज्य में भाजपा ही भविष्य की पार्टी है जिसके पास मज़बूत संगठन, कार्यकर्ता और पूरे प्रदेश में सशक्त लोकप्रियता है।

आडवाणी के नेतृत्व में भाजपा ने धार्मिक राष्ट्रवाद के नाम पर अधिक प्रभावी तरीके से जनता से प्रत्यक्ष अपील करने के लिए 'गांधीवादी समाजवाद' को त्याग दिया था। इस सोच में अयोध्या में राम मंदिर निर्माण का उसका लक्ष्य अब केंद्र बिंदु बन गया था। 1984 के लोकसभा चुनाव में सिर्फ दो सीटें जीतने वाली भारतीय जनता पार्टी ने 1989 में 85 सीटें जीती थीं। इस जीत के बाद भाजपा में उभर रहे युवा नेतृत्व में नई ऊर्जा का संचार हुआ था जिसका पहले की पीढ़ी में अभाव नज़र आ रहा था। मोदी के साथ ही प्रमोद महाजन और सुषमा स्वराज सरीखे युवा नेता भाजपा की इस नई पीढ़ी का हिस्सा थे।

मुंबई के पत्रकार के रूप में मुझे पहले महाजन से जान-पहचान का अवसर मिला। वह एक फैशन पसंद आकर्षक व्यक्तित्व वाले व्यक्ति थे जो भाजपा की

संकुचित मानसिकता वाले कैडर से भिन्न थे। हो सकता है कि प्रारंभ में उन्हें आरएसएस से प्रेरणा मिली हो लेकिन ऐसा लगता है कि उसकी संयमित जीवनशैली के लिए उनके पास समय नहीं था। मेरी जानकारी में वह पहले ऐसे राजनीतिक व्यक्ति थे जिन्होंने रे बैन्स का चश्मा लगाया और जिन्होंने बड़े औद्योगिक घरानों के साथ अपने रिश्तों को कभी छिपाया नहीं और उनके साथ पार्टियों का खुलकर आनंद लिया। मेरे पत्रकार जीवन की अविस्मरणीय याद मुंबई के ओबेराय होटल के रूफटॉप सूइट में पाइप पीते बाल ठाकरे के साथ बैठने की घटना है जबकि इस दौरान महाजन ठंडी बियर का आनंद ले रहे थे। यह सोचा भी नहीं जा सकता था कि पाइप से धुआं उगलते ठाकरे और बियर पीते महाजन मूलरूप से 'संकीर्ण और रूढ़िवादी' हिंदुत्व गठबंधन के शिल्पी हैं। इससे संकेत मिलता था कि किस तरह से हिंदुत्व की विचारधारा को सुविधानुसार कट्टर राजनीतिक रणनीति का गठबंधन बनाया गया।

महाजन पत्रकारों में लोकप्रिय थे। वह उनके मित्र थे। वह हमेशा ही किसी ब्रेकिंग न्यूज़ पर टिप्पणी करने और उसके फलितार्थ बताने के लिए उपलब्ध रहते थे। एक तरह से वे ही भाजपा के असली कार्यक्रमों के आयोजक प्रबंधक थे। वास्तव में 1990 की रथ यात्रा महाजन के ही दिमाग की उपज थी और उन्हें ही इस आयोजन का राष्ट्रीय सह-संयोजक बनाया गया था।

मोदी गुजरात चरण की यात्रा के प्रभारी थे और उन्हें सोमनाथ से मुंबई तक यात्रा के साथ रहना था। इस तरह मोदी से मेरी मुलाकात हुई। मोदी से शुरुआती मुलाकात के बारे में मुझे धुंधली सी याद है और शायद बाद के सालों में उनका कद और व्यक्तित्व बढ़ जाने की वजह से शायद यह मिट सी गई है। लेकिन मुझे उनके व्यक्तित्व के तीन पहलू याद हैं जो उनके भविष्य की झलक दे सकते हैं। पहला था विवरण पर उनकी पैनी नज़र। रथ यात्रा कवर करने वाले संवाददाताओं को रोज़ाना शाम को अगले दिन के कार्यक्रम के साथ प्रिंटेड शीट मिल जाती थी। समूचे आयोजन और संगठन के बारे में यह काम बहुत सलीके से किया जाता था और इसी वजह से वह सबसे अलग नज़र आते थे। मोदी खुद यह सुनिश्चित करते थे कि मीडिया को रथ यात्रा कवर करने वाले संवाददाताओं को सारी सुविधाएं उपलब्ध हों। रथ यात्रा के मार्ग में भाजपा के स्थानीय पदाधिकारियों के खर्च पर संवाददाताओं के लिए फैक्स मशीनों की व्यवस्था की जाती थी। कई बार तो मोदी ही खबर की रूपरेखा और यहां तक कि मुख्य बातों के बारे में भी सुझाव देते थे। मोदी का यही माइक्रो प्रबंधन कौशल था जिसका उन्होंने आने वाले सालों में प्रभावशाली तरीके से इस्तेमाल किया।

दूसरा पहलू मोदी के परिधान थे। डिज़ाइनर कुर्ते और बेहतरीन हेयर स्टाइल अपनाने से पहले भी मोदी बहुत सलीके के कपड़े पहनते थे और हमेशा ही चाकचौबंद रहते थे। हो सकता है कि उनमें महाजन जैसे आत्मविश्वास की कमी हो लेकिन मोदी कलफ लगा और प्रेस किया कुर्ता पहने हमेशा ही आरएसएस-भाजपा कार्यकर्ताओं से अलग नज़र आते थे। अन्य कार्यकर्ता अक्सर बगैर प्रेस वाले कपड़ों में दिखाई पड़ते थे। यह भी सुना गया है कि वह रोज़ाना कम से कम आधा घंटा शीशे के सामने खड़े होकर खुद को निहारते थे। यह ऐसी आदत है जो उनमें आत्मविश्वास का संचार करती होगी।

तीसरा सबसे अधिक प्रभावशाली पहलू मोदी की आंखों से मिलता है। कैनी रोजर्स ने अपने चर्चित गाने 'द गैंबलर' में आंखों की सुंदरता और आकर्षण को बहुत खूबसूरती से पेश किया था। मेरा अनुभव है कि जिनकी चौड़ी आंखों में चंचलता होती है वे ज़िंदगी का खेल बहुत अच्छी तरह खेलते हैं, शायद उनमें दूसरे को परास्त करने की भावना की कमी होती है। शुरुआती दिन में मोदी मुस्कराते थे और खूब हंसते थे लेकिन कई बार उनकी आंखें पलक झापकाए बगैर ही दूर बहुत दूर कुछ खोजती नज़र आती थीं। उनकी मुस्कान आपको शर्मसार कर सकती थी, आंखों की चमक भयभीत कर सकती थी।

यात्रा के दौर में उनकी छवि वर्चस्व बनाए रखने वाले व्यक्ति की थी। यह कोई सामान्य रोड शो या आयोजन नहीं था। यह धार्मिक महोत्सव था जिसे राजनीतिक रंग दे दिया गया था। धर्म और राजनीति के मिश्रण ने इसे एक उत्तेजना पैदा करने वाला रंग प्रदान कर दिया था। महाजन और मोदी संचालक थे जबकि आडवाणी शुभंकर की भूमिका में थे लेकिन इसमें साध्वी ऋतंभरा और उमा भारती हिंदुत्व का भाव जगाने वाली नेत्रियां थीं। यात्रा के दौरान उनके भाषणों को मैं कभी भूल नहीं सकता जिसमें हिंदुओं को एकजुट होने की अपील करने के साथ ही अल्पसंख्यकों के प्रति नफरत पैदा करने वाले अपशब्दों का इस्तेमाल किया जा रहा था। इनका सबसे प्रिय नारा था, 'जो हिंदू हित की बात करेगा, वही देश पे राज करेगा।' इसके साथ ही ऐतिहासिक अन्यायों का बदला लेने के लिए ओजस्वी भाषण दिए जाते थे।

उमा भारती, जो स्वाभाविक राजनेता और जननेता थीं, मुझे दोहरे व्यक्तित्व वाली नज़र आती थीं। रात में होने वाली जनसभाओं में वे सांप्रदायिक भावना को उकसाने और उत्तेजना पैदा करने वाला भाषण देती थीं लेकिन अगले दिन सुबह प्यार से मुझे मेरे परिवार का कुशलक्षेम पूछती थीं और मेरे लिए नींबू पानी बनाने की पेशकश करती थी। मुझे यह कहने में संकोच नहीं है कि वह बहुत

अच्छा खाना भी पकाती हैं। सालों बाद मोदी को प्रधानमंत्री पद की शपथ दिलाई गई। उमा भारती भी मंत्री बनीं और साध्वी ऋतंभरा विशेष आमंत्रित व्यक्तियों में शामिल थीं। ऐसा लगा जैसे समय चक्र पूरी तरह घूम गया है। मैंने पहले युवा संवाददाता और बाद में संपादक के रूप हिंदुत्व के आंदोलन को सड़कों से बढ़ते हुए अपना स्थान प्राप्त करने के लिए रथ यात्राओं के रास्ते अंतत राष्ट्रीय मंच पर अपना स्थान प्राप्त करते देखा। कभी हार नहीं मानने वाले ये आंदोलनकारी हमेशा ही धीमे धीमे घूम रहे भगवा अभियान को कंधा देने के लिए तैयार रहते थे।

अगले दौर में जब मैं मोदी से रूबरू हुआ तो हम दोनों अपने जीवन में एक कदम आगे बढ़ चुके थे। मैं अब टेलविज़न पत्रकार बन गया था और मोदी गुजरात में भाजपा के उभरते सितारे थे। यह मार्च 1995 की बात है जब मैं एनडीटीवी के लिए गुजरात विधान सभा का चुनाव कवर कर रहा था। यह निजी समाचार चैनलों के शुरुआती दिन थे और हमने दूरदर्शन के लिए *टुनाइट* नाम से दैनिक कार्यक्रम शुरू किया था। इस विधान सभा चुनाव में इस क्षेत्र के लिए भाजपा भी नई पार्टी थी। पहली बार भाजपा गुजरात में अपने बल पर सत्ता पाने की स्थिति में थी।

यह इलेक्ट्रॉनिक मशीनों के प्रयोग का शुरुआती दौर था और मतगणना काफी धीमी थी लेकिन जैसे जैसे चुनाव के नतीजे आने शुरू हुए, अहमदाबाद में खानपुर स्थित भाजपा मुख्यालय में उम्मीदें बढ़ती गईं। शाम होने तक यह स्पष्ट हो गया कि भाजपा चिर प्रतीक्षित विजय की ओर बढ़ रही है। इस चुनाव में भाजपा ने 182 में से 121 सीटें हासिल कर दो तिहाई बहुमत प्राप्त कर लिया था। पार्टी कार्यालय में आने वाले नेताओं का गर्मजोशी से स्वागत हो रहा था। केशूभाई पटेल निर्विवाद रूप से मुख्यमंत्री पद के दावेदार थे। शंकर सिंह बाघेला और कांशीराम राणा सरीखे दूसरे नेता गुजराती मिठाई और फरसान खा रहे थे। वहीं चुनाव अभियान की कथा लिखने और उसका बारीकी से प्रबंधन करने वाले मोदी एक कोने में मौजूद थे। कैमरों की लाइट दूसरे वरिष्ठ नेताओं पर थी लेकिन मुझे याद है जब भावुक होकर मोदी ने कैमरे पर मुझसे कहा था कि 'यह मेरे जीवन का सबसे अधिक खुशी का क्षण है।' एकदम अनाम चुनाव अभियान संचालित करने वाले मोदी एक ऐसे कार्यकर्ता प्रतीत हो रहे थे जो पार्टी से खुद को परिष्कृत बना रहे थे।

गांधीनगर में एक भव्य समारोह में केशुभाई पटेल को 19 मई 1995 को

भाजपा के पहले मुख्यमंत्री के रूप में शपथ दिलाई गई। एक बार फिर, मोदी केंद्र में नहीं थे लेकिन पार्टी में हो रही खुसर-पुसर में उन्हें 'सुपर मुख्यमंत्री' के रूप में पेश किया जाने लगा। यह सफलता का थोड़ा सा सुखद अहसास था हालांकि यह क्षणिक ही रहा। गुजरात में संघ परिवार हिंदू विघटित परिवार बन गया और दूसरों से अलग होने का दावा करने वाली पार्टी आंतरिक मतभेदों से कमज़ोर होने लगी। उसी साल अक्तूबर में बाघेला के नेतृत्व में पार्टी के भीतर विद्रोह हुआ और केशूभाई को त्याग पत्र देने के लिए बाध्य होना पड़ा। समझौते के रूप में बीच का रास्ता निकाला गया। सुरेश मेहता को गुजरात का नया मुख्यमंत्री बनाया गया और मोदी को भाजपा का राष्ट्रीय सचिव बनाकर हरियाणा तथा हिमाचल प्रदेश का प्रभारी बनाकर उत्तर भारत में भेज दिया। मोदी पर आरोप था कि वही राज्य में फूट डालो और राज करो की राजनीति को बढ़ावा देने वाले थे।

सही मायने में यह मोदी के राजनीतिक वनवास के साल थे। वह नई चुनौतियों में गोता लगा सकते थे लेकिन उनका दिल हमेशा ही गुजरात में लगा रहा। मेरे एक मित्र ने कई अवसरों पर कहा, 'वह अभी भी गुजरात का मुख्यमंत्री बनना चाहते हैं और यह उनकी आखिरी अभिलाषा है।' मानो यही उनका आखिरी पड़ाव हो, मोदी ने इसे अपने भीतर ही छुपा कर रखा। दिल्ली में एक बार जब अच्छी तरह स्थापित हो गए तो मोदी 'राष्ट्रीय' मसलों पर बोलना पसंद करते थे। उस समय निजी टेलीविज़न न्यूज़ चैनलों की शुरुआत ही हुई थी। ये चैनल अभी अपनी जगह बना ही रहे थे। चैनलों पर राजनीतिक बहस भी अभी शुरू ही हुई थी। मोदी हिंदी में बहुत ही साफ सुथरे और स्पष्ट वक्ता थे और वह टेलीविज़न पर प्राइम टाइम पर राजनीतिक कार्यक्रम के लिए राजनीतिक मेहमान के रूप में सबसे उपयुक्त व्यक्ति थे।

कहा जाए तो मोदी 1990 के दौर में बहुत सही समय पर टेलीविज़न पर आए। मुझे दो दृष्टांत याद आते हैं। एक बार मैं अर्नब गोस्वामी (अर्नब बाद में *टाइम्स नाउ* पर इसी नाम से प्राइम टाइम कार्यक्रम बहुत सफलता से कर रहे हैं) के साथ रात दस बजे का *न्यूज़आवर* कार्यक्रम कर रहा था। करीब साढ़े आठ बजे हमारे पहले से तय भाजपा के अतिथि विजय कुमार मल्होत्रा नहीं आए। हम उनके स्थान पर किसी नेता की तलाश में थे। मैंने कहा कि मैं दिल्ली में एक व्यक्ति को जानता हूं, हो सकता है कि वह इस समय हमारी मदद कर सके। मैंने मोदी को फोन किया और गुजराती में बोला, 'आवी जाओ नरेंद्रभाई, तम्हारी ज़रूरत छे।' मेरा हमेशा मानना है कि किसी का दिल उसकी भाषा में बोल कर जीता जा सकता है- एक काम जो हर रिपोर्टर सीखने की कोशिश करता

है मंत्री और संत्री पर आजमाता है। मोदी ने गहरी सांस ली और करीब 60 सेकेंड की चुप्पी के बाद बोले कि वह इस कार्यक्रम में आने के लिए तैयार हैं लेकिन उनके पास कार नहीं है। मोदी उस समय भाजपा मुख्यालय के बगल वाले बंगले नौ अशोका रोड में अन्य प्रचारकों के साथ रहते थे। मैंने उनसे टैक्सी से आने का अनुरोध किया और यह वायदा किया कि इसका भाड़ा उन्हें दे दिया जाएगा। रात दस बजे के कार्यक्रम का समय नज़दीक आ रहा था और अर्नब और मैं इस स्थिति को लेकर तनाव में थे। घड़ी की सुई लगातार टिक टिक करके आगे बढ़ रही थी लेकिन अभी भी मोदी का कोई संकेत नहीं था। कार्यक्रम शुरू होने में सिर्फ पांच मिनट ही बचे थे, प्रोड्यूसर मेरे कान में 'स्टैंड बाई' के लिए कह रहा था। अचानक ही मोदी जल्दी जल्दी स्टूडियो में आए और ज़ोर से बोले, 'राजदीप, मैं आ गया हूं, मैं आ गया हूं।' वह अच्छी तरह जानते थे कि वह आखिरी क्षणों में हुए स्थानापन्न व्यक्ति हैं लेकिन टेलीविज़न पर आने के इतने आतुर थे कि कैसे भी करके वो अंतिम क्षणों में पहुंच ही गए। जहां तक अर्नब और मेरा सवाल है तो हमारे पास भाजपा से मेहमान थे और इस तरह हमने अपने कार्यक्रम की लाज बची ली थी।

जुलाई 2001 में जब जनरल मुशर्रफ आगरा शिखर के लिए आए, मोदी एक बार फिर हमारे लिए मददगार बने। हम आगरा समिति बैठक कार्यक्रम का लगातार प्रसारण कर रहे थे और इसके लिए हमें भाजपा के ऐसे मेहमान की ज़रूरत थी जो ज़्यादा से ज़्यादा समय उपलब्ध रहे। मोदी विजय चौक, संसद भवन के बाहर राजनीतिक चर्चा में शामिल होने वाली हस्तियों के लिए निर्धारित स्थान पर लगी हमारी ओबी वैन पर आने के लिए सहर्ष तैयार हो गए। लेकिन जब वह पहुंचे तो बारिश शुरू हो गई और सेटेलाइट के सिग्नल मिलने बंद हो गए। बगैर किसी हल्ला गुल्ला और नखरा के मोदी छाता लिए हुए बारिश के दौरान धैर्य के साथ बैठे रहे और अंततः प्रसारण शुरू होने तक उन्होंने करीब दो घंटे तक इंतज़ार किया।

हो सकता है कि एक समय टेलीविज़न पर आने और सुर्खियों में रहने के लिए मोदी बेकरार रहे हों। यह वह दौर था जब मोदी अपनी पीढ़ी के नेताओं की तुलना में अलग-थलग पड़ चुके थे। उदाहरण के लिए, प्रमोद महाजन, सरकार में एक महत्वपूर्ण मंत्री होने के साथ ही प्रधानमंत्री अटल बिहारी वाजपेयी का दायां हाथ बन चुके थे। सुषमा स्वराज अपने भाषण देने के कौशल के कारण पार्टी समर्थकों की पसंदीदा थीं और बेल्लारी में सोनिया गांधी को चुनौती देने के उनके फैसले ने उन्हें राजनीतिक क्षेत्र में एक निर्भय राजनीतिक योद्धा के

रूप में पेश कर दिया था। अरुण जेटली भी धीरे-धीरे पार्टी के हरफनमौला, संकट मोचक और बेहद साफगोई वाले कानूनविद तथा टेलीविज़न के लिए भरोसे प्रवक्ता के रूप में उभर रहे थे।

इसके विपरीत, मोदी अपनी पहचान बनाने के लिए संघर्ष कर रहे थे। मोदी पर गुजरात जाने पर, जहां 1995 से 1998 के दौरान चार साल में चार मुख्यमंत्री बनाए जाने के नाट्य का मंचन हो रहा था, एक तरह से प्रतिबंध लगा दिया गया था। दिल्ली में, मोदी पर हिमाचल प्रदेश में पक्षपात करने और हरियाणा में राजनीतिक स्थिति का सही तरीके से आकलन नहीं कर पाने के आरोप लगे। यही नहीं, एक प्रचारक के रूप में उनसे अपेक्षा थी कि पर्दे के पीछे वाले खिलाड़ी बने रहें। इस दौर में मैं अक्सर मोदी से मिलता था और कई बार कढ़ी चावल (वह ठीक से खाते थे लेकिन सादा भोजन ही पसंद करते थे) खाने के लिए मिलता था। मुझे एक राजनेता के संघर्ष करने और राजनीति में अलग थलग पड़ जाने जैसी परिस्थितियों से समझौता करने के भाव का अहसास हुआ। इसका एक पहलू यह भी था कि मोदी ज़बर्दस्त आत्मविश्वास वाले व्यक्ति थे जिन्होंने अपने तात्कालिक राजनीतिक भविष्य को लेकर उत्पन्न होने वाले संदेहों को दरकिनार किया। मुझे याद है हमने 1999 में भाजपा के भावी नेताओं के संदर्भ में एक कार्यक्रम किया था। महाजन, स्वराज और यहां तक कि प्रचारक से राजनीतिक बने गोविंदाचार्य का इसमें उल्लेख था लेकिन इस सूची में मोदी का नाम नहीं था। इस पर मोदी ने तीव्र प्रतिक्रिया करते हुए कहा था, 'लगता है आप पंडितों ने देश में भविष्य में क्या होगा यह तय कर लिया है।'

यही वजह है कि मोदी के लिए एक तरह से राजनीतिक हथियार के रूप में न्यूज़ टेलीविज़न उनके सहयोगी बन गए। इसने राजनीतिकों की भीड़ में मोदी को राष्ट्रीय पहचान दी। इसने यह भी सुनिश्चत किया कि वह हमेशा ही, गुजरात और दिल्ली, दोनों जगह, जनमानस में रहे। वह पार्टी के अच्छे प्रवता थे। बेहद स्पष्ट, सीधे सपाद और आक्रामक और कई बार उत्तेजना पैदा करने वाले। उन्होंने हिंदुत्व के प्रति पार्टी की प्रतिबद्धता को छुपाया नहीं और कभी भी सीधे लड़ाई से पीछे नहीं हटते थे।

सितंबर, 2001 में जब न्यूयार्क में ट्विन टावर पर हमला हुआ, मैं अपने साप्ताहिक कार्यक्रम *बिग फाइट* के लिए मेहमान की तलाश में था। वाजपेयी सरकार में भाजपा के नेताओं में जाने किन कारणों से कार्यक्रम में हिस्सा लेने की दिलचस्पी नहीं थी। मोदी को ऐसा कोई खेद या पछतावा नहीं था और वह आए और कड़े

शब्दों में कहा कि यह देश की सबसे बड़ी चुनौती है। मोदी ने इस कार्यक्रम में कड़े शब्दों में कहा, 'कम से कम 9-11 जैसे हमले ने ही भारत की छद्म धर्मनिरपेक्ष मीडिया को आखिरकार इस्लामी आतंकवाद जैसे शब्दों का इस्तेमाल करना पड़ा और इस असलियत के प्रति उनकी आंखें खुलीं कि आतंक को बढ़ावा देने के लिए कुछ समूह धर्म का दुरुपयोग कर रहे हैं।'

मुझे इस बात का ज़रा भी अंदाज़ नहीं था कि इस्लाम और आतंक के प्रति मोदी का यह नज़रिया बाद में उनकी राजनीतिक पहचान निर्धारित करेगा। मैं कभी यह भी सोच नहीं सकता था कि एक व्यक्ति जो राजनीतिक परिचर्चा में हिस्सा लेने के लिए 'तैयार' भाजपा नेताओं में से था वह इस तरह के टेलीविज़न के कार्यक्रमों में दुबारा कभी हिस्सा नहीं लेगा। यह भी अहसास नहीं था कि मोदी, देश और यहां तक कि पत्रकार के रूप में मेरी ज़िंदगी भी एक नाटकीय मोड़ लेने वाली थी।

9-11 आतंकी हमले पर आयोजित कार्यक्रम **बिग फाइट** में हिस्सा लेने के बाद चार सप्ताह से भी कम समय में नरेंद्र मोदी को गुजरात के मुख्यमंसत्री पद की शपथ दिलाई गई। यह राष्ट्रीय राजनीति में किनारे लगाए जा चुके एक नेता के भाग्य में आया ज़बर्दस्त बदलाव था। गुजरात में पिछले कुछ समय से नेतृत्व परिवर्तन की बात चल रही थी। केशुभाई का मुख्यमंत्री के रूप में दूसरा कार्यकाल दुर्भाग्यपूर्ण ही था। भाजपा 2000-2001 के दौरान राज्य में नगर निगम के अनेक चुनाव और विधान सभा की सीटों पर हुए उपचुनाव हार चुकी थी और जिस समय देश में गणतंत्र दिवस समारोह मनाया जा रहा था, कच्छ और अहमदाबाद विनाशकारी भूकंप से दहल चुके थे। इस प्राकृतिक आपदा को सजग होने के सूचक के रूप में लेने की बजाय पटेल सरकार और शिथिल हो गई। भूकंप पीड़ितों के लिए राहत और पुनर्वास के उपायों की ज़बर्दस्त आलोचना हुई। उस साल एक बार मोदी ने भी मुझसे कहा था, 'हां, हमें और अधिक करना होगा वरना जनता हमें कभी माफ नहीं करेगी।' प्रकृति ने अपना फैसला सुना दिया था, भाजपा के राजनीतिक नेतृत्व के पास इस संदेश को सुनने के अलावा कोई दूसरा रास्ता नहीं था। यह आसान नहीं था। राज्य नेतृत्व का एक बड़ा हिस्सा अभी भी मोदी का विरोधी था। अंततः आडवाणी-वाजपेयी ही थे जिन्होंने आरएसएस के समर्थन से इस निर्णय को आगे बढ़ाया।

सात अक्तूबर, 2001 को नरेंद्र मोदी गुजरात के मुख्यमंत्री बन गए। वह आरएसएस के पहले पूर्णकालिक प्रचारक थे जिन्हें किसी राज्य का मुख्यमंत्री बनाया गया था। उनका यह सफर आसान नहीं था। मेहसाणा ज़िले के वडनगर

में एक निम्न मध्यवर्गी परिवार में जन्मे मोदी तेल निकालने का काम करने वाली अन्य पिछड़े वर्ग के अपेक्षाकृत छोटे घांची समुदाय के हैं। यह एक ऐसा राज्य है जिसकी राजनीति में हमेशा ही ताकतवर और प्रभावशाली भूस्वामी पटेलों का वर्चस्व रहा है। मैंने मोदी के साथ हुई पहले की बातचीतों में कभी भी उन्हें अपनी पिछड़ी जाति या वडनगर में बिताए गए सालों के बारे में बात करते नहीं सुना था। हालांकि वह आरएसएस में अपने प्रणेता के बारे में बहुत ही दिलचस्पी और लगन के साथ बताते थे। मोदी ने मुझे बताया, 'लक्ष्मण इनामदार या वकीलसाब' तुम्हारी तरह ही मराठी है, उन्होंने ही हमेशा मेरा मार्गदर्शन किया।' इस मैंने कहा, 'फिर तो आपको अच्छी मराठी बोलनी चाहिए।'

नरेंद्र मोदी के मुख्यमंत्री बनने के कुछ दिन बाद ही मैंने उनके समक्ष मौजूद चुनौतियों के बारे में उनका इंटरव्यू किया। उन्होंने कहा, 'हमें गुजरात का पुनर्निर्माण करना है और हमारे नेतृत्व के प्रति जनता का भरोसा बहाल करना है। मुझे अहसास हुआ कि मानो वह सालों से इसी अवसर का इंतज़ार कर रहे थे। उनके कुछ आलोचकों का मानना था कि मुख्यमंत्री बनने के लिए मोदी ने 'षड्यंत्र' रचा। वरिष्ठ संपादक विनोद मेहता ने दावा किया कि केशूभाई के खिलाफ फाइलें लेकर मोदी ने उनसे मुलाकात की थी जिन्हें वह प्रकाशित कराना चाहते थे। स्पष्ट है, वह एक ऐसे प्रचारक थे जो सत्ता के खेल में माहिर थे।

प्रचारक या उपदेशक आरएसएस के नेतृत्व वाले संघ परिवार की रीढ़ की हड्डी होता है। अधिकांश अविवाहित होते हैं। इनसे अपेक्षा की जाती है कि वे संयम और मितव्ययता के साथ आत्म अनुशासित जीवन व्यतीत करेंगे। मोदी इस तरह के प्रचारक नहीं थे। वह धुर राजनीतिक और महत्वाकांक्षी थे। मेरी गुजरात भाजपा के अनेक नेताओं से मुलाकात हुई जो लगातार यही कहते थे कि मोदी उन्हें 'फिक्स' करने की सतत राजनीति करते हैं। मोदी भी एकाकी थेः जब मैं 1990 के दशक में उनके वनवास काल के दौर में भाजपा के केंद्रीय कार्यालय में मिलता था तो वह अक्सर अकेले ही होते थे। उनके समकालीन गोविंदाचार्य प्रशंसकों से घिरे रहते थे। मोदी समाचार पत्रों में खोए रहना अधिक पसंद करते थे।

यह वजह है कि मुख्यमंत्री बनना उनके जीवन में बदलाव का महत्वपूर्ण मोड़ था। संगठन का व्यक्ति होने के नाते उन्होंने यह सिद्ध कर दिया था कि वह कठोर परिश्रमी, सभ्य और अपनी पार्टी और उसके सिद्धांतों के प्रति निष्ठावान है। निश्चित ही अब, उन्हें यह दिखाना था कि वह असलियत में ऐसे राजनेता हो सकते हैं जो कभी भी नगर निगम का चुनाव नहीं लड़ने के बावजूद पर्दे के पीछे से संचालित करने की बजाए सामने आकर नेतृत्व प्रदान कर सकता है।

मोदी को 27 फरवरी, 2002 को बड़ा अवसर मिला। मैं सवेरे नहा रहा था तभी गुजरात से मेरे एक पुराने पत्रकार मित्र दीपक रजनी का फोन आया। रजनी राजकोट से एक छोटा सांध्यकालीन अखबार निकालते हैं लेकिन पुलिस से उनके ज़बर्दस्त संपर्क हैं। रजनी ने कहा, 'राजदीप, बहुत बड़ी घटना हुई है गोधरा में। साबरमती एक्सप्रेस में आग लग गई है। कई वीएचपी कारसेवक उस ट्रेन में थे। टेरर अटैक भी हो सकता है।' ब्रेकिंग न्यूज़ के दौर में तथ्यों को बढ़ा-चढ़ा कर पेश करने की प्रवृति से अलग कुछ करना सहज नहीं होता है। एक बात स्पष्ट थी कि ट्रेन के डिब्बे में आग लगी थी और इसमें अनेक कारसेवकों के मरने की आशंका थी।

कुछ घंटों के बाद तस्वीर साफ़ हो गई, यह स्पष्ट था कि ट्रेन में लगी यह आग सामान्य नहीं थी। गोधरा में स्थानीय मुसलमानों ने ट्रेन पर हमला किया था, इससे आग लगी और कई लोग इसमें मारे गए। इस त्रासदी की पृष्ठभूमि में विश्व हिंदू परिषद द्वारा अयोध्या में एक और शिला पूजन कार्यक्रम शुरू करके राम मंदिर आंदोलन को पुनर्जीवित करने का प्रयास था। इस कार्यक्रम में गुजरात के अनेक कारसेवक शामिल हुए थे और ट्रेन पर हमले के समय वे अयोध्या से लौट रहे थे। उसी शाम मोदी ने गोधरा में घटनास्थल का दौरा किया और कहा कि ऐसा लगता है कि ये कारसेवक आतंकी साजिश का शिकार हुए हैं। विहिप कहीं अधिक आक्रामक और उग्र थी। गुजरात में अगले दिन बंद का आयोजन किया गया।

ऐसे मौकों पर टेलीविज़न पत्रकार घटना के बीच में ही रहना पसंद करते हैं। खबरों के भूखे हमारे कुछ सहयोगी अयोध्या गए क्योंकि ऐसी खबर थी कि साबरमती एक्सप्रेस अग्निकांड का असर उत्तर प्रदेश में भी हो सकता है। अगले दिन केंद्रीय बजट पेश होना था, इसलिए कुछ पत्रकार राजधानी में ही रुके थे। मेरे दिल ने कहा कि मुझे अपने जन्म स्थान अहमदाबाद जाना चाहिए। ट्रेन अग्निकांड की घटना के बाद देर शाम को एक वरिष्ठ पुलिस अधिकारी ने मुझे फोन किया था। उसने कहा, 'विहिप बंद का आयोजन करने की योजना बना रही है। सरकार किसी न किसी तरह के जुलूस की शक्ल में इन शवों को घर ले जाने की अनुमति देने की योजना बना रही है।' इस अधिकारी ने मुझे आगाह करते हुए कहा, 'मेरा विश्वास करो इस बार असल में ही गड़बड़ हो सकती है।' अगले ही दिन मैं अपने वीडियो पत्रकार नरेंद्र गुडावल्ली के साथ अहमदबाद जाने वाली उड़ान में था।

उस दिन जिस अहमदाबाद में मैंने यात्रा की वह वो शहर नहीं था जिसके

बारे में मेरे ज़हन में बचपन की खुशगुवार यादें थीं। इसमें हमेशा गर्मी की छुट्टियां दादा के घर बिताना शामिल थी। हिंदी सिनेमा, क्रिकेट, साइकिल चलाना शामिल था। अहमदाबाद मेरे लिए साधारण जीवन में उमंगें लाने वाला था। साड़ी पहने महिलाएं स्कूटर पर आ जा रही हैं और उनके मंगलसूत्र लहरा रहे हैं। सप्तांहांत में स्थानीय बाज़ार में सीताफल आइसक्रीम और चीज़ पिज्जा मस्ती के लिए होते थे। मेरी स्मृतियों में शहर का अथाह प्रेम, मिलनसार पड़ोसी और बातचीत तथा घूमने के लिए मित्रवत सड़कें। लेकिन फरवरी के उस दिन, मैंने धुएं से भरा आकाश, बंद दुकानें और सड़कों पर भीड़ देखी। शहर मुझे डरा रहा था। मेरे बचपन के सपनों का अहमदाबाद एक बदनुमा दशहत वाले शहर में तब्दील हो गया था। भारत में पहली बार टेलीविज़न पर दिखाए जा रहे दंगे, 'लाइव टेलीविज़न' के दौर में दंगा, मैं दावा कर सकता हूं कि मैंने वह सब कुछ नज़दीक से देखा जो वहां हुआ था। 28 फरवरी से अगले 72 घंटों के दौरान हमने अनेक दिल दहलाने वाली घटनाएं देखीं जिनसे यही आभास होता था कि राज्य की मशीनरी चरमरा गई है। हमें अमानवीय तरीकों, निशाना बनाकर हो रहे हमले, घरों को लूटे जाने और लोगों की हत्याओं के दौरान पुलिस के मूक बने रहने के बारे में लोगों ने बताया। अगले तीन दिनों तक हमने देर रात तक जाग जागकर उस जनसंहार को रिपोर्ट किया जो वहां हमारी आंखों के सामने हुआ जबकि हमने खुद ही दिल दहलाने वाले दृश्यों को सेंसर किया।

एक मार्च को मैं पुराने शहर के दरियापुर-शाहपुर इलाकों में 'छोटे दंगे' के बीच फंस गया था। यह अहमदाबाद में गड़बड़ी वाला पारंपरिक इलाका था। हिंदू और मुस्लिम परिवार पास-पास रहते हैं और यहां पर मामूली सी साइकिल दुर्घटना से भी हिंसा भड़क सकती है। उस दिन सुबह पड़ोसी ही पत्थर फेंक रहे थे, लाठियां चला रहे थे और यही नहीं वे एक दूसरे पर पेट्रोल बम भी फेंक रहे थे लेकिन पुलिस ने इन झड़पों को रोकने का गंभीर प्रयास नहीं किया। एक पेट्रोल बम मेरे कैमरामैन नरेंद्र की बगल से निकल गया लेकिन इसके बावजूद वह बहादुरी से शूटिंग करता रहा। मैंने देखा एक किशोरी पर तेजाब से हमला किया जा रहा था, एक अन्य लड़के की लात घूंसों से पिटाई हो रही थी। हम इन हमलों को कैमरे में कैद करने में काफी हद तक सफल रहे और शाम को पूरी सावधानी बरतते हुए ग्राफिक दृश्यों की मदद से ये टेप दिखाए। दंगों की तस्वीर अच्छी नहीं होती है। हमने टाटा सफारी के भीतर एक परिवार के बुरी तरह झुलसे हुए शवों को फिल्म किया लेकिन ये तस्वीरें कभी नहीं दिखाईं। हमने आत्मसंयम बरता लेकिन यह स्पष्ट था कि सरकार पूरी तरह से ब्लैकआउट चाहती

थी। प्रमोद महाजन ने मुझसे गुस्से में टेलीफोन पर पूछा था, 'क्या आप एक और दंगा भड़काने की कोशिश तो नहीं कर रहे हैं?' मुझे लगा कि ज़मीनी हकीकत को दिखाना ज़रूरी है। मुझे उम्मीद थी कि एक प्रभावशाली तथ्यों वाला घटनाक्रम केंद्र सरकार को स्थिति पर नियंत्रण के लिए सेना भेजने को बाध्य करेगा।

मेरी तो दो मार्च की शाम उस समय तक मोदी से मुलाकात नहीं हुई जब उन्होंने यह दावा करने के लिए अहमदाबाद के सर्किट हाउस में प्रेस काफ्रेंस की कि सेना की मदद से स्थिति नियंत्रण में आ गई है। उस दिन सुबह मोदी ने मुझे टेलीफोन करके हमारी कवरेज के बारे में आगाह किया था जिसके बारे में उनका कहना था कि यह भड़काने वाला था। मोदी ने, विशेषरूप से, कच्छ के अंजार क्षेत्र में हनुमान मंदिर पर हमले की घटना की रिपोर्ट के बारे में मुझसे कहा था। उनका कहना था कि यह पूरी तरह झूठ है। उन्होंने काफी गुस्से में कहा, 'सड़क किनारे स्थित लिंग को अपवित्र कर दिया गया था लेकिन किसी मंदिर को हाथ नहीं लगाया गया। मैं इस तरह की दुर्भावनापूर्ण और भड़काने वाली रिपोर्टिंग की अनुमति नहीं दूंगा।' मैंने उन्हें सफाई देने का प्रयास किया कि यह रिपोर्ट संवाद समिति के ज़रिए आई थी और मुझसे तथ्यों की पुष्टि किए बगैर ही हमारे दिल्ली के न्यूज़रूम ने इसे प्रसारित किया था। कुछ घंटे बाद, मुख्यमंत्री कार्यालय ने चैनल के प्रसारण पर प्रतिबंध लगाने का आदेश जारी कर दिया था।

मोदी की प्रेस कॉन्फ्रेंस भी उस दिन सुबह के *टाइम्स आफ इंडिया* में पहले पन्ने पर प्रकाशित खबर की पृष्ठभूमि में हुई थी जिसमें सुझाव दिया गया था कि मुख्यमंत्री ने न्यूटन के सिद्धांत को लागू कर दिया है जिससे संकेत मिलता था कि यह गोधरा अग्निकांड की सीधी प्रतिक्रिया थी। खबर का शीर्षक था, 'प्रत्येक क्रिया की समान और विपक्ष की प्रतिक्रिया होती है।' मोदी ने संवाददाताओं के साथ इस तरह की कोई भी टिप्पणी करने से इन्कार किया। स्वाभाविक रूप से प्रेस कॉन्फ्रेंस का माहौल कटुतापूर्ण था।

प्रेस कॉन्फ्रेंस के बाद मैं मोदी के पास पहुंचा और उन्हों आश्वासन दिया कि हम अपनी कवरेज में अधिक सजग रहेंगे। मैं उनका इंटरव्यू लेने की पेशकश की ताकि वह शांति और विश्वास बनाए रखने का संदेश दे सकें। वह तैयार हो गए। हमने इंटरव्यू किया और कार्यालय लौटने पर पता चला कि टेप क्षतिग्रस्त हो गए थे। मैंने मोदी के कार्यालय को फिर टेलीफोन किया ओर अपनी समस्या बताई और उन्हें एक और इंटरव्यू करने के लिए राज़ी कर लिया। इस बार यह उसी रात गांधीनगर में होना था।

हम रात में दस बजे के बाद गांधीनगर में मुख्यमंत्री के निवास पहुंचे। हमने उनके साथ ही भोजन किया और फिर इंटरव्यू रिकॉर्ड किया। मैंने दंगों पर काबू पाने में उनकी विफलता के बारे में सवाल किया। उन्होंने कहा कि उन्हें निशाना बनाने के लिए यह मीडिया की साजिश थी। मोदी ने कहा कि उन्होंने जो बेहतर था वह किया और फिर बताया कि गुजरात का सांप्रदायिक दंगों का इतिहास रहा है। मैंने उनसे उनकी विवादास्पद क्रिया की प्रतिक्रिया संबंधी टिप्पणी के बारे में पूछा। उन्होंने दावा किया कि *ज़ी न्यूज़* को दिए एक अन्य इंटरव्यू में दोहराया, 'क्रिया और प्रतिक्रिया की चेन चल रही है। हम चाहते हैं कि ना क्रिया हो ना प्रतिक्रिया।'

हम इंटरव्यू के बाद बाहर आए तो लगभग संतुष्ट थे कि मुख्यमंत्री हिंसा के इस दौर को खत्म करने का इरादा रखते हैं। एक घंटे से भी कम समय के अंदर हमारा अंदेशे लौट आए। मुख्यमंत्री के गांधीनगर निवास से कुछ किलोमीटर की दूरी पर अहमदाबाद जाने वाले राजमार्ग पर हमें अवरुद्ध करके लाठी, तलवार और कुल्हाड़ियां भांजते विहिप-बजरंग दल के समर्थक मिले। यह आधी रात के बाद की बात है। हमारे ड्राइवर ने इस अवरोध से बचने का प्रयास किया तभी एक कुल्हाड़ी गाड़ी के शीशे से टकराई। शीशा चकनाचूर हो गया। कार रुक गई और हमें बाहर निकलने के लिए मजबूर होना पड़ा। भगवा कपड़े पहने उत्तेजित एक युवक ने चीख कर पूछा, 'आप हिंदू हैं या मुसलमान।' यह रिकार्ड किया हुआ तथ्य है कि हमारे ड्राइवर सिराज, जो मुसलमान था, के अलावा सभी हिंदू थे। तलवारों से लैस धमकी देने की मुद्रा में यह समूह हमला करने के मूड में थे और उन्होंने मांग की कि हम अपनी पतलून उतारें। वे यह देखना चाहते थे कि क्या हमारा खतना तो नहीं हुआ है। पुरुष सफाई के पक्षधर मेरे तर्कवादी माता पिता ने सुनिश्चित किया था कि मेरा भी हो।

हमसे रूबरू हो रही भीड़ न तो तर्कवादी थी और न ही सामान्य थी। वास्तव में वे असामान्य रूप से उग्र और उत्तेजित युवक थे जो सत्ता के मद में अपनी तलवार और कुल्हाड़ियां लहरा रहे थे। उनकी लहराती हुई तलवारें बार बार हमारे सिर के ऊपर से गुज़र रही थीं। हमारे साथ हो रही धक्का-मुक्की से संकेत मिल रहा था कि हमें खून की प्यासी इस भीड़ से बहुत गंभीर खतरा है।

जब खतरे में हो, तो पत्रकार होने का अपना परिचय दो। हालांकि उस समय खासकर मैं बहुत बहादुर महसूस नहीं कर रहा था, मैंने अपनी टीम की खातिर साहस जुटाया और उनके सामने आकर ज़ोर से कहा कि मैं और मेरी टीम के सदस्य पत्रकार हैं। हम मीडिया के हैं और सोचिए हमने मुख्यमंत्री का

इंटरव्यू किया है। मुख्यमंत्री के निवास से थोड़ी दूर पर इस तरह का आचरण अस्वीकार्य था और यह मुख्यमंत्री कार्यालय के प्रति अनादर था। आप अपने ही मुख्यमंत्री का अनादर कैसे कर सकते हैं। मैंने ज़ोर से अपनी नाराज़गी ज़ाहिर करते हुए कहा, 'अगर आप किसी को भी हाथ लगाओगे तो मैं मुख्यमंत्री को कंप्लेन करूंगा।'

युवकों का यह समूह कुछ भी सुनने के लिए तैयार नहीं था। उन्होंने ज़ोर देकर कहा, 'हमें मुख्यमंत्री से मतलब नहीं, आप लोग अपनी पहचान दिखाओ।' मैंने अपना सरकारी प्रेस का कार्ड दिखाया और अपने कैमरामैन से कहा कि मोदी के इंटरव्यू की क्लिप चलाओ। मैं चिल्लाया, 'देखो, देखो यह इंटरव्यू। क्या तुम्हें नज़र नहीं आता कि हम पत्रकार हैं?' करीब 15 मिनट के तनावपूर्ण क्षणों के बाद और इंटरव्यू का टेप देखने के बाद वे कुछ हद तक शांत नज़र आ रहे थे और उन्होंने अंततः हमें जाने दिया। भय से कांप रहे हमारे डाइवर सिराज की आंखों से आंसू बह रहे थे। इतने नज़दीक से मौत के अहसास के भय की जगह अब आक्रोश लेने लगा था यदि मुख्यमंत्री के निवास से कुछ किलोमीटर की दूरी तरह ही हिंदू चरमपंथी गिरोह दो मार्च की रात में खुलेआम घूम रहे हो तो फिर मुख्यमंत्री यह दावा कैसे कर सकते हैं कि स्थिति शांतिपूर्ण और नियंत्रण में है? हम आतंक से बदहवास थे और भयाक्रांत थे। हथियार लहराते हुए युवकों के चेहरे इसके बाद लंबे समय तक हमारे सामने घूमते रहे।

दंगों की मेरी इस कवरेज ने मोदी के साथ मेरे रिश्ते खराब कर दिए थे। उस क्षण तक हम 'मित्र' (यदि कभी पत्रकार और नेता दोस्त हो सके) थे। हम खुलकर विचारों का आदान-प्रदान करते थे। एक दूसरे से हम गुजराती में बात करते थे और नियमित रूप से वह मेरे कार्यक्रम में आते थे। अब हमारे संबंधों में चौकन्नापन और सतर्कता आ गई थी। एक राजनीतिक व्यक्ति ने किसी भी आलोचना की सराहना नहीं की और वह मुझे एक विरोधी अंग्रेज़ी भाषी मीडिया के रूप में देखने लगे और मुझे हमेशा यही लगा कि क्या उन्होंने जानबूझकर दंगों को भड़कने दिया था। परस्पर सम्मान पर आधारित रिश्ते ने एक दूसरे के विरोधी का रूप ले लिया। वह मेरी दंगों की रिपोर्टिंग के लिए मुझे 'माफ' नहीं कर सके और मैं कभी भी उनकी राजनीति को उससे अलग नहीं कर सका जो मैं उन खूनी दिनों में देखी थी। जब मेरे पिता का 2007 में निधन हुआ तो मोदी पहले व्यक्ति थे जिन्होंने फोन करके संवेदना व्यक्त की लेकिन किसी न किसी रूप में 2002 के दंगों का अतीत हमेशा ही हमारे समीकरणों को सताता रहेगा।

पिछले अनुभवों का लाभ उठाते हुए मैंने एक दशक से भी अधिक समय बाद 2002 के दंगों की घटनाओं को पुनगर्ठित करने का प्रयास किया है। क्या मुख्यमंत्री मोदी वास्तव मे दंगे रोकने का प्रयास कर रहे थे? क्या सरकार का यह दावा कि पुलिस फायरिंग में 62 हिंदू और 40 मुस्लिम मारे गए, इस बात का पर्याप्त सबूत नहीं था कि मोदी सरकार दंगाइयों को बचकर नहीं जाने दे रही थी? मैं किसी फैसले पर पहुंचने की जल्दबाज़ी नहीं करूंगा लेकिन मेरा यही मानना है कि सच्चाई, जैसा अक्सर ऐसे मामले में होता है, संदेह में घिरी है। सच्चाई यह भी है कि देश में कोई भी बड़ा दंगा सत्ता में काबिज सरकार की अक्षमता या मिलीभगत या फिर दोनों के बगैर नहीं हो सकता।

मेरा निष्कर्ष है कि मोदी सरकार पूरी तरह अक्षम थी क्योंकि उसे पता था कि गोधरा कांड से प्रतिशोध की आग भड़केगी लेकिन इसके बावजूद उसने इस पर काबू पाने के पर्याप्त उपाय नहीं किए। अहमदाबाद में जिन स्थानों की मैंने रिपोर्टिंग की, उनमें मैंने पुलिस को दंगाइयों के मन में खौफ पैदा करने के लिए कठोर कार्रवाई करते नहीं देखा। दंगाग्रस्त इलाकों में सेना के पहुंचने के बाद ही हिंसा पर काबू पाया जा सका। गुजरात पुलिस की खाकी वर्दी भगवा रंग में सराबोर थी। मुझे याद है जब मैंने अहमदाबाद के पुलिस आयुक्त पी. सी. पांडे से उनके पुलिस बल की विफलता के बारे में पूछा। लाइव टेलीविज़न कार्यक्रम में उनके जवाब ने मुझे भौंचक्का कर दिया। उन्होंने कहा, 'पुलिस बल भी उसी समाज का हिस्सा है जहां से हम आते हैं। यदि समाज ही सांप्रदायिक हो जाए तो पुलिस क्या कर सकती है?' मैं पुलिस के मुखिया द्वारा ही अपने बल के बारे में इस तरह से दोषारोपण के बारे में इससे अधिक नहीं सोच सकता।

इस संबंध मे एक व्यक्तिगत पहलू भी था। मेरे दादा पी. एम. पंत तीन दशक से भी अधिक समय तक गुजरात पुलिस के एक बहुत ही सम्मानित और अलंकृत अधिकारी थे। वह 1970 के दशक में गुजरात पुलिस के मुखिया के पद से सेवानिवृत्त हुए थे। वह एक सख्त और अनुशासन प्रिय अधिकारी थे और उन्होंने 1969 में अहमदाबाद के दंगे देखे थे। उनका 1999 में निधन हो गया लेकिन मेरी दादी अभी भी जीवित हैं और वह अहमदाबाद में ही बोहरा मुस्लिम बहुल अपार्टमेंट ब्लॉक में रहती हैं। एक हिंदू ब्राह्मण महिला जो अपने बोहरा पड़ोसियों के साथ एक साथ खड़ी रही और वे एक दूसरे को बिरयानी या पत्रेल खिला रहे थे। मैं उन्हें वह बताया जो पुलिस आयुक्त पांडे ने शहर के बारे में बताया था। उन्होंने सीधा सपाट जवाब दिया, 'जाओ और उनसे कहो कि तुम्हारे बाबा (दादा) कभी भी इस तरह के बहाने बनाने की अनुमति नहीं देते।'

जहां तक दूसरा सवाल है कि क्या मोदी सरकार की मिलीभगत थी तो इसका जवाब थोड़ा कठिन है। निचली अदालतें इन दंगों में मोदी की किसी भी प्रत्यक्ष संलिप्तता के बारे में उन्हें पाक साफ बता चुकी हैं। हालांकि इसके बावजूद इन दंगों की जांच के तरीके को लेकर कुछ परेशानी पैदा करने वाले सवाल हैं लेकिन इन्हें लेकर मैं न्याय व्यवस्था से उलझना नहीं चाहता। किसी भी दंगे के लिए आपराधिक ज़िम्मेदारी राजनीतिक नेतृत्व पर थोपना कभी भी आसान नहीं रहा है, चाहे वह 1984 में राजीव गांधी रहे हों या फिर 2002 में मोदी। मोदी को सत्ता में आए हुए सिर्फ पांच ही महीने हुए थे जब ये दंगे हुए जबकि राजीव गांधी को तो 24 घंटे भी नहीं हुए थे। मोदी के समर्थक मुझसे दावा करते थे कि जब हिंसा भड़की तो प्रशासन पर उनके नेता का पूरी तरह नियंत्रण नहीं था। मोदी के एक सहायक के अनुसार, 'वह रोकना चाहते थे लेकिन व्यवस्था पर उनकी पकड़ नहीं थी। न ही हर एक मंत्री उनकी बात सुनेगा,' क्योंकि गोधरा कांड होने से कुछ ही दिन पहले मुख्यमंत्री ने उपचुनाव जीता था। बाद के सालों में एक सख्त और कारगर शासक की छवि बनाने वाला यह नेता साफ साफ अपने कर्तव्यों के प्रति लापरवाह नज़र आ रहा था। सुशासन में निश्चित ही कानून और व्यवस्था की मशीनरी पर प्रभावी अंकुश भी शामिल है ताकि दंगों को शुरू होते ही कुचला जा सके।

संभवतः सच्चाई यह है कि फरवरी 2002 में गुजरात के असली बॉस मोदी नहीं बल्कि विश्व हिंदू परिषद के महासचिव प्रवीण तोगड़िया थे। इन दंगों का यदि कोई रिंगमास्टर था तो वह डॉक्टर से हिंदुत्व के दलपति बने तोगड़िया थे। तेज़तर्रार तोगड़िया का ही जलवा था और इस दौरान उन्हीं की तूती बोल रही थी। कई मंत्री उनके आगे नतमस्तक थे और सड़क पर घूम रहे समर्थक उनके वफादार थे। ऐसा लगता है कि कई बार तो मोदी भी उससे भय खाते थे।

विश्व हिंदू परिषद और बजरंग दल ने 1980 के राम जन्म भूमि आंदोलन से गुजरात में अपना बहुत मज़बूत नेटवर्क बना लिया था और डॉक्टर से हिंदुत्व के मसीहा बन रहे तोगड़िया राज्य में दूसरा सत्ता केंद्र बनकर उभरे थे। सड़कों पर विहिप के कार्यकर्ता ही नज़र आ रहे थे और वे ही अल्पसंख्यकों को अपने हमले का निशाना बना रहे थे। अहमदाबाद के नरोदा पाटिया में हुए नरसंहार में 97 व्यक्ति मारे गए थे। इस मामले में जो गिरफ्तार हुए और बाद में दोषी ठहराए गए उनमें इलाके के विहिप के प्रमुख नेता भी शामिल थे। नरेंद्र मोदी ने हालांकि हिंसा की घटनाओं में अपनी किसी प्रकार की संलिप्तता स्वीकार नहीं की लेकिन तोगड़िया इस मामले में अपनी भूमिका पर गर्व महसूस करते हुए

अधिक प्रखर थे। तोगड़िया ने एक इंटरव्यू में मुझसे कहा, 'यदि हमारे उपर हमला हुआ तो क्या आप हमसे खामोश रहने की अपेक्षा करते हैं? इन इस्लामिक आतंकियों को सबक सिखाना होगा।'

बाद के सालों में मोदी ने तोगड़िया पर अंकुश पा लिया और एक तरह से उन्हें अलग थलग ही कर दिया, लेकिन 2002 की खूनी हिंसा के दौरान वह ऐसा करने में विफल रहे। यह आज भी एक अनुत्तरित सवाल है कि क्या ऐसा जानबूझ कर किया गया या अंजाने में ऐसा हुआ लेकिन इसका जवाब तो वही दे सकते हैं। हां, इसका राजनीतिक लाभ हुआ और हिंदू वोट बैंक अधिक मज़बूत हो गया। मोदी शायद इस सवाल का जवाब कभी नहीं देंगे लेकिन यह संभव है कि पद संभाले अभी उन्हें पांच महीने ही हुए थे और उन्होंने फैसला किया हो कि सड़कों पर बला लेने की खून जमा देने वाली इच्छा जताने वालों के खिलाफ कार्रवाई नहीं करना ही समझदारी भी राजनीतिक रणनीति या शायद मौकापरस्ती है। भले ही यदि वह हिंसा को रोकना चाहते थे तो भी उन्होंने विहिप के गुंडों को सीधे चुनौती देना उचित नहीं समझा। इससे भी बढ़कर, तोगड़िया वृहद संघ परिवार का हिस्सा थे जो राज्य में भाजपा सरकार में आनुपातिक हिस्सेदारी का दावा करता था। तोगड़िया और मोदी दोनों ही उसी परिवार का हिस्सा थे। मोदी की कार्यशैली और आचरण की इस तरह व्याख्या की जा सकती है कि शायद यह जानबूझ कर अपनी आत्मरक्षा के लिए अपनाई गई रणनीति थी जिसमें सैकड़ों निर्दोष लोगों की जान चली गई।

अपने ही कैडर द्वारा की जा रही हिंसा के कारण दिल्ली में मोदी के संरक्षक वाजपेयी और आडवाणी के सामने यह परीक्षा की घड़ी थी कि क्या अब वह अपने ही मुख्यमंत्री के खिलाफ कार्रवाई करेंगे। दंगों के करीब एक महीने बाद वाजपेयी अहमदाबाद की यात्रा पर आए तो उन्होंने शांति बनाए रखने के लिए एक नेता के राजधर्म जैसे गुण के बारे में कहा। वाजपेयी की प्रेस कॉन्फ्रेंस में मैं मौजूद था और मोदी के हाव भाव पर पैनी निगाह रखे था लेकिन उनके चेहरे पर मुझे पश्चाताप के भाव नज़र नहीं आए।

गुजरात दंगों के तुरंत बाद ही भाजपा के भीतर और राजनीतिक व्यवस्था में तेज़ी से मंथन होने लगा। विपक्ष जहां उनके पीछे पड़ा था वहीं अंतरराष्ट्रीय मानवाधिकार संगठन इन दंगों की व्यापक जांच की मांग कर रहे थे। मीडिया और न्यायपालिका भी लगातार असहजता पैदा करने वाले सवाल कर रही थी। इस राजनीतिक मसले को उसी साल अप्रैल में गोवा में हुई भाजपा की राष्ट्रीय कार्यकारिणी की बैठक में किसी न किसी रूप में हल किया जाना था। मैं गुजरात

से ही मोदी के साथ रहा और एक बार फिर निजी संबंधों के सहारे यात्रा शुरू की। मेरा जन्म अहमदाबाद में हुआ था जबकि मेरे स्वर्गीय पिता का जन्म गोवा के मडगांव में हुआ था। गोवा के खुशनुमा और सुहावने माहौल में मोदी के भाग्य का फैसला होना था।

अप्रैल 2002 के शुरू में गोवा में पणजी के मीरामार बीच इलाके में स्थित आलीशान मैरियट होटल गुजरात के मुख्यमंत्री के भाग्य का फैसला करने के लिए शायद उपयुक्त स्थान नहीं था। यह देखकर अचरज हुआ कि पुराने वक्त के धोती और कुर्ता पहने आरएसएस के नेता होटल के तरणताल और आसपास बिकनी पहने महिलाओं के करीब चल रहे थे! लेकिन वहां एकत्र हुए संघ के बाकी लोगों का ध्यान पूरी तरह मोदी पर ही केंद्रित था। वह पार्टी की राष्ट्रीय कार्यकारिणी और मंथन बैठक में पहुंचे तो उन्होंने मुझसे दावा किया कि वह इस्तीफा देने के लिए तैयार हैं। मुझे याद है कि मैंने 'न्यूज़ फ़्लैश' भी भेजा। मोदी ने बैठक में संक्षिप्त भाषण दिया।

मोदी ने कहा, 'मैं गुजरात के मामले में बोलना चाहता हूं। पार्टी के नज़रिए से यह गंभीर मसला है। इस पर खुलकर और स्पष्ट रूप से विचार विमर्श की आवश्यकता है। इसका मार्ग प्रशस्त करते हुए मैं कार्यकारिणी के समक्ष अपना इस्तीफा पेश करता हूं। यह वह समय है जब यह तय करना होगा कि पार्टी और देश इससे आगे किस दिशा में जाएगा।'

चर्चा का विषय यह था कि इस्तीफे की यह पेशकश आकस्मिक थी या फिर संकट की इस घड़ी में उनका समर्थन करने के लिए पार्टी को बाध्य करने की सोची-समझी रणनीति थी। भाजपा का शीर्ष नेतृत्व इस मसले पर एकमत नहीं था जबकि आरएसएस पूरी तरह मोदी के साथ खड़ा था। लाल कृष्ण आडवाणी का साफ मानना था कि यदि मोदी ने इस्तीफा दिया तो पार्टी गुजरात में मतदाताओं का सामना नहीं कर सकेगी। 'छद्म धर्मनिरपेक्षवादी' इससे सहमत नहीं हो सकते लेकिन गोधरा कांड के बाद मोदी 'हिंदुओं के हितों' के सबसे बड़े रक्षक के रूप में उभर कर सामने आए। आडवाणी के भाषण का लब्बोलुआब था कि वह हमारे कैडर के हीरो हैं। वाजपेयी का भी नज़रिया एकदम साफ था: दंगों पर काबू पाने में मोदी की विफलता राजग पर एक बदनुमा दाग है और इससे केंद्र में सत्तारूढ़ गठबंधन में दरार पड़नी शुरू हो सकती है। अंत में आडवाणी के तर्क काम आए और कार्यकारिणी ने मोदी का इस्तीफा अस्वीकार कर दिया। पार्टी ने हिंदुत्व की वैचारिकता में अपना विश्वास दोहराया जो कैडर में उत्साह पैदा करता है और

अधिक जोश तथा प्रभावी तरीके से मतदाताओं को आकर्षित करता है।

कुछ सालों बाद, मैं इंडिया इंटरनेशनल सेंटर के बार में वाजपेयी के सर्वशक्तिमान प्रधान सचिव बृजेश मिश्र के साथ बैठकर चर्चा कर रहा था और यह जानना चाहता था कि आखिर प्रधानमंत्री इतनी आसानी से कैसे मान गए। मिश्रा ने निरर्थक समय बर्बाद किए बगैर ही तपाक से कहा, 'बात साफ है। वाजपेयी तो मोदी का इस्तीफा चाहते थे। हालांकि वह सरकार के मुखिया थे लेकिन पार्टी उनकी नहीं थी। भाजपा कांग्रेस जैसी नहीं है। यदि पार्टी और आरएसएस एकसाथ हो गए तो वाजपेयी जैसा प्रधानमंत्री भी अपनी बात नहीं मनवा सकते।' 2004 आम चुनाव में हुए अनपेक्षित पराजय के बाद वाजपेयी ने स्वीकार किया कि मोदी को उस समय पद से नहीं हटाना गलती थी। मेरा नज़रिया थोड़ा अलग है। मेरा मानना है कि 2002 के उस उन्मादी दौर में वाजपेयी के लिए मोदी का इस्तीफा बहुत आसान नहीं होता। गोधरा और उसके बाद भड़के दंगों की वजह से मोदी की छवि हिंदू हृदय सम्राट की बन गई थी। वह इस समय भगवा समुदाय का प्रतिनिधित्व कर रहे थे। दंगों की पीड़ा के दौरान ही एक नए नेता का उदय हुआ था। इसके विपरीत, वाजपेयी तो गठबंधन सरकार का सिर्फ सर्वस्वीकार्य चेहरा थे।

मोदी के इस्तीफे की पेशकश को ठुकराने के फैसले ने गोवा में उपस्थित नेताओं, कार्यकर्ताओं और समर्थकों में नया जोश पैदा कर दिया। सारा वातावरण 'मोदी ज़िंदाबाद' और 'देश का नेता कैसा हो, नरेंद्र मोदी जैसा हो' जैसे नारों से गूंज उठा। मैरियट होटल में टिके विदेशी मेहमान सोच रहे होंगे कि मानो वे भटक कर किसी विजय जुलूस में गलती से शामिल हो गए हैं। उसी शाम मैं मोदी से मिलने में सफल रहा। मोदी की वही चिरपरिचित आक्रामक शैली फिर लौट आई थी। मोदी ने विजयी मुद्रा में कहा, 'मीडिया और छद्‌म धर्मनिरपेक्षता वाला एक वर्ग गुजरात की जनता के विरुद्ध षडयंत्र कर रहा था हम ऐसा नहीं होने देंगे।'

मोदी को एक बार फिर अपना अंदाज़ और प्रचार का हथियार मिल गया था। उस क्षण के बाद से ही मोदी ने खुद को छह करोड़ गुजरातियों और उनके दुख सुख तथा अपेक्षाओं के प्रतिनिधि के रूप में पेश करना शुरू कर दिया। इस तरह मोदी को निशाना बनाने का मतलब गुजरातियों को निशाना बनाना हो गया। वह 2002 के खलनायक नहीं बल्कि पीड़ित थे। उन्होंने 'आतंकवादियों' से राज्य की रक्षा की थी और जनता को संरक्षण दिया था लेकिन इसके बावजूद 'छद्‌म धर्मनिरपेक्षता वाले' उनके पीछे पड़े थे। अब उन्हें सीधे तौर में दंगों और

हिंदू मुस्लिम रिश्तों का ज़िक्र करने की ज़रूरत नहीं थी। गोधरा ने मतदाताओं को छिपा हुआ संदेश दे दिया था और यदि इसे अधिक ज़ोर से कहने की ज़रूरत थी तो इसके लिए तोगड़िया जैसे लोग हमेशा ही उपलब्ध थे।

राजनीतिक समीकरण अनुकूल देख मोदी ने विधान सभा का कार्यकाल पूरा होने से आठ महीने पहले ही उसी साल जुलाई में चुनाव में जाने का फैसला किया। लेकिन निर्वाचन आयोग ने कानून व्यवस्था की स्थिति और दंगों से प्रभावित परिवारों के पुनर्वास की आवश्यकता का हवाला देते हुए जल्द चुनाव का उनका फैसला अस्वीकार कर दिया। इसके बाद मुख्य निर्वाचन आयुक्त सिर्फ जे. एम. लिंगदोह नहीं रह गए बल्कि मोदी उन्हें उपहासपूर्ण तरीके से जेम्स माइकल लिंगदोह कह कर पुकारने लगे। इस तरह उनका मकसद मुख्य निर्वाचन आयुक्त के ईसाई होने की पहचान पर ज़ोर देना था। यह मोदी की राजनीति की शुरुआत थी जिसमें राजनीतिक दृष्टि से सही आचरण और राजनीतिक दृष्टि से समयोचित के बीच की लक्ष्मण रेखा को सहजता से लांघा जाने वाला था।

टकराव की ओर बढ़ते मोदी ने दिसंबर में होने वाली गुजरात गौरव यात्रा कार्यक्रम में बदलाव करते हुए चुनावों से पहले राज्यव्यापी गुजरात गौरव यात्रा शुरू कर दी। मोदी का दावा था कि वह गुजराती 'गौरव' का भाव जगाना चाहते थे जो उनके हिसाब से अनुचित तरीके से दंगों की आलोचना करके तार-तार कर दी गई थी। हकीकत यह थी कि मोदी राज्य के हिंदू बहुल मतदाताओं को यह अहसास कराना चाहते थे कि किस तरह उन्होंने अपनी व्यक्तिगत प्रतिष्ठा दांव पर लगाकर उनके हितों की 'रक्षा' की। इस यात्रा के दौरान एक नया नारा 'देखो देखो कौन आया, गुजरात का शेर आया' बुलंद किया गया। मोदी को अब गिर के शेर और आधुनिक समय के सरदार पटेल की भूमिका में पेश किया जाने लगा।

गौरव यात्रा सितंबर में फगवेल गांव में स्थित भतीजी महाराज के मंदिर से शुरू हुई। मैं प्रेस दीर्घा में पहली कतार में बैठा था जब मोदी की नज़र मुझ पर पड़ी। अपने भाषण में मेरी ओर इशारा करते हुए मोदी ने कहा, 'कुछ पत्रकार दिल्ली से आए हुए हैं और हमारे गुजरात को निशाना बना रहे हैं। वे कहते हैं कि हम दंगों पर नियंत्रण पाने में विफल रहे और हमने शांतिप्रिय गुजरात की छवि को नुकसान पहुंचा दिया लेकिन आप मुझे बताइए, क्या हम गुजरात के खिलाफ इस षड्यंत्र को जारी रहने दें?'

मोदी ने आक्रामक रुख अपना लिया था। अगले चार सप्ताह मोदी ने गौरव यात्रा के दौरान खुद को गुजरात के 'रक्षक' के रूप में पेश किया। इसी यात्रा के दौरान जब 24 सितंबर को अक्षरधाम मंदिर पर हमला हुआ तो मोदी ने इस

विपरीत परिस्थिति को भी एक अवसर में बदल दिया। इस घटना ने उन्हें पाकिस्तान, विशेषकर उसके राष्ट्रपति परवेज मुशर्रफ, पर हमला बोलने का मौका दे दिया। अपने प्रत्येक भाषण में वह उन्हें 'मियां मुशर्रफ' कह कर संबोधित करते थे और आतंकवाद के लिए उन्हें ही ज़िम्मेदार ठहराते। सार्वजनिक रूप से भले ही निशाना मुशर्रफ रहे हों लेकिन इसका संदेश स्थानीय मुस्लिम समूहों के लिए था और हो भी क्यों नहीं, क्योंकि गोधरा ट्रेन अग्निकांड की यादें अभी भी जनता के मनमानस में ताज़ी थीं।

एक अलग सांप्रदायिक रंग लिए हुए यह गौरव यात्रा नौ सितंबर को बेचारजी की रैली में नज़र आयी जब विषवमन करते हुए कटुभाषण दिया गया। इसी रैली में मोदी ने दंगा राहत शिविरों को 'बच्चे पैदा करने वाले केंद्रों' के रूप में इंगित करते हुए अपने चिरपरिचित अंदाज़ में कहा, 'हम पांच हमारे पच्चीस।' एक प्रशंसक मधु किश्वर को दिए एक इंटरव्यू में मोदी ने दावा किया कि वह राहत शिविरों का नहीं बल्कि देश की आबादी की समस्या का ज़िक्र कर रहे थे। उन्होंने उनसे कहा, 'यह जुमला राहत शिविरों को निशाना बनाने के लिए नहीं बोला गया था। मैं आज भी कहता हूं कि हमारे देश की जनसंख्या तेज़ी से बढ़ रही है। आज यदि एक किसान के पास बेटे हैं तो जल्दी ही वे 25 पैदा करेंगे।'

मोदी के इस स्पष्टीकरण से कुछ ही सहमत होंगे। इन दंगों की पृष्ठभूमि में ही इस गौरव यात्रा का आयोजन हो रहा था। इस हिंसा के दौरान तार तार हुए सांप्रदायिक रिश्ते और भय तथा नफरत का माहौल मोदी के भाषणों के लहजे को तय कर रहा था। राज्य में विपक्षी कांग्रेस के दिवालियापन और कानून की सीमाओं के कारण वह धार्मिक प्रभाव छोड़ने वाली अपील खुल्लमखुल्ला करके भी बच निकले। इन यात्राओं के ज़रिए एजेंडा तय कर दिया गया था और अब सिर्फ जनता के फैसले का इंतज़ार था।

चुनाव का बहुप्रतीक्षित फैसला 5 दिसंबर 2002 को आ गया। चुनाव नतीजे से एक दिन पहले ही रात में गुजरात के प्रभारी कांग्रेस महासचिव कमल नाथ ने मुझे टेलीफोन किया तो वह पूर्ण विश्वास से लबरेज थे। कमलनाथ नौ बार से लोक सभा के सदस्य हैं और उनमें एक अकड़ थी जो अब कांग्रेस से बहुत तेज़ी से गायब हो रही है। कमलनाथ ने कहा, 'राजदीप, आओ डिनर की शर्त लगाते हैं। तुम इस बार बहुत बुरी तरह गलत साबित हो रहे हो।' सिर्फ एक दिन पहले ही मैंने टेलीविज़न पर अपने चुनाव विश्लेषण कार्यक्रम में मोदी के दो तिहाई बहुमत से चुनाव जीतने की संभावना व्यक्त की थी। मतदान बाद के अधिकांश सर्वेक्षण अपने अनुमानों को लेकर कुछ अधिक सतर्क और सावधान

थे। मेरा तर्क साधारण थाः गोधरा कांड के बाद के दंगों ने गुजरात को धार्मिक आधार पर बांट दिया है और हिंदू वोट बैंक पूरी तरह मोदी के साथ खड़ा हो गया है। कमलनाथ निर्वाचन क्षेत्रों और क्षेत्रों के माइक्रो विवरण के आधार पर तर्क दे रहे थे।

उस मौके पर मैं सही साबित हुआ और अनुभवी राजनीतिक कमलनाथ गलत साबित हुए। (हालांकि उन्हें अभी मुझे डिनर कराना है)। इस चुनाव में भाजपा ने 126 सीटों पर शानदार विजय हासिल की और कांग्रेस 51 सीटों पर सिमट कर रह गई। भाजपा ने उत्तरी और मध्य गुजरात के दंगा प्रभावित इलाकों में कांग्रेस का सफाया कर दिया जिसने इस धारणा को और बल प्रदान किया कि सांप्रदायिक हिंसा ने सिर्फ मतदाताओं का ध्रुवीकरण किया है। मोदी की रणनीति ने काम किया।

उस शाम भाजपा मुख्यालय में मोदी मेरे साथ 'लाइव इंटरव्यू' के लिए तैयार हो गए। कार्यकर्ताओं में सिर्फ उत्साह और जोश ही नहीं भरा हुआ था बल्कि उनमें प्रतिशोध ले लेने का भाव भी भरपूर था। बाहर एकत्र हुआ एक बड़ा जनसमूह उन लोगों को 'सबक सिखाना' चाहता था जिन्होंने गुजरात और उसके मुख्यमंत्री की प्रतिष्ठा को मलिन करने का प्रयास किया था। कुछ पत्रकारों को तो भीड़ के आक्रोश से बचने के लिए मुख्यायलय के पिछले दरवाज़े से बचकर निकलना पड़ा था। स्थिति को शांत करने की बजाये मोदी ने उपदेश देना शुरू कर दियाः 'आज आप सभी को गुजरात की जनता से माफी मांगनी चाहिए जिसने आपको करारा जवाब दिया है।' अपने समर्थकों से घिरे मोदी उकसाने वाली मुद्रा में थे। उनकी आंखों में दृढ़ता, एक उंगली कैमरे की ओर इशारा करती और चेहरा भावविहीन। ये मेरा एक सबसे मुश्किल साक्षात्कार था।

उस साल *इंडिया टुडे* पत्रिका ने मोदी को अपनी पत्रिका के लिए साल का न्यूज़मेकर चुना था। पत्रिका ने अप्रैल 2002 के अंक की कवर स्टोरी में मोदी को 'द हीरो ऑफ हैट्रेड' बताया था। इसकी टैगलाइन में कहा गया था : 'अ कल्पेबल मोदी बिकम्स द न्यू इंस्पिरेशंन फार बीजेपी इवेन एज़ दिस अफेन्ड्स द एलाइज़, इन्फ्र्यूरिएट्स द अपोज़ीशन एंड डिवाइड्स द नेशन।' करीब तीन दशक के सार्वजनिक जीवन के बाद संगठनात्मक व्यक्ति से टेलीविज़न पर प्रवक्ता और फिर मुख्यमंत्री बने व्यक्ति आज राष्ट्रीय हस्ती है। आरएसएस के एक प्रचारक ने, जिस पर पहले जनाधार की कमी का आरोप था और जिसने उस साल तक सिर्फ एक ही चुनाव लड़ा था, आखिरकार अपनी पहचान प्राप्त कर ली थी।

2002 के चुनाव में विजय ने मोदी को गुजरात के सुप्रीम नेता के रूप में खुद को स्थापित करने का अवसर प्रदान किया। उन्होंने इस अवसर को गंवाया नहीं। अगले कुछ सालों में उन्होंने बहुत ही करीने से भाजपा के भीतर और बाहर अपने सारे विरोधियों को किनारे कर दिया। कभी-कभी उम्र के साथ वृद्ध हो रहे केशुभाई पटेल की किनारे लगा दिए जाने के बारे में खुसफुसाहट सुनाई पड़ती थी। एक अन्य पूर्व मुख्यमंत्री सुरेश मेहता बेहद सौम्य और शिष्ट व्यक्ति थे और वह किसी प्रकार की चुनौती नहीं थे। भाजपा की प्रदेश इकाई के पूर्व अध्यक्ष कांशीराम राणा को लोकसभा का टिकट नहीं दिया गया था। गुजरात दंगों के दौरान राज्य के गृहमंत्री रहे गोर्धन झडफिया को, जो तोगड़िया के नज़दीकी थे, पार्टी छोड़ने के लिए मज़बूर कर दिया गया था। अंततः उन्होंने अपना ही एक गुट बना लिया था। झडफिया ने एक बार मुझसे कहा था, 'आखिरकार मोदी एक तानाशाह है और वह अपने नेतृत्व पर सवाल उठाने वाले किसी भी व्यक्ति को बर्दाश्त नहीं करेगा।' यह भी विडंबना ही है कि झडफिया 2014 के चुनावों से ठीक पहले फिर भाजपा में लौट आए और उन्हें सार्वजनिक रूप से मोदी को अपना नेता स्वीकार करने के लिए मजबूर होना पड़ा।

यही नहीं, 2002 के चुनावों में भावनाओं को भड़काने में महत्वपूर्ण भूमिका निभाने वाले तोगड़िया को भी किनारे लगा दिया गया। मोदी ने विहिप के स्थानीय कार्यकर्ताओं द्वारा गांधीनगर में सड़क किनारे बनाए गए मंदिरों को भी ध्वस्त कर दिया। इसके पीछे सिर्फ यही मकसद था कि वह यह संदेश देना चाहते थे कि उनका समर्थन करने के लिए विहिप को कोई विशेष लाभ नहीं देंगे। विश्व हिंदू परिषद के वरिष्ठ नेता अशोक सिंहल ने तो मंदिर ध्वस्त करने की घटना के संदर्भ में मोदी की तुलना मोहम्मद गज़नी से कर दी थी। 1990 में सोमनाथ से अयोध्या रथ यात्रा के दौरान मोदी का उद्भव हुआ और सालों बाद आहत तोगड़िया ने एक इंटरव्यू में मुझसे कहा, 'हमारा मोदी से कुछ लेना देना नहीं है। वह गुजरात के मुख्यमंत्री हैं, हम सभी हिंदुओं के साथ हैं।'

शायद, अहमदाबाद से भाजपा के ताकतवर नेता हरेन पाण्ड्या से मोदी के नेतृत्व को सबसे विवादास्पद चुनौती मिली थी। मोदी की तरह ही पाण्ड्या दृढ़ इच्छा शक्ति और चमत्कारिक व्यक्तित्व वाले थे। वह दो बार से विधायक थे और केशुभाई पटेल सरकार में राज्य के गृह मंत्री रह चुके थे। मोदी चाहते थे कि पाण्ड्या अहमदाबाद में एलिसब्रिज सीट उनके लिए छोड़ दें। पाण्ड्या ने ऐसा करने से इन्कार कर दिया और अंततः इसे लेकर एक अशोभनीय संघर्ष शुरू हो गया।

दंगों के दौरान पाण्ड्या की भूमिका पर भी सवाल उठ रहे थे। एक से अधिक लोगों का कहना था कि शहर में वह भी दंगाइयों के नेताओं में शामिल थे। इसके बावजूद, दंगों के कुछ दिन बाद वह अहमदाबाद में हमारे कार्यालय में आए और हमें एक धमाकेदार स्टोरी के बारे में बताया। पाण्डया ने कहा, 'मेरे पास सबूत हैं कि मोदी ने दंगों को पनपने दिया।' उन्होंने दावा किया, '27 फरवरी की रात मोदी ने वरिष्ठ अधिकारियों को तलब किया और उनसे कहा कि 'जनता को अपना आक्रोश 'निकालने दो।'' मैंने पाण्डया से कहा कि वह यह सब रिकॉर्ड पर बोलें लेकिन उन्होंने ऐसा करने से इन्कार कर दिया। हां, उन्होंने मुझे कुछ दस्तावेज़ दिए जिससे पता चलता था कि गुजरात सरकार सर्वे कराकर यह पता लगाने की कोशिश कर रही है कि ये दंगे राजनीतिक दृष्टि से मतदाताओं को किस तरह प्रभावित करेंगे।

पाण्ड्या ने हालांकि रिकार्ड पर मुझे कुछ नहीं कहा लेकिन उन्होंने उसी साल मई महीने में एक सेवानिवृत्त न्यायाधीश की अध्यक्षता वाली सिटीज़ंस न्यायाधिकरण से कहा। अगस्त 2002 में पाण्डया को पार्टी का अनुशासन तोड़ने के आरोप में सरकार से हटा दिया गया था। दिसंबर में, मोदी ने यह सुनिश्चित किया कि पाण्डया को चुनाव के लिए टिकट नहीं मिले और वह स्वयं पार्टी नेतृत्व पर दबाव बनाने के लिए अस्पताल में भर्ती रहे। 26 मार्च, 2003 को पाण्ड्या सुबह टहलने जा रहे थे कि रास्ते में ही उन्हें गोलियों से भून दिया गया। पाण्ड्या के हत्यारे आज तक पकड़े नहीं जा सके, हालांकि पाण्ड्या के परिवार ने मोदी की ओर उंगली भी उठाई थी। एक वरिष्ठ पुलिस अधिकारी ने मुझसे कहा था, 'यह सुपारी देकर कराई गई हत्या है लेकिन ऐसा किसने किया हमें कभी पता नहीं चलेगा।'

उल्लेखनीय बात यह थी कि तमाम हंगामे और विवादों के दौरान मोदी का ध्यान अपने राजनीतिक लक्ष्य पर ही केंद्रित रहा। वह भाजपा की अंदरूनी लड़ाई में विजयी रहे थे और अब वह इससे आगे जाकर अपनी छाप छोड़ना चाहते थे। इस दौरान 2003 और 2007 के बीच मोदी ने सरकारी प्रणाली और इसे चलाने के गुर सीखने में अधिकांश समय लगाया। वह कई बार तो 18-18 घंटे तक बगैर थकने के बावजूद करते थे क्योंकि वह एक नया पथ निर्धारित करने के प्रति कृतसंकल्प थे। उन्होंने अपने मंत्रियों पर भरोसा नहीं किया लेकिन उन्होंने नौकरशाहों में भरपूर भरोसा जगाया। हो सकता है कि उन्हें लगता हो कि नौकरशाह उनकी सत्ता को अधिक चुनौती नहीं दे सकेंगे। उन्होंने अपने आसपास ऐसे नौकरशाहों का दल तैयार किया जो उनके प्रति पूरी तरह वफादार थे। भारतीय

प्रशासनिक सेवा के एक अधिकारी ने मुझसे कहा, 'मोदी स्पष्ट आदेश देते हैं और फिर उस पर अमल करने की हमें छूट देते हैं। एक नौकरशाह को और क्या चाहिए?' कोई भी फाइल लंबे समय तक उनकी मेज़ पर नहीं रहती है। आदेश और स्वच्छता को लेकर वह बेहद तत्पर रहते हैं। वह बेदाग और कागज़ विहीन मेज़ पसंद करते हैं।

तीन आईएएस अधिकारियों, के. कैलाशनाथन, ए. के. शर्मा और जी. सी. मुर्मू की तिकड़ी मोदी के आदमियों के रूप में चर्चित थे। एक अन्य नौकरशाह पी. के. मिश्रा ने शुरुआती दिनों में मोदी का मार्गदर्शन किया था। ये सभी लोगों की निगाहों से दूर रहते थे लेकिन पूरी तरह मोदी के प्रति वफादार और परिश्रमी थे। वे ठीक उसी तरह के व्यक्ति थे जिन्हें मोदी अपने आसपास रखना पसंद करते थे। गांधीनगर से हमेशा ही यह सुनने को मिलता था कि वे मोदी मंत्रिमंडल के किसी भी मंत्री से अधिक ताकतवर हैं। यह सही भी था। मोदी के मंत्रिमंडल की बैठक आधे घंटे से भी कम समय के लिए होती थी जबकि वह इससे कहीं अधिक वक्त नौकरशाहों की प्रस्तुतियां सुनने में लगाते थे। बाहर से एक आत्मविश्वासी व्यक्ति के रूप में मोदी ऐसा लगता था कि अपने राजनीतिक सहयोगियों से कुछ दूरी बनाकर रखते हैं। एक समय तो उन्होंने अपने पास 14 विभाग रखे–इस वजह से निश्चित ही उनके सहयोगी उनसे नाखुश थे।

एक बार एक असंतुष्ट मंत्री मुझसे मिलने दिल्ली आया। इस वरिष्ठ मंत्री ने कहा, 'राजदीपजी, मैं सरकार से हटने की सोच रहा हूं। मोदीजी मुझपर भरोसा नहीं करते हैं। वह अभी भी सोचते हैं कि मैं केशुभाई का आदमी हूं।' कुछ महीने बाद जब मैं इस मंत्री से मिला तो मैंने उनसे पूछा कि उन्होंने अभी तक इस्तीफा क्यों नहीं दिया? इस पर उन्होंने कहा, 'देखिए, मैंने महसूस किया कि गुजरात में यदि आप राजनीति में प्रासंगिक रहना चाहते है तो आपके पास मोदी के साथ रहने के अलावा कोई दूसरा विकल्प नहीं है।'

यह मंत्री सही थे। वे कहते हैं कि गुजरातियों का हमेशा से व्यावहारिक कारोबार तो धंधा ही है। सबसे तेज़ दिमाग वाले व्यक्ति धंधे में अपना रास्ता खोज ही लेते हैं। राजनीति शायद ही किसी प्रकार की प्रतिभा को अपनी ओर आकर्षित करती है। कांग्रेस, विशेषरूप से, तेज़ी से पतन की ओर बढ़ रही थी क्योंकि वह स्थानीय नेतृत्व को अधिकार नहीं देने की चिरपरिचित समस्या से ग्रस्त थी। उनके मुख्य नेता शंकर सिंह बाघेला ने अपने राजनीतिक जीवन का अधिकांश समय भाजपा में गुज़ारा था। कांग्रेसी अक्सर मुझसे कहते थे, 'हम आरएसएस का मुकाबला कैसे करें जब हमने ही गुजरात में आरएसएस के व्यक्ति

को अपना चेहरा बना रखा है।'

अपने राजनीतिक प्रतिद्वंद्वियों से तुलना करने पर मोदी न सिर्फ बहुत तेज़ तर्रार थे बल्कि अपने प्रशासन को नए तरीके अपनाने और लक्ष्य हासिल करने के मामले में उन्हें प्रेरित करने के लिए हमेशा तत्पर रहते थे। गुजरात दंगों ने उन्हें जो भी राजनीतिक लाभ मिला हो, लेकिन ऐसा लगता है कि वह हमेशा ही फिर से अपना रिकार्ड, अपने व्यक्तित्व को फिर से खोजने के लिए उत्सुक रहते थे। उनकी चाहत हमेशा ही अपने विरोधाभासी और कट्टरपंथी राजनीतिक व्यक्तित्व को भुलाकर उससे आगे निकलने की रही है।

उनके नौकरशाहों को दो कार्य दिए गए थे—पहला काम उन योजनाओं को लागू करना था जो जनता को कम से कम समय में अधिक से अधिक लाभ पहुंचाने वाली थीं और यह सुनिश्चित करना था कि परियोजनाओं पर सफलता से अमल होने से मुख्यमंत्री की पहचान एक विकास पसंद नेता के रूप में बने। इस दौरान गुजरात सरकार ने अनेक परियोजनाएं शुरू कीं। इन परियोजनाओं का उद्देश्य बालिकाओं की शिक्षा से लेकर आदिवासी इलाकों के लिए सिंचाई और पेयजल कार्यक्रमों को विकसित करना था। इसका लक्ष्य स्पष्ट यह दिखाना था कि गुजरात ऐसा राज्य है तो सुशासन के लिए कृतसंकल्प है और उसका नेता विकास पुरुष है।

इसका एक उदाहरण था मोदी की 'बिजली, सड़क, शिक्षा और पानी' के लिए ज्योतिग्राम योजना। इस योजना को इस तरह बनाया गया था कि इसके अंतर्गत गुजरात, विशेषकर इसके ग्रामीण इलाकों में भी चौबीस घंटे बिजली की आपूर्ति सुनिश्चित की जा सके। इस सुविधा के लिए अनुमानित बाज़ार मूल्य के हिसाब से एक निश्चित दर से पैसा लिया जाना था। इसका भुगतान करने से इन्कार करने वाले किसानों पर दंड लगाया जाएगा जबकि बिजली चोरी करने वालों को जेल भेजने की व्यवस्था की गई थी। आरएसएस समर्थित किसान यूनियनों ने इसका विरोध किया। विपक्ष ने विधान सभा की कार्यवाही ठप्प कर दी। इस तरह के विरोध से बेपरवाह मोदी अपनी इस योजना पर आगे बढ़ते रहे और उन्होंने इसके दीर्घकालीन फायदों के बारे में लोगों को भरोसा दिलाया। मोदी के एक प्रशंसक नौकरशाह की टिप्पणी थी, 'सिर्फ मोदी जैसा दृष्टिकोण रखने वाला व्यक्ति ही इस ज्योतिग्राम योजना को आगे ले जा सकता था।' गुजरात मॉडल का उदय हो चुका था और आने वाले वर्षों में इसके नेता को इसका लाभ मिलेगा। आज स्थिति यह है कि गुजरात की विद्युत आपूर्ति की तुलना कृषि की विकास दर की तरह ही दूसरे राज्यों से होती है और यदि इसमें बाल कुपोषण के आंकड़ों

जैसे कुछ बिंदु परिलक्षित होते भी हैं तो यह संपन्नता के रास्ते पर तेज़ी से बढ़ रहे राज्य के प्रयासों में ढंक जाते हैं।

लेकिन गुजरात मॉडल सिर्फ विकास दर और तेज़ी से विकास के लिए ही नहीं था। यह गुजरात का नेतृत्व कर रहे व्यक्ति की छवि को नए सांचे में ढालने का प्रयास भी था। यह काम उतना ही मुश्किल था जितना मोदी का उनके आलोचकों से बचाव करना जो अभी भी उन्हें दंगों के आइने से ही देखते थे। उदाहरण के लिए, मोदी अपनी कन्या केलावनी परियोजना पर अत्यधिक गर्व करते हैं। 2003 से ही हर साल गुजरात की तेज़ गर्मी में आईएएस अधिकारियों का दल बच्चों, विशेषकर लड़कियों, को शिक्षा प्राप्त करने के लिए ऐसे बच्चों के माता-पिता को तैयार करने के अभियान पर निकल पड़ता है। इस योजना का खाका खुद मोदी ने तैयार किया था। अहमदाबाद स्थित पत्रकार उदय महुआकर ने अपनी किताब *सेंटरस्टेज* में लिखा है कि मोदी ने अपने अधिकारियों से कहा, 'पहले दिन स्कूल जाते वक्त किसी भी बच्चे को रोना क्यों चाहिए? हमें उनके चेहरों पर मुस्कान लाने की ज़रूरत है।' बच्चों को स्कूलों में घर जैसा ही अहसास दिलाने के लिए सांस्कृतिक कार्यक्रम शुरू किए गए। इसके साथ ही स्कूल छोड़ने वाले बच्चों की दर में गिरावट होने लगी और एक दशक में ही स्कूलों में पंजीकरण कराने की दर 74 से बढ़कर 99.25 प्रतिशत हो गई। मोदी ने एक से अधिक मौकों पर मुझसे कहा, 'आज गुजरात के बारे में सकारात्मक खबरें क्यों नहीं दिखाते? कब तक निगेटिव दिखाते रहोगे?'

ऐसा लगता था कि मानो हमेशा ही मोदी अपने बारे में कुछ सिद्ध करना चाहते थे। दंगों ने उनकी प्रशासनिक क्षमता पर एक बड़ा प्रश्नचिह्न लगा दिया था और वह इस दाग को धोना चाहते थे। यह उनकी सिर्फ राष्ट्रीय महत्वाकांक्षा ही नहीं बल्कि यह सालों से अपने आलोचकों को गलत साबित करने के लिए राक्षस पर उसकी मांद में ही विजय पाने की लालसा थी।

इसका एक और दिलचस्प पहलू औद्योगिक जगत से मोदी के रिश्ते थे जिसका ज़िक्र 2012 में कारवां पत्रिका में काफी विस्तार से किया गया था। गुजरात के दंगों के कुछ सप्ताह बाद ही मार्च 2002 में अहमदाबाद में कॉन्फेडरेशन ऑफ इंडियन इंडस्ट्रीज़ के सम्मेलन में बहुप्रतिष्ठित उद्योगपति साइरस गुज़देर ने एक सवाल उठाया–क्या धर्मनिरपेक्षता कारोबार के लिए उत्तम है? और मुसलमानों के घरों पर हमले की तुलना 'नस्ली जनसंहार' से कर दी। यह वहीं नहीं थमा। मैं अप्रैल 2002 में दिल्ली में सीआईआई की परिचर्चा में 'गुजरात एक चौराहे पर' विषय पर बोल रहा था तभी थर्मेक्स समूह की अनु आगा, जो बाद में सोनिया

गांधी की राष्ट्रीय सलाहकार परिषद की सदस्य बनीं, ने कहा कि गुजरात दंगों ने हम सभी को शर्मिंदा कर दिया है। इस बेबाक टिप्पणी के लिए सभागार में उपस्थित लोगों ने खड़े होकर उनका अभिवादन किया। हालांकि आमतौर पर राजनीतिक पसंद के बारे में खुलकर ऐसा प्रदर्शन करने में बहुत सावधानी बरती जाती है।

फरवरी, 2003 में मोदी और औद्योगिक जगत के बीच टकराव ने अधिक खराब रूप ले लिया। देश के दो वरिष्ठतम कॉर्पोरेट नेताओं राहुल बजाज और जमशेद गोदरेज ने गुजरात के मुख्यमंत्री की मौजूदगी में 2002 के दंगों के बारे में खुल कर बोला। 2002 को गुजरात के लिए 'खोया हुआ साल' परिभाषित करते हुए बजाज ने कहा, 'हम जानना चाहते हैं कि आप किसमें विश्वास करते हैं, आप किसके पक्ष में हैं क्योंकि नेतृत्व महत्वपूर्ण है।' मोदी ने तीखी आलोचनाओं को सुना और फिर पलटवार करते हुए कहा, 'आप और आपके छद्म धर्मनिरपेक्ष मित्र गुजरात आ सकते हैं यदि आप जवाब चाहते हैं। मेरी जनता से बात कीजिए। गुजरात देश का सबसे अधिक शांतिप्रिय राज्य है।'

मोदी अब आवेश में थे। वह इस आहत और क्रोध के भाव को अपने साथ गुजरात ले गए। यह आक्रोश ही उनका खुद की नए सिरे से खोज और आलोचना करके सवाल उठाने वालों को मुंहतोड़ जवाब देने का केंद्र बिंदु बन गया। मोदी ने अपने एक भरोसेमंद सहयोगी से कहा, 'इन दिल्लीवालों को गुजरात क्या है यह दिखाना पड़ेगा।' इसके बाद कुछ दिनों के भीतर ही गौतम अडानी के नेतृत्व में कुछ गुजराती कारोबारियों ने एक नया प्रतिद्वंद्वी कारोबार संगठन स्थापित किया और इसका नाम रखा-द रिसर्जेंट ग्रुप आफ गुजरात', और सीआईआई के गुजरात चैप्टर से इस्तीफा देने की मांग की क्योंकि वे राज्य के हितों की रक्षा करने में विफल रहे हैं। सीआईआई विघटन की कगार पर पहुंच गई जिसने इसके महानिदेशक तरुण दास को भाजपा के वरिष्ठ नेता अरुण जेटली के माध्यम से शांति का मार्ग खोजने को मजबूर किया। दास को मोदी के सामने व्यक्तिगत रूप से क्षमायाचना का पत्र देने के लिए बाध्य किया गया। इसमें लिखा था, 'सीआईआई में हम सभी को आपको पीड़ा पहुंचाए जाने का बहुत ही दुख है और मैं इस तरह की गलतफहमी पैदा होने के लिए खेद व्यक्त करता हूं।' मोदी ने भारत के कॉर्पोरेट जगत को यह दिखा दिया था कि बॉस कौन है।

उसी साल गुजरात सरकार ने 'वाइब्रेंट गुजरात समिति' का आयोजन किया। इसका मकसद गुजराती परंपराओं पर ज़ोर देते हुए राज्य को निवेश के भावी केंद्र के रूप में दर्शाना था। मैं 2005 में इस आयोजन में आया था और यह देखकर

चकित रह गया कि इसका आयोजन कितने शानदार तरीके से किया गया था। यह एक सरकार की सिर्फ एक और पहल भर नहीं थी। यह एक शानदार आयोजन था जहां एक व्यक्ति का विशाल व्यक्तित्व ही हर तरफ नज़र आ रहा था। प्रत्येक वक्ता अपना भाषण मुख्यमंत्री की प्रशंसा के साथ शुरू करता था। रिलायंस कम्युनिकेशंस के अनिल अंबानी ने तो एक कदम बढ़कर मोदी की तुलना महात्मा गांधी से कर दी और उन्हें 'किंग आफ किंग्स' के रूप में परिभाषित किया।

कॉर्पोरेट जगत तो अब तक लाइन पर आ गया था लेकिन मीडिया अभी भी अपने अक्खड़पन पर चल रहा था। गुजरात विधान सभा के चुनावों से कुछ सप्ताह पहले 12 अक्तूबर, 2007 को मुझे मोदी के साथ *हिंदुस्तान टाइम्स* लीडरशिपसमिट के एक सत्र का संचालन करने का अवसर मिला। सलीके से केसरिया कुर्ता पहने मैं परिचर्चा का इंतज़ार कर रहा था। विषय था, 'क्षेत्रीय पहचान और राष्ट्रीय गौरव।' इस परिचर्चा में मोदी ने महात्मा गांधी पर पूरी वाक्पटुता के साथ भाषण दिया लेकिन मैं यह पूछने से खुद को रोक नहीं पाया कि क्या 2002 के राजनेता की उनकी भूमिका में बदलाव आ चुका है जब उन्हें उनके विरोधी 'नफरत का हीरो' और यहां तक कि 'जनसंहारक' कहते थे।' इस सवाल ने मोदी की दुखती रग पर हाथ रख दिया था। आक्रामक रूप लेते हुए मोदी ने एक एंकर के रूप में मेरी योग्यता पर सवाल उठाया और कहा कि मेरे तो कुर्ते का रंग भी बदल गया है लेकिन क्या मैं कभी बदलूंगा और गोधरा दंगों के आगे भी देख सकूंगा!

अच्छी बात यह थी कि मोदी ने इस कार्यक्रम का बहिष्कार नहीं किया था। इसके दस दिन बाद ही एक और वरिष्ठ पत्रकार करण थापर सीएनएन-आईबीएन के *डेविल्स एडवोकेट* कार्यक्रम में मोदी का इंटरव्यू कर रहे थे। मैंने करण को इंटरव्यू से पहले ही आगाह कर दिया था कि गोधरा और दंगों के बारे में मोदी बहुत संवेदनशील हैं और हो सके तो वह इस विषय को इंटरव्यू के आखिर के क्षणों में छेड़ें। लेकिन करण की छवि ही आक्रामक (बुलडाक) इंटरव्यूवर की है जो किसी को बख्शते नहीं हैं और सीधे सवाल पूछते हैं। इंटरव्यू शुरू होने के एक या दो मिनट के भीतर ही उन्होंने सवाल किया कि मोदी की एक कुशल प्रशासक की छवि होने के बावजूद उनके आलोचक उन्हें सामूहिक जनसंहार के रूप में ही देखते हैं और क्या वह दंगों से निबटने के मामले में किसी प्रकार का खेद व्यक्त करेंगे? उस बिंदु यह के बाद इस इंटरव्यू के आगे जाने का एक ही रस्था था इंटरव्यू था। एक गिलास पानी मांगने के बाद मोदी ने माइक्रोफोन हटाया और करण को धन्यवाद दिया और इंटरव्यू खत्म। उनके अंतिम वाक्य थे,

'मित्रता जारी रहनी चाहिए। आप यहां आए। मैं प्रसन्न हूं और आपका आभारी हूं। ये आपके विचार हैं, आप जाइए और इन्हें व्यक्त कीजिए। मैं यह इंटरव्यू नहीं कर सकता। तीन या चार सवालों का मैंने आनंद लिया है। अब और नहीं।'

इस तरह से इंटरव्यू का बहिष्कार करने से कोई अन्य नेता होता वह शर्मिंदा होता लेकिन मोदी नहीं हुए। जब मैंने कुछ समय बाद उन्हें फोन किया तो जाने पहचाने अंदाज़ में उनका तीखा जवाब था। मोदी ने कहा, 'आप लोग अपना काम करते रहिए, मैं अपना काम करता रहूंगा।' गुजरात विधान सभा के चुनाव नज़दीक थी और मोदी यह नहीं दिखाना चाहते थे कि उन्होंने अपने पांव पीछे खींचे हैं।

इसी के कुछ दिन बाद, सोनिया गांधी ने चुनाव प्रचार के दौरान कहा, 'जो गुजरात पर शासन कर रहे हैं वे झूठे हैं, बेईमान हैं और मौत के सौदागर हैं।' मोदी इससे आग बबूला हो गए। एक इंटरव्यू में पत्रकार के लिए 'सामूहिक हत्यारे' के रूप में उनका ज़िक्र करना अलग बात थी लेकिन कांग्रेस अध्यक्ष द्वारा 'हत्यारा' पुकारा जाना अलग बात थी। चुनाव में विकास का सकारात्मक मुद्दा तो अब पीछे छूट गया था। मोदी ने इसके बाद तो हर चुनाव सभा में कहीं दावा किया कि कांग्रेस अध्यक्ष ने गुजरात की जनता का अपमान किया है। मोदी ने अपनी वाक्पटुता भरे अंदाज़ में तीखे हमले करते हुए सवाल किया, 'एक पार्टी जो आंतकवाद के विरुद्ध कार्रवाई नहीं कर सकती, हमारे बारे में कैसे कह सकती है। वे हमें मौत का सौदागर कहते हैं। आप मुझे बताइए कि क्या सोहराबुद्दीन जैसे आतंकवादी को मारना अपराध है?' यह गुजरात पुलिस द्वारा एक हत्या के मामले का ज़िक्र था जिसे फर्ज़ी मुठभेड़ का नाम दिया गया। इस चुनाव के दौरान मुस्लिम आतंकवाद, गुजरात गौरव और मोदी को छद्म धर्मनिरपेक्ष सभ्रांत वर्ग से पीड़ित और गुजरात के रक्षक के रूप में पेश करने के मुद्दे ही छाए रहे।

दिसंबर, 2007 में चुनाव के नतीजों ने एक बार फिर पुष्टि की कि कांग्रेस ने चुनाव में आत्मघाती गोल कर लिया और मोदी की रणनीति पूरी तरह सफल रही। भाजपा ने 117 सीटों पर विजय हासिल की जबकि कांग्रेस 59 सीटों तक सिमट गई। एक बार फिर मुख्यमंत्री बन रहे मोदी आत्मविश्वास से लबरेज थे। मोदी ने विजयी चिह्न बनाते हुए पूरी हुंकार के साथ कहा, 'गुजरात की जनता ने मेरे विरोधियों को जवाब दिया है।' वह अब गुजरात के बेताज बादशाह थे। लेकिन दूसरे महत्वाकांक्षी नेताओं की तरह वह अभी और चाहते थे।

दो तारीखें नरेंद्र मोदी के गुजरात के मुख्यमंत्री के रूप में रेखांकित करती हैं। पहली तो 27 फरवरी, 2002—गोधरा में ट्रेन अग्निकांड और मोदी पर थोपे गए

दंगे, अच्छे या बुरे के लिए मोदी की छवि एक हिंदुत्व वाले नेता की बनी। दूसरी सात अक्तूबर 2008। इस दिन टाटा समूह ने घोषणा की कि गुजरात के साणंद में टाटा नैनो का संयंत्र लगाया जाएगा। टाटा की छोटी कार की इस परियोजना के लिए बंगाल के सिंगूर में ज़मीन से बेदखली के लिए ज़बर्दस्त विरोध हुआ और तृणमूल कांग्रेस की नेता ममता बनर्जी ने भी इस विरोध को और भड़काया था। इस विरोध और आंदोलन के कारण वैकल्पिक स्थान खोज रहे टाटा ने कार का कारखाना लगाने के लिए गुजरात में बहुत ही न्यूनतम कीमत पर भूमि उपलब्ध कराने की मोदी की पेशकश को लपक लिया।

उस दिन टाटा समूह के अध्यक्ष रतन टाटा ने मोदी के साथ संयुक्त प्रेस कॉन्फ्रेंस की। टाटा ने कहा, 'यह हमारे लिए विशेष हर्ष और उमंग का अवसर है। कुछ दुखद अनुभवों से गुज़रते हुए हमें बहुत ही जल्दी एक नया घर मिल गया है। एक अच्छा एम (मोदी) और बुरा एम (ममता) हैं।'

खुशी से ओतप्रोत मोदी ने कहा, 'मैं टाटा का यहां स्वागत करता हूं। मेरे लिए यह परियोजना राष्ट्रभाव की भावना से जुड़ी है।' हकीकत तो यह है कि यह मोदी के लिए कारोबारी सौदे या फिर राष्ट्रवाद से भी कहीं अधिक था। यह एक सांकेतिक जीत थी। यह वह क्षण था जो नरेंद्र मोदी को चुनाव में विजय हासिल करने पर प्राप्त नहीं हो सका था और यह था भरोसेमंद प्रशासक के रूप में विश्वसनीयता। 2002 के दंगों के दौरान उनके रवैए ने भाजपा के पारंपरिक दिलों को जीता था जिसने उन्हें एक ऐसे नेता के रूप में पेश किया जो 'इस्लामिक आतंकवाद' और 'छद्म धर्मनिरपेक्षता' के सामने दृढ़ता से खड़ा रहा। रतन टाटा द्वारा समर्थन और उनके साथ कंधे से कंधा मिलाने ने मोदी को एक ऐसी मान्यता मिली जिसकी उन्हें गुजरात के बाहर मध्यम वर्ग के साथ ही संभ्रात वर्ग के बीच चाहत थी।

टाटा वैसे भी आखिरकार कोई सामान्य कॉर्पोरेट नहीं है। उन्हें भारत के एक सबसे पुराने और खरे सोने की मानिंद सम्मानित औद्योगिक ब्रांड के रूप में देखा जाता है। उनके पारसी होने की जड़ें गुजरात में ढूंढ़ी जा सकती हैं। टाटा ने भी स्वीकार किया, 'हम अपने घर में हैं। अम्हे अन्हिया ना छे।' मोदी कभी भी इस अवसर को गंवाना नहीं चाहते थे और उन्होंने तुरंत ही उपस्थित लोगों को याद दिलाया कि कैसे सौ साल पहले जमशेदजी टाटा ने सूखे के दौरान मवेशियों की ज़िंदगी बचाने के लिए एक हज़ार रुपए का दान दिया था। यह सब बहुत अच्छा और सहज था। टाटा ज़मीन हासिल करने के लिए बेकरार थे जबकि मोदी फिर से अपनी नई छवि गढ़ने की तलाश में थे।

उसी साल रतन टाटा को सीएनएन-आईबीएन को उद्यमी की श्रेणी में साल का श्रेष्ठ भारतीय चुनाव गया था। ऐसा करने के पीछे मूल वजह यह थी कि टाटा ने दुनिया में खुद को किस तरह से स्थापित किया था। मैंने मोदी के बारे में उनका दृष्टिकोण जानना चाहा। उनका जवाब था, 'वह एक स्फूर्तिमान मुख्यमंत्री हैं जो हमारे लिए और आमतौर पर कारोबार के लिए अच्छे हैं।' लगता था कि सीआईआई 2002-03 काफी पीछे छूट गई थी।

यह वह समय था जब नरेंद्र मोदी की महत्वाकांक्षा गुजरात से आगे जाने के लिए पल्लवित होने लगी थी। उनमें अब एक ऐसे नेता का आत्मविश्वास झलकने लगा था जिसका एकांतवास या कहें कि वनवास खत्म हो चुका था। इस दौरान उन्होंने चीन और जापान जैसे देशों की यात्रा की जिनकी अर्थव्यवस्था और राजनीतिक व्यवस्था की वह काफी समय से प्रशंसक रहे हैं। यह वह समय भी था जब मोदी के जनसंपर्क तंत्र ने उन्हें दुनिया में अधिक 'स्वीकार्य' नेता के रूप में तैयार करने के लिए दिन रात एक कर दिया था। अमेरिका ने दंगों की वजह से उन्हें 2005 में वीज़ा देने से इन्कार कर दिया था लेकिन ओवरसीज़ फ्रेंड्स ऑफ द भाजपा सहित उनके प्रवासी भारतीय समर्थकों कैपिटल हिल में उनके लिए माहौल बनाना शुरू कर दिया था।

कहते हैं कि 2007 में मोदी ने एक वैश्विक जनसंपर्क एजेंसी, एपको की 25 हज़ार अमेरिकी डॉलर प्रति माह पर सेवाएं लीं। उसका काम सिर्फ मोदी और वाइब्रेंट गुजरात की छवि की दुनिया में मार्केटिंग करना था। मोदी का यही कहना था कि उन्होंने अपनी छवि बनाने के लिए जनसंपर्क कंपनी की सेवाएं नहीं ली हैं। लेकिन यह सच्चाई थी कि वह ज़बर्दस्त परिवर्तन के दौर से गुज़र रहे थे। उनके भाषण अधिक सुविचारित होने लगे। मुख्यमंत्री कार्यालय एक 'कोमल' दिल वाले व्यक्ति के रूप में उनकी छवि पेश करने लगा। कभी उन्हें पुस्तक पढ़ते तो कभी बच्चों के साथ खेलते या फिर पतंग उड़ाते हुए दिखाया जाने लगा। ये सब नई पीढ़ी के राजनीतिक व्यक्ति के रूप में मोदी को पेश करने का सुनियोजित तरीका था। चुनिंदा वरिष्ठ पत्रकारों और जनमत बनाने वाले उन नेताओं को विमान से गांधीनगर ले जाया जाने लगा जो मोदी की क्षमताओं के बारे में बेहतरीन बातें लिखेंगे और कसीदे पढ़ेंगे। मोदी ने छद्मलेखक के द्वारा जलवायु परिवर्तन पर एक पुस्तक भी लिखवाई जिसका लोकार्पण पूर्व राष्ट्रपति ए.पी.जे. अब्दुल कलाम ने किया। उन्होंने फेसबुक और ट्विटर पर 2009 में आकर सोशल मीडिया में अपनी उपस्थिति दर्ज कराने की दिशा में पहला कदम बढ़ाया था।

हमेशा सलीके से कपड़े पहनने के कारण उनकी पोशाक 'मोदी कुर्ता' फैशन

बना गया जिसे अहमदाबाद में जेड़ ब्ल्यू दर्ज़ी की दुकान ने डिज़ाइन किया था। एक ही दिन में अलग अलग कार्यक्रमों के लिए वह अवसर के अनुरूप कपड़े पहनने लगे, कई बार तो दिन में तीन चार बार वह अपने कपड़े बदलते थे। वह हमेशा ही पेन के शौकीन थे और अब उनकी जेब में मोन्ट ब्लैंक पेन रहता है। उनका धूप का चश्मा बुलगारी का है जबकि उनकी कलाई में बंधी घड़ियां आकर्षक और मंहगी होती हैं। उनके एक पुराने सहयोगी ने एक बार मुझसे कहा, 'नरेंद्र भाई खुद को सिर्फ गुजरात के मुख्यमंत्री के रूप में ही नहीं देखते—बल्कि वे गुजरात इंक के सीईओ के रूप में भी देखते हैं।'

यह वह समय भी था जब गुजरात सरकार ने ज़ोर शोर से पर्यटन को बढ़ावा देने वाला प्रचार शुरू किया था। दिसंबर, 2009 में अमिताभ बच्चन अभिनीत फिल्म 'पा' प्रदर्शित हुई थी। फिल्म के निर्माता इसे मनोरंजन कर से मुक्त कराने का प्रयास कर रहे थे। बच्चन ने गुजरात के मुख्यमंत्री से मुलाकात की और वह एक शर्त पर सहर्श इसके लिए तैयार हो गए। यह शर्त थी कि अमिताभ बच्चन को गुजरात में पर्यटन के प्रचार प्रसार के लिए उसके ब्रांड एंबसेडर बनना होगा। उस समय तक बच्चन को पूरी तरह समाजवादी पार्टी के खेमे के साथ ही देखा जाता था--उनकी पत्नी जया बच्चन सपा से सांसद थी और अमर सिंह उनके निकट मित्र थे। उन्होंने तो 2007 के विधान सभा चुनाव के दौरान सपा के प्रचार के दौरान 'यूपी में है दम' भी तैयार किया था। अब उन्हें 'खुशबू गुजरात की' के रूप में पहचाना जाना था। धुआंधार विज्ञापन प्रचार के लिए ओग्लिवी एंड माथर की सेवाएं ली गईं। इस मोर्चे पर मोदी ने दूसरे राजनीतिक दलों से बाज़ी मार ली थी।

मोदी जहां एक ओर अपनी स्थिति मज़बूत कर रहे थे, वहीं दूसरी ओर भाजपा समय के मंझधार में फंस गई थी। पार्टी ने 2009 के चुनावों में लाल कृष्ण आडवाणी को इस उम्मीद में प्रधानमंत्री पद के उम्मीदवार के रूप में चुना कि उन्हें मनमोहन सिंह की विनम्र और मृदुभाषी छवि के मुकाबले एक 'सख्त' और निर्णय लेने वाले नेता के रूप में पेश किया जा सकता है। ऐसा लगता है कि एक नए भारत के निर्माण के लिए उत्सुक मतदाताओं में यह इस वयोवृद्ध नेता की संभावनाओं के प्रति उत्साह नहीं भर सका। यही नहीं, भारत-अमेरिका परमाणु संधि के बाद विशेष रूप से शहरी मध्यम वर्ग के बीच 'सिंह इज़ किंग' का नारा चल निकला था। कांग्रेस के नेतृत्व वाले संप्रग ने चुनाव में दूसरी बार विजय हासिल कर ली थी। भाजपा यही सोचने के लिए मजबूर हो गई कि क्या कभी उसके गौरवशाली दिन भी आएंगे।

मोदी भले ही सार्वजनिक रूप से यह स्वीकार नहीं करें, लेकिन यह वही क्षण था जब उन्हें भाजपा के प्रधानमंत्री पद के उम्मीदवार के रूप में अपनी क्षमताओं और सामर्थ्य का अहसास होने लगा था। आडवाणी-वाजपेयी युग का अब पटाक्षेप हो रहा था और पार्टी में नेतृत्व को लेकर रिक्तता का माहौल बन रहा था। प्रमोद महाजन, जिनसे मुझे भाजपा के भावी नेतृत्व की उम्मीद थी, का 2006 में दुखद परिस्थितियों में निधन हो गया था। प्रमोद महाजन की उनके अपने भाई ने ही हत्या कर दी थी। सुषमा स्वराज भीड़ को आकर्षित करने वाली नेता तो थीं लेकिन उनमें पार्टी को नेतृत्व प्रदान करने के राजनीतिक वज़न की कमी नज़र आती थी। अरुण जेटली जनाधार वाले नेता नहीं थे और उन्हें राज्यसभा में निर्वाचन के लिए मोदी की मदद की दरकार थी। पार्टी अध्यक्ष के रूप में राजनाथ सिंह के नेतृत्व में भाजपा हाल ही आम चुनाव हार चुकी थी। ऐसी स्थिति में एक तरह से मोदी ही स्वाभाविक पसंद थे।

सितंबर 2011 में ही यह साफ हो गया था कि मोदी अब दिल्ली की ओर देख रहे हैं जब उन्होंने सद्‌भावना यात्रा शुरू की जिसका उद्‌देश्य मुख्य रूप से मुस्लिम समुदाय तक अपनी पहुंच बनाना था। यह यात्रा गोधरा दंगों के बाद बनी छवि को बदलने का मोदी का यह सबसे सीधा प्रयास था। इस यात्रा पर उस समय विवाद के बादल छा गए जब मोदी ने एक मुस्लिम धर्मगुरु मौलवी सैयद इमाम द्वारा पेश की गई टोपी पहनने से इन्कार कर दिया। बाद में जब मैंने उनसे इस बारे में पूछा तो मोदी का चिरपरिचित अंदाज़ में जवाब था, 'टोपी पहनने से कोई सेकुलर नहीं बनता।' 2014 के चुनाव प्रचार के दौरान ये शब्द मेरे ज़हन में कौंधते रहे जब मोदी ने सार्वजनिक सभाओं में सिख पगड़ी सहित तरह तरह की पगड़ियां पहनीं।

सद्‌भावना यात्रा के दौरान एक बड़ा संदेश दिया जा रहा था जो स्पष्ट था कि हिंदुत्व का प्रतीक अपने मूल रूप का बंदी बनने के लिए तैयार नहीं था। वह खुद को अधिक सर्वमान्य नेता के रूप में स्थापित करना चाहते थे। उनका सभी तक पहुंचने का नारा था, 'सबका साथ, सबका विकास।'

इस यात्रा को सफल बनाने में शामिल व्यक्तियों में बीएमडब्लू कारों के डीलर ज़फर सरेशवाला भी थे। वह कभी मोदी के कट्टर आलोचक थे। उनका दावा था कि 2002 के दंगों में उन्हें ज़बर्दस्त आर्थिक नुकसान हुआ था लेकिन अब वह टेलीविज़न पर मोदी का मुस्लिम चेहरा बन चुके थे। वह जब भी दिल्ली आते तो मेरे लिए अहमदाबाद के प्रसिद्ध मटन समोसे लाते थे और ज़ोर देकर कहते थे कि मोदी अब एक नए इंसान के रूप में आ चुके हैं। सरेशवाला मुझसे

कहते थे, 'मुझ पर विश्वास कीजिये, मोदी की मुसलमानों तक पहुंचने की इच्छा सच्ची है और वह व्यक्तिगत रूप से कई उलेमाओं से मुलाकात कर चुके हैं। यहां तक कि विहिप और भाजपा का कैडर भी इस यात्रा का विरोध कर रहा था लेकिन मोदी झुके नहीं। वह अतीत को भुलाकर सिर्फ भविष्य की ओर देखना चाहते थे।'

गुजरात की सड़कों पर अल्पसंख्यक समूहों की राय भी बंटी हुई थी। यदि आप बड़ौदा विश्वविद्यालय के प्रोफेसर डा. जे. एस. बंदूकवाला जैसे दंगा प्रभावित व्यक्तियों से मिलें तो वह आपसे कहेंगे कि हिंसा पर काबू पाने में विफल रहने के लिए मोदी को थोड़ा तो पश्चाताप करना चाहिए। प्रोफेसर गंभीरता के साथ कहते हैं, 'दंगाइयों ने मेरा घर बर्बाद कर दिया था। मोदी ने एक बार भी मुझसे संपर्क करने या हमारे नुकसान के लिए एकजुटता का भाव नहीं दर्शाया।'

फरवरी, 2012 में मैंने दंगों की दसवीं बरसी पर एक कार्यक्रम किया। मेरी यात्रा मुझे गुलबर्ग सोसायटी ले गई जहां 69 व्यक्ति मारे गए थे और बड़ी संख्या में लापता लोगों की सूची थी। लापता लोगों की सूची में पारसी दंपती दारा और रूपा मोदी का किशोरवय बेटा अज़हर भी शामिल था। दंगे की आग शांत होने के तुरंत बाद मैं अपने स्कूल के मित्र और फिल्म निर्माता राहुल ढोलकिया के साथ मोदी से मिला था। घर की दीवार पर तिरंगा हाथ में लिए अज़हर की तस्वीर लगी थी जो दंगों से कुछ दिन पहले ही उसके स्कूल में हुई गणतंत्र दिवस परेड की थी। राहुल ने अपने बेटे की तलाश में मोदी परिवार के संघर्ष को लेकर एक फिल्म बनाने का फैसला किया था। फिल्म *परज़ानिया* को कई राष्ट्रीय पुरस्कार मिले लेकिन गुजरात में इसका प्रदर्शन नहीं हुआ क्योंकि सिनेमाघर के मालिकों को इसका विरोध होने का भय था।

मैं इस मोदी परिवार के संपर्क में था और साबरमती आश्रम में वृत्त चित्र की शूटिंग कर रहा था। इन वर्षों में गुजरात सरकार से किसी ने भी उनकी मदद करने की कोशिश नहीं की। उनको सिर्फ तीस्ता सीतलवाड़ जैसे मानव अधिकार कार्यकर्ताओं से सहयोग मिला जिन्हें मोदी के लोगों ने राष्ट्र-विरोधी तत्वों के रूप में इंगित किया था। आंसुओं के साथ रूपा मोदी ने मुझसे सवाल किया, 'क्या मोदी जैसा बड़ा आदमी एक बार भी हमारे पास आकर हमसे पूछ नहीं सकता था?' इन सवालों पर मैं भी अपने आंसुओं को रोक नहीं सका।

इसी वृत्तचित्र के सिलसिले में मैं अहमदाबाद के बाहरी छोर पर स्थिति मलिन बस्ती सिटीज़न नगर भी गया था। इस बस्ती में दंगा पीड़ित परिवारों को एक बहुत बड़े कूड़े के ढेर के पास रहने को मजबूर किया गया। एक स्थानीय

व्यक्ति ने काफी आवेश में आकर मुझसे सवाल किया, 'मोदी वाइब्रेंट गुजरात की बात करते हैं, ये वाइब्रेंट गुजरात किनके लिए है, सिर्फ रईसों के लिए? अहमदाबाद शहर के मध्य में स्थित मुस्लिम इलाके जुहापुरा, जिसे कभी शहर की गाज़ा पट्टी कहा जाता था, में भी लोगों का कभी माफ नहीं करने वाला मूड था। इनमें से कई लोगों ने सवाल किया, 'मोदी अपनी मार्केटिंग के लिए हर जगह जा रहे हैं लेकिन एक बार भी वह जुहापुरा क्यों नहीं आए?'

दिलचस्प बात यह थी कि अधिक संपन्न मुसलमानों ने मोदी के साथ अपनी शांति का रास्ता खोज लिया था। अनेक गुजराती बोहरा मुसलमान व्यापारी और कारोबारी हैं--वे मोदी के साथ उस सीमा तक उठने-बैठने और खाने-पीने के लिए तैयार थे जहां तक वह उन्हें सांप्रदायिक सद्भाव बहाल करने और तेज़ी से आर्थिक विकास का भरोसा दे सकें। पुराने शहर में मेरी दादी की इमारत में कई मध्यम वर्गीय मुस्लिम परिवार रहते थे जिन्होंने मोदी के नेतृत्व वाले गुजरात के साथ रहने का समझौता कर लिया था। इन्हीं में से एक ने मुझसे कहा था, 'जब तक हमें सुरक्षा मिल रही है हमें मोदीजी से कोई समस्या नहीं है।' अनेक शिक्षित मुस्लिम युवक भी मोदी को एक मौका देने के लिए तत्पर नज़र आ रहे थे। एक युवा प्रबंधन स्नातक ने अपनी स्थिति स्पष्ट करते हुए कहा, 'दंगे हुए अब दस साल हो चुके हैं, यह समय अब आगे बढ़ने का है।'

इसके बावजूद अभी भी एक सवाल था कि आप आगे कैसे बढ़ेंगे जब आपके और आपके रिश्तेदारों के घर ज़मींदोज़ कर दिए गए हों? मोदी ने दावा किया था कि दंगाइयों के विरुद्ध कानूनी कार्रवाई करने का उनकी सरकार का रिकार्ड कांग्रेस के 1984 के दंगों के सिलसिले में की गई कार्रवाई से कहीं बेहतर है। उनकी ही एक मंत्री माया कोडनानी उन लोगों में शामिल थीं जिन्हें उम्र कैद की सज़ा हुई। और 2002 के बाद से गुजरात में कोई बड़ा सांप्रदायिक दंगा नहीं हुआ है।

लेकिन सच्चाई कुछ अधिक कड़वी और जटिल थी। हां, 1984 बहुत ही शर्मनाक था लेकिन 2002 भी ऐसा ही था। मौत के आंकड़ों की कोई भी तुलना मानव जीवन को जोड़ तोड़ का खेल बना देने और 'मेरे दंगे बनाम तुम्हारे दंगे' तक सिमट कर रह जाएगी। हां, यह भी सही है कि गुजरात में कहीं अधिक सफलतापूर्वक दंगाइयों पर मुकदमे चले, लेकिन यह गुजरात पुलिस के प्रयासों से नहीं बल्कि सिर्फ और सिर्फ उच्चतम न्यायालय की निगरानी में गठित विशेष जांच दल के अथक कार्यों और मुखर कार्यकर्ता तीस्ता सीतलवाड़ के कारण ही संभव हो सका। जिन ईमानदार पुलिस अधिकारियों ने गुजरात सरकार के खिलाफ

गवाही दी उन्हें प्रताड़ित किया गया। दंगा पीड़ितों के लिए अदालत में पेश होने वाले मुकुल सिन्हा जैसे वकीलों का सामाजिक बहिष्कार किया गया। जहां तक गुजरात के दंगा मुक्त होने की बात है तो मैं अहमदाबाद स्थित एक राजनीतक कार्यकर्ता के उस कथन को उद्धृत करना चाहूंगा जो उसने एक बार मुझसे कहा था, 'भाईसाहब, 2002 के इतने बड़े दंगों के बाद आपको छोटे दंगों की ज़रूरत क्या है? मोदी के गुजरात में मुसलमानों को उनकी जगह दिखा दी गई है।'

सद्भावना यात्रा पहला एक अच्छा कदम था, लेकिन यह दंगा पीड़ितों के ज़ख्मों को भरने के लिए पर्याप्त नहीं था। न ही सांकेतिक माफी पर्याप्त थी। मेरे हिसाब से इस वर्ग को मोदी को कहीं अधिक न्याय और हमदर्दी देने की आवश्यकता थी। मोदी ने दंगा पीड़ितों को इसमें से कुछ भी मुहैया नहीं कराया। उनकी हमेशा की शिकायत का समाधान तभी होगा जब वे इस बात से संतुष्ट होंगे कि उनका मुख्यमंत्री उनके प्रति दोयम दर्जे के नागरिक जैसा व्यवहार नहीं करते हैं। अंत में, उच्च स्तर की और टेलीविज़न पर शानदार तरीके से प्रसारित इस सद्भावना यात्रा ने मोदी की छवि को एक ऐसे संभावित राष्ट्रीय नेता का नया रूप देने की सुविचारित रणनीति के रूप में ही काम किया जो अब राजनीति की सीढ़ी चढ़ने के लिए तैयार था।

सवाल यह उठता है कि किस तरह से मोदी के मुसलमानों के साथ रिश्तों की जटिलता का विश्लेषण होना चाहिए? आरएसएस की नर्सरी में पले-बढ़े मोदी का राजनीतिक हिंदुत्व उनका मुख्य वैचारिक सिद्धांत था। उनकी प्रेरणा के मूल स्रोत आरएसएस प्रमुख गुरु गोलवलकर थे जिनके विवादास्पद लेखन, विशेषकर *बंच आफ थॉट्स* भारतीय मुसलमानों को राष्ट्र विरोधी के रूप में देखती थी। मुख्यमंत्री बनने के बाद मोदी सार्वजनिक रूप से गोलवलकर के विचारों का समर्थन नहीं करने के प्रति काफी सजग रहते थे, लेकिन यह महसूस किया जा सकता है कि शुरुआती प्रशिक्षण में मिले ज्ञान से पूरी तरह खुद को कभी अलग नहीं कर सके (गुजरात में मोदी ने एक भी मुसलमान को कभी भी टिकट नहीं दिया था।)

गुजरात में भी हिंदू मुस्लिम टकराव को एक दशक हो चुका था। महात्मा गांधी की धरती पर धार्मिक सहिष्णुता और बहुलतावादी गांधी के सिद्धांत 'मुसलमानों' के प्रति नफरत के भाव के साथ सहअस्तित्व में थे। मैं जब भी अहमदाबाद के बीचों बीच स्थित साबरमती आश्रम गया, तो मुझे सांप्रदायिक विभिन्नता के बीच भी सद्भाव की अनुभूति हुई। सामाजिक दृष्टि से रूढ़िवादी मध्यम वर्गीय गुजरातियों के लिए मोदी ऐसे दृढ़ता वाले हिंदू थे जिनके साथ वे खुद को जोड़ सकते थे।

सद्भावना यात्रा के एक साल बाद सितंबर 2012 मोदी ने एक बार फिर

यात्रा शुरू की। दिसंबर, 2012 के विधान सभा चुनावों से पहले, खराब मानसून की आशंका को लेकर चिंता थी। यह भी आशंका थी कि स्थानीय विधायक मोदी सरकार को चोट पहुंचा सकते हैं। मोदी ने महसूस किया कि उन्हें सीधे मतदाताओं से संपर्क करना होगा। इसी को ध्यान में रखते हुए उन्होंने स्वामी विवेकानंद की 150वी वर्षगांठ मनाने के इरादे से राज्यव्यापी विवेकानंद युवा विकास यात्रा शुरू की, लेकिन इसका मुख्य उद्देश्य आने वाले गुजरात चुनाव के प्रचार की भूमिका तैयार करना था। मोदी लंबे समय से दावा कर रहे थे कि उन्हें विवेकानंद से प्रेरणा मिली है और सार्वजनिक रूप से खुद को उनके साथ संबद्ध करके वह उनकी धार्मिक और वैचारिक विरासत पर अपना एकाधिकार जताने के उचित अवसर की तलाश में थे। एक बार फिर यह मोदी का अपना चिरपरिचित अंदाज़ था--उनमें यह स्वाभाविक योग्यता थी कि राजनीतिक आयोजन का इस तरह से सृजन करते थे जो उनकी हैसियत बढ़ाने में मददगार होगा।

इस यात्रा के दौरान मोदी से मेरी मुलाकात उत्तरी गुजरात के पाटन ज़िले में हुई। इंटरव्यू का सिर्फ सार ही नहीं बल्कि कोरियोग्राफी भी दिलचस्प थी। हम मोदी की इस यात्रा में करीब 150 किमी तक साथ चले। रंगबिरंगी पगड़ी पहने मोदी अपने समर्थकों से घिरे हुए थे। जब अंततः मोदी से उनके विशाल वाहन में मुलाकात का वक्त मिला। इस वाहन में काफी जगह थी। हमने गाड़ी के पिछले हिस्से में इंटरव्यू की तैयारी की जिसमें ठीक से बैठने और रोशनी की भी व्यवस्था थी। लेकिन मोदी ने वहां इंटरव्यू देने से इन्कार कर दिया। उन्होंने कहा, 'मैं ड्राइवर की बगल में बैठूंगा--आपको वहीं मेरा इंटरव्यू लेना होगा जहां मैं हूं।' मैंने कहा, 'लेकिन वहां तो मेरे लिए आपके बगल में बैठने की जगह ही नहीं है, तो मैं कैसे इंटरव्यू करूंगा?' मोदी से मुस्कुराते हुए कहा, 'इसकी व्यवस्था करना आपका काम है।'

आखिरकार मैंने वाहन के पायदान पर खड़े होकर इंटरव्यू किया, कैमरापर्सन वाहन के डैशबोर्ड पर बैठा था। शायद मोदी का यह आचरण मुझे बतौर पत्रकार मेरी जगह दिखाने का तरीका था जो एक सुप्रीम नेता का इंटरव्यू कर रहा है। या यह भी हो सकता है कि वह अंग्रेज़ी भाषी टेलीविज़न मीडिया को उसकी हैसियत दिखाना चाहते जो लगातार उनके पीछे पड़ा हुआ था। इस दिन तक अंग्रेज़ी मीडिया के साथ मोदी के संबंध विरोधात्मक ही बने हुए थे, हालांकि अभी भी अनेक ऐसे थे जो मोदी के गुणगान करने वालों में पहचाने जाने पर खुश होंगे।

हालांकि वह दंगों के लिए माफी मांगने के बारे में किसी भी सवाल पर पहले की तरह ही खामोश रहे और आक्रोश में कैमरा दूर कर दिया लेकिन उन्होंने

मेरे इस सवाल का जवाब दिया कि यदि वह तीसरी बार गुजरात के चुनाव जीते तो क्या वह अब दिल्ली जाना चाहेंगे? उन्होंने अपने आक्रामक अंदाज़ में ही जवाब दिया, 'क्या देश की जनता ने आपको और मीडिया को अगला प्रधानमंत्री खोजने की ज़िम्मेदारी सौंपी है?' मैंने जब सवाल दोहराया कि क्या देश का अगला प्रधानमंत्री गुजरात से होगा, तो उनका जवाब था, 'मैं सिर्फ गुजरात पर ध्यान केंद्रित कर रहा हूं और इसे एक सशक्त राज्य बनाने का सपना देख रहा हूं।'

दिलचस्प यह है कि मैंने मोदी से उनके प्रधानमंत्री बनने की महत्वाकांक्षा के बारे में यही सवाल *हिंदुस्तान टाइम्स* सम्मिट में 2007 में भी पूछा था। उस समय भी, उन्होंने सिर्फ गुजरात प्रेम की बात कही थी और अब भी वह इस राज्य के आगे नहीं सोच रहे थे। उस समय, मैंने उनका विश्वास किया था। अब, उनका जवाब यंत्रवत लग रहा था जिसमें दृढ़ता का अभाव था। जैसे ही वह दूसरी ओर मुखाबित हुए, मैं उनकी आंखों में एक विजेता के जश्न जैसी चमक देख सकता था। इससे मुझे लगा कि गुजरात में जीत तो निश्चित है, और मोदी अब भारतीय राजनीति में सबसे बड़े पुरस्कार पर दावा करने के लिए तैयार हैं।

2

खानदानी विरासत का कैदी

नरेंद्र मोदी के लिए जिस तरह 2012 का साल बहुत ही महत्वपूर्ण था, ठीक उसी तरह कांग्रेस के वारिस राहुल गांधी के लिए भी यह बहुत महत्वपूर्ण था। वह 42 साल के हो रहे थे, भारतीय राजनीति के मानकों के हिसाब से अभी भी 'युवा' थे लेकिन सार्वजनिक जीवन में नौसिखिए नहीं थे। यदि गुजरात विधान सभा चुनाव का मैदान उस साल मोदी के लिए कुरुक्षेत्र था, तो शुरुआत में उत्तर प्रदेश का चुनाव भारतीय राजनीति में सबसे अधिक प्रसिद्ध उपनाम से सुशोभित व्यक्ति की कठिन परीक्षा की घड़ी थी।

आखिरकार, उत्तर प्रदेश देश का सबसे अधिक जनसंख्या वाला सिर्फ राज्य नहीं था--ये तो कई पीढ़ियों से गांधी नेहरू परिवार की कर्मभूमि रहा है। परिवार के नाम ने उन्हें तुरंत ही 'राष्ट्रीय' नेता बना दिया, लेकिन राहुल गांधी को कांग्रेस पार्टी और फिर उससे आगे के लिए इस मैदान पर खुद को खरा साबित भी करना था। राहुल इसे समझ गए थे तभी तो 2011 की गर्मी के अधिकांश दौर में वह उत्तर प्रदेश में धूल फांकते रहे और पश्चिमी उत्तर प्रदेश के भट्टा परसौल गांव में भूमि अधिग्रहण को लेकर चल रहे आंदोलन में उन्होंने गिरफ्तारी भी दी और फिर इसके बाद प्रभावित इलाकों से पदयात्रा शुरू की। कुर्ते की आस्तीनें ऊपर चढ़ाए राहुल गांधी ऐसे लगते थे कि वह अब एक बड़ी लड़ाई के लिए तैयार हैं।

उत्तर प्रदेश में जैसे जैसे चुनाव का माहौल गरम होता रहा, राहुल भीड़ को अपनी ओर आकर्षित करते रहे। उनकी हिंदी में भी सुधार हुआ था, उनके भाषणों में आंकड़ेबाज़ी अधिक नहीं होती थी और निश्चित ही उनके प्रचार में अधिक

ऊर्जा और जोश नज़र आता था। हालांकि इस दौरान मैं उनका इंटरव्यू करने के लिए लगातार संपर्क करने का प्रयास करता रहा, लेकिन राहुल का पीछा करना कभी भी आसान नहीं था--सामंती राजनीतिक संरचना से घिरे कांग्रेस परिवार के भाग्यविधाता और भावी उत्तराधिकारी ने शायद ही कभी ईमेल या फोन का जवाब दिया हो। उनके और मेरे बीच में एक खामोशी की दीवार बनी हुई थी। यही वजह थी कि सात चरणों के चुनावों के बीच फरवरी के मध्य एक शाम अचानक ही मुझे एक टेलीफोन आया जिसने कहा कि अगली सुबह गांधी आपके साथ नाश्ता करना चाहेंगे।

अब इसमें एक समस्या थी--जब यह टेलीफोन आया तो उस समय मैं मुंबई में स्थानीय निकायों के चुनावों पर लाइव कार्यक्रम कर रहा था। मुझे बताया गया कि मेरा कार्यक्रम सुबह ठीक आठ बजे का है। मुंबई-दिल्ली की कोई भी फ्लाइट मुझे इतनी सुबह समय से दिल्ली नहीं पहुंचा सकती थी और देर रात की फ्लाइट पकड़ने के लिए भी काफी देर हो चुकी थी। इत्तेफाक से मुझे पता चला कि सुबह ढाई बजे एक अंतरराष्ट्रीय उड़ान तमाम प्रवासी कामगारों को लेकर मुंबई से दिल्ली और लखनऊ होते खाड़ी जा रही है। अतः बेहतर भविष्य की उम्मीद में सऊदी अरब की राजधानी जा रहे यात्रियों की उनींदे यात्रियों भीड़ के बीच बैठकर मैं अंततः अपने देश की राजधानी पहुंच गया। कुछ घंटे की नींद लेने के बाद मैं अपने गंतव्य राहुल गांधी के घर और कार्यालय 12, तुगलक लेन इस उम्मीद के साथ पहुंच गया कि आखिरकार एक लंबे इंटरव्यू का इंतज़ार खत्म हो रहा है।

वहां पहुंचने पर मैंने पाया कि मैं ही अकेला संपादक नहीं हूं जिसे राहुल गांधी के 'दरबार' में आमंत्रित किया गया है। जिसे मैं एक इंटरव्यू समझ रहा था वह वास्तव में एक अनौपचारिक प्रेस कॉन्फ्रेंस थी। चाय और इडली का बंदोबस्त था और राहुल गांधी के विश्वसनीय सहयोगी कनिष्क सिंह इधर उधर घूम कर यह सुनिश्चित कर रहे थे कि प्रत्येक पत्रकार खुद को सहज महसूस करे। राहुल गांधी ने आते ही सबसे पहले अंतिम क्षणों में निमंत्रण के लिए क्षमा मांगी, साथ ही यह भी कहा कि उत्तर प्रदेश के दौरे में बहुत अधिक व्यस्त हैं लेकिन पूरी सादगी से उन्होंने कहा, 'मुझे आपके सारे सवालों के जवाब देने में प्रसन्नता होगी।'

संपादक अगर समूह में हों तो वे बहुत अधिक प्रतिस्पर्धात्मक और अपने महत्व को दिखाने वाले हो जाते हैं। हम सभी एक दूसरे से आगे निकलने के लिए ऐसे सवाल पूछ रहे थे जो सही मायने में 'खबरी' बन जाए। मैंने दो सवाल पूछे। पहला सवाल था कि क्या राहुल गांधी ने कभी खुद को उत्तर प्रदेश में कांग्रेस

के मुख्यमंत्री पद के उम्मीदवार के रूप पेश करने के बारे में सोचा था। आखिरकार, इस जंग में बहुजन समाज पार्टी की मायावती, जो मुख्यमंत्री थीं, संभावित सपा सरकार के चेहरे के रूप में अखिलेश यादव भी थे, कोई कांग्रेस को वोट क्यों दे जब पार्टी के पास मुख्यमंत्री पद के लिए कोई उम्मीदवार ही नहीं है? यहां तक कि जवाहरलाल नेहरू ने भी इलाहाबाद की राजनीति में खुद को परखा था और वह शहर के मेयर भी बने थे तो फिर राहुल गांधी खुद को लखनऊ की गद्‌दी के दावेदार के रूप में पेश करके उत्तर प्रदेश के मतदाताओं को ठोस विकल्प क्यों नहीं देते? गांधी ने कहा, 'अच्छा सवाल है, मुझे ऐसा करने में प्रसन्नता होगी लेकिन हमारी पार्टी तो राष्ट्रीय पार्टी है और वह मुझे सिर्फ एक राज्य पर ही केंद्रित करने की इजाज़त नहीं देगी।' बात वहीं खत्म हो गई।

मेरा दूसरा प्रश्न कुछ अधिक विवादास्पद था। क्या यह सही है कि कांग्रेस पार्टी राहुल गांधी के प्रधानमंत्री पद की ज़िम्मेदारी लेने का इंतज़ार कर रही है और प्रधानमंत्री के रूप में डॉ. मनमोहन सिंह वही भूमिका निभा रहे हैं जो रामायण में राम के लिए भरत ने निभाई थी? यह सवाल कुछ हद तक शातिर या अनुचित तरीके से गढ़ा गया था। हर हाल में इसने दुखती रग को छू लिया। राहुल गांधी का नाराज़गी भरा जवाब था, 'मैं असहमत हूं, मि. सरदेसाई।' गांधी ने कहा, 'प्रधानमंत्री बेहतरीन तरीके से काम कर रहे हैं और इस तरह का सवाल सिर्फ डॉ. सिंह के महत्व को कम करता है और यह मेरे लिए अस्वीकार्य है।' मुझे ठीक ठाक फटकार पड़ी थी। अगले एक घंटे में राहुल गांधी ने दूसरे सवाल सुने और उत्तर प्रदेश के चुनावों के बारे में लंबा चौड़ा भाषण दिया कि किस तरह यह जाति और संप्रदाय की राजनीति में उलझा हुआ है और किस तरह वह शांतिपूर्वक विदेश में रह सकते थे लेकिन ऐसा करने की बजाये उन्होंने देश की जनता की सेवा करना बेहतर समझा। एकदम ऐसा लगता था कि वह जनता पर अहसान कर रहे हैं। इस दौरान मैं खामोशी से अपनी इडली खाता रहा।

बातचीत का यह दौर खत्म होने पर हम लोगों ने पूछा कि क्या इस परिचर्चा के कुछ अंश हम अपने चैनल पर उद्धृत कर सकते हैं। मैंने अपने दिमाग में पहले से ही हेडलाइन सोच ली थीः राहुल उत्तर प्रदेश के मुख्यमंत्री पद के उम्मीदवार बनने के लिए तैयार हैं, लेकिन उनकी पार्टी उन्हें ऐसा नहीं करने देगी' लेकिन हम सभी को उस समय बड़ी निराशा हुई जब हम अपनी खबर की रूपरेखा तैयार कर रहे तभी अचानक सब गुड़गोबर करने वाला संदेश आया, 'खेद है, यह सब ऑफ द रिकॉर्ड है, मैं चुनावों के बीच में किसी प्रकार का विवाद नहीं चाहता हूं।' हम सभी को गांधी परिवार के उत्तराधिकारी का निर्देश मानना पड़ा। मेरा

आंखों में उज्जवल भविश्य की कामना के साथ खाड़ी के देश जा रहे यात्रियों के साथ सुबह ढाई बजे की उड़ान से आना व्यर्थ हो गया।

तो फिर इतने सारे संपदकों को एक साथ बुलाया ही क्यों था? इसका जवाब कांग्रेस के एक पुराने स्रोत ने दिया, ऐसा लगता है कि गांधी को यह अहसास होने लगा था कि उत्तर प्रदेश में कांग्रेस के हाथ से चुनाव फिसल रहा है। हां, उनकी रैलियों ने ठीक ठाक भीड़ को आकर्षित किया था और टेलीविज़न कैमरे भी उन पर ध्यान दे रहे थे लेकिन, मतदाता, इसमें आश्चर्य नहीं था, ऐसा लगता था कि कहीं और जा रहे थे। इससे पहले की गरमी के मौसम के दौरान जब गांधी ने किसानों के आंदोलन को नेतृत्व प्रदान किया था वह उत्तर प्रदेश की सर्दियों में एक कडवी सच्चाई का रूप ले चुका था जिससे धीरे धीरे यह अहसास होने लगा था कि मायावती सरकार के खिलाफ पनप रहे आक्रोश के कारण समाजवादी पार्टी की चुनाव में स्थिति मज़बूत होती जा रही है। राहुल गांधी की 'मीट द प्रेस' की तैयारी भी एक तरह से अग्रिम ज़मानत की अर्ज़ी के रूप में ही की गई थी। गांधी मीडिया प्रमुखों से यह कहना चाहते थे कि उन्होंने तो कोशिश की और कड़ी मेहनत की लेकिन उत्तर प्रदेश में कांग्रेस को फिर से खड़ा करना एक दीर्घकालीन अभियान है और जिसके लिए एक से अधिक चुनावों की आवश्यकता होगी।

कुछ सप्ताह बाद ही, सात मार्च को उत्तर प्रदेश के चुनाव के नतीजे आ गए। समाजवादी पार्टी इसमें प्रचंड बहुमत से विजयी रही। राहुल गांधी नहीं बल्कि अखिलेश यादव अब उत्तर प्रदेश की नई आशा थे। कांग्रेस 407 सदस्यों वाली विधान सभा में 28 सीटों तक सिमट कर रह गई जो 2007 के चुनावों से सिर्फ छह सीट अधिक थे। राहुल का करिश्मा, अगर कुछ था भी, तो वह फेल हो गया था। यदि यह क्रिकेट मैच जैसा होता तो शायद कप्तान को हटा दिया गया होता। लेकिन यह तो कांग्रेस पार्टी है जिसमें गांधी परिवार सिर्फ कप्तान ही नहीं बल्कि कोच, प्रबंधक और मुख्य चयनकर्ता भी है। चुनाव में कांग्रेस की पराजय के अवसाद के बाद टेलीविज़न कैमरों की नज़र में निराश नज़र आ रहे राहुल गांधी को ढांढस बंधाते उनकी बहन को देखा जा सकता था जो आम जनता की पहुंच से दूर बने 10 जनपथ के प्रवेश द्वार से हाथ में हाथ डाले भीतर जा रहे थे। यदि 2012 नरेंद्र मोदी की राष्ट्रीय आकांक्षाओं को मूर्तरूप देने की प्रक्रिया शुरू होने का वर्ष था तो यह राहुल गांधी को भी सचेत होने के लिए तगड़ा झटका देने वाला साल था। परिवार का भरोसेमंद नाम उनके राजनीतिक व्यक्तित्व की गंभीर खामियों से उबरने में मदद के लिए पर्यात्प नहीं था।

भोले भाले चेहरे वाले किशोरवय राहुल गांधी ने 2004 में अपने राजनीतिक जीवन की शुरुआत की। राहुल गांधी को औपचारिक रूप से राजनीति में लाने के बारे में फैसला, गांधी परिवार के दूसरे मामलों की तरह ही, खाने की मेज़ पर सोनिया गांधी और प्रियंका गांधी की मौजूदगी में लिया गया। राहुल, हमें बताया गया था, अपनी मां की आंखों के तारे थे--वह उन्हें आसानी से मना नहीं कर सकती थीं और वह बहुत ज़िद्दी भी हो सकते हैं, यही परिवार के एक मित्र ने मुझे बताया था और सोनिया गांधी चाहती थी कि वे इसे संभालें क्योंकि आखिरकार यह परिवार का व्यवसाय बन चुका था। इस समय तक वह बहुत सजगता और उत्साह के साथ अपनी निजता का ध्यान रखते थे। कभी कभी उनकी लैटिन अमेरिका की महिला मित्र को लेकर गपशप होती थी जिसके साथ उनकी तस्वीर खींची गई थी। हमें बताया गया था कि राहुल गांधी लंदन में प्रबंधन के क्षेत्र में सलाह मशविरा देने वाली किसी फर्म के साथ काम कर रहे थे और राजनीति के प्रति उनकी कोई खास दिलचस्पी नहीं थी और वह अभी भी इस बारे में मंथन कर रहे थे कि विदेश में रहा जाए या फिर परिवार की विरासत को आगे बढ़ाने के लिए घर लौटा जाए। उन्होंने किशोर वय में ही अपनी दादी और फिर पिता की हत्या होते देखी थी। इस वजह से उन्हें सुरक्षा कारणों से कैंब्रिज में अपना सरनेम भी बदलना पड़ा था और वह सार्वजनिक जीवन की चकाचौंध से भी दूर रहे थे। और हां, वह अभी भी अविवाहित ही थे।

उनकी मां और बहन ने अलग अलग रास्ता अपनाया था। सोनिया गांधी 1998 में वयोवृद्ध कांग्रेसी नेता सीताराम केसरी को बेआबरू करके पार्टी अध्यक्ष पर से हटाकर राजनीति में आ गई थीं। राहुल गांधी की बहन प्रियंका गांधी ने शादी कर ली थी और वह दो बच्चों की मां थीं और उन्होंने 1999 में सोनिया गांधी के चुनाव का प्रचार करते हुए थोड़ी बहुत राजनीतिक समझ हासिल कर ली थी। मैंने उस समय उनकी फिल्म बनाते वक्त पूरा दिन व्यतीत किया था और मैं कबूल करूंगा कि उनका व्यक्तित्व काफी मोहक था। प्रियंका स्पष्टवादी और आकर्षक तो थीं ही, उनमें अपनी दादी इंदिरा गांधी की झलक नज़र आती थी। प्रियंका से उस समय की मुलाकात में मुझे लगा था कि उनमें भावी नेता के गुण है। मुझे अभी भी याद है जब उप्र कांग्रेस के एक स्थानीय नेता अखिलेश सिंह ने मुझसे कहा, 'देखना एक दिन प्रियंका जी बहुत बड़ी नेता बनेंगी।'

सन 2004 में सब कुछ उस समय बदल गया जब औपचारिक रूप से घोषणा की गई कि राहुल गांधी अमेठी से कांग्रेस के उम्मीदवार होंगे जहां से उनके पिता राजीव गांधी और चाचा संजय गांधी चुनाव लड़ा करते थे। उस आम चुनाव

में निरंतर पराभव की ओर बढ़ रही कांग्रेस को कुछ सहारा मिलने की उम्मीद थी। अटल बिहारी वाजपयी के नेतृत्व में भारतीय जनता पार्टी सबसे पसंदीदा थी और उम्मीद थी कि वह जीत की हैट ट्रिक करेगी। चुनाव में शाइनिंग इंडिया की चारों ओर चर्चा थी और अधिकांश चुनावी जनमत संग्रह में भाजपा के असली विकास पुरुष वाजपेयी की सहज जीत का अनुमान लगाया जा रहा था।

हमने जब इस तरह के चुनाव पूर्व जनमत संग्रह के परिणाम प्रसारित किए तो मुझे सोनिया गांधी के साथ अनौपचारिक बातचीत के लिए उनके निवास 10 जनपथ बुलाया गया। यह दूसरा मौका था जब मैं कांग्रेस अध्यक्ष के निवास पर गया था। इससे पहले, मैं बोफोर्स मामले में राजीव गांधी को आरोप मुक्त करने के अदालत के फैसले के बाद सोनिया गांधी का इंटरव्यू करने गया था। दीवार पर राजीव गांधी की आदमकद तस्वीर और 10 जनपथ के मुख्य कक्ष में नेहरू और इंदिरा गांधी तस्वीरें सहज ही आज़ादी के बाद से देश की राजनीति पर वर्चस्व बनाये रखने वाले वंशवृक्ष की याद दिलाती हैं। जब आप घर के भीतर प्रवेश करते हैं तो यह आपको थोड़ा डरावना भी लगता है क्योंकि वहां एकदम खामोशी का माहौल होता है। सोनिया गांधी ने सपाट सवाल किया, 'क्या आप आश्वस्त हैं कि हम इतना खराब प्रदर्शन कर रहे हैं जैसा आपका चुनाव सर्वे संकेत दे रहा है?' मैं अपने चुनाव सर्वे के तरीके के बारे में विस्तार से बताने ही जा रहा था, तभी थोड़े संकोची और शर्मीले राहुल गांधी ने कमरे में प्रवेश किया और उनकी मां ने तत्परता से उनका परिचय कराया।

हमने विनम्र मुस्कान साझा की। थोड़ा संकुचाते हुए मैंने अपने आंकड़े मां बेटे को दिखाने शुरू किए। श्रीमती गांधी चिंतित लग रही थीं, लेकिन बेटा पूरी तरह नकार रहा था। राहुल गांधी की शुरुआती प्रतिक्रिया थी, 'भारत जैसे विशाल देश में इतना छोटा नमूना लेकर कोई भी इतनी गंभीर मतगणना कैसा कर सकता है? मैंने भी बाज़ार का अध्ययन किया है और जानता हूं कि इसे सही तरीके से करना कितना मुश्किल है।' उनके बारे में पहली ही नज़र में मुझे ऐसा लगा कि यह एक ऐसा व्यक्ति है जिसके पास इस तरह के जनमत संग्रह करने या पत्रकारों के लिए बहुत अधिक वक्त नहीं है। वास्तव में, उन्होंने जानबूझ कर तेज़ी से ज़मीन से उभर रहे एक नए नवेले नेता की तरह शहरी चुनावी पंडितों का तिरस्कार करने जैसा आचरण किया। मैंने जब अपने जनमत संग्रह का बचाव करने का प्रयास किया, राहुल के मोबाइल की घंटी बजने लगी। वह क्षमा मांगते हुए चले गए तो फिर लौटे नहीं। श्रीमती गांधी का ध्यान हमारे प्रेज़ेंटेश पर केंद्रित रहा। ये एकदम विरोधाभासी था।

राहुल गांधी द्वारा 2004 में नामांकन दाखिल करने के साथ ही पारिवारिक तस्वीर पूरी हो गई थी। अमेठी में नामांकन पत्र दाखिल करने की प्रक्रिया तो पूरी तरह पारिवारिक मामला बनकर रह गया था। मां के साथ बेटा और उनकी बगल में बहन और ठीक पीछे बहनोई राबर्ट वाड्रा मौजूद थे। इस सारी प्रक्रिया को अमेठी की जनता देख रही थी जिसकी लगता था कि इस परिवार के साथ नाल जुड़ी हुई थी। हम 'फॉलो द लीडर' कार्यक्रम करने का प्रयास कर रहे थे जिसके अंतर्गत एक नेता के साथ 24 घंटे ज़रूर रहना था। यह अप्रैल की कड़क गर्मी थी और हमारी टीम की ऊर्जा इस गर्मी में तेज़ी से कम होती जा रही थी। स्थिति उस समय और खराब हो गई जब स्पेशल प्रोटेक्शन ग्रुप राहुल और हमारे बीच दीवार बन गया। हमने राहुल के साथ बातचीत करने और फिल्म बनाने की कोशिश में चार दिन अमेठी में लगाए लेकिन इसमें लगभग कोई सफलता हाथ नहीं लगी।

ऐसा लगता था कि राहुल की हमसे बातचीत करने में कोई दिलचस्पी नहीं थी। हमने देर रात उनके अपने बहनोई के साथ टहलने के दौरान भी उनका पीछा किया लेकिन फिर भी सफलता नहीं मिली। राहुल की एकदम सीधी सपाट प्रतिक्रिया थी, 'देखो, अगर मैं आपसे बात करूंगा तो मुझे प्रत्येक समाचार चैनल से बात करनी होगी। और इस समय मैं यह नहीं करना चाहता।' अंत में जब उन्होंने अमेठी में मीडिया से बात की तो ऐसा लगा कि उन्हें इसके लिए बाध्य कर दिया गया था। पत्रकारों के अधिकांश सवालों के जवाब में उन्होंने यही कहा, 'मैं तो अपने पिता की विरासत को ही आगे बढ़ाना चाहता हूं और अमेठी में उनके कार्यों और सपनों को पूरा करना चाहता हूं।' राजनीति से जुड़ा कोई भी सवाल पूछे जाने पर वह उसे यह कहते हुए टाल देते, 'मैं कांग्रेस का नेता नहीं हूं--इस बारे में आप सोनियाजी से ही पूछें।'

राजनीति में नौसिखिए या संकोची और अपने में ही मगन रहने वाले, राहुल गांधी के लिए अमेठी में आसानी से अपना पहला चुनाव जीतने के लिए परिवार का उपनाम ही काफी था। सबसे अधिक आश्चर्यजनक बात तो यह थी कि चुनाव से पहले गठबंधन करने वाली कांग्रेस और उसके सहयोगी दल सबसे आगे निकले और इसे जनमत संग्रह कराने वालों को अचरज में डालने के साथ ही यह सोचने के लिए मजबूर कर दिया कि उनसे कहां इतनी बड़ी गलती हुई। इस चुनाव में 'आम आदमी' का मुद्दा 'भारत उदय' से अधिक प्रभावी रहा और आंध्र प्रदेश तथा तमिलनाडु में त्रुटिपूर्ण गठबंधन ने भी वाजपेयी सरकार की अप्रत्याशित पराजय में योगदान किया। इस चुनाव में सिर्फ यही अनोखा आश्चर्य नहीं था। सोनिया

गांधी ने ज़बर्दस्त राजनीतिक दांव चलते हुए फैसला किया कि वह प्रधानमंत्री पद के लिए अपना दावा नहीं जताएंगी और उन्होंने इस पद के लिए डॉ. मनमोहन सिंह को मनोनीत कर दिया। सोनिया गांधी का दावा था, 'उन्होंने अपनी अंतरात्मा की आवाज़ सुनी।' सोनिया गांधी ने इस अकेले निर्णय से अपने विदेशी मूल को लेकर उठने वाली आवाज़ और बहस को हमेशा के लिए दबा दिया। उनके इस फैसले ने फिलहाल तो भाजपा के हमले को भी कुंद कर दिया था।

इस दौरान संयुक्त प्रगतिशील गठबंधन की अध्यक्ष के रूप में श्रीमती सोनिया गांधी के पास व्यापक अधिकार थे तो राहुल गांधी अचानक ही राजनीति के परिदृश्य से कुछ समय के लिए गायब हो गए थे। राहुल गांधी 2004 से 2007 के दौरान बहुत कम ही संसद के भीतर और बाहर नज़र आए। 14वीं लोकसभा के दौरान राहुल गांधी ने सिर्फ पांच बार सदन में बहस में हिस्सा लिया और सिर्फ तीन सवाल पूछे लेकिन इस दौरान उन्होंने एक भी निजी विधेयक पेश नहीं किया और संसद भवन की कार्यवाही में उनकी उपस्थिति सिर्फ 63 प्रतिशत ही थी जो औसत उपस्थिति से कम थी। उस समय की एक प्रमुख पत्रिका *तहलका* को दिए इंटरव्यू में, हालांकि बाद में कांग्रेस ने ऐसे किसी भी इंटरव्यू से इन्कार करते हुए कहा था कि यह 'सामान्य सी बातचीत' थी, राहुल के हवाले से कहा गया था, 'मैं संसद में सवाल नहीं पूछता हूं क्योंकि मैं चीज़ों में अंतर्निहित बातों को सोचना पसंद करता हूं। ज़रा गौर तो कीजिए संसद में पूछे जाने वाले सवालों पर और फिर आपको समझ में आएगा कि मैं प्रश्न क्यों नहीं करता हूं।' उनके इस कथन में दूसरों को अपमानित करने का भाव और अहंकार समान रूप से झलक रहा था। राहुल ने इस विवादास्पद इंटरव्यू में दावा किया था, 'मैं यदि चाहता तो 25 साल की उम्र में ही प्रधानमंत्री बन सकता था!'

संसद में 2008 में भारत-अमेरिका परामणु समझौते को लेकर चल रही बहस के दौरान एक यादगार क्षण आया जब राहुल गांधी ने इसमें हस्तक्षेप किया। राहुल गांधी ने गरीबी को ऊर्जा सुरक्षा से जोड़ते हुए दलित महिला कलावती की परेशानियों को उजागर किया जिससे वह महाराष्ट्र के सूखाग्रस्त विदर्भ क्षेत्र के दौरे के दरम्यान मिले थे। कलावती के पति ने सैकड़ों अन्य किसानों की तरह ही आत्महत्या कर ली थी और राहुल ने कलावती की मदद के लिए व्यक्तिगत रूप से कहा था। परमाणु ऊर्जा जैसे मुद्दे पर विदेशी नीति को लेकर हो रही बहस के दौरान राहुल ने एकदम भावनात्मक रिश्ता जोड़ने का प्रयास किया। लेकिन यह सिर्फ तात्कालिक उवाच ही बनकर रह गया क्योंकि इसके बाद कृषि संबंधी विपदा के उन्मूलन के लिए आगे कोई सतत प्रयास ही नहीं किया गया।

मैं कुछ सालों बाद कलावती से दिल्ली में मिला जब एक स्वयंसेवी संगठन उसे दिल्ली 'दर्शन' कराने के लिए लाया। उस समय तो ऐसा लगा जैसे कि कलावती विदर्भ की त्रासदी का 'प्रतीक' बन गई। मैंने उससे पूछा, 'क्या तुम्हारी ज़िंदगी में बदलाव आया?' उसने इस तरह से सिर हिलाया जिससे यही आभास मिलता कि उसकी ज़िंदगी में कोई विशेष बदलाव नहीं आया था। क्या वह राहुल गांधी से मिली? इस पर वह अधिक खामोश रही। क्या वह नेताओं पर भरोसा करती है? ऐसा लगा कि वह इसका जवाब नहीं देना चाहती। कलावती की कहानी एक तरह से राहुल गांधी की राजनीति की बानगी नज़र आती थी जिसमें मंशा तो अच्छी होती है लेकिन उसमें सतत प्रयास करने की इच्छाशक्ति की कमी और इसका अभाव नज़र आता है कि वह चौबीस घंटे सातों दिन के राजनीतिक व्यक्ति हैं।

24 सितंबर, 2007 को भारतीय क्रिकेट में एक नया अध्याय लिखा गया जब महेंद्र सिंह धोनी की टीम ने फाइनल में पाकिस्तान को हरा कर पहला टी-20 विश्व कप जीता। उस जीत के साथ ही क्रिकेट जगत में एक नए हीरो के रूप में धोनी का उदय हुआ। राहुल गांधी भी शायद राजनीति के क्षितिज पर इसी तरह के कायाकल्प की उम्मीद कर रहे थे जब उसी दिन कांग्रेस का महासचिव नियुक्त किया गया और उन्हें भारतीय युवक कांग्रेस और एनएसयूआई का प्रभारी बनाया गया। पूरा देश जब क्रिकेट में हासिल इस उपलब्धि का जश्न मना रहा था तो कांग्रेसी इस बात से आनंदित हो रहे थे कि आखिरकार राहुल गांधी एक सुस्पष्ट राजनीतिक ज़िम्मेदारी वहन करने के लिए तैयार हो गए हैं।

मोटे तौर पर यह कोई गलत विचार नहीं था। युवक कांग्रेस और कांग्रेस के छात्र संगठन एनएसयूआई को पुनर्जीवित करने की ज़रूरत थी। कांग्रेस को एक 'युवा देश' का वयोवृद्ध दल माना जाने लगा था। ऐसा लगता था कि इसकी राजनीति में युवकों के लिए कोई जगह नहीं है जबकि देश की 60 फीसदी जनसंख्या 35 साल की उम्र से कम की है। एक युवा राजनीतिक के रूप में राहुल गांधी इस सबसे पुराने राजनीतिक दल का स्वरूप बदलने के लिए सर्वथा उपयुक्त नज़र आ रहे थे। यदि वह देश के युवा वर्ग को कांग्रेस में शामिल होने के लिए प्रेरित कर सकें तो उन्हें एक ऐसे वोट बैंक का भरोसा मिलता जो पारंपरिक जाति और संप्रदाय के दायरे से आगे होता। इससे पहले 1970 के दशक में युवक कांग्रेस को खड़ा करने का प्रयास संजय गांधी ने इस संगठन को अपने हाथ में लेकर किया था जिसे लेकर आपातकाल के वर्षों में काफी विवाद रहा था। राहुल गांधी ने अपने एक सहयोगी से लापरवाही वाले अंदाज़ में बाद में कहा भी था, 'मैं

अपने चाचा जैसा नहीं हूं। उन्होंने युवक कांग्रेस को बर्बाद करना चाहा, मैं इसे खड़ा करना चाहता हूं।'

नई ज़िम्मेदारी संभालने के कुछ महीने बाद ही राहुल गांधी से उनके निवास पर हम कुछ लोग (एक बार फिर अनौपचारिक रूप से) उनसे मिले। इस बैठक के दौरान राहुल गांधी ने कांग्रेस के छात्र संगठनों को नए सिरे से मज़बूत बनाने के लिए अपनी इच्छा और दृढ़निश्चय को बेबाक तरीके से व्यक्त किया और यह भी कहा कि वह किस तरह से नए चेहरों को शामिल करके इन संगठनों को 'लोकतांत्रिक शक्ल' देना चाहते हैं। उन्होंने इन संगठनों के स्वतंत्र और निष्पक्ष तरीके से चुनाव कराने और जहां आवश्यक है वहां पर 'नई प्रतिभाओं' की तलाश के लिए कार्यक्रम आयोजित करने तथा अलग अलग कार्यों के लिए सही व्यक्तियों की पहचान करने के इरादे से प्रश्नावली तैयार किए जाने के बारे में भी जानकारी दी। राहुल गांधी ने बेहद उत्साह के साथ कहा, 'हम कांग्रेस पार्टी में नीचे से लेकर ऊपर तक सही मायने में इस तरह से परिवर्तन करेंगे जो वास्तव में क्रांतिकारी होगा।' हमारे साथ के वरिष्ठ सहयोगियों के लिए यह मुंबई में 1985 में आयोजित कांग्रेस शताब्दी अधिवेशन में राजीव गांधी के चर्चित भाषण को इस तरह से फिर से दोहराया जा रहा था जब उन्होंने कहा था कि पार्टी को 'सत्ता के दलालों' से मुक्त कराया जाएगा।

यही नहीं, राहुल गांधी ने 'भारत' और 'इंडिया' के बीच की विभाजन रेखा को कम करने और 'गरीब' तथा 'अमीर' के बीच की खाई पाटने के बारे में भी बेबकी से अपने विचार रखे। मैंने राहुल गांधी को नवंबर, 2007 में कांग्रेस के प्रारंभिक सत्र में एक जनसभा के दौरान देश में 'दो भारत' के बारे में कहते सुना था। अब वह सामाजिक और आर्थिक पहलू पर अपने विचार व्यक्त कर रहे थे। राहुल गांधी ने अपना आक्रोश संयमित करते हुए कहा, 'आपके यहां एक ऐसा भारत नहीं हो सकता जिसमें लोग बुलेट ट्रेन में यात्रा करें और एक दूसरे भारत में बैलगाड़ी पर चलें।' मैं समझ नहीं पा रहा था कि राहुल गांधी का यह भाषण वास्तव में कितना गंभीर है। क्या यह भारत की दुर्दशा के प्रति उनकी तात्कालिक सोच का नतीजा है या फिर क्या वास्तव में उन्होंने करुणा भरे भारत के चहुमुंखी विकास के लिए कोई दीर्घकालिक योजना तैयार की है।

मैं निश्चित ही स्वीकार करूंगा कि इस बैठक के बाद बाहर निकलते हुए हमारे मन में यह भाव था कि शायद हमने राहुल गांधी का हकीकत से कम आकलन किया है। यहां भारत की सबसे अधिक विश्वसनीय राजनीतिक परिवार का एक नौजवान वंशवाद का सिलसिला खत्म करने और अभी तक भारतीय राजनीति

के बंद रहे रास्तों को खोलने का वायदा कर रहा है। आर्थिक मुद्दों पर उनके विचार अधिक कुटिलता भरे थे--ऐसा लगता था कि उन्हें 1970 के दशक के लेखों और विचारों से ही ले लिया गया था जिसमें समाजवाद के पुराने चुनिंदा लटके झटके नज़र आ रहे थे जो भारत में उदारीकरण के बाद आ रहे बदलाव के एकदम विपरीत थे। ऐसा लगता था कि देश के दूसरे हिस्सों और बाज़ार की अर्थव्यवस्था में हो रहे बदलाव शायद उनकी नज़र से पूरी तरह चूक गए थे। इसके बावजूद मैं उन्हें संदेह का लाभ देने के लिए तैयार था--यदि वह अपने विचारों को ठोस मूर्तरूप देने की इच्छा शक्ति का प्रदर्शन करें तो निश्चित ही हम भारतीय राजनीति में एक नए दौर की शुरुआत देखेंगे।

अगले दो वर्षों में 2007 से 2009 के दौरान राहुल गांधी ने एक ऐसे युवा नेता की छवि बनाए रखी जो 'बदलाव' का हिमायती था। देश भर में एनएसयूआई के सम्मेलन आयोजित किए गए जहां राहुल गांधी पार्टी में मनोनीत करने की 'संस्कृति' खत्म करके देश की राजनीति में एक नई व्यवस्था शुरू करने की मंशा दोहराते रहे। अतिउत्साहित छात्रों को राहुल गांधी को बधाई देते टेलीविज़न पर देखा जा सकता था। उनके आलोचक इस तरह के आयोजनों के बारे में 'भारत एक खोज' यात्रा जैसे जुमले कहते थे जिसमें यह संकेत होता था कि राहुल गांधी को अभी भी असली भारत को समझने के लिए जूझना करना पड़ रहा है। जब वह एक दलित के घर रात बिताने के लिए पहुंचे तो मायावती ने उन पर 'अवसरवादी' होने और दलित मतदाताओं को ठगने की इच्छा रखने के आरोप लगाए। मायावती ने अप्रैल 2008 में एक जनसभा में राहुल गांधी के इस कदम की तीखे शब्दों में आलोचना की और कहा, 'उन्होंने खुद को पवित्र करने के लिए विशेष साबुन और इत्र का इस्तेमाल किया है।' राहुल गांधी की ये यात्राएं भले ही सांकेतिक या यह कहें कि गरीबी को समझने की दिशा में पहल रही हों लेकिन इतना तो स्पष्ट हो रहा था कि गांधी परिवार का यह सदस्य कड़ी राजनीतिक लड़ाई के लिए खुद को तैयार कर रहा था।

यह गुब्बारा फटने में भी अधिक वक्त नहीं लगा। मुंबई यात्रा के दौरान युवक कांग्रेस के कुछ सदस्यों ने मुझसे मिलने की इच्छा व्यक्त की। मैंने उनसे संगठन में शुरू की गई चुनाव की प्रक्रिया के बारे में पूछा। इस पर उनका जवाब था, 'कौन से चुनाव, सर, सब कुछ पहले से निर्धारित है और ढेर सारे पैसे का लेन-देन हो रहा है।' निश्चित ही, चुनाव मैदान में सारे मुख्य उम्मीदवार राज्य के कांग्रेस के प्रमुख नेताओं के बेटे ही थे। अंततः, महाराष्ट्र राज्य युवक कांग्रेस ने विश्वजीत कदम को अपना अध्यक्ष 'चुना' जो राज्य के एक ताकतवर मंत्री

के बेटे थे और जिनकी अनेक शिक्षण संस्थाएं थीं। दूसरे राज्यों में भी यही तरीका अपनाया गया जहां प्रमुख पदों पर प्रमुख नेताओं के बच्चे आसीन हो गए। जब लोकसभा का वक्त आया तो फिर अधिकांश उम्मीदवार वही थे जिनके वरिष्ठ नेताओं के परिवारों से संबंध थे। पार्टी में लंबे समय से समूची व्यवस्था पर काबिज लोगों की कुटिलता के कारण पार्टी में आंतरिक लोकतांत्रिक प्रक्रिया बहाल करने के प्रयास सफल नहीं हो सके।

एक तरह से राहुल गांधी उस व्यवस्था के ही कैदी बन कर रह गए थे जिसने उन्हें खड़ा किया था। एक बार जब पार्टी का नेतृत्व वंशवाद के सिद्धांत को अपना लेता है तो फिर इसके बाद निचले स्तर तक के लिए दूसरे नियम कानून लागू करना मुश्किल हो जाता है। हकीकत यही रही कि राहुल गांधी कांग्रेस में व्यापक बदलाव नहीं कर सके और बावजूद इसके अपने लिए राजसी हैसियत पर ज़ोर देते रहे। हो सकता है कि वह पूरी शालीनता और ईमानदारी से संगठनात्मक ढांचे में बदलाव करना चाहते हों लेकिन कांग्रेस जैसी पुरानी पार्टी और इसमें शामिल बड़े बड़े नेताओं, इनके परस्पर विरोधी खेमों और पुराने सिपहसलारों के कारण इसमें तत्परता से कोई भी बदलाव संभव नहीं था।

यह समस्या सिर्फ कांग्रेस पार्टी के साथ नहीं थी बल्कि बदलाव लाने के लिए राहुल गांधी द्वारा अपनाये गए तरीकों में भी थी। लेखिका आरती रामचंद्रन ने अपनी पुस्तक *डिकोडिंग राहुल गांधी* में दावा किया कि राहुल गांधी प्रबंधन की जापानी शैली के सहारे एनएसयूआई और युवक कांग्रेस को पुनर्जीवित करना चाहते थे। वह 'टोयोटा' की तरह ही संगठनों का भविष्य सुधारना चाहते थे और कहते हैं कि उनकी टीम के कुछ सदस्यों को जापान में टोयोटा फैक्ट्री भेजा भी गया था ताकि वे खुद यह अनुभव प्राप्त कर सकें कि यह आटो कंपनी किस तरह से न्यूनतम त्रुटि व्यवस्था के आधार पर उत्पादन का लक्ष्य हासिल करने में सफल हुई थी।

राहुल गांधी यह समझने में असफल रहे कि राजनीतिक दल कॉर्पोरेट घराना नहीं होता है। ऑटोमोबाइल उद्योग जगत के कामकाज की शैली को कांग्रेस पार्टी में स्थान नहीं दिया जा सकता है। महाराष्ट्र के एक वरिष्ठ विधायक ने एक बार मुझसे कहा था कि किस तरह उसे राहुल गांधी से मुलाकात के लिए करीब एक महीने तक दिल्ली में इंतज़ार करना पड़ा था। कारोबार के मामले में आप कंप्यूटर के माध्यम से संवाद स्थापित कर सकते हैं जबकि राजनीतिक दल में आपको सीधे संपर्क करना होता है। इस तरह की 'व्यवस्था' का क्या मतलब है जब मैं अपने नेता से संपर्क ही नहीं कर सकूं? पार्टी का कार्यकर्ता खुद को बहुत महत्वपूर्ण

समझता है जब उसका नेता उससे बात करता है। वह यह नहीं चाहता कि इसके लिए पहले वह फॉर्म भरे फिर कतार में इंतज़ार करे। इस तरह की व्यवस्था से हताश नेता ने बाद में राष्ट्रवादी कांग्रेस पार्टी के शरद पवार से हाथ मिला लिया। हकीकत तो यह है कि कई कांग्रेसी नेताओं की यही शिकायत रही कि यदि वे राहुल गांधी के कार्यालय में फोन करते हैं तो उन्हें वॉयस रिकॉर्डिंग मशीन के ज़रिए ही उन्हें अपनी बात कहनी पड़ती है।

राहुल गांधी ने अपने एजेंडे और कार्ययोजना को लागू करने के लिए जिन व्यक्तियों का चयन किया उनमें पूर्णकालिक नेताओं की बजाए रणनीतिक परामर्श देने, कॉर्पोरेट जैसे प्रबंधन और काम करने की इच्छा वाले लोग शामिल थे। राहुल गांधी की टीम के सदस्य कनिष्क सिंह से मेरी कई मौकों पर मुलाकात हुई। मृदुभाशी कनिष्क सिंह पूर्व विदेश सचिव एस. के. सिंह के पुत्र हैं जो बाद में राज्यपाल बने। कनिष्क सिंह ने सेंट स्टीफंस कॉलेज से अर्थशास्त्र से स्नातक किया था और फिर पेनसिलवानिया विश्वविद्यालय से उच्च शिक्षा प्राप्त की थी। इसके बाद कुछ समय तक न्यूयॉर्क में निवेश बैंक में काम भी किया था। दूसरे शब्दों में, कनिष्क पूरी तरह दिल्ली के संभ्रांत इलाके लुटियंस के ऐसे निवासी थे जिनके माता-पिता के बेहतरीन संपर्क थे और जिनके पास देश के कॉर्पोरेट जगत में अच्छी नौकरी के लिए विदेशी डिग्री भी थी। लेकिन सवाल यह है कि क्या वह कांग्रेस के भविष्य की राजनीतिक रणनीति की बिसात तैयार करने के लिए सही व्यक्ति थे?

कनिष्क ने दिसंबर 2005 में *सेमिनार* पत्रिका के लिए राजनीतिक व्यवस्था के पुनर्गठन की आवश्यकता के बारे में एक लेख भी लिखा था। इसमें कहा गया था कि हमारे नेता अधिक पुराने हैं जबकि हमारा नागरिक वर्ग युवा है। दोनों समूहों के बीच ज़बर्दस्त अंतर है। यदि हमें सहस्राब्दि वर्ष में लंबी छलांग लगानी है तो हमें भावी योजनाओं पर अमल के लिए अपनी राजनीतिक और संगठनात्मक क्षमता का परिचय देना होगा। ये शब्द परिवर्तन के बारे में राहुल गांधी के विचारों से मेल रखते थे लेकिन चुनावी राजनीतिक व्यवस्था में ऐसे आकर्षक शब्दों के वास्तव में क्या मायने हैं?

ऐसे ही एक सामाजिक आयोजन के अवसर पर कनिष्क और मैं उत्तर प्रदेश की राजनीति पर चर्चा करने लगे। उन्होंने राज्य में जाति और सांप्रदायिक तालमेल के आधार पर हमारे शानदार आंकड़ों की धज्जियां उड़ा दीं लेकिन इस दौरान आप सहजता से यह अनुभव कर सकते थे कि इस तरह का ज्ञान सिर्फ इंटरनेट से ही प्राप्त किया जा सकता है। मुझे महसूस हुआ कि उन्हें उत्तर प्रदेश के ज़िला

स्तर पर कांग्रेस के स्थानीय नेताओं के बारे में उस तरह की व्यक्तिगत जानकारी नहीं थी जो राज्य में मायावती या मुलायम को ऐसा विकट प्रतिपक्षी बनाती है हिंदी पट्टी वाले इलाकों में स्थानीय नेताओं की पकड़ और उनके प्रभाव का स्थान जाति समीकरणों के बारे में किताबी ज्ञान नहीं ले सकता है।

राहुल गांधी की टीम के अन्य सदस्यों में सचिन राव ने भी कनिष्क सिंह की तरह ही विदेश में शिक्षा ग्रहण की है और अंतरराष्ट्रीय व्यवसाय तथा रणनीति के क्षेत्र में मिशीगन विश्वविद्यालय से एमबीए किया है। सचिव राव प्रबंधन गुरु सी. के. प्रहलाद के 'बॉटम ऑफ पिरामिड' के सिद्धांत से बहुत अधिक प्रभावित थे। वह गरीबों और उपेक्षित वर्ग की पहुंच तक 'सामाजिक उद्यमशीलता' की संस्कृति का निर्माण करने की मंशा से भारत लौटे थे जिन्हें बाज़ार और प्रौद्योगिकी की ज़रूरत है। राजनीति के प्रति उनका स्वयंसेवी संगठन जैसा नज़रिया ही राहुल गांधी के 'दो भारत' के दर्शन का आइना लगते थे।

दिलचस्प यह था कि इस दौरान राहुल गांधी ने अपने 'राजनीतिक प्रशिक्षण' की प्रक्रिया के दौरान वामपंथ की ओर झुकाव वाले शिक्षाविदों का भी सहयोग मांगा था। बहुजन समाज पार्टी और उत्तर प्रदेश की राजनीति की एक प्रमुख जानकार जवाहरलाल नेहरू विश्वविद्यालय की प्रो. सुधा पई ऐसी ही एक शिक्षाविद थीं। राहुल गांधी ने '1990 में उप्र–राजनीतिक, सामाजिक और आर्थिक परिदृश्य में समालोचना' विषय पर जेएनयू में आयोजित एक सेमिनार में भी हिस्सा लिया था और उन्होंने उत्तर प्रदेश के चित्रकूट में आयोजित युवक कांग्रेस के एक प्रशिक्षण शिविर में भाषण देने के लिए प्रो. पई को आमंत्रित भी किया था। ब्राह्मणवाद विरोधी दृष्टिकोण के लिए हमेशा चर्चित दलित बहुजन विद्वान कांचा इलैया भी उनसे जुड़े थे। ऐसा लगता था कि शायद राहुल गांधी के मन मस्तिष्क पर जातिगत राजनीति विशेषरूप से हावी हो गई थी।

स्पष्ट था कि राहुल गांधी डांवाडोल हो रहे राजनीतिक आत्मविश्वास की नैया पार लगाने के लिए बौद्धिक सहारा तलाश रहे थे। एक शिक्षाविद ने मुझे बताया कि राहुल गांधी अक्सर उनसे उन पुस्तकों के बारे में पूछते जिनका उन्हें अध्ययन करना चाहिए। इस एकेडमिशियन ने दावा किया, 'जब मैंने उन्हें पुस्तकों की सूची दी तो उन्होंने तपाक से अपने सहयोगी से कहा कि इन किताबों को यथाशीघ्र मंगाया जाए।'

एक और एकेडमिशियन सीएसडीएस के प्रो. योगेंद्र यादव, जो टेलीविज़न पर एक श्रेष्ठ चुनाव विश्लेशक के रूप में जाने जाते हैं, को भी राहुल गांधी ने प्रभावित करने का प्रयास किया। वर्ष 2013 में आम आदमी पार्टी में शामिल

होने वाले योगेंद्र यादव ने एक बार मुझसे बातचीत में स्वीकार किया, 'जब मैं पहली बार राहुल गांधी से मिला तो मैं उनसे बहुत प्रभावित हुआ। वह मुझे अच्छे दिल वाले और पढ़े-लिखे व्यक्ति लगे।' तो फिर योगेंद्र यादव आगे चलकर राहुल गांधी की थिंक टैंक के सदस्य क्यों नहीं बने? इस पर उन्होंने कहा, 'मैं समझता हूं कि अंततः आप महसूस करेंगे कि राहुल गांधी की तमाम सदिच्छाओं के बावजूद वह अपने वायदे के मुताबिक कांग्रेस की व्यवस्था बदल नहीं सकते थे। कांग्रेस पार्टी अपनी कार्यशैली में किसी भी प्रकार का बदलाव नहीं चाहती है।' उन्होंने 2013 में आम आदमी पार्टी ज्वाइन कर ली।

योगेंद्र यादव भले ही राहुल गांधी से दूर रहे लेकिन ऐसा लगता है कि राहुल गांधी को राजीव गांधी इंस्टीट्यूट आफ कंटेंपरेरी स्टडीज़ के निदेशक डॉ. मोहन गोपाल के रूप में एक बौद्धिक सलाहकार मिल गया था। डा मोहन गोपाल बेंगलुरू स्थित नेशनल लॉ कालेज के पूर्व निदेशक थे। डॉ. गोपाल 2011 में राजीव गांधी इंस्टीट्यूट आफ कंटेंपरेरी स्टडीज़ में आए और उन्होंने राजनीतिक तथा सांविधानिक विषयों पर राहुल गांधी को महत्वपूर्ण सलाह उपलब्ध कराना शुरू कर दिया। ऐसा माना जाता है कि यह डॉ. गोपाल ही थे जिन्होंने राहुल गांधी को सुझाव दिया कि उन्हें अमीर, मध्यम वर्ग और बीपीएल नहीं बल्कि गरीबी और मध्यम आय के बीच पिस रहे वर्गों को अपना लक्ष्य बनाना चाहिए। यह सोचा गया कि 2014 के लोक सभा चुनाव के समय राहुल गांधी इस असंगठित क्षेत्र के खोमचेवाले, खेतिहर मज़दूर और दिहाड़ी मज़दूरों जैसे समूहों का सहयोग ले सकते हैं और यह उनका महत्वपूर्ण वोट बैंक हो सकता है। (देखें अध्याय 8)

गोपाल का शैक्षिक और कार्य अनुभव बहुत दिलचस्प है। वह 1970 के दशक में कांग्रेस की छात्र शाखा, एनएसयूआई, की स्थापना करने वालों में शामिल थे। वह हार्वर्ड से कानून की डॉक्टरेट की पढ़ाई के लिए पार्टी की राजनीति छोड़ने से पहले 1974 से 1976 के दौरान एनएसयूआई के अध्यक्ष भी बने, फिर उन्होंने 20 साल तक विश्व बैंक में विधि प्रशासक के रूप में काम किया और इसके बाद वह बेंगलुरू में प्रतिष्ठित नेशनल लॉ स्कूल के निदेशक पद पर रहे।

इस पुस्तक के सिलसिले में मैंने गोपाल से मुलाकात की और राहुल गांधी से उनके रिश्तों के बारे में जानकारी चाही। राहुल गांधी से अपने रिश्तों के बारे में गोपाल ने कहा, 'नहीं, मैं उनका सलाहकार या परामर्शदाता नहीं हूं। मैं सिर्फ एक सहयोगी हूं।' उनका दावा था कि राहुल के मन में वास्तव में गरीबों के प्रति सहानुभूति और सद्भाव था और वह उन्हें सहारा देने के बारे में सोचते थे।

गोपाल का दावा था कि 'आमिर खान द्वारा *सत्यमेव जयते* में बेज़वाड़ा विल्सन और सफाई कर्मचारियों को खोजने से काफी पहले से राहुल सिर पर मैला ढोने की समस्या को लेकर' उनके साथ 'बातचीत कर रहे थे।'

मैं सोच रहा था कि कहीं कुर्ताधारी गोपाल ने राहुल को झोलावाले स्वयंसेवी संगठनों के समूह में तो नहीं पहुंचा दिया और इस तरह उनके राजनीतिक विकास को बाधित तो नहीं कर दिया। गोपाल ने इसके जवाब में कहा, 'मैं समझता हूं कि यह बेहूदा तर्क है। यह मत भूलिए कि राजनीतिक दल भी स्वयंसेवी संगठन ही हैं जिनका उद्देश्य आम आदमी की सेवा करना है।'

हालांकि, स्पष्ट लग रहा था कि राहुल दोहरी ज़िंदगी जी रहे हैं। दिन में वह विचारकों और कार्यकर्ताओं के साथ व्यस्त रहते थे लेकिन रात में ऐसा लगता है कि वह पेज तीन के चर्चित पारिवारिक मित्रों के साथ खुद को सहज महसूस करते थे। शायद इंडिया-भारत का अंतर उनके अपने व्यक्तित्व में अधिक नज़र आता है, यह ऐसा विभेद था जिससे वह लगातार अपने और भारत के बारे में अपने दृष्टिकोण के साथ समझौता करने का प्रयास करते रहते थे। दिल्ली के गॉसिप बाज़ार में हमेशा उनकी नई महिला मित्र और उनकी रहस्यात्मक विदेश यात्राओं के बारे में अटकलें लगती रहती थीं। मुझे यह बड़ा ही मनोरंजक लगता था कि हर साल जून में राहुल गांधी के जन्म दिन के अवसर पर कांग्रेस के वफादार केक और माला लेकर उनके तुगलक लेन आवास के बाहर लाइन लगाकर खड़े रहते थे। लेकिन बर्थ डे ब्वाय कभी नहीं होता था—चिलचिलाती गर्मी में वह विदेश में होते थे जहां बेशक वे कांग्रेसी नेताओं से कहीं ज्यादा आनंद और लुत्फ उठा रहे होते थे।

ऐसा लगता है, राजनीति में राहुल के बहुत ही कम घनिष्ठ मित्र थे। कुछ सांसद थे जिनके बारे में मीडिया में कहा जाता था कि 'बाबालोग सांसद' हैं। (बाबालोग शब्द का पहली बार राजीव गांधी की चौकड़ी-उनके दून स्कूल और कैंब्रिज के साथियों अरूण सिंह, सुमन दुबे, विवेक भरत राम और रोमी चोपडा) के लिए इस्तेमाल किया गया था जिनके साथ अक्सर ही वह घूमने जाते थे। ज्योतिरादित्य सिंधिया, मिलिंद देवड़ा और जितिन प्रसाद भी राहुल गांधी के हम उम्र थे। राहुल गांधी की तरह ही वे भी प्रतिष्ठित राजनीतिक परिवारों से थे, बेहतरीन अंग्रेज़ी बोलते थे, विदेशों में शिक्षा प्राप्त की थी और शायद उनकी पसंद और शौक भी एक जैसे ही थे। ज्योतिरादित्य सिंधिया के पिता माधवराव परिवार के घनिष्ठ मित्र और राजीव गांधी सरकार में कैबिनेट मंत्री थे। देवड़ा रॉक गिटार बजाते थे और राहुल गांधी अक्सर देवड़ा के गिग्स पर नज़र आते थे। उनके पिता

मुरली देवड़ा राजीव गांधी के भरोसेमंद थे जो गांधी परिवार के साथ खड़े रहते थे। प्रसाद के पिता ने 1999 में सोनिया गांधी के खिलाफ कांग्रेस अध्यक्ष पद का चुनाव लड़ा था और हार गए थे। इनका एक जैसा अतीत शायद कांग्रेस की इस नई पीढ़ी के बीच सहज तालमेल स्थापित करने में मददगार बन गया था।

राहुल गांधी के इर्द गिर्द रहने वाले 'हमारे जैसे' सोच के व्यक्तियों के इतर अपवाद के रूप में मिनाक्षी नटराजन थीं, वह संभवतः ऐसी युवा कांग्रेसी नेता थीं जिन्होंने बगैर किसी स्थापित उपनाम के ही पार्टी में वरिष्ठ स्थान प्राप्त किया था। मंदसौर संसदीय क्षेत्र से 2009 में लोकसभा के लिए निर्वाचित नटराजन इस बात का सबूत थीं कि कांग्रेस में पारंपरिक ढांचे को बदलने का राहुल गांधी का प्रयोग सफल हो सकता है यदि उसे हर स्तर पर सख्ती से लागू किया जाए। दुखद यह है कि ऐसा नहीं हो सका।

संभवतः राहुल गांधी अपनी निजी ज़िंदगी में उसी तरह के लोगों से घिरे रहने में सहज महसूस करते थे जिनके विचार और परवरिश उनके जैसी ही हुई थी। वह उन लोगों के बीच में सबसे अधिक खुश रहते थे जिनके साथ वह अपने में मस्त रह सकें, जिम जा सकें, साइकिलिंग और बाइकिंग कर सकें। (मुझे बताया गया कि हार्ले-डेविडसन बाइक के प्रति उनका विशेष आकर्षण रहा है) जीवन के शुरुआती दौर में ही परिवार में त्रासदी देखने के बाद राहुल गांधी ने कड़ी चौकसी में जिंदगी गुज़ारी और अपनी किशोरावस्था का अधिकांश वक्त देश के बाहर ही व्यतीत किया। जीवन में निजता का उन्हें पूरा अधिकार था लेकिन वह समकालीन राजनीति का अहम सिद्धांत भूल गए–पूर्णकालिक राजनेता का कोई निजी जीवन नहीं होता। वास्तविक जननेता के घर के दरवाज़े चौबीस घंटे सभी लोगों के लिए खुले रहते हैं। मैं तो एक बार लालू प्रसाद के साथ उनके बाथरूम में भी बैठा और इस दौरान वह दाढ़ी बनाते रहे जबकि ममता बनर्जी सुबह दो बजे खबर के संदर्भ में आपको एसएमएस कर देंगी।

ऐसा लगता है कि राहुल गांधी कॉर्पोरेट जगत जैसी सुबह नौ बजे से शाम छह बजे तक काम करने की कार्यशैली पसंद करते हैं जो राजनीति की दुनिया के अनुकूल नहीं है जिसमें पार्टी के प्रत्येक सदस्य का आपके एक एक मिनट पर अधिकार होता है। एक पुराने कांग्रेसी, जो राजीव गांधी को भी बहुत अच्छी तरह जानते थे, इन दोनों के बीच के अंतर को बहुत खूबसूरती से बताते हैं। वह बताते हैं, 'राजीव गांधी रविवार की छुट्टी लेना पसंद करते थे और बाकी दिन में देर रात तक काम करते थे। राहुल गांधी भी कठोर परिश्रम करना चाहते हैं लेकिन अक्सर उनका मन विरक्त होने लगता है। उन्हें यह समझ में नहीं

आता कि वह किसी विदेशी बैंक में नहीं बल्कि भारत की राजनीति में सक्रिय है।'

राजीव गांधी स्वभाव से सरल और गर्मजोशी वाले व्यक्ति थे। राहुल गांधी थोड़े संकोची स्वभाव के हैं और उनमें अपने पिता जैसे आकर्षण की कमी है। मेरी 1990 में दक्षिण मुंबई के सांसद मुरली देवड़ा द्वारा आयोजित एक कार्यक्रम में राजीव गांधी से मुलाकात हुई थी। उनके मुस्कुराते हुए चेहरे ने चंद मिनटों में ही सभी को मंत्रमुग्ध कर लिया था। राहुल के बारे में मुझे बताया गया कि उनका मूड बदलता रहता है। कांग्रेस के एक सांसद ने राहुल के व्यवहार का आकलन करते हुए बताया, 'वह कभी तो एक क्षण के लिए बहुत शालीन और धीर गंभीर हो सकते हैं और अगले ही पल उन्हें बेहद रूखे व्यक्ति के रूप में देखा जा सकता है।' ऐसी ही एक घटना याद है, राहुल गांधी युवक कांग्रेस के कार्यक्रम के सिलसिले में एक बार चेन्नई गए तो तमिलनाडु में कांग्रेस के एक वरिष्ठ नेता ने उन्हें सुझाव दिया कि कांग्रेस गठबंधन के घटक द्रमुक के नेता एम. करुणानिधि, जो उस समय मुख्यमंत्री थे, से शिष्टाचार की मुलाकात कर लें। इस पर राहुल गांधी ने जवाब दिया, 'मैं यहां पर युवक कांग्रेस के कार्यक्रम के लिए आया हूं, मैं उनसे कभी और मुलाकात कर लूंगा।' सच्चाई यह है कि वह द्रमुक सुप्रीमो से कभी मिले ही नहीं।

राहुल गांधी अपने पिता राजीव गांधी से उलट, जिनको कि छोटे से राजनीतिक गुट पर निर्भर रहने का दोष दिया जाता था, अधिक लोगों से सलाह लेते हैं। उदाहरण के लिए, वह राजीव गांधी के प्रौद्योगिकी सलाहकार सैम पित्रोदा से नियमित रूप से सलाह मशविरा करते हैं, मानो वह एकेडमिशियन और कारोबारी नेता हों। पित्रोदा ने एक बार उनका बचाव करते हुए मुझसे कहा था, 'वह उससे कहीं अधिक प्रतिभाशाली हैं, जितना आप सोचते हैं।'

लेकिन हकीकत यही है कि राहुल गांधी अपनी राजनीतिक टीम गठित करने में बुरी तरह फेल रहे। उन्होंने मधुसूदन मिस्त्री और पूर्व जनता दल के नेता मोहन प्रकाश जैसे कम वज़न वाले नेताओं को (उत्तर प्रदेश का प्रभारी महासचिव और महाराष्ट्र का प्रभारी महासचिव) महत्वपूर्ण पदों पर नियुक्त किया। कांग्रेस के एक वरिष्ठ सांसद ने व्यंग्यात्मक तरीके से कहा था, 'ये नेता, जो अपने गृह प्रदेश में एक सीट नहीं जीत सकते, वे हमारे लिए दूसरे राज्यों में कैसे जीत निश्चित करेंगे। सिर्फ इसलिए कि वे गैर सरकारी संगठनों की तरह दिखाई पड़ते हैं और बात करते हैं, ईश्वर के लिए उन्हें हमारा नेता मत बनाइए।'

यही शायद वह बिंदु है जहां उन्हें भारतीय टीम के कप्तान महेंद्र सिंह धोनी

से सीख लेनी चाहिए थी। भारतीय क्रिकेट टीम के कप्तान के रूप में धोनी ने सचिन तेंदुलकर, अनिल कुंबले और राहुल द्रविड़ सरीखे वरिष्ठ खिलाड़ियों तथा युवराज सिंह, सुरेश रैना और विराट कोहली जैसे नई पीढ़ी के खिलाड़ियों के बीच शानदार तरीके से सामंजस्य स्थापित किया। यह युवा जोश और पुराने अनुभवी खिलाड़ियों का ऐसा मिलाजुला मिश्रण था जिसने भारतीय टीम को विश्व की नंबर एक टेस्ट टीम बना दिया। दुख इसी बात का है कि राहुल गांधी कभी भी कांग्रेस पार्टी में इस तरह की टीम भावना पैदा ही नहीं कर सके। पुरानी पीढ़ी के कांग्रेसजन उनके साथ तालमेल नहीं बिठा सके और युवा पीढ़ी ने खुद को सशक्त नहीं पाया। पार्टी के वफादारों ने भले ही उनका नेतृत्व स्वीकार कर लिया हो लेकिन ऐसा महसूस होता है कि वे वास्तव में उनका सम्मान नहीं करते हैं। यह बुनियादी अंतर है। जहां तक सम्मान की बात है, तो चाटुकारिता की कांग्रेसी संस्कृति में भी, इसे प्राप्त करना होता है--यह जन्म से नहीं मिलता है।

2009 के आम चुनाव आते आते राहुल गांधी एक राष्ट्रीय नेता के रूप में स्थापित हो चुके थे, भले ही वह अमेठी के आगे मतदाताओं को आकर्षित करने की अपनी क्षमता अभी तक साबित नहीं कर सके हों। 2004 में, सोनिया गांधी कांग्रेस के पोस्टरों पर छाई थीं। अब वह अपने बेटे और प्रधानमंत्री डॉ. मनमोहन सिंह के साथ पोस्टरों में नज़र आ रही थीं। 2004 में, कांग्रेस ने चुनाव में सारी उम्मीदें लगभग छोड़ दी थीं। अब, पांच साल बाद कांग्रेस में कहीं अधिक आत्मविश्वास नज़र आ रहा था। आप राहुल गांधी की चाल-ढाल में भी इसे देख सकते थे। पांच साल पहले वह अमेठी के आगे जाने में संकोच करते थे लेकिन अब पूरे देश में बेधड़क प्रचार कर रहे थे। मुंबई में चुनाव प्रचार के दौरान एक बार मुझे उनकी साउंड बाइट लेने का मौका मिला। उन्होंने अपने चिर-परिचित मुस्कुराते हुए अंदाज़ में कहा, 'इस बार हम जीत रहे हैं और अच्छे से जीत रहे हैं।' इस दौरान उनके चेहरे के डिंपल साफ नज़र आ रहे थे।

राहुल गांधी एकदम सही थे। कांग्रेस ने 206 सीटों पर जीत हासिल की थी जो 1984 में मिली ज़बर्दस्त सफलता के बाद उसका सबसे अच्छा प्रदर्शन था। कांग्रेस के संप्रग गठबंधन ने 262 सीटें जीतीं जिसने उसे एक बार फिर आसानी से सरकार बनाने की स्थिति में पहुंचा दिया। डॉ. मनमोहन सिंह एक बार फिर भारत के प्रधानमंत्री होंगे जो पंडित जवाहरलाल नेहरू के बाद पहले प्रधानमंत्री हैं जो लगातार दूसरी बार पांच साल के लिए जीते हैं। लेकिन इस जीत का श्रेय राहुल गांधी को मिल गया। मतगणना वाले दिन टेलीविज़न आने

वाले प्रत्येक कांग्रेसी नेता ने इस जीत का श्रेय राहुल गांधी के नेतृत्व को दिया। प्रधानमंत्री के रूप में डॉ. मनमोहन सिंह के योगदान का भी ज़िक्र हुआ लेकिन फुटनोट की तरह सबसे अंत में। राहुल गांधी के उत्तर प्रदेश में कांग्रेस द्वारा 21 सीटें जीतने के तथ्य ने कांग्रेस के 'युवराज' का गुणगान करने में सोने में सुहागे की भूमिका निभाई। अब ऐसा लगता था कि 'युवराज' की ताजपोशी में कुछ ही वक्त बचा है। कई कांग्रेसी नेताओं के मुख से सुनाई पड़ा, 'अब बस इंतज़ार कीजिए और देखिए, एक या दो साल में ही डॉ. सिंह पद से हट जाएंगे और राहुल गांधी प्रधानमंत्री बन जाएंगे। इस जीत से कांग्रेस में व्यक्तिपूजा और चाटुकारिता की संस्कृति को एक नया जीवन मिल गया था।

कांग्रेस में ही एक और वर्ग था जो चाहता था कि नई सरकार में राहुल गांधी को मंत्री बनना चाहिए। इस वर्ग का मानना था कि चूंकि राहुल गांधी की ग्रामीण उत्थान और शिक्षा में गहरी दिलचस्पी है, इसलिए उन्हें ग्रामीण विकास मंत्री या फिर मानव संसाधन विकास मंत्री बनना चाहिए। उस वर्ग के एक सदस्य ने कहा, 'राहुल ने एकदम इन्कार कर दिया है। उनका कहना था कि वह एक बार में एक ही बात पर ध्यान केंद्रित कर सकते हैं और इस समय उनका सारा ध्यान युवक कांग्रेस और एनएसएयूआई के लोकतंत्रीकरण पर लगा हुआ है।' सच्चाई तो यह है कि गांधी परिवार के किसी सदस्य को दूसरे प्रधानमंत्री के तहत काम करना कुछ कांग्रेसजनों को नागवार लग रहा था, हालांकि इंदिरा गांधी ने 1960 के दशक में तत्कालीन प्रधानमंत्री लाल बहादुर शास्त्री के मातहत सूचना एवं प्रसारण मंत्री के रूप में कुछ समय काम किया था।

ऐसा नहीं था कि कांग्रेस परिवार के वफादार दरबारी ही राहुल गांधी का गुणगान कर रहे थे। हमारे मीडिया में भी बहुत ऐसे लोग थे जो सत्तारूढ़ गठबंधन बनाने में राहुल गांधी की महत्वपूर्ण भूमिका बताते हुए उनके युवा जोश की प्रशंसा करते रहते थे। उसी साल, राहुल गांधी सीएनएन-आईबीएन के वार्षिक समारोह में राजनीतिक श्रेणी में वर्ष के भारतीय नेता चुने गए थे। निर्णायक मंडल की अध्यक्षता वरिष्ठ अधिवक्ता और संविधानवेत्ता सोली सोराबजी ने की थी और यह फैसला सर्वसम्मति का था। इस सम्मान के प्रशस्ति पत्र में लिखा था, 'कांग्रेस को नई ऊर्जा देने, भारत के युवा वर्ग तक पहुंचने और लाखों भारतीयों को कांग्रेस को मत देने के लिए प्रेरित करने के लिए सीएनएन-आईबीएन इंडियन ऑफ द ईयर अवार्ड राहुल गांधी को दिया जाता है।'

पीछे मुड़ कर देखें तो, हम गलत थे। हां, राहुल गांधी ने काफी मेहनत की थी। हां, गांधी परिवार के नाम ने उत्तर प्रदेश में कांग्रेस की मदद की थी

जहां मतदाता राष्ट्रीय स्तर पर बहुजन समाज पार्टी और समाजवादी पार्टी का विकल्प खोज रहा था। लेकिन वास्तव में 2009 में चुनाव में बेहतरीन प्रदर्शन का श्रेय प्रधानमंत्री डॉ. मनमोहन सिंह को जाना चाहिए था। एक साल पहले ही उन्होंने भारत-अमेरिका परमाणु सौदे पर वामपंथी दलों को उनकी सरकार से समर्थन वापस लेने की चुनौती देते हुए समाजवादी पार्टी से समर्थन प्राप्त कर लिया था और संसद में परमाणु समझौते के मसले पर महत्वपूर्ण सफलता प्राप्त की थी। भारतीय अपने नेता को उस समय पसंद करते हैं जब वह सख्त हो--परमाणु मत पर, इससे फर्क नहीं पड़ता कि कितनी देरी के लिए ऐसा हो, प्रधानमंत्री के नए रूप में डॉ. मनमोहन सिंह एक सिद्धांत की खातिर अपनी कुर्सी त्यागने के लिए तैयार थे। 'सिंह इज़ किंग' एक ऐसा जुमला बन गया जिसने चुनाव में संप्रग को विजय दिला दी। इसके विपरीत, भाजपा के एल. के. आडवाणी एक थके हुए नेता की तरह नज़र आ रहे थे। इसके बावजूद, प्रधानमंत्री के योगदान को भुला दिया गया और राहुल गांधी का 'गेम चेंजर' के रूप में स्वागत होने लगा।

सीएनएन-आईबीएन इंडियन ऑफ द ईयर पुरस्कार उस वर्ष दिसंबर में आयोजित किया गया था। प्रधानमंत्री समारोह के मुख्य अतिथि थे, राहुल गांधी विजेताओं में से एक थे। दूसरे विजेताओं में—चाहे वह ए. आर. रहमान हों (जिन्हें *स्लमडॉग मिलयनेयर* के ऑस्कर पुरस्कार से सम्मानित किए जाने के कारण वर्ष के भारतीय वर्ग में चुना गया था) या फिर बैडमिंटन खिलाडी सायना नेहवाल हों जिन्हें खेल की श्रेणी में चुना गया था--से भी इस कार्यक्रम में उपस्थित थे। राहुल गांधी ने समारोह में हिस्सा नहीं लेने का फैसला किया। इस कार्यक्रम के आयोजन से पहले कई हफ्ते हम राहुल गांधी को यह पुरस्कार स्वीकार करने के लिए मनाते रहे। तमाम टेलीफोन कॉल और ई मेल का कोई जवाब नहीं मिला। हमने तो उनकी बहन प्रियंका गांधी से भी अनुरोध किया था कि वह उन्हें स्मरण करा दें कि मुख्य अतिथि के रूप में प्रधानमंत्री की उपस्थिति के दौरान उनका समारोह से दूर रहना उचित नहीं लगेगा। राहुल की टीम से औपचारिक जवाब मिला, 'वह काफी व्यस्त हैं, आप उनकी ओर से उनका संदेश पढ़ कर सुना सकते हैं।' हकीकत तो यह है कि राहुल गांधी दिल्ली में थे, लेकिन ऐसा लगता है कि उन्हें इस समारोह में आने का कोई औचित्य नज़र नहीं आ रहा था। आखिरकार, समारोह में उनका भेजा गया संदेश पढ़ा गया।

राहुल गांधी ने प्रधानमंत्री के हाथों पुरस्कार ग्रहण करने से बचने का प्रयास क्यों किया? प्रियंका का कहना था कि राहुल गांधी पुरस्कारों में विश्वास नहीं करते हैं। उन्होंने स्पष्टीकरण दिया, 'वह चाहते हैं कि उनके काम की चर्चा हो।'

हो सकता है कि राहुल को अहसास हुआ हो कि उन्होंने अभी तक ऐसा बहुत कुछ नहीं किया है जिसके लिए उन्हें 'पालिटीशियन ऑफ द ईयर' से सम्मानित किया जाए।

राहुल गांधी को 2009 की जीत के लिए सबसे अधिक श्रेय देकर ही चुनाव नतीजों को गलत तरीके से नहीं समझा गया था। कांग्रेस पार्टी को यह गुमान हो गया था कि उसके सामाजिक और आर्थिक एजेंडे के कारण उन्होंने यह जीत हासिल की है। सरकार की ग्रामीण रोजगार योजना-राष्ट्रीय ग्रामीण रोज़गार गारंटी कानून (नरेगा) को राहुल और सोनिया गांधी के दृष्टिकोण के रूप में पेश किया गया। तथ्य तो यह है कि 2007 में राहुल गांधी के नेतृत्व में कांग्रेस के एक शिष्टमंडल ने प्रधानमंत्री से मुलाकात करके इस योजना का पूरे देश में विस्तार करने का अनुरोध किया था। दो दिन के भीतर ही, सरकार ने 8000 करोड़ रुपए के अतिरिक्त खर्च पर राहुल गांधी की यह इच्छा पूरी कर दी। राहुल गांधी ने 60,000 करोड़ रुपए के किसानों के कर्ज़ को पूरी तरह माफ करने का भी समर्थन किया था। इसकी घोषणा 2008-09 के केंद्रीय बजट में की गई थी। कांग्रेस और उसके नेताओं तथा कार्यकर्ताओं को लगता था कि नरेगा और किसानों के कर्ज माफी ने ही उसे दुबारा सत्ता दिलाई है।

जबकि सच्चाई यह थी कि कांग्रेस ने भारत के 2009 के चुनावों में ग्रामीण क्षेत्रों की तुलना में शहरी क्षेत्रों में बेहतर प्रदर्शन किया था। संप्रग गठबंधन ने बेंगलुरू के अलावा प्रत्येक महानगर में ज़बर्दस्त सफलता हासिल की थी। इस गठबंधन ने 200 सीटों में से करीब 130 पर जीत हासिल की थी जिसे 'शहरी चरित्र' के रूप में देखा जा सकता है। इस चुनाव में यह शहरी मध्यम वर्ग था, जो संप्रग को चुनाव में मिली सफलता का मुख्य आधार रहा, लेकिन इसके बावजूद कांग्रेस के रणनीतिकारों ने आत्ममुग्ध होकर देश के दूसरे हिस्सों में पार्टी को मिली इस सफलता का श्रेय खुद को देना ही अधिक उचित समझा।

राहुल गांधी भी भारत के ग्रामीण क्षेत्रों में कांग्रेस को पुनः मिली पहचान के प्रति संतुष्ट थे। अक्तूबर, 2009 में वह फिर हमारी बिरादरी के कुछ लोगों से मिले (एकबार फिर यह बातचीत अनौपचारिक ही थी) इस बार उनका मकसद अपनी राजनीतिक सोच का विस्तार करना था। अपनी दादी का ज़िक्र करते हुए राहुल गांधी ने कहा, 1970 के दशक में इंदिरा जी ने गरीबी हटाओ का नारा देकर हमें यह सिखाया था। कांग्रेस के असली मतदाता तो गरीबों, समाज के उपेक्षित और वंचित तबके, किसानों, दलितों तथा आदिवासियों के बीच ही हैं। यही वोट हमारी ताकत है। हमें इन्हें संरक्षित करके रखने की ज़रूरत है और

फिर दूसरे वर्गों से अतिरिक्त वोट प्राप्त करने हैं। एक बार हम ऐसा करने में सफल हो गए तो फिर हम अजेय होंगे।'

उस दिन उन्होंने एक और तर्क दिया। उन्होंने बहुत दृढ़ता से कहा, 'आप सब इसे गठबंधन की जीत के रूप में देखते हैं। मैं इसे दूसरी तरह से देखता हूं। मेरा मानना है कि कांग्रेस पार्टी को खुद को मज़बूत करना होगा। गठबंधन हमारा भविष्य नहीं है, यह एक बार फिर देश की राजनीति में कांग्रेस पार्टी का वर्चस्व स्थापित करने की दिशा में हो रहा प्रयास है।' मैंने यह कहने का प्रयास किया कि अभी भी बिहार, उत्तर प्रदेश, प. बंगाल, तमिलनाडु और महाराष्ट्र जैसे राज्यों में कांग्रेस अपने सहयोगियों के बगैर अकेले कुछ करने की स्थिति में नहीं है। इस पर राहुल ने पलट कर कुछ तल्खी के साथ कहा, 'राजनीतिक पत्रकारों के साथ एक समस्या यह है कि आप बहुत दूर की नहीं सोचते हैं। मैं दूर की सोचता हूं।' हमने महसूस किया कि हम एक ऐसे नेता से बहस में जीत नहीं सकते जो बहुत अधिक असहमति के स्वर सुनने का आदी नहीं हो। और जो खुलकर बेबाक तरीके से होने वाली बातचीत को सुनने का अभ्यस्त नहीं है।

अगले पांच साल का समय 2014 के चुनावों के लिए था। इस दौरान राहुल गांधी के दृष्टिकोण ने उनके और कांग्रेस पार्टी की रणनीति के लिए आकार लिया। आर्थिक नीति पर चर्चा के दौरान 'सबको साथ लेकर चलना' अब कांग्रेस का नया मंत्र था। संप्रग-एक के न्यूनतम साझा कार्यक्रम के विचार और गठबंधन धर्म की जगह 'कांग्रेस पहले' अब कांग्रेस का राजनीतिक दर्शन बन गया था।

अगले दो साल में राहुल गांधी ने खुद को 'आम आदमी के सिपाही' के रूप में पेश करने का सतत प्रयास किया। हम लोगों को बताया गया कि उनका दिल बड़े शहरों की चकाचौंध में नहीं बसता है। जब वह मुंबई गए तो उन्होंने उपनगरीय लोकल ट्रेन में यात्रा करके दैनिक यात्रियों को यह आभास कराने का प्रयास किया कि वह उनकी समस्याओं के प्रति चिंतित हैं। जब ब्रिटेन के विदेश मंत्री डेविड मिलिबैंड भारत आए, राहुल गांधी उन्हें उत्तर प्रदेश के एक दलित के घर में रात गुज़ारने के लिए ले गए और अमेठी ले गए जहां महिलाओं के एक स्वावलंबी समूह से उनकी मुलाकात कराई जिसकी स्थापना उन्होंने की थी। आलोचकों ने राहुल गांधी के तमाम प्रयासों को सिर्फ आम आदमी के रहनुमा के रूप में राहुल ब्रांड तैयार करना और सिर्फ अपनी छवि बनाने का प्रयास ही माना।

राहुल जो करने की कोशिश कर रहे थे, उसका सबसे अच्छा उदाहरण ओडीशा के कंधमाल ज़िले की नियमगिरि पहाड़ियों में खनन और पर्यावरण अधिकारों पर

चल रही बहस के दौरान उनका हस्तक्षेप था। इस बहस का मुद्दा था कि क्या वेदांता समूह द्वारा 1.7 बिलियन अमेरिकी डालर के एल्यूमिनियम संयंत्र स्थापित करने के लिए अधिग्रहीत की गई भूमि पर स्थानीय डोंगरिया कोंध आदिवासी जाति का अधिकार था। नियमगिरि पहाड़ियों में बॉक्साइट का भंडार था लेकिन साथ ही यह जैव विविधता का समृद्ध भंडार क्षेत्र भी था और स्थानीय आदिवासियों के लिए यह पर्वत बहुत पवित्र है और इसकी पहाड़ी पर उनके देवता नियम राजा विराजमान हैं।

राहुल गांधी ने मार्च 2008 में नियमगिरि की यात्रा के दौरान जोरशोर से घोषणा की थी कि 'कालाहांडी का और आदिवासियों का दिल्ली में एक सिपाही है और उसका नाम है राहुल गांधी।' भुवनेश्वर में एक प्रेस कॉन्फ्रेंस में राहुल गांधी ने अपने इस नज़रिए को दोहराया था। उन्होंने कहा था, 'मैं औद्योगिकीकरण के विरुद्ध नहीं हूं। लेकिन मैं चाहता हूं कि इसमें निष्पक्षता होनी चाहिए। मेरी व्यक्तिगत राय है कि वहां पर खनन कार्यों से पर्यावरण को नुकसान पहुंचेगा। ये हज़ारों लोगों की जल आपूर्ति को चौपट कर देगा। ये स्थानीय लोगों की संस्कृति को बर्बाद कर देगा। और व्यक्तिगत रूप से मैं इसके विरुद्ध हूं।'

राहुल गांधी के इस विचार के दो साल से भी अधिक समय बाद 24 अगस्त 2010 को पर्यावरण मंत्रालय ने वेदांता की प्रस्तावित बॉक्साइट खदान को मंजूरी देने से इन्कार कर दिया। उस समय जयराम रमेश पर्यावरण मंत्री थे जिन्हें केंद्रीय मंत्रिमंडल में सोनिया और राहुल गांधी ने शामिल कराया था। आईआईटी से शिक्षित सफेद बालों वाले जयराम रमेश विद्वान और बुद्धिजीवी हैं, कांग्रेसजनों में यह गुण बहुत ही कम होता है। वह पारंपरिक राजनीतिक व्यक्ति नहीं है और उन्होंने कभी भी लोक सभा का चुनाव नहीं लड़ा। विचारों और नीति वाले रमेश जननेता नहीं थे। वह खुद को नेहरूवादी, उदार पुरानी शैली के व्यक्ति के रूप में देखना पसंद करते थे। उनके आलोचक उन्हें मौकापरस्त के रूप में देखते थे। उन्होंने वी.पी. सिंह, नरसिंह राव, संयुक्त मोर्चा सरकारों में पर्दे के पीछे रहकर काम किया था और चंद्रबाबू नायडू के वित्तीय सलाहकार के रूप में भी उन्होंने काम किया था। कांग्रेस के लिए 2004 के चुनाव प्रयास को सफलतापूर्वक अंजाम देने की रणनीति में उनकी बहुत बड़ी कामयाबी थी। चुनाव जिताने वाले नारे के रूप में 'कांग्रेस का हाथ, आम आदमी का साथ' की सफलता का श्रेय उन्हें ही दिया गया। संप्रग-एक के कार्यकाल के दौरान वाम केंद्रित विचारधारा को मानने वाले गैरसरकारी संगठनों, सार्वजनिक बुद्धिजीवियों के समूह वाली सोनिया गांधी की राष्ट्रीय सलाहकार परिषद के रमेश महत्वपूर्ण सदस्य थे। संप्रग-दो में रमेश को

पर्यावरण एवं वन मंत्रालय का स्वतंत्र प्रभार दिया गया था।

प्रौद्योगिकी प्रेमी, नीति का पालन करने, बढ़िया अंग्रेज़ी बोलने और वामपंथ की ओर झुकाव वाले उदार जयराम का इसी तरह की शैली के कारण राहुल के प्रति आकर्षण था। मैंने राहुल के साथ उनके तालमेल के बारे में जयराम से पूछा कि क्या उन्होंने ही राहुल के सामाजिक और आर्थिक दर्शन को आकार दिया है। उन्होंने कहा, 'मैं उनका सलाहकार नहीं था। जब भी उन्हें मदद की ज़रूरत होती थी तो मैं उनके लिए उपलब्ध था। लेकिन अंत में उनके विचार उनके अपने थे।'

इसी तरह के एक विचार ने अमेठी में महिलाओं के स्वावलंबी समूह की स्थापना का मार्ग प्रशस्त किया था। रमेश बताते हैं, 'अपने प्रारंभिक राजनीतिक जीवन में, मैं उन्हें आंध्र प्रदेश ले गया था। वहां वह स्वावलंबी समूहों से मिले और उनकी कार्यशैली देखी। उस समय तक वह माइक्रोफाइनांस को ही जानते थे लेकिन इस यात्रा ने उनका नज़रिया बदल दिया। अतः वह हर समय सीखने के लिए तत्पर रहते थे।' गुजरात में दुग्ध सहकारी आंदोलन के इसी तरह के अनुभव के आधार पर उत्तर प्रदेश में दुग्ध उत्पादन केंद्रों की स्थापना हुई।

रमेश का दावा है कि राहुल गांधी समाज के उपेक्षित और कमज़ोर वर्ग को न्याय दिलाने के लिए समस्याओं की जड़ तक पहुंचना चाहते थे। रमेश बताते हैं, 'जिन तमाम आंदोलनों का उन्होंने समर्थन किया उनके पीछे यही भावना थी कि चाहे नियमगिरि हो, भट्टा परसौल या निरमा सीमेंट संयंत्र के खिलाफ गुजरात का महुवा हो, इन सभी जगह निष्पक्ष व्यवस्था की आवश्यकता है।'

इन सभी मामलों में भूमि अधिग्रहण ने आदिवासियों, दलितों और किसानों को बड़े औद्योगिक प्रतिष्ठानों के विरुद्ध खड़ा कर दिया था। राहुल ने इसे वृहद भारत बनाम इंडिया के बीच टकराव के रूप में देखा। वह इस वर्ग के साथ खड़े दिखाई देना चाहते थे। उन पर 'झोलावाला' का ठप्पा लगा दिया गया और वह कॉर्पोरेट जगत की हस्तियों की बजाए इन कार्यकर्ताओं के बीच रहने में अधिक सहज महसूस करते थे।

ममता बनर्जी ने भी बंगाल में इसी तरह का कॉर्पोरेट विरोधी रवैया अपनाया था। सिंगूर और नंदीग्राम में भूमि अधिग्रहण के विरुद्ध आंदोलन ने उनके राजनीतिक जीवन को एक नया जीवन प्रदान किया था। ममता बनर्जी स्वभाव से सड़कों पर संघर्ष करने वाली थीं। इसके विपरीत, राहुल गांधी आखिरकार सत्तारूढ़ प्रतिष्ठान का हिस्सा थे। इसलिए उनके आंदोलन के तरीके में विश्वसनीयता और सुसंगति का अभाव था। वह ऐसे आंदोलनों में टकराव का रास्ता अपनाए बगैर ही हिस्सा लेते थे जबकि इससे राजनतिक लाभ मिल सकता था। कांग्रेस के एक वरिष्ठ

नेता ने स्वीकार किया, 'वह महसूस करते थे कि इसमें फंस गए हैं क्योंकि एक ही समय में सक्रिय कार्यकर्ता और सत्तारूढ़ दल के ताकतवर राजनीतिक के रूप में दिखाई पड़ना आसान काम नहीं था।'

ऐसा लगता है कि राहुल गांधी का 'भारत बनाम इंडिया' का नज़रिया उनके कैंब्रिज में सालों का था जहां उन्होंने एक मुख्य विषय के रूप में आर्थिक विकास का अध्ययन किया था। उन्होंने नोबल पुरस्कार से सम्मानित अमर्त्य सेन से भी मुलाकात की थी जो उस समय ट्रिनिटी कालेज में पढ़ाते थे और उनके साथ भोजन भी किया था। सेन ने बाद में दावा किया कि वह राहुल से प्रभावित थे। उन्होंने *आउटलुक* पत्रिका को दिए इंटरव्यू में कहा था, 'ऐसा लगता है कि भारत में वंचित वर्ग को लेकर काफी चिंतित थे और उसमें बदलाव करना चाहते थे।' दिलचस्प यह है कि कैंब्रिज के दिनों में राहुल ने *वर्सिटी* पत्रिका से कहा था, 'पहले की तुलना में वामपंथ की ओर मेरा झुकाव बहुत कम है।' लेकिन भारत की राजनीति के संदर्भ में राहुल वामपंथी राजनीति के साथ थे। मनमोहन सिंह सरकार जब विकास और बाज़ार में सुधार की बात करती थी तो राहुल अधिकारों की आवाज़ उठाते थे। इसने सरकार की नीति को लेकर कुछ अस्पष्टता की स्थिति पैदा की जबकि देश को उस समय स्पष्टता की ज़रूरत थी।

यदि जयराम रमेश को राहुल गांधी के आर्थिक सहयोगी के रूप में देखा जाता था तो प्रारंभिक दौर में उनके राजनीतिक गुरु दिग्विजय सिंह थे। मध्य प्रदेश के पूर्व मुख्यमंत्री दिग्विजय सिंह ने 2003 के चुनाव में मिली पराजय के बाद बेहद नाटकीय अंदाज़ में दावा किया था कि वह अब दस साल के लिए राजनीति से 'संन्यास' ले रहे हैं। लेकिन राजनीति से संन्यास लेने का उनका दावा उनके कांग्रेस के महासचिव बनने और उन्हें उत्तर प्रदेश जैसे प्रमुख राज्य में कांग्रेस को पुनर्जीवित करने की ज़िम्मेदारी सौंपे जाने से रोक नहीं सका। सिंह पुरानी शैली के कांग्रेसी थे--जिनका सामाजिक समरसता और धर्मनिरपेक्ष राजनीति में दृढ़ विश्वास था जिसमें अल्पसंख्यकों के लिए विशेष मान्यता थी। वह धुर आरएसएस विरोधी थे लेकिन साथ ही धर्मभीरू और धार्मिक क्रियाकलापों में उनकी गहरी आस्था थी। वह गौरवान्वित ठाकुर थे जो शान से अपनी हिंदू पहचान का बखान करते थे लेकिन साथ ही 'सांप्रदायिक' ताकतों पर हमला भी बोलते थे। इंदौर के डेली कॉलेज से शिक्षित सिंह पांच सितारा होटल में भी उतने ही सहज रहते थे जितने कि गांव की पंचायत में। मध्य प्रदेश के मुख्यमंत्री के रूप में उन्होंने गैर सरकारी संगठनों के समूहों के साथ बेहतर तालमेल स्थापित किया था और कांग्रेस के भीतर 'धर्मनिरपेक्षता' को लेकर अपने लिए एक ऐसा स्थान

बनाया था जो कभी उनके राजनीतिक गुरु और मध्य प्रदेश के ही एक अन्य पूर्व मुख्यमंत्री अर्जुन सिंह का हुआ करता था।

राहुल उनकी ओर मुखातिब हुए क्योंकि हिंदी भाषी क्षेत्र में जाति समीकरण और सांप्रदायिक राजनीति के बीच मार्ग दर्शन के लिए उन्हें एक सशक्त राजनीतिक चेहरे की ज़रूरत थी। जहां तक सिंह का सवाल है तो राहुल गांधी से नज़दीकी ने उन्हें ऐसे समय में एक स्वतंत्र सत्ता का केंद्र बना दिया जब उनके राजनीतिक जीवन का पराभव हो रहा था। उन्होंने उत्तर प्रदेश, जो दो दशकों से कांग्रेस से मुंह मोड़े था, में 'अपेक्षित नतीजे' दिलाने का राहुल से वायदा किया। रणनीति कांग्रेस के पारंपरिक मतदाताओं सवर्ण जातियों, मुसलमानों और दलितों को फिर से जोड़ने की थी।

सिंह ने आतंकी मामलों में मुस्लिम युवकों की गिरफ्तारी का मामला उठाने के साथ ही दिल्ली में बटला हाउस मुठभेड़ में पुलिस की भूमिका पर सवाल उठाए। इस मुठभेड़ में दो संदिग्ध आतंकियों के साथ ही पुलिस का एक वरिष्ठ अधिकारी मारा गया था। इस मामले में आरोपी उत्तर प्रदेश के आजमगढ़ के रहने वाले थे और सिंह ने उन्हें न्याय दिलाने का वायदा किया था। उन्होंने संघ परिवार को निशाना बनाया और उस पर 'भगवा आतंकवाद' को बढ़ावा देने का आरोप लगाया। अयोध्या मामले का गतिरोध समाप्त कराने के प्रयास में उन्होंने पर्दे के पीछे हिंदू और मुस्लिम धार्मिक नेताओं से भी संपर्क स्थापित किया।

यह उस दौर की राजनीति थी जिसमें वोट बैंक, तुष्टिकरण और प्रलोभन का सहारा लिया जाता था। सिंह सिर्फ इसी क्षेत्र को फिर से हासिल करने का प्रयास कर रहे थे जो पहले से ही बसपा और सपा जैसे राजनीतिक दलों के साथ थे। उत्तर भारत में 1980 और 1990 के दशक में अन्य पिछड़े वर्गों की राजनीति और दलित नेताओं के उदय के साथ ही प्रदेश की राजनीति अब बदल चुकी थी और अब शायद इसे वापस लाना संभव नहीं था। लेकिन सिंह इसके बावजूद पूरे विश्वास में थे कि उनकी रणनीति काम कर रही थी। उत्तर प्रदेश में 2012 के विधान सभा चुनावों की पूर्व संध्या पर सिंह ने मुझसे डिनर की शर्त लगाते हुए कहा कि चुनाव में सपा की जीत होने संबंधी हमारा जनमत संग्रह और पूर्वानुमान बहुत बुरी तरह गलत साबित होगा। सिंह ने पूरे आत्मविश्वास से दावा किया, 'चुनाव में हम, यदि 150 नहीं, तो 100 सीटें तो जीतेंगे ही।' चुनाव के नतीजे आने पर जब कांग्रेस 25 सीटों तक सिमट कर रह गई तो उन्होंने पूरी ईमानदारी से अपनी गलती स्वीकार की। यही नहीं, उन्होंने अपना वायदा पूरा किया और मुझे डिनर कराया!

राहुल गांधी के लिए तो तसल्ली के लिये ऐसा कुछ भी नहीं था। दिग्विजय सिंह जैसी राजनीति पर निर्भर रहने का उन्हें कोई राजनीतिक लाभ नहीं मिला। इसके विपरीत, हिंदी भाषी क्षेत्रों में कांग्रेस को पुनर्जीवित करने का उनका प्रयास बचकाना ही साबित हुआ। उदाहरण के लिए, राहुल ने 2012 के उत्तर प्रदेश के चुनाव प्रचार के दौरान फूलपुर की चुनावी सभा में भाषण दिया जिसमें कहा, 'आपको मुंबई जाकर भीख मांगना पड़ रहा है, कब तक भीख मांगते रहोगे?' राहुल गांधी के इस बयान को किसी ने भी पसंद नहीं किया। इस तरह के विचार से कम से कम वह वर्ग तो बुरी तरह आहत हुआ जो बेहतर भविष्य के लिए बड़े शहरों में जाता है। उत्तर प्रदेश विधान सभा के 2012 के चुनावों में पराजय कांग्रेस के लिए बहुत बड़ा धक्का थी।

इससे पहले, 2010 में उत्तर प्रदेश के ही पड़ोसी राज्य बिहार में भी राहुल गांधी को इसी तरह की हार का सामना करना पड़ा था। उन्होंने अपनी 'एकला चलो रे' की नीति के लिए बिहार को प्रयोगशाला के रूप में इस्तेमाल किया था। राजनीतिक विचार यह था कि इस चुनाव में कांग्रेस किसी भी दल के साथ गठंधन नहीं करेगी और अकेले ही चुनाव लड़ेगी। दूसरी ओर, लालू प्रसाद बिहार में कांग्रेस से गठबंधन करके अपने राष्ट्रीय जनता दल को भी पुनर्जीवित करना चाहते थे। राहुल ऐसा कुछ भी करने के पक्ष में नहीं थे। उन्होंने 2009 के चुनाव से पहले भी लालू प्रसाद की इस तरह की पहल को अस्वीकार कर दिया था। इस पर लालू ने एक बार मुझसे कहा था, 'लगता है लड़के को मेरा चेहरा अच्छा नहीं लगता।'

बिहार के इस पूर्व मुख्यमंत्री का सोनिया गांधी के साथ बेहतर समीकरण रहा करता था। वह एक ऐसे राजनीतिक व्यक्ति थे जो सोनिया गांधी के विदेशी मूल का मुद्दा उठाए जाने पर उनके साथ खड़े रहे थे। 2004 में, कांग्रेस-राजद गठबंधन ने बिहार की 40 सीटों में 29 सीटें जीती थीं और फिर लालू प्रसाद को रेल मंत्री बनाया गया था। लेकिन 2009 आते-आते यह गठबंधन खत्म हो गया। लालू को कई हफ्ते इंतज़ार कराया गया और कांग्रेस हाईकमान ने उन्हें कोई महत्व नहीं दिया--राहुल अपने हिसाब से सब कुछ करना चाहते थे।

चुनाव में अकेले जाने का प्रयोग घातक हुआ। 2009 के आम चुनाव में बिहार में कांग्रेस को सिर्फ दो ही सीटें मिलीं। इसी तरह, 2010 के विधान सभा चुनाव में कांग्रेस सिर्फ चार सीटों पर विजय हासिल कर सकी जबकि राजद ने (रामविलास पासवान के साथ तालमेल से) 25 सीटों पर विजय प्राप्त की। नीतीश कुमार के नेतृत्व वाले जनता दल (यूनाइटेड) के जदयू-भाजपा गठबंधन चुनाव

में रिकॉर्ड अंतर से जीता। लालू ने व्यंग्यात्मक लहजे में कहा, 'वह डूब गए, हमें भी डूबा दिया।'

उत्तर प्रदेश और बिहार में मिली दोहरी पराजय ने राहुल पर भी असर डाला। 2009 के चुनाव में मिली सफलता से राहुल में आया राजनीतिक आत्मविश्वास अब कम होने लगा था। एक वरिष्ठ कांग्रेसी नेता ने इस पर टिप्पणी करते हुए कहा था, 'मुझे लगता है कि उन्हें अब अपने ऊपर ही संदेह होने लगता है। वह अब खुद को एक ऐसा हारा हुआ व्यक्ति महसूस करते हैं जो शायद इस काम के लिए उपयुक्त नहीं है। ऐसा लगता था कि वह पलट कर वार करने की क्षमता गंवा चुके हैं।' राहुल गांधी भी अपने आप में सिमटने लगे थे और एक तरह से कोई जोखिम नहीं लेना चाहते थे। उन्होंने कार्यकर्ताओं में नया जोश भरने के लिए उत्तर प्रदेश का व्यापक दौरा करने का वायदा किया। पर उन्होंने ऐसा कुछ नहीं किया। एक समय में जब कांग्रेस और उसके कार्यकर्ता नेतृत्व की ओर देख रहे थे तो नेता कहीं नज़र नहीं आ रहा था।

इस्राइल के पूर्व प्रधानमंत्री अब्बा इबान ने एक बार कहा था, 'फलस्तीनी एक अवसर गंवाने के लिए अवसर कभी खोते नहीं हैं।' राहुल गांधी के लिए 2011 और 2012 के बारे में भी कुछ इसी तरह का कहा जा सकता है, 2014 के आम चुनाव से पहले के ये दो साल बहुत महत्वपूर्ण थे। 2011 में, भ्रष्टाचार की समस्या से निबटने के लिए लोकपाल की स्थापना की मांग को लेकर समाजसेवी अन्ना हज़ारे के नेतृत्व में हुए आंदोलन ने समूचे राष्ट्र को झकझोर दिया। अगस्त महीने के दो सप्ताह महाराष्ट्र से आया यह 74 वर्षीय गांधीवादी भ्रष्टाचार के विरुद्ध जनाक्रोश का प्रतीक बन गया। अन्ना हज़ारे ने संकल्प लिया था कि यदि 16 अगस्त तक संसद ने लोकपाल बिल पास नहीं किया तो वह आमरण भूख हड़ताल करेंगे। इस दौरान सोनिया गांधी स्वास्थ्य कारणों से सर्जरी के लिए विदेश गई हुई थीं। विदेश जाने से पहले उन्होंने कांग्रेस के दैनिक कार्यों के लिए चार सदस्यीय समिति गठित की थी। इस समिति में वरिष्ठ नेता ए. के. एंटनी, अहमद पटेल, जनार्दन द्विवेदी और राहुल गांधी को शामिल किया गया था। यह मौका था जब राहुल गांधी नेतृत्व की बागडोर संभाल सकते थे। लेकिन इस समिति की एक बार भी बैठक ही नहीं हुई। (देखिए अध्याय 3)

16 अगस्त को जब लोकपाल के मसले का हल खोजने के लिए बातचीत विफल हो गई तो सरकार ने अन्ना हज़ारे को उस समय गिरफ्तार कर लिया जब वह राजधानी में भूख हड़ताल करने के लिए निर्धारित स्थान पर जाने की

तैयारी कर रहे थे। राहुल गांधी को करीब दो घंटे बाद कांग्रेस के सांसद संदीप दीक्षित ने संक्षिप्त ईमेल और एसएमएस के ज़रिए इस घटना से अवगत कराया। दीक्षित ने बाद में मुझसे कहा, 'पूर्वी दिल्ली का सांसद होने के नाते, मेरे निर्वाचन क्षेत्र से ही अन्ना की गिरफ्तारी को लेकर मैं बहुत चिंतित था। मैं जानता था कि यह गलत हुआ है और राहुल से इसमें हस्तक्षेप करने का अनुरोध किया था।' उन्होंने बताया कि राहुल गांधी उस समय संसद में थे लेकिन उन्होंने तत्काल कदम उठाते हुए गृह मंत्री पी. चिदंबरम को फोन किया और गिरफ्तारी का आदेश रद्‌द कराया। लेकिन तब तक नुकसान हो चुका था। उस समय तक अन्ना हज़ारे का कद एक मामूली समाजसेवी के दायरे से आगे निकल कर राष्ट्रीय महत्व के हीरो का रूप ले चुका था। रामलीला मैदान में उनके अनशन स्थल पर लोगों का समर्थन बढ़ने लगा। अगले तीन दिन तक अन्ना हज़ारे की स्थिति महात्मा गांधी जैसी हो गई और वह टेलीविज़न के पर्दों पर तथा देश में बहस का मुद्‌दा बन गए। सरकार की स्थिति दयनीय थी।

एक सप्ताह के आंदोलन के दौरान गतिरोध खत्म करने के लिए कोई रास्ता नज़र नहीं आ रहा था जबकि सरकार इस मुद्‌दे को सुलझाने के लिए बेताब थी। पर्दे के पीछे प्रणब मुखर्जी के नेतृत्व में एक दल, जिसमें केंद्रीय मंत्री सलमान खुर्शीद और दिल्ली के सांसद संदीप दीक्षित शामिल थे, टीम अन्ना के साथ बातचीत कर समाधान खोजने का प्रयास कर रहा था। दोनों पक्षों के बीच हुई ऐसी ही एक बैठक में सुझाव दिया गया कि राहुल गांधी रामलीला मैदान में मंच पर अन्ना हज़ारे से मुलाकात क्यों नहीं कर लेते और उनका उपवास खत्म कराने के लिए उन्हें एक गिलास जूस क्यों नहीं पिला देते? लोकपाल बिल बनाने के बारे में राहुल गांधी का आश्वासन अन्ना हज़ारे के लिए अपना उपवास खत्म करने के लिए पर्याप्त होगा। इसके साथ बातचीत करने वालों को अन्ना हज़ारे की टीम ने भरोसा दिलाया था कि इसका सारा श्रेय राहुल गांधी ले सकते हैं।

संदीप दीक्षित ने अन्ना टीम के सदस्यों के साथ अपने पहले के संपर्कों के आधार पर इस गतिरोध को दूर करने के प्रयासों को लेकर हो रही बातचीत में महत्वपूर्ण भूमिका निभाई थी। इस नए घटनाक्रम से उत्साहित दीक्षित ने तत्काल राहुल गांधी को एक और मेल भेजा जिसमें समाधान की संभावित रूपरेखा को रेखांकित किया। दीक्षित आज थोड़ा आक्रोश भरे अंदाज़ में कहते हैं, 'यह राहुल के राजनीतिक जीवन का बहुत महत्वपूर्ण क्षण हो सकता था जब वह एक बड़ी सफलता का दावा कर सकते थे।' कांग्रेस के एक और नेता कहते हैं, 'सोचिए इस बारे में, कल्पना कीजिए अन्ना हज़ारे को एक गिलास जूस पिलाते हुए राहुल

गांधी की तस्वीरें टेलीविज़न और सारे समाचार पत्रों में छाई रहतीं। यह उस समय की सबसे बड़ी घटना होती और उसने राहुल गांधी को प्रतिष्ठान के विरुद्ध संघर्ष करने वाले नेता के रूप में भी स्थापित कर दिया होता।'

सवाल उठता है कि तो फिर राहुल गांधी इसके लिए तैयार क्यों नहीं हुए? कांग्रेस के कुछ नेताओं का दावा है कि रामलीला मैदान में अन्ना हज़ारे से राहुल गांधी की मुलाकात करने का विचार बहुत जोखिम भरा था। उनका तर्क था, 'वहां कांग्रेस विरोधी माहौल था। यदि उपस्थित जनसमूह विरोध करने लगता तो क्या होता?' एक दूसरे कांग्रेसी नेता का दावा था कि टीम अन्ना के सदस्यों का उनकी बातों पर भरोसा नहीं किया जा सकता था। उन्होंने कई मौकों पर दगा दिया है। हम राहुल गांधी को रामलीला मैदान भेजने का जोखिम कैसे उठा सकते थे जबकि गतिरोध का अंतिम रूप से समाधान होने की कोई गारंटी नहीं थी? अंत में महाराष्ट्र के पूर्व मुख्यमंत्री विलासराव देशमुख को अन्ना को अपना उपवास खत्म कराने के लिए भेजा गया। राहुल घर पर ही रहे।

लोक सभा में लोकपाल विधेयक पर चर्चा के दौरान 26 अगस्त को राहुल गांधी विधेयक के समर्थन में बोले और उन्होंने लोकपाल संस्था को निर्वाचन आयोग जैसी ही सांविधानिक संस्था बनाने का सुझाव दिया। उन्होंने कहा, 'अध्यक्ष महोदय, चर्चा को आगे बढ़ाते हुए और लोकपाल को संवैधानिक संस्था बनाकर उसे निर्वाचन आयोग की तरह ही क्यों नहीं संसद के प्रति जवाबदेह बनाया जाए? मैं समझता हूं कि इस विचार पर गंभीरता से गौर करने का समय आ गया है।' कांग्रेस ने इस विचार का पुरज़ोर समर्थन किया और यहां तक कहा कि राहुल के विचार ने खेल की दिशा ही बदल दी। असलियत तो यह थी कि खेल की दिशा पहले ही बदल चुकी थी। राहुल का संक्षिप्त हस्तक्षेप भ्रष्टाचार के मुद्दे पर संसद में हुए शोर-शराबे की भेंट चढ़ चुका था। ऐसे समय में जब देश किसी ठोस कार्रवाई की अपेक्षा कर रहा था, राहुल गांधी उपदेश दे रहे थे। राहुल गांधी इस मौके का लाभ उठा सकते थे लेकिन वह इसमें एक खिलाड़ी ही बन कर रह गए। अन्ना हज़ारे और उनकी टीम, विशेषकर छोटी मूंछों वाला छोटे कद का नौजवान इस समूचे आंदोलन का हीरो बनकर उभरा था। राहुल गांधी को हुए नुक़सान का लाभ निश्चित ही अरविंद केजरीवाल को मिला।

आम चुनाव से कुछ महीने पहले 17 दिसंबर को संसद में आखिरकार लोकपाल विधेयक पारित हुआ। कांग्रेसी नेताओं और कार्यकर्ताओं ने एक बार फिर इसका स्वागत किया और भ्रष्टाचार खत्म करने के लिए राहुल गांधी की प्रतिबद्धता को इसका श्रेय दिया। इस दावे को किसी ने गंभीरता से नहीं लिया। देखा जाए

तो वास्तव में बहुत देर हो चुकी थी और यह पर्याप्त नहीं था।

दिसंबर, 2012 में एक बार फिर राहुल गांधी के सामने एक राजनीतिक व्यक्ति के रूप में भारत के युवा वर्ग की अपेक्षाओं और आकांक्षाओं से जुड़ने का मौका था। 16 दिसंबर को राष्ट्रीय राजधानी की चलती हुई बस में एक युवती की बुरी तरह पिटाई की गई और उससे सामूहिक बलात्कार किया गया। महिलाओं के प्रति अपराध दिल्ली में कोई असामान्य बात नहीं थी। वास्तव में, यह शहर इस बात के लिए बहुत ही बदनाम हो चुका है कि यहां महिलाएं असुरक्षित हैं। इसके बावजूद, बलात्कार की इस वीभत्सता और बर्बरता ने शहर की जड़ता को झकझोर दिया था। चूंकि यह अपराध उस क्षेत्र में हुआ था जहां अधिकांश राष्ट्रीय टेलीविज़न चैनलों के मुख्यालय थे, इसलिए तत्काल ही इसे उस वक्त की ब्रेकिंग न्यूज़ के साथ ही पेश किया गया। ऐसे अपराध के प्रति खामोशी अब विकल्प नहीं रह गया था। बलात्कार का अपराध अब आंकड़ों तक सीमित नहीं था।

बलात्कार की शिकार यह लड़की एक अस्पताल में ज़िंदगी की लड़ाई लड़ रही थी, हालांकि 13 दिन बाद इस लड़की का निधन हो गया था। लेकिन दूसरी ओर, इस घटना के तीन दिन बाद दिल्ली की सड़कों पर जनता का गुस्सा फूट पड़ा। उत्तेजित लोगों की भीड़ ने, जिसमें अधिकांश युवा थे, महिलाओं के प्रति बढ़ते अपराधों पर जवाब मांगने के लिए राजपथ से राष्ट्रपति की ओर बढ़ना शुरू कर दिया था। इसमें से कुछ लोगों ने नॉर्थ ब्लाक की दीवार पर चढ़ने का प्रयास किया। आंदोलनकारियों को तितर-बितर करने के लिए पुलिस ने आंसू गैस के गोले दागे और फिर उन पर पानी की तेज़ बौछारें छोड़ीं। पुलिस की इस कार्रवाई से भीड़ में शामिल लोगों की संख्या और बढ़ी। लैंगिक न्याय के लिए मुहिम छेड़ने वाली इव एंसलर ने, जो वन बिलियन राइज़िंग अभियान के लिए भारत में थीं, कहा कि उन्हें ऐसा लगा कि भारत में महिलाओं की क्रांति हो रही है।

मैं इंडिया गेट पर था जहां सैकड़ों महिला-पुरुष, जिनमें अधिकांश कॉलेज छात्र थे, एकत्र थे। विरोध प्रदर्शन शांतिपूर्ण था। आंदोलनकारी न्याय, कठोर कानून और महिलाओं के लिए सुरक्षा की मांग कर रहे थे। इस दौरान लोगों के इंटरव्यू के दौरान ही भीड़ में से किसी ने सवाल किया, 'राहुल गांधी कहां हैं, वह यहां आकर हमसे बात क्यों नहीं करते? यदि वह भट्टा परसौल जाकर किसानों से बात कर सकते हैं तो वह यहां आकर हमसे भी बात कर सकते हैं।'

यह पूरी तरह उचित सवाल लगता था। आखिरकार, राहुल गांधी को उनकी पार्टी एक युवा नेता के रूप में ही पेश कर रही थी। भारतीय राजनीति में नई

पीढ़ी का प्रतिनिधित्व करने के लिए ही उन्हें तैयार किया गया था। उन्होंने ही देश में युवकों में नई ऊर्जा का संचार करने सार्वजनिक जीवन में नई आवाज़ को प्रोत्साहन देने की बात की थी। यह राहुल गांधी के लिए सर्वथा उचित मौका था कि वह निकल कर आते और लैंगिक न्याय और बदलाव के लिए संघर्षरत युवा वर्ग का साथ देते। लेकिन इस दौरान भी राहुल गांधी कहीं नहीं थे।

पहली बार यह खबर सामने आने पर कांग्रेस प्रवक्ता ने शुरू में दावा किया था कि राहुल गांधी देश से बाहर गए हुए हैं। जब वह लौटे तो 10 जनपथ पर थोड़े से आंदोलनकारियों से मिले लेकिन इस दौरान भी कैमरे की नज़रों से दूर ही रहे। निश्चित ही पार्टी का एक वर्ग चाहता था कि राहुल अधिक सक्रिय तरीके से पेश आएं लेकिन उन्होंने इस विचार को ठुकरा दिया। इस संबंध में स्पष्टीकरण आया, 'वह चिंतित हैं और आंदोलनकारियों की भावनाओं को समझ रहे हैं लेकिन वह इंडिया गेट जाकर लोगों से मुलाकात कर तमाशा नहीं करना चाहते हैं।' कुछ दिन बाद वह चुपचाप दिल्ली की उस बहादुर लड़की के परिवार वालों से जाकर मिले। इसके कुछ महीने बाद ही संसद ने अधिक सख्त बलात्कार विरोधी कानून पारित किया।

क्या आंदोलनकारियों के प्रति एकजुटता दिखाने के लिए राहुल गांधी को इंडिया गेट पर होना चाहिए था? जब मैंने टेलीविज़न के लाइव कार्यक्रम में गृह मंत्री सुशील कुमार शिंदे से यह सवाल किया तो उनका विवादास्पद जवाब था, 'आप हमसे यह अपेक्षा नहीं कर सकते कि हम आंदोलनकारियों से मिलने कहीं भी जा सकते हैं। अगली बार गृह मंत्री से कहेंगे कि इंडिया गेट जाइए यदि माओवादी वहां प्रदर्शन कर रहे हैं।' इससे कहीं अधिक तर्कसंगत स्पष्टीकरण उनके जूनियर आर. पी. एन. सिंह ने दिया, जिन्हें इस संकट से निबटने की ज़िम्मेदारी सौंपी गई थी। उन्होने कहा, 'मैं नहीं समझता कि हम इतने गंभीर मसले को फोटो सत्र में बदल दें। यदि राहुल ने आंदोलनकारियों से मुलाकात की होती तो खबरिया चैनलों को फोटो का मौका मिलता लेकिन इससे वस्तुस्थिति में बदलाव कैसे होगा?'

यह विडंबना ही है, फरवरी 2014 में जब अरुणाचल प्रदेश के युवक नीडो तान्या की दिल्ली के एक बाज़ार में रहस्यमय परिस्थितियों में पिटाई के कारण मृत्यु हो गई तो जंतर-मंतर पर एकत्र प्रदर्शनकारियों से मुलाकात करने राहुल गांधी गए थे। ये प्रदर्शनकारी पूर्वोत्तर के छात्रों के लिए बेहतर सुरक्षा व्यवस्था की मांग कर रहे थे। उन्होंने उनकी समस्या को उठाने का आश्वासन दिया। यह घटना लोकसभा चुनावों से ठीक पहले हुई थी। नीडो के पिता जी अरुणाचल प्रदेश

में कांग्रेस के विधायक थे। ऐसा लगता है कि इस घटना का समय और संदर्भ अचानक ही एकदम बदला हुआ था। आलोचकों ने इसे मौकापरस्ती बताया जो गलत नहीं था।

भारत में राजनीति अक्सर प्रतीकों के बारे में होती है। बिहार के बेलछी गांव, जहां दलितों पर हमला हुआ था, पहुंचने के लिए इंदिरा गांधी ने हाथी पर बैठ कर बाढ़ का पानी पार किया था। यह घटना उनके संघर्ष करने के साहस का प्रतीक बन गई और आपातकाल के बाद उन्हें फिर से सत्ता में लाने में मददगार हुई। यदि राहुल ने राजनीतिक प्रतीक की इस ताकत को महसूस किया होता तो उन्होंने यह लड़ाई उस वक्त जीत ली होती जब इसकी बहुत ज़रूरत थी। यदि उन्होंने भ्रष्टाचार के खिलाफ अन्ना हज़ारे के आंदोलन या फिर बलात्कार के खिलाफ आंदोलन को जनता की राय बनाने के लिए इस्तेमाल किया होता तो हो सकता है कि उन्हें एक ऐसा युवा नेता मान लिया जाता जो नई जगह बनाने करने के लिए तैयार है। दिल्ली में बलात्कार विरोधी आंदोलन निश्चित ही लैंगिक समानता के मुद्दे को परिभाषित करने का मौका था और जो राजनीतिक विभेद से उपर था। अन्ना आंदोलन भी इसी तरह भ्रष्टाचार के खिलाफ जनआक्रोश का प्रतीक था। दोनों ही आंदोलनों में, विशेषकर शहरी भारत में, युवा वर्ग की ज़बर्दस्त भागीदारी थी। इसके बावजूद, उन्होंने सुरक्षित तरीके से राजनीति का खेल खेलना उचित समझा। यह बिल्कुल उसी तरह था कि मानो वह सत्ता में हैं लेकिन फिर भी प्रभावी तरीके से इसका इस्तेमाल करना नहीं जानते। राजनीति में यही मौका था कि यदि वह चाहते थे कि उन्हें एक नेता के रूप में गंभीरता से लिया जाए तो उन्हें इस तरह से सामने आए अवसरों का लाभ उठाने की आवश्यकता थी।

जयपुर में आयोजित कांग्रेस के दो दिवसीय चिंतन शिविर के दौरान 19 जनवरी, 2013 को राहुल गांधी को पार्टी का उपाध्यक्ष बनाया गया। इस निर्णय से कांग्रेस के कार्यकर्ता अतिउत्साहित थे। यह वह क्षण था जिसका पार्टी कार्यकर्ता पिछले एक दशक से इंतज़ार कर रहे थे—नेता के रूप में राहुल गांधी को सोनिया गांधी से पार्टी का नेतृत्व सौंपे जाने की आधिकारिक घोषणा। इसके साथ ही जयपुर में जगह जगह 'हमारा नेता, राहुल गांधी' के नारों वाले राहुल गांधी के बड़े-बड़े पोस्टर लग गए। टीवी कैमरे के सामने एक भावुक कांग्रेसी खुशी में रुंधे गले से कहता है, 'मैं राजीव गांधी का स्वप्न पूरा होते देख सकता हूं।' यह पूछे जाने पर कि क्या 2014 के चुनावों में राहुल गांधी को प्रधानमंत्री पद के उम्मीदवार

के रूप में पेश किया जाएगा? कांग्रेस प्रवक्ता जनार्दन द्विवेदी ने तत्परता से इस पर विराम लगाते हुए कहा, 'चुनाव या प्रचार से संबंधित कोई भी निर्णय बाद में लिया जाएगा।'

अगले दिन, राहुल गांधी ने कांग्रेस उपाध्यक्ष के रूप में अपना पहला भाषण दिया। यह एक भावुक भाषण था। राहुल ने कहा, 'कल रात आप सभी ने मुझे बधाई दी। मेरी मां रात में मेरे कमरे में आई और मेरे पास बैठ गई और वह रो रही थीं क्योंकि वह समझ रही थीं कि जिस सत्ता को बहुत सारे लोग चाहते हैं वह वास्तव में विष है।' उन्होंने कहा, 'मेरी मां सत्ता को विष की तरह ही देखती हैं क्योंकि इसके प्रति उनकी आसक्ति नहीं है। इस विष की काट सिर्फ वास्तव में यही है कि आप इससे मोह नहीं पालें। हमें सत्ता हासिल करने के लिए ही इसके पीछे नहीं भागना चाहिए। हमें सिर्फ आवाज़ को शक्ति देने के लिए इसका इस्तेमाल करना चाहिए।'

मंच पर आसीन समूचा कांग्रेस नेतृत्व और सभागार में उपस्थित पार्टी कार्यकर्ताओं ने ज़ोरदार तरीके से इसका तालियां बजाकर स्वागत किया। पार्टी के वफदारों ने 'मां-बेटे' की इस निष्ठा का गुणगान किया कि नेहरू-गांधी पीढ़ी की मशाल अब एक नई पीढ़ी को सौंपी जा रही है। हम लोगों को बताया गया कि यह तत्काल ही दिया गया भाषण था और राहुल गांधी अपने दिल की बात कह रहे थे। स्टूडियो में बैठे राजनीतिक विश्लेषक के रूप में मेरी प्रतिक्रिया भी संशय भरी थी। मैंने सवाल किया, 'यदि सत्ता विष है तो फिर राहुल गांधी उस राजनीति में क्यों हैं जिसका लक्ष्य ही सत्ता हासिल करना है?'

इसका जवाब शाम को दिग्विजय सिंह ने दिया जो काफी नज़दीक से राहुल गांधी को देख रहे थे। उन्होंने दावा किया, 'राहुल दूसरे राजनीतिकों की तरह नहीं हैं। वह सत्ता में यकीन नहीं रखते हैं, वह अन्याय के खिलाफ लड़ना चाहते हैं।' मैं इससे सहमत नहीं था। राजनीति संन्यास लेना नहीं है, गृहस्थी की ज़िम्मेदारी लेने जैसा है, यह आगे आकर नेतृत्व प्रदान करने की ज़िम्मेदारी है। राहुल की अपनी पहचान कुछ ऐसी हो रही थी कि मानो वह अपनी मर्ज़ी से नहीं बल्कि मजबूरीवश इसमें लाए गए हैं। यह नरेन्द्र मोदी से एकदम विपरीत था जो अपनी राजनीतिक महत्वाकांक्षा का ही वरण करते थे।

'सत्ता तो विष है' भाषण देने के नौ महीने बाद राहुल गांधी ने दिखाया कि क्यों वह देश के दूसरे सबसे ताकतवर व्यक्ति हैं। 27 सितंबर, 2013 को उन्होंने सज़ा याफ्ता सांसदों को तत्काल अयोग्यता से संरक्षण प्रदान करने लिए केंद्रीय

मंत्रिमंडल द्वारा पारित अध्यादेश को 'पूरी तरह बकवास' करार दे दिया। यह कांग्रेस के नेतृत्व वाली मनमोहन सिंह सरकार की प्रत्यक्ष और सार्वजनिक आलोचना थी जिसने सिर्फ तीन दिन पहले ही इस विवादास्पद अध्यादेश को मंज़ूरी दी थी। प्रधानमंत्री उस समय अमेरिकी राष्ट्रपति बराक ओबामा के साथ शिखर वार्ता के लिए वाशिंगटन में थे। एक सप्ताह बाद उनके भारत लौटते ही मंत्रिमंडल की आपात बैठक में अध्यादेश को निरस्त कर दिया गया।

राहुल गांधी ने 'बकवास' टिप्पणी दिल्ली में प्रेस क्लब में आयोजित प्रेस कॉन्फ्रेंस के दौरान की थी जिसे कांग्रेस के संवाद विभाग के मुखिया और सांसद अजय माकन संबोधित कर रहे थे जो वहां पर जिम का उद्घाटन करने आए थे। प्रेस कॉन्फ्रेंस अभी शुरू ही हुई थी कि हमारे कांग्रेस पार्टी कवर करने वाले संवाददाता ने न्यूज़रूम को यह सूचना देने के लिए फोन किया कि राहुल गांधी वहां आने वाले हैं। पहले तो हमने सोचना कि यह अफवाह है। लेकिन तभी, रहस्यमयी तरीके से माकन मंच से खड़े हुए और कहा कि उन्हें एक ज़रूरी फोन सुनना है। कुछ ही मिनट बाद माकन मुस्कुराते हुए लौटे और कहा, 'राहुल जी आएंगे और अध्यादेश के बारे में आपको संबोधित करेंगे।'

ठीक ही था, कुछ ही समय में कुर्ता पाजामा पहने राहुल गांधी वहां पहुंचे। कुर्ते की बांह चढ़ाते हुए और अपनी दाढ़ी सहलाते हुए वह हर तरह से वह ऐसे युवा नज़र आ रहे थे जो बहुत आक्रोश में था। राहुल ने कहा, 'इस अध्यादेश के बारे में मेरी राय है कि यह पूरी तरह बकवास है। इसे फाड़ कर फेंक देना चाहिए।' अचानक हुए इस घटनाक्रम से हतप्रभ पत्रकार जब तक कुछ समझते, राहुल गांधी वहां से निकल गए। यह बहुत ही संक्षिप्त घटना थी। यहां पर वह सिर्फ प्रतिष्ठान विरोधी हीरो की भूमिका में थे। माकन, जो पहले अध्यादेश का बचाव कर रहे थे, की बहुत ही विचित्र स्थिति हो गई थी लेकिन उन्होंने स्थिति का सामना करने के लिए साहस का परिचय दिया और कहा, 'अब चूंकि कांग्रेस उपाध्यक्ष ने स्थिति स्पष्ट कर दी है, सब कुछ पूरी तरह स्पष्ट है। कांग्रेस पार्टी सर्वोच्च है।'

बाद में, मैंने माकन से जानना चाहा कि क्या यह सब राहुल गांधी को भ्रष्टाचार के खिलाफ लड़ने वाले व्यक्ति के रूप में पेश करने के लिए पहले से निर्धारित योजना का हिस्सा थी। उन्होंने दावा किया, 'नहीं, नहीं, मुझे इसकी जानकारी नहीं थी कि राहुल गांधी कोई बयान देंगे। मैं भी अनभिज्ञ ही था और उनके आने से 15 मिनट पहले ही मुझे इसकी जानकारी दी गई थी। लेकिन इससे एक दिन पहले ही, राहुल गांधी के समूह के दक्षिण मुंबई के सांसद मिलिंद देवड़ा ने ट्वीट

किया था, 'कानूनी पेंच को परे कर दें तो, दोषी सांसद या विधायक को उसकी अपील लंबित होने के दौरान पद पर बने रहने की अनुमति देने से लोकतंत्र के प्रति जनता का कम हो रहा विश्वास और संकट पैदा कर सकता है।' इससे स्पष्ट है, राहुल गांधी की टीम संदेश देकर सरकार के इस फैसले से खुद को अलग रखना चाहती थी।

प्रधानमंत्री अपमानित किए जा चुके थे। उसी रात टेलीविज़न पर एक कार्यक्रम में हिस्सा लेते हुए प्रधानमंत्री के पूर्व प्रेस सलाहकार डॉ. संजय बारू ने मुझसे कहा, 'बहुत हो गया, अब डॉ. सिंह को इस्तीफा दे देना चाहिए।' कहते हैं कि सोनिया गांधी ने प्रधानमंत्री को फोन किया और राहुल गांधी की ओर क्षमा याचना की। समझा जाता है कि राहुल गांधी ने भी डॉ. सिंह के समक्ष स्वीकार किया कि अध्यादेश का विरोध करते समय उन्हें कम आक्रामक होते हुए बेहतर शब्दों का चयन करना चाहिए था। प्रधानमंत्री उस समय इस्तीफा देना चाहते थे लेकिन एक बार फिर उन्होंने शांति बनाए रखने का निर्णय किया।

सार्वजनिक रूप से अचानक ही इस तरह के बयान से राहुल गांधी और कांग्रेस पार्टी की छवि पर प्रतिकूल असर पड़ा। उनका आचरण बचकाना, अनादर करने वाला था, जिसमें राजनीतिक परिपक्वता का अभाव नज़र आ रहा था। ऐसा लगता है कि राहुल गांधी के सलाहकारों ने ही सलाह दी थी कि 2014 के चुनावों से पहले उन्हें खुद की एक स्वतंत्र व्यक्ति के रूप में अपनी पहचान बनानी होगी। उन्हें संप्रग-दो में निर्णय लेने वाली प्रक्रिया का हिस्सा दिखाए जाने से खुद को अलग करना होगा। यदि इससे प्रधानमंत्री और भले ही सोनिया गांधी भी नाराज़ होती हैं तो इसके लिए छोटी सी कीमत अदा करनी होगी। राहुल गांधी और उनके सलाहकारों ने 2013 की शरद ऋतु में यह नहीं सोचा कि उनकी यह हरकत सिर्फ अशोभनीय ही नहीं बल्कि एक बार फिर बहुत देर उठाया गया कदम होगी। संप्रग सरकार को पहले ही भ्रष्टाचार के प्रति समझौता करने वाली कहा जा रहा था। अब कोई भी, राहुल गांधी भी, जनता में बन रही इस अवधारणा को बदल नहीं सकता था।

3

आईसीयू में सरकार

कांग्रेस के नेतृत्व वाली संयुक्त प्रगतिशील गठबंधन सरकार 2014 के चुनाव करीब तीन साल पहले ही 1 जून, 2011 को हार गई थी। यह जून की तपती गर्मी के मौसम में चिलचिलाती धूप का दिन था जब योग गुरु बाबा रामदेव का स्वागत करने और उन्हें भ्रष्टाचार और काले धन के अनशन अपना प्रस्तावित अनशन वापस लेने का अनुरोध करने के लिए संप्रग सरकार के चार कैबिनेट मंत्री दिल्ली हवाई अड्डे गए थे। भगवा वस्त्र पहनने वाले विवादास्पद स्वयंभू योग गुरु के सामने सरकार इस तरह गिड़गिड़ा रही थी कि मानो वह किसी देश के मुखिया हों—संप्रग सरकार शासन करने का हौसला ही नहीं बल्कि शायद आत्मविश्वास भी गंवा चुकी थी।

बाबा रामदेव से मिलने के लिए हवाई अड्डे जाने वाले मंत्रियों के दल का नेतृत्व तत्कालीन वित्त मंत्री प्रणब मुखर्जी कर रहे थे और इसमें दूरसंचार मंत्री कपिल सिब्बल, संसदीय कार्य मंत्री पवन कुमार बंसल और पर्यटन मंत्री सुबोध कांत सहाय शामिल थे। कई महीने बाद मैंने प्रणब मुखर्जी से हवाई अड्डे के इस आयोजन के बारे में पूछा। कई कप नींबू चाय पीने के बाद प्रणब मुखर्जी ने स्वीकार किया, 'यह बहुत बड़ी चूक थी, एक बड़ी चूक। हमें कभी भी ऐसा नहीं करना चाहिए था।' अपने पीछे दीवार पर लगी इंदिरा गांधी की तस्वीर की ओर इशारा करते हुए उन्होंने कहा, 'इन बाबाओं को उनकी जगह दिखाने के लिए हमें उनके जैसे नेता की आवश्यकता है।'

हरिद्वार में रहने वाले भगवा वस्त्रधारी रामदेव का जन्म रामकृष्ण यादव के रूप में हरियाणा के एक गांव में हुआ था। उनके योग के कौशल ने उनका कायाकल्प

कर दिया और वह गांव के एक लड़के से परिष्कृत होकर एक अत्यधिक सफल कारोबारी हो गए जो उत्तर भारत में योग प्रशिक्षण संस्थाओं की शृंखला चला रहे थे। उन्होंने विविध किस्म की जड़ी बूटियों से औषधियों के उत्पाद का कारोबार शुरू भी कर रखा था। उनके आलोचक उन पर भूमि हथियाने और नकली जड़ी बूटियों की दवाएं बेचने के आरोप लगाते थे लेकिन उनके समर्थक उन्हें ईश्वर के दूत के रूप में देखते थे। उनके एक समर्थक ने तो स्कॉटलैंड के निकट एक द्वीप उन्हें 'उपहार' में दिया था। निश्चित ही उनकी भी राजनीतिक महत्वाकांक्षा थी। उन्होंने एक बार बहुत ही पैनी निगाहों से देखते हुए मुझसे कहा था, 'मैं भारत को बदलना चाहता हूं, राजदीप जी।' भ्रष्टाचार विरोधी अभियान में शामिल होने के लिए बाबा रामदेव ने आरएसएस से संबद्धता और सहयोग से भारत स्वाभिमान आंदोलन नाम से अपना संगठन बना लिया था। वह अब पहुंच वाले लोगों के बीच अपने लिए जगह बनाने का प्रयास कर रहे थे। संप्रग-दो सरकार ने आश्चर्यजनक ढंग से उनके लिए पलक पांवड़े बिछा दिए थे।

केंद्रीय मंत्रियों के हवाई अड्डे पर जाने की घटना से कई सप्ताह पहले से ही बाबा रामदेव को मनाने के प्रयास शुरू हो गए थे। योग गुरु ने घोषणा कर रखी थी कि यदि विदेशों में जमा काला धन वापस लाने के लिए सरकार ने ठोस कदम नहीं उठाए तो वह आमरण अनशन करेंगे। काले धन का मुद्दा राष्ट्रीय मुद्दा बन जाने की आशंका से चिंतित वित्त मंत्रालय के अधिकारियों ने गोपनीय तरीके से बाबा के साथ बातचीत का सिलसिला शुरू कर रखा था। किसी भी अल्प सूचना पर बाबा से उनके आश्रम में ही मुलाकात के लिए एक विशेष विमान भी तैयार रखा गया था। कपिल सिब्बल को अपनी विदेश यात्रा रद्द करने और रामदेव से मुलाकात करने वाले दल का नेतृत्व करने के लिए कहा गया था। मुखर्जी और प्रधानमंत्री कार्यालय को सारी गतिविधियों की पल पल की जानकारी दी जा रही थी। इसके बावजूद, कोई यह नहीं बता रहा था कि बाबा रामदेव से हवाई अड्डे पर मुलाकात के बारे में अंतिम निर्णय किसने लिया, हालांकि संदेह की सुई मुखर्जी की ओर इशारा कर रही थी।

उस दिन सुबह, मुखर्जी का कार्यक्रम इंडिया इंटरनेशनल सेंटर में एडीटर्स गिल्ड आफ इंडिया को संबोधित करने का था। उनके आगमन में विलंब हो रहा था, हमें बताया गया कि उनका पहले का कार्यक्रम कुछ ज्य़ादा लंबा हो गया। अंततः वह दोपहर के करीब पहुंचे, जबकि वहां उपस्थित लोग पहले से ही अधीर हो रहे थे। मुखर्जी ने इस विलंब के लिए खेद व्यक्त किया और सबके साथ ही भोजन करने का वायदा किया। उन्होंने संक्षिप्त भाषण दिया और फिर सवाल

जवाब सत्र के लिए तैयार हो गए। थोड़ा सहज होते हुए उन्होंने कहा, 'आप मुझसे जो चाहिए सवाल पूछिए।' कुछ मिनट बाद ही उनका मूड बदल गया। उनके सहायक ने उनके कान में कुछ कहा और इसके बाद वह अचानक ही उत्तेजित नज़र आने लगे। मुखर्जी ने अचानक ही कहा, 'सॉरी, मुझे जाना होगा, कुछ बहुत ही ज़रूरी काम आ गया है।' आईआईसी की बेक्ड सब्ज़ियां और जिंजर पुडिंग छोड़ वह तेज़ी से निकल गए। कुछ घंटों बाद हमें इस जल्दबाज़ी का अहसास हुआ। समाचार चैनलों ने मुखर्जी-रामदेव की मुलाकात को लेकर 'ब्रेकिंग न्यूज़' चलाना शुरू कर दिया था।

कपिल सिब्बल ने बाद में मुझे बताया कि वास्तव में हवाई अड्डे पर मंत्रियों का यह दल बाबा रामदेव का 'स्वागत करने' या 'बातचीत' करने के लिए नहीं बल्कि उन्हें राष्ट्रीय राजधानी दिल्ली से निष्कासित करने का आदेश थमाने गया था। उन्होंने दावा किया, 'हम उन्हें यह स्पष्ट कर देना चाहते थे कि वह योग शिविर की आड़ में अपना प्रस्तावित अनशन और सरकार विरोधी जमावड़ा नहीं कर सकते हैं। वह हमारी मांग से सहमत हो गए और इसीलिए उन्हें शहर में प्रवेश की अनुमति दी गयी।'

फिर भी, तीन दिन बाद सरकार को जिसकी आशंका था, वही हुआ। बाबा रामदेव काले धन के मामले पर रामलीला मैदान में प्रस्तावित आमरण अनशन के लिए पहुंच गए और उन्होंने कांग्रेस तथा संप्रग सरकार पर भ्रष्ट होने और काले धन को वापस लाने के प्रति उदासीन होने के आरोप लगाये। रामदेव के समर्थक बड़ी संख्या में रामलीला मैदान पर एकत्र होने लगे। इस स्थिति से हताश सरकार ने बाबा रामदेव से अपना आंदोलन वापस लेने की पुरज़ोर अपील की, कपिल सिब्बल ने रामदेव के सहयोगी का वह पत्र भी सार्वजनिक कर दिया जिसमें काला धन वापस लाने के बारे में कानून बनाये जाने पर आमरण अनशन वापस लेने का आश्वासन दिया गया था। इस घटनाक्रम से क्रोधित रामदेव ने सरकार पर 'विश्वासघात' करने का आरोप लगाया। अब टेलीविज़न के सहारे तर्क कुतर्क की बहस छिड़ी हुई थी—सीधी बात, व्यापक जनसमर्थन और अनुयायियों वाले चमत्कारिक योग गुरु जिनके पास खोने के लिए कुछ नहीं बनाम सरकार जिसकी पूरी विश्वसनीयता दांव पर थी।

रामलीला मैदान में जब जून की गर्म रात में रामदेव के अनुयायी गहरी नींद में सो रहे थे, दिल्ली पुलिस ने आंदोलनकारियों के खिलाफ कार्रवाई शुरू की। पुलिस ने आंसू गैस के गोले दागे और लाठी चार्ज करके इन आंदोलनकारियों को रामलीला मैदान से भागने के लिए मजबूर कर दिया। रामदेव एक महिला

का रूप धर कर भागे लेकिन बाद में उन्हें हिरासत में लिया गया और फिर शहर छोड़ने के लिए मजबूर कर दिया गया। पुलिस के साथ हुई झड़प में उनके कुछ समर्थक ज़ख्मी हो गए। इन्हीं में से एक राजबाला बुरी तरह ज़ख्मी हो गई थीं। कुछ सप्ताह बाद अस्पताल में उनकी मृत्यु हो गई। रामदेव अचानक ही विवादास्पद योग गुरु के स्थान पर अब एक बड़ी शख्सियत हो गए थे। इस प्रकरण में भारत सरकार दुर्बल और संवेदनहीन नज़र आयी। इस मामले में उच्चतम न्यायालय ने एक साल बाद व्यवस्था दी कि सोते हुए लोगों का समागम गैरकानूनी जमावड़ा नहीं है।

2014 के लोक सभा चुनाव के नतीजों से ठीक पहले मीडिया से बातचीत के दौरान तत्कालीन गृह मंत्री पी. चिदंबरम ने कहा कि रामदेव ने उस समय राजनीतिक खेल खेला था। उनका तर्क था, 'वह योग शिविर नहीं लगा रहे थे। वह तो वास्तव में राजनीतिक प्रदर्शन कर रहे थे। मैं समझता हूं, जिस तरह स्थिति से निबटा गया वह, अंतिम कदम के अलावा, पूरी तरह सही था।' यही नहीं, चिदंबरम ने तो उन लोगों को भी चुनौती दी जो योग गुरु को 'बाबा' कहते हैं। 'वह कोई बाबा नहीं है। वह कोई साधु नहीं है। उन्हें सिर्फ रामदेव नाम से संबोधित कीजिए।'

इसके बावजूद, 2011 की गर्मी के मौसम में, इसी रामदेव ने सरकार को अप्रत्याशित संकट की स्थिति में डाल दिया था। गुप्तचर सूत्रों का दावा था कि रामदेव के आरएसएस और पूरे संघ परिवार के साथ निकट के संबंध होने के कारण गृह मंत्रालय चिंतित था और चिंता का कारण भी यही था कि पता नहीं कि अगले क्षण क्या होगा।

हकीकत तो यह है, कुछ सप्ताह पहले ही भ्रष्टाचार के अनशन अन्ना हज़ारे के उपवास के दौरान ज़बर्दस्त जनआक्रोश के कारण सरकार ने इसी तरह के संकट का सामना किया था। भ्रष्टाचार के अनशन जन आंदोलन में बड़ी संख्या में लोगों के सड़कों पर आने की घटना की टेलीविज़न चैनलों पर हुए कवरेज से संप्रग सरकार बुरी तरह भयभीत थी और इस आंदोलन के मीडिया जनित होने संबंधी होने के अधिकारियों के दावों को सही मान रही थी। सरकार एक ओर नैतिक अधिकार से जूझ रही थी तो दूसरी ओर वह समझ नहीं पा रही थी कि टीवी पर दिखाई पड़ रहे अवज्ञा करते जनसमूह से कैसे निबटा जाए क्योंकि वह अन्ना प्रकरण की पुनरावृत्ति नहीं चाहती थी। अंत में, संप्रग सरकार को वही मिला जो वह नहीं चाहती थी-- जनता से और अधिक तिरस्कार। पहले अन्ना हज़ारे से और फिर रामदेव से--2011 संप्रग के लिए बहुत ही खराब साल साबित

हुआ, संभवतः इसी ने आम चुनाव का अजेंडा तय कर दिया जो अभी भी तीन साल दूर था।

अन्ना हज़ारे जब भ्रष्टाचार के अनशन उपवास के लिए 4 अप्रैल, 2011 को दिल्ली पहुंचे, उस समय देश विश्व कप क्रिकेट में व्यस्त था। नीले वस्त्रों में महेंद्र सिंह धोनी के लड़कों का प्रदर्शन देश की जनता के जनमानस पर छाया हुआ था। 2 अप्रैल को जब धोनी ने छक्का मारकर विश्व कप की ट्राफी उठाई तो पूरा देश एकजुट होकर खुशी में झूम रहा था। उस दिन मुंबई के आसमान को आतिशबाज़ी और पटाखों की रौशनी से रंगबिरंगा करने वाले धोनी, तेंदुलकर, युवराज और टीम के दूसरे हीरो खिलाड़ियों के प्रदर्शन को टेलीविज़न पर बार बार दिखाया जा रहा था। यहां तक सोनिया गांधी के नेतृत्व में राजनीतिक लोग भी सड़कों पर तिरंगा लहरा रहे थे। इसके तीन दिन बाद ही, देश की जनता को महाराष्ट्र के छोटे से गांव रालेगांव सिद्धि के एक वयोवृद्ध गांधीवादी कार्यकर्ता के रूप में एक नया हीरो मिल गया। टेलीविज़न चैनलों के पास बताने के लिए नई नई दिलचस्प कहानियां थीं। लेकिन इस बार, राजनेता उभरते हुए जन आक्रोश के दूसरी ओर थे।

यदि धोनी ने विश्व कप जीने का अपना लक्ष्य निर्धारित किया था, तो अन्ना भी समान रूप से एक पूर्व निर्धारित मिशन को ध्यान में रखते हुए दिल्ली आए थे। उन्होंने कहा कि वह भ्रष्टाचार के खिलाफ़ अनिश्चितकालीन आमरण अनशन करने जा रहे हैं। उनकी मांग थी कि भ्रष्टाचार के खिलाफ़ लोकपाल की स्थापना का प्रावधान करने वाला लंबे समय से लंबित लोकपाल विधेयक लागू किया जाये। इस आंदोलन को शुरुआत में अपेक्षित समर्थन नहीं मिला। राष्ट्रीय स्तर पर मीडिया में बहुत कम लोग ही वास्तव में हज़ारे और उनकी राजनीति के बारे में जानते थे। अन्ना ने अधिकांश समय महाराष्ट्र में ही भ्रष्टाचार के आरोपी मंत्रियों से निबटने में लगाया था और इस वजह से उनकी जनमुद्दों पर संघर्ष करने वाले एक जुझारू गांधीवादी की छवि बन गई थी। अन्ना के प्रयासों के कारण महाराष्ट्र में कम से कम तीन मंत्रियों को अपने पद से इस्तीफा देना पड़ा था। लेकिन दिल्ली में, गांधी टोपी पहने हज़ारे को किसी दूसरे दौर के नेता की तरह देखा जा रहा था। यह माना जा रहा था कि अन्ना के प्रति भी जनता का उसी तरह का अस्थायी आकर्षण होगा जैसा पूरे साल जंतर मंतर पर एकत्र होने वाले अधिकांश लोगों के प्रति होता है।

अन्ना हज़ारे ने जब 5 अप्रैल को अपना आमरण अनशन शुरू किया तो यह किसी भी सामान्य खबर की हेडलाइन सरीखा ही था। उस दिन, अन्ना ने

केंद्रीय कृषि मंत्री और महाराष्ट्र के ताकतवर नेता शरद पवार के खिलाफ़ भाषण दिया और लोकपाल विधेयक के प्रारूप की समीक्षा के लिए गठित मंत्रियों के समूह में उन्हें शामिल किए जाने पर उनकी योग्यता पर सवाल उठाये। पवार पर हमला बहुत ही तीखा था और इसका असर हुआ--अगले ही दिन पवार ने इस मंत्री समूह से इस्तीफा दे दिया। अचानक ही राष्ट्रीय मीडिया ने इस घटनाक्रम का संज्ञान लेना शुरू कर दिया। टेलीविज़न चैनलों पर हज़ारे प्रमुख खबर बन गए थे। अन्ना का उपवास जो कुछ सैकड़ों व्यक्तियों के साथ शुरू हुआ था, अब जनआंदोलन का रूप लेने लगा था। मात्र बहत्तर घंटे में इस आंदोलन ने देश भर की जनता को अपनी ओर आकर्षित कर लिया।

मैं जंतर मंतर पर अचरज से लगातर बढ़ रहे जनसमूह को देख रहा था। मेरा किशोरवय बेटा ईशान अपने स्कूल के दोस्तों के साथ उत्तराखंड में यमुना यात्रा पर गया था। अचानक ही, मैंने उसे अपने स्कूल के दोस्तों के साथ जंतर मंतर पर देखा। उसने जोश भरे अंदाज़ में कहा, 'हम अन्ना के साथ अपनी एकजुटता और समर्थन व्यक्त करने आए हैं।' ऐसा करने वाला वह अकेला नहीं था। इस जनसैलाब में शामिल होने वालों में भारत का मध्यम वर्ग, सरकारी कर्मचारी, गृहणियां, दुकानदार और कारोबारी आदि सभी शामिल थे। सभी भ्रष्टाचार से परेशान थे और बता रहे थे कि किस तरह से भ्रष्टाचार ने उनकी ज़िंदगी को प्रभावित कर रखा है। जनता का यही कहना था, 'अन्ना जी सही कर रहे हैं, वह हमारी लड़ाई लड़ रहे हैं।' यहां तक अन्ना हज़ारे की सुरक्षा में तैनात एक स्थानीय पुलिसकर्मी ने कहा, 'बंदे में है दम।' रामलीला मैदान में अनायास ही अन्ना जी में गांधी जी की छवि नज़र आने लगी। कुछ साल पहले ही बॉलीवुड की हिट फिल्म *लगे रहो मुन्ना भाई* में भी महात्मा का चरित्र खूब लोकप्रिय हुआ था। अन्ना ने बहुत ही चतुराई से खुद को नए दौर के महात्मा के रूप में पेश किया था जो शहरी जनता को इस संघर्ष में जल्दी सफलता के लिए सर्वथा उपयुक्त लग रहे थे।

अन्ना के आमरण अनशन स्थल पर अब ओबी वैन स्थायी रूप से तैनात थीं। टीवी के सीनियर ऐंकर इस कार्यक्रम का सीधा प्रसारण कर रहे थे। स्टूडियो में लगातार आक्रोश के स्वरों को मुखरता प्रदान की जा रही थी। *मुन्ना भाई* फिल्म के बाद जिस तरह से गांधी के मग और चाबी के छल्लों का कारोबार खुब हुआ था, उसी तरह राम लीला मैदान और आस पास के इलाकों में 'अन्ना टोपी' और तिरंगे बेचे जा रहे थे। इंडिया गेट के साथ ही दूसरे राज्यों की राजधानियों में जलती मोमबत्तियों के साथ अन्ना के समर्थन में जुलूस निकाले जा रहे थे। फेसबुक और ट्विटर के माध्यम से सोशल मीडिया पर अन्ना ही छाए हुए थे।

यह कहना आसान है कि अन्ना के आंदोलन को हमने बढ़ा-चढ़ा कर पेश किया। एक टेलीविज़न ऐंकर ने तो अन्ना के आंदोलन को 'आज़ादी की दूसरी लड़ाई' जैसा बता दिया था जबकि एक अन्य चैनल ने 'अन्ना इज़ इंडिया' की स्क्रीन ही तैयार कर डाली थी। खबरिया टेलीविज़न तो चटपटी और सनसनीखेज़ पत्रकारिता की तरह ही टकराव और विवादों पर ही फलते फूलते हैं। उस समय जनता की नाराज़गी जानबूझ कर तैयार की गई थी और मैं यह दावा नहीं कर सकता कि मैं इस उद्वेलित करने वाली आवाज़ में शामिल होने का लोभ संवरण करने वालों से अलग था। मुझे याद है कि जंतर मंतर पर एक कार्यक्रम की एंकरिंग के दौरान अन्ना समर्थकों ने घेर रखा था। कार्यक्रम के अंत में, मैं भी वही भाषा बोल रहा था जिससे लगता था कि मैं भी उन्हीं का हिस्सा हूं। विशेषकर लोकप्रिय हिंदी समाचार चैनलों के बारे में मुझे लगता था कि वे वर्ग युद्ध में शामिल थे। उनका मानना था कि अन्ना भ्रष्टाचार के गढ़ और अंग्रेज़ीदां सत्तारूढ़ वर्ग पर हमला कर रहे हैं।

शासन के खिलाफ़ इस तरह के जनाक्रोश का अनुभव नहीं होने के कारण सरकार बेहद परेशान थी और इससे निबटने के लिए हरकत में आने पर तत्कालीन सूचना एवं प्रसरण मंत्री अंबिका सोनी ने आंदोलन की टेलीविज़न पर हो रही कवरेज में नरमी लाने का सुझाव दिया। आमतौर मीडिया के काम में हस्तक्षेप नहीं करने वाली अंबिका सोनी ने उस दिन सीधा सवाल किया, 'आपके पास अन्ना के अलावा दिखाने के लिए क्या कोई और खबर नहीं है?'

सत्ता में एक वर्ग को पूरा विश्वास था कि संप्रग सरकार को अस्थिर करने की साजिश के लिए अन्ना के आंदोलन को आरएसएस का समर्थन प्राप्त है। मंच पर भारत माता का चित्र और 'भारत माता की जय' और 'वन्देमातरम' जैसे नारों की गूंज से कुछ मंत्रियों और अधिकारियों का यही मानना था कि आंदोलन में राजनीतिक रूप से सरकार को ही निशाना बनाया जा रहा है। अन्ना के मंच पर आरएसएस के कुछ नेताओं और स्वंयसेवकों की उपस्थिति ने इस संदेह को और बल प्रदान किया था। श्री श्री रविशंकर के संगठन आर्ट आफ लिविंग के समर्थकों की बड़ी संख्या में उपस्थिति को लेकर सरकार के एक मंत्री ने इस आंदोलन को 'भगवा' समर्थित करार दिया था। दिग्विजय सिंह ने उस समय एक इंटरव्यू में मुझसे कहा था, 'अन्ना तो सिर्फ मुखौटा हैं—असली ताकत तो आरएसएस है।'

वह पूरी तरह गलत भी नहीं थे। संप्रग सरकार को शर्मसार करने का उचित अवसर भांपते हुए आरएसएस ने अन्ना के आंदोलन का समर्थन करने का निश्चय

किया था। श्री श्री की अपनी भूमिका भी संदेह में थी। मैं आर्ट आफ लिविंग गुरु से पहली बार इलाहाबाद में 2001 में कुंभ मेले के दौरान आयोजित धर्म संसद के दौरान मिला था। उस समय, विहिप समर्थित साधु संतों के साथ मिलकर उन्होंने भी अयोध्या में राम मंदिर निर्माण की मांग की थी।

इसके बाद से ही, मैं अक्सर 'गुरूजी' से उनके अनुयायियों के कहने पर मिला था। इन अनुयायियों में अनेक पैसे वाली और ताकतवर महिलाएं भी थीं। उनके एक भक्त का उनके बारे में कहना था, 'वह सही में ईश्वर के दूत हैं।' सफेद परिधान धारण किए और गर्दन तक खुले बालों वाले श्री श्री बेहद शांत नज़र आते हैं। उन्होंने एक बार मेरा हाथ अपने हाथ में लिया और मेंरी आंखों में झाकते हुए पूछा, 'क्या तुम खुश हो, सही में खुश हो।'

वह हो सकता है कि रूहानी सुकून दिलाते हों लेकिन निश्चित ही सार्वजनिक जीवन में वह अपने लिए बड़ी भूमिका की तलाश में थे। अयोध्या हो, कश्मीर हो या फिर नक्सलियों का मसला हो, श्री श्री ने अक्सर अपनी भूमिका निभाने का प्रयास किया। भ्रष्टाचार विरोधी आंदोलन ने उन्हें एक और मौका दिया। कुछ लोगों के अनुसार शुरू में श्री श्री ही भ्रष्टाचार विरोधी आंदोलन का असली चेहरा होने वाले थे। टीम अन्ना के एक सदस्य बताते हैं, 'वह संघ परिवार के बहुत ही निकट थे और चाहते थे कि हम भाजपा नेताओं के साथ बातचीत करें। एक बार, जब हमने इन्कार कर दिया तो वह अपना आपा खो बैठे थे।'

लेकिन भ्रष्टाचार आंदोलन के स्वरूप को लेकर केंद्र की आशंकाएं उसे टीम अन्ना के नेतृत्व के साथ बातचीत शुरू करने से रोक नहीं सकीं। यहां एक बार फिर, संप्रग हड़बड़ी में गड़बड़ा गया। अन्ना का जब उपवास खत्म हो गया, प्रधानमंत्री कार्यालय में हुई बैठक में फैसला लिया गया था कि उन्हें मंच से बलपूर्वक उठाकर अस्पताल में भर्ती कराया जाए। लेकिन उसी समय, एक समानांतर प्रक्रिया में, तत्कालीन कानून मंत्री वीरप्पा मोइली ने दावा किया कि उन्हें अन्ना के साथ बातचीत के लिए सोनिया गांधी से हरी झंडी मिली है। मोइली ने स्वामी अग्निवेश के साथ बातचीत शुरू की जो उस समय अन्ना के समूह के साथ थे लेकिन सरकार के साथ भी उनके रिश्ते बहुत अच्छे थे। आठ अप्रैस को अन्ना का उपवास चौथे दिन में प्रवेश कर चुका था, मोइली ने नए सिरे से लोकपाल विधेयक का मसौदा तैयार करने के लिए दस सदस्यीय समिति गठित करने के लिए समझौते का प्रारूप तैयार किया। इस समिति में सरकार के पांच मंत्रियों और अन्ना हज़ारे की पसंद के उनके पांच प्रतिनिधियों को शामिल करने का सुझाव था। इसे गतिरोध समाप्त करने और इसे हल खोजने के तरीके के रूप में देखा जा रहा था, लेकिन

यह एक ऐसा त्रुटिपूर्ण समझौता था जिसमें सिविल सोसायटी की ओर से आधिकारिक मध्यस्थता के रूप में अन्ना और उसकी टीम को मान्यता मिल रही थी। एक पूर्व कैबिनेट मंत्री ने स्वीकार किया, 'हम पूरी तरह भ्रमित थे। बाएं हाथ को यह नहीं पता था कि दाहिना हाथ क्या कर रहा है।'

अगले दिन सवेरे अन्ना हज़ारे ने अपना उपवास खत्म कर दिया, लेकिन इस दौरान सरकार की सीमायें और उसकी मजबूरियां भी उजागर हो गईं। तीन महीने बाद, एक बार फिर सरकार के सामने समस्या आ गई क्योंकि अन्ना ने चेतावनी देते हुए कहा कि यदि 15 अगस्त तक लोकपाल बिल पारित नहीं किया गया तो वह नए सिरे से आंदोलन शुरू करेंगे। अन्ना द्वारा निर्धारित समय सीमा नज़दीक आते आते टकराव की स्थिति और खराब हो गयी। अन्ना ने 13 अगस्त को प्रधानमंत्री को पत्र लिखकर 'साहस दिखाने' और दिल्ली पुलिस को मध्य दिल्ली में जेपी पार्क में उन्हें अपना प्रस्तावित उपवास करने की अनुमति देने का निर्देश देने का अनुरोध किया। प्रधानमंत्री ने इसमें हस्तक्षेप करने से इन्कार कर दिया।

उसी दौरान अचानक ही कुछ ऐसा हुआ जिसका बखान नहीं किया जा सकता। अन्ना के आंदोलन का समर्थन करते हुए अमेरिकी गृह विभाग की एक रिपोर्ट सामने आयी जिसमें भारत सरकार से भ्रष्टाचार विरोधी आंदोलन से निबटने के लिए 'लोकतांत्रिक संयम' बरतने का आग्रह किया गया था। इस रिपोर्ट को लेकर मंत्रियों और कांग्रेस नेतृत्व का गुस्सा फूट पड़ा। एक मंत्री ने तो बेहद आवेश में कहा, 'वॉशिंगटन हमसे इस तरह से बात करने वाला कौन होता है, हमें इसका जवाब देना चाहिए।'

गुरूद्वारा रकाबगंज स्थित कांग्रेस के वार रूम में 13 अगस्त की रात को ही पार्टी और सरकार के वरिष्ठ नेताओं की बैठक हुई। सोनिया गांधी का अमेरिका में इलाज चल रहा था और वहां से राहुल गांधी अभी लौटे नहीं थे। बैठक में आम सहमति हुई: 'हमें अन्ना को बेनकाब करना चाहिए।' कांग्रेस प्रवक्ता मनीष तिवारी, जो अपनी बीमार सास को देखने मुंबई गए थे, उन्हें तुरंत लौटने और प्रेस कॉन्फ्रेंस करने का निर्देश दिया गया।

निर्देशों का पालन करते हुए तिवारी ने अगले दिन प्रेस कॉन्फ्रेंस करके अन्ना हज़ारे पर हमला बोल दिया और कहा, 'वह सिर से पांव तक भ्रष्ट हैं।' यह बहुत गलत टिप्पणी थी लेकिन यही पार्टी की अधिकृत स्वीकृत लाइन थी। प्रधानमंत्री मनमोहन सिंह भी 15 अगस्त को स्वतंत्रता दिवस के अवसर पर राष्ट्र को संबोधित करते हुए आक्रामक थे और उन्होंने कहा कि कानून बनाने का

अधिकार सिर्फ संसद के पास है। इसके साथ ही अन्ना हज़ारे और सरकार के बीच टकराव ऐसी स्थिति पर पहुंच गया था जहां से लौटना मुमकिन नहीं था।

लेकिन स्वतंत्रता दिवस की ही रात में, कांग्रेस ने एक बार फिर पलटी खाई। राहुल विदेश से लौट आए थे और वह अन्ना की आलोचना को लेकर बेहद नाराज़ थे। राहुल ने कांग्रेस के मुख्य प्रवक्ता जर्नादन द्विवेदी से कहा, 'कृपया नया बयान जारी कीजिए और अन्ना के बारे में मनीष तिवारी ने जो भी कुछ कहा उससे खुद को अलग कीजिए। हमें उनका सम्मान करना चाहिए।' तिवारी ने मुझसे बाद में कहा, 'मैं तो खुद को एकदम असहाय महसूस कर रहा था।' वह बलि का बकरा बना दिए गए थे।

भ्रम की स्थिति यहीं पर खत्म नहीं हुई। अगली सुबह, जब अन्ना उपवास स्थल के लिए रवाना होने से पहले महात्मा गांधी की समाधि पर जानें की तैयारी कर रहे थे, दिल्ली पुलिस मयूर विहार स्थित उनके निवास पर पहुंची और उन्हें गिरफ्तार कर लिया। मैं उस समय सैर पर निकला था जब यह खबर मिली। टी-शर्ट और ट्रैक पैंट पहने हुए ही मैं भी दूसरे पत्रकारों की तरह स्टूडियो भागा। मुझे इसका अहसास भी नहीं था कि टेलीविज़न पर अगले 13 दिन तमाम दूसरी खबरों की जगह अन्ना हज़ारे से संबंधित खबरें ही सारी जगह ले लेंगी।

अन्ना की गिरफ्तारी का आदेश किसने दिया? इस संबंध में संदेह की सुई गृह मंत्री पी. चिदंबरम की ओर उठ रही थी, उन्होंने बाद में मुझे बताया कि अन्ना को 'हिरासत' में लेने का मूल निर्णय प्रधानमंत्री और दूसरे वरिष्ठ मंत्रियों की उपस्थिति में मंत्रिमंडल की राजनीतिक मामलों की समिति ने लिया था। चिदंबरम का दावा था, 'हम उन्हें कभी भी गिरफ्तार करना नहीं चाहते थे। हमने तो दिल्ली पुलिस को उन्हें सिर्फ रोकने के लिए कहा था क्योंकि वह समयबद्ध उपवास करने का हमारा अनुरोध स्वीकार नहीं कर रहे थे। उनकी गिरफ्तारी का आदेश तो स्थानीय मजिस्ट्रेट ने दिया था।' लेकिन जब तक मजिस्ट्रेट का आदेश बदला गया जब तक बहुत देर हो चुकी थी (अध्याय 2 देखें)। जनता की राय पूरी तरह सरकार के खिलाफ हो चुकी थी।

तीन दिन बाद, गंभीर मंत्रणा और बातचीत के बाद अन्ना हज़ारे विजयी मुद्रा में तिहाड़ जेल से बाहर आए। जेल के बाहर ट्रक पर बनाए गए विशेष मंच पर उन्हें बिठाकर जुलूस की शक्ल में रामलीला मैदान ले जाया गया जहां उन्होंने अपना उपवास जारी रखने का फैसला किया। तिहाड़ जेल से राजघाट होते हुए रामलीला मैदान तक जाने वाला गाड़ियों का काफिला टेलीविज़न चैनलों के लिए एक और अविस्मरणीय क्षण था। पूरे रास्ते हज़ारों समर्थकों ने अन्ना

का स्वागत किया और उन्हें मालाएं पहनाईं तथा फूल बरसाए। अगले एक सप्ताह तक अन्ना हज़ारे रामलीला मैदान में विशेष रूप से बनाए गए मंच पर महात्मा गांधी की आदमकद तस्वीर की पृष्ठभूमि में उपवास पर बैठे रहे। समूचे राष्ट्र की निगाहें इस अकेले वयोवृद्ध व्यक्ति की ओर टिकी थीं जो आधुनिक गांधी के रूप में सामने था।

इसी बीच, सरकार को लोकसभा में अन्ना हज़ारे के प्रस्तावित लोकपाल बिल पर विशेष चर्चा के लिए बाध्य किया गया। भारी शोर शराबे और हंगामे के बाद सदन ने एक तरह से हज़ारे की सारी शर्तों को स्वीकार कर लिया। 28 अगस्त को, मुट्ठी ताने अन्ना ने अपना उपवास खत्म किया और इसके साथ ही राम लीला मैदान 'भारत माता की जय' के नारों से गूंज उठा। एक सामाजिक कार्यकर्ता अपनी ज़िंदगी के इस पड़ाव में दुनिया के सबसे बड़े लोकतंत्र की सरकार से मुकाबला करने वाले व्यक्ति के रूप में प्रसिद्ध हो चुका था।

संप्रग-दो सरकार की 2011 में लोकपाल से संबंधित यह आखिरी गलती नहीं थी। घड़ी की सुई जैसे जैसे नए साल की ओर बढ़ रही थी, सरकार ने एक बार फिर इस विधेयक को संसद से पारित कराने का प्रयास किया। लोकपाल विधेयक लोक सभा से पारित होने के बाद राज्य सभा में लाया गया। राज्य सभा में भारी हंगामे के बीच लालू प्रसाद की पार्टी राजद के सदस्य राजनीति प्रसाद ने विधेयक को फाड़ कर फेंक दिया और इस दौरान सत्तारूढ़ दल की सीटों पर बैठे सदस्य असहाय से यह सब देखते रहे। आधी रात के आसपास भारी अव्यवस्था के बीच ही उपराष्ट्रपति हामिद अंसारी, जो राज्य सभा के सभापति थे, ने सदन की बैठक स्थगित कर दी। विपक्ष ने सरकार पर इस हंगामे की मिलीभगत में शामिल होने का आरोप लगाया। टेलीविज़न स्टूडियो में मौजूद विश्लेषकों की आमराय थी कि संप्रग सरकार ने बहुत बड़ी राजनीतिक गलती कर दी है।

सवाल उठता है कि संप्रग से इतनी बड़ी गलती कैसे हो गई? कैसे मुखर्जी, चिदंबरम, खुर्शीद और सिब्बल जैसे चतुर और अनुभवी राजनीतिक लोग निरंतर दायरा बढ़ा रहे एक ऐसे आंदोलन से उत्पन्न स्थिति से निबटने में असफल हो गए जिसमें नाना प्रकार की पृष्ठभूमि के कार्यकर्ता शामिल थे? अन्ना हज़ारे कोई महात्मा गांधी नहीं थे, वह जयप्रकाश नारायण भी नहीं थे। उनकी राजनीति तो एक गांव की पंचायत में पल्लवित हुई जहां वह मूलतः समाज सुधारक और पर्यावरण कार्यकर्ता के रूप में जाने जाते थे। वह ज़िद्दी हो सकते हैं लेकिन उन्हें कभी अनुचित नहीं माना गया और यदि ज़रूरत हो तो वह 'समझौता' करने से भी गुरेज़ नहीं करते थे।

इसके बावजूद, संप्रग सरकार का रवैया ऐसा था कि मानो वे किसी राष्ट्रीय स्तर के नेता के साथ पेश आ रहे हों, एक फकीर जैसे व्यक्ति ने सरकार को झुका दिया था। मुझे याद है जब यह सारा हंगामा शांत होने के कुछ महीने बाद मेरी मुलाकात महाराष्ट्र के पूर्व मुख्यमंत्री बिलासराव देशमुख से हुई थी। देशमुख ही वह नेता थे जिन्हें अंततः हज़ारे के साथ गतिरोध समाप्त करने में सफलता मिली थी। उन्होंने मुझसे कहा, 'अच्छा होता यदि उन्होंने पहले दिन से ही यह काम मुझे सौंपा होता। मैं अन्ना को महाराष्ट्र के दिनों से जानता हूं, मैं उनसे विरोध के मुद्दे पर बातचीत कर सकता था। लेकिन हमारे दिल्ली के नेता समझते हैं कि वे सबकुछ जानते हैं।'

दिल्ली के इन नेताओं में प्रणब मुखर्जी और चिदंबरम सबसे वरिष्ठ थे। दोनों ही अनुभवी और बुद्धिमान राजनीतिक थे। यदि आप यह समझना चाहते हैं कि सरकार में कैसे काम होता है तो फिर रात में 11 बजे के बाद प्रणब दा के घर जाना ज़रूरी है। वह कांग्रेस पार्टी और संविधान के महाग्रंथ हैं। यदि आप उनके कथन पर सवाल करेंगे तो वह तत्काल ही इस बारे में इतिहास का संदर्भ पेश कर देंगे। सरकार के प्रमुख संकट मोचन होने के बावजूद आप महसूस करेंगे कि काम के दबाव से वह थक रहे हैं। कई बार वह मुझसे कहते हैं, 'मैं जवान तो नहीं हो रहा हूं।'

चिदंबरम युवा होने के साथ ही हाज़िर जवाब और मौका पड़ने पर तीखा जवाब देने में माहिर हैं। उनके पास बौद्धिक ज्ञान का भरपूर भंडार है, लेकिन उनके अक्खड़ स्वभाव के कारण कई बार उनसे बात करना कहीं अधिक मुश्किल हो जाता है। यदि आपकी गलती उन्होंने पकड़ ली तो फिर उनके कोप से बचने का कोई रास्ता नहीं है। एक बार, स्टूडियो में चर्चा के दौरान, हमने उनका नाम 'दागी' मंत्रियों की सूची में रखने की गलती कर दी। वे करीब दो साल तक मुझसे बात करने से इन्कार करते रहे। उन्होंने अपनी चिरपरिचित अंदाज़ में कहा, 'जब तक मुझसे सार्वजनिक रूप से माफी नहीं मांगी जायेगी, मैं आपके चैनल पर नहीं आऊंगा।' मुझे नहीं लगता कि प्रसारण के दौरान ही उनसे माफी मांगने के बाद भी वह इसे भूलने और माफ करने के लिए तैयार नहीं थे।

यह किसी से छिपा नहीं था कि मुखर्जी और चिदंबरम में परस्पर बनती नहीं थी। 'लीक' हुई खबरों के बारे में अक्सर इन्हीं दो मंत्रियों की ओर इशारा होता था। संप्रग सरकार को इससे कोई मदद नहीं मिली कि प्रधानमंत्री के दो सबसे योग्य सहयोगी एक दूसरे को फूटी आंख नहीं सुहाते थे।

मनमोहन सिंह के लिए संकट की इस घड़ी में ये षड्यंत्र ना होता तो बेहतर

था। अन्ना आंदोलन ने उनकी सरकार की विश्वसनीयता पर चोट करके एक तरह से उसके औचित्य और उपयोगिता पर ही सवाल उठाये। सरकार की घेराबंदी करने का इससे खराब अवसर कोई और अन्य हो सकता था। 2010 में, इस सरकार को भ्रष्टाचार के बड़े बड़े आरोपों का सामना करना पड़ा था। दिल्ली के राष्ट्रमंडल खेलों की आयोजन समिति के अध्यक्ष और कांग्रेस के सांसद सुरेश कलमाड़ी पर धोखाधड़ी के आरोप लगे। उन्हें अन्ना आंदोलन के पहले चरण की शुरुआत से ठीक पहले अप्रैल 2011 में गिरफ्तार किया गया था। मैं कलमाड़ी को 1990 के दशक से मुंबई में अपने रिपोर्टर के दिनों से जानता था। वह हमें पुणे में होने वाले वार्षिक गणेशोत्सव के निमंत्रण भेजा करते थे। वह मीडिया से कहते थे, 'आओ और आनंद करो, हम हर चीज़ का ध्यान रखेंगे।' मैंने भी एक बार उनका आतिथ्य स्वीकार किया और इसके बाद एक आलोचनात्मक खबर लिखी। वह बेहद नाराज़ हुए और कहा, 'राजदीप, यह सब क्या है? हम आप लोगों के लिए खाने पीने का बंदोबस्त करते हैं और आप हमारे ही खिलाफ़ हो जाते हैं।'

वह राजसी जीवन का आनंद उठाना पसंद करते थे। उनके लिए राष्ट्रमंडल खेल पैसा बनाने के लिए नहीं था (उन्होंने पहले ही बहुत बना लिया था) बल्कि यह मुख्यरूप से अपने अधिकार और हैसियत का प्रदर्शन करने के लिए था। वह इस विचार से लबरेज थे कि उन्हें ब्रिटिश राजघराने के साथ चलने का मौका मिलेगा और वह खुद को भारतीय खेलों के एक राजा के रूप में देखते थे। वह अपने मित्रों को उदारता के साथ उपहार देना पसंद करते थे। वह हंसते हुए कहते, 'मैं चाहता हूं कि सभी खुश रहें।' 'सब चलता है' का उनका व्यवहार ही उनके पतन का कारण बन गया।

दाढ़ी के साथ ही चेहरे पर कुटिल मुस्कान ने सुरेश कलमाड़ी को राष्ट्रमंडल खेलों के विलेन के रूप में पेश कर दिया। मुझे याद है कि एक बार उन्होंने सवाल किया कि अकेले उन्हें ही क्यों निशाना बनाया गया। उनका कहना था, 'मेरा राष्ट्रमंडल खेलों के आयोजन का बजट तो दिल्ली सरकार के बजट से भी कम था, लेकिन इसके बावजूद आपने मुझे ही निशाना बनाया। शीला दीक्षित के बारे में क्या कहना है?' मेरा सहज जवाब था, 'सर, जीवन ही एक नज़रिया है। जब लोग शीला जी को देखते हैं तो उन्हें दादी मां का ख्याल आता है। जब वे टेलीविज़न पर आपको देखते हैं तो उन्हें यह विश्वास होता है कि आप ही धोखेबाज़ हैं।' मैं विश्वास से नहीं कह सकता कि मेरे जवाब से उन्हें कोई अचरज हुआ।

कलमाड़ी महाराष्ट्र के अकेले राजनीतिक नहीं थे जो संकट में थे। नवंबर,

2010 में अशोक चव्हाण को मुंबई में आदर्श सहकारी सोसायटी के फ्लैट आवंटन में अपने अधिकारों का दुरुपयोग करने के आरोपों के कारण महाराष्ट्र के मुख्यमंत्री पद से इस्तीफा देना पड़ा था। उसी महीने 2जी स्पेक्ट्रम आवंटन मामले में नियंत्रक एवं महालेखा परीक्षक की रिपोर्ट को लेकर ए. राजा को केंद्रीय दूरसंचार मंत्री के पद से इस्तीफा देना पड़ा था।

चव्हाण को तो इस मामले में प्राथमिकी दायर होने से पहले ही इस्तीफा देने के लिए बाध्य किया गया था। उनके इस्तीफा देने से पहले जब मैं उनसे मिला तो वह एक असहाय व्यक्ति के रूप में नज़र आए। उनकी शिकायत थी, 'मुझे अपना बचाव करने का मौका भी नहीं दिया जा रहा है। आदर्श फ्लैट कभी भी करगिल विधवाओं के लिए नहीं थे।' सच्चाई तो यह है कि यदि वह अपने पक्ष में कोई मामला बनाने का प्रयास भी करते तो भी कोई इस पर विश्वास करने के लिए तैयार नहीं था। उनकी छवि एक ऐसे मुख्यमंत्री की बन गई थी जिसके कार्यालय में हर समय संदिग्ध छवि वाले बिल्डर्स हमेशा घूमते रहते थे।

प्रत्येक घोटाले के साथ खबरों के आक्रामक शीर्षकों ने सरकार को लगातार बचाव की मुद्रा में पहुंचा दिया था। एक वरिष्ठ मंत्री ने स्वीकार किया, 'हम जनमत और मीडिया, विशेषकर टेलीविज़न के प्राइम टाइम कार्यक्रम, में चल रही खबरों को लेकर अत्यधिक संवेदनशील हो गए। कई बार तो जानबूझ कर इसे सनसनीखेज़ बनाया जाता था लेकिन हम समझ ही नहीं पाते थे कि इसका मुकाबला कैसे किया जाये।' जनता की नज़र में अब सिर से पांव तक भ्रष्ट थे और ब्रिटिश राज की तरह ही अलोकप्रिय हो चुके थे। अन्ना आंदोलन में जनता के आक्रोश ने सरकार के प्रति इस अवधारणा को और अधिक बल दिया। टेलीविज़न पर निरंतर दिखाई जा रही उमड़ती भीड़ ने भी विश्वास का संकट पैदा किया जिससे संप्रग कभी भी उबर ही नहीं पाया।

अन्ना हज़ारे के आंदोलन ने जब अगस्त 2011 में समूचे राष्ट्र को अपनी गिरफ्त में लिया तो उस वक्त सोनिया गांधी देश में नहीं थीं। उनकी अनुपस्थिति से नेतृत्व में उत्पन्न खालीपन को इससे पहले इतना अधिक रिक्तता महसूस नहीं किया गया था। सोनिया गांधी की अनुपस्थिति में राहुल गांधी एक तरह से कांग्रेस के नेता थे लेकिन वह भी इस दौरान नज़र नहीं आए। ऐसे समय में जब राहुल गांधी से उम्मीद थी कि वह इस अवसर पर अपने अधिकारों का इस्तेमाल करके इस वयोवृद्ध आंदोलनकारी तक पहुंच कर अन्ना बम को निष्क्रिय करने के राजनीतिक मौके का लाभ उठायेंगे लेकिन वह अपनी ज़िम्मेदारियों से दूर ही रहे।

और प्रधानमंत्री, जिन्हें स्थिति संभालनी चाहिए थी, अधिकांश समय खामोश ही रहे। डॉ. सिंह कभी भी बहुत अच्छे संवाद वाहक नहीं रहे। लेकिन संकट की घड़ी में भारत के मुख्य कार्यकारी पद पर आसीन व्यक्ति की चुप्पी विनाशकारी नुस्खा बन गया था। उनके मंत्रिमंडल के एक सदस्य ने बाद में इस पर टिप्पणी करते हुए कहा, 'डॉ. सिंह ने समूचे अन्ना प्रकरण को कांग्रेस पार्टी और मुख्य मंत्रियों के हवाले कर दिया था। वह इस पचड़े में पड़ना ही नहीं चाहते थे।' यह तो ऐसा हो गया था कि मानो डॉ. सिंह के नौकरशाह के व्यक्तित्व ने उनके राजनीतिक व्यक्तित्व को भीतर समा लिया था। अन्ना एक ऐसा टिकटिकाता हुआ बम था जिसे वह इस डर से हाथ नहीं लगाना चाहते थे कि वह उन्हें अपनी चपेट में ले लेगा। उस दौर में प्रधानमंत्री के रूप में उनके नेतृत्व की विफलता ने ही आखिरकार संप्रग सरकार के पतन में महत्वूर्ण भूमिका अदा की।

डॉ. मनमोहन सिंह से मेरी पहली अंतरंग मुलाकात 1999 के आम चुनावों की पूर्व संध्या पर हुई थी जब उन्हें दक्षिण दिल्ली संसदीय सीट से पहली बार लोक सभा चुनाव लड़ने के लिए टिकट दिया गया था। एक अर्थशास्त्री के रूप में पहले ही उनकी प्रतिष्ठा स्थापित हो चुकी थी जिन्होंने 1991 में वित्त मंत्री के रूप में अपना पहला ऐतिहासिक आम बजट पेश किया जिसमें भारतीय अर्थव्यवस्था को खोल दिया गया था जैसा पहले कभी नहीं हुआ था। लेकिन चुनाव में तो उनसे वोट जुटाने का आग्रह किया जा रहा था जो उनके लिए एकदम नई चुनौती थी। एनडीटीवी में काम करते वक्त मुझे एक पूरे दिन मनमोहन सिंह के साथ रहने की ज़िम्मेदारी सौंपी गयी। मैं एक ऐसे मध्यम वर्गीय पेशेवर अकादमिक -नौकरशाह के साथ समय व्यतीत करने की संभावना से ही खुश था जिसने अपनी अधिकांश ज़िंदगी पुस्तकें पढ़ने और फाइलों में गुज़ारी है और अब वह खुद को एक जननेता के रूप में ढालने का प्रयास कर रहा हैं।

हमने उस दिन बहुत सवेरे अपनी दिनचर्या शुरू की, ढेर सारे अखबार पढ़े और फिर एक साथ ही टहलने गए। डॉ. सिंह उस दिन अपना नामांकन पत्र दाखिल कर रहे थे, इसलिए उन्हें एक बड़े ट्रक पर सवार होकर चलना था जिसे बाहुबली सरदारों और कांग्रेस कार्यकर्ताओं ने घेर रखा था। उनकी पत्नी गुरशरण कौर थोड़ी दूर रह कर यह सुनिश्चित कर रही थीं कि उनके 'सरदारजी' ने ठीक से नाश्ता कर लिया हो और उनका कुर्ता पाजामा बढ़िया कलफ लगा हुआ हो। मुझे याद है मैंने शाम को उनसे पूछा कि एक सांसद बनने के प्रयास में सबसे कठिन बात क्या थी। इस पर उन्होंने हल्की सी मुस्कान बिखेरते हुए

कहा, 'इतने सारे लोगों द्वारा धक्का मुक्की करना। ऐसा लगता है कि हर व्यक्ति आपसे हाथ मिलाना चाहता है।'

मेरे लिए उस दिन का सबसे यादगार क्षण तो वह था जब दोपहर के भोजन के बाद डॉ. सिंह कैमरे के सामने शूट के लिए आए। डॉ. सिंह कैमरे के सामने स्वतः ही बोलने वाले मेहमान नहीं थे, इसलिए हम अपने कार्यक्रम को महत्व देने के लिए इसमें कुछ 'रंग' डालने का मौका तलाश रहे थे। तभी हमें पता चला कि उनके एक नवासे का आज जन्मदिन है और घर के पिछले हिस्से के लॉन में एक पार्टी का आयोजन किया गया है। हमें बताया गया था कि केक काटे जाते समय डॉ. सिंह बच्चों के साथ कुछ समय बिताएंगे। हमारे कैमरामैन ने उत्साहित होकर कहा, 'बहुत बढ़िया टीवी पर आएगा। हम इस तरह से एक मानवीय पहलू भी दिखा सकेंगे।' दुर्भाग्य से, जिन क्षणों को हमने कैमरे में कैद करने की योजना बनाई थी, उनके लिए डॉ. सिंह और उनकी पत्नी दोनों ने ही एक साथ इन्कार कर दिया। दोनों ने एक स्वर में कहा, 'जन्म दिन एक निजी आयोजन है, कोई कैमरा नहीं, प्लीज़।' मैंने उन्हें तैयार करने के काफी प्रयास किए और कहा कि आप सांसद बनने वाले हैं जिनकी निजी और सार्वजनिक जीवन के बीच की रेखा बहुत ही धुंधली होती है लेकिन मेरे सारे प्रयास निरर्थक ही रहे। डॉ. सिंह और उनकी पत्नी अपनी पारिवारिक जिंदगी को बाहरी दखल से दूर रखने के प्रति पूरी तरह अडिग रहे।

डॉ. मनमोहन सिंह दक्षिण दिल्ली निर्वाचन सीट से भाजपा के डॉ. विजय कुमार मल्होत्रा से 29000 से अधिक मतों से चुनाव हार गए। उन्होंने इसके बाद कभी लोक सभा का चुनाव नहीं लड़ा। इसके बावजूद, इसे भाग्य का चमत्कार ही कहा जायेगा कि पूरी तरह अपने में सिमटे रहने वाला यह मृदुभाषी सरदार पांच साल बाद देश का प्रधानमंत्री बन गया। 1960 के दशक के दौर में राष्ट्र निर्माण करने वाले बुद्धिजीवी और चिंतक, मनमोहन सिंह उस पीढ़ी का हिस्सा थे जो नेहरू काल की आधुनिकता के लिए अग्रणी थी। इंदिरा गांधी ने भी उनसे परामर्श किया था और उन्हें बेहद सक्षम विद्वान नौकरशाह माना जाता था। सोनिया गांधी ने सभी दूसरे दावेदारों के मुकाबले उनका चयन किया था क्योंकि वह उन पर भरोसा करती थीं और एक उच्च निष्ठा वाले व्यक्ति के रूप में उनका सम्मान भी करती थीं। डॉ. सिंह की प्रधानमंत्री के रूप में चयन से सुप्रसिद्ध ऑक्सफोर्ड स्कॉलर और चुनाव विश्लेषण के गुरु सर डेविड बटलर के अलावा हर व्यक्ति आश्चर्यचकित था। सर डेविड ऑक्सफोर्ड के दिनों से ही डॉ. सिंह को जानते थे और भारत के चुनावों में पर्यवेक्षक थे। वह अपने प्रखर विश्लेषण में कहते

हैं, 'आप जानते हैं, भारत में मिलीजुली सरकार के लिए वह प्रधानमंत्री पद के लिए सर्वथा उपयुक्त व्यक्ति होंगे, एक ऐसा व्यक्ति जो किसी को आहत नहीं करेगा और खामोशी से अपना काम करता रहेगा।'

संप्रग सरकार के पहले पांच साल के कार्यकाल में, ऐसा लगता था कि सर डेविड का आकलन एकदम सही था। अक्सर डॉ. सिंह को 'अनायास ही बने राजनीतिक' कहा जाता था और अनेक सहयोगी दलों के सहारे टिकी सरकार में उन्होंने खुद को एक कुशल और चतुराई से बातचीत करने वाले व्यक्ति के रूप में साबित किया। मैं उन शुरुआती सालों में उनके मीडिया सलाहकार डॉ. संजय बारू के सौजन्य से कई बार 7 रेस कोर्स में डॉ. सिंह से मिला। डॉ. सिंह हमेशा ही गर्मजोशी और पूरी विनम्रता से मिले। ऐसा लगता था कि सत्ता मद ने उन्हें बिल्कुल भी प्रभावित नहीं किया था। यही नहीं, उनका परिवार भी दूसरे भारतीय राजनीतिकों के परिवार से इतर पूरी तरह सत्ता के मद से परे था और ज़मीन से जुड़ा हुआ था।

जब भारत-अमेरिका परमाणु संधि के विरोध में वाममोर्चे से सरकार से अलग होने की चेतावनी देकर उनके प्रयासों में पलीता लगाने का प्रयास किया तो कांग्रेस के एक सूत्र ने सूचना दी कि डॉ. सिंह ने बेहद कड़ा रुख अपनाया है और उन्होंने प्रधानमंत्री पद से इस्तीफा देने की सोनिया गांधी से पेशकश तक कर डाली है। इस घटनाक्रम को लेकर हमने कई ब्रेकिंग न्यूज़ चलाई लेकिन इस दौरान तमाम लोगों को इस बात पर विश्वास नहीं हो रहा था कि मृदुभाषी प्रधानमंत्री उन्हें पद से हटाने की चुनौती सोनिया गांधी को देंगे। इस खबर की बाद में पुष्टि भी हुई और इस धमकी ने काम भी किया। इस मामले में वामपंथी दलों द्वारा समर्थन वापस लिए जाने के बावजूद सोनिया गांधी और पार्टी डॉ. सिंह के साथ डटे रहे। आखिरकार, समाजवादी पार्टी उनकी सरकार को इस मझधार से बाहर निकालने में मददगार हुई। इसके बाद हुए चुनाव में मतदाताओं ने डॉ. सिंह को स्पष्ट बहुमत देकर इसका पुरस्कार भी दिया। संप्रग-2 अधिक बहुमत के साथ सत्ता में आया। राजनीतिक सफलता की इस प्रक्रिया में ही डॉ. सिंह ने प्रधानमंत्री के रूप में पहली बड़ी गलती की और वह एक ऐसे व्यक्ति के रूप में सामने आए जो राजनीतिक जीवन के लिए अपनी आस्था के साथ समझौता कर सकते थे।

डॉ. मनमोहन सिंह को 22 मई, 2009 को दूसरी बार 19 मंत्रियों के साथ भारत के प्रधानमंत्री पद की शपथ दिलायी गयी। संप्रग का प्रमुख घटक दल तमिलनाडु

का द्रविण मुन्नेत्र कशगम इस इस शपथ ग्रहण समारोह से अनुपस्थित रहा। द्रमुक की अनुपस्थिति शपथ ग्रहण समारोह के दौरान चर्चा का मुख्य विषय बना रहा। हमें बताया गया कि एम. करुणानिधि मंत्रियों और पदों के लिए हुई चर्चा में शामिल नहीं किए जाने से नाराज़ थे। प्रधानमंत्री कार्यालय ने यह खबर लीक की गई कि डॉ. सिंह सरकार में द्रमुक के मंत्रियों, विषेशकर टी. आर. बालू और ए. राजा के कामकाज से खुश नहीं थे। इन दोनों पर भ्रष्टाचार के आरोप थे। सत्ता के गलियारों में यही चर्चा थी कि द्रमुक 'एटीएम मंत्रालय' चाहता था।

प्रधानमंत्री द्वारा अपने कड़े रुख में किसी प्रकार की नरमी दिखाने से इन्कार किए जाने से चिंतित कांग्रेस पार्टी ने अपने वरिष्ठ नेता गुलाम नबी आज़ाद और राष्ट्रीय सुरक्षा सलाहकार एम. के. नारायणन को द्रमुक सुप्रीमो एम. करुणानिधि से बातचीत के लिए चेन्नई भेजने का फैसला किया। करुणानिधि भी अपने रुख से टस से मस होने के लिए तैयार नहीं थे। उनका तर्क था, 'मुझे अपने मंत्रियों और उनके मंत्रालयों के चयन करने का अधिकार होना चाहिए। राजा दलित परिवार से आते हैं और हम उन्हें नहीं हटा सकते।' बताते हैं कि जब बातचीत के लिए चेन्नई पहुंचे आज़ाद और नारायणन ने भ्रष्टाचार के आरोपों को उठाने का प्रयास किया तो करुणानिधि ने तपाक से कहा, 'भ्रष्टाचार के बारे में बात करने वाली कांग्रेस कौन होती है। आप लोगों ने तो ओत्तावियो क्वात्रोच्चि (इतालवी कारोबारी और बोफोर्स मामले के आरोपी जो गांधी परिवार का नज़दीकी था) को भी संरक्षण दिया था।'

एक प्रमुख सहयोगी को किसी भी तरह अपने साथ बनाए रखने के प्रयास में आखिरकार कांग्रेस ही झुकी। सोनिया गांधी से इस मामले में हरी झंडी मिलने पर प्रधानमंत्री ने हथियार डाल लिए। 28 मई को द्रमुक के तीन मंत्रियों को मंत्रिमंडल के सदस्य के रूप में शपथ दिलाई गयी। इस सूची में ए. राजा भी शामिल थे जिन्हें एक बार फिर वही महत्वपूर्ण दूरसंचार मंत्रालय दिया गया था जो प्रधानमंत्री डॉ. मनमोहन सिंह उन्हें नहीं देना चाहते थे। डॉ. सिंह ने इस झगड़े में हार मान ली थी। इस रियायत की उन्हें भारी कीमत चुकानी पड़ी।

अठारह महीने बाद, 2जी स्पेक्ट्रम आवंटन मामले में नियंत्रक एवं महालेखा परीक्षक की रिपोर्ट के आलोक में राजा को मंत्री पद से इस्तीफा देना पड़ा। इस रिपोर्ट में कहा गया था कि स्पेक्ट्रम का आवंटन पारदर्शी तरीके से नहीं किया गया और इसकी वजह से 1.76 लाख करोड़ रुपए के राजस्व का नुकसान हुआ। इसके कुछ महीने बाद ही राजा को गिरफ्तार कर लिया गया। नीलगिरि क्षेत्र से आने वाले राजा वकील और राजनीतिक होने के साथ ही ताकतवर व्यक्ति थे।

राजा की गिरफ्तारी से कुछ दिन पहले ही मैंने उन्हें इंटरव्यू देने के लिए राज़ी करने के प्रयास में उनके साथ शानदार नाश्ता किया था। डोसा खाते हुए भी राजा अपने रुख पर अड़े हुए थे। उन्होंने आवेश में कहा, 'यदि मुझे गिरफ्तार किया गया तो मैं सबको बेनकाब कर दूंगा। प्रधानमंत्री, वित्त मंत्री--वे सब जानते थे कि क्या हो रहा है, फिर अकेले मुझे ही क्यों बलि का बकरा बनाया जा रहा है।'

उस समय तक, मनमोहन सिंह का निजी राजनीतिक जीवन एकदम बेदाग था। डॉ. सिंह के लंबे सार्वजनिक जीवन में कभी भी यह आरोप नहीं लगा था कि प्रधानमंत्री ने किसी भी स्तर पर भ्रष्टाचार को पनाह दी। लेकिन 2जी स्पेट्रम प्रकरण ने सब कुछ बदल कर रख दिया। ऐसे अनेक पत्र सार्वजनिक हुए जिनसे यही संकेत मिलता था कि 2008 में ही प्रधानमंत्री को इस बात की जानकारी थी कि राजा स्पेक्ट्रम आवंटन प्रक्रिया में गड़बड़ी कर रहे हैं, संभवतः अपने निजी लाभ के लिए, लेकिन डॉ. सिंह ने ऐसे ही एक संवाद में उन्हें इससे दूर रहने के लिए कहा था।

प्रधानमंत्री कार्यालय के सूत्रों ने दावा किया कि यही वजह थी जिसके कारण प्रधानमंत्री अपने मंत्रिमंडल में राजा को फिर से नहीं चाहते थे। इस तथ्य के बावजूद, विवादास्पद 2जी स्पेक्ट्रम आवंटन के दो साल बाद तक राजा दूरसंचार मंत्री बने रहे। डॉ. सिंह उनके खिलाफ़ कार्रवाई कर सकते थे लेकिन उन्होंने न्यूनतम प्रतिरोध का रास्ता चुना। डॉ. सिंह बतौर प्रधानमंत्री अपने अधिकारों का इस्तेमाल करने में विफल हो गए थे और इससे उनकी सैद्धांतिक राजनीति के मुकाबले सत्ता में बने रहने की व्यक्तिगत कमज़ोरी उजागर हो गई थी। यदि भारत-अमेरिका परमाणु संधि ने उनकी छवि को चार चांद लगाए थे तो 2जी स्पेक्ट्रम ने उनकी प्रतिष्ठा को, शायद अपूरणीय, ठेस पहुंचा दी थी। विपक्ष ने पहली बार, सरकार के मुखिया को अपने आक्रोश का निशाना बनाया और डॉ. सिंह के इस्तीफे की मांग की। इस घटना से डॉ. सिंह का सफेद कुर्ता भ्रष्टाचार के आरोपों से बुरी तरह दागदार हो चुका था। संसद का पूरा सत्र ही इस मुद्दे की भेंट चढ़ गया था।

2जी स्पेक्ट्रम मामले में सरकार के खिलाफ़ आरोपों का मोर्चा डॉ. सुब्रमणियन स्वामी ने खोल रखा था जो एक बार फिर अपने राजनीतिक जीवन को सक्रिय बनाने का प्रयास कर रहे थे। डॉ. स्वामी दावा करते थे कि वह डॉ. मनमोहन सिंह के व्यक्तिगत मित्र है लेकिन उन्हें सोनिया गांधी से बहुत चिढ़ थी। बेहद बुद्धिमान और मोर्चा खोलने वाले दुस्साहसिक डॉ. स्वामी ऐसे व्यक्ति नहीं थे जिनसे

आप अपना दुश्मन बनाना चाहेंगे। एक बार, जब हमने अपने स्टूडियो में एक चर्चा के लिए अंतिम क्षणों में उनका नाम हटाया तो उन्होंने मुझे आगाह करते हुए अंदाज़ में कहा था, 'सोनिया गांधी ने ही आपसे कहा होगा कि मुझे इस कार्यक्रम में शामिल नहीं किया जाए। मैं ट्विटर पर आपको बेनकाब करूंगा।' अपने विरोधियों के बारे में तमाम आपत्तिजनक सामग्री एकत्र करने वाले डॉ. स्वामी 2जी स्पेक्ट्रम मामले को अदालतों में ले गए जिसने राजा से संप्रग-दो के लिए अपनी दूरी बनाना और अधिक मुश्किल कर दिया।

यह सिर्फ राजा ही नहीं थे जो भ्रष्टाचार के प्रतीक हो चुके थे, बल्कि इसमें 1.76 लाख करोड़ रुपए का आंकड़ा भी शामिल था जो जनता की दिमाग में अपनी जगह बना चुका था। 'दस ज़ीरो' दर्शाते थे कि भ्रष्टाचार दस गुणा बढ़ चुका है और इसने इंटरनेट तथा सोशल मीडिया पर नए नए चुटकुलों को जन्म दिया। यह आंकड़ा बहुत बड़ा लगता था लेकिन नियंत्रक एवं महालेखा परीक्षक की रिपोर्ट में की गई आंकड़ों की इस गणना को सिर्फ नवनियुक्त दूरसंचार मंत्री कपिल सिब्बल चुनौती देने के लिए तैयार थे। सिब्बल ने अपने एक इंटरव्यू में कहा, 'अनुमानित हानि जैसा कुछ नहीं होता है। इसमें कोई नुकसान नहीं हुआ है, यह ज़ीरो हानि का मामला है।'

सिब्बल का दावा पेचीदगी भरा कानूनी और तकनीकी बहस पर आधारित था। उनका तर्क था कि विभिन्न तथ्यों के आधार पर कैग की गणना का खंडन करना होगा इसमें सस्ती मोबाइल प्रौद्योगिकी के लिए अधिकतम सार्वजनिक कल्याण को शामिल करना होगा। अदालत में तो इस तर्क को दिया जा सकता था लेकिन सिब्बल उच्चतम न्यायालय में वकील के रूप में पेश नहीं हो रहे थे। वह सरकार के मंत्री थे जो जनता की अदालत में तर्क पेश कर रहे थे। इन तर्कों पर भरोसा नहीं करने वाली जनता ने महसूस किया कि एक ऐसा मंत्री है जो 'ज़ीरो नुकसान' का तर्क दे रहा है जबकि कैग ने अपनी रिपोर्ट में 1.76 लाख करोड़ रुपए के राजस्व का अनुमान है।

सिब्बल ने बाद में मुझसे कहा, 'आप मीडिया वाले हमारे प्रति बिल्कुल भी निष्पक्ष नहीं हैं, बिल्कुल भी नहीं। मैं कभी भी राजा का बचाव नहीं कर रहा था। मैंने हमेशा यही कहा कि आपराधिक मामला बगैर किसी सरकारी हस्तक्षेप के केंद्रीय जांच ब्यूरो देखेगा। मैं तो सिर्फ यही बताने की कोशिश कर रहा था कि अनुमानित नुकसान की कल्पना क्यों त्रुटिपूर्ण है।'

कैग की अनुमानित नुकसान की गणना त्रुटिपूर्ण हो सकती है लेकिन सिब्बल को भी भ्रष्टाचार के संदर्भ में जनमानस की राय का अनुमान होना चाहिए था।

वह तो एक हारी हुई लड़ाई लड़ रहे थे। यही नहीं, प्रधानमंत्री सहित उनका कोई भी मंत्रिमंडलीय सहयोगी इस विषय पर बोलने के लिए तैयार नहीं था। अत्यधिक सक्रिय मीडिया के दौर में संप्रग की खामोशी को अपराध की स्वीकरोक्ति माना गया।

सिब्बल के आक्रोश का निशाना सिर्फ मीडिया ही नहीं था। उनका निशाना नियंत्रक एवं महालेखा परीक्षक (कैग) भी था। यदि टी. एन. शेषन ने मुख्य निर्वाचन आयुक्त के पद को एक पहचान प्रदान की थी तो विनोद राय ने अंकेक्षण नीति में नई जान फूंकते हुए इस पद का महत्व बढ़ा दिया। केरल कैडर के आईएएस अधिकारी राय कैग के पद पर संपग्र सरकार द्वारा चुने जाने से पहले ही वित्तीय प्रबंधन के बारे में प्रतिष्ठा हासिल कर चुके थे। संप्रग सरकार के एक मंत्री ने बाद में टिप्पणी की, 'हमने खुद ही अपना गोल कर दिया। हमने कभी नहीं सोचा था कि उनके जैसा कोई व्यक्ति सार्वजनिक रूप से इस तरह हमारे खिलाफ़ होगा।'

अन्ना हज़ारे की तरह ही राय की भी भ्रष्टाचार के खिलाफ संघर्ष करने वाले व्यक्ति के रूप में लोकप्रिय छवि बन गई थी। राय के कैग के पद से सेवानिवृत्त होने के बाद, एक फ्लाईट के दौरान मेरी उनसे मुलाकात हुई और मैंने उनसे भ्रष्टाचार की लड़ाई के खिलाफ़ उनकी नई छवि के बारे में जानना चाहा। सफेद बालों वाले विनोद राय ने संक्षिप्त जवाब दिया, 'मैं तो सिर्फ अपना काम कर रहा था। मैंने कभी भी मीडिया को अपनी ओर आकर्षित करना नहीं चाहा।'

इत्तेफाक से राय को भी प्रधानमंत्री की तरह ही बेहद ईमानदार और मेहनती नौकरशाह के रूप में देखा जाता था। यही नहीं, विनोद राय तो दिल्ली स्कूल ऑफ इकोनॉमिक्स में मनमोहन सिंह के छात्र भी रहे थे। उनके ही अपने आदमी ने डॉ. सिंह की सरकार को किनारे धकेल दिया था। प्रतिकूल मीदिया, दबाव में नहीं आ रही न्यायपालिका और ताकतवर कैग की वजह से प्रधानमंत्री समुद्र के किनारे बैठे एक ऐसे वृद्ध की तरह नज़र आ रहे थे जिसे सागर की उठती लहरों ने अपने आगोश में ले लिया था। प्रधानमंत्री जब अपनी प्रतिष्ठा बचाने के लिए संघर्ष कर रहे थे तो ऐसी स्थिति में एक व्यक्ति जो अपनी नाव का सहारा देकर उन्हें बचा सकता था वह भी नज़र नहीं आ रहा था।

मई, 2004 से मई 2014 के दौरान सोनिया गांधी देश की सबसे ताकतवर नेता थीं। प्रधानमंत्री सहित हर व्यक्ति, चाहे सरकार के भीतर हो या बाहर, इसे स्वीकार करता था। यह सरकार चलाने के लिए एक स्वाभाविक व्यवस्था उस समय बनायी गई थी जब सोनिया गांधी ने 'अंतरात्मा की आवाज' पर प्रधानमंत्री बनने से इन्कार

करते हुए अपनी जगह डॉ मनमोहन सिंह का चुनाव किया था। वह अध्यक्ष थीं और डॉ सिंह को मुख्य कार्यकारी अधिकारी के रूप में चुना गया था। यह तमाम ही दूसरी बातों के अलावा परस्पर विश्वास और सम्मान पर आधारित था। यह व्यवस्था दोनों को ही उपयुक्त लगती थी। एक उत्कृष्ट नौकरशाह के रूप में डॉ सिंह आदेश लेने और शासन की बारीकियों को समझने और उनसे निबटने के अभ्यस्त थे और सोनिया गांधी बगैर पद की रोज़मर्रा की ज़िम्मेदारी के अपने प्रभाव को लेकर संतुष्ट थीं।

पूर्व कांग्रेसी नटवर सिंह ने अपनी पुस्तक *वन लाइफ इज़ नाट एनफ* में दावा किया है कि राहुल गांधी के कहने पर ही सोनिया गांधी ने प्रधानमंत्री नहीं बनने का फैसला किया था क्योंकि वह उनकी जीवन की सुरक्षा को लेकर चिंतित थे। नटवर सिंह ने अनेक इंटरव्यू में दावा किया कि 'अंतरात्मा की आवाज़' की कहानी तो बकवास है। प्रधानमंत्री पद ठुकराने के तुरंत बाद एक मुलाकात के दौरान मैंने अंतरात्मा की आवाज़ के बारे में सोनिया गांधी से सवाल किया था। सोनिया गांधी ने रहस्यमय तरीके से सिर हिलाकर जवाब दिया था। बहुत संभव है कि यह फैसला राहुल, प्रियंका और कुछ निकट मित्रों के साथ बातचीत में ही किया गया हो लेकिन अंतिम निर्णय तो उनका ही था। 'अंतरात्मा की आवाज' की कहानी तो सहजता से सारे मुद्दे को राजनीतिक मोड़ देना भी हो सकता है--हां इसने सोनिया गांधी के त्याग करने वाले नेता का दर्जा ज़रूर प्रदान कर दिया। लेकिन एक बार फिर यही सवाल उठता है कि कितने राजनीतिक होंगे तो इतनी आसानी से उस चीज़ का त्याग कर सकें जो उनकी अपनी है।

मैं पहली बार 1995 में सोनिया गांधी से अमेठी में मिला था जब उन्होंने तत्कालीन प्रधानमंत्री पी. वी. नरसिंह राव पर हमला करते हुए सरकार पर राजीव गांधी हत्याकांड की जांच के मामले में 'धीमी रफ्तार अपनानें का आरोप लगाया था। हमने बहुत उत्साहित होकर उनसे जानना, 'क्या वह राजनीति में आ रही हैं?' सोनिया गांधी का जवाब था, 'नहीं, मैं नहीं आ रही। लेकिन मेरा मानना है कि राजीव गांधी के बलिदान को भुलाना नहीं चाहिए।' अपने पति के लिए न्याय मांगती सफेद परिधान में एक दुखी विधवा के रूप में सोनिया गांधी का राजनीतिक व्यक्तित्व परिवार के अभिभावक और नेहरू-गांधी की विरासत को संजोकर रखने वाले व्यक्ति सरीखा था। आपको उस समय यह आभास भी नहीं हो सका कि वह उतार चढ़ाव वाली चुनावी राजनीति के लिए तैयार हैं।

इसके बावजूद, तीन साल बाद 1998 में वह कांग्रेस अध्यक्ष बनीं और इसके साथ ही एक बार फिर उनके विदेशी मूल को लेकर बहस तेज़ हो गई।

वह शायद इस हमले के लिए पहले से तैयार थीं लेकिन शायद उन्हें इस बात का अंदेशा नहीं था कि यह कितना निजी हो सकता है। पार्टी नेतृत्व की बागडोर संभालने के तुरंत बाद जब मैंने इस बारे में उनसे सवाल पूछा तो उनके चेहरे पर नाराज़गी साफ झलक रही थी। उन्होंने कहा, 'मैं सौ फीसदी भारतीय हूं। वे मुझे पर सिर्फ इसलिए हमला बोल रहे हैं क्योंकि उनके पास हमारी आलोचना के लिए और कुछ नहीं है।' इसके साथ ही सोनिया गांधी ने बहुत ही खूबसूरती से राजीव गांधी की असहाय विधवा की छवि का इस्तेमाल करते हुए विदेशी मूल का मुद्दा उठाने वाले शरद पवार जैसे वरिष्ठ नेताओं को निरुत्तर कर दिया।

हालांकि निजी बातचीत के दौरान सोनिया गांधी बेहद शालीन और सौम्य (उन्हें कला और संस्कृति पर चर्चा अच्छी लगती है) हो सकती थीं, लेकिन उनका राजनीतिक व्यक्तित्व बहुत ही निर्मम नेता वाला था। यह स्पष्ट था कि वह आसानी से भूलती या माफ नहीं करती थीं। वह राव के अंतिम संस्कार में शामिल नहीं हुईं और न ही उन्होंने उनका पार्थिक शरीर कांग्रेस मुख्यालय में लाने या दिल्ली में उनकी समाधि बनाने की अनुमति दी। कांग्रेस के एक वरिष्ठ नेता ने उनके व्यवहार पर टिप्पणी करते हुए कहा था, 'सोनिया की दुनिया वफादारों और उन लोगों के बीच बंटी थी जो परिवार के साथ नहीं थे। उनकी राजनीतिक और निजी पसंद इसी पर निर्धारित होती थी।' विनम्र और दास जैसे 'वफादार' डॉ सिंह तो जैसे सोनिया के लिए ही बने थे। राव या शरद पवार सामाजिक या राजनीतिक दृष्टि से सोनिया गांधी को कभी भी स्वीकार्य नहीं थे क्योंकि उस परिवार की वफादारी की कसौटी पर खरे नहीं उतरे थे जिसमें वह पूरी तरह समाहित थीं।

दिसंबर 2005 में, मैंने काफी विस्तार से सोनिया गांधी का इंटरव्यू किया था। जब मैं सीएनएन-आईबीएन स्थापित कर रहा था तो उस समय मैंने सोनिया गांधी से यह वचन लिया था कि चैनल को शुरू करने वाले दौर में वह हमें इंटरव्यू देंगी। मैंने उनसे सवाल किया कि क्या प्रधानमंत्री पद ठुकराने का उन्हें कोई मलाल है। उन्होंने दृढ़ता के साथ कहा, 'नहीं, बिल्कुल नहीं। मनमोहन सिंह प्रधानमंत्री के रूप में बेहतरीन काम कर रहे हैं। मुझे उन पर पूरा विश्वास है।' मैंने उनसे पूछा कि आप पर तानाशाही और सरकार को रिमोट से चलाने के आरोप लग रहे हैं तो इस बारे में आपको क्या कहना है। कुछ क्षण खामोश रहने के बाद वह मुस्कराईं और कहा 'तानाशाही नहीं। वास्तव में कई बार मुझे महसूस होता है कि मैं बहुत अधिक लोकतांत्रिक हूं और कोई भी निर्णय लेने से पहले कई विकल्पों पर गौर करती हूं।'

सच्चाई, अक्सर, कहीं और होती है। अटकलों के विपरीत, सोनिया गांधी

सरकार के रोज़मर्रा के कामों में हस्तक्षेप नहीं करती थीं लेकिन वह महत्वपूर्ण विषयों और नियुक्तियों पर पैनी निगाह रखती थीं। नीतिगत मामलों में उनकी भूमिका राष्ट्रीय सलाहकार परिषद के माध्यम से संचालित होती थी। यह परिषद एक ऐसा समूह था जो सुचारू रूप से सरकार चलाने के लिए प्रधानमंत्री को बाहर से जानकारियां मुहैया कराता था। सोनिया गांधी का कई महत्वपूर्ण फैसलों पर अपने अधिकार की छाप छोड़ने का यह अपना तरीका था। राजनीतिक मामलों में वह अपनी सास से बेहद प्रभावित रही हैं और अक्सर अपने मित्रों से कहती थीं कि कांग्रेस गरीबी और सांप्रदायिकता से लड़ने के लिए ही है। निजी बातचीत के दौरान वह मदर टेरेसा जैसी लगती थीं। वह अक्सर कहतीं, 'भारत गरीबों का और गरीबों के लिए देश है।'

राष्ट्रीय सलाहकार परिषद को 2 मोती लाल नेहरू मार्ग पर शानदार कार्यालय दिया गया था। इसमें काम करने के लिए छोटा सा कर्मचारियों का समूह था। इस परिषद में समान विचारधारा वाले और वामपंथ की ओर रुझान रखने वाले सिविल सोसायटी के कुछ व्यक्तियों को शामिल किया गया था। सलाहकार परिषद की महीने में एक बार सुबह नौ बजे दोपहर एक बजे तक बैठक होती थी जिसमें अनेक महत्वपूर्ण विषयों के मसौदों पर मंत्रणा होती थी। राष्ट्रीय सलाहकार परिषद के एक सदस्य ने एक बार मुझसे कहा, 'यह पूरी तरह पेशेवर हैं। सोनिया गांधी बहुत ही अच्छी श्रोता हैं। वह कभी कभी ही टोकती थीं और यह सुनिश्चित करती हैं कि प्रेज़ेंटेशन के लिए समय सीमा का ध्यान रखा जाए।' एक सदस्य ने बताया कि हालांकि राष्ट्रीय सलाहकार परिषद की राय अंतिम नहीं होती थी और 'सोनिया जी ने हमें यह स्पष्ट कर दिया था--हमें सलाह देनी चाहिए, लेकिन अंतिम फैसला मंत्रिमंडल का ही होगा।'

संप्रग-एक के दौरान ऐसा लगता था कि यह व्यवस्था शुरू में ठीक से काम कर रही थी। राष्ट्रीय सलाहकार परिषद ने सूचना का अधिकार कानून सहित कुछ महत्वपूर्ण विधेयकों को तैयार करने में महत्वपूर्ण भूमिका निभाई थी। इसने संप्रग-एक की मदद की, वाममोर्चा एक प्रमुख सहयोगी था और राष्ट्रीय सलाहकार परिषद के अनेक सदस्यों के वामपंथ के साथ गहरे रिश्ते थे। राष्ट्रीय सलाहकार परिषद में हमेशा ही हल्के फुल्के अंदाज़ में कहा जाता था, 'जब भी संशय हो, जाइए मार्क्सवादी नेता सीताराम येचुरी से मिलिए, वह हमारे साथ ही होंगे।'

सोनिया गांधी का नौकरशाह पुलक चटर्जी पर बहुत भरोसा था और वह राष्ट्रीय सलाहकार परिषद और साउथ ब्लाक में प्रधानमंत्री कार्यालय के सचिव के रूप के बीच एक कड़ी थे, जबकि जयराम रमेश संप्रग-एक में राष्ट्रीय सलाहकार

परिषद के सदस्य के रूप में लिफाफे आगे बढ़ाते थे। परिषद के इस सदस्य ने इस बदलाव को इंगित करते हुए बताया, 'हम सब संप्रग-एक में एक साथ थे। न्यूनतम साझा कार्यक्रम के बारे कें संप्रग में समन्वय के लिए नियमित रूप से बैठक होती थीं। हां, संप्रग-दो में निश्चित ही हम सभी अपने अपने एजेंडे पर अलग अलग काम कर रहे थे। कोई तालमेल और समन्वय नहीं था और न ही कोई साझा कार्यक्रम था।' एक सांसद के रूप में वे एक और 'वेतनधारी' पद पर नहीं हो सकती थीं, इससे जुड़े विवाद के बाद सोनिया गांधी 2006 में राष्ट्रीय सलाहकार परिषद से अलग हो गई थीं। वह 2010 में ही इसमें वापस आयीं लेकिन तब तक यह समूह अपना महत्व खो चुका था।

ऐसा भी नहीं था कि संप्रग सरकार में सभी राष्ट्रीय सलाहकार परिषद के पक्ष में थे। एक से अधिक मंत्रियों ने मुझसे कहा भी कि भारतीय राजनीतिक व्यवस्था में किसी 'सुपर कैबिनेट' के लिए कोई जगह नहीं है। मैं अक्सर व्यंग्यात्मक रूप में सुना करता था, 'यह तो सिर्फ सोनिया गांधी के अहं की संतुष्टि के लिए ही है।' उदाहरण के लिए पवार, जैसा कि उन्होंने अपने एक सहयोगी से कहा, का विचार था कि राष्ट्रीय सलाहकार परिषद एक ऐसी संस्था है जो मंत्रिमंडल व्यवस्था के महत्व को कम करती है। पांच दशक से भी अधिक समय से देश की राजनीति में सक्रिय शरद पवार ने उस समय आपत्ति की जब संप्रग-दो में राष्ट्रीय सलाहकार परिषद ने खाद्य सुरक्षा विधेयक को गति प्रदान करने की कोशिश की। शरद पवार ने प्रधानमंत्री को, जो मंदी के दौर में इस योजना के खर्च को लेकर चिंतित थे, आगाह करते हुए कहा था, 'हमें इस तरह की चीज़ों में जल्दबाज़ी नहीं करनी चाहिए।' पवार का योजना आयोग के उपाध्यक्ष मोंटेक सिंह अहलूवालिया ने भी समर्थन किया जिन पर प्रधानमंत्री बहुत भरोसा करते थे। पवार ने बाद में मुझे बताया, 'हमने सोनिया को समझाने की बहुत कोशिश की लेकिन वह कुछ भी सुनने के लिए तैयार नहीं थीं।'

अंत में, मनमोहन-पवार-मोटेंक की तिकड़ी को देश की करीब सवा सौ करोड़ की आबादी में से दो तिहाई को राजकोशीय सहायता से खाद्यान्न उपलब्ध करने की सोनिया गांधी के नेतृत्व में की जा रही पहल के आगे घुटने टेकने पड़े। सोनिया के दृढ़ निश्चय के सामने यह विधेयक सितंबर 2013 में पारित हो गया। एक अनुमान के अनुसार इस विधेयक के अमल पर 125,000 करोड़ रुपए खर्च होना था। कहते हैं कि यह आंकड़ा भी कम था क्योंकि अभी भी वित्तीय और मंहगाई के कारण होने वाले दबावों की भी चिंता थी। बाद में सोनिया गांधी के एक सहायक ने मुझे बताया, 'मैडम किसी अर्थशास्त्री पर भरोसा नहीं

करती हैं बल्कि वह अपनी राजनीतिक इच्छा के अनुरूप चलती हैं और इस मामले में उनकी अंतरात्मा ने उनसे कहा कि खाद्यान्न सुरक्षा कानून का राजनीतिक दांव जिताने वाला होगा।' लेकिन ऐसा करते समय वह यह भूल गईं कि विपक्षी दलों द्वारा शासित अनेक राज्य पहले ही प्रभावी खाद्यान्न वितरण कार्यक्रम शुरू कर चुके हैं। कार्यकाल के अंतिम दिनों में कांग्रेस नेतृत्व के हाथ में सिर्फ तिनका ही था।

राष्ट्रीय सलाहकार परिषद को सिविल सोसायटी के मुखौटे के रूप में पेश किया जाता था जबकि सोनिया गांधी हर शुक्रवार को प्रधानमंत्री के निवास 7 रेसकोर्स पर 'कोर ग्रुप' की बैठकों के ज़रिए प्रत्यक्ष रूप से राजनीतिक रूप से सक्रिय रहती थीं। इसे सही मायनों मे संप्रग सरकार का असली सत्ता केंद्र माना जाता था। इस कोर ग्रुप के सदस्यों में प्रधानमंत्री, प्रणब मुखर्जी (राष्ट्रपति बनने से पहले), चिदंबरम, ए. के. एंटनी, सुशील कुमार शिंदे और अहमद पटेल शामिल थे। इनमें से कोई भी मतदाताओं को आकर्षित करने वाला नेता नहीं था। इन सभी की हैसियत कांग्रेस के प्रथम परिवार से निकटता के कारण ही बनी हुई थी।

अहमद पटेल भी दिलचस्प चरित्र हैं जो इस बात का प्रमाण हैं कि कांग्रेस किस तरह से 'ड्राइंग रूम' पार्टी बन गई जो सौदेबाज़ी पर ही आश्रित रहती है। गुजरात से राज्यसभा के सदस्य अहमद पटेल एक प्रमुख सत्ता केंद्र थे। एक खामोश और कैमरे पर आने से बचने वाले पटेल सोनिया के राजनीतिक सचिव थे और उनसे अपेक्षा की जाती थी कि वह राजनीति के 'घटिया कामों' में संकट मोचन की भूमिका निभाएं। पटेल के काम करने के तरीके पर एक कांग्रेसी नेता ने परिहास के साथ टिप्पणी करते हुए कहा, 'हम सब दिन में काम करते हैं और अहमद पटेल रात में सक्रिय होते हैं।' कांग्रेस के अंदरूनी दरबार में अपनी जगह बनाने के लिए प्रयत्नशील सभी पत्रकारों के लिए पटेल तो जैसे सोने की खान थे। वह हमे अंदर की खबर देते थे लेकिन कभी भी कैमरे पर आकर बोलना नहीं चाहते थे।

कोर ग्रुप को कांग्रेस और सरकार के बीच बेहतर तालमेल और समन्वय सुनिश्चित करना था। इसे माना जाता था कि इसके पास ही सारी राजनीतिक चतुराई और बुद्धिमत्ता है। इसके बावजूद, इस कोर ग्रुप ने सरकार और कांग्रेस के लिए और अधिक परेशानियां पैदा कीं। अन्ना आंदोलन से कोर ग्रुप ठीक से नहीं निबट सका। इसने अपने मंत्रियों को रामदेव से मिलने भेजा। इसने ही आंध्र प्रदेश के बंटवारे का समर्थन किया। इसने ही उस अध्यादेश को मंजूरी दी थी जो अदालत से सज़ा पाने वाले सांसदों विधायकों को राहत देता।

यह कोर ग्रुप पार्टी और सरकार को अलग अलग स्वर में बोलने से भी नहीं रोक सका। इसके पहले संकेत, नई सरकार के गठन के दो महीने के भीतर ही जुलाई 2009 में सामने आ गए थे। प्रधानमंत्री गुटनिरपेक्ष आंदोलन शिखर सम्मेलन में शामिल होने के लिए शर्म-अल-शेख गए थे जहां उन्होंने आतंकवाद से लड़ने के लिए परस्पर सहयोग के संबंध में पाकिस्तान के प्रधानमंत्री युसुफ रज़ा गिलानी के साथ एक समझौते पर हस्ताक्षर किए थे। पाकिस्तान में जन्म लेने के कारण डॉ. सिंह की हमेशा से ही इस्लामाबाद के साथ रिश्ते सुधारने में दिलचस्पी थी। चुनावों में मिली ज़बर्दस्त सफलता के कारण उन्होंने सोचा कि यह शांति के प्रयास करने का सबसे बेहतर मौका है और यह नोबल पुरस्कार जीतने वाला भी हो सकता है।

लेकिन हुआ यह कि इसके लिए बहुत गलत समय का चयन हो गया। मुंबई में 26-11 के आतंकी हमले के ज़ख्म अभी भरे भी नहीं थे और महाराष्ट्र विधान सभा के चुनाव कुछ महीने ही दूर थे। प्रधानमंत्री हो सकता है कि इतिहास में अपना नाम दर्ज़ कराना चाहते थे लेकिन उनकी पार्टी की निगाह आसन्न चुनावों पर थी। पार्टी ने प्रधानमंत्री का समर्थन करने की बजाए उनके इस क़दम की आलोचना की। मनीष तिवारी, जो उस समय कांग्रेस के प्रवक्ता थे, याद करते हैं कि किस तरह पार्टी के एक वरिष्ठ नेता ने उन्हें एसएमएस भेजकर उनसे कहा कि पूर्व राजनयिक के साथ चल रहा टीवी कार्यक्रम बीच में ही छोड़ दें और सरकार का बचाव करना बंद कर दें। पार्टी के एक अन्य प्रवक्ता अभिषेक सिंघवी को भी इसी तरह का आदेश मिला था।

तिवारी को लगता है, 'शायद उस क्षण प्रधानमंत्री की रुचि खत्म हो गई।' उन्होंने भी महसूस किया होगा कि यदि पार्टी और सोनिया गांधी कठोर फैसला लेते वक्त उनका साथ नहीं देंगे तो फिर इसका कोई फायदा नहीं है। पार्टी के इसी नेतृत्व ने भारत-अमेरिका परमाणु समझौते के मामले में उनका साथ दिया था लेकिन इस बार वे उनके खिलाफ़ हो गए। डॉ. सिंह की जनवरी महीने में ही बाईपास सर्जरी हुई थी और उनके स्वास्थ्य में धीरे-धीरे सुधार हो रहा था। शर्म-अल-शेख ने एक बार फिर उन्हें परेशानी में डाल दिया था। वास्तव में वह इससे कभी उबर नहीं पाए। कांग्रेस कार्यसमिति के एक वरिष्ठ नेता ने मुझसे इस बात की पुष्टि भी की कि डॉ सिंह ने अपने दूसरे कार्यकाल के दौरान चार अलग अलग मौकों पर प्रधानमंत्री पद से इस्तीफा देने की पेशकश की थी।

यह सिर्फ शर्म-अल-शेख का मामला नहीं था। सरकार जब भी संकट में घिरी--चाहे वह अन्ना का आंदोलन हो या फिर 2जी स्पेक्ट्रम—डॉ. सिंह को हमेशा

यही महसूस हुआ कि पार्टी ने पूरी ताकत से उनका बचाव नहीं किया। सोनिया गांधी ने समय समय पर डॉ सिंह के समर्थन में बयान दिए जिनका प्रधानमंत्री पद के लिए उन्होंने चुनाव किया था। मसलन, जब टेलीकॉम घोटाला सामने आया तो सोनिया गांधी की पहली प्रतिक्रिया थी, 'यह शर्मनाक है कि प्रधानमंत्री जैसे एक ईमानदार व्यक्ति को इस तरह से निशाना बनाया जा रहा है। सभी जानते हैं कि प्रधानमंत्री सौ फीसदी ईमानदार हैं।' लेकिन, इस बार उनके शब्दों में वह भरोसा नज़र नहीं आया जो भारत-अमेरिका सौदे के समय वह उनके साथ खड़ी हुई थीं।

वैसे भी, संप्रग-दो में 2009 से 2011 के महत्वपूर्ण दौर में सोनिया गांधी की भूमिका भी सवालों के घेरे में रही है। इसका एक बेहतरीन उदाहरण सितंबर, 2009 में हेलीकॉप्टर दुर्घटना में आंध्र प्रदेश के मुख्यमंत्री वाई. एस. राजशेखर रेड्डी के आकस्मिक निधन से उत्पन्न स्थिति के दौरान उनकी राजनीतिक सोच का विफल होना है। राजशेखर रेड्डी एक ताकतवर क्षेत्रीय नेता थे जिन्होंने 2009 में राज्य में हुए चुनावों के बाद कांग्रेस की झोली बहुत अधिक सीटों से भर दी थी। रेड्डी कांग्रेस की चुनावी सफलता का प्रतीक बन गए थे। उनके आकस्मिक निधन ने एक रिक्तता पैदा कर दी थी। उनके पुत्र जगनमोहन भी इस रिक्तता को भरने और ज़िम्मेदारी वहन करने के इच्छुक थे।

मैं राजशेखर के दुःखद निधन से कुछ दिन पहले ही जगनमोहन से मिला था। छोटे कद काठी वाले जगन में टॉलीवुड के छोटे मोटे अभिनेता जैसी अकड़ थी। वह अपने साक्षी टेलीविज़न को देश का सबसे बड़ा क्षेत्रीय टेलीविज़न नेटवर्क बनाना चाहते थे। उन्होंने मुझसे कहा, 'यह बहुत उत्तम होगा यदि इस मामले में आपका चैनल मेरी मदद करे--हमें आपका सहयोग चाहिए।' मैंने सुना था कि आंध्र प्रदेश में जगन एक अलग ही सत्ता केंद्र बन गए हैं-कथित बांह मरोड़ने, अत्यधिक धनाढ्य होने और भ्रष्टाचार जैसी कहानियां सुनने को मिलती थी। मैं इससे जहां तक संभव हो दूर ही रहना चाहता था।

राजशेखर रेड्डी के हादसे में निधन ने जगन की सारी योजनाओं को बदल कर रख दिया। अब, वह मुख्यमंत्री बनना चाहते थे। सिर्फ सोनिया गांधी ही थीं जो इसके लिए तैयार नहीं हो रही थीं। पार्टी उन्हें केंद्र में राज्य मंत्री का दर्जा देने के लिए तैयार थी। इससे असहमति जताते हुए जगन ने अपनी दावेदारी बढ़ाई-उन्होंने अपने पिता के निधन के बाद खुद को आग लगाने वाले व्यक्तियों के परिवारों के प्रति सहानुभूति व्यक्त करने के लिए यात्रा शुरू की। यह सहानुभूमि यात्रा वास्तव में जगन का शक्ति प्रदर्शन का तरीका था ताकि पार्टी हाईकमान

को यह अहसास कराया जा सके कि वह अब आंध्र प्रदेश के सबसे लोकप्रिय नेता है।

सोनिया गांधी को यह कतई पसंद नहीं था कि कोई उन पर दबाव बनाए। उन्हें लगा कि जगन एकदम वही कर रहे हैं। 10 जनपथ में जगन और उनकी मां के साथ बैठक में सोनिया गांधी ने स्पष्ट संकेत दिया--ओडर्पू यात्रा समाप्त की जाए और राज्य के नए मुख्यमंत्री वयोवृद्ध के रोसैया को अस्थिर करने का कोई प्रयास नहीं होना चाहिए।

यह मुलाकात अपेक्षा से कहीं ज़्यादा बुरी रही। जब सोनिया गांधी ने जगन की मांग स्वीकार करने से इन्कार कर दिया तो कहते हैं कि उनकी मां ने पलट कर कहा था, 'यदि जगन की जगह राहुल होते तो क्या आप यही कहतीं? मेरे बेटे से पक्षपातपूर्ण व्यवहार क्यों किया जा रहा है?' इस पर मां-बेटे से तुरंत ही वहां से चले जाने के लिए कहा गया। जगन ने बाद में मुझसे कहा, 'मेरी मां और मुझे अपमानित किया गया। वैसे भी मेरे पिता ने पार्टी के लिए बहुत कुछ किया था। जगन ने उसी वक्त फैसला किया कि वे अपनी पार्टी का गठन करेंगे। उन्होंने वाईएसआर कांग्रेस का गठन किया और आंध्र प्रदेश में कांग्रेस के अनेक विधायक उसके साथ चले गए।

ऐसा नहीं था कि कांग्रेस और सरकार ने आंध्र प्रदेश के मामले में सिर्फ एक ही राजनीतिक दृष्टि से बहुत बड़ी गलती की। इससे दो कदम आगे बढ़कर तत्कालीन गृह मंत्री पी. चिदंबरम ने 2009 के दिसंबर महीने में जमाने वाली सर्दी की आधी रात अचानक ही यह घोषणा कर दी कि आंध्र प्रदेश का विभाजन कर पृथक तेलंगाना राज्य के सृजन की प्रक्रिया शुरू की जा रही है। सरकार की इस घोषणा ने आग में घी का काम किया और यहीं से आंध्र प्रदेश में कांग्रेस के पतन का सिलसिला भी शुरू हो गया।

आधी रात को तेलंगाना के सृजन के बारे में की गई घोषणा को लेकर तरह तरह के कयास लगाये जा रहे थे। इनमें दो बाते मुख्य रूप से सामने आ रही थीं। पहली तो यह थी कि पार्टी के कुछ वफादार नेता सोनिया गांधी के जन्म दिन पर (उनका जन्म दिन 9 दिसंबर है) उन्हें इसका उपहार देना चाहते थे क्योंकि पार्टी हाईकमान ने चुनाव प्रचार के दौरान इसके प्रति अपनी प्रतिबद्धता दोहराई थी। दूसरा यह कि राहुल गांधी भारत में छोटे छोटे राज्यों के पक्षधर थे और उन्होंने भारत का एक ऐसा नक्श संजोया था जिसमें अमेरिका की व्यवस्था परिलक्षित होती थी जहां 50 राज्य थे। सच्चाई तो यह थी कि गुप्तचर ब्यूरो की एक रिपोर्ट में दावा किया गया था कि यदि पृथक तेलंगाना राज्य की घोषणा

नहीं की गई तो हैदरबाद में 'खूनखराबा' होने की आशंका है। गुप्तचर ब्यूरो की रिपोर्ट में यह भी कहा गया था कि अगली सुबह सचिवालय तक तेलंगाना समर्थकों के प्रस्तावित मार्च में माओवादी भी घुसपैठ कर चुके हैं। इस तरह की रिपोर्ट मिलने के बाद केंद्र में भी काफी बेचैनी फैल गई थी।

मध्य रात्रि के इस एक फैसले की वजह से कांग्रेस ने एक महत्वपूर्ण राज्य की राजनीतिक स्थिति पर अपना नियंत्रण खो दिया था। वाई. एस. राजशेखर रेड्डी ने कांग्रेस को एकजुट कर रखा था और उनके बगैर अब राज्य में पार्टी विखंडित हो रही थी। तेलंगाना पर निर्णय ने अस्थिरता को दिखा दिया था और आंध्र प्रदेश शायद हमेशा के लिए हाथ से चला गया था।

कुछ राजनीतिक पर्यवेक्षक संप्रग-दो में सोनिया गांधी के कम हस्तक्षेप की वजह उनकी स्वास्थ्य संबंधी समस्याओं को मान रहे थे क्योंकि उन्हें बार बार अपने इलाज के सिलसिले में विदेश जाना पड़ रहा था और कोई भी उनके स्वास्थ्य की स्थिति की पुष्टि नहीं कर रहा था। (एक बार हमने यह न्यूज़ फ्लैश लगाया कि सोनिया गांधी उपचार के लिए स्लोअन केटिरिंग गई हैं जो दुनिया का सबसे पुराना और सबसे बड़ा कैंसर का निजी उपचार केंद्र है, इस पर पटेल ने हमें चेतावनी दी थी कि इस तरह की गलत सूचनाा देने के कारण उन पर मुकदमा किया जाएगा।)

कुछ दूसरे लोगों का मत था कि सोनिया गांधी (भारतीय की बजाए) इतालवी मां के रूप में कांग्रेस पार्टी के कामकाज से खुद को अलग करने के प्रयास कर रही थीं ताकि राहुल गांधी की बड़ी भूमिका सुनिश्चित हो सके और वह पार्टी का नियंत्रण अपने हाथ में ले सकें। कांग्रेस पार्टी, आखिरकार उनके अपने नज़रिए के मुताबिक वंशवादी पार्टी है जिसका अतीत, वर्तमान और भविष्य उनके परिवार से ही बंधा हुआ है। सोनिया गांधी के आलोचक अक्सर कहते हैं कि वह बहुत सीमित राजनीतिक कौशल वाली एक खुशकिस्मत नेता हैं लेकिन एक न एक दिन तो भाग्य भी साथ नहीं देगा।

इसकी बजाए, यह कहना कहीं ज्यादा तर्कसंगत होगा कि अनेक संकटों, बगैर किसी प्रयोजन के चलते रहने के भाव और अंततः पराजित होने वाली संप्रग सरकार के साथ इसके दूसरे घटकों की तरह ही सोनिया भी इसके अंतर्विरोधों का शिकार हैं। कांग्रेस के कोर ग्रुप के एक सदस्य ने मुझसे कहा, 'हमने संघर्ष करने की इच्छा शक्ति गंवा दी।'

2012 की ग्रीष्म ऋतु आते आते, यह स्पष्ट होने लगा था कि संप्रग-दो सरकार एक ऐसी मरीज़ बन चुकी है जो ढुलमुल प्रधानमंत्री डॉ मनमोहन सिंह

के साथ इंटेंसिव केयर यूनिट की ओर अग्रसर है। डॉ मनमोहन सिंह हमेशा दो बिंदुओं को लेकर चिंतित रहते थे-पहला एक ईमानदार राजनीतिक के रूप में अपनी छवि और दूसरा अर्थशास्त्री के रूप में उनका अपना रिकॉर्ड। अब इन दोनों ही बिंदुओं पर हमला हो रहा था। उसी साथ मार्च में नियंत्रक एवं महालेखा परीक्षक की एक और रिपोर्ट आयी। इस बार रिपोर्ट कोयला खदानों के आवंटन से संबंधित थी जिसमें 1.86 लाख करोड़ रुपए के राजस्व के नुकसान का अनुमान लगाया गया था। विपक्ष को अब एक नया हथियार मिल गया था लेकिन इस बार सीधा निशाना प्रधानमंत्री पर व्यक्तिगत रूप से था।

2006 से 2009 के दौरान कोयला मंत्रालय प्रधानमंत्री के ही पास था। कैग की रिपोर्ट में दावा किया गया कि इसी अवधि के दौरान 134 कोयला खदानों का आवंटन बगैर किसी नीलामी के किया गया। इस आवंटन से लाभान्वित होने वाले अनेक लोगों का संपर्क प्रमुख राजनीतिकों, विशेषकर सत्तारूढ़ दल के नेताओं, से था। सरकार का तर्क था कि कोयला खदानों का आवंटन उस समय कोयले का उत्पादन बढ़ाने के लिए किया गया था जब देश गंभीर ऊर्जा संकट के दौर से गुज़र रहा था। लेकिन इस तरह की दलीलें संतोषजनक नहीं थीं--ऐसी स्थिति में इन आवंटनों की सच्चाई का पता लगाने के लिए उच्चतम न्यायालय की निगरानी में सीबीआई जांच का आदेश दिया गया। विपक्ष को अब एक बार फिर मौका मिल गया। एक पूर्व सहयोगी ने इस संबंध में टिप्पणी की, 'मैंने पूरी विनम्रता से प्रधानमंत्री को आगाह किया था कि कोयला मंत्रालय संभालने का विचार बहुत ही जोखिम भरा हो सकता है। मुझे नहीं लगता कि उन्हें इसका अहसास भी था कि किस जंजाल में पड़ने जा रहे हैं।'

प्रधानमंत्री के लिए अभी और भी बुरी खबरें थीं। अर्थव्यवस्था विपरीत दिशा में जाती नज़र आ रही थी। विकास दर धीमी हो गई थी और उत्पादकता भी रोज़गार के अवसर कम होने के कारण प्रभावित हो रही थी, रुपया निरंतर कमज़ोर होता जा रहा था, वित्तीय घाटा नियंत्रण से बाहर था और महंगाई तेज़ी से बढ़ रही थी। सक्रिय न्यायपालिका से चिंतित मंत्रियों और नौकरशाहों ने फैसले लेना बंद कर दिया था। व्यावसायिक क्षेत्र में भी भरोसा डांवाडोल हो रहा था, विशेषकर 2012 के आम बजट में रेट्रोस्पेक्टिव कर प्रावधान ने उद्योग जगत को नाराज़ कर रखा था। पर्यावरण से जुड़े बिंदुओं के कारण अनेक बड़ी परियोजनाएं अधर में लटकी थीं। जून के दूसरे सप्ताह में वैश्विक रेटिंग एजेंसी स्टैंडर्ड एंड पुअर ने चेतावनी दी थी कि भारत के निवेश के ग्रेड की रेटिंग घटा कर 'अमान्य' श्रेणी में रखा जा सकता है। एक वरिष्ठ कैबिनेट मंत्री ने बाद में मुझसे यह

स्वीकार किया कि 2009 से 2012 की अवधि अर्थव्यवस्था की दृष्टि से 'गंवाए गए वर्ष' थे। मंत्री ने कहा, 'हमारे पर अर्थशास्त्री प्रधानमंत्री थे लेकिन हम अर्थव्यवस्था पर नियंत्रण खो बैठे थे।'

वह एकदम सही थे। 2004 में जब डॉ मनमोहन सिंह प्रधानमंत्री बने तो उनकी छवि एक ईमानदार व्यक्ति और राजनीतिक के रूप में उनकी प्रतिष्ठा ऐसी थी कि वह अर्थव्यवस्था को अच्छी तरह संभाल लेंगे। 2जी स्पेक्ट्रम प्रकरण और कोयला खदानों के आवंटन मामले ने उनकी छवि पर दाग लगाया था लेकिन अर्थव्यवसथा के मोर्चे पर उनकी गलतियों ने वास्तव में उनके व्यक्तित्व को छोटा कर दिया। वह 2009 का चुनाव जीते थे क्योंकि उस समय अर्थव्यवस्था का पांच साल की अवधि में आठ फीसदी की दर से विकास हुआ था। 2008 के वैश्विक आर्थिक संकट ने सरकार को अपनी आर्थिक नीति में ढील देने और घरेलू मांग बढ़ाने के लिए नए उपाय करने पर बाध्य किया। लेकिन 2009 से वित्तीय घाटा और खाद्य मंहगाई जो बढ़नी शुरू हुई तो उसने डॉ सिंह को हमेशा बचाव की मुद्रा में ही रखा। पी चिदंबरम ने एक बेहद दिलचस्प बात बतायी–'यदि हमने अंर्थव्यवस्था पटरी पर रखी होती तो 2014 में और कुछ मायने नहीं रखता। यह भ्रष्टाचार या घोटाला नहीं बल्कि अर्थव्यवस्था थी जिसने आम चुनावों में हमें बर्बाद कर दिया।'

सन 2012 की ग्रीष्म ऋतु के मुश्किल भरे दौर में प्रधानमंत्री से मुलाकात करने वालों का कहना था कि वह काफी दुर्बल और परेशान नज़र आ रहे थे। एक कैबिनेट मंत्री ने स्वीकार किया, 'निश्चित ही वह परेशान ही नहीं बल्कि बहुत ही ज़्यादा परेशान व्यक्ति थे। मंत्रिमंडल की बैठकों में भी वह ज़्यादा नहीं बोलते थे और अब तो वह लगभग खामोश ही रहते है।' एक अन्य मंत्री ने कहा, 'वह सिर्फ पद छोड़ना चाहते थे, लेकिन सोनिया गांधी उन्हें ऐसा नहीं करने दे रही थीं।'

जब भी किसी मुद्दे पर दो मंत्रियों में सहमति नहीं होती तो प्रधानमंत्री का यही कहना होता कि आम सहमति बनाने के लिए मंत्रियों का समूह गठित कर दिया जाए। एक अवसर पर तो मंत्रियों के समूहों की संख्या ही बढ़कर 60 तक पहुंच गई थी। इनमें से अधिकांश मंत्रियों के समूह की अध्यक्षता मुखर्जी कर रहे थे। एक मंत्री ने तो मुझसे स्वीकार भी किया, 'प्रणब दा अब सरकार में सत्ता के वैकल्पिक केंद्र थे। जब भी कोई मसला होता तो हम सलाह के लिए उनकी ही ओर देखते थे।' लाइसेंस परमिट राज के दौर के मुखर्जी ने जब 2012 के बजट में रेट्रोस्पेक्टिव कर लगाने का फैसला किया तो प्रधानमंत्री इससे सहमत

नहीं थे लेकिन उन्होंने इस पर कोई बहस या चर्चा नहीं की (देखें अध्याय 6)। न्यूनतम प्रतिरोध ही अब सत्ता में बने रहने का रास्ता रह गया था।

जुलाई 2012 में देश के नए राष्ट्रपति का चुनाव हुआ। लुटियन की दिल्ली में यही चर्चा थी कि इस पद के लिए डॉ मनमोहन सिंह के नाम पर कांग्रेस विचार करेगी। ये अटकल आंशिक ही सही थी। नहीं, राष्ट्रपति भवन के लिए डॉ सिंह के नाम की पहचान नहीं की जा रही थी लेकिन यह एक विकल्प था और निजी बातचीत में वह भी इस संभावना से इन्कार नहीं कर रहे थे। वास्तव में कई सूत्रों ने बाद में मुझसे इस बात की पुष्टि की कि डॉ सिंह खुद राष्ट्रपति बनने के इच्छुक थे। आखिरकार वह भी अब 80वें जन्म दिन के निकट पहुंच रहे थे। वह आठ साल तक प्रधानमंत्री रहे थे। देश में सिर्फ जवाहरलाल नेहरू और इंदिरा गांधी का ही इतना लंबा कार्यकाल रहा था। उन्होंने सार्वजनिक जीवन में वह सब हासिल कर लिया था जो संभव है और अब राष्ट्रपति भवन ही सबसे सुकून क़ा स्थान होता।

इस मौके पर कांग्रेस ने एक और गलती की। डॉ. सिंह को राष्ट्रपति बनाकर उनके स्थान पर नया प्रधानमंत्री बनाये जाने से संकट के इस दौर में कांग्रेस को नई ऊर्जा मिल सकती थी। लेकिन सोनिया गांधी किसी तरह का जोखिम नहीं उठाने के लिए जानी जाती है। उनके सहयोगियों का दावा था कि वह टीना (कोई विकल्प नहीं) पहलू से ग्रसित थीं। राहुल गांधी ने कोई दिलचस्पी नहीं दिखाई, ए.के. एंटनी इस ज़िम्मेदारी के लिए बहुत कमज़ोर नज़र आ रहे थे और पी. चिदंबरम गठबंधन की राजनीति में इस पद के लिए उपयुक्त नहीं थे। हां, प्रणब दा ज़रूर थे, वह एक पुराने कांग्रेसी और सभी दलों में अपने व्यापक संपर्कों के साथ पार्टी के अनुभवी संकट मोचक थे। लेकिन यह भी सच्चाई है, सोनिया गांधी ने कभी भी मुखर्जी पर ऐसे व्यक्ति के रूप में भरोसा नहीं किया जो परिवार की विरासत का संरक्षण करेगा।

यह एक पुरानी कहानी है जब 1980 के दशक में मुखर्जी की उन खबरों के कारण राजीव गांधी से अदावत हो गई थी कि इंदिरा गांधी की हत्या के बाद उन्होंने प्रधानमंत्री का पद हथियाने की कोशिश की थी। एक बार दोपहर के भोजन पर हमसे कहा भी कि वह तो परिस्थितियों का शिकार हुए हैं। उन्होंने बहुत ही आहत भरे स्वर में कहा, 'यह सब एक बहुत बड़ी गलतफहमी के कारण हुआ। इंदिरा गांधी की हत्या के बाद वरिष्ठतम मंत्री के रूप में मंत्रिमंडल की बैठक की अध्यक्षता के लिए मुझे चुना गया था। मेरी अपनी निगाह प्रधानमंत्री की कुर्सी पर नहीं थी लेकिन राजीव गांधी के इर्द गिर्द रहने वालों ने उन्हें यह भरोसा

दिला दिया था कि मैं यह पद प्राप्त करने की जोड़ तोड़ कर रहा हूं।

सोनिया गांधी ने बहुत ही खूबसूरती से गांधी परिवार के साथ और इस परिवार के खिलाफ़ लोगों के बारे में अपनी दुनिया को दो हिस्सों में बांट रखा था। लेकिन मुखर्जी, जो बेहतर प्रधानमंत्री सिद्ध हो सकते थे, उन्हें कभी इसका अवसर नहीं मिला। हालांकि सार्वजनिक रूप से वह कभी स्वीकार नहीं करेंगे लेकिन यह भी सच्चाई है कि मुखर्जी कभी भी डॉ सिंह को अपना नेता मानने के लिए पूरी तरह तैयार नहीं हुए। एक केंद्रीय मंत्री ने मुझसे कहा, 'वह प्रधानमंत्री बनना चाहते थे लेकिन जानते थे कि सोनिया गांधी उन्हें कभी नहीं बनाएंगी।' लगभग आम राय के उम्मीदवार के रूप में मुखर्जी को राष्ट्रपति भवन भेजना एक तरह से इसकी क्षतिपूर्ति ही थी।

इस घटनाक्रम ने डॉ. मनमोहन सिंह के लिए अधिक सहज और आरामदायक माहौल की संभावनाएं शायद खत्म कर दी थीं। वैसे भी डॉ सिंह विपरीत परिस्थितियों में जीने की कला में प्रवीण थे। अपने राजनीतिक जीवन के अंतिम दो सालों में वह संकटों के बीच से निकलने का प्रयास कर रहे थे। इन दो सालों में और अधिक बदनामी भरे, घोटाले हुए और उनके कई मंत्रियों को इस्तीफा देना पड़ा। इनमें से ही एक कानून मंत्री अश्विनी कुमार थे जिन्हें कोयला खदान आवंटन घोटाले में सीबीआई की प्रगति रिपोर्ट में कुछ बदलाव करके प्रधानमंत्री को 'बचाने' का प्रयास करने के आरोप में अपने पद से इस्तीफा देना पड़ा। अश्विनी कुमार को 'मनमोहन सिंह के आदमी' के रूप में ही जाना जाता था और उन्होंने बाद में ज़ोर देकर कहा कि उन्हें तो बलि का बकरा बनाया गया। डॉ. सिंह के कार्यालय पर कोयला खदानों के आवंटन से संबंधित महत्वपूर्ण फाइलें खोने के आरोप भी लगे। इस सारी उठापटक के दौरान डॉ सिंह अपनी कुर्सी से चिपके रहे। इस बारे में एक विपक्षी सांसद की टिप्पणी थी, 'हां, मरीज़ की अभी सांस चल रही है लेकिन क्या यह भी कोई जीना है।'

आम चुनावों से कुछ महीने पहले ही 3 जनवरी, 2014 को डॉ. सिंह ने नेशनल मीडिया के साथ प्रेस कॉन्फ्रेंस में घोषणा की कि वह चुनाव के बाद सक्रिय राजनीति से संन्यास ले रहे हैं और वह प्रधानमंत्री पद की दौड़ में नहीं हैं। यह एक अभूतपूर्व कदम था—इससे पहले कभी भी किसी प्रधानमंत्री ने चुनाव से ठीक पहले सार्वजनिक रूप से संन्यास लेने की घोषणा नहीं की थी। कुछ महीने पहले ही, राहुल गांधी ने दोषी ठहराये गए सांसदों के मामले में अध्यादेश लाने के मंत्रिमंडल के फैसले को अस्वीकार करके सार्वजनिक रूप से प्रधानमंत्री को अपमानित कर दिया था। ऐसी भी खबरें थीं कि इस घटना से आहत डॉ सिंह ने विरोध स्वरूप

प्रधानमंत्री पद से इस्तीफा देने का मन बनाया था और उनके परिवार ने भी उन्हें सब कुछ छोड़ देने का सुझाव दिया था। इस बारे में जब मैंने बाद में उनसे पूछा तो उनका जवाब था, 'लेकिन अध्यादेश तो सरकार का सामूहिक निर्णय था, मेरा अकेले का नहीं।' तो क्या वह राहुल गांधी से नाराज़ थे और क्या उस समय उन्होंने पद से इस्तीफा देने के बारे में सोचा था? वह खामोश रहे और फिर मुझसे कहा कि कॉफी पीओ। उनके कमरे में हम दो ही लोग थे। एक पराजित व्यक्ति की हताशा और अकेलापन कमरे की आबोहवा में था।

हकीकत तो यह है, मैंने डॉ सिंह के नज़दीकी अपने सूत्रों से इस बात की पुष्टि की कि उन्होंने राहुल गांधी द्वारा अध्यादेश की प्रति फाड़े जाने पर भी इस्तीफे की पेशकश की थी। डॉ सिंह ने सोनिया गांधी से कहा था कि बहुत हो गया। उन्होंने सोनिया गांधी से अनुरोध किया, 'मैडम, अब मुझे जाने दीजिए। मुझे नहीं लगता कि अब मैं और अधिक यह कर सकता हूं, अब तो मेरा स्वास्थ्य भी ठीक नहीं है।' सोनिया गांधी ने एक बार फिर पद त्यागने के उनके अनुरोध को नज़रअंदाज़ कर दिया।

अपनी अंतिम प्रेस कॉन्फ्रेंस में डॉ मनमोहन सिंह अपना बचाव करते समय पहले की अपेक्षा अधिक बोल रहे थे। उन्होंने कहा, 'मैंने पूरी निष्ठा और ईमानदारी से देश की सेवा की है। मुझे नहीं लगता कि मैं एक कमज़ोर प्रधानमंत्री था। मैं पूरी ईमानदारी से विश्वास करता हूं कि समकालीन मीडिया या संसद में प्रतिपक्ष की तुलना में मैंने वह सब सबसे अच्छा किया जो मैं कर सकता था। यह इतिहास को निर्णय करना है कि मैंने क्या किया और मैंने क्या नहीं किया।'

चर्चित नीली पगड़ी वाले व्यक्ति की उपलब्धियों के बारे में इतिहास कैसा आकलन करेगा? भारतीय अपने नेताओं के प्रति उदारता बरतते हैं। भारत की आज़ादी की 60वीं वर्षगांठ के अवसर पर सीएनएन-आईबीएन के जनमत में इंदिरा गांधी सबसे लोकप्रिय राजनीतिक व्यक्ति के रूप में उभरी थीं। यह तो लगभग ऐसा था कि मानो देश में कभी आपातकाल लागू ही नहीं हुआ था। डॉ मनमोहन सिंह को कभी भी इसके समकक्ष नहीं रखा जा सकता। डॉ सिंह ने अपने कड़े परिश्रम और विद्वता से यह स्थान प्राप्त किया था और उनकी प्रशंसा करने के लिए बहुत कुछ है। यह एक तथ्य है कि डॉ सिंह ने और न ही उनके परिवार के किसी सदस्य ने उनके प्रधानमंत्रित्व काल में किसी प्रकार का कोई मौद्रिक लाभ लिया। एक ऐसे दौर में जब राजनीति में भ्रष्टाचार और भाई भतीजावाद पूरी तरह फलता-फूलता हो, डॉ. सिंह अपने निजी जीवन में शुचिता और नैतिक प्रतिबद्धता बनाए रखने में सफल रहे। भारत से वैश्विक मंच पर डॉ सिंह को

विलक्षण प्रतिभा और बुद्धिमत्ता वाले व्यक्ति के रूप में देखा जाता है।

इसके बावजूद, जब उनसे अपेक्षा की गई कि वह अपनी सरकार में ही भ्रष्टाचार के खिलाफ़ खड़े हों तो उन्होंने इस ओर से आंखे फेर लेना ही अधिक उचित समझा। डॉ सिंह के समक्ष कई बार ऐसे मौके आए जब वह गठबंधन की राजनीति की मजबूरियों का सामना करते हुए कह सकते थे 'बहुत हो गया' और वह एक 'लक्ष्मण रेखा' खींच सकते थे। लेकिन डॉ सिंह ने प्रधानमंत्री के अधिकार, जैसा उन्होंने भारत-अमेरिका परमाणु संधि के समय किया था, का इस्तेमाल करने की बजाए उन्होंने नौकरशाही वाले अपने मूल अवतार में रहने हुए आदेश लेना और प्रसन्न रहना ही बेहतर समझा। हां, यह सही है कि उन्होंने कई बार त्यागपत्र देने की पेशकश की लेकिन वह इस्तीफा देकर वहां से जाने का साहस नहीं जुटा सके।

डॉ सिंह कभी भी जननेता या कुशल वक्ता नहीं रहे। उन्होंने सिर्फ एक बार लोकसभा का चुनाव लड़ा और वह हार गए। इसके बाद उन्हें राज्यसभा ही अधिक सुविधाजनक लगने लगी। अच्छे वक्त में यह बहुत महत्वपूर्ण नहीं होता है। लेकिन संप्रग-दो के कांटों भरे कार्यकाल के दौरान यह सरकार, पार्टी और अंततः देश के लिए सहन करना बहुत भारी हो गया। जब देश को एक सशक्त और निर्णय लेने वाले नेता की आवश्यकता महसूस कर रहा था तो उस वक्त डॉ सिंह निर्विकार की मुद्रा में चल गए। उस समय हास परिहास में यह कहा जाने लगा था कि डॉ सिंह तो तभी मुंह खोलते हैं जब उन्हें दंत विषेशज्ञ के पास दांत दिखाने होते हैं लेकिन यह उनके प्रशंसकों की हताशा को भी दर्शाता था जो कभी उन्हें मध्यम वर्ग के हीरो के रूप में देखते थे जिसने 1990 के दशक में संकट के दौर में देश की अर्थव्यवस्था को दिशा दी थी। डॉ सिंह की 'संन्यास' लेने संबंधी प्रेस कॉन्फ्रेंस अपनें आप में अनोखी थी जो उन्होंने संप्रग-दो के सत्ता में आने के बाद की थी।

राजनीति छोड़ने का डॉ. सिंह का फैसला अप्रत्याशित नहीं था। लेकिन 16वीं लोकसभा के आम चुनाव की तैयारियों के बीच यह सिर्फ कांग्रेस की इस दुविधा को ही उजागर कर रहा था--दुर्भाग्य से एक प्रधानमंत्री संन्यास लेने के लिए तैयार था और दूसरी ओर, एक युवा वारिस कमान संभालने के लिए अनिच्छुक नज़र आ रहा था। सर्वशक्तिमान दिल्ली की गद्दी खाली नज़र आ रही थी। गुजरात के एक व्यक्ति ने इसे बहुत बड़े अवसर के रूप में लिया।

4

मैं प्रधानमंत्री बनना चाहता हूं

नरेंद्र मोदी 6 फरवरी, 2013 को देश की राजधानी पहुंचे और जहां वह राजनीति का चप्पा चप्पा खंगाल रहे थे। दिल्ली ने अपने तख्तोताज की इच्छा रखने वाले अनेक विजेताओं को देखा था और मोदी के एक एक लम्हे का पीछा कर रहे न्यूज़ कैमरों को उन्होंने भली भांति यह आभास दिलाया कि वह इस दौड़ में शामिल होने के लिए पूरी तरह तैयार हैं। दो महीने पहले ही गुजरात विधान सभा के चुनावों में मिली शानदार सफलता की गूंज अभी भी सुनायी पड़ रही थी और मोदी इसके हर क्षण का लाभ उठाना चाहते थे। गणतंत्र दिवस के अवसर पर *इंडिया टुडे* के राष्ट्रीय जनमत सर्वेक्षण से यही संकेत मिलता था कि प्रधानमंत्री पद के लिए वह सबसे अधिक पसंदीदा व्यक्ति हैं--कांग्रेस की राहुल, सोनिया और मनमोहन से भी आगे--और उन्हें जनता के जोश में आए इस उभार का भरपूर लाभ उठाने की ज़रूरत थी।

दिल्ली में मोदी सबसे पहले सार्वजनिक कार्यक्रम का पड़ाव था श्रीराम कॉलेज ऑफ कॉमर्स (एसआरसीसी)। इस कॉलेज ने तीन दिवसीय व्यावसायिक कॉन्लेव का आयोजन किया था और मोदी को अंतिम दिन स्मारक व्याख्यान देना था। एसआरसीसी की छात्र परिषद के एक सदस्य ने बताया, 'हमने छात्रों के बीच सर्वेक्षण करके यह पता लगाया कि वे किसे सुनना चाहते हैं। मोदी का नाम रतन टाटा से भी आगे और सबसे ऊपर था।' मोदी को जनवरी के मध्य में निमंत्रण भेजा गया और उनके कार्यालय ने 48 घंटे के भीतर निमंत्रण स्वीकार करते हुए जवाब दिया। दिलचस्प तथ्य यह भी है कि छात्रों ने कांग्रेस के आधा दर्जन केंद्रीय मंत्रियों से भी इस आयोजन में शामिल होने और भाषण देने के लिए संपर्क साधा

था। ज्योतिरादित्य सिंधिया और सचिन पायलट सरीखे युवा नेताओं सहित सभी ने इसमें आने से इंकार कर दिया। आनंद शर्मा ने तो जवाब तक नहीं दिया था।

मोदी का एसआरसीसी में भाषण देने का निर्णय बहुत सुविचारित था। आर्थिक और वाणिज्य विषयों के अग्रणी कॉलेज एसआरसीसी में प्रवेश के लिए 98 प्रतिशत तक की कट ऑफ होती है। इसकी एक ऐसी छवि बन चुकी है जो सभी सर्वश्रेष्ठ और प्रतिभावान छात्रों को अपनी ओर आकर्षित करता है। राज्य सभा में प्रतिपक्ष के नेता और प्रमुख विधिवेत्ता अरूण जेटली सहित दिल्ली में भाजपा के अनेक नेता इसी कॉलेज के छात्र थे। कॉन्क्लेव का विषय था--'वैश्विक परिप्रेक्ष्य में उभरता कारोबारी स्वरूप' जो पूरी तरह सटीक थी। मोदी के एक सहयोगी ने मुझसे कहा, 'हम मोदी को ऐसे वातावरण में पेश करने का अवसर तलाश रहे थे जो दुराग्रहपूर्ण नहीं हो और जहां वह देश के युवा वर्ग के साथ गुजरात के मुख्यमंत्री के रूप में नही बल्कि भारत के भावी सीईओ के रूप में बात कर सकें।'

'युवा' वर्ग एक महत्वपूर्ण पहलू था। मोदी की टीम के सदस्यों ने एक सर्वेक्षण कराया था जिससे यह संकेत मिला था कि कमज़ोर हो रही अर्थव्यवस्था के कारण रोज़गार के अवसर कम होने को लेकर आशंकित देश का युवा वर्ग ही सबसे अधिक बदलाव का पक्षधर है। एक धारणा यह भी थी कि 2009 के चुनावों में युवा राहुल गांधी द्वारा युवा वर्ग से किए गए वायदों की तुलना में वयोवृद्ध और अनुभवी लाल कृष्ण आडवाणी को सामने लाकर भारतीय जनता पार्टी देश के शहरी युवा वर्ग को अपनी ओर आकर्षित करने में विफल हो गई थी। टीम मोदी के एक सदस्य ने स्वीकार भी किया, 'हमने महसूस किया युवा मतदाता, विशेषकर 18 से 23 साल की उम्र का पहली बार मतदान करने वाला मतदाता, समर्थन करने के लिए तैयार बैठा था। इसी वजह से कॉलेज के रूप में एसआरएससी, जहां प्रत्येक युवा प्रवेश पाने के लिए उत्सुक रहता है, हमारे लिए सबसे उपयुक्त स्थान था।'

एक युवा और आज़ादी के बाद के भारत को संबोधित करने का एक अलग ही लाभ था। कॉलेज के खेल परिसर में 3000 छात्रों के समूह में मुख्य रूप से वे उत्साहित छात्र शामिल थे जिन्होंने 2002 के गुजरात दंगों के समय किशोरावस्था में भी प्रवेश नहीं किया था। वे एक प्रकार से उस दौरान हिंसा की छाया और मोदी सरकार की आलोचनाओं से पूरी तरह मुक्त थे। इससे छह साल पहले, *हिंदुस्तान टाइम्स* के समिट में मोदी दिल्ली आए थे और उन्होंने 2002 के बारे में पूछे

गए सवालों पर खुद को असहज पाया था। इस बार, वह कोई जोखिम नहीं उठाना चाहते थे--यह एक व्याख्यान था जहां वह सिर्फ भाषण दे सकते थे और उन्हें सवालों के जवाब नहीं देने थे। बड़ी संख्या में मीडिया भी वहां उपस्थित था--लेकिन यह कोई प्रेस कॉन्फ्रेंस नहीं थी जहां वे गुजरात के मुख्यमंत्री से सवाल पूछकर उन्हें बचाव की स्थिति में ला सकते। इस बार, उन्हें सिर्फ सुनना, नोट्स लेना और भाषण रिकॉर्ड करना था।

यह कार्यक्रम बहुत सफल रहा। मोदी ने एक घंटे से भी अधिक समय तक भाषण दिया और इस दौरान शासन, अर्थव्यवस्था और काम करने के गुजरात मॉडल पर विस्तार से विचार किए। मोदी ने बगैर किसी नोट्स या किसी प्रकार के संकोच के हिंदी में धारा प्रवाह भाषण दिया। अपनी वाक पटुता का भरपूर इस्तेमाल करते हुए उन्होंने कहा, 'हमें स्वराज मिला, लेकिन 60 साल बाद हमें अभी भी सुराज की तलाश है।' 'हमारे युवा साथी अब संपेरे नहीं है, वे तो माउस लेकर दुनिया बदल रहे हैं।' 'हमारी सबसे बड़ी राष्ट्रीय संपदा हमारी जनता है।' मेड इन इंडिया हमारा सबसे बडा ब्रांड बनना चाहिए।' मोदी के भाषण के एक एक वाक्य में उज्ज्वल भविष्य की परिकल्पना थी। नकारात्मक सोच और हताशा के माहौल में ऐसा लग रहा था कि उनके भाषण से मानो युवा श्रोताओं के लिए एकदम सही तारतम्य स्थापित हो रहा था। आयोजन में शामिल युवा वर्ग उनके हर वाक्य का ज़ोरदार तरीके से स्वागत कर रहा था।

आयोजन में काफी कुछ अतिशयोक्ति भी थी, विशेषकर जब गुजरात का उदाहरण पेश किया गया। मोदी ने कहा, 'इस सभागार में शायद ही कोई ऐसा व्यक्ति होगा जिसने गुजरात के दूध के बगैर चाय पी हो। दिल्ली में सारा दूध गुजरात से आता है। सिंगापुर में भी गुजरात से ही दूध जाता है। यूरोप में भिंडी गुजरात से जाती है। अफगानिस्तान में टमाटर गुजरात का है। यही नहीं, जो भिंडी आप खाते हैं वह भी गुजरात की ही है।' उन्होंने बहुत ही चतुराई से डॉ. वर्गीज़ कुरियन और उनकी अमूल मिक्स सहकारिता के स्वप्न का नाम नहीं लिया जो गुजरात में सफेद क्रांति लाए। छात्रों ने भी इसका बुरा नहीं माना। मोदी के भाषण देने के कौशल ने उनका दिल जीत लिया था।

सिर्फ छात्रों ने ही नहीं बल्कि मीडिया ने भी मोदी के प्रदर्शन को हाथों हाथ लिया। सभी राष्ट्रीय और अनेक क्षेत्रीय चैनलों ने मोदी के इस कार्यक्रम का सीधा प्रसारण किया। अगले दिन, प्रत्येक राष्ट्रीय समाचार पत्र में पहले पन्ने की हेडलाइन में मोदी ही छाए थे। *टाइम्स आफ इंडिया* की हेडिंग थी, 'मोदी टेक्स दिल्ली बाई स्टार्म'। दिल्ली से प्रकाशित होने वाले समाचार पत्रों में सिर्फ *द हिंदू*

ही एकमात्र ऐसा अखबार था जिसके पहले पन्ने पर मोदी का भाषण नहीं था, यह अकेला अखबार था जिसने वामपंथी छात्रों के समूह के एसआरसीसी के बाहर हुए मोदी विरोधी प्रदर्शन को एक समान स्थान दिया था। *द हिंदू* के तत्कालीन संपादक सिद्धार्थ वरदराजन ने अपने फैसले का बचाव करते हुए कहा कि कुल मिलाकर मोदी भी एक मुख्यमंत्री ही थे जो दिल्ली आए थे—उन्हें क्यों पहली हेडलाइन बनना चाहिए? ऐसा कहने वाले वह अकेले थे।

मोदी और उनकी टीम इस सफलता से बेहद उत्साहित थे। उनका मानना था कि टेलीविज़न चैनलों से सीधे प्रसारण की वजह से एसआरसीसी के भाषण ने सिर्फ युवा वर्ग को ही आकर्षित नहीं किया बल्कि वह अपने विचार नेताओं और शहरी मध्यम वर्ग तक पहुंचाने में भी सफल रहा है। मोदी के एक रणनीतिकार ने बाद में कहा, 'हमने महसूस किया कि टाउन हाल जैसे आयोजन में मोदी को कोई परास्त नहीं कर सकता। हम मीडिया और जनमत बनाने वाले वर्ग में भी अपनी पैठ बनाने में सफल रहे।'

एसआरसीसी के भाषण के कुछ दिन बाद मैंने फोन पर मोदी से बात की (मैं आमतौर पर उनसे देर रात या फिर रविवार की सुबह उस समय फोन करता जब अपेक्षाकृत आराम के मूड में होते हैं) एक अच्छे राजनीतिज्ञ की तरह उन्होंने पूछा, 'क्या फीड है?' मैं ईमानदारी से स्वीकार किया कि भाषण बहुत ही प्रभावी था और इसके लिए उन्हें दस में से नौ अंक मिलते हैं। उन्होंने विस्मित होकर पूछा, 'क्यों दस नहीं दोगे?' मैंने जवाब दिया, 'सर, दस देता अगर आप कुरियन साब का भी नाम लेते।'

मोदी समर्थक बहुत टाल-मटोल करने वाले तो थे नहीं। उन्हें सफलता का एक सटीक फार्मूला मिल गया था। वह यह था कि मोदी एक सभागार में शासन से संबंधित विषयों पर श्रोताओं को अपनी वाक पटुता और भाषण देने के कौशल से मंत्रमुग्ध करें और टेलीविज़न पर सीधे प्रसारण में लाखों लोग उनकी बातें सुने। एक ऐसा प्रतिमान बना जो आने वाले सप्ताहों और महीनों में एक मुख्यमंत्री को देश के राष्ट्रीय नेता के रूप में पेश करेगा जिससे जनता खुद को जोड़ सके। वडनगर के स्कूल में, मोदी थिएटर प्रेमी थे। वह मंच पसंद करते थे और गांव में कई नाटकों में उन्होंने भाग लिया था। अब, इस परिपक्व ज़िंदगी में बचपन में मिला प्रशिक्षण उनका मददगार हो रहा था। यह मोदी के लिए राष्ट्रीय फलक पर अकेले ही अपने कौशल का प्रदर्शन करके जनमानस पर छाने का अविस्मरणीय अवसर था। यह ऐसा मौका था जब प्रधानमंत्री अपने स्वभाव के कारण कभी खत्म न हो सकने वाली खामोशी का आवरण ओढ़ चुके थे तो दूसरी ओर राहुल

गांधी अभी भी सार्वजनिक मंच पर भाषण देने में संकोच करते थे। शासन और जनता के बीच आई रिक्तता को मोदी ने अपने भाषणों से पूरा किया। ऐसी स्थिति में मोदी के भाषण देने की कला ने सीधे प्रभावी संवाद के लिए व्याकुल जनता के बीच उन्हें तत्काल ही राष्ट्रीय स्तर पर लोकप्रिय बना दिया।

मोदी को देश व्यापी नेता के रूप में स्थापित करना ही नहीं बल्कि उन्हें शहरी क्षेत्र का हीरो बनाने की सबसे महत्वपूर्ण योजना था। इसकी एक वजह भी थी, 2009 के आम चुनाव में भारतीय जनता पार्टी देश की 201 शहरी और कस्बे वाली सीटों में से सिर्फ 50 सीट ही जीत सकी थी। मोदी टीम के अंदरूनी सर्वेक्षण से पता चला था कि उनके नेता की शहरी क्षेत्रों में, शहरी गरीब और 28 से 35 साल की महिलाओं के वर्ग के अलावा, तेज़ी से लोकप्रियता बढ़ रही है। (बताते हैं कि युवा महिलाओं को उनकी शैली कठोर लगती थी)। मोदी के एक सहयोगी ने बाद में मुझसे कहा, 'यदि हमें 2014 का चुनाव जीतना था, तो हम जानते थे कि हमें शहरी भारत को पूरी तरह जीतना होगा है और इसीलिए मोदी जी ने शुरू में शहरों पर अपना ध्यान केंद्रित किया।'

फरवरी से जुलाई, 2013 के दरम्यान मोदी ने टाउन हाल सरीखे प्रारूप में अनेक सभाओं को संबोधित किया जिसमें वह एक राजनीतिक की बजाए ऐसे व्यक्ति के रूप में नज़र आए जो अपना विघटनकारी स्वरूप पीछे छोड़कर सुशासन का प्रतीक बन गया है। उन्होंने एक ऐसे हिंदू राजनीतिक के रूप में खुद को पेश किया जो समस्याओं का 'समाधान' कर सकता था और जिसके प्रति शहरी समाज की जनता आकर्षित हो सकती थी।

उन्होंने मार्च में भारतीय प्रवासियों को वीडियो कॉन्फ्रेंस के माध्यम से संबोधित किया जहां उन्होंने ज़ोर देकर कहा कि उनके लिए धर्मनिरपेक्षता के मायने 'भारत पहले' है। मार्च के महीने में *इंडिया टुडे* के कॉन्क्लेव में उन्होंने गुजरात मॉडल पर भाषण दिया और शासन में अक्षमता घटाने में प्रौद्योगिकी के इस्तेमाल तथा बिजली संकट और जल प्रबंधन जैसे मसलों के समाधान के लिए 'नमो मंत्र' से लोगों को अवगत कराया। एक पत्रकार ने जब 2002 के गुजरात के बारे में सवाल पूछने का प्रयास किया तो मोदी ने उसे घूरकर देखा और उसका सीधा जवाब देने की बजाए कहा कि विशेष जांच दल (एसआईटी) ने उन्हें पाक साफ करार दे दिया है। प्रश्नकर्ता ने जब बारबार ज़ोर दिया तो उनका तल्ख जवाब था, 'ऐसा लगता है कि कुछ लोग कभी नहीं बदलेंगे।'

अप्रैल महीने में वह दक्षिण में केरल में शिवगिरि मठ गए जहां उन्होंने धार्मिक नेताओं को संबोधित किया। उसी सप्ताह वह उत्तर भारत में रामदेव की

पतांजलि योग पीठ भी गए। रामदेव की पीठ में साधु समाज को संबोधित करने के दौरान भी उनके भाषण में 2002 का बहुसंख्यकवादी एजेंडे का कोई संकेत नहीं दिखाई दिया। इसकी बजाए मोदी आध्यात्म में विज्ञान और प्रौद्योगिकी के कलेवर के प्रभाव के बारे में बात करते नज़र आए। उन्होंने जब सार्वभौमिक हिंदू और आत्मचिंतन की बात की तो वह भाजपा नेता की बजाए विवेकानंद से अधिक प्रभावित नज़र आए।

मोदी में एक विशेष वर्ग के श्रोताओं से दूसरे वर्ग के श्रोताओं के बीच सहजता से नए विषय पर संवाद स्थापित करने का कौशल है। गुजरात स्थापना दिवस के अवसर पर मोदी ने अमेरिका में 20 शहरों में प्रवासी भारतीयों को संबोधित किया। उन्होंने पुणे के फर्गुसन कॉलेज के छात्रों को संबोधित करते हुए शिक्षा मे बदलाव पर ज़ोर दिया और अपने विचारों को संप्रेषित करने के लिए फेसबुक को ज़रिया बनाया। उन्होंने बंबई स्टाक एक्सचेंज में आरएसएस कार्यकर्ता विनय सहस्रबुधे की पुस्तक के लोकार्पण कार्यक्रम को संबोधित किया जहां कारोबारियों और कार्यकर्ताओं को उन्होंने ट्रस्टी के बारे में गांधी मॉडल पर ज़ोर देते हुए उसे सुशासन से जोड़ा। गूगल हैंगआउट कार्यक्रम में उन्होंने राजनीति और प्रौद्योगिकी पर विचार रखे और अपनी सफलता का फार्मूला बताया आईटी आईटी-आईटी (अर्थात भारतीय प्रतिभा और भारतीय प्रौद्योगिकी को मिलाकर बनाओ कल का भारत)। उनके इस तरह के वाक्य प्रमुखता से अखबारों की हेडलाइन बनते थे भले ही कभी कभी उसके तथ्य गलत रहते हों--जैसे मोदी ने यह गलत दावा किया था कि चीन ने अपनी जीडीपी का 20 प्रतिशत शिक्षा पर खर्च किया। मोदी के प्रत्येक कार्यक्रम का टेलीविज़न और इंटरनेट पर सीधे प्रसारण हुआ। मोदी टीम के एक सदस्य का कहना था, 'हम तो देश के विभिन्न शहरी निर्वाचन क्षेत्रों की जनता ही नहीं बल्कि वैश्विक फलक पर भी मोदी के विचारों को साझा करने के प्रयास में उन्हें हमेशा सुर्खियों में रखना चाहते थे।'

मोदी की उर्जा असीमित थी। आठ अप्रैल को दिन में उन्होंने एक पांच सितारा होटल में फिक्की के महिला संगठन के वार्षिक सम्मेलन में उद्योग जगत के परिवारों की महिलाओं को संबोधित किया। इस कार्यक्रम में उन्होंने महिला सशक्तीकरण के मुद्दे को प्रभावी तरीके से रखते हुए अहमदाबाद की जसूबेन के पिज़्ज़ा का उदाहरण दिया। उन्होंने कहा कि गुजराती गृहणी जसूबेन ने 40 साल पहले अपनी तरह का पिज़्ज़ा बनाने का कारोबार शुरू किया। अब उनके कारोबार का विस्तार हो चुका है और उसकी अहमदाबाद में ही छह शाखाएं हैं जिनमें औसतन 600 पिज़्ज़ा रोजाना बेचे जाते हैं। उन्होंने राहुल गांधी और विदर्भ

के किसानों की विधवाओं का मसला उठाने के उनके प्रयास पर भी टिप्पणी करते हुए कहा, 'अब, मीडिया सोचेगा कि जसूबेन भी कलावती की तरह ही हैं और उनकी खोज करेगा। मैं बताना चाहूंगा कि पांच साल पहले पुणे में उनका निधन हो गया है।' फिक्की की महिलाओं ने मोदी के साथ बेबाक बातचीत का भरपूर आनंद उठाया। महिलाओं का समवेत फैसला था, 'इसी तरह के नेता को हम चाहते हैं।'

उसी दिन शाम को, मोदी ने नेटवर्क 18 के कार्यक्रम में हिस्सा लिया जिसका आयोजन इस नेटवर्क के 'थिंक इंडिया' कार्यक्रम के एक भाग के रूप में किया जाता था और जिसके लिए मैंने भी काम किया। यह आयोजन नेटवर्क 18 के संस्थापक राघव बहल के दिमाग की उपज था जो पहले से ही मोदी के विचारों, विशेषकर बाज़ार और अर्थव्यवस्था के बारे में, के प्रति कायल हो चुके थे। राघव कहते भी थे, 'संभवतः वह अकेले नेता हैं जो वास्तव में देश की अर्थव्यवस्था को बदलने के प्रति समर्पित हैं।' इस कार्यक्रम का मूल नाम 'थिंक राइट समिट' था। मैंने राघव से कहा कि समिट का नाम हो सकता है कि गलत संदेश दे क्योंकि हम चुनाव वर्ष के निकट पहुंच रहे हैं और इस कार्यक्रम में मोदी पहले वक्ता था। राघव का रुख लचीला था--'थिंक राइट' नाम को बदल कर 'थिंक इंडिया' कर दिया गया। इस परिचर्चा का विषय था, 'न्यूनतम सरकार, अधिकतम शासन' जो मोदी का एक और प्रिय मंत्र रहा है।

मोदी ने अपने एक घंटे के भाषण के दौरान विभिन्न मुद्दों पर खुलकर अपने विचार रखे। इसमें निजीकरण को अधिक गति प्रदान करने से लेकर शहरी निकायों में सुधार के लिए लाल फीताशाही को कम करने जैसे बिंदु शामिल थे। मोदी ने कहा, 'सरकारी महकमों में बहुत अधिक कागज़ी कार्यवाही होती है। फाइल संस्कृति को कम क्यों नहीं किया जा सकता? रेलवे को निजी क्षेत्र के लिए खोला जा सकता है। हमें फैसले करने के स्थान को दिल्ली से स्थानांतरित करके इन्हें राज्यों की राजधानी ले जाने की ज़रूरत है।' उनका प्रिय वाक्य था, 'हम कर सकते हैं' और यह विचार तेज़ी से जगह बना रहा था। मोदी की इस परिचर्चा का नेटवर्क के सभी चैनलों, सीएनबीसी, सीएनएन-आईबीएन, आईबीएन-7 और ईटीवी नेटवर्क ने सीधा प्रसारण किया था। ईटीवी नेटवर्क करीब आधा दर्जन भाषाओं वाला है। इस कार्यक्रम का प्राइम टाइम में फिर प्रसारण किया गया ताकि अधिक से अधिक लोग इसे देख और सुन सकें।

इस कार्यक्रम का मकसद 'हल्की फुल्की' परिचर्चा कराना था। कार्यक्रम जब समाप्त हो रहा था तो मैं उनसे नवपूंजीवाद और कुछ चुनिंदा कारोबारी समूहों

को ही महत्व दिए जाने के आरोपों के बारे में सवाल पूछना चाहता था, मोदी ने मेरा उठा हुआ हाथ देखा लेकिन विनम्रता से उसे नज़रअंदाज़ कर दिया और इसी के साथ सत्र समाप्त हो गया। बाद में, मुझे बताया गया कि मोदी को यह आश्वासन दिया गया था कि कार्यक्रम के दौरान कोई भी 'असुविधाजनक' मुद्दा नहीं उठाया जायेगा। उन्होंने सोचा होगा कि शायद मैं एक बार फिर 2002 का मुद्दा छेड़ूंगा। साफ था कि इस बारे 2002 से जुड़ा कोई सवाल नहीं होगा और इस बार कोई वाकआउट भी नहीं होगा।

मेरे ज़हन में उस दिन का अविस्मरणीय क्षण था ताज पैलेस होटल की लॉबी में मोदी के आने का अंदाज़। अपना चिरपरिचित आधी बांह का सफेद कुर्ता पहने मोदी ने पूरे आत्मविश्वास के साथ ऐसे व्यक्ति के रूप में प्रवेश किया जो विश्वास करता था कि अब उसका समय आ गया है। कार्यक्रम के आयोजन स्थल पर भाजपा नेता-स्मृति ईरानी, मीनाक्षी लेखी, पीयूष गोयल, रवि शंकर प्रसाद, किरीट सोमैया उनकी अगुवानी के लिए इस तरह खड़े थे कि मानो वह सेना की उस बटालियन का हिस्सा हों जिसका जनरल अभी अभी पहुंचा है। मैंने माहौल को हल्का बनाने के इरादे से मुंबई से भाजपा सांसद किरीट सोमैया से पूछा कि वह महाराष्ट्र की तरह ही गुजरात पर कैग रिपोर्ट का पर्दाफाश कब करने की योजना बना रहे हैं। मोदी ने उन्हें और फिर मुझे देखा। मोदी जब मंच पर जाने के लिए बने प्रतीक्षा कक्ष में चले गए तो सोमैया चिंतित होकर मुझसे कहते हैं, 'क्या बॉस, मरवा ही डालोगे।' मोदी अभी तक भाजपा के प्रधानमंत्री पद के प्रत्याशी नहीं बने थे लेकिन वह उसी तरह से पेश आ रहे थे। और पार्टी के सदस्य भी उसी तरह आनंदित और सशंकित भी थे और वे पूरी तरह आश्वस्त थे कि उनका नेता जीत की ओर है।

भाजपा में एक आंतरिक संकट के बीच ही दिल्ली के तालकटोरा स्टेडियम में मार्च 2013 में पार्टी की राष्ट्रीय परिषद की बैठक हुई। इस बैठक से कुछ दिन पहले ही नितिन गडकरी को वित्तीय अनियमित्ताओं के आरोप में पार्टी के अध्यक्ष पद से इस्तीफा देना पड़ा था। गडकरी ने एक निजी बातचीत में दावा किया कि उन्हें 'दिल्ली के नेतृत्व' (पार्टी के संसदीय दल के लिए इसी तरह के शब्दों का प्रयोग होता है) कारण ही उन्हें ऐसा करना पड़ा। राजनाथ सिंह को एक बार फिर पार्टी का अध्यक्ष बनाया गया था। राष्ट्रीय परिषद की बैठक में उनकी नियुक्ति की पुष्टि की जानी थी। लेकिन इस आयोजन में सत्ता के एक नए सितारे के रूप में मोदी के उदय हुआ।

परिषद की दो दिवसीय बैठक में मोदी सबके आकर्षण का केंद्र बने रहे। खबरिया कैमरे लगातार उनका पीछा कर रहे थे और उनके हर लम्हे को कैमरों में कैद कर रहे थे, पार्टी कैडर भी उनके साथ सेल्फी लेना चाहता था। गुजरात में लगातार तीसरी बार चुनाव में शानदार जीत के लिए परिषद की बैठक में सबने खड़े होकर उनका अभिवादन किया। परिषद में जब भी कोई वक्ता मोदी के नाम का ज़िक्र करता तो वहां उपस्थित नेता और कार्यकर्ता ज़ोरदार तरीके से वाह वाह करके अपना समर्थन व्यक्त करते। भाजपा को लंबे समय से देखने वाले पर्यवेक्षक ने इस पर टिप्पणी करते हुए कहा, 'मैंने इस तरह का भाजपा में पहले कभी नहीं देखा।' पार्टी के भीतर 'इस व्यक्ति' की लोकप्रियता तो वाजपेयी से भी ज़्यादा थी। आखिकार, वाजपेयी जी को तो नेहरूवाद के नेता के रूप में देखा जाता था। मोदी एक ऐसे विचारक थे जिसने भाजपा के स्वाभाविक हिंदुत्व को भली भांति समझा था। 2014 के चुनावों के लिए पार्टी का नेतृत्व करने के लिए उनकी भूमिका की ज़मीन तैयार हो रही थी।

इस बैठक के दूसरे दिन मोदी ने भाषण दिया। मोदी के भाषण में पुरानी शैली नज़र आ रही थी। ऐसा होना भी था क्योंकि वह पार्टी के निष्ठावान कैडर को संबोधित कर रहे थे और गांधी परिवार तथा संप्रग सरकार पर हमला बोलते हुए उनके भाषण में राजनीतिक आक्रमकता आ गई थी। मोदी ने परिषद में गरजते हुए कहा, 'एक परिवार के लिए राष्ट्रीय हितों को बलिदान करना कांग्रेस की परंपरा है। उन्होंने मनमोहन सिंह को प्रधानमंत्री बनाकर एक नाइट वाचमैन नियुक्त किया है। प्रधानमंत्री और कुछ नहीं बल्कि गांधी परिवार की कठपुतली हैं।' इस पर परिषद की बैठक में उपस्थित दो हज़ार लोग लगातार 'मोदी-मोदी' के नारे लगा रहे थे। एक राजनीतिक आयोजन ने शक्ति प्रदर्शन का स्थान ले लिया था।

उसी दिन सुषमा स्वराज ने भी परिषद को संबोधित किया था। सुषमा का भाषण भी काफी प्रभावी था लेकिन उसमें एक महिला राजनीतिक की तरह ही संप्रग सरकार को सत्ताच्युत करने की ज़रूरत पर ज़ोर दिया गया था। उनके भाषण की भरपूर सराहना की गयी। लाल कृष्ण आडवाणी ने तो उनकी वाकपटुता और भाषण देने के कौशल को वाजपेयी सरीखा भी बताया। लेकिन समाचार चैनलों ने विज्ञापनों के लिए होने वाले ब्रेक के बगैर (जो बाद में अगले बारह महीने एक सिलसिला बन गया था) ही मोदी के भाषण का सीधा प्रसारण किया जबकि सुषमा स्वराज का भाषण सिर्फ बीच में दिखाया गया। टेलीविज़न चैनलों के लिए टीआरपी के संघर्ष में मोदी विजेता थे।

मोदी ने उसी दिन एक और जंग जीती थी। वह थी, पार्टी के चेहरे के रूप में भाजपा की अगली पीढ़ी में वाजपेयी-आडवाणी का उत्तराधिकारी कौन होगा। 2004 के चुनाव में वाजपेयी की पराजय के बाद से भाजपा के नेतृत्व का मुद्दा हल नहीं हुआ था। होता भी कैसे, आखिरकार, वाजपेयी और आडवाणी चार दशक तक भाजपा की राजनीति पर हावी रहे थे, ये दोनों एक दूसरे का भरपूर सम्मान करते थे और उनमें प्रतिस्पर्धा भी रहती थी। इन नेताओं के उत्तराधिकारी को लेकर चल रहा सत्ता संघर्ष मे भाजपा 'हिंदू डिवाइडेड फेमिली' जैसी नज़र आने लगी थी।

लोक सभा में पार्टी की नेता सुषमा स्वराज दावेदारों में थीं। मांग में चमकता लाल सिंदूर और माथे पर बड़ी बिंदी लगाए स्वराज को देखकर ऐसा लगता था कि माना वह सास बहू के सेट से सीधे चली आई हैं। शानदार प्रचारक और प्रभावशाली वक्ता सुषमा को आडवाणी का समर्थन प्राप्त था जिन्होंने उन्हें तैयार किया था। इसके अलावा, विधिवेत्ता और रणनीतिकार जेटली थे, जो राज्य सभा में पार्टी के नेता थे। उनके मोदी के साथ बहुत अच्छे समीकरण थे क्योंकि उन्होंने गुजरात के मुख्यमंत्री को न्यायपालिका में चल रही लड़ाई में उन्हें बेहद अच्छी कानूनी सलाह दी थीं। वह गुजरात से ही राज्य सभा के सदस्य बने थे।

स्वराज और जेटली एक दूसरे को पसंद नहीं करते थे और उनके 'कैंप' अक्सर एक दूसरे के खिलाफ़ बाहर आने वाली खबरों के लिए परस्पर आरोप प्रत्यारोप लगाते थे। एक बार कर्नाटक में खनन प्रकरण में रेड्डी बंधुओं को दोषी ठहराये जाने के बाद उन्हें 'आर्शीवाद' देते हुए सुषमा स्वराज की तस्वीरें समाचार पत्रों में प्रकाशित हुईं थी। इस संबंध में सुषमा ने हमसे कहा, 'मुझे पता है कि आपको ये तस्वीरें सिर्फ मुझे अपमानित करने के लिए जेटली के कार्यालय से ही मिली हैं।'

सुषमा-जेटली के बीच चल रहे शीत युद्ध को साझा स्थान में 'सहोदर की प्रतिद्वंद्विता' कहना अधिक उचित होगा। स्वराज ने तो एक बार मुझसे कहा भी कि, 'अरे तुम तो अरुण के दोस्त हो, तुम उनके साथ टहलने जाते हो, तुम तो सिर्फ उन्हें ही आगे दिखाओगे।'

हां, जेटली लोदी गार्डन जाने से पहले दिल्ली के सीरी फोर्ट पार्क में हमारे 'मध्यवय' वाकिंग क्लब का हिस्सा थे, लेकिन इसमें कोई संदेह नहीं, कि उन्हें टहलने जितना ही बातें करना भी पसंद हैं। बातूनी और मिलनसार जेटली के पास राजनीति से लेकर क्रिकेट और सामान्य सी गपशप तक की मज़ेदार कहानियों का भंडार है और वह आपको एक दिन में एक से अधिक नाना प्रकार की कहानियां

बता सकते हैं। प्रतिभासंपन्न वकील की तरह ही शानदार मेज़बान भी हैं और अच्छा खाने के शौकीन है। उनकी पार्टियां बड़े दिल वाले पंजाबी आतिथ्य का उदाहरण हैं। हो सकता है कि बहुत अधिक कोलेस्ट्राल होने के कारण मोती महल का बर्रा कबाब उनके फिजीशियन को भाए नहीं। मुझे नहीं लगता कि मैं किसी दूसरे ऐसे राजनीतिक से मिला जिसके राजनीति मित्रों से इतर भी दोस्तों का इतना बड़ा दायरा हो, हालांकि सत्ता के गलियारे में जितने लोग उनके प्रशंसक हैं उतने ही उनसे डरते भी हैं। डरते इसलिए हैं क्योंकि कूटनीति में वह अपनी महत्वाकांक्षा कभी छुपाते नहीं हैं और साथ ही उनकी व्यवहार कुशलता और बहस में हिस्सा लेने के कौशल के कायल भी हैं। यही नहीं, वह पूरी तरह मीडिया के मित्र भी हैं। यदि समाचार पत्रों और चैनलों के बीट संवाददाताओं को अपने पसंदीदा राजनेता का चुनाव करना हो तो जेटली संभवतः सबसे आसानी से जीत जायेंगे।

उत्तर प्रदेश के पूर्व मुख्यमंत्री राजनाथ सिंह भी हैं जो खुद को सभी दलों में अपने मित्रों में आमसहमति बनाने वाले व्यक्ति के रूप में देखते हैं। हिंदी पट्टी के ठाकुर के रूप में उन पर अक्सर अपनी जाति के वफादारों का पक्ष लेने और अपने प्रतिद्वंद्वियों को किनारे लगाने का आरोप लगता रहा है। उनके निजी ज्योतिशी ने संभवतः उनसे कहा था कि 2014 उनके लिए बहुत ही महत्वपूर्ण साल होगा।

लेकिन सारी ताकत के बावजूद दिल्ली स्थित नेतृत्व की तिकड़ी के पास न तो वास्तविक जनसमर्थन था और न ही वह चुनावों में विजय दिला सकी थी। भाजपा एक ऐसे नेता की तलाश में थी जो मतदाताओं को आकर्षित कर सके और 2013 के बसंत के मौसम में मोदी में यह गुण नज़र आ रहा था।

राष्ट्रीय परिषद की बैठक के तीन सप्ताह बाद ही मोदी को भाजपा के संसदीय दल में शामिल कर लिया गया जो पार्टी की निर्णय लेने वाला सबसे बड़ी संस्था थी। संसदीय दल में जगह पाने वाले मोदी भाजपा के इकलौते मुख्यमंत्री थे। इसके कुछ दिन बाद, मैंने राजनाथ सिंह का इंटरव्यू किया और उनसे पूछा कि क्या मोदी ही भाजपा के प्रधानमंत्री पद के उम्मीदवार होंगे? सहजता से बात करने वाले और राजनीतिक कूटनीति में माहिर सिंह ने इसका जवाब नहीं दिया। उन्होंने कहा, 'हम।री पार्टी में अनेक सक्षम नेता हैं। हम एक लोकतांत्रिक पार्टी हैं और संसदीय बोर्ड उचित समय पर नेतृत्व के बारे में निर्णय लेगा।' मैंने फिर पूछा, 'लेकिन क्या यह सही नहीं है कि मोदी आज की तारीख में भाजपा के सबसे लोकप्रिय नेता हैं?' सिंह का जवाब चौकाने वाला था, 'हां, नरेंद्रभाई सबसे लोकप्रिय मुख्यमंत्री हैं। लोगों में उनका जादू तो है।' मुझे जवाब मिल गया था। मोदी

सभी में एक नहीं थे। वह भाजपा के भावी नेता थे। इससे सिर्फ एक व्यक्ति ही असहमत था--यह वही व्यक्ति था जिसे, इत्तेफाक से, गुजरात के मुख्यमंत्री को परामर्श देने वाले के रूप में देखा जाता था। मोदी का कद बढ़ने के साथ ही पार्टी का ही एक वरिष्ठ सदस्य (नेता) खुद को विद्रोह की मुद्रा में तैयार करने लगा था।

मोदी की ज़िंदगी में गोवा का हमेशा ही विशेष स्थान और महत्व रहा है। गोवा ने ही 2002 के दंगों के बाद मोदी के राजनीतिक जीवन को बचाया था और उन्हें जीवन दान मिला था। एक बार फिर जून 2013 में गोवा में ही मोदी को भाजपा की चुनाव प्रचार समिति की बागडोर सौंपी गई थी। यह मोदी को भाजपा के प्रधानमंत्री पद का उम्मीदवार बनाने की दिशा में पहला कदम था। यदि उन्हें 2002 में अपने मुख्यमंत्री पद के लिए संघर्ष करना पड़ा था तो अब 2013 में उन्हें पार्टी को नेतृत्व प्रदान करने के लिए संघर्ष करना पड़ा। दोनों ही अवसर पर संघर्ष का केंद्र भाजपा में वंदनीय वयोवृद्ध और भाजपा को नए सिरे से परिभाषित करने वाले लाल कृष्ण आडवाणी ही थे।

आडवाणी भारतीय राजनीति के सबसे अधिक जटिल चरित्र वाले व्यक्तियों में से एक हैं। मैं पहली बार 1990 में अयोध्या रथ यात्रा के दौरान उनसे मिला था जो उनके राजनीतिक जीवन का लाभकारी लम्हा था। उस समय तक आडवाणी को जन नेता नहीं बल्कि संगठन के आदमी के रूप में ही देखा जाता था। रथ यात्रा से आडवाणी को एक राष्ट्रवादी और कट्टर हिंदुत्व के पक्षधर के रूप में नज़र आए। हालांकि इस तरह से परिचय दिए जाने पर अक्सर वह खुद को असहज पाते थे। ऐसे ही एक इंटरव्यू में उन्होंने मुझसे कहा, 'मुझे समझ में नहीं आता कि क्यों मीडिया चरमपंथी हिंदू के रूप में मेरा ज़िक्र करता है। मुझमें तो उग्रवाद का एक अंश भी नज़र नहीं आता है।' इसके साथ ही उन्होंने अपनी बात की पुष्टि के लिए पत्नी कमला और पुत्री प्रतिभा की ओर देखा। दोनों ने उनके इस कथन से सहमति व्यक्त की।

हो सकता है, आडवाणी विशेषकर 1992 में अयोध्या में बाबरी मस्जिद विध्वंस के बाद बनी अपनी इस छवि का शिकार हो गए हों। हो सकता है कि ये तथ्य उनकी ज़िंदगी का हिस्सा हो गए हों क्योंकि उनकी रथ यात्रा ने जहां हिंदू वोट बैंक एकजुट किया, वही इससे सांप्रदायिक दंगे भी हुए। उस दौर में भारतीय राजनीति के विघटनकारी स्वरूप से ही स्पष्ट हो गया था कि आडवाणी कभी भी प्रधानमंत्री नहीं बन सकेंगे और जब 1996 में भाजपा पहली बार सत्ता

में आयी तो यह सौभाग्य वाजपेयी को मिला। वाजपेयी को नेहरू युग के नेता के रूप में देखा जाता था जबकि आडवाणी पर हिंदुत्व के पैरोकर का ठप्पा लग चुका था।

इसके बावजूद, कराची में जन्मे जेसूट स्कूल से शिक्षित अंग्रेज़ी बोलने वाला यह नेता, जो नायपॉल के उपन्यास को उतना ही पसंद करता है जितना कि हिंदी फिल्म देखना, हमेशा ही खुद को नए सिरे से खोजने में व्यस्त रहता है। आडवाणी 2005 में पाकिस्तान गए और वहां उन्होंने जिन्ना को 'धर्मनिरपेक्ष' व्यक्ति और 'हिंदू-मुस्लिम एकता के दूत' के रूप में परिभाषित किया। आडवाणी इस टिप्पणी ने संघ परिवार के भीतर ही एक विवाद को जन्म दे दिया क्योंकि उसके लिए पाकिस्तान के संस्थापक नफरत के प्रतीक थे। अंततः आडवाणी को भाजपा के अध्यक्ष पद से ही त्यागपत्र देना पड़ा। यह ठीक उसी तरह था कि जैसे आरएसएस में उनकी जड़ें उन्हें अतीत से नाता तोड़ने नही देंगी।

यह संघ परिवार में आडवाणी का एक तरह से वैचारिक प्रशिक्षण ही था जो मोदी के साथ उनके रिश्ते को परिभाषित करता था। संगठन के एक निष्ठावान व्यक्ति के रूप में आडवाणी को 1980 के दशक में गुजरात के युवा प्रचारक में वही कौशल नज़र आया था और उन्होंने उसे पार्टी में सबसे पहले महत्वपूर्ण मौका प्रदान किया था। आडवाणी हमेशा ही युवकों को सलाह देने में विश्वास करते थे और भाजपा की पूरी पीढ़ी को ही उन्होंने अपने संरक्षण में तैयार किया था। मोदी भी इन्हीं में से थे। मोदी की क्षमताओं में आडवाणी के इसी भरोसे ने 2002 के गुजरात दंगों के बाद भी उन्हें राज्य का मुख्यमंत्री बनाए रखने पर ज़ोर दिया था जबकि वाजपेयी ने उन्हें हटाने का निश्चय कर लिया था। भाजपा के एक वरिष्ठ नेता ने इसकी पुष्टि करते हुए कहा, 'यह स्पष्ट जान लेना चाहिए, यदि आडवाणी नहीं होते तो 2002 में गोवा की राष्ट्रीय कार्यकारिणी की बैठक में मोदी का मुख्यमंत्री पद चला गया होता। सिर्फ आडवाणी ही थे जो वाजपेयी का मन बदलने में कामयाब हो सके थे।'

अब, 2013 में भाजपा की राष्ट्रीय कार्यकारिणी की बैठक पणजी के मीरामार बीच पर स्थित उसी मैरिएट होटल हो रही थी। इस बार सिर्फ यही अंतर था कि पार्टी मोदी को 2014 के चुनाव के लिए मोदी को प्रचार अभियान समिति का अध्यक्ष घोषित करने की तैयारी कर रही थी। आडवाणी के समर्थकों का दावा था कि उन्हें कार्यकारिणी की बैठक शुरू होने से चौबीस घंटे पहले ही इस योजना की जानकारी दी गई थी। यही वह मौका था जब आडवाणी ने खराब स्वास्थ्य के आधार पर बैठक का बहिष्कार करने का फैसला किया और इससे लगभग

टकराव जैसे हालात पैदा हो गए। आडवाणी के निकटवर्ती एक सूत्र ने दावा किया, 'यह मोदी के साथ कोई निजी लड़ाई नहीं थी। आडवाणी जी सिर्फ इस बात से आहत थे कि भाजपा के वरिष्ठतम नेता होने के बावजूद उन्हें इतना बड़ा निर्णय लेने से पहले उचित तरीके से सूचित नहीं किया गया।'

लेकिन आडवाणी की इस प्रतिक्रिया का जनता में अन्यथा संदेश गया। गोवा में मोदी की औपचारिक रूप से घोषणा के एक दिन बाद आडवाणी ने पार्टी के सभी पदों से अपने इस्तीफे की घोषणा कर दी और राजनाथ सिंह को तीन पैरे का एक पत्र लिखकर दावा किया कि पाटी श्यामा प्रसाद मुखर्जी, दीनदयाल उपाध्याय, नानाजी देशमुख और वाजपेयी के सिद्धांतों से भटक गई है। पत्र में लिखा गया था, 'पिछले कुछ समय से मैं पार्टी की मौजूदा कार्यशैली या जिस दिशा में वह जा रही है, उसके साथ सामंजस्य स्थापित करने में कठिनाई महसूस कर रहा हूं...हमारे अधिकांश नेता अब अपने निजी एजेंडे में व्यस्त हैं।' पत्र में हालांकि मोदी का कोई ज़िक्र नहीं था, लेकिन इससे स्पष्ट था कि आडवाणी के आक्रोश का निशाना कौन था।

इस पत्र ने, जिसे लगभग उसी समय मीडिया को लीक किया गया था, भाजपा को उस समय शर्मसार किया जब वह 2014 के चुनाव प्रचार की अपनी रणनीति की घोषणा करने जा रही थी। इसने पार्टी के भीतर गुटबाज़ी को भी हवा दी। सुषमा स्वराज सहित कुछ लोगों का एक छोटा समूह आडवाणी का साथ देने के लिए तैयार नज़र आ रहा था। गोवा बैठक में सुषमा ने सुझाव दिया कि आडवाणी जी की अनुपस्थिति के कारण मोदी को प्रचार अभियान समिति का अध्यक्ष बनाने संबंधी घोषणा को टाल दिया जाये। उनके इस सुझाव को अस्वीकार कर दिया गया। सुषमा स्वराज हमेशा ही मोदी को एक अधिकारवादी व्यक्ति के रूप में देखती थीं जबकि आडवाणी के साथ उनका विशेष लगाव था। वह यह भी जानती थीं कि उनके चिरपरिचित प्रतिद्वंद्वी जेटली मोदी के नज़दीकी हैं और वह इस बात से चिंतित रहती थीं कि ये दोनों उन्हें किनारे लगाने की योजना बनाते हैं। वरिष्ठ नेता जसवंत सिंह ने, जो पहले ही पार्टी में अलग थलग हो गए थे, भी कार्यकारिणी से दूर रहने का फैसला किया था। लेकिन कुछ वरिष्ठ नेताओं के अलावा पार्टी का बहुमत पूरी तरह मोदी के साथ था।

इस घटनाक्रम से चिंतित राजनाथ सिंह ने नागपुर में आरएसएस के प्रमुख नेताओं से परामर्श किया जिन्होंने उन्हें मोदी के बारे में अपने मूल निर्णय पर ही डटे रहने की सलाह दी। लेकिन संघ का नेतृत्व यह भी चाहता था कि वह आडवाणी के साथ गतिरोध खत्म करें। गडकरी, जिन पर आरएसएस को पूरा

भरोसा था, को यह काम सौंपा गया। नागपुर स्थित एक नेता इस दौरान आडवाणी और राजनाथ सिंह के निवास के बीच चक्कर लगाते रहे। बाद में उन्होंने मज़ाक में कहा, 'इस प्रक्रिया के दौरान मेरा कुछ किलो वज़न तो कम ही हो गया था। मोदी ने भी आडवाणी से संपर्क किया और कहा कि वह हमेशा ही उनके 'मार्गदर्शक' रहे हैं। जेटली ने आडवाणी से दो घंटे की मुलाकात की और उनसे कहा कि वह आधुनिक भाजपा के निर्माता रहे हैं लेकिन अब एक असंतुष्ट नेता के रूप में उनकी छवि को नुकसान पहुंच रहा है। अड़तालीस घंटे के पारिवारिक कार्यक्रम जैसे इस राजनीतिक ड्रामे के बाद आडवाणी के पास अपना इस्तीफा वापस लेने के अलावा अधिक विकल्प नहीं बचे थे।

अतः सवाल उठता है कि 85 वर्षीय आडवाणी आखिर मोदी के रास्ते में बाधा क्यों डालना चाहते थे? आलोचकों की राय थी कि पार्टी का यह वयोवृद्ध नेता अपनी निजी महत्वाकांक्षा से प्रभावित था और विशेषकर उनका परिवार चाहता था कि वह प्रधानमंत्री पद के दावेदार बने रहें। भाजपा के एक टीकाकार के अनुसार, 'आडवाणी अभी तक 2009 की निराशा से उबर नहीं पाए थे और वह यह स्वीकार करने के लिए तैयार नहीं थे कि पार्टी अब मोदी के रूप में नए नेतृत्व की ओर बढ़ चुकी है। आडवाणी के पूर्व राजनीतिक सहयोगी सुधीन्द्र कुलकर्णी ने जब टेलीविज़न पर मोदी को 'तानाशाह' कहा तो इससे इस बात की पुष्टि होने लगी कि आडवाणी कैंप सारा खेल खराब करने में जुटा हुआ है। हालांकि, कुलकर्णी ने आडवाणी के त्यागपत्र का मसौदा तैयार करने से इंकार किया था।

आडवाणी समर्थकों का कहना था कि उनका कदम सिर्फ इस चिंता से प्रेरित था कि अब पार्टी एक व्यक्ति की बनने जा रही है। आडवाणी के एक वफादार का कहना था, 'आडवाणी जी ने गुजरात में मोदी की कार्यशैली देखी थी और वह इसी बात को लेकर चिंतित थे कि इसी तरह के एकतरफा निर्णय लेने की कार्यशैली यहां भी लाएंगे जो भाजपा संस्कृति का हिस्सा नहीं है।' आडवाणी ने भाजपा नेताओं से, जिन्होंने उनसे मुलाकात की थी, कहा था कि वह पूरी तरह आश्वस्त हैं कि यदि मोदी चुनाव अभियान का मुखिया बने तो इससे हिंदू और मुसलमानों का ध्रुवीकरण होगा और इस प्रक्रिया में सुशासन और संप्रग सरकार के कुशासन का मुद्दा पीछे रह जाएगा। उन्होंने आगाह किया था, 'हमे सहयोगी नहीं मिलेंगे और हम एक बार फिर 1996 की तरह 180 सीटों तक ही रह जाएंगे।'

सच्चाई तो यह है कि आडवाणी 2009 में उनके नेतृत्व में मिली हार को भी कभी स्वीकार नहीं कर सके थे। ऐसी खबरें भी थीं (इससे इंकार भी किया गया) वह ज्योतिषी से इस बारे में सलाह लेंगे कि मनमोहन सिंह सरकार कब

गिरेगी। वह तो ऐसा लगता था कि अंतिम कीर्ति मिलने से वंचित रहने के लिए मुझे ही दोषी मानते थे, जो हमारी राजनीति के स्याह पहलू को दर्शाता है।

संसद में 2008 में परमाणु सौदे पर मतदान के दौरान ही वोट के बदले नोट प्रकरण का पर्दाफाश हुआ था। उस समय इस तरह की अटकलों का बाज़ार गरम था कि दोनों ही पक्ष सांसदों को अपनी ओर करने के लिए रिश्वत देने की पेशकश कर रहे थे लेकिन हमें इसका कोई सबूत नहीं दे रहा था। कम्युनिस्ट नेता ए. बी. बर्द्धन ने तो यहां तक दावा किया था कि प्रत्येक सांसद को उसके वोट के लिए 25 करोड़ रुपए की पेशकश की जा रही है। हमारे खोजी संवाददाता सिद्धार्थ गौतम लगातार और अधिक विवरण प्राप्त करने का प्रयास कर रहे थे लेकिन उन्हें इसमें कोई विशेष सफलता नहीं मिल सकी थी। मैं संसद भवन के केंद्रीय कक्ष में बैठा परमाणु समझौते पर चल रही बहस सुन रहा था तभी जेटली हमारे पास आए। भाजपा नेता ने दावा किया कि उसके कुछ सांसदों से पाला बदलने के लिए सरकार ने संपर्क साधा है। उन्होंने कहा, 'हम एक स्टिंग ऑपरेशन से इसे बेनकाब करने की तैयारी कर रहे हैं।' उन्होंने हमारे कैमरों को सांसदों की 'खरीद' देखने के लिए सहमति दी थी।

उसी दिन शाम को हमें जेटली ने फोन किया और हमने समूचे स्टिंग ऑपरेशन का संचालन कर रहे सुधींद्र कुलकर्णी से मिलने के लिए सिद्धार्थ और एक प्रोडक्शन यूनिट को भेज दिया। सफेद बालों वाले पूर्व पत्रकार कुलकर्णी वाजपेयी के प्रधानमंत्री कार्यालय में काम कर चुके थे। वह अब आडवाणी के वफादारों में शामिल थे जो अपने नेता को प्रधानमंत्री बनने की इच्छा रखते थे। कुलकर्णी ने ही जिन्ना को श्रद्धांजलि अर्पित करने में अहम भूमिका निभाई थी। अब, वह उम्मीद कर रहे थे कि यह स्टिंग ऑपरेशन मनमोहन सिंह सरकार को गिराने में मददगार होगा। कुलकर्णी के साथ भाजपा के तीन सांसद अशोक अर्गल, फग्गन कुलस्ते और महावीर भगोरा थे जो 'व्हिसिल ब्लोअर्स' बनने के लिए तैयार हुए थे। उस दिन तक हमारे साथियों में से कोई भी इन सांसदों से पहले न तो मिला था और न ही उनके बारे में सुना था।

इस स्टिंग ऑपरेशन से जुड़ा एक अन्य व्यक्ति बहुत ही रहस्यमय किस्म का था और उसका नाम था--सुहेल हिंदुस्तानी। हमारी रिपोर्टिंग टीम को सुहेल हिंदुस्तानी नाम के इस व्यक्ति के बारे में कोई जानकारी नहीं थी। टी-शर्ट पहने यह व्यक्ति कुल मिलाकर एक बिचौलए जैसा नज़र आ रहा था जो सत्तासीन व्यक्तियों के साथ अपने कथित संबंधों की डींग मारता था। यह हिंदुस्तानी ही था जो धन के वास्तविक लेन-देन की व्यवस्था कर रहा था।

हमारी रिपोर्टिंग टीम को सबसे पहले होटल मेरीडियन ले जाया गया जहां हमें बताया गया कि अहमद पटेल सहित कांग्रेस के नेता इस मामले में सांसदों को पटाते मिलेंगे। लेकिन जब खुफिया कैमरे लगे ये सांसद होटल पहुंचे तो वे किसी से भी नहीं मिले। हमारे पास सिर्फ होटल की लाबी में आ-जा रहे कुछ लोगों के ही शॉट्स थे। ऐसा लगता है कि कहीं कुछ गड़बड़ हो गई थी। कुलकर्णी बहुत ही नाराज़ थे। उन्होंने हिंदुस्तानी से पूछा, 'कहां हैं वे कांग्रेसी नेता जिनके बारे में तुमने हमसे वायदा किया था।'

इस स्थिति से परेशान हिंदुस्तानी बदहवास होकर और अधिक टेलीफोन करने लगे और लगभग वह भाजपा सांसदों के बिक्री के लिए उपलब्ध होने की पेशकश करने लगे। देर रात आखिर उन्हें इसमें सफलता मिली। समाजवादी पार्टी के सांसद रेवती रमण सिंह रात में भाजपा सांसदों के घर पहुंचे। हमारी टीम ने गोपनीय तरीके से दोनों पक्षों के बीच पैसे के लेनदेन को लेकर हुई बातचीत की फिल्म तैयार की। रेवती रमण सिंह ने भाजपा सांसदों से कहा कि इस सौदे को अंतिम रूप देने के लिए अगली सुबह उनके 'नेता' के घर मिलें। अनुमान यही था कि यह अमर सिंह के बारे में कहा गया था। वे अगले दिन काले शीशे वाली ज़ेन कार में अमर सिंह के घर गए लेकिन उन्होंने सबसे महत्वपूर्ण गोपनीय कैमरा और गुप्त कैमरा ले जाने से इंकार कर दिया। इनमें से एक सांसद ने कहा, 'हम पकड़े जाने का कोई जोखिम नहीं लेना चाहते। अमर सिंह एक खतरनाक व्यक्ति हैं।' हालांकि हमने अमर सिंह के घर में जाते हुए कार की फिल्म तैयार की थी।

लेकिन अमर सिंह के घर हुई मुलाकात के एक घंटे बाद हमें एक बड़ी सफलता मिली। हमारे कैमरे में संजीव सक्सेना नाम के एक व्यक्ति कैद था, जो अमर सिंह का सहायक था, नोटों से भरे बड़े बैग लेकर इन सांसदों से उनके घर पर मिला। इस घटनाक्रम से कुलकर्णी बहुत गदगद थे। कुलकर्णी ने हमारी टीम को गले लगाते हुए और उन्हें बधाई देते हुए कहा, 'हमने अब इन्हें बेनकाब कर दिया है, स्टिंग तैयार हो गया है।' रुपया टेबल पर पड़ा हुआ था।

स्टिंग ऑपरेशन के टेप दोपहर में हमारे आफिस पहुंचे। इन्हें देखते हुए मुझे पता था कि यह बेहद विस्फोटक सामग्री है। मेरे भीतर का पत्रकार बेहद उत्साहित था। मेरी तात्कालिक प्रतिक्रिया थी, 'यह खबर निश्चित ही ज़ोरदार धमाका करेगी।' हालांकि मेरे सारे वरिष्ठ सहयोगी इससे सहमत नहीं थे। 'यह भाजपा प्रायोजित स्टिंग ऑपरेशन था, इसे प्रसारित करने से पहले हमें कुछ और तथ्यों की पुष्टि करने की आवश्यकता थी।' इसे कहीं अधिक एक और सुविचारित

दृष्टिकोण यह था कि ये टेप अपने आप में इसे पुख्ता खोजी खबर नहीं बनाते और इसमें शामिल 'साक्ष्य' की और जांच पड़ताल की आवश्यकता है। इस तरह के तर्कों से मैं भी सहमत हो गया। सबसे अधिक ध्यान रखने वाली बात यह है कि आम धारणा के विपरीत हमारे पास अमर सिंह या कांग्रेसी नेता द्वारा पैसा देने की पेशकश करने के बारे में कोई आडियो या वीडियो नहीं था।

इसकी संवेदनशीलता और इसके नाटकीय स्वरूप को देखते हुए हमने अपने वकील से सलाह लेने का फैसला किया। मैं पूर्व सालिसीटर जनरल हरीश साल्वे से बात की तो उन्होंने संयम बरतने की सलाह दी। उनकी दक्षतापूर्ण सलाह थी, 'ये टेप कानूनी जांच पड़ताल के समक्ष टिक नहीं पाएंगे। और इसे गैरकानूनी तरीके से फांसने के रूप में भी माना जा सकता है।' संपादकीय बैठक में लंबी मंत्रणा के बाद हमने अपनी आगे की जांच पूरी होने तक इसका प्रसारण नहीं करने का निश्चय किया।

इस समय तक अपराह्न के चार बज चुके थे। इस स्टिंग को अंजाम देने वाले भाजपा के नेता अधीर हो रहे थे। वे चाहते थे कि इन टेप का तत्काल प्रसारण किया जाए क्योंकि उस समय सदन में मतदान होना था। हमने कहा कि एक सही और भरोसेमंद जांच का मतलब सारे तथ्यों की एक बार फिर से जांच करके पुष्टि करना है क्योंकि इसमें ऐसे बिचौलिए शामिल थे जिनकी विश्वसनीयता संदिग्ध थी। मैंने भाजपा के मध्यस्थ को भरोसा दिलाया, 'हमें कुछ दिन का मौका दीजिए, हम सारी चीज़ों को एक साथ पेश कर देंगे।'

जेटली के भीतर का वकील हमारी परेशानी को समझ रहा था लेकिन दूसरे इसे समझने के लिए तैयार नहीं थे। भाजपा परमाणु समझौते पर मतदान रोकने के लिए प्रतिबद्ध थी। इन सांसदों को शुरुआती रकम सौंपे जाने की घटना को कैद किए जाने के कुछ घंटे बाद ही शाम को करीब पांच बजे भाजपा सांसद संसद भवन में पहुंच गए और उन्होंने लोकसभा में नोटों की गड्डियां लहराना शुरू कर दिया। इस एक कृत्य की वजह से भाजपा ने हमारे सामने इस जांच को बीच में ही छोड़ने के अलावा कोई अन्य विकल्प नहीं छोड़ा। इस सारे मामले के मुख्य पात्र संजीव सक्सेना को हमने संपर्क करने का बहुत प्रयास किया लेकिन उसकी कहीं कोई खबर नहीं थी। मैं संसद भवन गया और लोकसभा अध्यक्ष सोमनाथ चटर्जी से मुलाकात कर उन्हें स्टिंग ऑपरेशन के टेप की एक प्रति सौंपी। उन्होंने मुझसे कहा, 'आपने एकदम सही काम किया है। अब इस मामले में दिल्ली पुलिस को आगे जांच करनी होगी।'

तीन सप्ताह बाद, हमने नोट के बदले वोट प्रकरण में संसदीय समिति

के समक्ष पेश होकर गवाही थी और सारे टेप उसे सौंप दिए। यहां यह महत्वपूर्ण है कि जिस दिन हमारी गवाही हुई हमने उसी दिन रात में तीन घंटे के लंबे कार्यक्रम में इन टेपों की बगैर किसी संपादन के प्रसारण किया। हमनें पुलिस की जांच में भी पूरी तरह सहयोग किया लेकिन सब गुड़गोबर किया (उदाहरण के लिए पुलिस ने कभी भी इस ऑपरेशन से जुड़े सांसदों की टेलीफोन की बातचीत का विवरण प्राप्त नहीं किया जिन्हें बाद में *तहलका* पत्रिका ने हासिल किया।) लेकिन यहां महत्वपूर्ण तथ्य है कि इसमें छिपाने जैसा कोई प्रयास नहीं था। हमने जो कुछ भी किया उसे जनता के सामने रख दिया। हमने इस स्टिंग ऑपरेशन की एक भी फुटेज किसी भी अधिकारी से छिपाई नहीं। हमारी खोजी टीम के मुख्य प्रोड्यूसर रोहित खन्ना इसकी पुष्टि कर सकते हैं।

आडवाणी और कुलकर्णी अभी भी गुस्से से भरे हुए थे क्योंकि उन्हें यही लग रहा था कि हमने सरकारी दबाव के कारण इन टेपों को रोक लिया। भाजपा ने तो कुछ दिन तक हमारे चैनल का बहिष्कार भी दिया। मैंने आडवाणी को इस संबंध में सफाई देने का भी प्रयास किया लेकिन मैं जानता था कि इसमें सफलता नहीं मिलेगी। कुलकर्णी ने चीखते हुए कहा, 'आपने कांग्रेस के दबाव में हमें नीचा दिखाया है। आपने हमारे साथ विश्वासघात किया है।'

सच्चाई तो यह है कि इस स्टिंग ऑपरेशन को नहीं दिखाने के लिए हमारे ऊपर बाहर से न्यूनतम दबाव था। इस घटनाक्रम से चिंतित प्रधानमंत्री कार्यालय में राज्य मंत्री कांग्रेस के नेता पृथ्वीराज चव्हाण ने सिर्फ यह पता लगाने के लिए फोन किया था कि इस टेप में कहीं कोई कांग्रेसी तो नहीं है और हमने इसके लिए भाजपा से 'डील' क्यों की। अहमद पटेल सरीखे दूसरे लोग, जो संसद में मतदान के दौरान सरकार के लिए आवश्यक संख्या का प्रबंध करने में व्यस्त थे, इस तथ्य से राहत की सांस ले रहे थे कि किसी भी टेप में वे नहीं थे। उन्होंने दावा किया, 'ये भाजपा वाले मुझे फंसाना चाहते थे।' इनमें से किसी ने भी मुझे किसी भी रूप में धमकी नहीं दी थी।

इस सारे प्रकरण में सिर्फ एक ही व्यक्ति परेशान था और वह थे अमर सिंह। उन्होंने मुझसे कहा, 'तुम मेरा राजनीतिक जीवन बर्बाद करने की साजिश का हिस्सा थे।' जिस रात हमने स्टिंग ऑपरेशन का प्रसारण किया, उन्होंने हमें फोन करके चेतावनी दी, 'मेरे साथ ऐसा करने के लिए मैं आपसे और अरुण जेटली से निबट लूंगा।' सालों बाद, एक पुस्तक के लोकार्पण समारोह में उन्होंने मुझ पर आरोप लगाया कि एक पत्रकार के रूप में तुमने मुझसे जेल भिजवाया। उन्होंने गुस्से में कहा, 'मैं तुम्हें कभी माफ नहीं करूंगा।' मेरी बहुत ही विचित्र

स्थिति हो रही थी क्योंकि इससे जुड़ा हर व्यक्ति हमारी निंदा कर रहा था। भाजपा ने मुझ पर सरकार को बचाने का आरोप लगाया। सरकार का आरोप था कि हम भाजपा से मिले हुए थे और अमर सिंह का मानना था कि मैंने ही उन्हें जेल भिजवाया।

अब सवाल यह उठ रहा था कि क्या नोट के बदले वोट मामले के स्टिंग में हमसे कहीं बहुत बड़ी गलती हो गई? क्या हमें पत्रकारिता के मानदंडों के अनुरूप तथ्यों की पुष्टि के बगैर ही स्टिंग ऑपरेशन का प्रसारण करना चाहिए था? इन सवालों का जवाब देना है। हो सकता है कि मुझे अपने पहले के मूल विचार पर चलना चाहिए था जो बहुत साधारण था कि हमारे पास टेप में जो है उसका प्रसारण किया जाए और कहा जाए कि इससे संबंधित दूसरे मुद्दों को बाद में देखा जायेगा। हमारे पास इस कहानी में कई खामियां थीं जिनकी बहुत ही सावधानी से पुष्टि करने की ज़रूरत थी लेकिन इसके बावजूद अमर सिंह के खिलाफ़ ठोस परिस्थितिजन्य साक्ष्य थे।

हालांकि, पत्रकारिता का यह सिद्धांत हैं कि जितनी बड़ी खबर हो, उसके साथ उतनी ही अधिक सावधानी बरतने की ज़रूरत है। एक अधूरी जांच वाली खबर को प्रसारित करने के मामले में 'प्रकाशित करो और फिर निंदा का सामना करो' के नियम की इजाज़त नहीं दी जा सकती है। मैं स्टिंग ऑपरेशन की पत्रकारिता का समर्थक नहीं हूं। मेरा मानना है कि स्टिंग उसी स्थिति में किया जाना चाहिए जब छिपे हुए कैमरों की मदद से ऐसा करना जनहित में बहुत अधिक ज़रूरी हो। नोट के बदले वोट प्रकरण इस पैमाने पर पूरी तरह खरा उतर रहा था। मुझे इस बात पर गर्व है कि हम भारतीय राजनीति के उस घटिया पक्ष को उजागर करने में सफल रहे और अदालत ने भी हमारी भूमिका की सराहना की। इस स्टिंग में शामिल भाजपा के नेताओं और हमारी रिपोर्टिंग टीम के बीच समुचित सुरक्षा दीवार नहीं बनाए रखना मेरी सबसे बड़ी गलती थी। हमने जानबूझ कर सत्ता पाने की एक राजनीतिक दल की हवस के लिए खुद का इस्तेमाल होने दिया।

एक यह भी तथ्य है कि किसी भी संवेदनशील खबर के प्रसारण के बारे में फैसला करना पुख्ता कानूनी और पत्रकारिता के मानदंडों के आधार पर संपादकीय विशेषाधिकार पर निर्भर करता है। कोई भी राजनीतिक दल इसके प्रसारण के समय का फैसला नहीं कर सकता है। ज़रूरी नहीं है कि राजनीतिक समय और पत्रकारिता की समय सीमा एक ही हो, वैसे भी ऐसा नहीं होना चाहिए। मुझे पता है कि इस स्टिंग ऑपरेशन ने भाजपा समर्थकों में मेरी विश्वसनीयता को

नुकसान पहुंचाया है और इसके लिए लगातार मिथ्या और अभद्र शब्दों के सहारे मुझे बदनाम करने का सतत अभियान चलाया गया। यह बहुत ही तकलीफदेह था। मुझ पर सरकार और अमर सिंह सरीखों से पैसा लेने का भी आरोप लगाया गया। दिल्ली एक क्रूर शहर भी हो सकता है। आपके तथाकथित दोस्त भी आपको नीचा दिखाने का मौका ढूंढ़ते रहते हैं। नोट के बदले वोट प्रकरण ने मुझे विचलित और भयभीत कर दिया था। मैंने महसूस किया कि गरम राजनीतिक माहौल में पत्रकारों के लिए किसी भी प्रकार की संदिग्ध गतिविधियों में, जिनमें बहुत कुछ राजनीतिक दांव पर लगा हो, पड़ने की बजाए उससे दूर ही रहना बेहतर है।

मैंने आत्मचिंतन किया, आडवाणी को लगता था कि सरकार गिराने का उनका अवसर आया और चला गया। एक बार फिर प्रधानमंत्री बनने की महत्वाकांक्षा विफल हो गई, और इस बार ऐसा उनके अपनों ने ही किया। इसके बावजूद यह कहना कि आडवाणी की विद्रोही मुद्रा सिर्फ मोदी के प्रति ईर्ष्या की वजह थी तो यह उस नेता के प्रति अनुचित ही होगा जिसने अपना पूरा जीवन पार्टी को समर्पित कर दिया। हां, वह अभी भी महसूस करते थे कि वह प्रधानमंत्री पद के योग्य थे लेकिन आडवाणी स्वभाव से ही लोकतंत्रवादी थे और जिन्होंने 1975 में आपातस्थिति लागू किए जाने का पुरजोर विरोध किया था। बहुत संभव है कि उन्हें मोदी के आचरण में अधिकारवादी स्वरूप नज़र आ रहा हो और वह इसके नकारात्मक नतीजों की ओर पार्टी को आगाह करने का प्रयास कर रहे हों।

अब ऐसा लगता था कि जिस पार्टी को जीवन भर उन्होंने बहुत ही प्रेम और लगन से आगे बढ़ाया, आज उसके पास इस वयोवृद्ध नेता की सलाह लेने या उनके नखरे उठाने का समय नहीं था। नए नेतृत्व का प्रतिनिधित्व करने वाली मोदी-राजनाथ-जेटली की तिकड़ी किसी भी तरह से झुकने के लिए तैयार नहीं थी। यहां तक कि आरएसएस, जो पहले आडवाणी के साथ नज़र आता था, ने भी दीवार पर उभर रही इबारत को समझ लिया था।

राष्ट्रीय स्वंयसेवक संघ को अक्सर संविधानेतर प्राधिकार के रूप में व्याख्यायित किया जाता रहा है जो संघ परिवार की शीर्ष संस्था है। आरएसएस का दावा है कि वह एक अराजनैतिक संगठन है और सिर्फ भाजपा को सैद्धांतिक रूप से निर्देशित करने का ही काम करता है। आरएसएस और भाजपा के रिश्ते कहीं अधिक गूढ़ हैं। दोनों सांस्कृतिक राष्ट्रवाद की परिकल्पना के संदर्भ में एकदूसरे से पूरी तरह जुड़े हुए हैं और इनका कैडर तथा नेतृत्व परस्पर सहयोग से काम करता है। आरएसएस और भाजपा (या जनसंघ के रूप में इसके पहले अवतार)

की दोहरी सदस्यता ने 1970 के दशक में बनी गैर कांग्रेसी जनता पार्टी सरकार के पतन में भी योगदान किया था। आरएसएस भले ही भाजपा का दैनिक रिमोट कंट्रोल नहीं हो, जैसा कुछ आलोचक कहते हैं, लेकिन यह ऐसा समाजसेवी संगठन भी नहीं है जो पूरी तरह से समाज कल्याण के कार्यों के प्रति समर्पित है। कुल मिलाकर 'भगवा परिवार' में इसकी भूमिका पितामह की है जिसके पास आंतरिक विवादों को सुलझाने के लिए वीटो का अधिकार है। 2014 के चुनावों की भूमिका की तैयारी में, आरएसएस ने अपना निर्णय किया--नरेंद्र मोदी ही भाजपा के प्रधानमंत्री पद के उम्मीदवार होंगे।

'मोदी को प्रधानमंत्री' बनाने के अभियान की शुरुआत 2009 में मिली पराजय के बाद आरएसएस की भागीदारी के साथ हो गई थी। यदि 2004 के चुनाव के नतीजों में आकस्मिक तत्वों ने संघ परिवार को चकित कर दिया था तो 2009 के नतीजों ने इसी तथ्य ने उसे मायूस किया था। भाजपा तो ऐसा लगता था कि पतन की ओर बढ़ रही थी। उसके कार्यकर्ता हताश थे और नेतृत्व कमज़ोर तथा गुटों में बंटा हुआ था। आरएसएस भी कैडर के सिमटने की समस्या से जूझ रहा था और उसके सामने पीढ़ीगत संकट मुंह बाए था और ऐसी स्थिति में एक मिसाल देने वाले परिवर्तन की आवश्यकता थी। यह वह समय था जब राष्ट्रीय स्वयंसेवक संघ के सरसंघ चालक मोहन राव भागवत ने हस्तक्षेप करने का निर्णय किया।

मोहन भागवत, अपने कई पूर्ववर्तियों की तरह मराठी ब्राह्मण थे और वह तीसरी पीढ़ी के आरएसएस नेता थे। सफेद बड़ी मूंछें और पहलवान जैसे बलिष्ठ शरीर के धनी मोहन भागवत (वह पहले आरएसएस के शारीरिक प्रशिक्षण प्रकोष्ठ के मुखिया थे) ऐसे नेता नहीं थे जो अनुशासनहीनता बर्दाश्त करते। वह 59 वर्ष की उम्र में आम चुनावों से तीन महीने पहले ही मार्च 2009 में आरएसएस के सरसंघ चालक बने थे। भाजपा दिशाहीन थी और भागवत उसे सही रास्ते पर लाने के लिए प्रतिद्ध थे। आरएसएस-भाजपा की बैठक में शामिल होने वाले भाजपा के एक नेता के अनुसार, 'वह क्रोधित और परेशान थे। उन्होंने हमने कहा कि या तो हमें बदलना होगा और नहीं तो हमारे लिए सब कुछ खत्म है। यह अभी नहीं तो कभी नहीं की स्थिति है।'

सरसंघ चालक की ज़िम्मेदारी संभालने के बाद उनका पहला महत्वपूर्ण काम भाजपा के लिए नए अध्यक्ष की खोज करना था। भागवत पार्टी में गुटबाज़ी खत्म करने के लिए दिल्ली के बाहर के किसी व्यक्ति को अध्यक्ष बनाना चाहते थे। उनकी पहली पसंद मोदी थे लेकिन मोदी 2012 के गुजरात विधान सभा चुनावों

पर ध्यान केंद्रित करना चाहते थे। उन्होंने मनोहर पर्रिकर के नाम पर भी विचार किया लेकिन वह भी फिलहाल गोवा में रहना चाहते थे। अंत में गडकरी पर निगाहें टिकीं जो नागपुर के स्थानीय स्वयंसेवक थे जहां आरएसएस का मुख्यालय है। गडकरी के भागवत से बहुत अच्छे रिश्ते थे और कई बार तो वे एक साथ भोजन करते थे। उन्हें स्पष्ट निर्देश था कि पार्टी को एकजुट और अनुशासित करना है। स्वभाव से बातूनी और खर्चीले गडकरी ने प्रयास किए लेकिन उत्तर भारत पर नियंत्रित करने के प्रयासों में विफल रहे कई दूसरे मराठा नेताओं की तरह ही उन्हें भी इसमें सफलता नहीं मिली। उनके कारोबार की गतिविधियां भी जांच के दायरे में आ गईं। पार्टी में उनके आलोचक कहते थे कि वह पहले कारोबारी हैं और बाद में राजनीतिक व्यक्ति हैं। हंसमुख स्वभाव के गडकरी बहुत ही दिलचस्प स्वयंसेवक और कारोबारी हैं। वह आपको दोपहर के भोजन पर आमंत्रित करेंगे और फिर कहेंगे कि वह तो संतुलित आहार लेते हैं लेकिन बाद में लगभग सारा भोजन खत्म करते नज़र आएंगे। उनके पास बोलने के लिए बहुत कुछ होता है बशर्ते इसे सुनने वाला होना चाहिए। वह एक ऐसे व्यक्ति हैं जो मुस्कुराते हुए भी अभद्र भाषा का इस्तेमाल कर सकते हैं।

भाजपा जब 2012 के उत्तर प्रदेश विधान सभा चुनाव में बुरी तरह हारी तो भागवत जानते थे कि पार्टी को पुनर्जीवित करने का समय निकला जा रहा है। वह ऐसे व्यक्ति को चाहते थे जो पार्टी में नई चेतना और ऊर्जा का तेज़ी से संचार कर दे। मोदी ने जब उसी साल गुजरात में हैटट्रिक लगाई तो भागवत को यह भरोसा हो गया कि एक ताकतवर नेता की तलाश का काम पूरा हो गया है।

भागवत हमेशा से ही मोदी की कार्यशैली के प्रशंसक नहीं थे। 2006 में भाजपा के शुभचिंतकों ने आरएसएस नेता से मिले थे और मोदी का सही तरह से इस्तेमाल नहीं करने पर उन्होंने चिंता व्यक्त की थी। भागवत ने उनकी बातों को ध्यान से सुना था और फिर उन्होंने अपनी आशंकाओं को व्यक्त किया था। उनकी टिप्पणी थी, 'मोदी के साथ समस्या यह है कि वह हर समय तर्क करते हैं और आप बहस में उनसे जीत नहीं सकते। इसके अलावा, एक बार वह राष्ट्रीय नेता बन जाएंगे तो वह बाद में सरसंघचालक बनना चाहेंगे।'

यह तो उस समय की बात थी। अब स्थिति एकदम भिन्न थी। भाजपा संकट में थी, मोदी ऐसे नेता थे जिसे पार्टी की ज़रूरत थी। नागपुर में अप्रैल 2013 में एक बैठक हुई थी जिसमें दिल्ली में संघ के महत्वपूर्ण व्यक्ति भैयाजी जोशी और सुरेश सोनी सहित आरएसएस के सभी वरिष्ठ नेताओं के साथ मोदी

भी उपस्थित थे। संदेश स्पष्ट था--संघ प्रधानमंत्री पद के लिए मोदी का पूरी तरह समर्थन करेगा। संगठन और लोगों को तैयार के लिए पर्याप्त समय नहीं था। आठ साल की उम्र में शाखा जाने वाले व्यक्ति के रूप में मोदी जानते थे कि एक कार्य के प्रति संघ की प्रतिबद्धता पूरी हो गई है। आने वाले महीनों में आरएसएस के स्वंयसेवक और कार्यकर्ता, विशेषकर उत्तर भारत में, घर घर जाकर प्रचार करने में महत्वपूर्ण भूमिका निभाएंगे।

नवंबर, 2013 में मुझे नागपुर में आरएसएस के मुख्यालय हेगडेवार भवन में भागवत से लंबी वार्ता करने का अवसर मिला। इस बैठक का आयोजन नागपुर के रोटेरियन ने किया था। मैं उनके आयोजन को संबोधित करने के लिए वहां जाने के कार्यक्रम को दो साल से टाल रहा था। अंततः मैं इसके लिए राज़ी हो गया लेकिन मेरी शर्त थी कि वे आरएसएस प्रमुख के साथ मेरी मुलाकात कराएं जो उन्होंने कराई।

एक छोटे से कमरे में जिसमें सीमित फर्नीचर था। चाय, चिड़वा और पेड़ा खाते हुए हमने देश की उभरती राजनीतिक स्थिति पर विचार विमर्श किया। मैंने भागवत से पूछा कि आरएसएस ने, जो हमेशा ही व्यक्ति आधारित राजनीति के खिलाफ़ रहा है, मोदी पर ही सारा दांव लगाने का फैसला क्यों किया। भागवत का जवाब था, 'यह आरएसएस की नहीं बल्कि भाजपा कार्यकर्ताओं और देश की जनता की इच्छा थी जो एक सशक्त नेता चाहते थे। यह तो देश की जनता थी जो मोदी को चाहते थे तो फिर हम उन्हें उनकी इच्छा से वंचित क्यों करें?'

लेकिन फिर संघ के सैद्धांतिक एजेंडे का क्या? अनुच्छेद 370, समान नागरिक संहिता, राम मंदिर --क्या सत्ता प्राप्त करने के प्रयास में इनका महत्व कम किया जा रहा है? भागवत ने कहा, 'पहले, हमें स्पष्ट बहुमत प्राप्त करने दीजिए फिर हम अपना एजेंडा लागू करने के बारे में बात करेंगे।'

मैंने यह भी पूछा कि भाजपा में वरिष्ठतम नेता आडवाणी को किनारे क्यों किया गया? भागवत ने तब एक कहानी सुनायी जिस पर उन्होंने बाद में दिल्ली में आडवाणी के ब्लॉग पर लिखी पुस्तक का लोकार्पण करते हुए विस्तार से प्रकाश डाला जिसे बाद में *इंडियन एक्सप्रेस* ने प्रकाशित किया था। यह कहानी कुछ इस प्रकार थी, 'एक गांव में एक गृहणी ने हवन कुंड में पान की पीक थूक दी थी, इस पर उसने देखा कि उसका थूक सोने के टुकड़े में परिवर्तित हो गया है। उसका पति जब घर लौटा तो उसने पूरी घटना उसे बताई। उसने पत्नी से कहा कि इसे किसी और को मत बताना। लेकिन शीघ्र ही यह घटना पूरे गांव में फैल गई और फिर क्या था, हर व्यक्ति सोना पाने की लालसा में हवन कुंड

में थूकने लगा। इस प्रक्रिया में महिला और उसके पति के अलावा सभी संपन्न हो गए। एक साल बाद, जब उनके पास अब कोई सोना नहीं था, दुःखी पत्नी ने पति से कहा कि उन्हें अब गांव छोड़ देना चाहिए। पति ने इसे टालना चाहा लेकिन जब पत्नी ने आत्महत्या की धमकी दी तो वह गांव छोड़ने के लिए तैयार हो गया। उन्होंने गांव छोड़ दिया और एक पहाड़ी पर पहुंचे। जब वे वापस लौटे तो देखा कि पूरा गांव जल रहा है और लोग जान बचाने के लिए चिल्ला रहे हैं।'

भागवत ने कहा कि इसका संदेश स्पष्ट था--पार्टी और परिवार चाहता था कि आडवाणी साथ में बने रहें और उनका मार्गनिर्देशन करें ताकि उनका 'गांव' जले नहीं। आरएसएस उन्हें भीष्म पितामह की भूमिका निभाने के लिए कह रही थी क्योंकि अर्जुन जैसा चरित्र खोजा जा चुका था।

अगस्त 2013 तक यह स्पष्ट हो गया था कि अब मोदी को भाजपा के प्रधानमंत्री पद के उम्मीदवार के रूप में विधिवत चुने जाने की औपचारिकता ही शेष थी। मोदी की टाउनहाल सरीखी बैठकों के प्रति बड़ी संख्या में लोग आकर्शित हो रहे थे। हमने सीएनएन-आईबीएन पर लोकनीति, सीएसडीएस की राजनीतिक अनुसंधान टीम, के साथ 'चुनाव की गाड़ी' कार्यक्रम शुरू किया था। हमारा पहला कार्यक्रम जुलाई के अंत में हुआ जिसके नतीजे कह रहे थे कि प्रधानमंत्री पद के लिए 19 प्रतिशत लोगों की पसंद नरेंद्र मोदी थे और 12 प्रतिशत लोगों की पसंद राहुल गांधी थे। इसके अलावा भाजपा का कोई अन्य नेता दहाई अंक में नहीं था। लाल कृष्ण आडवाणी को सिर्फ दो प्रतिशत लोग ही प्रधानमंत्री चाहते थे।

मोदी, हालांकि, कोई जोखिम नहीं उठाना चाहते थे। वह चाहते थे कि प्रधानमंत्री पद के उम्मीदवार के लिए उनकी घोषणा यथाशीघ्र की जाए और वह अपनी बात पहुंचाने के लिए मौके की तलाश में थे। जून महीने में, उन्होंने उत्तराखंड में आयी बाढ़ की स्थिति को आदर्श संकट प्रबंधन के रूप में भुनाने का प्रयास किया और इसके लिए वह तीन दिन तक देहरादून में डेरा डाले रहे। भाजपा के एक स्थानीय प्रवक्ता का कहना था कि मोदी ने 15000 गुजरातियों को सुरक्षित बाहर निकालने में महत्वपूर्ण भूमिका निभाई। इस संबंध में *टाइम्स आफ इंडिया* एक कदम आगे निकला और उसने मोदी की तुलना रैंबो से की। ऐसे समय में जब समूचा राष्ट्र इस आपदा से व्यथित था और सुरक्षा बल बचाव कार्य में दिन रात एक किए थे, इस तरह का अपना ही प्रचार करने के तरीके का विपरीत असर हुआ और मोदी मज़ाक का विषय बन गए।

इस विवाद के लिए मोदी ने मीडिया को ज़िम्मेदार ठहराया। हालांकि रैंबो

की टिप्पणी बात को बढ़ा चढ़ा कर पेश करने की पत्रकारिता की शैली थी लेकिन बाद में भाजपा में मेरे सूत्र ने बताया कि मुख्यमंत्री के प्रचार तंत्र ने मोदी के प्रयासों को बढ़ाचढ़ा कर पेश कर दिया था। मैंने जब मोदी से इस बारे में पूछा तो उनका जवाब भी आक्रामक था। उन्होंने कहा, 'लगता है आज कल तुम लोगों को कोई और न्यूज़ नहीं है।'

अब मोदी प्रधानमंत्री पद के लिए अपनी दावेदारी मज़बूत करने के लिए राष्ट्रीय स्तर पर किसी अन्य मौके की तलाश में थे। मोदी को 15 अगस्त को वह विशेष अवसर मिल गया जिसकी वह तलाश में थे। प्रधानमंत्री स्वतंत्रता दिवस पर लाल किले की प्राचीर से राष्ट्र को संबोधित करते हैं। देश के अतिविशिष्ट अतिथि अपने विशेषाधिकर का प्रदर्शन करते हैं। हमारे जैसे शेष बचे हुए लोग प्रधानमंत्री द्वारा गिनाई जा रही उपलब्धियों और भावी योजनाओं के बारे में सुनते हैं। स्वतंत्रता दिवस के अवसर पर आसमान में बादल छाए थे और प्रधानमंत्री डा मनमोहन सिंह लाल किले की प्राचीर से स्वतंत्रता दिवस का अपना दसवां और संभवतः अंतिम संबोधन कर रहे थे। अर्थशास्त्री प्रधानमंत्री बहुत अच्छे वक्ता नहीं थे और वह खुद भी इसे स्वीकार करते थे। वास्तव में भाषण देने के मामले में वह फिसड्डी ही थे। 2013 का राष्ट्र को संबोधन भी कोई अलग नहीं था। डा सिंह ने करीब 45 मिनट तक अपने संबोधन में दस साल की संप्रग सरकार की उपलब्धियां गिनाईं। इसमें आरटीआई से लेकर नरेगा और फिर प्रस्तावित खाद्य सुरक्षा बिल तक को शामिल किया। पौने नौ बजे तक उनका भाषण खत्म हो गया था और अतिविशिष्ट व्यक्तियों का जाना शुरू हो गया था। न्यूज़ डेस्क बुलेटिन की हेडलाइन के लिए संघर्ष कर रही थी। लेकिन हमें इसके लिए बहुत अधिक इंतज़ार नहीं करना पडा।

एक दिन पहले ही, कच्छ के भुज में छात्रों को संबोधित करते हुए नरेंद्र मोदी ने ज़ोर शोर से कहा था, 'कल देश की जनता प्रधानमंत्री के साथ मेरे भाषण की तुलना करेगी। हम जब तिरंगा फहराएंगे तो इसका संदेश लाल किले तक भी जायेगा। राष्ट्र जानना चाहेगा कि वहां पर क्या कहा गया और यहां पर क्या कहा गया।' मोदी ने एक अभूतपूर्व चुनौती पेश कर दी थी। वह उस समय तक सिर्फ गुजरात के मुख्यमंत्री ही थे, उन्हें अभी तक भाजपा के प्रधानमंत्री पद का उम्मीदवार औपचारिक रूप से घोषित नहीं किया गया था। लेकिन वह इस तरह का आचरण कर रहे थे कि मानो उन्हें घोषित किया जा चुका है। यह मोदी की स्टाइल थी कि आक्रामक रहो और चुनौती दो।

अगली सुबह वह अपने वायदे पर खरे उतरे। प्रधानमंत्री के राष्ट्र को संबोधन

समाप्त होने के बाद, नौ बजे के थोड़ा बाद मोदी भुज में भाषण देने के लिए खड़े हुए। उन्होंने करीब एक घंटे तक इस तरह भाषण दिया कि मानो वह प्रधानमंत्री और भारत सरकार के साथ किसी सार्वजनिक वाद विवाद प्रतियोगिता में हिस्सा ले रहे हों। यह स्वतंत्रता दिवस का भाषण नहीं था। यह तो पूरी तरह चुनावी भाषण था। यह गुजरात को नहीं बल्कि देश की जनता को ध्यान में रखते हुए दिया गया भाषण था। इस आयोजन के लिए मंच पर लाल किले का प्रतिरूप भी बनाया गया था।

यदि प्रधानमंत्री डॉ. मनमोहन सिंह उस दिन दिल्ली के मौसम की तरह ही उदास प्रतीत हो रहे थे तो भुज में मोदी ने अपने भाषण में कांग्रेस नेतृत्व पर सीधा हमला किया था। इसकी बानगी यह है : 'प्रधानमंत्री जी, आपने कई बार तिरंगा फहराया है लेकिन आप उन्हीं विषयों को उठाते रहे हैं जो साठ साल पहले पंडित नेहरू ने उठाए थे। आप एक परिवार की भक्ति में इतना अधिक लीन हो गए कि आपने दूसरे सारे विषयों को भुला ही दिया। देश को इस तरह के भाई भतीजावाद और सत्ता में आसीन लोगों के मद से मुक्त कराना होगा। देश गरीबी में बेहाल है और उसे भ्रष्टाचार से मुक्त कराना होगा। जनता एक नई सोच चाहती है।' मोदी के भाषण के दौरान ही उनकी बगल में खड़ा एक पुलिस अधिकारी गर्मी क़े कारण अचेत हो गया था लेकिन मुख्यमंत्री का भाषण जारी रहा। इस बार भी पहले से तैयार कोई भाषण नहीं था।

भारत ने इससे पहले ऐसी स्थिति नहीं देखी थी जिसमें स्वतंत्रता दिवस का परंपरागत समारोह, जिसमें अभिभावदनों का आदान-प्रदान होता है, सत्ता की रणभूमि बन गया हो। अपेक्षा के अनुरूप कांग्रेस पूरी तरह आक्रामक थी। टेलीविज़न चैनलों पर उसके प्रवक्ता मोदी पर 15 अगस्त की भावना और परंपराओं के साथ छल करने के आरोप लगा रहे थे।

मैंने कुछ दिन बाद मोदी को टेलीफोन किया और पूछा कि क्या स्वतंत्रता दिवस पर प्रधानमंत्री से टकराव लेने का उन्हें कोई दुःख है? उनका जवाब स्पष्ट था। उसमें कोई खेद का भाव नहीं था। उन्होंने कहा, 'लगता है इन कांग्रेसवालों को डर है कि उनकी दुकान बंद होने वाली है।'

रणनीति साफ थी--मोदी दूसरों द्वारा बनाए गए नियमों के अनुरूप खेल खेलने के लिए तैयार नहीं थे। वह इस राजनीतिक समर में नए तरह के गैर पारंपरिक हमले की रणनीति पर चल रहे थे। कांग्रेस नेता जयराम रमेश ने बाद में इसे अपनी चाल-ढाल और बातचीत की शैली को अपने बचाव के लिए गैर पारंपरिक तरीका अपनाने वाली रणनीति भी करार दिया। यदि इसकी वजह से

संस्थागत परंपराओं की अनदेखी होती है या फिर राजनीतिक लाभ के लिए स्वतंत्रता दिवसर समारोह का इस्तेमाल किया जाता है तो होने दो। मोदी ने पुराने वक्त की सत्ता को चुनौती देने वाले व्यक्ति के रूप में खुद को जनता के सामने पेश किया था। वह प्रधानमंत्री पद के लिए अपनी दावेदारी जताना चाहते थे और इसके लिए अपनी भाषण कला को हथियार के रूप में इस्तेमाल कर रहे थे।

डॉ. मनमोहन सिंह और नरेंद्र मोदी का स्वभाव एकदम विपरीत था। मनमोहन सिंह जहां मृदुभाषी और संयमित भाषा का प्रयोग करते थे वहीं मोदी अपनी बात कहने के लिए हर क्षण तीखे व्यंग्य करते थे ताकि जनता तक उनका संदेश सही तरीके से पहुंच सके। यह तो टी-20 मैच में पुजारा बनाम गेल जैसी स्थिति थी। मोदी के एक सहयोगी ने टिप्पणी भी की, 'हम उसी दिन समझ गए थे कि यदि हम इसे एक कमज़ोर और एक ताकतवर नेता के बीच मुकाबला बनाने में सफल हो गए तो इसमें सिर्फ एक ही विजेता होगा।' मोदी अभी तक भाजपा के विधिवत तौर पर प्रधानमंत्री पद के उम्मीदवार नहीं बनाए गए थे लेकिन 15 अगस्त को वह देश के भले ही नहीं बल्कि अपनी पार्टी के तो प्रधानमंत्री बन ही गए थे।

मोदी को 13 सितंबर, 2013 को दिल्ली में पार्टी मुख्यालय में भव्य समारोह और ढोल नगाड़ों और पटाखों के बीच औपचारिक रूप से भाजपा का प्रधानमंत्री पद का उम्मीदवार नामित किया गया था। इस घोषणा के साथ ही और ड्रामा, तमाशा और विवाद हुए। आडवाणी ने संसदीय बोर्ड की बैठक में हिस्सा लेने से इंकार कर दिया था जहां यह फैसला लिया गया था। इसकी बजाए, उन्होंने राजनाथ सिंह को एक और पत्र लिखना अधिक उचित समझा। इस पत्र में उन्होंने पार्टी अध्यक्ष के 'काम करने के तरीके' पर अपनी 'नाराज़गी' व्यक्त की। संसदीय बोर्ड की बैठक में सुषमा स्वराज ने अपनी असहमति व्यक्त करते हुए कहा कि वह अपने 'विरोध के साथ' फैसला स्वीकार कर रही हैं।

आडवाणी-सुषमा की जुगलबंदी के इस 'विद्रोही तेवर' के लिए अपने नए तर्क थे। उनका तर्क था कि अगले कुछ महीनों में उत्तर भारत के चार महत्वपूर्ण राज्यों में विधान सभा चुनाव होने वाले हैं और इसलिए चुनाव संपन्न होने तक इस तरह की घोषणा को टाल देना बेहतर होगा। आडवाणी ने उनसे मुलाकात करने वाले नेताओं से जानना चाहा, 'जल्दी क्या है? विधान सभा चुनाव से पहले ही इस तरह का घालमेल क्यों? इस समय ऐसा जोखिम क्यों लिया जाए?' उन्होंने एक नया शिगूफा छेड़ा कि मोदी अकेले भाजपा के 'सफल' मुख्यमंत्री नहीं हैं। उनका कहना था, 'शिवराज सिंह चौहान और रमण सिंह को भी देखो। वे भी

एक दशक से मुख्यमंत्री हैं—क्या नेताओं के रूप में उनके योगदान और महत्व को पूरी तरह नज़रअंदाज़ किया जाना चाहिए?'

आडवाणी कैंप ने तो एक तरह से शिवराज सिंह चौहान को मोदी के विकल्प के रूप में स्वीकार्य होने जैसी स्थिति में ला खड़ा किया था। ग्वालियर में अपने भाषण में आडवाणी ने कहा था कि मध्य प्रदेश में चौहान की उपलब्धियां कुछ मायने में मोदी से भी अधिक हैं। आडवाणी ने दावा किया, 'उन्होंने एक पिछड़े और बीमारू राज्य को विकसित राज्य में बदल दिया है जबकि मोदी को एक संपन्न राज्य की बागडोर मिली थी।' यही नहीं, उन्होंने चौहान की कार्यशैली को वाजपेयी की कार्यशैली जैसा ही करार दिया ।

हमेशा मुस्कुराते रहने वाले और शिष्टाचार से पेश आने वाले 55 वर्षीय शिवराज सिंह चौहान ऐसे नेता थे जिनके शत्रु बहुत कम थे। यदि मोदी के मामले में बैरी की भूमिका में अत्यधिक दखल देने वाला मीडिया था जो चौहान पत्रकारों से बेहतर संबंध बना रहे थे। मेरे सहित तमाम पत्रकारों को अक्सर ही भोपाल में कार्यक्रम में शामिल होने के निमंत्रण मिलते थे। वह वायदा करते थे, 'हम सारी व्यवस्था करेंगे, आप बस आ तो जाइए।' मैं कभी भी इस तरह के कार्यक्रम में नहीं गया लेकिन जो लोग गए वे कहते हैं कि चौहान की मेज़बानी बहुत शानदार होती है।

परंतु यदि चौहान के दिल में प्रधानमंत्री बनने की महत्वाकांक्षा थी तो उसे उन्होंने बहुत ही सावधानी से छिपा रखा था। मैं एक बार उनसे पूछा कि आडवाणी जी तो आपकी तुलना वाजपेयी जी से करते हैं। इस पर उन्होंने पूरी विनम्रता के साथ कहा, 'मैं तो आडवाणी का बहुत आदर करता हूं पर मैं तो एक साधारण कार्यकर्ता हूं।' इसके साथ ही उन्होंने एक बार फिर मुझसे शीघ्र ही भोपाल आने का आग्रह किया।

इसके बावजूद, चौहान को प्रधानमंत्री पद की दौड़ में घसीटने का विकल्प कभी भी ज़ोर नहीं पकड़ सका। भाजपा और आरएसएस के नेतृत्व ने अपना मन बना लिया था और अब वह इससे टस से मस नहीं होने वाले थे। मोदी के बारे में फैसला अपरिवर्तनीय था। भाजपा के एक नेता ने मुझसे कहा, 'सही बात तो यह है, हम लोग आडवाणी जी के लगातार छिद्रान्वेशण से तंग आ चुके थे। हमने तो यहां तक सोचा कि यदि वह इस्तीफा देकर पार्टी छोड़ना चाहते हैं तो उन्हें ऐसा करने दिया जाए। हम उनके चिड़चिड़ेपन से परेशान हो चुके थे।'

भाजपा के भीतर, आडवाणी-सुषमा गुट को '160-180 क्लब' के नाम से

जाना जाने लगा जिनका मानना था कि चुनाव में भाजपा इससे आगे नहीं जा सकेगी। इनका अनुमान था कि भाजपा ज़्यादा से ज़्यादा 180 सीटें ही हासिल कर सकेगी। भाजपा का करगिल युद्ध के बाद 1999 में हुए आम चुनावों में 182 सीटें हासिल करने का सर्वश्रेष्ठ प्रदर्शन था। एक तर्क यह भी था कि मोदी के नेतृत्व में चुनाव लड़ने से पार्टी को सहयोगी नहीं मिलेंगे और ऐसी स्थिति में पार्टी वैकल्पिक नेतृत्व खोजने के लिए मजबूर होगी।

इसके जवाब में मोदी गुट की अपनी अलग गणना थी। मोदी समर्थकों ने 'मिशन 272' का नारा बुलंद किया और अब यह आम चुनाव में स्पष्ट बहुमत हालिस करने का मंत्र बन गया था। मोदी के सहयोगी 2014 के आम चुनाव के लिए जब मिशन 272 लक्ष्य लेकर सामने आए तो उन्होंने इसमें मिशन 272 कर दिया। मोदी ने अपनी टीम से कहा, 'हमे अपनी सोच सकारात्मक रखनी होगी। हम ज़्यादा की सोचेंगे तो हमे ज़्यादा मिलेगा।'

मोदी के कुछ समर्थक अधिक उदार थे और वे शुरू में 200 का लक्ष्य लेकर चल रहे थे। जेटली का मानना था, 'एक बार जब हम 200 पार कर लेंगे तो फिर सहयोगी मिलने लगेंगे।' मोदी के समर्थकों ने गांधीनगर में बनाए गए वार रूम में हालांकि 272 की संख्या चस्पां कर रखी थी लेकिन इसके लिए तो अभी अभियान शुरू होना था।

मोदी टीम के एक प्रमुख सदस्य थे प्रशांत किशोर। वे एक युवा और अमेरिका से सार्वजनिक स्वास्थ्य के क्षेत्र में प्रशिक्षित थे। मोदी के प्रचार अभियान की टोह लेने के इरादे से मैं बिहार के इस 36 वर्षीय युवा से मिला। उन्होंने बताया कि वह अफ्रीका में संयुक्त राष्ट्र के मिशन का प्रमुख रह चुके हैं और वे संयुक्त राष्ट्र के कुपोषण पर एक परियोजना पर काम के सिलसिले में 2011 के शुरू में पहली बार गुजरात आए थे। उनका कहना था, 'मैं समझता हूं कि यह एकदम से हुए आकर्षण का ही नतीजा था कि मुख्यमंत्री ने कहा कि वे मुझसे और मेरी टीम से मिलना चाहते हैं और मैं इसके लिए तुरंत ही तैयार हो गया।'

किशोर प्रौद्योगिकी और आंकड़ों की मदद से नीतिगत रणनीति बनाने में दक्ष थे। उनके पास एकदम स्पष्ट काम था। मोदी के लिए एक ऐसी टीम तैयार की जाए जो उनके चुनाव अभियान को एक नए क्षितिज पर ले जाए। इस टीम का पहला महत्वपूर्ण चुनाव कार्यक्रम 2012 के गुजरात विधानसभा चुनाव में 3डी चुनाव प्रचार था (अध्याय नौ देखें)। गुजरात का 2012 के विधान सभा चुनाव का प्रचार तो एक तरह से आम चुनाव में होने वाले चुनाव प्रचार की शैली का ट्रेलर मात्र था। किशोर बताते हैं, 'हमने पहले तो मध्य 2012 में गुजरात विधान

सभा के चुनावों का सर्वे कराया और फिर 2013 की जनवरी में ही आम चुनावों की तैयारी शुरू कर दी। हमने एकत्र किए गए आंकड़ों का इस्तेमाल मोदी के प्रचार अभियान को शक्ल देने में किया।'

मोदी की टीम द्वारा तैयार किए गए आंकड़ों का भंडार वास्तव में गज़ब का था। टेलीविज़न पर तो हम अपने चुनाव कार्यक्रमों के दौरान 15 से 20 हजार लोगों से बात करके राष्ट्रीय चुनाव सर्वे करते हैं और इसी से संतुष्ट हो जाते हैं। मोदी टीम तो इससे भी कई कदम आगे निकल गई थी। उदाहरण के लिए मोदी टीम का जनवरी, 2013 का सर्वे के नमूने का आकार कई लाख का था और इसमें जाति, समुदाय और आयु वर्ग जैसे मतदान की पसंद का व्यापक विवरण और खाका तैयार किया गया था। किशोर ने दावा किया, 'मैं सफलता का फार्मूला नहीं बताऊंगा लेकिन मैं यह वादा ज़रूर करूंगा कि हमारे सर्वे के सामने आपके विश्लेषण बहुत सीमित नज़र आएंगे।' पर ये कितनी खर्चीली योजना थी, वो उन्होंने कभी नहीं बताई।

मुझे बाद में पता चला कि भाजपा के चुनावी सर्वेक्षण अमेरिका स्थित दुनिया की एक सबसे बड़ी राजनीतिक प्रचार और मार्केटिंग रिसर्च का काम करने वाले ग्रुप पेन श्योन बर्लैंड की देखरेख में हुए थे। यह कंपनी ओबामा के राष्ट्रपति के चुनाव में भी शामिल थी। भारत के चुनाव इतिहास में शायद यह पहला मौका था कि जब कोई अमेरिकी कंपनी चुनाव सर्वे करने में इतनी अधिक सक्रिय हुई। भाजपा के एक नेता की टिप्पणी थी कि इसी से महत्वाकांक्षा की सीमा का अनुमान लगाया जा सकता है। हम पैसा खर्च करके सर्वश्रेष्ठ मतदान सर्वेक्षक की सेवाएं प्राप्त करना चाहते थे।

जून, 2013 में किशोर ने औपचारिक रूप से एक समूह का गठन किया जिसका नाम था 'सिटीजंस फार एकाउंटेबल गवर्नेंस' (कैग) और इसका कार्यालय गांधीनगर में था। इस समूह का दावा था कि वह निष्पक्ष है लेकिन इसका ध्येय स्पष्ट था--मोदी को एक बेहतरीन शासक के रूप में देश की जनता के सामने पेश करना। इस समूह में शुरुआत में आठ से दस पूर्णकालिक कर्मचारी थे लेकिन आम चुनाव का प्रचार नज़दीक आते आते फरवरी, 2014 में इसमें शामिल कर्मचारियों की संख्या बढ़कर 200 से ज्यादा हो गई थी और इसमें से कुछ तो अल्पकालिक काम कर रहे थे। कैग में कार्यरत अधिकांश पूर्णकालिक कर्मचारी युवा और शहरी क्षेत्र के पेशेवर लोग थे जिन्होंने मोदी के प्रचार अभियान में शामिल होने के लिए अपनी नौकरियां छोड़ दी थीं। इन्हीं में दिल्ली आईआईटी से निकले 29 वर्षीय अखिल हांडा भी थे। प्रतिभा संपन्न और आगे निकलने की लालसा रखने वाला

युवा अखिल हांडा 2013 के मध्य में मोदी के प्रचार अभियान में शामिल होने के लिए नौकरी छोड़ने से पहले हांगकांग में जेपी मोर्गन में इन्वेंस्टमेंट बैंकर था और उसका वेतन करोड़ों में था। अखिल ने मुझसे कहा, 'मैं भारत के बारे में अपने विदेशी साथियों को भारत के प्रति हिकारत से देखने की प्रवृत्ति से तंग आ चुका था। मुझे महसूस हुआ कि हमें बदलाव लाना होगा और लगा कि मोदी ही वह व्यक्ति हैं जो परिवर्तन ला सकते हैं।'

ऐसा करने वाले अखिल अकेले नहीं थे। मोदी की टीम में इस तरह के अनेक युवा शामिल थे। इनमें आईआईएम और आईआईटी के स्नातक ही नहीं बल्कि वकील और अकाउंटेंट भी शामिल थे और ये ही नए और युवा भारत की ताकत का प्रतीक हैं। भारत में परंपरागत सोच और समझ यही थी कि शिक्षित युवा वर्ग सार्वजनिक जीवन के प्रति स्वार्थी है और राजनीति से पूरी तरह कटा हुआ है। लेकिन मोदी के लिए पार्श्व कक्ष में काम करने वाले युवा दल ने इस अनुमान को ही चुनौती दे डाली थी।

दिलचस्प बात तो यह है कि राहुल गांधी ने भी अपनी चुनाव की टीम तैयार करते समय शिक्षित युवा वर्ग तक अपनी पकड़ बनाने की कोशिश की थी। लेकिन इसमें एक अंतर था। मोदी के युवा वर्ग में शामिल लोगों से राजनीतिक रणनीति के सूक्ष्म प्रबंधन की गतिविधियों में सम्मिलित होने की अपेक्षा नहीं की जाती थी। उनकी ज़िम्मेदारी अपने परिचित क्षेत्र—तकनीक का बेहतर इस्तेमाल, इंटरनेट, सोशल मीडिया, टीवी के लिए बनने वाले कार्यक्रमों, एकत्र किए गए आंकड़ों का विश्लेषण करने जैसे क्षेत्रों में ध्यान केंद्रित करने की थी। चुनाव प्रबंधन और प्रचार की रणनीति, घर घर जाकर प्रचार करने या फिर टिकट वितरण जैसे काम आरएसएस और भाजपा के पूर्णकालिक कार्यकर्ताओं पर छोड़ दिया गया था। जबकि राहुल के मामले में उनकी टीम के सदस्यों ने चुनाव प्रचार का काम कांग्रेस के पुराने और अनुभवी नेताओं को सौंपने की बजाए इसे अपने हाथ में ले लिया था।

यही वजह थी कि कैग ने अपना ध्यान मूल रूप से युवा वर्ग पर केंद्रित किया। जून में कैग ने अहमदाबाद में 'युवा और नेतृत्व' विषय पर एक बैठक आयोजित की जिसमें अतिथि वक्ताओं के रूप में पूर्व राष्ट्रपति डॉ ए.पी.जे. अब्दुल कलाम और एचडीएफसी बैंक के अध्यक्ष दीपक पारिख सरीखों को आमंत्रित किया गया। मोदी इस दौरान सभागार में श्रोताओं के साथ बैठे और उन्होंने भाषणों को ध्यान से सुना। अक्तूबर में, 2014 के चुनावों में 'युवा भारत' का एजेंडा निर्धारित करने के लिए 'मंथन' नाम से एक दिवसीय युवा शिविर का आयोजन किया

गया। फेसबुक पर बहुत ही आक्रामक प्रचार की बदौलत मंथन अपनी साइट पर लाखों लोगों को आकर्षित करने में कामयाब रहा। किशोर ने दावा किया, 'हमने इस कार्यक्रम के लिए अनेक नेताओं को आमंत्रित किया। राहुल गांधी को भी बुलाया था लेकिन उन्होंने इसमें शामिल नहीं होने का निर्णय किया।' इस आयोजन में मोदी भी आए और उन्होंने भाषण भी दिया और जैसी उम्मीद थी उन्होंने श्रोताओं को मंत्र मुग्ध कर दिया। इस आयोजन के दौरान मौजूद एक पत्रकार का कहना था कि वहां तो एक रॉक स्टार कंसर्ट जैसा समां बंधा हुआ था।

इस समय तक यह स्पष्ट हो चुका था कि मोदी ने शहरी भारत, विशेषकर युवा वर्ग, के दिल और दिमाग में अपनी जगह बना ली है। टाउन हाल जैसे सभागारों में और शहरों में सुनियोजित तरीके से की गई सभायें सारा अंतर बयां कर रही थी। सितंबर, 2013, मोदी औपचारिक रूप से भाजपा के प्रधानमंत्री पद के उम्मीदवार घोषित हो चुके थे और इस दौरान शहरी क्षेत्रों में उनके पक्ष में मध्यम दर्जे की हवा बन चुकी थी। प्रधानमंत्री पद के दावेदार के रूप में मोदी की ताजपोशी वाले महीने में ही रुपया भी डॉलर के मुकाबले सबसे नीचे पहुंच गया था जबकि खुदरा मंहगाई की दर दो अंकों में जा पहुंची थी। दोषपूर्ण अर्थव्यवस्था ने विशेषरूप से देश के शहरी क्षेत्रों में संप्रग विरोधी माहौल पैदा कर दिया था। मोदी सरकार के प्रति इस आक्रोश का प्रतीक बन रहे थे और उन्होंने इसका लाभ भी उठाया। संप्रग सरकार के एक वरिष्ठ मंत्री ने 2013 में मोदी के उत्थान पर टिप्पणी करते हुए कहा, 'वह सही समय पर उचित वाकपटुता वाला सही व्यक्ति था।'

लेकिन जहां तक आम चुनाव जीतने और मिशन 272 का जादुई आंकड़ा प्राप्त करने के लिए महानगरों में और आगे निकलने की ज़रूरत थी। मोदी के एक सहयोगी ने स्वीकार किया, 'हां, हमने बराक ओबामा के राष्ट्रपति चुनाव की प्रचार शैली के तत्वों को अपनाया लेकिन हमें भारत जैसे विविधता वाले देश में कुछ नया करने की ज़रूरत थी।'

मोदी टीम द्वारा 2013 के पूर्वार्ध में कराए गए राष्ट्रव्यापी सर्वेक्षण ने उन्हें थोड़ा चिंतित कर दिया था। इन आंकड़ों से साफ था कि शहरों और नगरों में मोदी को व्यापक समर्थन मिल रहा है जबकि देश के ग्रामीण इलाकों में मतदाता खुद को उनके साथ नहीं जोड़ पा रहा था। मोदी के चुनाव प्रचार को ग्रामीण भारत तक ले जाना नई चुनौती थी जो मोदी टीम के लिए कहीं बड़ी चुनौती बना हुआ था। ऐसी स्थिति में नवंबर और दिसंबर में बड़ी ग्रामीण आबादी वाले

राज्यों राजस्थान, मध्य प्रदेश और छत्तीसगढ़ की विधान सभाओं के चुनाव असली परीक्षा की घड़ी थे। मोदी के एक सहयोगी का कहना था, 'हम जानते थे कि हमारी फिल्म मल्टीप्लेक्स में हिट हो गई है। अब हमें छोटे शहरों में एक स्क्रीन वाले छायागृहों और गांवों में भी इस सफलता का संदेश पहुंचाना है।'

31 अक्तूबर, 2013 को मोदी ने औपचारिक रूप से 'स्टैचू आफ यूनिटी' कार्यक्रम शुरू किया। इस परियोजना का उद्देश्य नर्मदा बांध के ठीक सामने दुनिया में सबसे ऊंची सरदार पटेल की 240 मीटर उंची कांस्य प्रतिमा का निर्माण करना था। इस परियोजना के पीछे असली उद्देश्य तो 'राष्ट्रवादी' मंच पर देश भर की जनता को लाना था। मोदी हमेशा से ही स्वतंत्रता आंदोलन के दौरान गुजरात के सबसे बड़े राजनीतिक नेता सरदार पटेल के ज़बर्दस्त प्रशंसक रहे हैं। महात्मा गांधी हमेशा ही राष्ट्रीय प्रतीक थे जबकि सरदार पटेल को एक किसान नेता के रूप धरती पुत्र माना जाता था जो देश के प्रथम गृह मंत्री के रूप में 'भारत के लौह पुरुष' बनकर उभरे थे। इस दौरान विशेषकर गुजरात में एक समानांतर सोच यह रही है कि कांग्रेस सरदार पटेल के प्रति निश्पक्ष नहीं थी और नेहरू नहीं बल्कि उन्हें ही देश का पहला प्रधानमंत्री बनना चाहिए था।

पटेल की विरासत मोदी को उपयुक्त लग रही थी। आधुनिक समय के सरदार बनने का बीड़ा उठाकर वह गांधी-नेहरू परिवार को चुनौती देने के साथ ही एक निर्णय लेने वाले नेता के रूप में अपनी छवि सुधार सकते थे। मोदी को इससे कोई फर्क नहीं पड़ता था कि सरदार पटेल कट्टर कांग्रेसी थे (वह करीब तीन दशक तक गुजरात कांग्रेस के अध्यक्ष थे) या फिर उन्होंने 1948 में महात्मा गांधी की हत्या के बाद आरएसएस पर प्रतिबंध लगाया था। जब कोई चुनाव जीतना हो तो इतिहास का अपने हिसाब से उपयोग किया जा सकता है। इसे विडंबना ही कहा जायेगा कि मोदी के असली प्रतीक गुरु गोलवकर को गांधी की हत्या के बाद गिरफ्तार किया गया था। लेकिन गोलवलकर आरएसएस के हीरो थे। पटेल राष्ट्रीय नेता थे। मोदी ने अपने आरएसएस के प्रचारक के अवतार के रूप में गोलवकर का सहारा लिया तो प्रधानमंत्री बनने के प्रयास में पटेल उनकी योजना में सही बैठते थे। मोदी की यह पसंद सैद्धांतिक नहीं होकर रणनीतिक व्यावहरिकता पर आधारित थी।

अभी यह सिलसिला चल ही रहा था कि मोदी अपनी रणनीति को और अधिक धार देने के लिए एक नया विचार लेकर आए। उन्होंने सुझाव दिया कि पटेल की प्रतिमा का निर्माण चंदा एकत्र करके, विशेषरूप से देश के ग्रामीण

क्षेत्र को केंद्रित करके, किया जाए। मोदी ने अपने सहयोगियों से कहा, 'गांव के लोग खेती में उपयोग होने वाले औज़ारों का लोहा हमें दे सकते हैं। इस तरह किसानों को हमसे जोड़ा जा सकता है।' इसीलिए जहां शहरों में 'एकता दौड़' मैराथन कार्यक्रम आयोजित किए गए, वहीं ग्रामीण इलाकों में मोदी को सरदार पटेल से सीधे तौर पर जोड़ने के प्रयास किए गए। सरदार वल्लभभाई एकता ट्रस्ट ने 7000 गांवों से खेती में इस्तेमाल होने वाले औज़ारों के रूप में लोहा एकत्र करने के लिए 'लोहा संग्रहण समिति' का गठन किया। इस परियोजना के सूक्ष्य प्रबंधन का दायित्व कैग के सदस्यों के पास ही था।

मोदी अब पूरे जोश में थे। टाउन हाल की अवधारणा से उनका मकसद पूरा हो गया था। राष्ट्रपति के चुनाव प्रचार की शैली में 'प्रधानमंत्री पद के लिए मोदी' का प्रचार अभियान दूसरे चरण में प्रवेश कर चुका था और अब उसे ज़्यादा बड़े फलक पर अपनी पहुंच बनानी थी। मोदी के एक सलाहकार ने मुझे बताया, 'हम भलीभांति जानते थे कि हिंदुत्व समर्थक वोट तो मोदी की प्रतिष्ठा के अनुरूप उनके ही साथ रहेगा। लेकिन हम तो प्लस 'वोट' की दरकार थी, यह वह अतिरिक्त वोट थे जो चुनाव में सारा अंतर कर सकते थे।'

भाजपा के प्रधानमंत्री पद का आधिकारिक रूप से उम्मीदवार बनाये जाने के कुछ दिन बाद ही मोदी ने हरियाणा के रेवाड़ी में पहली बड़ी जनसभा को संबोधित किया। भूतपूर्व सैनिकों का एक ऐसा वर्ग था जिसे प्रभावित करने और अपने साथ लाने की ज़रूरत थी। भूतपूर्व सैनिकों में से अधिकांश की संप्रग सरकार से 'एक रैंक एक पेंशन' योजना लागू नहीं करने का वायदा पूरा नहीं करने के कारण नाराज़गी थी। इनमें से एक वर्ग पाकिस्तान के साथ सख्ती से पेश नहीं आने के कारण संप्रग सरकार से निराश था। सेना के सेवानिवृत्त जनरल अक्सर टेलीविज़न के प्राइम टाइम कार्यक्रम में पाकिस्तान से युद्ध करने की हिमायत करते थे।

रेवाड़ी की जनसभा के आयोजकों में जनरल वी. के. सिंह भी थे जो मनमोहन सिंह सरकार के साथ सार्वजनिक तकरार के बाद थल सेनाध्यक्ष पद से सेवानिवृत्त हुए थे। जनरल सिंह की राजनीतिक महत्वाकांक्षा थी (उन्होंने भाजपा के टिकट पर लोकसभा का चुनाव लड़ा और मोदी के बाद सबसे अधिक मतों से जीतने वाले नेता रहे और फिर मंत्री भी बने) मोदी ऐसे लोगों का भी समर्थन चाहते थे जो वर्दी में हों। यह बेहतरीन जोड़ी थी। मोदी ने एक बार आक्रामक भाषण में दावा किया था कि देश की सुरक्षा की समस्या सीमा पर नहीं बल्कि दिल्ली में थी। उन्होंने दहाड़ते हुए कहा, 'जब तक हमारे यहां प्रभावी, सक्षम और देशभक्त

सरकार दिल्ली में नहीं होगी, तो इसका कोई मतलब नहीं रह जाता कि हमारी सेना कितनी सक्षम है।' उन्होंने पाकिस्तान के साथ युद्ध का राग नहीं छेड़ा लेकिन हां, सेना की उपलब्धियों का बखान करते समय बहुत ही चतुराई से इंदिरा गांधी के नेतृत्व में 1971 में लड़े गए युद्ध को भुला दिया। इसके बावजूद जनसभा में उपस्थित भीड़ उनके भाषण से प्रभावित थी। पूर्व सैनिकों में से एक ने हमारे संवाददाता से कहा, 'वह दिल से बोल रहे थे।' अगर मोदी भाजपा के सीमित आधार पर हरियाणा में अपनी उपस्थिति दर्ज करा रहे थे तो निश्चित ही यह जनता के रुझान का संकेत था।

सितंबर, 2013 से फरवरी, 2014 के दौरान अगले पांच महीनों में मोदी ने अरुणाचल से आंध्र प्रदेश और मुंबई से मेरठ तक देश के अनेक हिस्सों में कई बड़ी जनसभाओं को संबोधित किया। हैदराबाद में मोदी ने तेलुगू भाषा में बधाई देने के साथ तो मुंबई में अपने भाषण की शुरुआत मराठी भाषा में किया। मोदी के अधिकांश भाषण सप्ताहांत में होते थे जब टेलीविज़न देखने वाले दर्शक घरों में होते हैं। कार्यालय में हमेशा ही यह कहा जाता था कि यदि यह रविवार की दोपहर है तो दूसरे सारे कार्यक्रम भूल जाओ क्योंकि सीधे प्रसारण के लिए मोदी की रैली होती थी।

सप्ताह के दौरान, मोदी उन राज्यों का दौरा करने में व्यस्त रहते थे जहां विधान सभा चुनाव होने वाले थे। उन्होंने अक्तूबर और नवंबर में चार राज्यों में पांच रैलियां कीं। यह आम चुनाव से पहले के ट्रेलर के रूप में सतत बमवर्षा जैसा था। इस चार राज्यों के चुनाव में भाजपा का बहुत कुछ दांव पर लगा हुआ था। भाजपा की सीधे कांग्रेस से टक्कर थी। यदि भाजपा इन राज्यों में कांग्रेस का सफाया करके सत्ता हासिल कर लेती है तो यह 2014 के आम चुनाव का शुभारंभ करने के लिए सबसे अच्छा होगा और दूसरी ओर चुनाव में पराजय से कांग्रेस में हताशा फैलेगी।

मोदी की रणनीति के दायरे में राजस्थान प्रमुख था। मध्य प्रदेश और छत्तीसगढ़ में तो भाजपा के मुख्यमंत्री पूरी क्षमता के साथ काबिज थे। यहां पर जीत मिलने की स्थिति में भी इसका श्रेय बांटना पड़ता। आम आदमी पार्टी के आने के कारण दिल्ली की स्थिति कुछ जटिल और उलझाव वाली हो गई थी। ऐसी स्थिति में राजस्थान ही ऐसा राज्य था जो गुजरात के बाहर मोदी के करिश्मे की प्रयोगशाला के रूप में काम कर सकता था। गुजरात की सीमा से सटे राजस्थान में बड़ी संख्या में आदिवासी और ग्रामीण आबादी है। मोदी के रणनीतिकार ने बताया, 'यदि हम राजस्थान में बड़ी जीत हासिल कर लें तो हमें समझ में आ जाएगा

कि हम सही दिशा में जा रहे हैं और हमारा प्रचार अपने पारंपरिक मतदाताओं के आगे भी असर डाल रहा है।'

राजस्थान में भाजपा की मुख्यमंत्री पद की उम्मीदवार वसुंधरा राजे के साथ मोदी का अच्छा तालमेल था और इसने काफी मदद की। मोदी की तरह राजे भी व्यक्तिवादी हैं। राजस्थान में पुरुषों के वर्चस्व वाले आरएसएस नेतृत्व में उनकी अच्छी हिस्सेदारी थी और वह आसानी से दबाव में नहीं आती थी। उनकी निजी जिंदगी में भी कोई विशेष अंतर नहीं था। कभी कभी वाइन पीने की शौकीन राजे पेज थ्री पर भी दिखाई पड़ती थीं और वह रैंप पर भी चलीं और पूरे जोश और उमंग के साथ अपना जन्मदिन भी मनाती हैं। इसकी तुलना में निश्चित ही मोदी मितव्ययी जीवन व्यतीत करते हैं लेकिन वह अपने डिज़ाइनर कुर्ते, पेन, घड़ियां, और चश्मों के साथ ही कहते हैं कि जूतों से विशेष लगाव रखते हैं। इसके बावजूद इन दोनों में बढ़िया समझ है। मैंने एक बार राजे से पूछा कि मोदी की क्या विशेषता है जो उन्हें पसंद है। उनका जवाब बेहद संजीदगी भरा था। वह कहती हैं कि मोदी काम में यकीन करते हैं और दूसरों की तरह बकवास नहीं करते हैं।

टीम मोदी ने राजस्थान में विधान सभा चुनाव के दौरान सबसे अधिक समय व्यतीत किया था। इस राज्य में चुनाव प्रचार की रणनीति का एक महत्वपूर्ण हिस्सा प्रदेश के उन दूर दराज के हिस्सों में 50 इंच के एलइडी स्क्रीन वाले जीपीएस से लैसे 200 मोबाइल वैन या फिर डिजिटल रथ भेजे जाएं, जहां मीडिया नहीं पहुंच सकता है। इन वाहनों में चारों ओर मोदी की तस्वीरें थीं और टेलीविज़न पर मोदी के 16-16 मिनट के सर्वश्रेष्ठ भाषणों को शामिल किया गया था। ये गाड़ियां रोज़ाना 15 से 20 गांवों में जाती थीं और इनसे मोदी की उपलब्धियों का गुणगान किया जाता था। मोदी के एक सहयोगी के अनुसार उनका उद्देश्य गांवों में मोदी के प्रति उत्सकुता पैदा करना था। इन आयोजनों का शीर्षक था 'मोदी आनेवाला है। (देखें अध्याय पांच)।

आठ दिसंबर, 2013 को जब विधान सभा चुनावों के नतीजे आने शुरू हुए तो मोदी की प्रचार टीम हर्षित और आनंदित थी। मध्य प्रदेश और छत्तीसगढ़ राज्यों की जीत अपेक्षा के अनुरूप ही थी। दिल्ली में भाजपा सबसे दल के रूप में उभरी थी लेकिन विधान सभा में किसी भी दल को बहुमत नहीं मिल सका था। दूसरी ओर, राजस्थान में मिली विजय का जश्न मनाने की ज़रूरत थी। यहां भाजपा सिर्फ जीती ही नहीं बल्कि उसने चुनाव में ऐतिहासिक तीन चौथाई सीटें हासिल कीं। उसने रिकॉर्ड 162 सीटों पर विजय हासिल की जबकि कांग्रेस मात्र 21

सीटों तक सिमट गयी। इस चुनाव में सबसे महत्वपूर्ण यह था कि भाजपा ने राजस्थान के ग्रामीण इलाकों में अपना परचम फहराया। राजस्थान ऐसा राज्य था जिसमें कांग्रेस और गांधी परिवार का भी बहुत कुछ दांव पर लगा था। कांग्रेस पार्टी के सामाजिक कल्याण के अनेक कार्यक्रमों--नरेगा से लेकर मुफ्त दवाओं जैसी योजना, को यहां लागू किया गया था। मोदी बनाम सोनिया को लेकर छिड़ी बहस राजस्थान में आकर समाप्त हो गयी। राजस्थान के चुनाव नतीजों ने आडवाणी-सुषमा कैंप के इस कथन पर भी विराम लगा दिया कि प्रधानमंत्री पद के लिए मोदी की उम्मीदवारी की घोषणा गलत थी। राज्य में गहलोत सरकार के खिलाफ़ जनता में गुस्सा नज़र आ रहा था लेकिन किसी को ऐसी लहर की उम्मीद नहीं थी। यह एक ऐसा राज्य था जहां मोदी ने सबसे अधिक प्रचार किया और उन्हें इसके बेहतरीन नतीजे भी मिले।

राजस्थान चुनाव के नतीजों पर टिप्पणी करते हुए मोदी टीम के एक सदस्य ने कहा, 'मैं समझता हूं कि जिस तरह की विजय हमने हासिल की है वह कुल मिलाकर विलक्षण है। यह तो राजस्थान में चुनावी लहर थी। यदि हम इसी फार्मूले को दूसरे राज्यों में सही तरीके से लागू कर सकें तो मिशन 272 सपना नहीं होगा।'

मिशन 272 का निर्धारण इस तथ्य के आधार पर किया गया था कि भाजपा का कांग्रेस जैसा अखिल भारतीय स्वरूप नहीं है लेकिन वह उत्तर, पश्चिम और मध्य भारत में उसका अच्छा आधार है। विधान सभा चुनाव के नतीजों के बाद टेलीविज़न पर चुनावी मूड की समीक्षा करते हुए मैंने कहा था, 'उत्तर पश्चिम मानसून अब भाजपा के पक्ष होता नज़र आ रहा है।'

पश्चिमी भारत के महाराष्ट्र से लेकर उत्तर में बिहार तक 14 छोटे बड़े राज्यों में 314 लोकसभा सीटें थीं। 1999 के चुनाव में कांग्रेस ने इनमें से 116 पर विजय हासिल की थी जबकि भाजपा को 89 सीटें मिली थी। भाजपा को अब इस संख्या को उलटना ही नहीं था बल्कि उसके लिए इस पूरे इलाके पर अपना वर्चस्त कायम करने की ज़रूरत थी ताकि अधिक नहीं तो भी इस राज्य में कम से कम 70 प्रतिशत सीटें हासिल की जा सकें। उत्तर भारत और बिहार में लक्ष्य हासिल करना महत्वपूर्ण था। उत्तर प्रदेश की 80 और बिहार की 40 सीटों पर हवा का रुख अपने पक्ष में करना एक चुनौती थी। मोदी यदि भारत के अगले प्रधानमंत्री बनना चाहते थे तो उन्हें इन दो राज्यों में जीत हासिल करने के लिए कड़ा संघर्ष करने की ज़रूरत थी।

5

केंद्रीय स्थल के लिए संघर्ष

प्रत्येक चुनाव के कुछ निर्णायक क्षण होते हैं, ऐसी घटनाएं होती हैं जो स्थायी रूप में चुनाव की दिशा बदल देती हैं। ऐतिहासिक 1977 के चुनाव को ही लीजिए, वरिष्ठ मंत्री बाबू जगजीवन राम द्वारा कांग्रेस छोड़े जाने के दिन से इंदिरा गांधी सरकार का पतन शुरू हो गया था। इसी तरह 2004 में, लखनऊ में, जहां से अटल बिहारी वाजपेयी भाजपा के प्रत्याशी थे, गरीब महिलाओं में साड़ी वितरण कार्यक्रम में भगदड़ ने वाजपेयी सरकार के 'उदय भारत' अभियान के औचित्य पर सवाल खड़े किए थे। इस कार्यक्रम में हुई भगदड़ में 21 व्यक्तियों की मृत्यु हो गई थी। पटना के रेलवे स्टेशन और गांधी मैदान में 27 अक्तूबर, 2013 को हुए बम विस्फोट की घटनाएं संभवतः 2014 के चुनाव के लिए निर्णायक मोड़ था, जिसमें पांच व्यक्तियों की जान गई थी और आठ से अधिक व्यक्ति जख्मी हो गए थे। इस विस्फोट के समय नरेंद्र मोदी गांधी मैदान में 'हुंकार' रैली को संबोधित कर रहे थे।

इस रैली को 'दुश्मन' के इलाके में मोदी की ऐतिहासिक जनसभा का नाम दिया गया था। मोदी को बिहार के मुख्यमंत्री नीतीश कुमार की ज़िद पर करीब एक दशक तक इस राज्य से दूर रखा गया था। बिहार में नीतीश के साथ भाजपा की गठबंधन सरकार थी, जिन्होंने स्पष्ट कर रखा था कि गुजरात के दंगों के दाग के कारण नरेंद्र मोदी का इस राज्य में स्वागत नहीं है। मोदी को जब जून, 2013 में भाजपा के चुनाव अभियान समिति का अध्यक्ष बनाया गया तो नीतीश ने बिहार में भाजपा-जदयू गठबंधन तोड़ दिया। मोदी और नीतीश के बीच व्यक्तित्व को लेकर यह सिर्फ प्रतिष्ठा की लड़ाई नहीं थी। भाजपा के साथ गठबंधन तोड़ने

के बाद नीतीश कुमार ने खुद को धार्मिक तटस्थता के पैरोकार और कांग्रेस विरोधी बताने का कोई अवसर नहीं गंवाया और जनसपंर्क तंत्र, मीडिया और विज्ञापनों ज़रिये अपनी छवि बनाने वालों पर तीखा हमला बोला। नीतीश ने ऐसा आभास कराया कि मानो वह मोदी के विकल्प के रूप में खुद को तैयार कर रहे हैं। भाजपा भी अब प्रतिशोध के लिए तैयार थी।

भाजपा की प्रदेश ईकाई 'हुंकार' रैली की महीनों से तैयारी कर रही थी। पूरे पटना शहर में में सभी महत्वपूर्ण जगहों पर नरेंद्र मोदी के बड़े-बड़े पोस्टर लगाए गए थे। पटना शहर को अपने इस विशेष अतिथि का गर्मजोशी से स्वागत करने के लिए सजाया जा रहा था। भाजपा ने इस रैली के लिए दिल्ली से पत्रकारों को पटना ले जाने का बंदोबस्त किया था। सीएनएन-आईबीएन के पटना में ब्यूरो प्रमख प्रभाकर कुमार नाराज़ थे और उन्होंने अपनी अप्रसन्नता ज़ाहिर भी कर दी थी और शिकायत भरे अंदाज़ में कहा भी था, 'सर, किसी भी बड़े कार्यक्रम के संकलन के लिए आप हमेशा दिल्ली से संवाददाता क्यों भेजते हैं? मुझे पूरा भरोसा है कि हम यहां अपने आप यहां से इसे देख लेंगे।'

मैंने उन्हें यह समझाने का प्रयास किया कि खबरों की दृष्टि से यह बहुत बड़ा आयोजन है। मैंने तर्क दिया, 'प्रभाकर, मान लो यदि सभा स्थल पर कोई बम विस्फोट ही हो जाए, तो ऐसी स्थिति में हम क्या करेंगे? निश्चित ही हमें सभा स्थल पर एक तगड़ी टीम रखनी होगी।' मुझे और मेरी पटना की टीम को रंच मात्र भी इस बात का अहसास नहीं था कि हमारी आशंका इतनी अधिक सटीक हो जाएगी।

गांधी मैदान में रविवार की दोपहर में यह रैली होनी थी लेकिन सुबह से ही मैदान में जन सैलाब उमड़ने लगा था। भाजपा ने अपनी ताकत का प्रदर्शन करने के लिए पड़ोसी ज़िलों से लोगों को लाने के लिए बसों की व्यवस्था की थी। रेलगाड़ियों में भी पांव रखने तक की जगह नहीं थी। भाजपा के प्रवक्ता राजीव प्रताप रूढ़ी ने हमसे कहा, 'बिहार के इतिहास की यह सबसे बड़ी रैली होगी।'

बिहार में 'बिग' का तात्पर्य विशाल से है—बिहार के लोगों को राजनीति से बहुत प्रेम है। शायद ही किसी दूसरे राज्य में राजनीतिक परिचर्चा इतनी गर्मजोशी से होती हो जितनी बिहार में। बिहार के अधिकांश लोगों की राजनीति में दिलचस्पी इतनी गहरी है कि कभी कभी लगता है कि मानो यह लोगों का कुटीर उद्योग हो। मैंने एक बार 2003 में इराक में जार्ज बुश के हमले के विरोध में आयोजित लालू प्रसाद की 'लाठी' रैली देखी थी। मैं कभी यह समझ ही नहीं पाया कि इतनी

दूर हो रहे एक युद्ध के खिलाफ़ विरोध प्रकट करने के लिए करीब दो लाख लोग क्यों एकत्र हुए लेकिन ऐसा हुआ। इस बार गांधी मैदान एक नए शक्ति प्रदर्शन का गवाह बनने की तैयारी में था। एक अनुमान था कि इस बार दो लाख से कहीं ज़्यादा की भीड़ होगी।

इसी बीच, पटना जंक्शन के प्लेटफार्म नंबर दस के शौचालय में सुबह करीब साढ़े नौ बजे पहला बम विस्फोट हुआ। इस विस्फोट में एक व्यक्ति ज़ख़्मी हो गया। इससे दहशत फैली लेकिन यह न्यूज़ फ्लैश तक ही रह गया था। होता भी क्यों नहीं, रेलवे स्टेशन गांधी मैदान से काफी दूर था। दो घंटे बाद, हम जानते थे, हमारे पास अब एक बड़ी ब्रेकिंग न्यूज़ आ रही है—सुबह 11.40 मिनट से 12.15 मिनट के बीच भाजपा नेता शाहनवाज़ हुसैन के मंच से भाषण के दौरान चार विस्फोट हो चुके थे। हुसैन ने सोचा कि ये 'पटाखों' की आवाज़ है जबकि ऐसा नहीं था। यह चुनाव प्रचार के दौरान होने वाली एक और घटना नहीं थी--अब यह साफ हो गया था कि यह भाजपा के प्रधानमंत्री पद उम्मीदवार की रैली पर एक बहुत बड़ा, संभवतः आतंकी, हमला था।

मोदी इन विस्फोट के वक्त पटना हवाई अड्डे पर उतर रहे थे। भाजपा अध्यक्ष राजनाथ सिंह और अरुण जेटली पहले ही पहुंच चुके थे। जेटली गांधी मैदान के सामने स्थित मौर्या शेरेटन में ठहरे थे। जेटली ने उस दिन याद कर बताया, 'मैं सभा स्थल पर थोड़ा जल्दी पहुंच गया।' उनकी मुलाकात मोदी की सुरक्षा व्यवस्था देख रहे गुजरात पुलिस के एक वरिष्ठ अधिकारी से हुई केंद्र ने अभी तक उन्हें ज़ेड श्रेणी की सुरक्षा प्रदान नहीं की थी। इस अधिकारी ने जेटली से कहा, 'सर, हम मोदी से कह रहे हैं कि वह हवाई अड्डे पर ही रुके रहें और सभा स्थल पर नहीं आएं। रैली को रद्द करना पड़ेगा।' भाजपा नेता ने राजनाथ सिंह के साथ सलाह मशविरा किया और दोनों ने वहीं रहने का निश्चय किया। उन दोनों को भय था, 'यदि हम रैली रद्द कर दें तो वहां लोगों में घबराहट फैल जाएगी और भगदड़ होने पर लोगों की जान जा सकती थी।'

स्थानीय बिहार पुलिस, जिसने अपर्याप्त सुरक्षा बंदोबस्त किए थे, से कहा गया था कि यदि मंच के पास एक और विस्फोट होता है तो उन्हें किसी भी आपातस्थिति के लिए तैयार रहना होगा। किसी भी अप्रिय घटना की स्थिति में भाजपा के नेताओं को सुरक्षित बाहर निकालने के लिए मुख्य मंच के पीछे चार कारें तैयार खड़ी थीं। इस समय तक मोदी मंच पर पहुंच चुके थे और उपस्थित जनसमूह आसन्न खतरे से बेखबर उनके नाम के नारे लगा रहा था। एक वरिष्ठ अधिकारी उस दिन को याद कर कहता है, 'यह बड़ी अजीब स्थिति थी। सिलसिलेवार

बम विस्फोट हुए थे लेकिन भीड़ तो सिर्फ मोदी की एक झलक देखना चाहती थी। मैंने ऐसा माहौल पहले कभी नहीं देखा था।'

स्थिति की गंभीरता को भांपते हुए जेटली ने सात मिनट के भीतर अपना भाषण खत्म किया। राजनाथ सिंह ने भी जल्दी ही अपना भाषण पूरा करने का वायदा किया लेकिन उन्होंने बीस मिनट लिए। मैदान में उपस्थित भीड़ अधीर हो रही थी और पुलिस लगातार चिंतित हो रही थी। उसी समय मोदी मंच पर आए।

मोदी ने स्थानीय मैथिली और भोजपुरी मुहावरों के साथ 45 मिनट भाषण दिया और इस दौरान नीतीश सरकार की छीछालेदर की और मुख्यमंत्री को 'मौकापरस्त' और 'बगुलाभगत' करार दिया। उन्होंने काफी आक्रामक अंदाज़ में कहा, 'नीतीश कुमार ने बिहार की जनता से विश्वासघात किया है। उन्होंने जयप्रकाश नारायण और राम मनोहर लोहिया के साथ भी विश्वासघात किया है। ऐसे व्यक्ति पर कोई कैसे भरोसा कर सकता है!'

मोदी ने खुद के पिछड़ी जाति का होने पर ज़ोर दिया। उन्होंने जनसमूह से कहा, 'कांग्रेस के नेताओं को गरीबी और भूख का अहसास ही नहीं है। मैं रेलगाड़ियों में चाय बेचा करता था। मुझे पता है कि ट्रेन के भीतर जाना और इससे अपनी आजीविका कमाना कितना मुश्किल है। यहां तक कि रेल मंत्री को भी मेरे जैसा अनुभव नहीं है जो ट्रेन में जाने पर होता है।' उन्होंने मुस्लिम मतदाताओं को भी रिझाने का प्रयास करते हुए कहा, 'बिहार में हमारे मुस्लिम भाई भी पिछड़े हैं। लेकिन गुज़रात में, सबसे तेज़ी से विकास करने वाले क्षेत्रों में मुस्लिम बहुल इलाका है। हिंदु और मुसलमानों को एकजुट होकर गरीबी खत्म करने के लिए काम करना चाहिए। हमारा पहला धर्म भारत है। हमें हर कीमत पर शांति और भाईचारा बनाये रखना है।'

उन्होंने बिहार को बुद्ध और महावीर की धरती बताया। यही नहीं, अपने भाषण के प्रवाह में उन्होंने इतिहास का गलत हवाला देते हुए (ऐसा पहली बार नहीं हुआ था) यहां तक दावा कर दिया कि बिहारियों ने ही एलेक्ज़ेंडर को परास्त किया था और तक्षशिला भी बिहार में है (वास्तव में यह पाकिस्तान में है) इन चूकों के अलावा मोदी का प्रदर्शन शानदार था।

सबसे महत्वपूर्ण बात यह थी कि उन्होंने अपने भाषण में एक बार भी विस्फोटों का ज़िक्र नहीं किया और अपने संबोधन के अंत में लोगों से सुरक्षित घर पहुंचने का अनुरोध किया। कुछ घंटे बाद, वह घायलों से मिलने अस्पताल गए और पीड़ितों के प्रति सहानुभूति व्यक्त की। मैंने बाद में मोदी से पूछा कि क्या उन्होंने किसी मौके पर इस रैली को रद्द करने के बारे में सोचा था। उन्होंने

ज़ोर देकर कहा, 'नहीं, यदि हमने रैली रद्द की होती तो यह कहीं और बड़ी आपदा का रूप ले सकती थी।'

विशाल जनसमूह से सीधा संपर्क मोदी के लिए बहुत कीमती है। चाहे वह हैदराबाद में कहें, 'यस वी कैन' या फिर अहमदाबाद में जनसमूह में 'वंदे मातरम' कहलाएं या फिर जनता के साथ तालमेल बिठाने और उसे अपनी ओर आकर्षित करने की प्रक्रिया में हंसते हुए गांधी परिवार पर व्यंग्य कसें। यही मोदी का सबसे ईनाम और उनके नेतृत्व का गुण है।

उस दिन पटना भी कोई अलग नहीं था। मोदी ने इस रैली में लोगों को विभाजित करने वाला नहीं बल्कि विकास को मुद्दा बनाया जिसमें जनता को एकजुट करने की संभावना थी। उन्होंने उस चक्रव्यूह से पड़ने से गुरेज़ किया जिसमें अक्सर भाजपा नेता आसानी से आ जाते हैं और कई बार सिलसिलेवार बम विस्फोट की घटनाओं की जांच शुरू होने से पहले ही इसे (इस्लामिक आतंकवाद) का जामा पहना देते हैं (काफी बाद में, इस विस्फोट के लिए इंडियन मुजाहिदीन के रांची माड्यूल पर संदेह व्यक्त किया गया)। सबसे ज्यादा महत्वपूर्ण बात यह थी कि उन्होंने विस्फोट की घटनाओं से उत्पन्न हो रही चुनौतियों से विचलित हुए बगैर पूरी तरह शांत रहते हुए एक सशक्त नेतृत्व का परिचय दिया था।

गांधी मैदान और उसके पास एकत्र भीड़ ने पाया कि मोदी अपने अतीत की बेड़ियों को तोड़ने का प्रयास कर रहे थे और नए भविष्य की ओर देख रहे थे। जनसमूह में ज़ोरदार नारे लग रहे थे। जनता मोदी को और अधिक सुनना चाहती थी। हालांकि इस तरह की रैली चुनाव प्रचार की दिशा निर्धारित नहीं करती लेकिन तमाम विवादों के बावजूद मोदी के लिए पटना की रैली एक अविस्मरणीय आयोजन था। इसने भाजपा को यह भरोसा दिलाया कि उसका नेता नए क्षेत्रों में भी पार्टी के पक्ष में माहौल बना सकता है। जेटली ने स्वीकार भी किया, 'उस दिन तक, हम चुनाव को पारंपरिक गणित के नज़रिए से ले रहे थे। लेकिन इसके बाद तो सब कुछ हाव भाव को लेकर हो गया।'

उसी दिन और लगभग उसी समय राहुल गांधी ने दिल्ली के मंगोलपुरी इलाके में जनसभा को संबोधित किया था। अधिकांश न्यूज़ चैनलों ने मोदी की रैली पर ध्यान केंद्रित किया और राहुल गांधी की सभा का सीधा प्रसारण नहीं किया और उसे नज़रअंदाज़ किया। निश्चित ही उस का एक ही विजेता था। घर में बैठकर सारे घटनाक्रम को टेलीविज़न पर देखते हुए नीतीश कुमार निश्चित ही परेशान हो रहे होंगे। उनकी सरकार पर अपने मुख्य राजनीतिक विरोधी की सुरक्षा में ढिलाई बरतने के आरोप लग रहे थे। बिहार कांड से एक नए हीरो

का उदय हुआ था। विस्फोटों के बाद भावुकता बढ़ी और आवेश में टेलीविज़न चैनलों पर बड़ी बहस के दौरान मोदी की जान को खतरे ओर इसके परिणामस्वरूप उनकी सुरक्षा के प्रति प्रशासनिक उपायों में उदासीनता का मसला ज़ोर पकड़ने लगा। ऐसी स्थिति में नीतीश के लिए बिहार की लड़ाई हारने की स्थिति बन गई थी।

कुछ रिश्ते ऐसे होते हैं जो कभी बन नहीं पाते। मोदी और नीतीश के बीच समीकरण भी कुछ ऐसे ही थे। मुझे याद है कि कुछ साल पहले एक रात्रि भोज पर मैंने नीतीश से पूछा था कि मोदी के बारे में ऐसा क्या था कि वह इतना आहत हो गए। इस पर नीतीश का जवाब था, 'इससे किसी व्यक्ति को मत जोड़िए...यह किसी व्यक्ति विशेष नहीं है, यह एक विचारधारा की लड़ाई है...यह देश सेक्यूलर है और सेक्यूलर रहेगा...कुछ लोगों को यह पता होना चाहिए।' इस दौरान, अपने स्वभाव के अनुरूप नीतीश ने एक बार भी मोदी का नाम नहीं लिया। वह उन्हें तीसरे व्यक्ति के रूप में संबोधित कर रहे थे।

लेकिन नीतीश जैसा हम लोगों को जताने का प्रयास कर रहे थे वैसा यह सिर्फ 'सेक्यूलर' बनाम 'कम्यूनल' का मुद्दा नहीं था। जब 2002 में गुजरात दंगे हुए तो वाजपेयी के नेतृत्व वाली राजग सरकार में नीतीश कुमार मंत्री थे। रामविलास पासवान ने तो विरोध में इस्तीफा दे दिया था लेकिन नीतीश कुमार ने ऐसा नहीं किया था और वह सरकार में बने रहे थे। उन्होंने मोदी को हटाने की मांग भी नहीं की थी। यदि उन्होंने कोई विरोध किया भी तो वह सार्वजनिक रूप से नहीं किया था। राजग का चेहरा वाजपेयी जी थे और ऐसा लगता है कि प्रधानमंत्री की व्यापक छवि से नीतीश कुमार संतुष्ट थे। यही नहीं, नीतीश रेल मंत्री के रूप में गुजरात भी गए और वहां मोदी के साथ मंच भी साझा किया।

मोदी के साथ नीतीश के रिश्ते औपचारिक रूप से नवंबर, 2005 में टूटे जब बिहार में उन्होंने पहली बार बहुमत की सरकार बनाई। यह वह मौका था जब उन्होंने महसूस किया कि उनका दीर्घकालीन राजनीतिक भविष्य राज्य के मुस्लिम समुदाय को अपने साथ जोड़ने पर ही टिका हुआ है। वह राज्य की 16 से 18 फीसदी मुस्लिम आबादी के हितों को नज़रअंदाज़ करके लंबे समय तक भरोसेमंद मुख्यमंत्री नहीं रह सकते हैं। जनता दल (यूनाइटेड) सरकार का भाजपा के साथ गठबंधन होना भी इस चिंता की एक वजह थी। अतः नीतीश ने एक सहयोगियों के लिए एक लक्ष्मण रेखा खींची थी--उनकी सरकार उनके समाजवादी विचारधारा द्वारा प्रतिपादित धर्मनिरपेक्षता के सिद्धांत से निर्देशित होगी। इस प्रक्रिया

में मुसलमानों के हितों की रक्षा करना भी शामिल था जिसमें ढील नहीं दी जा सकती थी। इसी वजह से मोदी को बिहार से दूर रखने का फैसला किया गयाा और जूनियर सहयोगी के रूप में भाजपा ने इस शर्त को स्वीकार किया था।

नीतीश ने विशेषरूप से जेटली के साथ बढ़िया तालमेल स्थापित कर लिया था। नीतीश अपनी प्रत्येक दिल्ली यात्रा के दौरान जेटली के घर रात में खाने पर जाते थे। उनका अपने उप मुख्यमंत्री सुशील मोदी से भी बेहतर निभती थी क्योंकि वह विश्वविद्यालय में उनके साथ थे। बिहार के मोदी चूंकि उनके साथ थे, इसलिए उन्हें लगता था कि दूर गुजरात के मोदी को लेकर उन्हें चिंता करने की ज़रूरत नहीं है।

अचानक ही दो घटनाओं ने सब कुछ बदल दिया। पहली घटना 2009 के आम चुनाव के प्रचार के दौरान हुई। राजग अपने शक्तिप्रदर्शन के लिए प्रधानमंत्री पद के उम्मीदवार लाल कृष्ण आडवाणी के नेतृत्व में लुधियाना में संयुक्त रैली का आयोजन कर रहा था। नीतीश इस रैली में जाने के इच्छुक नहीं थे क्योंकि उन्हें लगता था कि वहां नरेंद्र मोदी भी मौजूद होंगे। जेटली ने उन्हें विश्वास दिलाया कि यह आडवाणी जी का व्यक्तिगत निमंत्रण है और वहां उनकी उपस्थिति ज़रूरी है। नीतीश के मन में आडवाणी जी के प्रति सम्मान था और इसलिए वह वहां जाने के लिए तैयार हो गए।

नीतीश के मंच पर पहुंचते ही नरेंद्र मोदी उनका अभिवादन करने के लिए लपके और उनका हाथ पकड़ लिया। यह दृश्य देखकर वहां मौजूद जनसमुदाय ने इसका पुरज़ोर स्वागत किया। यह मुश्किल से दस सेकेंड का ही दृश्य था लेकिन न्यूज़ चैनलों को यह दृश्य दिखाने और प्रेस फोटोग्राफरों को फोटो लेने का बहुप्रतीक्षित मौका मिल गया जो अगले दिन समाचार पत्रों के पहले पन्ने पर छपी। नीतीश बहुत लाल पीले हुए। उन्होंने अपने सहयोगियों से कहा कि लुधियाना में हाथ पकड़ने वाली घटना तो विश्वासघात थी। नीतीश ने बाद में जेटली से कहा, 'आपने अपना वायदा नहीं निभाया।' भाजपा नेता ने ज़ोर देकर कहा कि यह जानबूझ कर किया गया कृत्य नहीं था।

दो साल बाद, जून, 2010 में मोदी ने जानबूझ कर नीतीश को उकसाने के इरादे से ऐसा ही कुछ किया। भाजपा की पटना में राष्ट्रीय कार्यकारिणी की पूर्व संध्या पर शहर के महत्वपूर्ण स्थानों पर मोदी के बड़े बड़े पोस्टर लगे थे जिसमें कोसी के बाढ़ पीड़ितों के लिए उनके योगदान का आभार व्यक्त किया गया था--गुजरात सरकार ने बाढ़ पीडितों के लिए पांच करोड़ रुपए दिए थे। ये पोस्टर भाजपा के स्थानीय नेताओं ने प्रायोजित किए थे।

नीतीश ने, जो यात्रा कर रहे थे, इस कार्यकारिणी के लिए पटना में एकत्र हुए भाजपा के वरिष्ठ नेताओं को अपने यहां रात्रि भोज पर आमंत्रित किया था। रात्रि भोजन का शानदार बंदोबस्त किया गया था और इसके लिए स्थानीय पांच सितारा होटल को नाना प्रकार के व्यंजन परोसने का ऑर्डर दिया गया था। लेकिन नीतीश जब पटना लौटे तो उन्होंने समाचार पत्रों में जो कुछ देखा उसे देख वह सन्न रह गए। समाचार पत्रों में गुजरात के मुख्यमंत्री का बिहार की जनता के लिए महादान के पूरे पन्ने के विज्ञापन थे। इसके साथ में लुधियाना में नीतीश और मोदी के एक दूसरे का हाथ थामने वाली तस्वीर थी।

यह देखकर नीतीश कुमार अपना आपा खो बैठे। उन्हें लगा कि मोदी ने जानबूझ कर उन्हें अपमानित करने के लिए इस धर्मार्थ कार्य का प्रचार किया है। इसके साथ ही रात्रि भोज रद्द कर दिया गया और सरकार ने इससे किनारा कर लिया। नीतीश ने अपने एक सहयोगी से कहा, 'हम उनके बगैर भी चल सकते हैं।'

मोदी भी गुस्सा थे। मोदी ने भाजपा अध्यक्ष गडकरी से कहा, 'आप नीतीश को मेरे साथ ऐसा आचरण करने की अनुमति कैसे दे रहे हैं? हमें सरकार से बाहर हो जाना चाहिए।' नीतीश की आत्मकथा लिखने वाले पत्रकार शंकरषन ठाकुर के अनुसार, 'यह वह दिन था जब नीतीश-मोदी की लड़ाई ने व्यक्तिगत स्तर पर एक भद्दी शक्ल ले ली थी और अब यह विचारधारा तक सीमित नहीं रह गया था।'

2009 में आम चुनाव में हार के बाद भाजपा अध्यक्ष एक और राज्य सरकार गंवाना नहीं चाहते थे। पार्टी इस घटनाक्रम से हुए नुकसान को नियंत्रित करने में जुट गयी। जेटली और सुशील मोदी को एक बार फिर नीतीश को मनाने का काम सौंपा गया। 2010 के बिहार विधान सभा के चुनाव साल भर बाद होने थे और इस गठबंधन को फिर से सत्ता में आने का पूरा विश्वास था। दोनो पक्षों में शांति स्थापित हो गई और विधान सभा चुनाव में उन्होंने तीन चौथाई बहुमत हासिल कर लिया।

2012 के मध्य तक यह साफ हो गया था कि भाजपा में मोदी उभरते हुए सितारे हैं। नीतीश भी उत्सुक थे। उन्होंने एक सार्वजनिक वक्तव्य देकर भाजपा से अनुरोध किया कि इस साल के अंत तक वह 2014 के आम चुनावों के लिए अपने प्रधानमंत्री पद के उम्मीदवार की घोषणा करे। *इकोनॉमिक टाइम्स* को दिए इंटरव्यू में नीतीश ने कहा कि भी कि प्रधानमंत्री पद के उम्मीदवार की पृष्ठभूमि 'सेक्यूलर' होनी चाहिए। इससे निश्चित था कि नीतीश पूरी तरह से मोदी विरोधी

एजेंडा फिर से तैयार करने के लिए कटिबद्ध थे। अंतर सिर्फ इतना ही था कि इस बार भाजपा उनके आगे झुकने को तैयार नहीं थी--नीतीश द्वारा निर्धारित समय सीमा आई और बीत भी गई।

2013 के शुरू में, मोदी लगातार तीसरी बार गुजरात विधान सभा के चुनाव जीत चुके थे और अब भाजपा में इस बड़े पद के लिए उनके नाम के चयन की संभावना व्यक्त की जा रही थी। नीतीश ने इस मसले पर स्थिति स्पष्ट करने के इरादे से भाजपा के राष्ट्रीय नेतृत्व से मुलाकात करने का फैसला किया। आडवाणी ने उन्हें भरोसा दिलाया कि ऐसा कोई निर्णय अभी नहीं लिया गया है। परंतु जब वह हमेशा की तरह जेटली के घर रात्रि भोज पर गए तो उन्हें वहां कुछ अजीब सा महसूस हुआ। नीतीश ने मुझसे कहा, 'मैंने कई बार उनको पूछा, पर सीधा जवाब नहीं मिला।' वह उस समय समझ गए थे कि भाजपा का 'पीएम के लिए मोदी' की योजना अब निर्विवादित सत्य है।

कुछ सप्ताह बाद ही भाजपा ने मोदी को औपचारिक रूप से अपना चुनाव अभियान समिति का मुखिया घोषित कर दिया। इसके साथ ही नीतीश ने भाजपा से गठबंधन तोड़ने और अकेले ही सरकार चलाने का फैसला कर लिया। कुछ दिन बाद मैंने नीतीश कुमार का इंटरव्यू किया। यह कड़ी गर्मी का दिन था। नीतीश अब अपने फैसले से पूरी तरह संतुष्ट लग रहे थे। उन्होंने कहा, 'एक व्यक्ति ने पार्टी को हाईजैक दिया है, डिक्टेटरशिप करना चाहते हैं। हमारे सामने कोई ऑप्शन ही नहीं था।' एक बार फिर उन्होंने दृढ़ता के साथ मोदी का नाम लेने से इंकार कर दिया हालांकि मैंने एक घंटे के इंटरव्यू के दौरान कई बार कोशिश की कि वह गुजरात के मुख्यमंत्री का संज्ञान तो लें।

उसी दिन शाम को विमान से लौटते समय मेरे सह-यात्री के रूप में 'बिहार के मोदी' सुशील कुमार मेरे साथ थे। मुझे सुशील मोदी पसंद हैं। वह एक ईमानदार व्यक्ति और विचारशील राजनीतिक लगते हैं। मैंने उनसे जानना चाहा कि इस बार उन्होंने भाजपा-जदयू गठबंधन को टूटने से रोकने की कोशिश क्यों नहीं की। उन्होंने भी यही कहा, 'कोई ऑप्शन नहीं था' और फिर अपनी बात समझाने के लिए दलीलें पेश कीं।

भाजपा ने कुछ दिन पहले नीतीश के फैसले के खिला विरोध प्रदर्शन के लिए एक रैली की थी। उस रैली में भाजपा के एक कार्यकर्ता ने आडवाणी और सुषमा सहित पार्टी के दूसरे नेताओं का गुणगान किया था। इस कार्यकर्ता ने जैसे ही मोदी का नाम लिया तो उपस्थित जनसमूह ने उसे यह कहते हुए तंग करना शुरू कर दिया कि 'बस मोदी का नाम बोलो।' सुशील मोदी ने सफाई

देते हुए कहा, 'राजदीप जी, मैंने पहले कभी ऐसा दृश्य नहीं देखा। लोगों में मोदी का क्रेज़ हो गया है।'

यही वह 'क्रेज़' था जिसे भाजपा भुनाना चाहती थी। नीतीश कुमार ने जिस दिन गठबंधन तोड़ा, उसी दिन बिहार में संघ परिवार की पूरी मशीनरी चौकन्नी हो गयी। बिहार जीतना मोदी टीम के लिए प्रतिष्ठा का सवाल बन चुका था। भाजपा के एक नेता ने मुझसे कहा, 'उत्तर भारत में यदि कोई एक राज्य था जिसमें मोदी जी रोज़ाना व्यक्तिगत दिलचस्पी ले रहे थे तो वह बिहार था। यह तो एकदम ऐसा था कि मानो वह नीतीश को सबक सिखाना चाहते थे।'

नीतीश की खुलेआम इस चुनौती से नाराज़, सवर्ण वर्ग पहले ही पूरी तरह भाजपा के साथ आ गया था। चुनौती बिहार के पिछड़े और जातीय समीकरणों को तोड़कर अपने अनुकूल बनाने की थी। इस तथ्य की ओर जब मैंने रविशंकर प्रसाद का ध्यान खींचा तो बिहार से भाजपा के इस नेता ने मुस्कुराते हुए कहा, 'यह मत भूलो कि देश में सबसे अधिक पिछड़ी जाति का नेता नरेंद्र मोदी हमारे साथ है।' बिहार की प्रत्येक जन सभा में मोदी अपनी पिछड़ी जाति का हवाला देना नहीं भूले।

भाजपा और आरएसएस के स्थानीय नेताओं ने पहले ही राज्य की जातीय ताने बाने की जटिलता को तोड़ने के लिए राज्य स्तर पर कई आयोजन किए थे–धानुक और केवट के लिए सम्मेलन किए गए और कोयरी समाज के लिए विशेष कार्यक्रम किया गया। बिहार में यादव समाज तक पहुंच बनाने के लिए भी विशेष प्रयास किए गए क्योंकि इस वर्ग के बारे में महसूस किया जा रहा था कि वह लालू शैली की राजनीति से थक चुका है। पार्टी ने पिछड़ी जाति के नेता उपेन्द्र कुशवाहा को अपने साथ जोड़ा जो कभी नीतीश के सहयोगी हुआ करते थे। फरवरी, 2014 तक दलित नेता रामविलास पासवान भी उनके पक्ष में आ चुके थे। भाजपा के एक नेता ने बिहार की रणनीति के बारे में बताते हुए कहा, 'मुस्लिम के अलावा, हमने सभी समुदायों में अपनी पहुंच बना ली थी। आप इसे हिंदू वोट बैंक कह सकते हैं जिसमें जातियों का भरपूर समावेश था।'

पटना के विस्फोट की घटनाओं ने तो हिंदू वोट बैंक को और मजबूत कर दिया था क्योंकि इस मामले में संदेह की सुई इस्लामिक उग्रवादी संगठनों की ओर जा रही थी। नीतीश अलग थलग पड़ गए थे और 2013 के अंतिम दौर में जब लेखक से जदयू के नेता बने पवन वर्मा के निवास पर मेरी उनसे मुलाकात हुई तो उनके चेहरे पर हार की शिकन नज़र आ रही थी। बिहार में मोदी के पक्ष में चल रही हवा और हमारे चुनाव कार्यक्रमों में उनके हारने की संभावना

व्यक्त किए जाने की पृष्ठभूमि में मैंने नीतीश से पूछा कि क्या उन्हें भाजपा से अपना गठबंधन तोड़ने का मलाल है तो उनका जवाब था, 'कहां रिग्रेट की बात? पालिटिक्स में चुनाव होते रहते हैं। आत्म सम्मान भी कोई चीज़ है या नहीं।'

अब सवाल था कि क्या नीतीश ने मोदी को प्रधानमंत्री पद का उम्मीदवार बनाये जाने को प्रतिष्ठा का मुद्दा बनाकर गलती की? अगर शुद्ध चुनावी भाषा में कहें तो शायद उनका गणित गलत हो गया। उनकी अपनी कुर्मी जाति इतनी बड़ी नहीं थी कि वह उन्हें लालू प्रसाद जैसा नेता बना सकती। उन्हें उम्मीद थी कि मोदी से टक्कर लेने के कारण मुसलमान उन्हें 'पुरस्कृत' करेंगे लेकिन वह यह भूल गए कि मुस्लिम लालू जैसे नेता का साथ दे सकते हैं जो उनका मानना था कि वास्तव में मोदी को हरा सकते हैं। नीतीश के अति पिछड़े और महादलित गठबंधन में भाजपा का आक्रामक चुनाव अभियान पहले ही सेंध लगा चुका था।

अंत में ऐसा लगा कि मानो नीतीश शायद लोहिया के धर्मनिरपेक्षता और समाजवादी सिद्धांतों के रक्षक के रूप में अपनी छवि बनाने के प्रयास में कुछ ज़्यादा ही आगे निकल गए। यह भी इत्तेफाक ही है कि नीतीश और मोदी के बीच कई मायनों में असमानता नहीं है। इस बारे में मैंने जून 2012 में अपने एक स्तंभ में उस समय लिखा था जब इस खेल का पटाक्षेप हो रहा था। दोनों व्यक्तियों में अधिकारवादी प्रवृत्ति है और दोनों ही अपने दलों पर पक्की पकड़ रखते हैं। दोनों ही असहमति के स्वर बर्दाश्त नहीं करते हैं और उन्होंने गुजरात या बिहार में दूसरी पंक्ति के नेताओं को पनपने नहीं दिया। दोनों की वित्तीय ईमानदारी के बारे में भी अच्छी प्रतिष्ठा है।

दोनों की पारिवारिक पृष्ठभूमि भी एक जैसी ही है। वे छोटे नगरों से कड़ी मेहनत करके इस मुकाम तक पहुंचे हैं। इनमें से एक वडनगर से और दूसरा बख्तियारपुर से यहां तक पहुंचा। दोनों ने ही अपने परिवारों को राजनीति से दूर रखा। मोदी ने अपनी पत्नी और परिवार का किशोरावस्था में ही त्याग कर दिया था। नीतीश की पत्नी भी लंबे समय से उनसे अलग रह रही थी। दोनों ने ही 1970 में आपातकाल के दौरान राजनीतिक दांव पेच सीखें लेकिन उन्होंने एक दूसरे से भिन्न विचारधारा का मार्ग चुना। एक आरएसएस का प्रचारक और हिंदू राष्ट्रवाद का कट्टर समर्थक बन गया तो दूसरा सामाजिक विचारधारा का प्रतिनिधित्व करने लगा। मोदी ने सार्वजनिक रूप से मुस्लिम टोपी पहनने से इंकार कर दिया था तो नीतीश को मिली जुली विरासत के प्रतीकों के रूप में इस्लामिक टोपी पहन कर खुशी होती है। मोदी का आर्थिक मॉडल सुव्यवस्थित

विपणन आधारित विकास और संपन्नता है जबकि नीतीश का मॉडल अनेक गरीबोन्मुखी योजनाओं को आगे बढ़ाना है।

2014 में भी, किसी भी दूसरे चुनावों की तरह, सिर्फ एक ही मॉडल और उसका नेता चुनाव जीत सकता था। परिवर्तन और आशाओं के प्रतीक मोदी एक व्यक्ति थे। समूचे बिहार में आरएसएस कैडर ने घर घर चुनाव प्रचार के दौरान बिहार के पिछड़ेपन के साथ ही गुजरात की संपन्नता का ढोल बजाया। राज्य के चुनाव में जहां मुख्यमंत्री पद का सब कुछ दांव पर हो, नीतीश भी एक महत्वपूर्ण पहलू हो सकते हैं। वैसे भी देश में शासन की दृष्टि से कठिनतम राज्यों में से एक बिहार राज्य के विकास के लिए कड़े प्रयास किए थे। उनकी सड़क निर्माण परियोजनाओं की विशेषकर सभी ने सराहना की थी। पटना अब पहले से अधिक सुरक्षित शहर था जहां महिलाएं रात में भी बगैर किसी भय के निकल सकती थीं। उन्होंने एक बार मुझसे कहा, 'गुजरात चलाना आसान है, बिहार को सुधारना बहुत मुश्किल है।' लेकिन 2014 के चुनाव पटना की गद्दी पर शासन के लिए नहीं बल्कि यह चुनने के लिए था कि भारत को नेतृत्व देने के लिए कौन सर्वश्रेष्ठ है। मोदी को 2014 में प्रधानमंत्री पद का उम्मीदवार घोषित किया गया था जबकि नीतीश का दायरा उनकी राज्य की सीमाओं तक सीमित था।

भाजपा के एक रणनीतिकार ने मुझसे बाद में कहा, 'बिहार के लिए हमारे पास तीन हथियार थे। ओबीसी नेता के रूप में मोदी जो राष्ट्र का नेतृत्व कर सकते हैं, भाजपा को धोखा देने की वजह से नीतीश के प्रति सवर्ण वर्ग की नाराज़गी और तेज़ी से विकास तथा रोज़गार के अवसर उपलब्ध कराने का वायदा।' इस रणनीति ने काम किया। राज्य की चालीस सीटों में से अधिसंख्य में हिंदू मतों के ध्रुवीकरण के संकेत साफ नज़र आ रहे थे। बिहार को जीत लिया था और अब मोदी के लिए पड़ोसी राज्य उत्तर प्रदेश को जीतने की उससे भी बड़ी चुनौती थी।

दिल्ली का रास्ता लखनऊ से ही होकर जाता है। या दशकों से हमें यही भरोसा दिलाया जाता रहा है। 1947 से 1991 के दौरान भारत के सारे प्रधानमंत्री अवध की इसी धरती से हुए थे। इसमें सिर्फ एक ही अपवाद थे, मुंबई स्थित गुजराती मोरारजी देसाई, जिनका 1977 में जनता पार्टी सरकार के नेता के रूप में उदय हुआ था। लेकिन दो साल से भी कम समय में उनका स्थान उत्तर प्रदेश के ही एक अन्य नेता चौधरी चरण सिंह ने ले लिया था। जनसंघ और बाद के सालों में भाजपा ने हिंदी, हिंदू, हिंदुस्तान की राजनीति परिभाषित की। भाजपा के एकमात्र प्रधानमंत्री अटल बिहारी वाजपेयी लखनऊ के गौरव थे। एक तरह

से नरेंद्र मोदी का इतिहास के साथ संघर्ष था--पहले कभी भी कोई पीठासीन मुख्यमंत्री प्रधानमंत्री नहीं बना था और न ही गंगा के मैदानी इलाके से बाहर का कोई भाजपा नेता इस पद तक पहुंच सका था।

उत्तर प्रदेश जैसी उथल पुथल भी किसी अन्य राज्य ने पिछले दो दशकों में नहीं देखी थी। अयोध्या में 1991 में बाबरी मस्जिद विध्वंस से लेकर मुलायम सिंह और मायावती के उत्थान तक उत्तर प्रदेश एक ऐसी प्रयोगशाला बन गया था जिसने इस अवधि में जाति और समुदाय की राजनीति का बहुत ही वीभत्स चेहरा देखा। करीब बीस करोड़ की आबादी वाला उत्तर प्रदेश यदि एक स्वतंत्र राष्ट्र होता तो यह दुनिया का छठा सबसे बड़ा एक गरीब, बहुत अधिक जनसंख्या, खराब शासन और सामाजिक-राजनीतिक टकरावों में उलझा हुआ देश होता। राज्य में बड़ी संख्या में उद्योग और रोज़गार के अवसरों की अनुपलब्धता के कारण यहां राजनीति सबसे बड़ा उद्योग बन गई। गंगा किनारे की समूची भूमि राजनीति से ओतप्रोत है।

पत्रकार के रूप में, मैंने काफी नज़दीक से उत्तर प्रदेश की राजनीति को देखा है और अनुभव किया है। मैने राज्य विधान सभा में विधायकों को माइक फेंकते देखा, एक मुख्यमंत्री को आधी रात में सिर्फ एक दिन के लिए शपथ लेते भी देखा, समाजवादी पार्टी के विधायकों द्वारा मायावती से दुर्व्यवहार भी देखा (उन्होंने बाद में दावा किया कि वे उनसे बलात्कार कर उनकी हत्या करना चाहते थे) और अपने विरोधियों का खात्मा करने के लिए अपराधी विधायकों द्वारा 'सुपारी' लिए जाने के किस्से भी सुने। राजनीतिक पत्रकार के लिए भारतीय राजनीति में हो रही उथल पुथल को समझने के लिए उत्तर प्रदेश से बेहतर जगह दूसरी नहीं (हां, लालू प्रसाद के राज में बिहार भी) थी। मैं मुंबई में रहने वाले अपने स्कूल के दोस्तों से कहता था कि वे यदि भारत और भारतीय राजनीति को समझना चाहते हैं तो उन्हें उत्तर प्रदेश और बिहार की यात्रा करनी चाहिए।

इस दौर में एक बात और स्पष्ट हुई थी कि उत्तर प्रदेश में राष्ट्रीय दलों का प्रभाव कम हो रहा था। कांग्रेस 1989 के बाद, जब राजीव गांधी सरकार की हार हुई थी, अपना वजूद बनाये रखने के लिए संघर्ष कर रही थी। एक पत्रकार ने राज्य में कांग्रेस की स्थिति के बारे में मुझसे कहा, 'आप उप्र में असली कांग्रेसी व्यक्ति से मिलना चाहते हैं? किसी वरिष्ठ नागरिक को तलाशिए जो पिछले बीस साल से सो रहा है।'

भाजपा ने राम जन्म भूमि आंदोलन के संवेदनशील मुद्दे के सहारे अपना कैडर तैयार किया और उसने प्रदेश की राजनीति में सिमटती कांग्रेस के कारण

उत्पन्न रिक्तता को भरने का प्रयास किया। ऐसा लगता है कि उसने काम किया है। लेकिन सिर्फ थोड़े वक्त के लिए। शीघ्र ही, जिस 'हिंदू' वोट बैंक को एकजुट किया गया था उसे ऐसा आभास होने लगा कि पार्टी ने अब उसे हमेशा के लिए प्राप्त कर लिया है। निकट भविष्य में किसी मंदिर का निर्माण नहीं होने जा रहा था। यह सिर्फ वोट प्राप्त करने का चुनावी हथकंडा था। इसके विपरीत, जाति आधारित राजनीति के मायावती के प्रतिनिधित्व वाली दलित बहुल्य बहुजन समाज पार्टी और मुलायम सिंह की समाजवादी पार्टी अधिक प्रभावी और टिकाऊ अपील कर रहे थे। चुनावी दंगल में मंदिर के मुकाबले मंडल अधिक टिकाऊ मुद्दा रहा।

2009 के लोकसभा चुनाव में, भाजपा को उप्र में अस्सी में से सिर्फ दस सीटें ही मिलीं। यह पिछले बीस साल में उसका सबसे खराब प्रदर्शन था। 2012 के विधान सभा चुनाव में स्थिति और खराब हो गयी। इस चुनाव में भाजपा को 403 में से सिर्फ 47 सीटों पर ही जीत हासिल हुई और कुल वोट का 15 फीसदी ही उसके हिस्से आया। विधान सभा चुनाव के बाद मैं उप्र के एक वरिष्ठ भाजपा नेता से मिला तो वह पूरी तरह निराश नज़र आ रहे थे। उन्होंने अपना फैसला सुनाते हुए कहा, 'अब सब कुछ खत्म हो गया। अब बस मुलायम और मायावती का खेल चलेगा।'

2012 के विधान सभा चुनाव में मोदी की भूमिका भी विवादास्पद सिद्ध हुई थी। मोदी ने उप्र में चुनाव प्रचार करने से इंकार कर दिया था क्योंकि पार्टी ने उनके धुर विरोधी संजय जोशी का चुनाव अभियान के लिए चुनाव किया था। जोशी को पार्टी अध्यक्ष गडकरी ने इस काम के लिए चुना था और इसे आरएसएस का समर्थन प्राप्त था। मोदी इसके लिए तैयार नहीं थे। मैं टेलीफोन पर एक वार्ता का गवाह हूं जिसमें गडकरी उप्र में कुछ जनसभाओं को संबोधित करने के लिए मोदी को मना रहे थे क्योंकि उनकी अनुपस्थिति से पार्टी कार्यकर्ताओं में गलत संदेश जा रहा था। लेकिन मोदी मानने के लिए टस से मस नहीं हुए।

मुझे याद है कि उसी रात मैंने मोदी को टेलीफोन करके यह जानने का प्रयास किया कि उप्र में चुनाव प्रचार के लिए जाने को क्यों तैयार नहीं हो रहे है। मैंने उन्हें 'सलाह' भी दी कि इतने महत्वपूर्ण राज्य में चुनाव प्रचार के लिए जाने से इंकार करके उनके जैसा वरिष्ठ नेता बहुत बड़ी गलती कर रहा है। मोदी का सपाट जवाब था, 'जब तक वह आदमी वहां है, मेरे कंपेन करने का सवाल ही नहीं उठता।'

उप्र विधान सभा के 2012 के चुनावों के चार महीने बाद जोशी को भाजपा की राष्ट्रीय कार्यकारिणी से हटा दिया और एक तरह से पार्टी से भी उन्हें किनारे

लगा दिया गया। मैंने गडकरी से पूछा कि जोशी को अलग थलग करने के लिए इतनी आसानी से वह मोदी के सामने क्यों झुक गए। इस पर गडकरी ने कहा, 'अरे राजदीप जी, आप मोदी जी का स्वभाव जानते हैं, उनका माइंड बदलना आसान नहीं।'

मोदी-जोशी का झगड़ा पुराना है और ऐसे व्यक्ति के लिए बहुत सनसनीखेज़ है जो अगला प्रधानमंत्री बनने का ख्वाब देख रहा है। मोदी की तरह जोशी भी आरएसएस के प्रचारक थे लेकिन उनका स्वभाव कम हावी रहने वाले व्यक्ति का था। शांत स्वभाव और मृदुभाशी जोशी का जन्म नागपुर में हुआ था और उन्होंने 1989 से गुजरात में पार्टी में मोदी के साथ काम किया था। जब मोदी को नेतृत्व संघर्ष की वजह से 1996 में गुजरात से बाहर भेजा गया तो वह इस बात से पूरी तरह आश्वस्त थे कि उनके 'वनवास' के पीछे जोशी का ही हाथ है। जब वह 2001 में पहली बार गुजरात के मुख्यमंत्री बने तो उन्होंने जोशी को राज्य से बाहर भेजने का पहला काम किया।

मुंबई में 2005 में भाजपा के रजत जयंती समारोह में रहस्यमय तरीके से एक सीडी सामने आई जिसमें जोशी एक अंजान महिला के साथ संदिग्ध अवस्था में नज़र आ रहे थे। भाजपा में इस बात की सुगबुगाहट थी कि इस सीडी का जुगाड़ गुजरात राज्य पुलिस ने किया और मोदी के एक नज़दीकी नेता ने इसे बंटवाया है। जोशी ने उस समय मुझसे कहा, 'यह मुझे बदनाम करने की सुनियोजित साजिश है।' जोशी को पार्टी के सभी पदों से हटा दिया गया और उन्हें राजनीतिक वनवास में ढकेल दिया गया। उप्र के चुनाव उनके पुनर्वास का संकेत थे। सिर्फ मोदी ही इसके लिए तैयार नहीं थे।

2012 आते आते मोदी एक दशक से गुजरात का मुख्यमंत्री होने के आधार पर खुद को भाजपा के सबसे प्रमुख नेता होने के दावेदार के रूप में सामने आ गए थे। इसके विपरीत, जोशी अपना राजनीतिक जीवन बताने के लिए संघर्ष कर रहे थे। इन दो नेताओं के बीच ताकत और कद के मामले में कोई तुलना नहीं थी। इसके बावजूद, मोदी उनसे प्रतिशोध लेना चाहते थे। मोदी ने फोन पर बातचीत में मुझसे कहा, 'सवाल यह नहीं है कि कौन बड़ा नेता है और कौन छोटा। यह सिद्धांत का सवाल है। वह आदमी अच्छा नहीं है।'

उस रात मैंने महसूस किया कि मोदी ऐसे व्यक्तिवादी व्यक्ति हैं जो आसानी से माफ नहीं करते और भूलते नहीं है--उनकी लंबी याद्दाश्त है और हमेशा उस व्यक्ति के प्रति बैर रखते हैं जिसके बारे मे उनका मानना है कि उसने उन्हें नुकसान पहुंचाया है। स्फूर्ति और ऊर्जा से भरपूर इस बात से पूरी तरह आश्वस्त हैं कि वह खुद अपने नियति निर्माता है और उनके रास्ते में जो भी आए उसका

मुकाबला करो। वह भले ही राष्ट्रीय नेता बन गए हों लेकिन कई बार उनमें एक ताकतवर क्षेत्रीय क्षत्रप की तरह दूसरों से हिसाब बराबर करने के लिए ज़बर्दस्त असुरक्षा का भाव रहता था। इसमें भी सबसे अजीत बात यह देखने में आ रही थी कि भाजपा का केंद्रीय नेतृत्व किस तरह से मोदी से भयभीय था और वह किसी भी तरह उन्हें अलग नहीं करना चाहता था।

परंतु यदि 2012 में मोदी ने उप्र में निजी खुंदक की वजह से चुनाव प्रचार नहीं किया तो वह 2014 में इस तरह के किसी भी तरह का जोखिम उठाने की स्थिति में नहीं थे। अब, वह प्रधानमंत्री पद की अपनी महत्वाकांक्षा को पूरा करने के लिए हर कीमत पर उप्र में भाजपा का भाग्य बदलने के लिए आतुर थे। और इस वक्त उन्हें अपने साथ किसी ऐसे व्यक्ति की ज़रूरत थी जिस पर वह आंख मूंद कर भरोसा कर सकें। मोदी की नज़रों में ऐसा सिर्फ एक ही व्यक्ति था।

पहली बार अमित शाह से बहुत ही विचित्र परिस्थितियों में मेरी मुलाकात हुई थी। मैं गुजरात के 2002 के दंगों की पृष्ठभूमि में अत्यधिक तनावपूर्ण माहौल में विधान सभा चुनाव के प्रचार को कवर कर रहा था। मैं अपनी चुनाव यात्रा के दौरान अहमदाबाद के बाहरी छोर पर स्थित सरखेज पहुंचा जहां से अमित शाह दूसरी बार विधान सभा पहुंचने के लिए चुनाव लड़ रहे थे। सरखेज, आडवाणी के गांधीनगर संसदीय क्षेत्र में आता है और वह वहां एक जनसभा को संबोधित करने वाले थे। मैं इस सभा का सीधा प्रसारण करने के लिए दिल्ली में अपने स्टूडियो से संपर्क स्थापित करने का प्रयास कर रहा था तभी एक भीड़ ने मुझे घेर लिया। भीड़ ने चिल्लाकर कहा, 'अरे यह वही राजदीप सरदेसाई है जिसने दंगों में हमारे खिलाफ़ प्रचार किया। इसको हम नहीं छोड़ेंगे।' इसके बाद मैं सिर्फ यही जानता हूं कि अमित शाह के भगवा बंदाना (रुमाल) लगाए समर्थक मुझसे धक्का-मुक्की कर रहे थे। एक भले पुलिस अधिकारी ने इसमें हस्तक्षेप किया और वह मुझे वहां से सुरक्षित निकाल लाया।

रैली समाप्त होने पर मैंने अमित शाह से मुलाकात की और इस घटना की शिकायती लहजे में उनसे कहा, 'सर, यह किस तरह का आचरण है? आप अपने समर्थकों पर नियंत्रण करें।' उन्होंने क्षमा याचना करते हुए कहा, 'यह गलत है, मैं इसकी निंदा करता हूं। मैं कभी हिंसा के पक्ष में नहीं हूं।' और इसके बाद मुस्कुराते हुए कहा, 'राजदीप जी, आपको भी थोड़ा अपना ध्यान रखना चाहिए।' अमित शाह ने हालांकि बेहद विनम्रता से यह बात कही थी लेकिन इसमें एक संदेश छिपा था, जो मुझे लगता था, कि अधिक कठोर था।

यह तो उस समय की बात थी। इसके बाद तो मेरी जिंदगी में एक दशक में बहुत कुछ बदल गया था और मुझसे भी ज़्यादा अमित शाह की ज़िंदगी में। उस समय शाह को सरखेज के स्थानीय दादा के रूप में देखा जाता था जिसे भाजपा-विहिप का पूरा समर्थन हासिल था। उनकी छवि बहुत बड़े अंतर से चुनाव जीतने वाले व्यक्ति की थी--उन्होंने 2002 के चुनाव में 1,58,000 मतों से, 2007 के चुनाव और अधिक शानदार तरीके से 2,35,000 मतों से जीता था। यह सर्वसम्मत फैसला था कि सरखेज में कोई भी अमित भाई को हाथ भी नहीं लगा सकता है। सरखेज मुकम्मल तरीके से नया अहमदाबाद था-जहां मध्यम वर्ग, व्यावसायिक गतिविधियां और कट्टर हिंदुत्व की पहचान थीं।

पुरातनपंथी हिंदू वैष्णव बनिया परिवार में जन्मे शाह (वह अभी भी साल में कम से कम दो बार राजस्थान के नाथद्वारा में श्रीनाथजी मंदिर जाते हैं) ने सफलता पूर्वक परिवार का पीवीसी पाइप का कारोबार संभाल रखा था और वित्तीय मामलों में तीक्ष्ण बुद्धि वाले गुजराती की तरह ही स्टाक ब्रोकिंग क्षेत्र में भी काम किया। शाह के एक मित्र ने मुझसे कहा, 'उनका ब्लूचिप स्टाक पोर्टफोलियो काफी प्रभावशाली है।' हालांकि उनका दिमाग पैसा गिनने में लगा हो सकता है लेकिन उनका दिल आरएसएस की रैली में था। वह किशोरवय में 1980 के शुरू में संघ में शामिल हुए। उन्होंने एक बार मुझसे कहा भी, 'यह मेरे विस्तारित परिवार की तरह है। संघ में रहना मेरे जैसे युवा के लिए सबसे अच्छी बात थी।'

संघ के भीतर, शाह की एक बुद्धिमान आयोजक और चतुर चुनाव रणनीतिकार की छवि बन चुकी थी। शाह के एक पुराने सहयोगी ने बताया, 'फिर तो, नवरात्र के दौरान गरबा कार्यक्रम हो, धर्मार्थ कार्य हो या राजनीतिक बैठक हो, हम हमेशा ही अमितजी की ओर मुखाबित होते और वह हमेशा ही हमारी मदद के लिए तैयार रहते।'

यह 1980 के दशक की बात है जब शाह संघ के एक कार्यकर्ता ही थे और तभी वह और मोदी एक दूसरे के करीब आए। मोदी बहुत अधिक सीनियर थे। वह अमित शाह के आयोजन कौशल और पूरी तरह हिंदुत्व विचारधारा के प्रति कटिबद्धता से प्रभावित थे। अयोध्या आंदोलन की उस समय सुगबुगाहट शुरू हो गई थी और भाजपा का गुजरात में उत्थान हो रहा था। मोदी भाजपा के प्रदेश सचिव की हैसियत से महत्वाकांक्षी युवकों की तलाश में थे। शाह और मोदी के बीच सामंजस्य के बारे में एक गुजराती पत्रकार का कहना था, 'मैं समझता हूं कि मोदी को अमित में यह बात पसंद आयी कि वह बगैर किसी श्रेय के ही खामोशी से कड़ी मेहनत के साथ काम करते थे। वह ऐसे व्यक्ति नहीं थे

जो किसी भी मौके पर मोदी के अधिकार को चुनौती देते।' दोनों में एक और समानता यह थी कि दोनों एक ही जैसी दाढ़ी रखते थे।

मोदी जब 2002 में दुबारा गुजरात के मुख्यमंत्री चुने गए तो उन्होंने अमित शाह को गृह मंत्रालय जैसा महत्वपूर्ण विभाग सहित अनेक विभाग दिए। गृह मंत्रालय अधिक महत्वपूर्ण था क्योंकि इससे राज्य की पुलिस पर मोदी को नियंत्रण देता था। दंगों की पृष्ठभूमि में मुख्यमंत्री के कार्यालय में साजिश रचने के आरोप लगे थे और मोदी को गृह मंत्रालय में ऐसी व्यक्ति की आवश्यकता थी जो उनके प्रति पूरी तरह निष्ठावान हो। मोदी बहुत कम व्यक्तियों पर भरोसा करते थे और शाह एक ऐसे राजनीतिक थे जिनके साथ मोदी बहुत सहज महसूस करते था। गुजरात के एक नौकरशाह ने सरकार में शाह की भूमिका को रेखांकित करते हुए कहा, 'वह मुख्यमंत्री की आंख और कान थे।'

गुजरात के गृह मंत्री के कार्यकाल के दौरान ही शाह विवादों में घिरे। 2003 से 2007 के दौरान गुजरात में अनेक मुठभेड़ हुईं जिनमें मुस्लिम नौजवान मारे गए थे। शाह का दावा था कि वे 'आतंकी' थे और इनमे से कुछ तो मुख्यमंत्री को मारना चाहते थे और आतंकवाद के प्रति बिल्कुल नरमी नहीं बरतने की नीति के तहत ही वे मारे गए। मानवाधिकार कार्यकर्ताओं का तर्क था कि अधिकांश मुठभेड़ 'फर्जी' थीं और शाह 'मुसलमानों के हत्यारे' थे।

केंद्रीय जांच ब्यूरो ने 2010 में शाह को गिरफ्तार किया और उन पर अपराधी सोहराबुद्दीन शेख, उसकी पत्नी कौसर बी और उनके साथी तुलसीराम प्रजापति की फर्जी मुठभेड़ में हत्या करने का आरोप लगा। सीबीआई के अनुसार शेख पड़ोसी राज्य राजस्थान में संगमरमर के कारोबारियों से पैसा वसूला करता था। इन कारोबारियों ने अमित शाह से शिकायत की तो उन्होंने कथित रूप से राज्य के आतंकवाद निरोधक दस्ते को उसका खात्मा करने की हिदायत दी। इस मामले में अनेक पुलिस अधिकारियों को गिरफ्तार किया गया।

शाह को गिरफ्तारी के तीन महीने बाद ज़मानत मिली लेकिन उन्हें गुजरात छोड़ने का निर्देश दिया गया था क्योंकि यह आशंका थी कि यदि वह राज्य में रहते हुए जांच को प्रभावित कर सकते हैं। करीब दो महीने तक शाह अपने गृह राज्य से दूर देश की राजधानी में स्थित गुजरात भवन में रहे। मैंने उनसे पूछा, 'आपको सबसे अधिक क्या कमी महसूस होती है?' उन्होंने हल्का मुस्कुराते हुए कहा, 'खाना।' उनकी पत्नी गुजरात से दिल्ली आकर उनके साथ रह रही थीं ताकि शाह को शुद्ध शाकाहारी भोजन उपलब्ध कराया जा सके। उन्हें दाल, कढ़ी, खांडवी और गुजराती अल्पाहार पसंद है।

दिलचस्प बात यह है कि सितंबर, 2012 में जिस दिन शाह को गुजरात लौटने की अनुमति मिली, मैं भी विमान में उनके साथ अहमदाबाद जा रहा था। कुर्ता पाजामा पहने और हाथ में एक छोटा बैग लिए शाह को देखकर उनके एक छोटे मोटे कारोबारी होने का भ्रम हो सकता था। वह अकेले ही थे और उनके साथ कोई नहीं था। लेकिन उनका साहस पहले जैसा ही था।

मैंने उनसे उन गंभीर आरोपों के बारे में पूछा जो उन पर लगे थे तो उन्होंने कहा, 'सब साजिश है, बहुत बड़ी साजिश है।' मैने पूछा कि इस साजिश के पीछे कौन है तो उन्होंने पूरी दृढ़ता से कहा, 'पूरा कांग्रेस इसमें इंवाल्व है। ये चाहते हैं कि मोदी जी को टार्गेट करें और मुझे इसमें फंसाएं।' मैने महसूस किया कि विरोधी शाह और मोदी को अधिक नज़दीक ले आए हैं। यह बिल्कुल ऐसा लग रहा था कि शाह अपने 'साहेब' के लिए बुलेट झेल रहे थे। यह तो 'बलिदान' था जिसका मतलब यह हुआ कि मोदी अपने जूनियर मंत्री के कृतज्ञ थे। एक इंटरव्यू, जो मैंने 2012 में मोदी का लिया था, उसमें मैंने शाह की कानूनी परेशानियों के बारे में पूछा था। यह अकेला सवाल था जिसे उन्होंने बाद में संपादित करके निकाल देने के लिए कहा था।

तो क्या वास्तव में शाह 'गुजरात में सबसे खतरनाक व्यक्ति थे' जैसा कि एक पुलिस अधिकारी ने उनके बारे में मुझसे कहा था? क्या उनका ही, जैसा कि गिरफ्तार एक पुलिस अधिकारी डी. जी. वंज़ारा ने एक पत्र में दावा किया, अमंगलकारी प्रभाव मोदी पर है। (शाह का दावा है कि यह पत्र कांग्रेस ने लिखवाया था)। या जैसा कि उनके समर्थक दावा करते हैं कि वह, 'एक ऐसे ईमानदार और स्पष्टवादी राजनीतिक दिमाग वाले व्यक्ति है जिससे आप मिल सकते हैं?' इस बारे में लोगों की राय भी अलग अलग थी और यह इस पर निर्भर करता है कि आप किससे बात कर रहे हैं।

तहलका की एक पुरानी पत्रकार राणा अयूब, जिन्होंने मुठभेड में हत्याओं में शाह की कथित भूमिका पर विस्तार से जांच की थी, का दावा है कि मंत्री के आदमियों ने एक बार उन्हें धमकाया था। इस पत्रिका को गुजरात में समाचार पत्रों के स्टैंड से हटा लिया गया था और अयूब को धमकी भरे फोन आए थे। जब ऐसा लगा कि किसी भी तरह बात नहीं बन रही है तो उसे अहमदाबाद के उसके होटल में कुरियर से नोटों से भरा एक पैकेट मिला। वह बताती हैं, 'मुझे लगता था कि शायद कोई मुझे इस स्टोरी पर काम नहीं करने के लिए रिश्वत देने की कोशिश कर रहा था।'

गुजरात के एक स्थानीय पत्रकार के अनुसार शाह कार्यकर्ता पहले हैं और

राजनीतिक नेता बाद में। यही वजह है कि जब उत्तर प्रदेश के एक स्थानीय कारोबारी ने भाजपा के प्रचार अभियान को आर्थिक सहयोग देने की पेशकश की तो शाह ने चंद मिनटों से ज़्यादा उसे भाव नहीं दिया। उन्होंने उससे कहा, 'आप पहले मेरे ज़िला प्रमुख से मुलाकात करो।' शाह के पुराने मित्र उनके बारे में बताते हैं, 'लेकिन जब कोई आरएसएस कार्यकर्ता उनके कार्यालय आता तो वह उनके साथ आधा घंटा व्यतीत करते और समझना चाहते कि मैदान में आखिर हो क्या रहा है। वह एक ताकतवर लेकिन खामोशी से अपना काम करते हैं जो बातों की बजाए अपना काम पसंद करते हैं। वह हवाबाज़ नहीं हैं।'

मेरा अपना अनुमान है कि उनका खंडित व्यक्तित्व है। निजी बातचीत में वह गर्मजोशी से मिलने वाले और हंसी मज़ाक को समझने वाले तीक्ष्ण बुद्धि के व्यक्ति हैं जिनसे सहजता से मिला जा सकता है। लेकिन वह एक निर्मम राजनीतिक व्यक्ति भी हैं जो साम, दाम, दंड और भेद की राजनीति में यकीन करता हैं जहां अपनाये गए तरीके की बजाए नतीजे का महत्व होता है। क्या यह निर्दयता न्यायेतर हत्याओं का आदेश देने तक बढ़ गई थी, इसका फैसला अदालत को करना है, लेकिन उनके चारों ओर फैले तमाम विवादों के बारे में उन्हें अभी भी काफी कुछ स्पष्टीकरण देने हैं।

इसमें कोई संदेह नहीं है कि हालांकि वह एक ऐसे व्यक्ति हैं जिन्हें राजनीतिक लड़ाई में आनंद आता है। शायद इसी दृढ़ निश्चय को सिद्ध करने के प्रयास ने ही शाह को उप्र की कठिन चुनौती को स्वीकार करने के लिए प्रेरित किया। जून 2013 में चुनाव अभियान समिति का अध्यक्ष नियुक्त किए जाने के चंद दिनों के भीतर ही मोदी ने यह सुनिश्चत किया कि अमित शाह को उप्र के महासचिव के रूप में सभी अधिकार प्राप्त हों। गुजरात में मोदी का 'आंख और कान' समझे जाने वाले भरोसेमंद दाहिने व्यक्ति को अब 2014 के महत्वपूर्ण चुनावों में उनका 'दिमाग' बनने के लिए कहा जा रहा था। उप्र में सबसे अधिक 80 सीटें हैं। अधिकांश पर्यवेक्षकों की राय था कि मिशन 272 का लक्ष्य प्राप्त करने के प्रयास में भाजपा को उप्र में कम से कम 40 से 50 सीटें जीतनी होंगी। सरखेज के इस व्यक्ति के खिलाफ़ बहुत विषम परिस्थितियां थी। लेकिन इसी तरह की परिस्थितियां उस वक्त भी थीं जब तीन महीने वे साबरमती जेल में थे। अब इसके प्रतिदान का वक्त था।

अमित शाह जब 12 जून, 2013 को लखनऊ स्थिति भाजपा कार्यालय पहुंचे तो उन्हें अपने समक्ष पेश की गई चुनौती के महत्व का अहसास था। भाजपा की प्रदेश इकाई पूरी तरह निराश थी—पार्टी उप्र में सत्रह साल से सत्ता से बाहर

थी और उसकी वापसी की भी बहुत उम्मीद नहीं थी। उसका नेतृत्व उम्र दराज हो रहा था और वे परस्पर लड़ने में व्यस्त थे। कुछ पुराने नेताओं ने शाह को एक 'बाहरी' व्यक्ति के रूप में देखा जो उन पर थोपा गया था। उप्र के राजनीतिकों में अपने महत्व को बढ़ा-चढ़ा कर पेश करने की आदत है और वे हमेशा यही मानते हैं कि कोई अन्य उनके राज्य के बारे में ठीक से नहीं जानता है। इनमें से ही एक ने खुलेआम शाह से कहा था, 'गुजरात और उप्र में बहुत अधिक फर्क है, अमित जी।' नए महासचिव को पहला काम था कि पार्टी के चुनाव जीतने और हारने वाले सभी सांसदों और विधायकों की छोटे समूह में एक दिवसीय बैठक बुलाई जाए। उनका तर्क था, 'यह जानना महत्वपूर्ण है कि हम चुनाव क्यों हार रहे हैं, क्यों हमारे मतदाता हमसे छिटक रहे हैं।'

विधायक आसानी से शाह को धोखा नहीं दे सकते थे। उन्होंने पहले ही राज्य में निर्वाचन क्षेत्र के अनुसार सारा विवरण प्राप्त कर लिया था और मैदान में पार्टी के लिए काम करने वाले विधायकों, सांसदों और स्थानीय नेताओं की पहचान करने के लिए संघ परिवार के नेटवर्क का इस्तेमाल किया था। एक दिलचस्प पहलू यह भी था कि ज़मानत की शर्त की वजह से जब शाह को दो साल दिल्ली में रहना पड़ा था तो वह उत्तर प्रदेश के माहौल से वाकिफ होने के लिए सप्ताहंत में अलग अलग स्थानों की यात्रा करते थे। कई अवसरों पर शाह का इंटरव्यू लेने वाली वरिष्ठ पत्रकार शीला भट्ट कहती हैं, 'मुझे लगता है कि 2013 से काफी पहले ही शायद उन्हें यह आभास करा दिया गया था कि उन्हें भाजपा के लिए उप्र के चुनाव प्रबंध की ज़िम्मेदारी दी जा सकती है और इसके लिए पूरी तरह तैयार थे।'

इसके विपरीत, मधुसूदन मिस्त्री, उत्तर प्रदेश के लिए कांग्रेस के महासचिव थे और वह भी गुजरात से ही थे लेकिन वह राज्य के 28 विधायकों में से कुछ को पहचानते तक नहीं थे। कांग्रेस के एक वरिष्ठ सदस्य ने मुझसे कहा, 'हमारे एक विधायक ने एक बार पार्टी की बैठक में मिस्त्री से कहा कि यदि आपको नहीं मालूम कि मैं कौन हूं तो फिर आप चुनाव कैसे लड़ेंगे।' बदरंग कुर्ता पहनने वाले और झोला टांगने वाले मिस्त्री का चयन राहुल गांधी ने किया था और उनका सामना तेज़ तर्रार शाह से था जिसकी वजह से न तो उन्हें और न ही उनकी पार्टी के लिए कोई मौका था।

शाह भलीभांति जानते थे कि चुनाव में सफलता हासिल करने का मंत्र पार्टी में नया जोश पैदा करना है। इस संबंध में आरएसएस से उनके निकट संपर्कों ने महत्वपूर्ण भूमिका निभाई। आरएसएस के प्रचारकों के निष्ठावान दल

को शाह के साथ काम करने की ज़िम्मेदारी सौंपी गई थी। जिस दिन से उन्होंने लखनऊ का प्रभार संभाला, शाह ने रेल और सड़क मार्ग से पूरे राज्य का दौरा किया और इस दौरान पार्टी कार्यकर्ताओं के यहां वह ठहरे और अक्सर उनके साथ खाने में सौंफ खिचड़ी और छाछ का सेवन किया। 2014 शुरू होते होते वह उप्र के 80 लोकसभा निर्वाचन क्षेत्रों में से करीब 70 का दौरा कर चुके थे। मई में लोकसभा का चुनाव संपन्न होते होते शाह ने सभी 80 निर्वाचन क्षेत्रों में संपर्क स्थापित कर लिया था। इस दौरान उन्होंने आठ महीने के दौरान उप्र के शहरों और नगरों में 142 रातें गुजारीं और 90,000 किलोमीटर से अधिक यात्रा की। उनके एक सहयोगी ने बताया, 'इसका अभिप्राय यह था कि सुस्त पड़े कार्यकर्ताओं को जगाया जाए और उन्हें यह अहसास कराया जाए कि यह करो या मरो वाला चुनावी संघर्ष है।

मोदी जहां अंग्रेज़ी बोलने वाले युवा टेक्नोक्रेट्स को साध रहे थे वहीं शाह वफादार संघ कार्यकर्ताओं से बातचीत करने को महत्व दे रहे थे। अमित शाह ने अखिल भारतीय विद्यार्थी परिषद के संगठन सचिव 44 वर्षीय सुनील बंसल को अपने साथ उप्र में चुनाव प्रचार अभियान में सहायता के लिए चुना। सुनील बंसल राजस्थान के रहने वाले थे और उनके पास कोई विदेशी डिग्री भी नहीं थी लेकिन उन्हें व्यावहारिक समझ थी। उन्होंने लखनऊ प्रत्येक ज़िला मुख्यालयों में स्वंयसेवकों का नेटवर्क तैयार करने में मदद की। सुनील ने बाद में मुझसे कहा, 'अमित भाई बहुत ही व्यवस्थित तरीके से काम करते हैं। वह हम काम पहले से ही योजनाबद्ध तरीके से सुनिश्चत करना पसंद करते हैं।

लखनऊ स्थित पार्टी मुख्यालय में काम करने के लिए करीब 120 कार्यकर्ताओं की टीम जनवरी 2014 तक तैयार हो गई थी। इन स्वयंसेवकों ने बूथ स्तर की समितियां गठित करने और उनके साथ तालमेल स्थापित करने में मदद की जो किसी भी चुनाव को जीतने के लिए बहुत ज़रूरी है। इनमें से कुछ स्वयंसेवक आईआईटी के तो कुछ वकील और प्रबंधन क्षेत्र जैसे पेशेवर थे लेकिन इनमें से अधिकांश आरएसएस-एबीवीपी से संबद्ध थे। ये कार्यकर्ता घर घर प्रचार अभियान में जुटे 80,000 से एक लाख स्वयंसेवकों से तालमेल स्थापित कर रहे थे। भाजपा के एक रणनीतिकार ने पार्टी की सफलता के बारे में बात करते हुए कहा, 'तकनीक और मीडिया का शोर भूल जाइए, 2014 के चुनाव तो अंततः हमारी पैदल सेना ने ही जिताया जिसने बगैर थके हुए उप्र में घर घर जाकर काम किया।'

चुनाव में आएसएस की भागीदारी भी काफी सक्रिय और गहरी थी। प्रत्येक स्वयंसेवक को 'पन्ना प्रमुख' कहा जाता था और उन्हें मतदाता सूची के एक पन्ने

का प्रभारी बनाया गया था जिसमे करीब 15 पंजीकृत मतदाता होते हैं। प्रत्येक मतदान केंद्र पर करीब 1200 मतदाता होते हैं, इसलिए प्रत्येक मतदान केंद्र के स्तर पर प्रचार के लिए अस्सी से नब्बे स्वयंसेवकों की सेवाएं ली गईं थीं। ऐसा राज्य जहां एक लाख से अधिक मतदान केंद्र हों, वहां चुनावी सूक्ष्म प्रबंधन को एकदम नए स्तर पर ले जाया गया था। मतदान केंद्रित रणनीति के बारे में बंसल बताते हैं, 'हमारा मिशन वक्तव्य था कि एक एक मत महत्वपूर्ण है। हम एक की ताकत में विश्वास करते हैं।'

आरएसएस का प्रचार तीन चरणों में बंटा हुआ था। पहले चरण में अक्तूबर 2013 से विजयादशमी और जनवरी, 2014 गणतंत्र दिवस के बीच सारा ध्यान मतदाताओं के पंजीकरण पर केंद्रित किया गया। दूसरे चरण में फरवरी और मार्च के दौरान महत्वपूर्ण ज़िलों के 6,500 से 7,000 गांवों में घर घर संपर्क अभियान पर सारा ध्यान केंद्रित किया गया। इसके बाद तीसरे और अंतिम चरण में अप्रैल और मई में अधिकतम मतदाताओं को मतदान केंद्र तक पहुंचाने का लक्ष्य रखा गया था। 2014 के चुनावों में संघ परिवार की भूमिका के बारे में उत्तर प्रदेश के आरएसएस के एक नेता ने बताया, 'मुझे याद नहीं कि 1977 के बाद से आरएसएस कैडर ने इतने अधिक जोश के साथ किसी चुनाव में हिस्सा लिया हो। यहां तक कि 1991 का अयोध्या चुनाव भी हिंदुत्व की भावनात्मक अपील तक सीमित था। इस बार, हमने इसे निर्णायक लड़ाई के रूप में लिया। एक जुनून था वर्कर में।'

हकीकत तो यह थी कि कांग्रेस जैसी पार्टी दूर दूर तक समर्पित स्वयंसेवकों के कैडर का किसी भी तरह से मुकाबला करने की स्थिति में नहीं थी। कांग्रेस के संगठन सेवा दल का प्राचीन स्वरूप था। वाम मोर्चा तक को बंगाल और केरल से आगे ज़मीनी स्तर पर अपना नेटवर्क बनाए रखने के लिए कड़ा संघर्ष करना पड़ा था। बसपा और तृणमूल कांग्रेस इस मामले में कुछ हद तक सफल रहे थे लेकिन वे भी एक निश्चित क्षेत्र में ही सक्रिय थे। चुनाव जीतने के लिए आपके पास एक व्यापक संगठनात्मक व्यवस्था होनी चाहिए। और आरएसएस के पास भारत में 45,000 शाखाओं और पचास लाख स्वयंसेवकों की विशाल फौज है जो भाजपा को ज़मीनी स्तर पर बढ़त दिलाती है जो चुनाव के दौरान महत्वपूर्ण है।

शाह ने इस चुनाव में विहिप की भी मदद ली जो अभी तक खुद को अलग थलग महसूस कर रही थी। विहिप को यह अहसास होने लगा था कि अयोध्या में राम मंदिर निर्माण का उसका सपना कभी भी पूरा नहीं होगा। विहिप के साधु संतों ने जनवरी, 2013 के कुंभ मेले में मोदी का समर्थन इस उम्मीद में किया

था कि वह उनकी डगमगाती स्थिति को नया जीवन प्रदान करेंगे। शाह ने उप्र का प्रभार संभालने के एक महीने बाद जुलाई में अयोध्या अस्थायी राम मंदिर में राम लला के दर्शन किए और मोदी के राज तिलक और कांग्रेस के वनवास की प्रार्थना की। शाह ने इस अवसर पर मीडिया से कहा, 'राम और अयोध्या करोड़ों भारतवासियों के दिल में बसते हैं। मैं प्रार्थना की है कि सब कोई एकसाथ मिलकर राम मंदिर का निर्माण करें।' विहिप में नया जोश आया कि चलो कम से कम भाजपा का एक नेता तो उनकी भाषा बोल रहा है। सुप्त अवस्था में जा चुका हिंदुत्व का भाव एक बार फिर 1990 की तरह ज़ोर मारने लगा। विहिप से संबद्ध अनेक साधु अब 2014 के चुनाव प्रचार से जुड़ने के लिए तैयार थे।

मोदी के शीर्ष पर होने की वजह से शायद यह लक्ष्य हासिल करना आसान था। 2009 के चुनावों में संघ परिवार का पारंपरिक कार्यकर्ता आडवाणी के इस प्रयास की वजह से विमुख हो गया था जिसमें वह खुद को हिंदुत्व का उदारवादी चेहरे के रूप में पेश कर रहे थे। वाजपेयी की सभी को साथ लेकर चलने की नीति विहिप और आएसएस के तेज़ तर्रार तेवर अपनाने वालों के अनुरूप नहीं थी। हां मोदी एकदम अलग थे। मोदी भगवा भाईचारे का भाव पैदा करने की स्थिति में थे क्योंकि वह उन्हीं में से एक थे। मोदी की अपील के बारे मे आरएसएस के एक नेता की टिप्पणी थी, 'मोदी भले ही राष्ट्रीय नेता बन गए हों लेकिन वह हमेशा ही स्वंयसेवक और पहले प्रचारक हैं।' शाह यह बात भलीभांति जानते थे और इसी वजह से उनके लिए लोगों को एकजुट करना और संगठन के काम में जुट जाने का संदेश देना आसान हो गया था। शाह ने अपनी प्रत्येक सभा में स्थानीय कार्यकर्ताओं को अहसास दिलाते हुए कहा, 'यह हमारे लिए बहुत बड़ा अवसर है और हमें इसे गंवाना नहीं चाहिए।'

हालांकि शाह भलीभांति जानते थे कि पारंपरिक हिंदुत्व की राजनीति तो एक हथियार हो सकता है और असली परीक्षा तो उप्र के जातीय समीकरणों में पैठ बनाने की थी। प्रदेश का यादव समुदाय सपा के साथ था तो दलितों, विशेषकर जाटव समुदाय, को मायावती ने अपने साथ जोड़ रखा था और मुसलमान भाजपा भी भरोसा करने के लिए तैयार नहीं थे। ऐसी स्थिति में चुनाव के लिए एक नई रणनीति की ज़रूरत थी।

इस तथ्य के मद्देनज़र राज्य के 13000 कॉलेजों से युवा स्वयंसेवकों को जोड़ने का विशेष अभियान चलाया गया। इस अभियान के दौरान 30 साल से कम आयु के करीब 800 स्वयंसेवकों की भर्ती की गई और उन्हें प्रीपेड सिम कार्ड से लैस किया गया। उनका मुख्य लक्ष्य युवा मतदाता थे। यह रणनीति

तैयार करने की प्रक्रिया से जुड़े भाजपा के एक नेता के अनुसार, 'हमने महसूस किया कि उप्र में युवा मतदाता पारंपरिक जातीय राजनीति से हटकर सोचेंगे। परिवर्तन का नारा इस वर्ग पर बहुत अधिक कारगर था।'

मुझे पहली बार इसका अनुभव उस समय हुआ जब मैं गोरखपुर में एक बुज़ुर्ग यादव से मिला जिन्होंने कहा कि वह जीवन भर मुलायम के मतदाता रहे हैं लेकिन इस बार वह भाजपा का साथ देने जा रहे हैं। उन्होंने हंसते हुए कहा, 'देखिये, मेरा पोता नोएडा में इंजीनियर है और वह कहता है कि भारत के लिए मोदी सही व्यक्ति है। अब पोते की बात तो सुननी पड़ेगी।'

निश्चित ही, उत्तर प्रदेश की आबादी में काफी बदलाव हो चुका है जिसमें बहुत बड़ी संख्या उन युवा मतदाताओं की थी जो चुनाव को प्रभावित करने की क्षमता रखते हैं और जिनके मत भाजपा के लिए काफी महत्वपूर्ण हो सकते हैं। आर्थिक कारणों से अन्य राज्यों से आने वाले प्रवासियों की भूमिका भी इसमें काफी महत्वपूर्ण है। बंसल दावा करते हैं कि करीब 15000 पूर्वांचली (पूर्वी उप्र के निवासी) मुंबई, बंगलुरू और अहमदाबाद से चुनाव प्रचार के लिए उप्र लौटे और उन्होंने भी स्थानीय लोगों में 'प्रधानमंत्री पद के लिए मोदी' के संदेश का प्रचार प्रसार किया। बंसल के अनुसार, 'सूरत की हीरा फैक्ट्रियों में काम करने वाले प्रवासी श्रमिक भी अपने घर लौटे और उन्होंने अपने समाज के सदस्यों को बताया कि कैसे मोदी के नेतृत्व में गुजरात तरक्की कर रहा है।'

ऐसा नहीं था कि शाह अपना भी जाति का कार्ड नहीं खेल रहे थे। सभी मतदान केंद्रों पर जातीय संख्या और क्षमता के आधार पर जातीय ईकाइयां बनाईं गई थीं, और स्वयंसेवकों का इसी के अनुसार चयन किया गया था। प्रदेश में विशेषरूप से अन्य पिछड़े वर्गों के गैर यादव समाज और जाटव समाज से इतर दलितों को आकर्षित करने के लिए अस्सी से अधिक जाति आधारित सम्मेलनों का आयोजन किया गया था। शाह का मतदान केंद्र स्तर के कार्यकर्ताओं को साफ संदेश था, 'उत्तर प्रदेश में, वैसे ही करो जैसे उप्र में होता है, यदि जाति का सरोकार है तो हमें दूसरों से भी अच्छी तरह से जाति का कार्ड खेलना चाहिए।'

मैंने पहली बार भाजपा के टिकट वितरण की प्रक्रिया में शाह की जातीय गणना और जोड़तोड़ का अनुभव लिया। हमारे कार्यालय के एक सहयोगी ने मुझसे एक विचित्र अनुरोध किया, 'सर, उप्र से मेरी एक मित्र आई है। वह वहां पर विधायक है और आपसे मिलना चाहती है, उसे आपकी मदद चाहिए।'

एक घंटे बाद, अनुप्रिया पटेल नाम की एक युवा राजनीतिक मेरे कक्ष में आयी। वह वाराणसी में रूहानिया विधान सभा क्षेत्र से विधायक थी। वह कुर्मी

बहुल अपना दल पार्टी की थी जिसका गठन उसके स्वर्गीय पिता सोनेलाल पटेल ने किया था। उसने पूरी सरलता से कहा, 'सर, मुझे आपसे एक मदद चाहिए। क्या आप अमित शाह से मेरी मुलाकात करा सकते हैं? मैं भाजपा के गठबंधन के साथ चुनाव लड़ना चाहती हूं।'

मैं समझ ही नहीं सका कि इस पर कैसे प्रतिक्रिया व्यक्त करूं। संपादक के रूप में, मैंने राजनीतिक जोड़ तोड़ से खुद को दूर रखने का निश्चय कर रखा था। मैंने तपाक से उससे कहा, 'देखो, मैं अमितभाई से तुमसे मिलने का अनुरोध करूंगा, लेकिन मैं उनका दोस्त नहीं हूं और मैं उनसे तुम्हें टिकट देने के लिए भी नहीं कहूंगा।'

बहुत ही सकुचाते हुए मैंने शाह को फोन किया। उन्होंने तत्काल कहा, 'प्लीज़, आप उन्हें गुजरात भवन भेज दो।' कुछ दिन बाद, मुझे सुश्री पटेल ने फोन किया और कहा, 'सर, बहुत बहुत धन्यवाद, मेरा टिकट हो गया है। भाजपा के साथ हमारा गठबंधन हो गया है।' चुनाव में अपना दल को दो सीटें दी गई थीं और दोनों में ही अपना दल को विजय मिली थी। मुझे लगता है कि अनायास ही मैंने भी उत्तर प्रदेश में भाजपा की सफलता में योगदान किया था।

मैंने बाद में शाह से पूछा कि उन्होंने अपना दल जैसी एक पार्टी से समझौता क्यों किया जिसकी पूर्वी उत्तर प्रदेश के एक सीमित इलाके में ही उपस्थिति थी। उन्होंने कहा, 'इसमें छोटे बड़े की बात नहीं है, यहां हर सीट मैटर करती है। उनके कुर्मी समाज के तीन चार पर्सेंट वोट हैं।' उत्तर प्रदेश से भाजपा की अंतिम सूची में ओबीसी को 28 और गैर जाटव दलितों को 17 सीटें दी गई थीं।

उत्तर प्रदेश में चुनाव प्रचार के पीछे शाह की चतुराई भरी योजना थी लेकिन इसके बावजूद उन्हें सफलता की गारंटी के लिए 'मोदी' के चेहरे की ज़रूरत थी। शाह में बाद मे मुझसे कहा, 'हम मोदी जी को सुशासन के प्रतीक के रूप में पेश करने के साथ ही गुजरात में विकास के रिकॉर्ड तुलना में उप्र में व्याप्त अव्यवस्था को उजागर करना चाहते थे।'

उत्तर प्रदेश के प्रत्येक क्षेत्रीय मुख्यालयों में मोदी की विशाल जनसभाएं आयोजित करने का कार्यक्रम था। ऐसी पहली जनसभा अक्तूबर 2013 में कानपुर में आयोजित की गई। बूथ कार्यकर्ताओं को बोलेरो गाड़ियां (उप्र के कई हिस्सों में यह शान का प्रतीक है) दी गई थीं और उन्हें यह सुनिश्चित करने का निर्देश दिया गया था कि इन जनसभाओं में इलाके अधिक से अधिक लोग आएं। इसके पीछे यह सोच थी कि जितनी ज़्यादा भीड़ होगी जनता में मोदी के पक्ष में उतना ही माहौल बनेग।

लेकिन एक समस्या यह भी थी कि इतने बड़े राज्य के सभी गांवों में संदेश कैसे भेजा जाए क्योंकि अधिकांश गांवों में न तो ठीक से बिजली थी और न ही वहां मीडिया की पहुंच थी? इस स्थिति से निबटने और दूर दराज के इलाकों में अपनी पहुंच सुनिश्चित करने के लिए टीम मोदी ने राजस्थान विधान सभा चुनाव की तर्ज पर ही जीपीएस वाले 400 रथों की व्यवस्था की। दूर दूर तक वीडियों के माध्यम से संदेश पहुंचाने के लिए उत्तर प्रदेश में 51 ग्राम पंचायतों और 93 हज़ार गांवों (और बिहार में करीब 39,000 गांव) की पहचान की गयी। कुछ गांव तो बहुत ही छोटे कस्बे थे जिनमें मुश्किल से 50 मतदाता थे लेकिन उन्हें भी छोड़ा नहीं गया था।

इन गांवों में चुनाव प्रचार के लिए रथों की मदद ली गई जिसमें लगे बडे टीवी स्क्रीन पर 'मोदी आने वाला है' गीत के साथ ही 16 मिनट की वीडियो दिखाई जाती थी। इस वीडियो में मोदी के भाषणों के अंश भी थे। इन भाषण में प्रदेश की बिजली समस्या के साथ ही गुजरात की तरह 24 घंटे बिजली सप्लाई देने का वायदा भी शामिल होता था। इस चुनावी वीडियो रथ के साथ चलने वाले भाजपा/आरएसएस स्वंयसेवक गांव में बच्चों के बीच मोदी का मुखौटा और टोपियां बांटते थे। प्रत्येक वीडियो रथ की यात्रा पर आईटी विषेशज्ञ निगरानी करते थे जो लखनऊ स्थित केंद्र को दैनिक रिपोर्ट भेजते थे। टीम शाह के एक सदस्य ने कहा, 'हमने राजस्थान में किया है। अब हमें उप्र में इस सफलता को दोहराना है।'

उस समय तक यह स्पष्ट हो चुका था कि गुजरात के इस दाढ़ी वाले थुलथुल शरीर वाले व्यक्ति ने गंगा किनारे वाले सभी इलाकों में चुनाव के लिए अपनी व्यवस्था पूरी तरह चुस्त-दुरूस्त कर ली है। अब तो उसे बस इस जोश को बनाए रखने के लिए एक और झटके की ज़रूरत थी। यदि बिहार में यह आतंकवादी हमले रूप में था तो उप्र में यह दुखद दंगों की शक्ल में सामने था।

देश की राजधानी से करीब 127 किलोमीटर दूर पश्चिमी उत्तर प्रदेश में एक पुराना लेकिन भीड़भाड़ वाला मुज़फ्फनगर शहर है। शहर की टूटी फूटी सड़कें, बेतरतीब यातायात, और कोई ठोस काम नहीं होने की वजह से इधर से उधर डोल रहे युवकों की फौज उप्र के इस शहर के धीरे धीरे पतन की कहानी बयां करती हैं। यह प्रदेश के चीनी उत्पादन क्षेत्र का केंद्र भी है। यही नहीं, यहां बगैर लाइसेंस वाले हथियारों का धंधा भी खूब फलता फूलता है। एक चीनी मिल में काम करने वाला मेरा एक मित्र है जो हथियार बंद सुरक्षाकर्मियों के साथ मुज़फ्फरनगर स्थित

अपनी फैक्ट्री जाता था। उसने मुझसे कहा, 'आप शहर में, खासकर रात में, किसी प्रकार का खतरा नहीं उठा सकते हैं।'

राजनीतिक दृष्टि से यह चौधरी चरण सिंह का इलाका था। पूर्व प्रधानमंत्री चौधरी चरण सिंह ने अपने भूस्वामी जाटों और स्थानीय मुसलमानों, जिनमें से अधिकांश दस्तकार और खेतिहर मजदूर थे, के साथ बेहतरीन सामाजिक ताना बाना बनाया था। इस इलाके के अधिकांश क्षेत्र मे साझा आर्थिक हितों के आधार पर संबंध स्थापित थे। अजित सिंह के साथ 1990 के दौरान इस क्षेत्र की यात्रा में मुझे उनके पिता जी के प्रति जनता के सम्मान की अनुभूति हुई। लगभग सभी का यही कहना था, 'चौधरी साहब सबको साथ लेते हैं।'

लेकिन अगस्त, 2013 में यह ताना बाना छिन्न भिन्न हो गया। जाट और मुस्लिम समुदाय एक दूसरे के खून के प्यासे हो गए और इस इलाके में कई दिन तक दंगे होते रहे जिसमें 62 व्यक्तियों की जान गई और 50,000 से अधिक विस्थापित हो गए। चिंता की बात यह थी कि आमतौर पर इस तरह के धार्मिक उन्माद और तनाव से दूर रहने वाले गांवों को इन दंगों ने अपनी चपेट में ले लिया था। पक्के तौर पर कोई नहीं जानता कि वास्तव में किस वजह से हिंसा शुरू हुई। पुलिस में दर्ज प्राथमिकी में दावा किया गया कि मोटर साइकिल से दुर्घटना हुई थी जिसकी वजह से झगड़ा हुआ जिसमें दो हिंदू और एक मुस्लिम लड़के की मौत हो गई थी। दूसरों (मुख्यरूप से हिंदू जाट) का दावा था कि लड़कियों से छेड़छाड़ की घटना की वजह से यह टकराव हुआ।

मैं पूरी ईमानदारी से यह स्वीकार करूंगा कि किसी भी राष्ट्रीय समाचार चैनल ने शुरू में इस घटना को पर्याप्त महत्व नहीं दिया। ब्रेकिंग न्यूज़ के दौर में इस तरह की मौत की खबरें आंकड़ों में सिमट जाती हैं और मीडिया ने इस ओर यह सोच कर ध्यान नहीं दिया कि यह स्थानीय मुद्दे पर कोई झगड़ा है। जब हिंसा की घटनाएं थमी नहीं तो सितंबर के पहले सप्ताह में खबरिया चैनलों का ध्यान उस ओर गया।

मेरे मामले में तो हिंसा ने हमें सात सितंबर को उस समय झटका दिया जब मुझे बताया गया कि इन झड़पों की खबरों का संकलन करने वाले हमारे सहयोगी हिंदी नेटवर्क आईबीएन-7 के स्ट्रिंगर राजेश वर्मा की गोली मार कर हत्या कर दी गई है। राजेश के साथ एक स्थानीय फोटोग्राफर को भी पीट पीट कर मार डाला गया था। अगले दिन राजेश के अंतिम संस्कार के समय लोगों में गुस्सा बढ़ चुका था। इलाके में कर्फ्यू लगा होने के बावजूद विरोध प्रकट करने के लिए सैकड़ों लोग सडकों पर निकल आए थे। प्रशासन का कहीं कोई पता नहीं था

और यही सबकी शिकायत थी।

उसी रात में मैंने उत्तर प्रदेश के मुख्यमंत्री अखिलेश यादव को टेलीफोन किया। वह भी चिंतित लग रहे थे और उन्होंने राजेश के परिवार को पूरी सहायता देने का आश्वासन दिया और कहा, 'हम उनके परिवार को जॉब और कंपेनशेन दोनों देंगे।' लेकिन मैं संतुष्ट नहीं था। मैंने कहा, 'अखिलेश जी, यह सिर्फ पैसे की बात नहीं है। मुजफ्फनगर में लोग मारे जा रहे हैं और आपकी सरकार पर स्थिति को ठीक से नियंत्रण नहीं करने का आरोप लग रहा है।' उनका जवाब भी ज़िम्मेदारी से पल्ला झाड़ने जैसा था। उन्होंने कहा, 'अरे, आप मीडिया वाले और अपोज़ीशन हमेशा प्रशासन को ब्लेम करते हो। यह दंगा तो भाजपा वालों ने करवाया है।'

अगली सुबह, सेना हरकत में आ गई और सारे इलाके में अनिश्चितकालीन कर्फ्यू लगा दिया गया था। हिंसा धीरे धीरे थम गई थी। ऐसा पहली बार नहीं हुआ था कि राज्य प्रशासन देर से हरकत में आया। इस दंगों की चपेट में आए निर्दोष व्यक्तियों को बचाने के लिए सरकार ने बहुत ही देर से कदम उठाए।

अब सबसे बड़ा सवाल यह उठ रहा था कि क्या उप्र में राजनीतिक दलों, विशेषकर भाजपा ने, राजनीतिक लाभ के लिए सांप्रदायिक हिंसा भड़काई। हत्याओं का बदला लेने और जाट बहु बेटियों के लिए न्याय की मांग के लिए आयोजित महापंचायत में भाजपा नेता भी मौजूद थे और इस तथ्य से इंकार नहीं किया जा सकता। इनमें से ही एक विधायक संगीत सोम थे जिन्होंने फेसबुक पर एक फर्ज़ी वीडियो डाल दिया जिसमें एक हिंदू लड़के की बुरी तरह पिटाई करते हुए दिखाया गया था। आगरा में नवंबर में आयोजित मोदी की सभा में भाजपा नेतृत्व ने अपने उन विधायकों का सम्मान भी किया जिन पर हिंसा भड़काने के आरोप थे। दंगों के सिलसिले में दर्ज प्राथमिकियों में नामित उसके दो नेताओं को चुनाव में टिकट दिया गया और उनमें से एक संजीव बलियान को बाद में केंद्रीय मंत्रिमंडल में भी शामिल किया गया।

यह भी सच्चाई है कि सांप्रदायिक हिंसा से जुड़े दूसरे पहलू में बसपा के सांसद कादिर राणा सहित कांग्रेस, सपा और बसपा के कई स्थानीय मुस्लिम नेताओं के भड़काने वाले भाषण देते हुए टेप भी सामने आ गए थे। इन दंगों की निष्पक्ष तरीके से जांच कर रहे सरकारी अधिकारियों का तबादला कर दिया गया था। बाद में सपा नेता आज़म खां को एक स्टिंग ऑपरेशन में पुलिस को यह हिदायत देते पाया गया कि दंगों के आरोपी मुस्लिम युवकों को छोड़ दिया जाए। इसलिए सांप्रदायिक दंगों के लिए किसी एक समुदाय या संप्रदाय पर दोष मढ़ना ही

मुजफ्फनगर की वास्तविक त्रासदी थी। यह लाशों पर वोट मांगने वाले राजनीतिक वर्ग का दिवालियापन ही दिखा रहा था।

एक तरह से यह उत्तर प्रदेश में 1990 के दौर की धर्म के आधार पर राजनीति और 2013-14 में जो कुछ हुआ उसके अंतर को ही दर्शाता है। अयोध्या आंदोलन के दौरान यह स्पष्ट था कि भाजपा खुलेआम सांप्रदायिक उन्माद भड़का रही थी। लेकिन इस बार, सांप्रदायिकता में कहीं अधिक कपट था। इस बार गड़बड़ी पैदा करने के लिए राम मंदिर जैसा कोई धार्मिक मुद्दा नहीं था। इसकी बजाए, इस बार गुपचुप तरीके से मुसलमानों को विश्वास न करने योग्य और राष्ट्रविरोधी बताने (सब आईएसआई के एजेंट हैं) के कुटिल अभियान के सहारे विभाजन की रेखा खींची गई थी। इसके जवाब में मुस्लिम समुदाय से उठ रहे, 'इस्लाम खतरे में है' के शोर में उदारवादी वर्ग की आवाज़ दब गई थी। दोनों पक्षों के बीच छिड़े झगड़े में तथाकथित धर्मनिरपेक्ष लोग असहाय हो गए थे और वे प्रभावी तरीके से कुछ करने की स्थिति में नहीं थे।

कई महीने बाद, मैंने शाह से पूछा कि क्या उन्होंने दंगों के बाद धार्मिक आधार पर हुए ध्रुवीकरण का राजनीतिक लाभ उठाया है? शाह ने अपने बचाव में कहा, 'दंगे हमने नहीं करवाए। दंगा एक छोटी सी घटना से शुरू हुआ। अगर सरकार प्रॉम्प्ट एक्शन लेती तो दंगा नहीं होता। ये दंगे सरकार की वोट बैंक की पॉलिटिक्स की वजह से हुए।'

शाह के पास इस सवाल का कोई संतोषजनक जवाब नहीं था कि उन विधायकों को टिकट क्यों दिया गया जिनपर दंगा भड़काने के आरोप थे। उन्होंने बचाव की शैली में कहा कि उन्हें 'बदनाम' किया गया है। मैंने उनसे मतदान से पहले 'बदला' लेने संबंधी उनकी विवादास्पद टिप्पणी के बारे में भी पूछा। उन्होंने ज़ोर देकर कहा, 'मैं बंदूक का नहीं, मतपेटी का ज़िक्र कर रहा थ। आप मीडिया वाले तो बात का बतंगड़ बनाकर समस्या पैदा करते हैं।'

लेकिन शाह के बयान का तात्पर्य साफ था। यह स्पष्ट था कि मुजफ्फरनगर कांड के बाद कुछ स्थानों पर हिंदू एकजुट हो गए थे और शाह इसका राजनीतिक लाभ उठा सकते थे। दंगों के छह महीने बाद पश्चिमी उप्र में पथराव करने और लाउडस्पीकर बजानें जैसे मुद्दों को लेकर कई छोटी-मोटी सांप्रदायिक झड़पें हुईं और प्रत्येक घटना के साथ सांप्रदायिक दूरी बढ़ती गई। उप्र पुलिस के एक वरिष्ठ अधिकारी ने बाद में मुझे बताया कि यह सिलसिला तो अखिलेश यादव के सत्ता में आने के तुरंत बाद मई 2012 से शुरू हुआ था। उन्होंने बताया, 'हर सप्ताह, हमें किसी न किसी ज़िला मुख्यालय से सांप्रदायिक तनाव की रिपोर्ट मिलती

थी। यह पश्चिमी उप्र से शुरू हुआ लेकिन बाद में मध्य और पूर्वी उप्र तक फैल गया था।'

अक्तूबर, 2013 में मैं बरेली गया था जहां एक साल पहले ही रमज़ान के दौरान दंगों के बाद एक महीने तक शहर में बंद रहा था। एक साल बीत गया था लेकिन दोनों समुदायों के बीच आयी दरार अभी भी नज़र आ रही थी। मुस्लिम मोहल्ले में शाह-मोदी की जोड़ी को 'पापी' के रूप में देखा जाता था। एक मुस्लिम स्कूल टीचर ने कहा, 'वह तो दंगे करवाएंगे, उप्र को गुजरात बनवाएंगे।' दिलचस्प बात यह थी कि हिंदू बस्तियों में भी यही भाव था कि यदि मोदी प्रधानमंत्री बन गए तो उप्र गुजरात बन जायेगा। एक युवा स्नातक ने मुझसे कहा, 'देखो सर, गुजरात ने कितनी तरक्की की है, हम पीछे रह गए।' ऐसा लगता था कि मोदी को मुसलमान अपने लिए खतरा मानते थे जबकि हिंदुओं के लिए आशा और अवसर का प्रतीक थे।

मुजफ्फरनगर के दंगों ने प्रभावी जाट समुदाय को भाजपा की ओर आकर्षित कर दिया। लेकिन यह जाट या सवर्ण तबका ही नहीं था, संघ परिवार 'हिंदू' समाज का दायरा बढ़ाने और दलितों को भी इसमें शामिल करने का प्रयास कर रहा था। मुजफ्फरनगर के दंगों के बाद मायावती की खामोशी को देखते हुए भाजपा ने इसे अपने लिए बेहतरीन मौका समझा। आरएसएस ने पासी समाज जैसे गैर जाटव दलितों को बहुत सोच समझ कर लुभाया और ऐसे पर्चे बांटे जिनमें दावा किया गया था कि उनके पूर्वज हिंदू आस्था के रक्षक थे। इन दंगों से प्रभावित दलित परिवारों को संरक्षण प्रदान करने का भरोसा दिलाया गया। एक खबर में बताया गया था कि 2014 की पहली तिमाही के दौरान कभी बसपा का हिस्सा रहे तीन हज़ार दलित युवक पूर्णकालीन भाजपा कार्यकर्ता बन गए थे। इस संबंध में एक स्थानीय भाजपा नेता ने दावा किया, 'पश्चिमी उप्र में हम मायावती के वोट बैंक का एक बड़ा हिस्सा अपने साथ लाने मे कामयाब हो गए हैं।'

इस मामले में भाजपा की रणनीति की सफलता की पुष्टि तो उस समय हुई जब हमने नोएडा में दलित बहुल एक गांव से टेलीविज़न कार्यक्रम किया। इस कार्यक्रम में पूरे जोश से मोदी के समर्थन में ही आवाज़ उठ रही थी। उनका कहना था, 'हम हिंदू समाज में हैं, मोदी जी हमारे नेता हैं, इस बार उनको हम चांस देंगे।' मायावती ने आरएसएस के इस प्रचार तंत्र का मुकाबला ही नहीं किया।

इस मामले में तो सत्तारूढ़ सपा की सबसे बड़ी राजनीतिक विफलता थी। भारत में कोई भी बड़ा दंगा प्रशासनिक तत्वों की मिलीभगत या अक्षमता के बगैर

नहीं होता, चाहें वह 1984 के दिल्ली के दंगे हों या 2002 के गुजरात दंगे। मुजफ्फरनगर के 2013 के दंगे भी इसी कड़ी में आते हैं। सत्तारूढ़ दल के नेता के रूप में अखिलेश यादव को स्थानीय प्रशासन की भागीदारी के बारे में तमाम सवालों के जवाब देने हैं। वह 2011-12 की सर्दियों में उप्र के लिए नई उम्मीदें लेकर आए थे लेकिन दो साल बाद अब वह राज्य के लिए एक दुःस्वप्न ही साबित हो रहे हैं।

उप्र के 2012 के चुनावों में एक 'लहर' चल रही थी। समाजवादी पार्टी प्रचंड बहुमत से सत्ता में आई थी। इस चुनाव के सबसे बड़े सितारे अखिलेश यादव थे जिन्होंने एक छोर से दूसरे छोर तक, कई बार तो साइकिल से, राज्य का व्यापक दौरा किया था। हालांकि अखिलेश यादव में अपने पिता जैसी ही समानता झलकती थी लेकिन उन्होंने एक नए रूप का वायदा किया। उन्होंने लंबे आपराधिक इतिहास वाले ताकतवर नेता डी. पी. यादव को भी टिकट नहीं दिया था।

चुनाव प्रचार के दौरान अखिलेश के साथ यात्रा के दौरान, सपा की छवि बदलने की उनकी ललक से मैं बहुत प्रभावित हुआ था। उप्र की राजनीति में आए विदेश से शिक्षित होकर आए इस युवा नेता, जिसमें नई उम्मीदों और परिवर्तन का प्रतीक बनने के सभी गुण थे, ने कहा, 'आप देख लेना हम उप्र की तस्वीर बदल देंगे।'

मुझे अधिक बेहतर जानकारी होनी चाहिए थी। 38 वर्ष की उम्र में अखिलेश यादव उप्र के सबसे युवा मुख्यमंत्री बन गए। लेकिन उनकी पार्टी तो काफी पुरानी थी। सपा का जन्म तो सोशलिस्ट पार्टी के गर्भ से हुआ था। लखनऊ में मुलायम सिंह के घर की दीवार पर राममनोहर लोहिया से लेकर जार्ज फर्नांडीज़ और मधु लिमये तक की बड़ी बड़ी तस्वीरें लगी हैं। यही नहीं, जो इन नेताओं के राजनीतिक विचारों से असहमत होते हैं, वे भी इन नेताओं के सादगी भरे जीवन के कायल थे। मुझे याद है कि मैंने अखिलेश से कहा था कि इस दीवार पर पूर्व रेल मंत्री मधु दंडवते की तस्वीर भी होनी चाहिए। इस पर उन्होंने कहा, 'हां, हां, आप कहते हैं तो उनका भी फोटो लगा देंगे।'

आधुनिक समय की समाजवादी पार्टी की यही समस्या है--सामाजिक मूल्य तो अब कट आउट और दिखावटी प्रेम तक सिमट कर रह गए हैं। दंडवते ही अपने पूरे जीवन काल में रेल से ही यात्रा करते थे लेकिन आज सपा तो हवाई जहाज़ संस्कृति में उलझ गई है।

संभवतः यह कारोबारी से राजनीतिक बने अमर सिंह के साथ शुरू हुआ

जो कभी मुलायम सिंह के सांचो पांज़ा हुआ करते थे और जिन्हें अखिलेश पूरी विनम्रता से 'अंकल' कहते थे। अंकल अमर सिंह 2010 में 'घरेलू लड़ाई' की वजह से पार्टी से बेआबरू होकर निकाले जाने से पहले तक समाजवादी पार्टी के असली शहंशाह थे।

अमर सिंह भी बेहद दिलचस्प राजनीतिक व्यक्ति हैं। वह दिन में तो नेता होते हैं और रात में सफारी सूट पहने रईसों और फिल्मी सितारों की संगत में पार्टियों का लुत्फ उठाने वाले होते हैं। राजनीतिक 'फिक्सर' होने की बात को हंसी में उड़ाने वाले अमर सिंह ने एक बार हंसते हुए मुझसे कहा, 'बॉस, तुम मुझे नया पूंजीपति कह सकते हो—मेरी पार्टी मुझे समाजवादी के रूप में देखती है।'

अमर सिंह, हो सकता है कि सवेरे नाश्ता अनिल अंबानी सरीखे उद्योगपति के साथ और दोपहर का भोजन मुलायम सिंह के साथ और फिर रात्रि भोज बच्चन के साथ करें। एक बार मैंने उप्र में अमर सिंह के चुनाव प्रचार की फिल्म बनाई थी। हमने पूर्वी उत्तर प्रदेश के सोनभद्र में एक दिन साथ बिताया था जहां उन्होंने एक 'ठाकुर सभा' को संबोधित किया था। मैंने उनसे कहा कि मैं रात में आपकी ज़िंदगी का 'दूसरा पहलू' देखना चाहता हूं। कुछ घंटों के भीतर ही उन्होंने अपने घर पर एक पार्टी का आयोजन किया। मेहमानों की सूची में अभिनेत्री श्रीदेवी, उनके पति बोनी कपूर, उद्योगपति और मॉडल शामिल थे। एकदम नए सुगंधित परफ्युम की खुशबू बिखेरते हुए अमर सिंह ने कहा, 'ये सब मेरे दोस्त हैं, ये मेरे लिए कुछ भी कर सकते हैं।'

अमर सिंह की यही कार्यशैली समाजवादी पार्टी के लिए बड़ी समस्या बनकर उसका पीछा करने लगी। मुलायम सिंह हमेशा ही अपने सहयोगियों के लिए 'नेताजी' थे जिनका जन्म एक छोटे-से गांव में हुआ था और जिन्होंने स्कूल शिक्षक के रूप में अपना जीवन शुरू किया और जो असली ज़िंदगी में पहलवानी भी करते थे। अमर सिंह ने उन्हें उच्च जीवन का चस्का लगाया और वह अब इसे गंवाना नहीं चाहते थे। सपा के एक पुराने सांसद ने इस पर टिप्पणी करते हुए कहा था, 'पार्टी बदल गई, नेताजी बदल गए, सबको पैसे की लालच हो गई।'

समाजवादी पार्टी की संस्कृति में आए पतन को अमर सिंह नहीं बल्कि मुलायम सिंह के अपने परिवार ने बढ़ावा दिया। उनके लगभग सभी रिश्तेदारों को पार्टी में कोई न कोई पद दिया गया था। अखिलेश की पत्नी सांसद थीं जबकि एक चाचा मंत्री थे तो दूसरे चाचा राज्य सभा के सांसद थे। इस स्थिति का बयान करते हुए उप्र के एक वरिष्ठ पत्रकार ने मुझसे कहा था, 'समाजवाद परिवारवाद बन गया।'

पारिवारिक ताकत अहंकार को जन्म देती है। मुलायम सिंह के छोटे भाई शिवपाल यादव से ज़्यादा कोई और अहंकारी नहीं था। सार्वजनिक निर्माण विभाग के मंत्री के रूप में शिवपाल यादव को ऐसी छवि बन गई थी जिन्होंने कहते हैं कि सरकारी ठेके देने के लिए उनके पास 'रेट कार्ड' था। उत्तर प्रदेश के एक नौकरशाह ने मुझे बताया था, 'उप्र में आप कोई भी काम कराना चाहते हैं, आपको शिवपाल यादव के पास जाना होगा।'

यही वह कार्य संस्कृति थी जो अखिलेश को विरासत में मिली थी और सफल होने के लिए उन्हें इसका त्याग करने की ज़रूरत थी। मुझे याद है मैंने चुनाव प्रचार के दौरान अखिलेश से पूछा था कि मुख्यमंत्री बनने के बाद वह अपने इन चाचा से कैसे निबटेंगे। इस पर उनका जवाब था, 'कोई प्रॉब्लम नहीं होगा, हम साथ काम करेंगे।'

अखिलेश का यह आत्मविश्वास पूरी तरह अनुपयुक्त था। सपा के सत्ता में आते ही पुराना ढर्रा काबिज हो गया। उनके लिए अखिलेश तो 'बच्चा' था। उत्तर प्रदेश में तबादले और तैनाती का उद्योग फिर से फलने-फूलने लगा और इसके ज़रिए सरकारी नौकरियों में यादवों को प्राथमिकता मिलने लगी। उप्र के एक वरिष्ठ पुलिस अधिकारी ने इस बारे में मुझसे कहा भी था, 'यदि आप यादव हैं, आपको अपनी पसंद का थाना मिल सकता है।'

उप्र में एक बार फिर 'गुंडा राज' की वापसी हो रही थी जो मायावती के सख्त कानून व्यवस्था के प्रशासन के एकदम विपरीत था। हमारा कार्यालय उप्र के नोएडा में था। मुलायम सिंह यादव 2006 में जब प्रदेश के मुख्यमंत्री थे तो अक्सर हमारे परिसर के बाहर खड़ी कार चोरी हो जाती थी। हमने शिकायत भी की लेकिन कहीं कोई जवाब नहीं। एक साल बाद जब मायावती सत्ता में आईं तो हमने फिर उनसे शिकायत की। हमारे कार्यालय के बाहर एक पुलिस बूथ बना दिया गया और इस तरह से कारों की चोरी बंद हो गई।

सामाजिक शांति भी चिंता का विषय थी। अखिलेश सरकार के कार्यकाल के पहले वर्ष में प्रदेश में एक सौ से अधिक छोटे-बड़े सांप्रदायिक दंगे हो चुके थे। अखिलेश का हमेशा ही यह तर्क रहा कि इन दंगों के पीछे भाजपा-विहिप का हाथ है। उनका दावा था, 'फायदा तो उन्हीं को होता है इन दंगों से।' लेकिन इन दंगों का तरीका बहुत संदिग्ध था--किसी भी छोटी सी घटना को लेकर भगवा समूह बंद का आयोजन करते जिसे लेकर तनाव और हिंसा फैलती थी। ऐसा लगता है कि स्थानीय संघ परिवार के नेता ही यह सब कराते थे।

यह भी सही है कि सपा भी धार्मिक ध्रुवीकरण की राजनीति खेल रही थी।

1990 के राम जन्म भूमि आंदोलन के दौरान मुलायम सिंह ने ही कारसेवकों को अयोध्या में विवादित स्थल तक पहुंचने से रोकने के लिए उन पर पुलिस फायरिंग के आदेश दिए थे। यह एक विवादास्पद फैसला था, लेकिन इस फैसले ने उप्र के मुसलमानों में उनके प्रति वफादारी पैदा कर दी। इसके बाद से ही उनकी राजनीति मुस्लिम-यादव के आधार पर टिकी हुई है।

यह विडंबना ही है कि कानून व्यवस्था बनाए रखने के प्रयास में कदम उठाए गए, लेकिन आगे चल कर इन्होंने अंततः मुस्लिम तुष्टिकरण की नीति का रूप अपना लिया। नौकरियों में आरक्षण से लेकर आतंकी गतिविधियों में आरोपी मुस्लिम युवकों के खिलाफ़ मुकदमे वापस लेने जैसे वायदों के कारण सपा सरकार की पहचान ही अल्पसंख्यकों की राजनीति करने वाले दल के रूप में होने लगी। स्थिति ऐसी हो गई कि उप्र के सत्ता के गलियारों में मज़ाक में यह कहा जाने लगा, 'यदि कोई टोपी-दाढ़ी वाला नेता मुलायम से मिलता है तो वह उसे मंत्री के दर्जे के साथ ही लाल बत्ती की कार दे देंगे।' लखनऊ स्थित वरिष्ठ पत्रकार शरद प्रधान के मुताबिक, 'स्थिति नियंत्रण से बाहर हो गई थी और इसकी प्रतिक्रिया तो होनी ही थी।'

मुजफ्फरनगर के दंगों ने तो इस कमज़ोरी को और ज़्यादा उजागर किया। दिसंबर, 2013 में राहत और पुनर्वास कार्यों में मदद करने वाले एक स्वयंसेवी संगठन के साथ मैं मुजफ्फरनगर गया। अधिकांश दंगा विस्थापित कड़ाके की सर्दी के बावजूद अभी भी शिविरों में रह रहे थे और वे अपने घरों को लौटने को लेकर काफी आतंकित थे। धार्मिक संगठनों और स्थानीय मदरसों ने क्रमोबेश इन राहत शिविरों को अपना लिया था और वे इनमें रहने वालों को कंबल और जलावन मुहैया करा रहे थे। मैं क्रिकेट की एक किट साथ में ले गया था और हमने वहां मैच भी खेला। एक किशोर, जिसने अपने माता-पिता पर हमला होते या उनकी हत्या होते देखा था, हमारे साथ प्रसन्न होकर खेलने लगा। उसकी यह जीवटता देखकर मेरी आंखों में आंसू आ गए। स्वयंसेवी संगठन के एक सदस्य ने मुझसे कहा, 'मैं समझता हूं कि यह पहला अवसर है जब मैंने बच्चों के चेहरे पर हंसी देखी है।'

एक सप्ताह बाद ही मुलायम सिंह ने राहत शिविरों में रहने वालों को 'विपक्षी दलों का एजेंट' करार दे दिया। हालांकि मुजफ्फरनगर में दंगे होने के बाद से मुलायम सिंह एक बार भी दंगाग्रस्त इलाके में नहीं गए थे। एक अन्य सपा नेता ने कहा, 'राहत शिविरों में रहने वाले पेशेवर भिखारी हैं जो हर समाज में मिल जाएंगे।'

एक महीने बाद, जब दंगा पीड़ित अपने मुआवज़े के दावों और पुलिस में दर्ज प्राथमिकी में जांच की धीमी रफ्तार से जूझ रहे थे, यादव परिवार ने अपने गांव में भव्य सैफेई महोत्सव का आयोजन किया। सत्तारूढ़ यादवों के सामने नाचने गाने का कार्यक्रम पेश कर रहे सिने अभिनेताओं और अभिनेत्रियों की तस्वीरें उप्र में कड़ाके की सर्दी में राहत शिविरों मे रात गुज़ारने वाले परिवारों से उलट स्थिति बयां कर रही थीं। दंगा पीड़ितों की परेशानियों के बीच इतने बड़े पैमाने पर सैफेई महोत्सव के आयोजन को लेकर समूचे मीडिया ने मोर्चा खोल रखा था। मुझे याद है कि मैंने रात 9 बजे के समाचार में मुजफ्फरनगर के दंगों के तुरंत बाद सैफेई में इतने भव्य आयोजन के बारे में शिवपाल यादव से सवाल किया था। वह मेरे उपर चिल्लाए और फिर वहां से चले गए। यह टीवी पर एक और नाटकीय पल था जो अखिलेश सरकार के नैतिक और राजनीतिक पतन को दर्शाता था।

अखिलेश ने निश्चित ही 2012 के जनादेश के साथ खिलवाड़ किया था। चुनाव के दौरान उप्र में मैं जहां भी गया, लोगों में निराशा और हताशा के भाव ही देखने को मिले। लोग आक्रोष भरे स्वर में यही कहते, 'अखिलेश सरकार नहीं चला सकते।' जनता के भीतर उबल रहा आक्रोश बाहर आने के मौके के इंतज़ार में था। मोदी ने मतदाताओं को आक्रोश निकालने का रास्ता उपलब्ध कराया--उन्होंने बर्बादी और निराशा से छुटकारा दिलाने का भरोसा दिलाया। विश्वास खो चुके यादव राज बनाम मोदी के 'उम्मीदों' के वायदे के बीच कोई मुकाबला ही नहीं था। मैं मेरठ में एक युवा यादव छात्र से मिला तो उसने कहा कि वह मोदी को वोट देगा। उसने कहा, 'अखिलेश ने हमे लैपटाप दिए लेकिन बिजली नहीं दी। मोदी आएंगे, बिजली लाएंगे।' उप्र का युवा जातीय बंधनों और समीकरणों से बाहर निकलने के लिए तैयार था। यदि उप्र के यादव मोदी को वोट देने की तैयारी कर रहे थे तो यह इस प्रदेश की राजनीतिक ज़मीन के हिलने की शुरुआत भी थी।

अखिलेश सरकार के प्रति जनता का समर्थन कम होना अमित शाह के लिए अच्छी खबर थी। उनकी उप्र की रणनीति बिल्कुल सही दिशा में चल रही थी। सपा हताश और निराश थी, मायावती को विशेष सफलता नहीं मिल रही थी, राहुत गांधी भी नज़र नहीं आ रहे थे और उनकी पार्टी भी अव्यवस्थित थी—ऐसा लगता था कि शाह का राजनीतिक पुनर्वास का काम पूरा हो गया था।

नवंबर के मध्य में जब देश सचिन तेंदुलकर के क्रिकेट जगत को अलविदा कहने

के फैसले से उदास था, 'स्नूपगेट' सुर्खियों में आ गया। दो वेबसाइट्स कोबरापोस्ट डॉट कॉम और गुलेल डॉट कॉम इस कांड का पर्दाफाश किया और ऑडियो टेप जारी किए जिसमें कथित रूप से शाह द्वारा टेलीफोन पर अपने 'साहब' के कहने पर एक युवती की गैरकानूनी निगरानी करने के निर्देश संबंधी बातचीत का विवरण था। जब यह खबर आयी तो मैं सचिन की विदाई कार्यक्रम के सिलसिले में मुंबई में था। उसी शाम मुझे शाह का फोन आया। उनकी आवाज़ हमेशा की तरह ही मधुर थी लेकिन उसमें दिया गया संदेश कम मधुर था। उन्होंने कहा, 'यह क्या हेडलाइन स्टोरी आप चला रहे हो। थोड़ा ज़रा देख लो ना, हटा दो उसको।'

मैं राजनीतिक व्यक्तियों द्वारा अक्सर टेलीफोन करके खबरों से नकारात्मक पहलू को संपादित करने का अनुरोध किए जाने अभ्यस्त था। मेरा एक ही जवाब होता था कि मुझे पता नहीं है कि चैनल पर क्या दिखाया जा रहा है और यह कि मैं स्टूडियो में नहीं हूं। हमेशा उम्मीद यही होती थी कि नेता इस बारे में भूल जाएंगे और चौबीस घंटे के समाचारों की व्यस्तता में खबर के विवरण को सेंसर करने के किसी के दबाव डालने के प्रयासों से हम बचे रहेंगे। शाह हालांकि दबाव डाल रहे थे लेकिन मैं इतनी आसानी से झुकने वाला नहीं था। मैंने अपनी टीम से खबर के तथ्यों के बारे में सावधानी बरतते हुए शाह से कहा, 'आप चिंता मत कीजिये, सर, आप मुझे अपना पक्ष भी दे दीजिए, स्टोरी को तो चलाना पड़ेगा।'

अगली सुबह तक यह खबर अपनी पूरी रंगत में थी। कांग्रेस को एक नया हथियार मिल गया था जिससे वह शाह-मोदी पर हमला बोल सकती थी। इस बार उन्हें उम्मीद थी कि इससे एक निर्णायक राजनीतिक झटका लगेगा। पार्टी की महिला सांसदों को दिल्ली में राहुल गांधी के कार्यालय में तलब किया गया और उन्हें विशेष प्रेस कॉन्फ्रेंस करने की हिदायत दी गयी। महिला संगठन विशेषरूप से गुस्से में थे और उन्होंने मोदी के इस्तीफे तथा शाह पर मुकदमा चलाने की मांग की। राष्ट्रीय महिला आयोग की अध्यक्ष ममता शर्मा का सवाल था, 'अमित शाह हमें बताते क्यों नहीं हैं कि 'साहब' कौन थे जिनकी ओर से वह जासूसी करा रहे थे?' केंद्र सरकार ने जांच आयोग गठित करने का आश्वासन दिया लेकिन ऐसा लगा कि इस दिशा में अधिक प्रगति नहीं हो सकी। एक मंत्री ने बाद में मुझसे कहा, 'कोई भी न्यायाधीश राजनीतिक दृष्टि से संवेदनशील मामले को अपने हाथ में लेना नहीं चाहता था।'

इस नए घटनाक्रम के नतीजे से चिंतित, शाह-मोदी ने तत्परता से कार्रवाई की। गुजरात सरकार ने सारे मामले पर गौर करने के लिए अपना ही जांच आयोग गठित कर दिया। इस युवती के पिता उच्चतम न्यायालय पहुंच गए और उन्होंने

न्यायालय से केंद्र सरकार को समानांतर जांच करने से रोकने का अनुरोध किया। युवती के पिता ने भाजपा कार्यालय के ज़रिए एक बयान भी जारी किया जिसमें उन्होंने कहा था कि अपनी पुत्री की सुरक्षा के लिए उन्होंने ही इसका अनुरोध किया था। अब यह तो सिर्फ अटकल ही है कि क्या 'सुरक्षा' की इस कवायद में उसकी हर घंटे की गतिविधि और दूसरों के साथ भोजन या मिलने के पलों का विवरण भी शामिल थे। बताते हैं कि इस विवाद की केंद्र महिला और उसके पति को अहमदाबाद से पेरिस भेज दिया गया था। हमारा संवाददाता जब इस परिवार से मिलने उनके अहमदाबाद स्थित फ्लैट पर पहुंचा तो उसे वहां कोई नहीं मिला। बाद में भाजपा के एक सूत्र ने मुझसे स्वीकार किया, 'शुरुआत में तो हम थोड़ा विचलित थे और इससे होने वाले नुकसान को सीमित करने में जुटे थे क्योंकि यह हमारे लिए बहुत बड़ी समस्या हो सकता था।'

यह पहला मौका नहीं था जब मैंने इस जासूसी कांड के बारे में सुना था। 2012 में ही गुजरात के एक वरिष्ठ पुलिस अधिकारी कुलदीप शर्मा ने नाश्ते पर मुझसे मुलाकात की और दावा किया कि उनके पास ऐसी जानकारी है जो मोदी और शाह को गंभीर नुकसान पहुंचा सकती है। उन्होंने बताया था, 'वे एक महिला की गैरकानूनी तरीके से जासूसी कर रहे हैं।' मैंने जब इसका सबूत मांगा तो उसने इसे देने का वायदा किया।

शर्मा एक अलंकृत पुलिस अधिकारी थे लेकिन अब वे शाह-मोदी की आंखों की किरकिरी बन चुके थे। उन्होंने ही सोहराबुद्दीन फर्ज़ी मुठभेड़ की रिपोर्ट को मंजूरी दी थी और सहकारी बैंक धोखाधड़ी मामले की जांच के आदेश दिए थे जिसमें कथित रूप से शाह भी संलिप्त थे। उनका कहना था कि मोदी सरकार ने पलटवार करते हुए उनके आइएएस अधिकारी भाई प्रदीप शर्मा को जेल में बंद कर दिया है। प्रदीप को उस महिला के साथ देखा गया था जो अब जासूसी कांड विवाद का केंद्र थी। बताते हैं कि 2005 में भुज में एक उद्यान परियोजना के उद्घाटन के अवसर पर एक आईएएस अधिकारी के साथ इस महिला से मोदी की मुलाकात हुई थी जो लैंडस्केप आर्किटेक्ट थी। इस दौरान प्रदीप शर्मा यहां के ज़िला कलेक्टर थे। शर्मा ने उच्चतम न्यायालय में दाखिल अपने हलफनामे में दावा किया था कि मोदी की इस महिला के प्रति आसक्ति हो गई थी और उन्होंने गृह मंत्रालय को इस पर निगाह रखने के लिए कहा था। गुजरात सरकार के सूत्रों का दावा है कि वास्तव में यह प्रदीप शर्मा थे जो इस महिला से प्रेम करते थे। गुजरात के एक वरिष्ठ नौकरशाह के साथ जब मैंने शर्मा के साथ हुई अपनी बातचीत का अचानक ज़िक्र किया तो उसका कहना था, 'यह काफी पेचीदगी

भरी कहानी है लेकिन 'दाल में ज़रूर कुछ काला है।' अब एक बार फिर इन ऑडियो टेपों ने इस कहानी को पुनर्जीवित कर दिया था।

इस जासूसी कांड के 'खुलासे' को संदेह से देखा गया क्योंकि उस समय तक संप्रग सरकार के समक्ष विश्वसनीयता का भी संकट हो रहा था। सामान्य परिस्थितियों में इन ऑडियो टेप की गहन जांच और सख़्ती से सवाल जवाब भी किए जाते। लेकिन चुनाव की तैयारियों के दौरान ही आए इन आडियो को मोदी और उनके भरोसमंद साथी को 'निशाना बनाने' के हथकंडे के रूप में लिया गया। यदि जासूसी कांड की यह खबर एक या दो साल पहले आयी होती तो यह अधिक विश्वसनीय लगती। संप्रग एक बार फिर चूक गया और उस की टाइमिंग गलत हो गई।

वर्ष 2013 अपने अंतिम चरण में थे और नरेंद्र मोदी तथा अमित शाह जश्न मनाने के मूड में थे। जासूसी कांड परवान नहीं चढ़ सका। सीएनएन-आईबीएन चुनाव यात्रा लगातार भाजपा की प्रगति और देश भर में उसे कांग्रेस से आगे दिखा रही थी। मोदी की सभाओं में बहुत भीड़ हो रही थी और उप्र तथा बिहार जैसे मुख्य राज्य पूरी तरह कब्ज़े में नज़र आ रहे थे। मिशन 272 अब ऐसा नहीं था जिसे हासिल नहीं किया जा सके।

इसके बावजूद, भारत की राजनीति में हर पल कोई न कोई चमत्कार होता रहता है। शाह और मोदी जब 2013 में हुए काया पलट का जश्न मनाने की तैयारी कर रहे थे तभी एक नया राजनीतिक पहलू राजनीतिक परिदृश्य पर उभर कर सामने आ गया। यह थे अरविंद केजरीवाल और उनकी आम आदमी पार्टी, जिसने दिल्ली विधान सभा चुनाव के नतीजों में सभी को धाराशायी कर दिया था। इस तरह 2014 की लड़ाई अभी भी खत्म नहीं हुई थी।

6

राजा, रानी और तीसरा पहलू

यह जनवरी, 2014 की सर्दियों की दोपहर में गुनगुनी धूप थी। भाजपा के वरिष्ठ नेता अरुण जेटली ने नौ अशोका रोड स्थित निवास पर सालाना भोज का आयोजन किया था। पार्टी का वरिष्ठ नेतृत्व एक मेज़ पर एकत्र था। ऐसा लगता था कि साल के बड़े चुनाव की तैयारियां शुरू करते वक्त आडवाणी, जेटली, सुषमा और राजनाथ ने खाने की मेज़ पर उन्हें एकजुट कर दिया था। भोजन में उत्तर भारत के स्वादिष्ट व्यंजन थे और इस अवसर के लिए खाने-पीने का बंदोबस्त करने के लिए अमृतसर से विशेष रूप से रसोइए लाए गए थे। इस आयोजन में कुलचे छोले से लेकर भेजा मसाला और बटर चिकन जैसे लज़ीज़ व्यंजन थे।

दिसंबर में संपन्न चार राज्यों के चुनावों में बेहतरीन प्रदर्शन करने की वजह से पार्टी में जोश था। भाजपा के कुछ नेताओं से पूछा जा रहा था कि केंद्र में बनने वाली अगली सरकार में उन्हें कौन सा पद चाहिए। मैंने भाजपा के मुख्य प्रवक्ता रवि शंकर प्रसाद से कहा कि वह एक बार फिर सूचना एवं प्रसारण मंत्री बन सकते हैं। उन्होंने हंसते हुए कहा, 'क्यों, तुम मुझे तरक्की हासिल करने देना नहीं चाहते हो।' मैं उनसे कहा कि चलो अच्छी किस्मत के लिए एक और केसर कुल्फी लेते हैं।

इस आयोजन के आकर्षण का केंद्र अमित शाह थे जो किनारे की एक मेज़ पर विराजमान थे। अमित शाह लखनऊ से लौटे थे और उनका एक एक शब्द सुनने के लिए पत्रकार उन्हें घेरे हुए थे। इस दौरान चर्चा का विषय उप्र के अनुभव तक सीमित नहीं था बल्कि यह राजनीतिक परिदृश्य पर धमाका करने वाले नए पात्र और संगठन के बारे में था। अरविंद केजरीवाल की आम आदमी

पार्टी ने कुछ सप्ताह पहले ही सौरव गांगुली की तर्ज पर पहले प्रयास में दिल्ली में सरकार बना ली थी।

मीडिया में हर तरफ आप नेता की ही चर्चा थी। उन्हें सीएनएन-आईबीएन ने वर्ष का राजनीतिक और *टाइम्स ऑफ इंडिया* और *इंडिया टुडे* ने उन्हें न्यूज़मेकर आफ द ईयर चुना था। अमित शाह ने अपनी प्लेट के छोले खत्म करते हुए कहा, 'आप मीडिया वाले तो केजरीवाल के प्रभाव में आ गए हैं, आपको लगता है कि सिर्फ वही अकेला राजनीतिक है जिसका सादगी भरा जीवन है। हमारे लोग भी सादगी से रहते हैं, हम इसका प्रचार और शोर नहीं करते हैं।'

चूंकि सीएनएन-आईबीएन अरविंद केजरीवाल का सम्मान करने वाले न्यूज़ चैनलों में से एक था, शाह ने मुस्कुराते हुए मुझसे कहा, 'मुझे लगता है कि तुम्हें दक्षिण मुंबई के निर्वाचन क्षेत्र से आम चुनाव लड़ने के लिए आप पार्टी का टिकट मिल रहा है? यदि आप ऐसा करते हैं, मैं वायदा करता हूं कि नरेंद्र भाई को आपके खिलाफ प्रचार के लिए नहीं लाऊंगा।' मैंने तपाक से उन्हें जवाब दिया, 'अमित भाई, मैं आप पार्टी के टिकट पर चुनाव लड़कर हारना नहीं चाहता हूं। वेव तो भाजपा की है। यदि आप मुझे भाजपा का टिकट दें तो मुझे चुनाव लड़ने में प्रसन्नता होगी।' इसका जवाब भी उतनी ही तत्परता से मिला, 'अगर आपको भाजपा की टिकट मिलती है तो मैं उसका विरोध करूंगा।' इस पर हम सभी ने ज़ोर से ठहाका लगाया।

हम सब जब वहां से चलने की तैयारी कर रहे थे, तभी शाह ने मुझे एक तरफ बुलाया और पूछा, 'राजदीपजी, तुम मुझे ईमानदारी से आप पार्टी की वस्तुस्थिति के बारे में फीडबैक दो।' मेरा मानना था कि दिल्ली में आप की सफलता अभूतपूर्व है लेकिन राष्ट्रीय राजधानी से बाहर उसका विस्तार होने की उम्मीद नहीं है। मैंने अमित शाह से कहा, 'उनके पास दिल्ली जैसी सफ़लता दूसरे राज्य में हासिल करने के लिए संगठन नहीं है।' मैंने अपनी चुनाव यात्रा के आंकड़ों से उन्हें यह आश्वासन देने का प्रयास किया कि दिल्ली चुनाव में आप पार्टी को वोट देने वालों में से 50 प्रतिशत लोग आम चुनाव में प्रधानमंत्री पद के लिए मोदी का साथ देंगे।

हालांकि इसके बावजूद शाह कुछ चिंतित नज़र आ रहे थे। 'नहीं हम उनको लाइटली नहीं ले सकते। देश के सभी अर्बन एरियों में उनकी पापुलर्टी काफी बढ़ रही है। उप्र में भी लोग उनके बारे में बात कर रहे हैं।'

भाजपा के कोषाध्यक्ष पीयूष गोयल ने दिसंबर, 2013 के विधान सभा चुनावों से पहले विश्व की प्रमुख मार्केट रिसर्च और पोलिंग एजेंसी, पेन श्योन बर्नलैंड

की राष्ट्रव्यापी सर्वे कराने के लिए सेवाएं ली थीं। इस सर्वे से पता चला कि भाजपा कांग्रेस से काफी आगे है और अपने ही दम पर उसे दो सौ से अधिक सीटें मिल रही हैं। सर्वे में इस बात की भी पुष्टि हुई कि जनता के बीच मंहगाई और भ्रष्टाचार मुख्य मुद्दे हैं और भाजपा की तुलना में मोदी की लोकप्रिता वास्तव में 20 प्रतिशत अधिक है। परंतु सर्वे में यह भी पता चला कि दिल्ली के चुनाव की सफलता के बाद आप पार्टी का ग्राफ भी चढ़ा है। यह कांग्रेस की कीमत पर हो रहा है लेकिन आप पार्टी अब एक तीसरी ताकत के रूप में उभर कर सामने आ रही है।

शाह के व्यवहार से यह स्पष्ट था कि केजरीवाल का उत्थान भाजपा की रणनीति में दिक्कतें पैदा कर रहा है। केजरीवाल ने समाचार पत्रों के पहले पन्ने से मोदी का लगभग सफाया कर दिया था, साथ ही इससे अधिक महत्वपूर्ण बात यह थी कि भाजपा के 'मोदी फॉर पीएम' अभियान के मुख्य समूहों, युवकों और शहरी मध्यम वर्ग, में चर्चा का विषय अब केजरीवाल बन गए थे। छोटे कद काठी वाले हरियाणा के हिसार में जन्मे केजरीवाल को एक साल पहले तक राजनीति में नौसिखिया माना जाता था लेकिन वह आज भाजपा को ही चुनौती दे रहे थे। यह दुर्बल बनाम अति बलवान की स्थिति थी परंतु केजरीवाल ने तो अपने से ज़्यादा ताकतवर को ललकार कर ही अपने लिए जगह बनाई थी।

केजरीवाल से मेरी पहली मुलाकात 2003 में हुई थी। वह उस समय भारतीय राजस्व सेवा के अधिकारी थे और उन्होंने गैर सरकारी संगठन 'परिवर्तन', जिसमें सूचना का अधिकार भी शामिल था, शुरू करने के लिए अवकाश ले रखा था। हम लखनऊ में एक संगोष्ठी को संबोधित कर रहे थे और वहां मैंने उन्हें इस काम के प्रति पूरी तरह समर्पित पाया। उन्हें इस विषय का व्यापक ज्ञान भी था। उन्होंने मुझसे कहा, 'मीडिया को सूचना के अधिकार का संदेश प्रचारित और प्रसारित करने में हमारा साथ देना चाहिए।' मैं समझता हूं कि वह हमेशा से ही मीडिया की क्षमता और ताकत को अच्छी तरह जानते थे, लेकिन मैंने यह नहीं सोचा था कि आईआईटी से स्नातक सफेद शर्ट और काली पैंट तथा पैरों में चप्पल पहनने वाला यह ऊर्जावान व्यक्ति एक दिन राष्ट्रीय स्तर का नेता बन जायेगा। यह तो उस समय भी नहीं सोचा था जब 2006 में आरटीआई के कार्य के लिए उन्हें मैग्सेसे पुरस्कार से सम्मानित किया गया था।

हमने संपर्क बनाए रखा—ये स्वयंसेवी संगठन खबरों के महत्वपूर्ण स्रोत भी होते हैं। फरवरी, 2011 में केजरीवाल हमारे पास एक और विचार लेकर आए। इस बार उनके साथ आईपीएस अधिकारी डॉ. किरण बेदी थीं। दोनों ने सीएनएन-आईबीएन

के सिटीज़न जर्नलिस्ट कार्यक्रम का हिस्सा बनने की पेशकश की जहां भ्रष्टाचार से आदमी की रोज़मर्रा की ज़िंदगी पर पड़ रहे असर को दिखाया जाए। केजरीवाल ने कहा, 'हम जन लोकपाल के लिए दबाव बनाने के लिए हस्ताक्षर अभियान शुरू कर रहे हैं और हमें आपका सहयोग चाहिए।' भ्रष्टाचार विरोधी लोकपाल के लिए केजरीवाल और डॉ. बेदी का अभियान शूट करने के लिए हम सहर्ष तैयार हो गए। साथ ही मैंने सचेत किया था, 'कृपया यह ध्यान रखिए, टेलीविज़न दृश्य दिखाने का माध्यम है। टेलीविज़न पर हस्ताक्षर अभियान उस समय तक प्रभावी नहीं होगा जबकि दर्शकों को बांधने के लिए कोई तर्कसंगत कहानी नहीं हो।

डॉ. बेदी ने कहा कि वे अभी मुंबई से लौटे हैं और प्रसिद्ध सामाजिक कार्यकर्ता अण्णा हज़ारे लोकपाल के समर्थन में महाराष्ट्र विधान सभा के बाहर उपवास पर बैठने के लिए तैयार हो गए हैं। उन्होंने सहयोग करने के इरादे से सुझाव दिया, 'आप भी अण्णा का इंटरव्यू कर सकते हैं।'

इसी मौके पर मैंने भी अपनी कीमती सलाह दी जैसा कि सभी संपादक अक्सर करते हैं। मिस्र में तहरीर चौक की घटना अभी ताज़ा ही थी और काहिरा की सड़कों पर हज़ारों लोगों के आ जाने के दृश्य दुनिया की नज़रों के आगे थे। मैंने कहा, 'अरविंद और किरणजी, मैं पूरी ईमानदारी से कहना चाहता हूं कि यदि आप चाहते हैं कि लोग आपसे जुड़ें और आपके लोकपाल अभियान का संज्ञान लें तो आपके लिए भारत में भी तहरीर चौक जैसा आंदोलन खड़ा करने की आवश्यकता है। ऐसा करने पर ही व्यवस्था की नींद टूटेगी। और यदि आप चाहते हैं कि राष्ट्रीय समाचार चैनल आपके मुद्दे पर ध्यान दें, तो आप अण्णा को दिल्ली ले आइए। मुंबई में तो यह लोकल खबर ही रह जाएगी।'

उस समय मैं यह नहीं जानता था कि एक टेलीविज़न कार्यक्रम के लिए हो रही सामान्य सी बातचीत कुछ महीनों के भीतर ही भ्रष्टाचार के मुद्दे पर राष्ट्रव्यापी ज्वालामुखी फटने जैसा रूप धारण कर लेगी। भूल जाइए हस्ताक्षर अभियान, यह 2011 की सबसे बड़ी खबर बनने जा रही थी।

यदि अण्णा हज़ारे लोकपाल आंदोलन का चेहरा बन गए थे तो केजरीवाल इसकी धड़कन बन चुके थे। उन्होंने इसकी सफलता के लिए योजना बनाई, अभियान के सूक्ष्म प्रबंधन को बारीकी से अंतिम रूप दिया और दिन में 18-18 घंटे अथक काम किया। उन्होंने अपने बारे में कहा, 'मैं तो अण्णा का हनुमान हूं।' एक बार महाराष्ट्र सदन में अण्णा के साथ बैठक के दौरान मैंने उनसे अरविंद के साथ उनके समीकरण के बारे में पूछा तो उन्होंने कहा, 'अरे, मैं तो एक छोटे

गांव का फकीर हूं, अरविंद जानता है कि बड़े शहर में क्या करना चाहिए।' अब यह आईआईटी और गांधीवादी की जुगलबंदी थी। एक प्रौद्योगिकी प्रेमी था तो दूसरे में जनता को अपनी ओर आकर्षित करने की क्षमता थी। एक शहरी कार्यकर्ता था तो दूसरा ग्रामीणों का हीरो--केजरीवाल और अण्णा की एक अनूठी जोड़ी थी जिसमें अगस्त 2011 आते आते सरकार को अपने सामने झुकाने की ताकत थी। दुर्भाग्य से एक साल बाद ही अण्णा और केजरीवाल के रास्ते जुदा हो गए। अण्णा और केजरीवाल को जानने वालों को इससे आश्चर्य नहीं हुआ। अण्णा एक घुमंतू स्वभाव के व्यक्ति हैं जिनकी जड़ें महाराष्ट्र के ग्रामीण इलाके में हैं, वह अक्सर एक आंदोलन के बाद दूसरा आंदोलन करते हैं। उन्होंने हालांकि कुछ समय के लिए राष्ट्रीय चर्चा में रहने का आनंद लिया लेकिन अंततः वह रालेगण सिद्धी में अपने घरेलू माहौल में ही खुद को अधिक सहज पाते थे। उनके बारे में भले ही राजनीतिक विरोधी की धारणा बनती हो लेकिन सच्चाई तो यह है कि सभी राजनीतिक दलों में उनके मित्र थे।

इसके विपरीत, केजरीवाल आक्रोश से भरे एक युवा विद्रोही थे जो निरंतर मुद्दे की तलाश में रहते हैं। वह अकेले ही एक जुझारू व्यक्ति की तरह जुटे हुए थे और ऐसा लगता था कि उनकी दृढ़ता ही उन्हें इसके लिए प्रेरित कर रही थी। केजरीवाल के एक प्रशंसक ने मुझसे कहा, 'उनमें देश के लिए कुछ करने का पागलपन है, जो उनकी ताकत और कमज़ोरी भी है।' हालांकि, गैर सरकारी संगठन के एक पुराने सहयोगी ने ज़ोर देकर कहा कि केजरीवाल बहुत ही महत्वाकांक्षी हैं और लोगों का इस्तेमाल उन्हें छोड़ देना उनकी आदत है। उसने केजरीवाल के स्वभाव का ज़िक्र करते हुए कहा, 'अण्णा तो सिर्फ अरविंद की अपनी यात्रा का एक सोपान हैं।' मेरा अपना आकलन था कि अण्णा और केजरीवाल दोनों ही अड़ियल स्वभाव वाले व्यक्ति हैं और लोकपाल आंदोलन का जुनून ठंडा होने पर दोनों के बीच टकराव अवश्यंभावी था।

लोकपाल आंदोलन के दौरान टीम अण्णा के साथ बातचीत करने वाले पूर्व केंद्रीय मंत्री सलमान खुर्शीद के अनुसार उनमें शुरू से ही मतभेद नज़र आ रहे थे। उनका दावा था, 'आप किरण बेदी से बात कीजिए तो वह एक बात कहेंगी, आप अरविंद से बात कीजिए तो वह कुछ और कहेंगे। और शायद ही उनके पास एक दूसरे के बारे में कहने के लिए अच्छे शब्द हों।'

जुलाई, 2012 में सरकार ने पुणे के मित्रवत राजनीतिकों और कारोबारियों के माध्यम से अण्णा के साथ बातचीत शुरू की थी। खुर्शीद अण्णा से मिले और उन्हें इस बात का आश्वासन दिया कि संसद में सरकार लोकपाल का समर्थन

करेगी। खुर्शीद कहते हैं, 'इस बातचीत के तहत वह कांग्रेस के लिए प्रचार करने पर भी सहमत हो गए थे।' इसी पृष्ठभूमि में प्रधानमंत्री कार्यालय ने अण्णा का आभार प्रकट करने के लिए एक पत्र का मसौदा तैयार किया गया और इस पर सहमति भी हुई। लेकिन अंतिम क्षणों में स्थिति ने करवट ली और अण्णा के लिए तैयार किया गया पत्र गलती से केजरीवाल के निवास पर भेज दिया गया। या कहें कि सरकार ने ऐसा दावा किया। केजरीवाल गुस्से से आग बबूला हो गए। वह कांग्रेस से मोर्चा ले रहे थे लेकिन दूसरी ओर अण्णा उसी के साथ सौदेबाज़ी कर रहे थे। अण्णा भी शर्मिंदा हुए। उन्होंने उसी दिन शाम को अरविंद केजरीवाल से बात की और कहा, 'हमें कांग्रेस को सबक सिखाना चाहिए, वे फूट डालो और राज करो की नीति अपना रहे हैं!'

अण्णा ने एक बार फिर उपवास करने का फैसला किया। इस बार संप्रग सरकार के 15 मंत्रियों के खिलाफ़ प्राथमिकी दर्ज कराने की मांग थी। इस उपवास के नौवें दिन केजरीवाल ने राजनीतिक दल बनाने की सार्वजनिक अपील की। केजरीवाल यह महसूस कर रहे थे कि उपवास और धरने की राजनीति से अधिक लाभ नहीं होना है, और वे इसके भविष्य के प्रति उत्साहित थे। दो दिन बार अण्णा इस प्रस्ताव से पीछे हट गए जिसकी वजह से समूचे आंदोलन में भ्रम की स्थिति बन गई। केजरीवाल के एक सहयोगी ने स्थिति स्पष्ट करते हुए कहा, 'हमने सारी तैयारियां कर ली थीं लेकिन अण्णा ने हमें धोखा दे दिया।'

सवाल यह उठता है कि आखिर अण्णा ने केजरीवाल के राजनीतिक दल का समर्थन क्यों नहीं किया? मुझे लगता है कि केजरीवाल अपने आंदोलन का दायरा बदलने की दिशा में बढ़ रहे थे और राजनीतिक दल बनाने के विचार का समर्थन करने के लिए उन्होंने अण्णा पर शुरू में दबाव डाला था। अण्णा हालांकि इस समय खुद को मिल रहे महत्व से आनंदित थे लेकिन वह जानते थे कि उन्हें औपचारिक राजनीति से दूर रहने पर ही ताकत मिलती है। दूसरी ओर, केजरीवाल हमेशा ही जल्दी में रहने वाले व्यक्ति थे।

कुछ सप्ताह बाद, केजरीवाल ने कोयला खदान आवंटन कांड में कांग्रेस-भाजपा की मिलीभगत का आरोप लगाते हुए सोनिया गांधी और नितिन गडकरी के घरों का घेराव करने का फैसला किया। केजरीवाल ने बाद में मुझसे कहा, 'लेकिन जब हम डॉ. बेदी का समर्थन प्राप्त करने के लिए गए तो उन्होंने भाजपा अध्यक्ष के घर विरोध प्रदर्शन का समर्थन करने से इन्कार कर दिया। तो चाहती थीं कि कांग्रेस को ही निशाना बनाया जाए।' इस पर बेदी का जवाब था, 'आंदोलन भ्रमित हो रहा था। हम कांग्रेस और भाजपा की एक साथ बराबरी नहीं कर सकते।'

इसके साथ ही अब मूल अण्णा टीम में विघटन अवश्यंभावी हो गया था।

टीम केजरीवाल ने 24 नवंबर, 2012 को आम आदमी पार्टी की स्थापना की। अण्णा ने इससे अलग रहने का निश्चय किया, डॉ. बेदी ने भी ऐसी ही किया था। अण्णा के चेहरे के बगैर ही सीमित संसाधनों वाली एक नौसिखिया पार्टी का उदय हो गया था, केजरीवाल के इस राजनीतिक प्रयोग को जनता में सफलता मिलने की उम्मीद कम ही थी। सशंकित होने वाले व्यक्तियों में मैं भी शामिल था। जब मेरे मित्र और राजनीतिज्ञ योगेंद्र यादव ने मुझे आप पार्टी में शामिल होने का अपना निर्णय बताया तो मैंने उनसे विनम्रता के साथ कहा था कि ऐसा करके वह बड़ी भूल कर रहे है। योगेंद्र यादव सीएनएन-आईबीएन पर हमारे चुनाव कार्यक्रम करते थे। मैंने उनसे कहा, 'योगेंद्र, राजनीति एकदम दूसरी धारा है, तुम क्यों सड़क के लिए स्टूडियो छोड़ना चाहते हो?' अगले बारह महीनों में हम सभी की आशंकाएं गलत साबित हो गईं।

नौसिखिया पार्टी से दिल्ली की सत्ता पर काबिज़ होने वाली आप पार्टी के शानदार उद्‌भव ने चुनावी राजनीति के सारे नियमों को नए सिरे से लिख दिया। राजनीति में चटपट सफलता बहुत कम ही मिलती है। एन. टी. रामाराव की तेलुगू देशम पार्टी ने 1983 में अपने नेता के चमत्कारिक व्यक्तित्व और सशक्त क्षेत्रीय अपील के सहारे अपना पहला ही चुनाव शानदार तरीके से जीता था। असम गण परिषद ने भी 1985 में अपना पहला चुनाव जीता था लेकिन यह छह साल के लंबे छात्र आंदोलन का परिणाम था।

दूसरी ओर, आप पार्टी के पास नेतृत्व के लिए न तो कोई फिल्मी हस्ती थी और न ही उसका राजनीतिक आंदोलन का कोई लंबा इतिहास और सशक्त संगठनात्मक आधार था। आप के पास सीमित धन था। आप पार्टी के पास सिर्फ ऊर्जावान और नए विचारों वाले उत्साही युवा थे। हां, उसके पास एक तात्कालिक मुद्‌दा भी था—राजनीतिक भ्रष्टाचार के खिलाफ़ जनता का आक्रोश।

केजरीवाल ने दिल्ली चुनाव के लिए बहुत ही खूबसूरती से अपनी राजनीतिक रणनीति तैयार की थी। हाथ में झाड़ू लिए गांधी टोपी में आम आदमी के प्रतीक को दिल्ली के ताकतवर अति महत्वपूर्ण व्यक्तियों की संस्कृति ने नज़रअंदाज़ किया। उन्होंने बाद में मुझसे कहा, 'मैं चाहता था कि सड़क का आदमी मुझसे जुड़े। गांधी टोपी, जिसे हमने अण्णा के आंदोलन में इस्तेमाल किया था और झाड़ू ने हमें पहचान दी।'

मैं एक बार आप पार्टी के मुख्यालय गया और यह देख कर दंग रह गया

कि किस तरह से सभी युवा थे और सभी में एक नया जोश था। मैंने इनमें आदर्शवाद और संकल्प के साथ आगे बढ़ कर काम करने की वह झलक देखी जो राजनीति से खत्म होती नज़र आ रही थी। अपना काम छोड़कर आप पार्टी में शामिल होने वाले एक मर्चेंट बैंकर ने मुझसे कहा, 'जब मैं बैंक में पैसा बना रहा था तो मुझे यह नहीं पता था कि ऐसा मैं किसके लिए कर रहा हूं। अब, जब मैं आप के लिए धन एकत्र कर रहा हूं तो मैं जानता हूं कि मैं राष्ट्र निर्माण के काम में शामिल हूं।'

आप की कार्यशैली 'हमला करो और भागो' वाली गुरिल्ला रणनीति जैसी थी ताकि वह खुद को निरंतर टेलीविज़न की नज़र में रख सकें। मुझे याद है जब केजरीवाल के विश्वसनीय सहयोगी और पूर्व पत्रकार मनीष सिसोदिया बढ़े हुए बिजली के बिलों के खिलाफ़ अपने अभियान में मीडिया के सहयोग के लिए हमारे पास आए थे। उन्होंने बताया, 'अरविंद जी, इस मुद्दे को लेकर उपवास करने जा रहे हैं। कृपया इसे कवर कीजिए।' मैं ईमानदारी से स्वीकार करूंगा कि केजरीवाल के लगातार किसी न किसी विषय पर धरना देने के कारण उनके प्रति मन उचाट होने लगा था और न्यूज़रूम भी इसे लेकर बहुत उत्साहित नहीं था।

केजरीवाल का यह धरना रविवार को था जिस दिन खबरों का प्रवाह अपेक्षाकृत कम होता है। शायद इसी वजह से केजरीवाल ने धरने के लिए यह दिन चुना था। लेकिन वह इसे सामान्य दिन जैसा नहीं बनाना चाहते थे। उन्होंने वहां उपस्थित लोगों से अपने बिजली के बिल जलाने का आह्वाहन किया और फिर खुद बिजली के एक खंबे पर चढ़ गए। देखते ही देखते वहां हंगामा हो गया, पुलिस धरना स्थल पर पहुंची और उसे पानी की बौछारों का इस्तेमाल करना पड़ा। केजरीवाल का काम हो गया था। उन्होंने टीवी के लिए ब्रेकिंग न्यूज़ बना दी थी।

2012-13 के दौरान ऐसे अनेक अवसर आए जब केजरीवाल ने अपने अनुभवी राजनीतिक विरोधियों को अपने तरीकों से काफी पीछे छोड़ दिया था। जब स्थानीय निकायों के अधिकारियों ने केजरीवाल के पोस्टर और बैनर फाड़ दिए तो उन्होंने अपने राजनीतिक संदेश प्रसारित करने के लिए तिपहिया ऑटो रिक्शा की मदद ली या फिर यातायात सिग्नल और फ्लाईओवरों पर अपने बैनर लगाये। दिसंबर, 2012 में जब दिल्ली में सामूहिक बलात्कार की वारदात हुई और जनता का आक्रोश सड़कों पर नज़र आने लगा, केजरीवाल वारदात विरोध करने के लिए जनता के साथ खड़े होने वाले पहले राजनीति व्यक्ति थे और उन्होंने पुलिस आयुक्त को हटाने की मांग की। आप को बिजली और पानी के

बिल बढ़े होने के बारे में दस लाख नागरिकों के पत्र मिले जिन्हें पार्टी ने दिल्ली की मुख्यमंत्री शीला दीक्षित को सौंपा। केजरीवाल ने अब एजेंडा तय कर दिया था और राष्ट्रीय स्तर के दलों के पास इसे उठाने के अलावा कोई विकल्प नहीं बचा था।

आप पार्टी का मकसद हमेशा कुछ ऐसा करने का था जिससे वह निरंतर खबरों में बनी रहे और इसमें राष्ट्रीय मीडिया की दिलचस्पी भी बने रहे। उन दिनों एक एसएमएस पर एक चुटकुला बहुत प्रचलित थाः कांग्रेस और भाजपा केजरीवाल से कहते हैं, 'हमारे पास धन, बल, आदमी हैं, तुम्हारे पास क्या है?' केजरीवाल का जवाब होता है, 'मेरे पास मीडिया है।'

आम पार्टी की कार्यशैली का एक उदाहरण सोनिया गांधी के दामाद रॉबर्ट वाड्रा के मामले का 'खुलासा' था। *इकोनॉमिक टाइम्स* ने एक खबर में 2011 में वाड्रा के भूमि सौदे का ज़िक्र किया था लेकिन इस खबर को तत्परता से दबा दिया गया था। एक खोजी पत्रकार इसके सारे दस्तावेज़ भाजपा के एक वरिष्ठ नेता के पास ले गया और उनसे इस मामले को संसद में उठाने का अनुरोध किया। लेकिन वे दस्तावेज़ कभी सामने आए ही नहीं। इंतज़ार करते हुए जब यह पत्रकार थक गया तो उसने केजरीवाल और वकील-कार्यकर्ता प्रशांत भूषण को ये दस्तावेज सौंप दिए। फिर क्या था, उन्होंने उसी दिन प्रेस कॉन्फ्रेंस की और मीडिया की सुर्खियां बटोर लीं। कुछ सप्ताह बाद, उन्होंने इसी तरह का एक और खुलासा करने का प्रयास किया और इस बार उन्होंने एक सिंचाई घोटाले में कथित रूप से गडकरी को लपेट लिया।

केजरीवाल अपनी मुहिम में मीडिया का साथ लेने के प्रति बहुत सचेत थे। मोदी की तरह ही केजरीवाल भी कैमरे के सामने सहज रहते थे और कठोर शब्दों के इस्तेमाल में कभी कोताही नहीं करते थे। आप नेता के निकट के सलाहकारों में कुछ पत्रकार थे। मेरे अपने सहयोगी आशुतोष, जो हिंदी चैनल आईबीएन-7 के संपादक थे, आप में शामिल हो गए। आशुतोष का दावा था, 'वह महात्मा गांधी के बाद सबसे अधिक चतुर राजनीतिक हैं।' उनके इस कथन में केजरीवाल के प्रति पूरी दीवानगी नज़र आती है।

आशुतोष ने आप पार्टी के टिकट पर चांदनी चौक संसदीय क्षेत्र से लोक सभा का चुनाव लड़ा। वह ऐसे चंद पत्रकारों मे थे जिन्होंने ऐसी चुनौती स्वीकार की। केजरीवाल ने, जैसा अमित शाह ने जेटली के यहां भोज पर कहा था, एक बार मुझे भी टिकट का प्रलोभन दिया था। केजरीवाल ने मुझसे कहा, 'हमें राजनीति में अच्छे लोगों की ज़रूरत है। आप हमारी पार्टी में शामिल हो जाइए।' यह पहला

मौका नहीं था जब किसी राजनीतिक दल ने मुझे अपना पाला बदलने का सुझाव दिया था। हमेशा ही मेरी प्रतिक्रिया पहले जैसी ही थी। मेरा जवाब होता, 'धन्यवाद, लेकिन नहीं मैं दूर से ही राजनीति को देख कर खुश हूं।' मैं पत्रकारिता को बहुत पसंद करता हूं। वैसे भी, मेरी चमड़ी इतनी मोटी नहीं है जो नेतागिरी के लिए ज़रूरी है और निरंतर आंदोलन की राजनीति करने वाली केजरीवाल शैली का भी समर्थक नहीं हूं।

केजरीवाल की पार्टी के बढ़ते हुए समर्थन के बावजूद मैंने कभी नहीं सोचा था कि केजरीवाल दिल्ली में सरकार बनाएंगे। दिल्ली विधान सभा के चुनाव के नतीजों से एक दिन पहले, मैं *हिंदुस्तान टाइम्स* समिट के एक सत्र का संचालन कर रहा था। इस सत्र में मेरे साथ पाकिस्तान के क्रिकेट कप्तान से राजनीतिक बने इमरान खान थे। मंच पर जाने से पहले, मैंने इमरान से कहा कि वह पाकिस्तान के अरविंद केजरीवाल जैसे ही हैं। इस पर उनका सवाल था, 'वह कैसे?' मैंने कहा, 'आप दोनों के प्रशंसकों में बहुत बड़ी संख्या युवा वर्ग की है और आप टीवी तथा सोशल मीडिया पर बहुत लोकप्रिय हैं लेकिन आप मतपेटियों की तुलना में शायद साइबरस्पेस में कहीं अधिक बेहतर प्रदर्शन करेंगे।' इस तर्क से इमरान मुस्कुरा कर रह गए थे।

अगले ही दिन, मैं गलत साबित हो गया था। केजरीवाल ने 70 सदस्यीय दिल्ली विधान सभा में 28 सीटें जीत ली थीं और कांग्रेस सिर्फ आठ सीटों पर सिमट कर रह गई थी जबकि भाजपा 32 सीटें हासिल करके बहुमत से दूर रह गई थी। केजरीवाल के पास सत्ता का संतुलन था। चुनाव परिणामों के एक दिन बाद, 10 दिसंबर, 2013 को एक इंटरव्यू में उन्होंने मुझसे कहा कि वह सरकार बनाने के लिए कभी भी कांग्रेस का समर्थन नहीं लेंगे। लेकिन एक पखवाड़े बाद ही ऐसा लगा कि वह अपनी सोच बदल रहे हैं।

कहते हैं कि केजरीवाल को समर्थन देने का कांग्रेस का फैसला राहुल गांधी का था। ऐसा लग रहा था कि राहुल गांधी युवा शक्ति और संकल्प पर आधारित केजरीवाल की राजनीति से बहुत प्रभावित हुए थे। यह भी हो सकता है कि उन्हें एक स्वयंसेवी संगठन के कार्यकर्ता का इस तरह से एक आदर्शवादी राजनेता बनने के विचार से प्रभावित हुए हों। या फिर, जैसा कुछ कांग्रेसी नेताओं ने मुझसे कहा कि उन्हें केजरीवाल में एक ऐसी संभावना नज़र आई जो मोदी के नेतृत्व वाली भाजपा के खिलाफ़ भावी संघर्ष में सहयोगी हो सकता है।

अरविंद केजरीवाल को 28 दिसंबर, 2013 को रामलीला मैदान में हर्षोल्लासित जनता के समक्ष दिल्ली के मुख्यमंत्री पद की शपथ दिलाई गई। उन्होंने हमेशा

की तरह ही पूरे जोश के साथ उपस्थित जनसमूह को संबोधित किया और कहा, 'यदि डेढ़ करोड़ दिल्लीवासी एकजुट हो जाएं तो हम भ्रष्टाचार का सफाया कर सकते हैं। आइए हम शपथ लें कि हम कभी भी न तो रिश्वत लेंगे और न ही देंगे।' यही नहीं, उन्होंने उपस्थित जनसमूह का हौसला बुलंद करते हुए एक गीत भी गाया। उस दौरान कुछ घंटों के लिए ऐसा आभास हुआ कि मानो नरेंद्र मोदी ही ऐसे अकेले आकर्षक व्यक्तित्व वाले नेता नहीं हैं जो जनता से खुद को जोड़ सकते हैं। अब उन्हें अपना प्रतिद्वंद्वी मिल गया है। लेकिन केजरीवाल को जल्दी ही समझ आ गया कि सड़क पर संघर्ष करने वाले जनवादी और ज़िम्मेदारी वाले पद पर बैठने में बहुत बड़ा अंतर है।

एक पत्रकार के दृष्टिकोण से दिल्ली में केजरीवाल के 49 दिन के शासन काल को सिर्फ अराजकता वाला दौर ही कहा जा सकता है। ऐसा कोई दिन नहीं था जो केजरीवाल या आप पार्टी के कुछ सदस्यों द्वारा न्यूज़ ब्रेक के बगैर गुज़रा हो। कभी कभी तो ऐसा लगता था कि केजरीवाल की गतिविधियों पर निगाह रखना ही मीडिया का काम रह गया था। एक रविवार को हमारी बातचीत के दौरान ऐसा लगा कि मोदी अपना धैर्य खो चुके हैं जब उन्होंने कहा, 'तुम्हारे दिल्ली मीडिया को केजरीवाल के आगे कुछ दीखता है या नहीं। बाकी चीफ मिनिस्टर्स को तुम नहीं दिखाते और केजरीवाल को तुमने नेशनल लीडर बना दिया!' स्पष्ट था कि आम चुनाव की तैयारियों के दौरान आप नेता अपने बडे प्रतिद्वंद्वियों की नाक में दम किए थे।

मोदी की बात में वज़न था। मैंने अपने बचाव में 'टायरेनी ऑफ डिस्टेंस' का सहारा लिया। यह जुमला इतिहासकार ज्याफ्रे ब्लेनी की इसी नाम से प्रकाशित आस्ट्रेलिया की बहुचर्चित पुस्तक से लिया था जिसमें तर्क दिया गया था कि किस तरह से ऑस्ट्रेलिया की भौगोलिक दूरी ने इतिहास बनाया। भौगोलिक निकटता तथाकथित राष्ट्रीय भारतीय मीडिया की खबरों की प्राथमिकता भी निर्धारित करती है। चूंकि केजरीवाल का कार्यक्षेत्र दिल्ली के इर्द-गिर्द और अधिकांश टीवी स्टूडियो के मुख्यालयों के कुछ किलोमीटर के दायरे में ही था, वह आसानी से उपलब्ध थे। दिल्ली के निकट नोएडा में भारत के सबसे अधिक मीडिया संस्थान हैं। बस्तर और कोकराझार की तुलना में दिल्ली सचिवालय के बाहर टीवी की ओबी वैन खड़ी करना कहीं अधिक आसान था।

कई सालों तक मेरे मन में यह द्वंद्व चलता रहा। अधिकांश न्यूज़ चैनल के दिल्ली में तो दर्जनों संवाददाता होते हैं लेकिन पूर्वोत्तर के सात राज्यों के लिए

सिर्फ एक ही संवाददाता होता है। इसी तरह, झारखंड और छत्तीसगढ़ जैसे राज्यों के लिए हम सिर्फ स्ट्रिंगर के नेटवर्क पर निर्भर रहते हैं। ऐसी स्थिति में स्वाभाविक है कि खबरें महानगर केंद्रित होती हैं और इस वजह से देश के एक बड़े क्षेत्र की खबरों के मामले में अनदेखी होती है। रोज़ाना खबरों के कुल समय में आधे से अधिक समय दिल्ली की खबरें ले लेती हैं। रांची को हम उस समय कवर करते हैं जब महेंद्र सिंह धोनी अपने घर जाते हैं, कोई बड़ा नक्सल हमला होने पर हम रायुपर पहुंचते हैं। आधुनिक टेलीविज़न युग की व्यावसायिक शैली हमारा घिसा-पिटा बहाना होती है। हकीकत तो यह है कि हम राष्ट्रीय स्तर पर एक सशक्त नेटवर्क तैयार करने के इच्छुक ही नहीं हैं।

मीडिया प्रेमी केजरीवाल इस तथ्य को भलीभांति जानते थे और उन्होंने इसका भरपूर लाभ भी उठाया। उसने जो भी कहा या किया, हर बार एक जीवंत घटना बनकर सामने आया। मुख्यमंत्री के रूप में जब उन्होंने जनता दरबार लगाने की कोशिश की तो वहां भगदड़ जैसी स्थिति उत्पन्न हो गई थी। इसी तरह, जब उन्होंने एक निश्चित आय समूह के लोगों को निःशुल्क पानी और रियायती दर पर बिजली मुहैया कराने का फैसला किया तो भी इसने एक नई बहस को जन्म दिया। जब उन्होंने 'सरकारी अधिकारियों का स्टिंग' ऑपरेशन करने की जनता से अपील की तो भी इससे और अधिक विवाद को जन्म दिया। यही नहीं, जब उनके एक मंत्री सोमनाथ भारती ने अफ्रीकी नागरिकों के नशीले पदार्थों का धंधा करने और उनकी महिलाओं के देह व्यापार में संलिप्त होने के आरोप लगाते हुए उनके घर पर आधी रात में छापा मारा तो उन पर 'रंगभेद' का आरोप लगा।

इस घटना ने उस समय एक नया मोड़ ले लिया जब दिल्ली पुलिस के पांच अधिकारियों के निलंबन की मांग को लेकर केजरीवाल ने केंद्रीय गृह मंत्री के घर के पास राजपथ पर धरने पर बैठने का फैसला किया। गणतंत्र दिवस के आयोजन से कुछ दिन पहले ही राजपथ के पास 32 घंटे के केजरीवाल के धरने के दौरान वह मुख्यमंत्री तो कम लेकिन स्वयंभू अराजकतावादी व्यक्ति अधिक नज़र आ रहे थे। केजरीवाल ने अपने समर्थकों को संबोधित करते हुए स्वीकार भी किया, 'हां, मैं अराजकतावादी हूं।' इसके साथ ही उन्होंने लोगों से बड़ी संख्या में राज़पथ पहुंचने का अनुरोध किया। यह बगैर विचार की टिप्पणी थी। पहली बार, चतुराई से राजनीतिक ताना-बाना तैयार करने वाले केजरीवाल इस प्रयास में मात खा गए। एक निर्वाचित सरकार द्वारा अपनी ही पुलिस के साथ सड़कों पर उलझने की खबरें मीडिया में प्रचारित और प्रसारित हुईं तो इसने केजरीवाल की टकराव की राजनीति ने उनकी राजनीतिक अपरिपक्वता को उजागर किया।

उच्चतम न्यायालय के पूर्व न्यायाधीश संतोष हेगड़े ने इसे, 'विशुद्ध रूप से ताकत की हठधर्मी' करार दिया।

धीरे-धीरे जनता की सद्भावना कम होने लगी और मध्यम वर्ग का आप के नेता से मोहभंग होने लगा। टेलीविज़न स्टूडियो जो कल तक उनका साथ दे रहे थे, आज दुधारी तलवार बनकर उनकी सरकार के कामकाज का बारीकी से छिद्रान्वेषण करने लगे। विधान सभा चुनावों के दौरान यदि आप पार्टी की खबरों के प्रति एक प्रसन्नता होती थी, लेकिन अब कुछ समाचार नेटवर्क खुलकर उनका विरोध करने लगे थे। अब एजेंडा चलाने वाली 'सुपारी' पत्रकारिता में ट्वीटर पर 'आपऐनर्की', आपड्रामा, आपइंटाल्रेन्ट और आपमोबक्रेसी जैसे टैग के साथ केजरीवाल को निशाना बनाया जाने लगा। केजरीवाल को पूरा यकीन हो गया था कि इस अभियान के पीछे मोदी के निर्देशों पर ही कॉर्पोरेट मीडिया का हाथ था। हमने जब राजपथ धरना के खिलाफ़ एक आलोचनात्मक खबर की तो केजरीवाल के एक सहयोगी ने मुझे फोन करके कहा, 'ऐसा लगता है कि आप लोगों को भी मोदी ने खरीद लिया है!' इससे साफ था कि अब इनमें संविभ्रम शुरू हो गया है।

भाजपा इस बात से खुश थी कि केजरीवाल ने खुद ही अपनी बर्बादी का रास्ता चुन लिया है। आप नेतृत्व की विश्वसनीयता को कम कर आंकने वाले तथ्यों का पता लगाने की ज़िम्मेदारी पार्टी के सुब्रमणियन स्वामी सरीखे नेताओं को सौंपी गई थी। स्वामी ने मुझसे कहा, 'मैं इस भ्रष्ट व्यक्ति को बेनकाब करूंगा।' ऐसा लगता है कि स्वामी को उनके इन प्रयासों के लिए लोकसभा का टिकट देने का वायदा किया था। यह वायदा तो पूरा होने के लिए नहीं किया गया था और न ही केजरीवाल के 'भ्रष्टाचार' का खुलासा हुआ।

दिल्ली की झुग्गी झोंपड़ी बस्ती के निवासियों ने चुनाव में आप पार्टी का भरपूर साथ दिया और वे आज भी पूरी मुस्तैदी से केजरीवाल के साथ थे। मुझे याद है कि सड़क पर ठेला लगाने वाले एक व्यक्ति ने मुझसे कहा था कि पहली बार पुलिस का सिपाही 'स्टिंग' के डर से 'हफ्ता' वसूलने में भय खा रहा था। परंतु, आप के भाषणों और वाकपटुता के प्रभाव में आने वाला मध्यम वर्ग और जनमत तैयार करने वाले वर्ग का इसमें भरोसा कम होने लगा। आप पार्टी ने खुद ही अपने व्यवहार से अपने पतन की कहानी लिख दी थी और अब यह सिर्फ कुछ समय की बात ही रह गई थी।

मैं एक पुरस्कार समारोह के सिलसिले में मुंबई गया था कि वेलेंटाइन डे की सुबह अचानक ही यह अफवाह फैलने लगी कि केजरीवाल मुख्यमंत्री पद

से इस्तीफा देने वाले हैं क्योंकि दिल्ली विधान सभा में विपक्ष जन लोकपाल बिल का समर्थन नहीं कर रहा है। मुंबई कार्यक्रम के आयोजक ने मुझसे पूछा कि आसन्न ब्रेकिंग न्यूज़ के लिए वह स्टूडियो में क्यों नहीं हैं? मैंने बहुत ही रूखेपन से जवाब दिया, 'चिंता मत कीजिए, केजरीवाल सुबह सुबह इस्तीफा नहीं देंगे, वह, यदि इस्तीफा दिया, तो सिर्फ प्राइम टाइम में ही ऐसा करेंगे।'

ऐसा ही हुआ भी। शाम करीब छह बजे यह खबर ज़ोर पकड़ने लगी। आप पार्टी के राजनीतिक मामलों के समूह की बैठक इस बारे में निर्णय लेने के लिए बुलाई गई थी कि क्या सरकार से इस्तीफा दे देना चाहिए। मैं अभी मुंबई में ही था और मैंने योगेंद्र यादव को अधिक जानकारी के लिए फोन किया। उन्होंने कहा, 'मैं अभी बैठक कक्ष में प्रवेश कर ही रहा हूं। अभी तक कोई निर्णय नहीं लिया गया है लेकिन मैं समझता हूं कि हमें अपने मतदाताओं के पास फिर जाना चाहिए और अगले कदम के लिए नया जनादेश प्राप्त करना चाहिए।' आप पार्टी ने 'रेफरेंडम' का विचार बहुत सोच समझ कर खोजा था। इसका मकसद यह आभास दिलाना था कि निरंतर जनता से संवाद स्थापित करके पार्टी 'सही मायने में लोकतांत्रिक' सिद्धांतों पर चल रही है।

मैंने हमेशा की तरह ही और रूखेपन से कहा, 'ठीक है, आप जो चाहें वह करें, मुझे नहीं लगता कि आप को इस्तीफा देना चाहिए क्योंकि अभी तक सत्ता में आए कुछ सप्ताह ही हुए हैं। आपको अभी दिल्ली की जनता के समक्ष खुद को साबित करना है।' मैं इस बात को लेकर भी चिंतित था कि अचानक इस्तीफा देने की स्थिति में काफी लंबे समय तक स्टूडियो में बैठना पड़ेगा।

योगेंद्र इस विचार से सहमत लग रहे थे। उन्होंने कहा, 'हां, मैं आपसे सहमत हूं। बेहतर होगा कि जल्दीबाज़ी में ऐसा कदम नहीं उठाया जाए। यही मैं भी अरविंद से कहने की सोच रहा हूं।' कुछ मिनट बाद ही मेरा संवाददाता, जो आप के घटनाक्रम का संकलन कर रहा था, न्यूज़ फ्लैश देना चाहता था। उसने कहा, 'सर, आप में मेरे स्रोत बता रहे हैं कि अरविंद इस्तीफा दे चुके हैं।' मैंने उसे योगेंद्र के साथ हुई मेरी बातचीत के बारे में बताया और कहा कि इस बारे में अभी कोई निर्णय नहीं लिया गया है। मेरी संवाददाता ने ज़ोर देकर अपनी बात कही। वह सही थी। एक घंटे बाद रात आठ बजे के करीब केजरीवाल ने अपने इस्तीफे की पुष्टि की। यह टीवी का प्राइम टाइम था।

मुझे बाद में पता चला कि केजरीवाल पार्टी की बैठक में आए और अपने सहयोगियों से परामर्श किए बगैर ही बाहर इंतज़ार कर रही मीडिया के सामने इस्तीफे की घोषणा कर दी। आप पार्टी के एक वरिष्ठ सदस्य ने बताया, 'सलाह

मशविरे का अभाव हमारे लिए परेशानी का सबब है। आप में भी हाईकमान की संस्कृति आ गई है जहां एक व्यक्ति की मर्ज़ी पर फैसले हो रहे हैं।' केजरीवाल ने इससे इन्कार किया और ज़ोर देकर कहा कि पार्टी को विश्वास में लिया गया था। उन्होंने बाद में मुझसे बातचीत में दावा किया, 'हम सभी ने यही सोचा कि जन लोकपाल हमारे विश्वास का मुख्य मुद्दा है। यदि हम इसे पारित नहीं करा सकते तो फिर हमें कुर्सी पर बने रहने का कोई अधिकार नहीं है। यह हमारे लिए सिद्धांत का मसला है।'

मैं एक ऐसे विधेयक को लेकर, जिस पर केंद्र सरकार के नियंत्रण की आवश्यकता हो, इस्तीफा देने के सिद्धांत के प्रति बहुत अधिक आश्वस्त नहीं हूं। मुझे ऐसा लगता है कि सात सप्ताह सत्ता में रहने के बाद केजरीवाल यहां से निकलने की रणनीति तलाश रहे थे। बिजली कंपनियां गर्मियों में ब्लैकआउट करने की धमकी दे रही थीं और ऐसी स्थिति में जनता के गुस्से को आप को सहना था। किसी भी क्षण चुनाव ही एक सबसे बेहतरीन विकल्प था।

केजरीवाल ने हालांकि इन्कार किया लेकिन मेरा मानना है कि आप नेता इस तथ्य से भलीभांति परिचित है कि आम चुनावों के लिए उलटी गणना शुरू हो चुकी थी और वह खुद को राष्ट्रीय स्तर पर विकल्प के रूप में पेश करना चाहते थे। दिल्ली की सफलता से अभिभूत होकर उतावलेपन में उन्होंने यह कदम उठाया। राष्ट्रीय स्तर के संगठन के बगैर ही आप ने अचानक ही लोकसभा चुनाव में 400 से अधिक सीटों पर चुनाव लड़ने की घोषणा कर दी। इस संबंध में केजरीवाल के एक सहयोगी ने मुझसे कहा, 'हमने सोचा कि राष्ट्रीय स्तर पर अपना प्रभाव छोड़ने का यही उचित मौका है। यदि हमें 30 से 40 सीटें भी मिल गईं तो हम देश की तीसरी सबसे बड़ी पार्टी बन सकते हैं।' लेकिन केजरीवाल का इस्तीफा सबसे बड़ी भूल साबित हो रहा था जो अक्खड़पन और सादगी से कहीं अधिक प्रभावित थी।

कई सप्ताह बाद, केजरीवाल ने मेरे साथ एक इंटरव्यू में स्वीकार किया कि दिल्ली के मुख्यमंत्री पद से इस्तीफा देने बड़ी 'गलती' थी, परंतु उन्होंने इसे त्याग-पत्र देने के कारणों के बारे में जनता के साथ प्रभावी तरीके से संवाद का अभाव बताया था। हो सकता है कि उन्हें अब यह अहसास हुआ हो कि राजनीति धैर्य का खेल है। यह भी हो सकता है कि अब उन्होंने जनता के बदलते मूड को समझ लिया हो। मुझे तो ऐसा ही लग रहा है। हम दिल्ली के चांदनी चौक क्षेत्र और कई मध्यम वर्ग की कॉलोनियों में चुनाव कार्यक्रम की रिकॉर्डिंग कर रहे थे तो हमें एक ही तरह की प्रतिक्रिया सुनने को मिली, 'केजरीवाल, अरे वह तो भगोड़ा है।'

मेरा हमेशा से यही मानना रहा है कि यदि केजरीवाल सत्ता में बने रह कर अपनी प्रशासनिक ऊर्जा दिल्ली को भ्रष्टाचार मुक्त बनाने पर लगाते तो उनकी पार्टी का प्रशासिनक रिकॉर्ड बेहतर होता और संभवतः भावी चुनावों के लिए 'शासन के दिल्ली मॉडल' पेश कर सकते थे जैसा कि मोदी ने अपने गुजरात मॉडल को सफलतापूर्वक पेश करके किया था। केजरीवाल का उत्थान भी मोदी की तरह ही कांग्रेस के नेतृत्व वाली संपग्र सरकार के खिलाफ़ जनता के आक्रोश का ही नतीजा था। भारत ऐसे नेताओं की तलाश में रहा है जो व्यवस्था को झकझोर सकें और सत्तारूढ़ प्रतिष्ठान को चुनौती दे सकें लेकिन ऐसा बयानबाज़ी और लच्छेदार भाषण सें नहीं बल्कि प्रभावी तरीके से शासन करके किया जाये।

सरकार चलाने की ज़िम्मेदारी से आप पार्टी के नेताओं के पीछे हटने की वजह से जनता में बड़े पैमाने पर निराशा हुई। हमने अपने चुनाव अभियान संबंधी मार्च के कार्यक्रम में यह दिखाया भी था कि दिल्ली और दूसरी जगहों पर केजरीवाल की लोकप्रियता में बड़ी तेज़ी से गिरावट आयी है। सर्वेक्षण से पता चलता था कि आम चुनाव में आप पार्टी को दस सीटों से कम मिलेंगी। नरेंद्र मोदी और अमित शाह के लिए यह राहत की बात थी। यह तो बिल्कुल ऐसा हुआ कि आप पार्टी के पतन से नमो लहर को नया जोश मिल गया। परंतु दूसरे लोग भी उतने ही ताकतवर थे जो अभी भी चुनौती का सामना कर रहे थे।

केजरीवाल ने मुख्यमंत्री पद इस्तीफा देने से तीन दिन पहले 11 फरवरी को देश के सबसे धनाढ्य व्यक्ति मुकेश अंबानी, पेट्रोलियम मंत्री वीरप्पा मोइली, पूर्व पेट्रोलियम मंत्री मुरली देवडा और वरिष्ठ सरकारी अधिकारियों के खिलाफ गलत तरीके से प्राकृतिक गैस के दाम बढ़ाने के आरोप में प्राथमिकी दर्ज करने के आदेश दिए। केजरीवाल ने इस संबंध में आयोजित प्रेस कॉन्फ्रेंस में दावा कि गैस की कीमत बढ़ाने के केंद्र सरकार के निर्णय से रिलायंस इंडस्ट्रीज़ लिमिटेड को 54,000 करोड़ रुपए का ज़बर्दस्त लाभ होगा। इस प्रेस कॉन्फ्रेंस का सीधा प्रसारण किया गया था।

यह पहला मौका नहीं था जब केजरीवाल ने खुलेआम अंबानी को निशाना बनाया था। इससे पहले, 2012 के उत्तरार्ध में केजरीवाल ने दो प्रेस कॉन्फ्रेंस किए थे जिनमें मुकेश अंबानी पर स्विस बैंक के खातें में काला धन रखने और कृष्णा-गोदावरी बेसिन के गैस के कुओं से उत्पादन कम करके सरकार को गैस की कीमतें बढ़ाने के लिए ब्लैकमेल करने का भी आरोप लगाया था।

इन प्रेस कॉन्फ्रेंस में अंबानी पर हमला बोलने वालों में उच्चतम न्यायालय

के वकील और आप पार्टी के वरिष्ठ सदस्य प्रशांत भूशण मुख्य थे। सक्रिय कार्यकर्ता भूषण एक जुझारू और हमेशा संघर्ष के लिए तत्पर रहने वाले वकील हैं। उन्हें अक्सर ही अलोकप्रिय मुद्दे उठाने के लिए जाना जाता है। उन्होंने नक्सलियों से सहानुभूति रखने वालों, कश्मीरी अलगाववादियों और नर्मदा बांध के विरोधियों का अदालत में प्रतिनिधित्व किया था। कश्मीर में जनमत संग्रह की हिमायत करने संबंधी टिप्पणियों के कारण एक हिंदू संगठन के कुछ कार्यकर्ताओं ने उनकी पिटाई भी की थी। ऐसा लगता है कि वह सारे बड़े औद्योगिक घरानों को नापसंद करते हैं क्योंकि उनका मानना है कि वे सांठगांठ करने और भ्रष्टाचार में लिप्त हैं। भूषण ने ही गैस की कीमतों में वृद्धि के मामले में अंबानी के खिलाफ़ अदालत में दायर जनहित याचिका का मुकदमा अपने हाथ में लिया था। अब, आप की टोपी पहने प्रशांत भूषण अपनी कानूनी लड़ाई को राजनीतिक लड़ाई में परिवर्तित करने की तैयारी कर रहे थे। आप के एक वरिष्ठ सदस्य ने दावा किया, 'अंबानी पर धावा बोलने का मूल विचार तो प्रशांत भूषण का ही था।'

यह कदम केजरीवाल को पूरी तरह माफिक आ रहा था। आम चुनावों के मद्देनज़र वह मीडिया की सुर्खियों में आने के लिए ऐसे अवसर की तलाश में थे जो उन्हें कांग्रेस और भाजपा के विकल्प के रूप में पेश करने की स्थिति में होगी। केजरीवाल यह दिखाना चाहते थे कि भ्रष्टाचार के खिलाफ़ संघर्ष में कांग्रेस और भाजपा एक ही सिक्के के दो पहलू हैं। अंबानी और गैस की कीमतें 2014 के लोकसभा चुनाव में प्रवेश करने का उनका मुख्य बिंदु था। केजरीवाल ने आक्रामक अंदाज़ में सवाल किया, 'राहुल गांधी और नरेंद्र मोदी गैस की कीमतों पर खामोश क्यों हैं?'

जब 2012 में पहली बार इस तरह के आरोप लगाए गए तो अंबानी भी घबराए हुए थे। इस प्रेस कॉन्फ्रेंस का सीधा प्रसारण करने वाले सारे चैनलों को मानहानि करने के आरोप में कानूनी नोटिस मिला था। अधिकांश चैनलों ने रिलायंस का कोप भाजन बनने के भय से आप का साथ छोड़ दिया। नेटवर्क 18 में एक बैठक आयोजित हुई और हमने निजी आरोपों से संबंधित प्रेस कॉन्फ्रेंस या भाषणों के मामले में 'सीधा प्रसारण' नहीं करने और दूसरे पक्ष की उचित प्रतिक्रिया भी लेने का निर्णय लिया।

इस तरह की सावधानी बरतने के प्रति वजह भी थी। जनवरी, 2012 में रिलायंस इंडस्ट्रीज़ ने नेटवर्क 18 में बहुत बड़े पैमाने पर निवेश किया था। ईमानदारी से कहूं तो रिलायंस ने चैनलों के संपादकीय मामलों में हस्तक्षेप नहीं किया। हमारे प्रमोटर राघव बहल हमें हमेशा आश्वस्त करते थे कि उन्हें इस मामले में

दूर ही रखा जा रहा है और वे वास्तव में दूर ही थे।

2014 के चुनाव अभियान की तैयारियों में सब कुछ बदल गया। केजरीवाल अपनी प्रत्येक सभा में मुख्य रूप से अंबानी को निशाना बनाते थे। राघव ने मुझसे कहा कि अपने 'विवेक' का इस्तेमाल करते हुए अपेक्षित सावधानी बरतो। उन्होंने मुझसे सवाल किया, 'हमें केजरीवाल जो भी कहते हैं उसे इतने विस्तार में देने की क्या ज़रूरत है?' मैं वायदा किया कि हम सजग रहेंगे कि अनावश्यक कवरेज नहीं दी जाए, लेकिन यह भी स्पष्ट कर दिया था कि चुनावी साल में केजरीवाल का बहिष्कार करना पत्रकारिता के मानदंडों के अनुरूप नहीं होगा।

अप्रैल में हमने केजरीवाल के साथ गूगलहैंगआउट का आयोजन किया था जो कार्यक्रम के तहत कई नेताओं में से एक थे। यह कार्यक्रम रिकॉर्ड होने से एक घंटे पहले ही हमें यह इंटरव्यू नहीं करने की चेतावनी देते हुए रिलायंस के वकील का नोटिस मिला। हमारा अपना विधिक प्रकोष्ठ इस नोटिस से घबराया हुआ था। उन्होंने हमसे सवाल किया, 'क्या हम इस कार्यक्रम को छोड़ सकते हैं? हमें रिलायंस से झगड़ा लेने की क्या ज़रूरत है?' मैंने ऐसा करने से इन्कार करते हुए कहा, 'हम किसी से भी पंगा नहीं ले रहे हैं, बल्कि अपना पेशेगत काम कर रहे हैं।' हम सुबह से ही चैनल पर इस इंटरव्यू का प्रचार का रहे हैं और अंब अंतिम क्षणों में इसके वापस लेना उचित नहीं है। गूगल हमारे दृष्टिकोण से सहमत था। मैंने अपने विधि विशेषज्ञों के दल को भरोसा दिलाया, 'देखो, मैं इस मामले के सनसनीखेज पहलू से परिचित हूं और ऐसा कुछ भी प्रसारित नहीं करूंगा जिससे मानहानि होने की संभावना हो।' यह कार्यक्रम प्रसारित होने से कुछ क्षण पहले ही मुझे रिलायंस के वकील एक से और मेल मिला जिसमें इस कार्यक्रम को छोड़ने का आग्रह किया गया था। लेकिन हमने उसी रात कार्यक्रम का प्रसारण किया लेकिन यह ज़रूरत सुनिश्चित किया कि इसमें किए गए निजी हमलों के अंश संपादित कर दिए जाएं।

इसके कुछ दिन बाद ही मुंबई से एक नेटवर्क बैंकर मित्र ने फोन किया। उसने कहा, 'मुकेशभाई आपसे बहुत नाराज़ हैं। आप लोग केजरीवाल को अपने प्रसारण में महत्व ही क्यों दे रहे हो?' उसकी बातचीत करने की रूखी शैली ने मुझे बहुत अचंभित किया। मैं रिलायंस के सहयोग से होनेवाले अपने वार्षिक कार्यक्रम 'रियल हीरोज़' के सिलसिले में पहले कई बार मुकेशभाई से मिला था। यह कार्यक्रम गुमनाम भारतीयों की आशाओं और साहस को दर्शाने वाला था जो काफी सफल रहा था। हमारे बीच बेहतर समीकरण बन गए थे या मैं ऐसा समझता था। हम जब भी मिलते थे तो देश की समस्याओं के प्रति पैनी निगाह रखने

वाले मुकेशभाई हमेशा ही नए विचारों के साथ 'ब्रांड इंडिया' के बारे में ही बात करते थे और बताते थे कि वह किस तरह भारत के विकास के प्रयास में योगदान कर सकते हैं।

मैंने अपने बैंकर मित्र को यह बताने का प्रयास किया कि हमने भाजपा और कांग्रेस के नेताओं के साथ करीब एक दर्जन गूगलहैंगआउट कार्यक्रम किए हैं। केजरीवाल तो इनमें से सिर्फ एक आवाज़ हैं। उन्होंने बात खत्म करते हुए कहा 'अब यह आपकी बारी है, कृपया अब रिलायंस की ओर से कठिन समय के लिए तैयार रहो।' उस समय तक मुझे यह आभास नहीं था कि चुनाव संपन्न होते ही रिलायंस औपचारिक रूप से नेटवर्क 18 का अधिग्रहण कर लेगा। यही वह कदम था जिसकी वजह से मुझे उस चैनल से इस्तीफा देना पड़ा जिसे मैंने खड़ा किया था।

अंबानी को आप पार्टी के नेताओं के तीखे आरोपों की वजह से केजरीवाल से परेशानी हो सकती है, लेकिन कॉर्पोरेट जगत को ऐसे संकेत भी मिल रहे थे कि उनकी घेराबंदी हो रही है। किसी भी सामाजिक कार्यक्रम के दौरान यह सुनने को मिल जाता था कि मनमोहन सिंह सरकार की नीतियों को एक उद्योगपति ने पटरी से उतार दिया हैं। कॉर्पोरेट और उद्योग जगत के प्रमुख लोग अक्सर पर्यावरण मंत्री के अवतार के रूप में जयराम रमेश को विशेष रूप से निशाना बनाते थे। इनमें से ही कॉर्पोरेट जगत की एक हस्ती ने मुझसे कहा, 'एक या दो प्रतिशत जीडीपी की गिरावट के लिए वह ज़िम्मेदार हैं क्योंकि उनकी ही वजह से हमारी इतनी परियोजनाएं अटक गई हैं।'

जयराम रमेश भी उतने की तेज़ तर्रार थे। इस तरह के आरोपों के जवाब में उन्होंने मुझसे कहा, 'तीन तरह के पर्यावरण मंत्री होते हैं। पहले तो वह हैं जो परियोजनाओं पर गौर किए बगैर ही अपनी मंजूरी की मुहर लगा देते हैं, दूसरे एटीएम मंत्री हैं जो प्रत्येक मंज़ूरी पर पैसा चाहते हैं और तीसरे वह हैं जो देश के कानून लागू करना चाहते हैं। औद्योगिक घराने मुझे पसंद नहीं करते हैं क्योंकि मैं उनकी परियोजनाओं में पर्यावरण नियमों के उल्लंघन के बारे में उनका ध्यान आकर्षित करता हूं।'

जयराम ही उत्तराधिकारी पर्यावरण मंत्री जयंती नटराजन भी उतनी ही विवादास्पद साबित हुईं। यदि जयराम पर परियोजनाओं को निरस्त करने का आरोप लगता था जो जयंती पर इनकी फाइलों को दबाकर बैठने के आरोप लगे। सत्ता के गलियारों में उनके आलोचकों का आरोप था कि 'किराया वसूली' मंत्री हैं जिन्हें फाइल को मंज़ूरी देने के लिए उनकी ओएसडी गायत्री देवी को रिश्वत देनी होती

है जो सेतु की भूमिका निभाती थीं (मोदी ने अपने चुनाव भाषण में 'जयंती टैक्स' के रूप में इसका जिक्र भी किया था)। मैंने जब टेलीविज़न पर एक कार्यक्रम के दौरान इन आरोपों के बारे में जयंती की प्रतिक्रिया जाननी चाही तो उन्होंने गुस्से में इसे 'झूठ का पुलिंदा' बताते हुए नकार दिया।

21, दिसंबर, 2013 को जब राहुल गांधी फिक्की में एक कार्यक्रम को संबोधित करने वाले थे, उससे कुछ घंटे पहले ही जयंती नटराजन को पर्यावरण मंत्री के पद से हटा दिया गया था। सार्वजनिक रूप से, तमिलनाडु की चौथी पीढ़ी (उनके दादा मुख्यमंत्री रह चुके थे) की यह कांग्रेसी महिला मंत्री पद से हटाए जाने के मामले में खामोश रही। लेकिन निजी बातचीत में वह बहुत गुस्से में थीं। दिलचस्प बात तो यह भी है कि जयंती नटराजन राजीव गांधी के भी काफी नज़दीक रह चुकी थीं। वह उस समय श्रीपेरुंबदूर में थीं जब मानव बम विस्फोट में राजीव गांधी की हत्या हुई थी। लेकिन राहुल गांधी के साथ समीकरण दूसरी तरह के थे। एक बार तो राहुल के सहयोगी ने उन पर कटाक्ष करते हुए टीवी कार्यक्रम के लिए कांजीवरम साड़ी बदलने की नसीहत दे डाली थी क्योंकि इसके किनारों पर कमल के फूल बने हुए थे।

जयराम रमेश और जयंती नटराजन तो दिखावा थे। कॉर्पोरेट जगत तो प्रधानमंत्री से कहीं अधिक निराश था। होता भी क्यों नहीं, आखिर कॉर्पोरेट जगत तो 1991 के ऐतिहासिक आम बजट के समय से ही मनमोहन सिंह का हमेशा प्रशंसक रहा है। अब यही कॉर्पोरेट जगत चाहता था कि मनमोहन सिंह जाएं। कॉर्पोरेट जगत के एक व्यक्ति ने मुझसे कहा, 'हमारी माली हालत खस्ता हो रही है और सरकार बड़े पैमाने पर सब्सिडी की घोषणा करके प्रसन्न हो रही है। मनमोहनॉमिक्स का दौर अब खत्म हो गया है और अब तो हम सोनियानोमिक्स से रूबरू हो रहे हैं।' एक अन्य कॉर्पोरेट जगत के व्यक्ति ने टिप्पणी की, 'निश्चित ही, प्रणब मुखर्जी ने 2012 में रेट्रोस्पेक्टिव टैक्स लगाया, प्रधानमंत्री जानते थे कि इससे कारोबार जगत में गलत संदेश जाएगा। इसके बावजूद वह खामोश रहे।'

रेट्रोस्पेक्टिव टैक्स को, विशेषरूप से, संप्रग सरकार के साथ औद्योगिक जगत की हताशा के रूप में देखा जा रहा था। 2012 के आम बजट में इसे शामिल किया गया था ताकि ब्रिटेन में स्थित टेलीकॉम के क्षेत्र की बहुराष्ट्रीय कंपनी वोडाफोन को 2007 में भारत में कारोबार करने वाली टेलीकॉम कंपनी हृचीसन के अधिग्रहण के मामले में 11000 करोड़ रुपए बतौर कर अदा करने के लिए बाध्य किया जा सके। उच्चतम न्यायालय ने व्यवस्था दी थी कि वोडाफोन की कर देने की

ज़िम्मेदारी नहीं है लेकिन अब सरकार वोडाफोन सरीखे सौदों को अपने कर के दायरे में लाने के लिए पिछली तारीख से कर कानूनों में संशोधन कर रही थी। जब इस मसले को उठाने के लिए उद्योग जगत के एक प्रतिनिधिमंडल ने प्रधानमंत्री से मुलाकात की तो डॉ. सिंह असहाय नज़र आए। उन्होंने दबे हुए अंदाज़ में ही कहा, 'मैं प्रणब से बात करने की कोशिश करूंगा और देखता हूं क्या संभव है।' भूमि उपलब्ध कराने के प्रस्तावों की मंजूरी में विलंब, कर कानूनों में संशोधन, प्रमुख उद्योगपतियों के खिलाफ़ प्राथमिकी दर्ज होना और विकास की निम्न दर के दौरान सामाजिक कल्याण के कार्यक्रमों पर अधिक व्यय आदि ऐसे मुद्दे थे जिनका नकारात्मक असर पड़ रहा था और कॉर्पोरेट जगत इससे उबरना चाहता था। जब मोदी ने कम सरकार और बेहतर शासन के बारे में बोलना शुरू किया तो कॉर्पोरेट जगत की जान में जान आई क्योंकि वह यही सुनना चाहता था। कॉर्पोरेट जगत के एक सदस्य ने मोदी के लिए अपना समर्थन ज़ाहिर करते हुए कहा, 'वह हमारी ही भाषा बोल रहे हैं। संप्रग सरकार पांच साल और रही तो भारत की कहानी ही खत्म हो जाएगी।'

औद्योगिक जगत के लोग आमतौर पर अपनी राजनीतिक पसंद ज़ाहिर करते समय बहुत सावधानी बरतते हैं। किसी भी आम बजट के बाद सूट पहने और टाई बांधे ये लोग वित्तमंत्री को दस में से आठ या नौ अंक देते हैं। परंतु इस बार चुनाव से पहले इस वर्ग का यह संकोच धीरे-धीरे खत्म हो रहा था। मुंबई में एक प्रमुख उद्योगपति ने 2014 के शुरू में मोदी के लिए समर्थन जुटाने के लिए नितांत निजी बैठक बुलाई तो उसमें लगभग सभी लोग उपस्थित थे।

एक उद्योगपति, जिसे पूरी तरह मोदी कैंप के साथ माना जाता था, वह था गुजरात स्थित उद्यमी गौतम अडानी। अंबानी की तरह ही अडानी भी आप के हमलों का निशाना बने थे। आप के नेताओं ने अडानी के साथ मोदी की नज़दीकियों पर सवाल उठाये थे और उन्होंने गुजरात के मुख्यमंत्री पर पर्यावरण मानदंडों की अनदेखी करके अडानी को मुंद्रा बंदरगाह पर बाज़ार मूल्य से भी कम कीमत पर ज़मीन देने का आरोप लगाया था।

इसमें कोई संदेह नहीं है कि मोदी और अडानी में 'विशेष संबंध' हैं। गुजरात के 2002 के दंगों के बाद जब सीआईआई के सम्मेलन में बड़े औद्योगिक घरानों ने मोदी को आड़े हाथ लिया था तो अडानी ही उनके साथ खड़े हुए थे और उन्होंने इसके समानांतर गुजराती कारोबारी संस्था 'द रिसर्जेंट ग्रुप ऑफ गुजरात' खड़ी कर दी थी। खबरों के अनुसार गुजरात में मोदी के एक दशक के शासनकाल में अडानी की संपत्ति 12 गुणा की बढ़ोत्तरी के साथ 35000 करोड़ रुपए से ज़्यादा

की हो गई थी और उसकी कारोबारी दिलचस्पी बंदरगाह, बिजली, कोयला और खाद्य तेलों में थी। अडानी के पुत्र की शादी की सभी रस्मों में मोदी उपस्थित थे और वह गोवा में आयोजित समारोह में भी विमान से पहुंचे थे।

अंबानी ने इस कार्यक्रम के लिए कानूनी नोटिस भेजा था जबकि अडानी आमतौर पर खामोश ही रहे। मुझे बताया गया था, 'गौतमभाई किसी के भी साथ आरोप प्रत्यारोपों में उलझना नहीं चाहते हैं।' यही वजह है कि जब अप्रैल 2014 में चुनाव प्रचार ज़ोर पकड़ रहा था, तभी लंदन में रहने वाले एक कारोबारी ने मुझे फोन किया कि गौतमभाई अपने इंटरव्यू कराना चाहते हैं। इसकी वजह साफ थी। अब सिर्फ केजरीवाल ही उंगली नहीं उठा रहे थे बल्कि कांग्रेस के नेता राहुल गांधी भी भूमि के सौदों में मोदी-अडानी की 'सांठगांठ' को लेकर हमला बोल रहे थे।

मुझसे कहा गया, 'क्या आप कल अहमदाबाद आ सकते हैं? हम आपको अपना पोर्ट दिखाना चाहते हैं और फिर इंटरव्यू करना।' मैंने कहा कि ऐसा करना मेरे लिए संभव नहीं है क्योंकि मैं कहीं और शूटिंग कर रहा हूं। मैंने अपने नेशनल ब्यूरो प्रमुख भूपेंद्र चौबे को वहां भेजा। अडानी ने इंटरव्यू में ज़ोरदार तरीके से अपना बचाव करते हुए कहा कि उन्हें तो अदालतों से भी क्लीन चिट मिल चुकी है और उन्हें मोदी से कोई विशेष लाभ नहीं मिला है। उन्होंने ज़ोर देकर कहा कि वह भाजपा के प्रधानमंत्री पद के उम्मीदवार से अपने विमान के इस्तेमाल के लिए 'व्यावसायिक दर' से ही पैसा ले रहे हैं। उन्होंने गुजराती शैली की हिंदी भाषा में कहा, 'मैंने भाजपा का या मोदी की एटीएम मशीन नहीं हूं--मेरे सभी दलों में मित्र हैं।'

हमने समझा कि सिर्फ हमारे पास ही यह इंटरव्यू है। बाद में पता चला कि गौतमभाई ने अगले 48 घंटों में करीब आधा दर्जन ऐसे इंटरव्यू दिए थे। आमतौर पर चर्चा से दूर रहने वाले गौतमभाई के इस जनसंपर्क अभियान ने उन्हें राजनीतिक झंझावात के बीच पहुंचा दिया था।

सच्चाई तो यह है कि तरक्की कर रहे दूसरे उद्यमियों की तरह ही गौतमभाई की भी विभिन्न राजनीतिक दलों के नेताओं के साथ मित्रता हो गई थी। उन्होंने गुजरात और इससे आगे भी कांग्रेस के नेताओं के साथ भी अपने संबंध बना कर रखे थे। मुंद्रा पोर्ट पर राबर्ट वाड्रा के साथ उनका फोटो भी समाचार पत्रों में प्रकाशित हुआ था। राजनीति में अडानी की सबसे अधिक निकटता संभवतः केंद्रीय मंत्री और राकांपा के नेता शरद पवार से ही थी। जब एक बार पत्रकार मित्र पवार का इंटरव्यू करने गए थे तो उसने देखा कि अडानी बगल वाले कमरे में पवार के परिवार के सदस्यों के साथ टीवी देख रहे थे। दोनों अक्सर एक दूसरे

के घर पर भोजन करते थे और कहते हैं कि एक बार वे एक साथ छुट्टियां मनाने भी गए थे। राकांपा के एक नेता ने मुझसे कहा भी था, 'लोग शायद यह भूल जाते हैं कि गौतमभाई के गुजरात की तरह ही महाराष्ट्र में भी काफी कारबोरी हित जुड़े हैं। महाराष्ट्र से कांग्रेस के एक वरिष्ठ नेता ने तो यहां तक दावा किया कि अडानी ने यह सुनिश्चित किया था कि पवार की बेटी सुप्रिया सुले और राकांपा के ही प्रफुल्ल पटेल के खिलाफ़ मोदी न तो जोरदार तरीके से प्रचार करें और न ही उनके विरुद्ध कोई तगड़ा उम्मीदवार खड़ा किया जाए।

वैसे भी चुनाव के दौरान राजनीतिक दलों को पैसा मुहैया कराते समय अधिकांश औद्योगिक घराने अपने विकल्प खुले रखते हैं। 2014 में हालांकि सत्ता का संतुलन स्पष्ट रूप से दूसरी तरह झुक गया था लेकिन इसके बावजूद कोई भी सही संख्या नहीं बताना चाहता था। एक उद्योगपति ने मुझसे कहा, 'यदि 2009 में हमने कांग्रेस को साठ पैसे और भाजपा को चालीस पैसे दिए थे, इस बार, अस्सी पैसे भाजपा को और बीस पैसे कांग्रेस को दे रहे हैं।' भारत के चुनावी इतिहास में शायद पहली बार 2014 के चुनावों में ऐसा हो रहा था कि सत्तारूढ़ दल से कहीं अधिक धन विपक्ष को मिल रहा था।

जब 2014 का चुनाव अभियान चरम पर था तो एक महिला उद्यमी कांग्रेस अध्यक्ष सोनिया गांधी से मुलाकात की तो वह परेशान नज़र आ रही थीं। उन्होंने कहा, 'मुझे नहीं लगता कि इससे पहले किसी चुनाव में कांग्रेस के साथ इस तरह का कुछ हुआ। हमें तो इस बार धन की व्यवस्था करने में कड़ी मेहनत करनी पड़ रही है।'

कांग्रेस पार्टी के वयोवृद्ध कोषाध्यक्ष मोतीलाल वोरा बहुत बेचैन हो रहे थे। कांग्रेस के लिए 2009 के चुनाव में धन देने वाली गाय आंध्र प्रदेश था लेकिन धन की व्यवस्था करने वाले वाई. एस. राजशेखर रेड्डी का निधन हो चुका था। महाराष्ट्र में पृथ्वीराज चव्हाण में अपने पूर्ववर्ती नेताओं की तरह राज्य के ताकतवर और धनाढ्य बिल्डरों को पार्टी के लिए योगदान करने के लिए बाध्य करने की क्षमता नहीं थी। ऐसी स्थिति में कांग्रेस शासित हरियाणा और कर्नाटक दो ही राज्य बचे थे जहां से कांग्रेस के लिए धन की व्यवस्था हो सकती थी। कांग्रेस के एक पदाधिकारी ने तो यहां तक दावा किया, 'अकूत संपत्ति अर्जित करने वाले कांग्रेस के नेता भी पार्टी की मदद के लिए तैयार नहीं थे। जनता हमें भ्रष्ट कह कर ताने मार रही थी लेकिन तथाकथित भ्रष्ट पार्टी के पास भी धन का संकट हो रहा था।'

वास्तव में, कांग्रेस के एक वरिष्ठ मंत्री, जिसने कई बार चुनाव लड़ा, ने

वोरा को फोन करके अपने चुनाव प्रचार के लिए धन मुहैया कराने का अनुरोध किया। विपरीत परिस्थितियों से जूझ रहे पार्टी कोषाध्यक्ष ने उनसे कहा, 'लेकिन आप तो इतने पैसे वाले व्यक्ति हैं, आपको पैसे की क्या ज़रूरत है?' इस पर उस मंत्री ने बेशर्मी के साथ जवाब दिया, 'एक एक रुपए का महत्व होता है।'

सालों से पार्टी के लिए धन का बंदोबस्त करने वाले अहमद पटेल ने हस्तक्षेप किया। उन्होंने कई प्रमुख उद्योगपतियों को फोन किए। उनमें से ही एक ने उनसे कहा, 'हां, सर, निश्चित ही हम पैसा देंगे, लेकिन आप तो जानते ही हैं कि इस समय कारोबार कैसा चल रहा है।' एक और कॉर्पोरेट हस्ती ने, जिसे लगता था कि उसे अनुचित तरीके से सीबीआई ने कानूनी मामलों मे उलझा दिया है, कहीं अधिक सपाट तरीके से जवाब दिया, 'जब हमे आपकी मदद की ज़रूरत थी तो किसी ने मदद नहीं की। अब आप हमसे कैसे उम्मीद कर सकते हैं कि हम आपकी मदद करें।' कांग्रेस के एक सांसद ने मसखरे अंदाज़ में टिप्पणी की, 'जो हमारी मदद करना चाहते थे वे भी चुनाव पूर्व के सर्वे के आंकड़े देखकर पैसा अपने घर ले गए होंगे। कोई भी हारे हुए खिलाड़ी पर इतना पैसा खर्च नहीं करना चाहेगा।'

इसके विपरीत, भाजपा के एक वरिष्ठ नेता को बहुत बड़ी मात्रा में धन मिल रहा था। उसके कमरे की दीवारों से लगाकर हज़ार हज़ार रुपए के नोट के बंडलों का ढेर लगा हुआ था। भाजपा के पास चुनाव के दौरान बहुत अधिक पैसा आ रहा था, जिससे उसने सिर्फ अपने प्रत्याशियों की ही मदद नहीं की बल्कि इनमें से कुछ ने तो पैसा पार्टी के कोष में लौटा भी दिया। पार्टी के एक नेता ने मुझसे कहा, 'मैंने पहले कभी ऐसा नहीं देखा था। ऐसा कोई व्यक्ति या औद्योगिक प्रतिष्ठान नहीं था, जिससे हमने संपर्क किया हो और उसने इन्कार कर दिया हो। सिर्फ बड़े औद्योगिक घराने ही नहीं बल्कि मंझोले और लघु उद्यमी भी भाजपा को दस से बीस करोड़ रुपए तक देने के लिए तैयार थे। यही नहीं, गुजरात में बहुत अधिक निवेश करने वाले सभी बड़े उद्यमी भी पूरी दृढ़ता से मोदी के साथ थे। इनमें एस्सार के रूईया समूह सरीखे शामिल थे जो 2जी स्पेक्ट्रम प्रकरण के कारण खुद को न्यायिक समीक्षा के दायरे में पा रहे थे। आप्रवासी भारतीय, विशेषकर आप्रवासी गुजराती, भी भाजपा के चुनाव प्रचार में धन खर्च करने के लिए तैयार थे।

तो सवाल उठता है कि क्या दो प्रमुख राजनीतिक दलों की एकदम विपरीत वित्तीय स्थिति ने भी चुनाव प्रचार पर असर डाला? हां, कुछ सीमा तक। आमतौर पर, कांग्रेस और भाजपा जैसे राजनीतिक दलों में उम्मीदवारों का 'वर्गीकरण' किया

जाता है। इनमें चुनाव जीतने वाले 'उम्मीदवारों को पार्टी दो करोड़ रुपए तक देती है जबकि दूसरी श्रेणी के प्रत्याशी को पार्टी एक करोड़ रुपए तक देती है। एक चुनाव लड़ने के लिए पांच से दस करोड़ रुपए खर्च होने के अनुमान को देखते हुए उम्मीदार से अपेक्षा की जाती है कि चुनाव प्रचार के लिए शेष धनराशि की वह अपने स्तर पर व्यवस्था करेगा। (महाराष्ट्र और आंध्र प्रदेश जैसे राज्यों में चुनाव खर्च 15 से 20 करोड़ रुपए तक हो सकता है जबकि उत्तर भारत और देश के पूर्वी प्रांतों में यह कम होता है, इसी तरह शहरी सीट पर अधिक और ग्रामीण क्षेत्र की सीट पर चुनाव लड़ना कम महंगा होता है)।

कांग्रेस के एक पराजित सांसद ने मुझसे कहा, 'इस बार हमें धन की व्यवस्था करने के लिए पहले से कहीं अधिक अपने संपर्कों पर निर्भर रहना पड़ा था।' इसके विपरीत, भाजपा ने अपने उम्मीदवारों से कहा था कि धन की कमी को पार्टी पूरा करेगी। उन्हें अपने निर्वाचन क्षेत्रों में मोदी की चुनाव सभाओं पर भी एक पैसा खर्च नहीं करना होगा क्योंकि उनके पास चुनाव प्रबंधन के लिए पर्याप्त धन है।

इस बार चुनाव अभियान कई महीने चला था। हमें यह भी ध्यान रखना चाहिए कि नरेंद्र मोदी ने लगभग नौ महीने तक जनसभाएं की थीं—नकद राशि तत्काल उपलब्ध रहने का तात्पर्य ही यह है कि भाजपा के चुनाव अभियान में किसी प्रकार की ढिलाई नहीं आने दी जाएगी। चुनाव प्रचार के गति पकड़ने तक कांग्रेस का धन खत्म होने लगा था। चुनाव प्रचार के अंतिम चरण में तो यह एकतरफा ही रह गया था और कांग्रेस तो एक तरह से कई स्थानों पर नज़र ही नहीं आ रही थी।

ऐसी स्थिति में सवाल उठता है कि दोनों मुख्य राजनीतिक दलों ने चुनाव पर कितना खर्च किया? मैंने जब दोनों दलों के कोषाध्यक्षों से यही सवाल पूछा तो उन्होंने कोई निश्चित आंकड़ा नहीं बताया। भाजपा के कोषाध्यक्ष पीयूष गोयल ने तो चुनाव खर्च का जो आंकड़ा मैंने बताया उसे वह हंसकर टाल गए। कांग्रेस के कोषाध्यक्ष मोतीलाल वोरा तो सिर्फ मेरी ओर निहारते ही रह गए। चुनाव में होने वाले खर्च का सही ब्यौरा हमेशा ही अस्पष्ट रहा। सिर्फ कुछ ही औद्योगिक घरानों ने राजनीतिक दलों को चेक से पैसा देने के लिए औपचारिक चुनाव ट्रस्ट बना रखा है। चुनाव के दौरान अधिकांश पैसा तो रियल एस्टेट, शराब, शेयर और खनन कारोबारियों से नकद में ही मिलता है।

चुनाव जीतने योग्य प्रत्येक निर्वाचन क्षेत्र के लिए 8 से 10 करोड़ रुपए और प्रचार संबंधी दूसरे खर्च के आधार पर भाजपा ने 4000 से 5000 करोड़

रुपए एकत्र किए थे—कम से कम यह मेरा अनुमान है, हालांकि गोयल ज़ोर देकर कहते हैं कि यह रकम इससे काफी कम थी। कांग्रेस इस बार चुनावी दौड़ में इस मामले में कुछ हज़ार करोड़ पीछे थी। देश की जनता का मूड देखते हुए कांग्रेस चुनाव में अभी भी बुरी तरह हार रही थी। इसमें संदेह नहीं कि पैसा बोलता है—परंतु 2014 के चुनाव जैसी लहर को आप प्रभावित नहीं कर सकते, यह अतिरिक्त उमंग और उत्साह पैदा कर सकता है। कुछ साल पहले, आंध्र प्रदेश के एक प्रमुख कांग्रेसी नेता ने उपचुनाव में करीब 70 करोड़ रुपए खर्च किए लेकिन इसके बाद भी वह चुनाव हार गए। कॉर्पोरेट जगत के एक नेता ने मुझसे कहा, 'चुनाव में हमने फैसला नहीं किया, हमने तो बस सही घोड़े पर दांव लगाया।'

मुझे कारोबारी जगत के मूड का उस समय आभास हो गया था जब मैंने फरवरी में मुंबई में विदेशी निवेशकों के एक समूह को संभावित चुनावी परिदृश्य पर एक कार्यक्रम पेश किया था और इसमें सबसे अधिक संभावना मोदी के जीतने पर व्यक्त की थी। इनमें से एक ने अत्यधिक उत्साह के साथ कहा था, 'यदि मोदी जीते, तो भारत की कहानी आगे बढ़ेगी।'

एक निवेशक ने कुछ संशय के साथ कहा, 'कृपया मुझे बताइए कि क्या एक बार फिर त्रिशंकु संसद की संभावना है और चुनाव के बाद किसी तीसरे मोर्चे का प्रधानमंत्री बन सकता है?' इस समय तक ममता बनर्जी फिर से गैर भाजपाई और गैर कांग्रेसी दलों के साथ संघीय मोर्चा बनाने की अपनी मंशा सार्वजनिक कर चुकी थीं। यहीं नहीं, जयललिता ने भी कहा था कि प्रधानमंत्री पद की दौड़ में वह भी शामिल हैं। कारोबारी जगत के लिए केजरीवाल से भी अधिक भयावह लग रहा था कि फिर से खिचड़ी सरकार का दौर आ जाएगा।

सदाबहार अभिनेता देवानंद की 1965 में एक फिल्म आयी थी *तीन देवियां* जिसमें हीरो तीन महिलाओं नंदा, सिम्मी ग्रेवाल और कल्पना से इश्क फरमाते हैं। 2014 के शुरू में लुटियंस की दिल्ली में हंसी मज़ाक में सवाल उठता था कि अगले प्रधानमंत्री को सरकार बनाने के लिए तीन में से कम से कम दो महिला नेताओं—ममता, जयललिता और मायावती के समर्थन की ज़रूरत होगी। सभी तीनों महिलाओं को चुनाव में 20 से 30 सीटें मिलने की उम्मीद थी और ऐसी स्थिति में किसी पार्टी या चुनाव पूर्व के गठबंधन को 200 से ज़्यादा लेकिन बहुमत के लिए 272 से कम सीटें मिलने की स्थिति में उनके समर्थन की दरकार रहेगी। एक वरिष्ठ नौकरशाह ने हंसते हुए कहा था, 'ज़रा सोचिए, प्रधानमंत्री इनसे बात करके तो बावले हो जाएंगे।'

ममता, जयललिता और मायावती ने भारतीय राजनीति की पुरुष प्रधान दुनिया की निर्ममता को देखा है और इसके बावजूद वह इसमें टिकी ही नहीं रहीं बल्कि जीतती भी रही हैं। उनके संघर्ष की कहानी ही उनकी अधिकारवादी कार्यशैली बयां करती हैं और इसी वजह से वे पुरुष प्रधान राजनीति में टिकी हुई हैं। ये महिलाएं साहसी और जुझारू होने के बावजूद दीदी, अम्मा और बहनजी के परिवारवाद के चंगुल में जकड़ी हुई हैं।

इस तिकड़ी में, मैं ममता को सबसे अच्छी तरह जानता हूं। कारण जो भी हो, मुझे लगता है कि मेरे प्रति दीदी का विशेष लगाव है। वह मुझे चाय पर आमंत्रित करके लंबा इंटरव्यू देतीं हैं और एक बार तो मुझे राज्यसभा की सीट देने का भी प्रस्ताव दिया जिसे मैंने पूरी विनम्रता मना कर दिया था। दीदी ने एक बार मेरे लिए बंगाली भोजन भी पकाया था। बंगाल की मुख्यमंत्री की रसोई का दृश्य, उनकी सिलवटदार साड़ी बेतरतीब बंधी हुई और चेहरे से टपकती पसीने की बूँद जो बंगाली खाने के कढ़ाई-भगोने के बीच तेजी से आ जा रहा थीं, थोड़ा अजीब सा मंज़र था। खाने में माछेर झोल, आलू पोश्तो और कोशा मांगशो दुर्गा पूर्जा के भोजन जैसा ही था। हम जब उस शाम लौटने लगे तो उन्होंने तृलमूल कांग्रेस के एक नेता (जो कोलकाता के महापौर थे) को आइसक्रीम का एक बड़ा पैकेट कार में रखने के लिए कहा और बोलीं, 'बच्चे इसे पसंद करेंगे। उन्हें दे देना।' दीदी को इतनी सरलता से इन्कार नहीं किया जा सकता।

इस सबके बांद भी दीदी स्वभाव से तेज़ और मनमौजी थीं और हमेशा ही दो चरम बिंदुओं पर नज़र आती थीं। वह स्नेही और ध्यान रखने वाली (हर साल पूजा पर मुझे कुर्ता भेजती हैं) होने के साथ ही गुस्सा करने वाली भी हैं और बहुत जल्दी ही नाराज़ भी हो जाती हैं। 2012 में तृणमूल कांग्रेस सरकार का एक साल पूरा होने के अवसर पर वह कोलकाता के टाउनहाल में हमारे साथ एक कार्यक्रम करने के लिए तैयार हो गई थीं। सीएनएन-आईबीएन में हमारी डिप्टी एडीटर सागरिका घोष कार्यक्रम का संचालन कर रही थीं। हमने जब रिकॉर्डिंग शुरू की तो ममता बहुत खुश नज़र आ रही थीं। परंतु कार्यक्रम के दस मिनट के भीतर उनका मुड एकदम से बदल गया। एक छात्र ने पार्क स्ट्रीट बलात्कार कांड के बारे में उनसे सवाल पूछ लिया। यह ममता को नाराज़ करने के लिए काफी था। उन्होंने वहीं से चीखकर कहा, 'तुम माओवादी हो, यह पूरा सभागार माओवादियों से भरा हुआ है।' और इसके साथ ही वह कार्यक्रम छोड़ कर चली गयीं, हालांकि सागरिका उन्हें रोकने का भरसक प्रयास करती रहीं।

एक साल पहले, मेरा अनुभव तो और भी अधिक विचित्र था जब हमने

ममता बनर्जी को बंगाल में वाममोर्चे का वर्चस्व खत्म करने जैसी उपलब्धि के लिए सीएनएन-आईबीएन की राजनीतिक हस्ती के रूप में चुना। कार्यक्रम से ठीक एक दिन पहले, ममता ने मुझे फोन कर कहा कि वह कार्यक्रम में शामिल नहीं होंगी। उन्होंने कहा, 'मैं अण्णा हज़ारे के साथ मंच साझा नहीं करूंगी।' भ्रष्टाचार विरोधी आंदोलन के सशक्त चेहरे के रूप में अण्णा हज़ारे को उस साल के भारतीय के रूप में चुना गया था। मैंने ममता से अनुनय विनय किया कि समारोह में पहले सम्मानित किया जाएगा ताकि उनका अण्णा से सामना नहीं हो। तभी वह नरम हुईं।

अगली शाम, ताज पैलेस के दरबार कक्ष में बड़ी संख्या में तृणमूल कांग्रेस के सांसद उपस्थित थे। वह सभी के आकर्षण का केंद्र बनी होने के कारण प्रसन्न नज़र आ रही थीं। हमने अण्णा हज़ारे को उनसे दूर सभाकक्ष के बगल में एक कमरे में बिठा रखा था लेकिन उन्हें भी बहुत देर तक रोका नहीं जा सका। जैसे ही अण्णा हज़ारे आए और ममता के आगे से निकले तो उनका पारा चढ़ गया। उन्होंने नाराज़गी ज़ाहिर करते हुए कहा, 'राजदीप, तुमने अपना वचन नहीं निभाया, मैं जा रही हूं।' मैं बंद गले का कोट पहने पांच सितारा होटल की लॉबी में दीदी के पीछे भागा और उनसे वापस लौटने का अनुरोध किया। आखिरकार, जब वह दरवाज़े पर अपनी नीली मारूति कार से जाने वाली थीं तो मैंने लगभग उन्हें बाहर ही खींच लिया। तृणमूल कांग्रेस के सांसद दिनेश त्रिवेदी की मदद से हम उन्हें वापस पुरस्कार समारोह में लेकर आए। उन्होंने पुरस्कार प्राप्त किया और संक्षिप्त भाषण दिया, कैमरों के लिए मुस्कुराईं और फिर चली गईं। मुझे नहीं लगता कि ताज ने इससे पहले इस तरह का कभी कोई दृश्य देखा होगा।

यह भी दिलचस्प है, फरवरी, 2014 में ममता बनर्जी और अण्णा हज़ारे से संयुक्त प्रेस कॉन्फ्रेंस को संबोधित किया जहां अण्णा ने आम चुनावों में तृणमूल कांग्रेस का समर्थन करने का वायदा किया। अण्णा ने ममता की प्रशंसा करते हुए कहा, 'वह एक ईमानदार राजनीतिक हैं और मुझे उनकी सादगी पसंद है।' ममता ने भी उसी भाव से कहा, 'अण्णा जी हमारे पिता समान हैं।' इससे स्पष्ट था कि ममता दिसंबर, 2011 के ताज पैलेस प्रकरण को भुला चुकी थीं।

इस 'साधारण महिला' और गांधीवादी अण्णा के बीच 'गठबंधन' एक महीने से भी कम समय तक टिका। राष्ट्रीय राजनीतिक मंच पर ममता बनर्जी के ज़ोरदार प्रवेश के लिए रामलीला मैदान में एक जनसभा का आयोजन किया गया। इस रैली में कुछ हज़ार लोग ही पहुंचे और रैली बुरी तरह फ्लाप हो गयी। अण्णा भी खराब स्वास्थ्य के नाम पर रैली से दूर ही रहे। जब मैं महाराष्ट्र सदन में

उनसे मिलने गया तो उन्होंने दावा किया कि वह सिर्फ तरल भोजन ही ले रहे हैं। इससे कुछ मिनट पहले ही भाजपा में शामिल होने वाले पूर्व थल सेनाध्यक्ष जनरल वी. के. सिंह ने उनसे मुलाकात की थी। चर्चा थी कि सिंह ने अण्णा को ममता की रैली में शामिल नहीं होने के लिए उनसे विनम्र निवेदन किया था।

अण्णा के साथ मिलकर होने वाला आयोजन विफल होने के साथ ही दिल्ली की राजनीति में सक्रिय भूमिका निभाने का ममता बनर्जी का सपना भी चूर चूर हो गया। दूसरे क्षेत्रीय नेताओं की तरह ही ममता बनर्जी भी चुनाव के बाद गैर कांग्रेसी और गैर भाजपाई मुख्यमंत्रियों के साथ मिलकर 'संघीय मोर्चा' जैसा गठबंधन बनाने की उम्मीद बांधे हुए थीं। मेरा अपना विचार है कि ममता बनर्जी बहुत ही चतुर राजनीतिक हैं और वह जानती थीं कि राष्ट्रीय स्तर पर व्यापक समझ वाला कोई गठबंधन बनाना मुश्किल होगा। उनकी चिंता की एक वजह उनके शत्रु नंबर एक 'वाममोर्चा' द्वारा राष्ट्रीय स्तर पर अपना मोर्चा बनाने के प्रयासों को लेकर था। एक बार उन्होंने मुझसे कहा था, 'लेफ्ट विल बी लेफ्ट आउट।'

ममता बनर्जी लेफ्ट से नफरत करती थीं। यह नफरत उन दिनों से थी जब वह बंगाल में विपक्ष के रूप में अकेले ही उससे मोर्चा ले रही थीं। वह वाम मोर्चा के अलावा किसी के भी साथ तालमेल कर सकती थीं। ऐसा लगता था कि उनकी बहुत ही सीमित राजनीतिक दुनिया है। उन्हें एक सीमा के आगे इससे कोई फर्क नहीं पड़ता था कि प्रधानमंत्री कौन बन रहा है जब तक कि कोलकाता के भद्रलोक की अलीमुद्दीन स्ट्रीट को दूर रखा जाता है। उन्होंने एक बार मुझसे कहा था, 'तुम्हे पता नहीं है राजदीप, ये वामपंथी मेरी हत्या करना चाहते हैं।'

वामपंथियों को और अधिक अलग थलग करने के प्रयास में ममता बनर्जी ने तमिलनाडु की मुख्यमंत्री जयललिता से संपर्क किया और उनके साथ भावी तालमेल के बारे बातचीत की। यदि ममता स्वभाव से तेज़तर्रार थीं तो जयललिता ऊपर से शांत दिखाई पड़ने वाली थीं। ममता अपनी बदमिजाज़ी के लिए जानी जाती थीं तो जयललिता सभी सरकारी कार्यक्रमों में निर्विकार भाव बनाए रखती थीं। अगर ममता सड़क पर संघर्ष करने की राजनीति करने में सर्वश्रेष्ठ थीं तो जयललिता की अपनी अलग दंभपूर्ण जीवनशैली थी। जया की ताकत के बारे में एक नौकरशाह ने मुझसे कहा था, 'उनका तो आपसे कुछ कहे बगैर ही सिर्फ आपकी ओर देखना काफी है, आप इसी से भयभीत हो जाएंगे।'

तमिलनाडु में 2011 के चुनावों में अन्नाद्रमुक की शानदार वापसी के बाद मैं चेन्नई में जयललिता से मिला था। मुझे बताया गया था कि रस्किन बान्ड उनके पसंदीदा लेखक हैं और इसी वजह से मैं रस्किन बान्ड की कुछ किताबें

जयललिता के लिए उपहार में ले गया था। उन्होंने पूरी विनम्रता से इन पुस्तकों के लिए धन्यवाद दिया और कहा, 'मेरे पास अब पुस्तक पढ़ने के लिए बहुत कम समय होता है। द्रमुक ने सब अव्यवस्थित कर रखा है, मुझे अब सारी सफाई करनी होगी।' उनके कहने के अंदाज़ में एक एक शब्द पर ज़ोर था और मैं उनसे कुछ और सवाल करने का साहस ही नहीं जुटा सका।

वास्तव में किसी भी रूप में जयललिता से उलझना खतरे से खाली नहीं है। मुझे इसका पहला अनुभव उस समय हुआ जब हमें अपने बहुत लोकप्रिय हास्यप्रद कार्यक्रम के लिए उनके कार्यालय से मानहानि का नोटिस मिला। कार्यक्रम का नाम था, 'द वीक दैड वाज़ नॉट' और इसमें कामेडियन साइरस ब्रोचा और कुणाल विजयकर हर सप्ताह सोनिया, राहुल, मोदी और ममता सरीखे राजनीतिकों पर व्यंग्य करते थे। इस कार्यक्रम में बाल ठाकरे के अलावा (हमें डर था कि शिवसेना हमारे मुंबई कार्यालय पर हमला कर देगी) किसी को बख्शा नहीं गया था।

तभी हमने इस कार्यक्रम में जयललिता जैसा एक चरित्र दिखाया जिसके पास अकूत संपत्ति थी और जिसकी शशिकला नाम की घनिष्ठ मित्र से संबंध थे। यह कार्यक्रम हल्के फुल्के हास परिहास पर आधारित था लेकिन जयललिता ने इसके परिहास वाले पहलू को नहीं देखा। इसका नतीजा हमारे साथ कानूनी लड़ाई का फरमान था। मैंने चेन्नई स्थित एक वकील से मदद मांगी। उसकी मित्रवत सलाह थी, 'तुम्हे जो भी करना हो करो लेकिन जयललिता से मत उलझो।' यह मामला अभी भी चेन्नई की अदालत में चल रहा है। अदालत के बाहर इसे सुलझाने के प्रयासों में हमें सफलता नही मिली।

पिछले कई सालों में अनेक राजनीतिकों और अन्नाद्रमुक के शुभचिंतकों ने भी सबक ले लिया। व्यंग्यकार और संपादक चो रामास्वामी उन चंद व्यक्तियों में थे जिनकी जयललिता तक कुछ पहुंच थी। लेकिन जब मैंने फरवरी 2014 में चो रामास्वामी से उनकी पत्रिका *तुगलक* के कार्यालय में भेंट की तो उन्होंने दावा किया जयललिता लंबे समय से उनसे नहीं मिल रही हैं। उन्होंने काफी उद्वेलित होकर मेरी ओर देखते हुए कहा, 'वह मुझसे नाराज़ हैं क्योंकि मैं प्रधानमंत्री पद के लिए मोदी का समर्थन कर रहा हूं। वह चाहती हैं कि मैं उनका समर्थन करूं।'

ममता ने कभी यह दावा नहीं किया कि वह प्रधानमंत्री बनना चाहती हैं। उनका दिल और दिमाग पूरी तरह से कोलकाता की गलियों में बसा हुआ है। लेकिन जयललिता के मामले में ऐसा नहीं है। उनकी हमेशा से ही एक दिन प्रधानमंत्री बनने की महत्वाकांक्षा रही है। यहां भी दिलचस्प तथ्य यह है कि ममता ने तो खुलकर मोदी के खिलाफ़ बोला लेकिन जयललिता राज्य की उन चुनिंदा

नेताओं में थीं जिनका गुजरात के मुख्यमंत्री के साथ विशेष समीकरण था। वह 2012 में मोदी के मुख्यमंत्री के रूप में शपथ ग्रहण समारोह मे भी शामिल हुई थी। लेकिन दो साल बाद, वह मोदी का प्रधानमंत्री पद की उम्मीदवारी के लिए समर्थन करने को तैयार नहीं थीं। इसकी बजाए, अन्नाद्रमुक 'सुप्रीमो' खुद ही सर्वोच्च नेता बनना चाहती थीं और उनकी पार्टी ने सार्वजनिक रूप से इस इच्छा की घोषणा भी की थी।

मैंने चो से पूछा कि क्या जयललिता वास्तव में दिल्ली जाने के प्रति गंभीर हैं? इस पर चो ने कहा, 'मैं समझता हूं कि उन्हें लगता है कि उनमें प्रधानमंत्री बनने की पात्रता है और मोदी को भी उनका नेतृत्व स्वीकार करना चाहिए।' मेरी अपनी समझ यह कहती है कि इस चुनाव में जयललिता की प्रधानमंत्री पद की महात्त्वाकांक्षा महज एक छलावा थी। हां, वह प्रधानमंत्री बनना चाहती थीं लेकिन वह मोदी के रास्ते का रोड़ा भी नहीं बनना चाहती थीं। वह तो सिर्फ 'जया फॉर पीएम' का कार्ड खेलकर तमिल क्षेत्रीय गौरव को अपने पक्ष में करना चाहती थीं। द्रमुक 1999 से ही प्रत्येक केंद्र सरकार में शामिल रहा है और उसने अपने समर्थन की भारी कीमत भी वसूल की थी। जयललिता भी इसी तरह की सौदेबाज़ी की उम्मीद लगाए थीं। चुनाव में यदि वह 30 सीटें जीत जातीं तो त्रिशंकु संसद होने की स्थिति में दिल्ली में कोई भी सरकार बनती लेकिन उसमें उसकी भूमिका निर्णायक हो सकती थी। इसलिए, जयललिता की यह भविष्य के लिए दीर्घकालीन नहीं बल्कि सीमित रणनीति थी।

मायावती भी राजनीतिक सुविधा के हिसाब से चल रही थीं। जयललिता की तरह ही वह भी एक दिन 7, रेस कोर्स में रहने के ख्वाब देख रही थीं। लेकिन शायद वह जानती थी कि 2014 उनका नहीं है। बसपा नेता 2012 के उत्तर प्रदेश विधान सभा के चुनाव में बुरी तरह पराजित हो चुकी थीं और वह इस हार से अभी तक उबर नहीं सकी थीं। वह अभी भी भ्रष्टाचार के कई मामलों में उलझी हुई थीं जिनकी उच्चतम न्यायालय में सुनवाई चल रही थी। इसलिए उन्हें फिर से खुद को एकजुट करने और चर्चा में बने रहने की आवश्यकता थी।

मैं मायावती से पहली बार 1994 के आसपास मिला था। उस समय मैं दिल्ली में आया ही था और डॉ. बाबासाहब आंबेडकर पर लेखों के बारे में शोध कर रहा था। बसपा के संस्थापक कांशीराम इस दलित मसीहा के बहुत बड़े प्रशंसक थे। हमने आंबेडकर की विरासत को लेकर विचारों के आदान-प्रदान में अनेक दोपहर एक साथ बिताई थीं। ढीली ढाली पैंट और सफेद बुशर्ट तथा कंधे पर तौलिया डाले कांशीराम सीधी बात करने वाले नेता थे। उन्होंने एक बार मुझसे

कहा, 'महाराष्ट्र में आंबेडकर सिर्फ प्रतिमा तक सिमट गए हैं—यह तो उत्तर प्रदेश में हम ही हैं जो उनकी विरासत को आगे ले जा रहे हैं।'

कांशीराम के हुमायूं रोड स्थित घर में मायावती चाय पेश करती थीं और वह पहले ही उप्र में पार्टी की नेता बन चुकी थीं लेकिन कांशीराम के घर में वह मेज़बान की भूमिका में रहती थीं। मैंने कांशीराम से कभी भी मायावती से उनके रिश्ते के बारे में नहीं पूछा लेकिन यह स्पष्ट था कि वह उन्हें अपने उत्तराधिकारी के रूप में ही देखते थे। उन्होंने एक बार कहा था, 'वह एक दिन राज करेंगी।' वो सही थे। मैं लखनऊ में था जब जून 1995 में मायावती ने देश की पहली दलित महिला मुख्यमंत्री के रूप में शपथ ग्रहण की थी। यह बहुत बड़ी घटना थी जिसे मैं भूल नहीं सकता। एक दिन पहले ही मायावती पर, जिन्होंने मुलायम सिंह सरकार से अपना समर्थन वापस लिया था, सपा कार्यकर्ताओं ने हमला किया था। इस घटना को 'राज्य अतिथि गृह' कांड के नाम से जाना जाता है। उस समय हमारे यहां 24 घंटे का समाचार चैनल नहीं था लेकिन उस घटना के दृश्य भयभीत करने वाले थे--समाजवादी पार्टी के विधायक मायावती और उनके आदमियों को इमारत के गलियारे में दौड़ा रहे थे जबकि पुलिस मूकदर्शक बनी हुई थी। सपा विधायकों के आचरण की वजह से अपनी जान का खतरा महसूस कर मायावती ने एक कमरे में खुद को बंद कर लिया था। इसके कुछ दिन बाद ही मैंने उनका इंटरव्यू किया और इसमें उन्होंने दावा किया कि इस घटना ने उन्हें पूरी तरह बदल कर रख दिया है। उन्होंने कहा, 'यह मेरा मर्डर करना चाहते थे। इनको मैं कभी नहीं छोडूंगी, इनको सबक सिखाना पड़ेगा।'

अगले दो दशकों ने मायावती ने अपने विरोधियों को अच्छी-खासी सबक सिखाई। उनकी राजनीति कभी माफ नहीं करने और सरकारें बनाने तथा गिराने की रही। यह उनकी शैली बन गई थी कि राजनीतिक विरोधी उनके अगले कदम का अनुमान लगाते रहें, कांशीराम से उन्होंने यही ज्ञान प्राप्त किया था, जिनका मानना था कि राजनीतिक ताकत ही 'मास्टर चाबी' है जो अंततः दलितों की मुक्ति के दरवाज़े खोलेगी। वे कानून व्यवस्था के मामले में बहुत सख्त थीं परंतु जयललिता की तरह ही उन पर भी बड़े पैमाने पर भ्रष्टाचार के आरोप लगते थे। उप्र के एक उद्यमी ने एक बार मुझसे कहा, 'उप्र में तो यह खरा सौदा है। मायावती को पैसा दो और अपना काम कराओ। किसी बिचौलिए की ज़रूरत नहीं।'

जयललिता की तरह ही मायावती की उपस्थिति भी मन में दहशत पैदा करने वाली हो सकती थी। वह मीडिया से बहुत कम बात करती थीं लेकिन मैं एक बार उनके लखनऊ के आलीशान आवास पर मिला था। इस मुलाकात

से कुछ दिन पहले ही बसपा समर्थकों ने हमारी एक ओबी वैन क्षतिग्रस्त कर दी थी और हमारे ड्राइवर की बुरी तरह पिटाई की थी क्योंकि वे मायावती की अघोषित संपत्ति के बारे में हमारी खबर से क्रुद्ध थे। मायावती ने मेरे सामने लिम्का और प्लेट में काजू रखे और इसके बाद मीडिया पर धावा बोल दिया। उन्होंने कहा, 'आप लोगों को शर्म आनी चाहिए, कुछ भी दिखाते हो।' इस मुलाकात के दौरान बसपा समर्थकों द्वारा किए गए नुकसान के प्रति रंच मात्र भी खेद व्यक्त करने का संकेत तक नहीं था। हमारी मुलाकात के दौरान मायावती से भयाक्रांत अधिकारी खड़े ही रहे और उनमें से कोई भी उनकी निगाह के सामने आने का साहस नहीं जुटा सका।

निश्चित की कांशीराम के घर में हमें चाय देने की मेज़बानी करने से मायावती काफी लंबा सफर तय कर चुकी थीं। नोएडा स्थित अपने कार्यालय जाते समय मैं आंबेडकर पार्क से गुज़रता हूं जिसमें आंबेडकर, कांशीराम और खुद मायावती की बड़ी बड़ी मूर्तियां लगी हुई हैं और मूर्ति संस्कृति के प्रति कांशीराम की लानत मलामत के बारे में सोचिए। दलितों के राजनीतिक सशक्तीकरण के लिए गठित किया गया राजनीतिक दल आज खुद उसी राजनीति की हंसी का पात्र बन रहा है जिसका उसने कभी तिरस्कार किया था।

जनवरी, 2014 में ऐसा लगा कि एक बार फिर अतीत मायातवी का पीछा नहीं छोड़ रहा है। उच्चतम न्यायालय ने उनके खिलाफ़ आय से अधिक संपत्ति के मामलों पर फिर से गौर करने का निश्चय किया। केंद्रीय जांच ब्यूरो ने 2002 में मायावती के पास अकूत संपत्ति के मामले की जांच की थी। मायावती ने 2012 में चुनाव के दौरान अपने हलफनामे में 111 करोड़ रुपए की संपत्ति की घोषणा की थी जिसमें दिल्ली में अनेक संपत्तियां थीं। मायावती का दावा था कि पार्टी समर्थकों से उपहार के रूप में यह धन मिला था। मायावती के एक सहायक ने कहा, 'इस मामले ने उन्हें जड़वत कर दिया था। उन्हें चिंता थी कि एक दिन उन्हें जेल हो जायेगी।' यह भी खबरें थीं कि कांग्रेस के साथ सौदेबाज़ी की एवज में बसपा प्रमुख सीबीआई से संरक्षण चाहती थीं। कांग्रेस के कुछ नेताओं का दावा था कि राहुल गांधी ने कांग्रेस-बसपा के किसी भी गठबंधन के प्रयास को शुरू में ही नकार दिया था। लेकिन एक बात तो स्पष्ट थी कि दोनों ही पक्ष बेचैन थे—एक अपने राजनीतिक वजूद के लिए और दूसरा कानून के फंदे से व्यक्तिगत छूट चाहता था। यह बातचीत कभी भी मंज़िल तक नहीं पहुंच सकी क्योंकि मायावती को शायद यह अहसास हो गया था कि कांग्रेस एक डूबता हुआ जहाज़ है।

चुनाव प्रचार के दौरान, अमित शाह ने मुझसे बताया था कि अंतिम दौर में मायावती पीछे हट गई थीं। 'इस बार बसपा बैठ गई है, चुनाव लड़ ही नहीं रही।' वह बिल्कुल सही थे। बीस साल से बसपा की गतिविधियों पर निगाह रखने के दौरान मैं इस पार्टी का इतना बेमन चुनाव प्रचार पहले कभी नहीं देखा था। मायावती की 2014 के चुनाव प्रचार के दौरान इस तरह की खामोशी के बारे में कोई संतोषप्रद स्पष्टीकरण भी नहीं दिया गया था। उन्होंने 2013 के प्रारंभ में ही कई उम्मीदवारों की घोषणा कर दी थी। लेकिन 2007 के विधान सभा चुनाव में दलित, मुस्लिम और सवर्ण समाज को सफलतापूर्वक एक साथ लाने का उनका अपना सर्वजन सामाजिक समीकरण का प्रयोग अपने सामने ही उन्हें धीरे धीरे ढहता नज़र आने लगा। इस बार मुजफ्फरनगर जैसे स्थानों पर दलित और मुसलमानों के बीच हुई झड़पों ने उनकी स्थिति बेहद दुविधापूर्ण बना दी थी। ब्राह्मण वैसे भी मोदी के नेतृत्व वाली भाजपा में लौट आए थे और दलित वोट भी बंट गया था। इसका परिणाम यह हुआ कि वह दिशाहीनता की अवस्था में पहुंच गईं जो संगठित वोट बैंक वाले दल के अनुरूप नहीं था।

सामने नज़र आ रही हार का अहसास होते होते यह नज़र आने लगा कि मानो मायावती ने 2017 के उप्र विधान सभा चुनावों के लिए अपने हथियारों को बचाकर रखने का फैसला लिया है। यह भी हो सकता है कि 58 साल की उम्र में उन्होंने सोचा हो कि एक और चुनाव लड़ने के लिए समय उनके साथ होगा।

निश्चित ही साल 2014 प्रधानमंत्री पद की आस रखने वाले एक अन्य नेता के पक्ष में नहीं था। कैंसर से जीत चुके 74 वर्षीय शरद पवार जानते थे कि उनका समय आकर जा चुका है। महाराष्ट्र के इस कद्दावर नेता से हर इंटरव्यू में प्रधानमंत्री पद के लिए उनकी महत्वाकांक्षा के बारे में सवाल किए गए। इस सवाल के बारे में पवार का जवाब भी रटा-रटाया होता था, 'मैं प्रधानमंत्री बनने के बारे में कैसे सोच सकता हूं जब मेरे पास मुश्किल से दस सांसद हैं। मैं एक व्यावहारिक व्यक्ति हूं और ऐसा कोई ख्वाब नहीं पालता हूं।'

सच्चाई तो यह है कि 38 साल की उम्र में ही महाराष्ट्र के मुख्यमंत्री बनने वाले पवार सालों से प्रधानमंत्री बनने का ख्वाब देख रहे थे। उन्होंने एक बार मुझ पर ही उनके प्रधानमंत्री बनने में अड़ंगा लगाने का आरोप लगाया। यह 1991 की बात है। मैं उस समय *टाइम्स ऑफ इंडिया* का मुंबई स्थित पत्रकार था। आम चुनाव के प्रचार के दौरान ही राजीव गांधी की हत्या हो गई थी और यह चर्चा ज़ोर पकड़ रही थी कि अब कांग्रेस का नेतृत्व किसके हाथ में होगा। हम

दूर मुंबई में बैठकर दिल्ली दरबार में जो कुछ हो रहा था उसके बारे में सिर्फ अनुमान ही लगा सकते थे।

राजीव गांधी के निधन के कुछ दिन बाद एक शनिवार की सुबह हम राज्य के तत्कालीन मंत्री विलाराव देशमुख से मिलने गए, जो बाद में महाराष्ट्र के मुख्यमंत्री बने, उन्होंने *महाराष्ट्र टाइम्स* के मेरे सहयोगी प्रकाश आकोल्कर और मुझसे कहा कि कैसे पवार ने कांग्रेस के कुछ वरिष्ठ नेताओं के साथ मिलकर दिल्ली में सबसे बड़ा पद हासिल करने के लिए योजना बनाई थी। उन्होंने बताया कि दक्षिण दिल्ली के एक होटल में बैठक हुई थी जिसमें पवार ने कांग्रेस के सक्षम सांसदों को चुनाव प्रचार में आर्थिक सहयोग देने का भरोसा दिलाया था बशर्ते वे पार्टी के प्रधानमंत्री पद के उम्मीदवार के लिए उनका समर्थन करें। देशमुख ने कहा, 'रणनीति पूरी तरह तैयार है। पवार भी एक बार ज़ोर लगाने के लिए तैयार हैं।'

हम यह खबर लिखने के लिए अपने कार्यालय की ओर लपके। यह वैसे भी खबरों के धीरे धीरे आने के दिन थे। समाचार संपादक ने इसे *टाइम्स ऑफ इंडिया* के पहले पन्ने पर नीचे की ओर विस्तार से लेने का फैसला किया। अगले दिन जब समाचार पत्र में यह खबर आयी तो दिल्ली में बैठे सत्ता के मठाधीशों में बेचैनी फैल गई। मुंबई में बैठे हुए हमें यह अनुमान ही नहीं था कि यह खबर दिल्ली में सारे राजनीतिक समीकरण ही बदल कर रख देगी। आधी रात में मुझे पवार का फोन आया और उन्होंने काफी गुस्से में सवाल किया, 'आप इस तरह की खबर कैसे प्रकाशित कर सकते हैं? क्या आपको पता है कि इस खबर ने मुझे कितना नुकसान पहुंचाया है?' इससे पहले कि मैं उन्हें शांत कर सकता कि एक सवाल आया, 'क्या आप एक मराठी को प्रधानमंत्री देखना नहीं चाहते?'

कुछ सप्ताह बाद पवार के प्रधानमंत्री बनने के प्रयासों को झटका देते हुए पी. वी. नरसिंह राव इस पद पर आ गए। पुराने कांग्रेसी पवार की उम्मीदों पर पानी फेरने के लिए एकजुट हो गए थे। हालांकि राकांपा का यह नेता लंबे समय तक मन में वैमनस्य रखने वाला व्यक्ति नहीं है, पर मुझे नहीं लगता कि उन्होंने मुझे कभी माफ किया हो। मैं पूरी तरह आश्वस्त था कि पवार किस सीमा तक आगे निकलने के लिए बैचैन थे। इस संदर्भ में एक मराठी पत्रकार ने मुझसे उनके बारे में कहा भी था, 'सहयाद्री से हिमालय की ओर।'

पवार ने एक बार फिर दिल्ली को फतह करने का प्रयास किया, यह ऐसा अभियान था जो 1761 में पानीपत की तीसरी लड़ाई में मिली पराजय के बाद से मराठों के लिए मृगतृष्णा बनी हुई थी। उन्होंने 1999 में सोनिया गांधी के विदेशी मूल का मुद्दा उठाया। यह वह दौर था जब पवार ने लोकसभा में पार्टी

के नेता के रूप में कांग्रेस में एक रिक्तता महसूस की और वह इस पर नियंत्रण की ओर बढ़ रहे थे। सोनिया गांधी एक साल से भी कम समय से पार्टी की अध्यक्ष थीं और वह अंदरूनी विद्रोह का सामना करने की स्थिति में नहीं थीं। सोनिया के खिलाफ 'विद्रोह' करने से पहले पवार ने हम लोगों को यह संकेत दिया था कि कांग्रेस को नए नेतृत्व की ज़रूरत है। उन्होंने दावा किया था, 'हमें कांग्रेस को फिर से पटरी पर लाने के लिए व्यापक जनसमर्थन वाले नेता की ज़रूरत है।' लेकिन यहीं पर गांधी परिवार के प्रति निष्ठा को लेकर उनका अनुमान गलत हो गया। पार्टी के अधिकांश नेता ऐसी घड़ी में सोनिया के साथ खड़े हुए। पवार ने बाद में दावा किया कि वह कांग्रेस अध्यक्ष के रूप में सोनिया के खिलाफ़ नहीं थे बल्कि वह तो उनकी सिर्फ प्रधानमंत्री पद की संभावित दावेदारी के खिलाफ़ थे। वह एक हारे हुए विद्रोही की तरह नज़र आ रहे थे। यह भी दिलचस्प है कि जब फरवरी, 1999 में वाजपेयी के नेतृत्व वाली भाजपा सरकार गिरी तो पवार ने भाजपा से भी सौदेबाजी करने का प्रयास किया था। भाजपा के एक नेता ने, जिसे इस बातचीत की जानकारी थी, मुझसे कहा, 'वह बाहर से भाजपा के समर्थन से ठीक उसी तरह प्रधानमंत्री बनना चाहते थे जैसे कांग्रेस ने 1990 में बाहर रहते हुए प्रधानमंत्री पद के लिए चंद्रशेखर का समर्थन किया था।

अब 2014 में तो परिस्थितियां और भी विकट हो चुकी थीं। राहुल गांधी कांग्रेस की बागडोर अपने हाथ में लेने के लिए तैयार थे और पवार ने स्पष्ट कर दिया था कि वह राहुल गांधी के नेतृत्व में बनने वाली किसी भी सरकार में काम नहीं करेंगे। पवार ने एक मित्र से निजी बातचीत में कहा था, 'मैं ऐसे किसी व्यक्ति के तहत कैसे काम कर सकता हूं जो मेरी बेटी की उम्र का है?' जबकि रिकॉर्ड पर उन्होंने मुझसे कहा कि राहुल को अभी खुद को साबित करना है। पवार ने अब लोक सभा का चुनाव नहीं लड़ने का फैसला किया और इसकी बजाए उन्होंने संसद में पहुंचने के लिए राज्य सभा का रास्ता चुनना पसंद किया।

इसके बावजूद पवार अभी भी राजनीति से पूरी तरह से 'रिटायर' नहीं हुए हैं। भाजपा सहित सभी दलों में उनके दोस्त हैं। भाजपा के सूत्रों ने इस बात की पुष्टि की कि पवार मराठी साथी गडकरी के संपर्क में हैं। यदि चुनाव में भाजपा को 200 से कम सीटें मिलती हैं तो कहते हैं कि पवार और गडकरी गैर कांग्रेसी सरकार बनाने की कोशिश करने के लिए तैयार थे।

पवार से जब मैंने पर्दे के पीछे चल रही गतिविधियों के बारे में पूछा तो उन्होंने सिरे से ही इसे खारिज कर दिया। पवार ने काफी आवेश में आकर सवाल किया, 'आप लोगों को ये सारी खबरें कहां से मिलती हैं? आप मीडिया वाले

किसी भी बारे में कुछ भी अनुमान लगा लेते हैं।' पत्रकार कभी भी पवार के चहेतों की सूची नहीं रहे हैं।–कुछ महीने पहले ही पवार के भतीजे अजित पवार को महाराष्ट्र में सिंचाई घोटाले में उनकी कथित भूमिका को लेकर कई बार निशाना बनाया गया था। अजित ने सूखे के दौरान संवेदनहीन बयान देते हुए कहा, 'यदि बांधों में पानी नही हैं तो क्या पानी लाने के लिए हम उसमें पेशाब करें?' अजित पवार के इस बयान की मीडिया ने तीखी आलोचना की। राकांपा के दूसरे मंत्रियों ने भी भ्रष्टाचार के मामलों का पर्दाफाश होने पर खुद को इसकी चपेट में पाया। पवार का नाम कई विवादास्पद भूमि सौदों में भी आया। साफ था, अत्यधिक सक्रिय मीडिया के इस दौर में पवार गलत पाले में थे। और उन्होंने इस बारे में ज़रा भी नहीं सोचा। इस सबके बीच, सबसे सकारात्मक पहलू यही था कि आप पवार की आलोचना कर सकते हैं लेकिन इसके बावजूद वह आपको इंटरव्यू भी देंगे। पुरानी शैली के नेताओं की तरह उनकी चमड़ी भी मोटी थी।

यदि शरद पवार लगातार दिल्ली में किसी न किसी तरह सत्ता हासिल करने के रास्तों की तलाश में थे तो दूसरी ओर एक और क्षेत्रीय क्षत्रप नवीन पटनायक ओडीशा में अपनी 'मांद' में ज़्यादा खुश नज़र आ रहे थे। नवीनबाबू भी एक दिलचस्प राजनेता हैं जिनकी जिंदगी को दो अलग अलग हिस्सों में रखा जा सकता है। राजनीति में आने से पहले उच्च कोटि की ज़िंदगी गुज़ार रहे थे। वह जैकी कैनेडी और गोर विडाल जैसी हस्तियों के साथ पार्टी करते थे। उन्होंने जड़ी बूटियों और उद्यानों पर कई किताबें लिखीं हैं और औरंगज़ेब रोड़ पर स्थित उनके निवास पर अक्सर वाइन और चीज़ के साथ शाम गुज़ारी जाती थी। फिर अचानक ही 1998 में पिता बीजू पटनायक के निधन के बाद दून स्कूल से शिक्षित नवीन पटनायक राजनीति में कूद पड़े। नवीन पटनायक 2000 में बीजू जनता दल (बीजेडी) से चुनाव जीत कर राज्य के मुख्यमंत्री बने और पारिवारिक विरासत को आगे बढ़ाने में जुट गए। मुख्यमंत्री बनते वक्त नवीन पटनायक बहुत ही मुश्किल से ओडिया भाषा बोल पाते थे और भुवनेश्वर में कम ही रहते थे। इसके बावजूद, स्कॉच और कैवियर के शौकीन इस महानगरीय बाबू ने खुद को एक कठोर स्थानीय राजनेता के रूप में ढाल लिया। ऐसा व्यक्ति, जो आए दिन लंदन आता जाता रहता था, मुख्यमंत्री बनने के बाद पहली बार 2012 में विदेश यात्रा पर गया।

यहां सवाल यह है कि आखिर बार बार चुनाव में सफलता हासिल करने का इस व्यक्ति का फार्मूला क्या था? बीजद के एक सांसद ने इसका जवाब देते हुए कहा कि राज्य के सारे राजनीतिकों में नवीनबाबू एक ईमानदार और निष्ठावान व्यक्ति हैं। वह निजी बातचीत में नितांत सभ्य और भद्र होते हैं लेकिन

राजनीतिक मामलों में निर्मम हो जाते हैं। उन्होंने 2009 में चुनावों से पहले भाजपा से संबंध तोड़ लिए थे और अपने उन सभी सहयोगियों को हटा दिया था जिनके बारे में उन्हें लगता था कि वे उनके खिलाफ़ षड्यंत्र कर रहे हैं। सबसे महत्वपूर्ण बात यह भी कि इस उठा-पठक के बावजूद वह अपने मार्ग पर डटे रहे। 2014 के चुनावों में उन्होंने मुझसे कहा कि वह भाजपा और कांग्रेस के साथ समान दूरी बनाए रखना चाहते हैं। इस संबंध में उनका सार्वजनिक नज़रिया यही था, 'हम चुनाव के बाद किसी का भी समर्थन नहीं करेंगे, न मोदी का और न ही राहुल का।' वह अपनी बात पर कायम भी रहे।

शायद उनकी सफलता ही राहुल और सभ्रांत पारिवारिक विरासत वाले दूसरे बच्चों के लिए आशा की किरण है। इसका सबक बहुत ही साधारण लेकिन महत्वपूर्ण है—वस्तुस्थिति से अनभिज्ञ होने के बावजूद मैकाले की संतानें भी राजनीति में सफल हो सकती हैं यदि वे निरंतर काम करने के लिए तैयार हों। नवीन के भुवनेश्वर की तरह यदि राहुल ने लखनऊ को अपनी कर्मभूमि बनाया होता तो कौन जाने आज कांग्रेस का यह नेता पहले से कहीं अधिक सशक्त राजनीतिक बन कर उभरा होता।

इस अध्याय में लगभग सभी राजनीतिकों के साथ मीडिया के रिश्तों की चर्चा की गई है। केजरीवाल ने यह महसूस किया था कि टेलीविज़न स्टूडियो के माध्यम से उनके आंदोलन को मिली आक्सीजन इन्हीं कैमरों की मदद से आसानी से निकाली भी जा सकती है। ममता और बंगाल का मीडिया अक्सर ही टकराव के मूड में नज़र आता है। जयललिता ने तो मीडिया को इंटरव्यू देना बंद ही कर दिया और वह अपनी बात कहने के लिए प्रेस में बयान देती थीं या कभी कभी टीवी को बाइट देतीं। मीडिया के प्रति मायावती का भी यही रवैया होता है। उनकी प्रेस कॉन्फ्रेंस भी पूरी तरह सुनियोजित होती है जिसमें प्रश्न पूछने की इजाज़त नहीं होती। शरद पवार भी गले की सर्जरी के बाद ज़ोर से बोल नहीं पाते हैं और टेलीविज़न के लिए उपयुक्त नहीं हैं। नवीन पटनायक भी मीडिया से दूरी बनाए रखना ही उचित समझते हैं और वह अब किसी भी असहज प्रश्न पर निर्विकार भाव बनाए रखने में दक्ष हो चुके हैं।

प्रधानमंत्री पद के दो मुख्य दावेदारों का व्यक्तित्व भी परस्पर विरोधी था। राहुल गांधी अभी भी मीडिया के सामने खुलकर बात करने में संकोच करते थे। इसकी तुलना में, नरेंद्र मोदी भारतीय चुनाव के इतिहास में सबसे बड़े मीडिया आयोजन के लिए खुद को तैयार कर रहे थे। ये भिन्नता साफ नज़र आती थी और अंतिम विश्लेषण में यह निर्णायक सिद्ध हुई।

7

मल्टीमीडिया ही संदेश है

2014 का चुनाव दो मोर्चों पर लड़ा गया। पहला मोर्चा तो पारंपरिक चुनाव का मैदान था जहां देश के विभिन्न हिस्सों में पसीने छुड़ाने वाली गर्मी और हवा के गरम थपेड़ों के साथ चल रही लू और इसमें उड़ रही धूल-मिट्टी के बीच छोटी बडी बस्तियां, मैदान, नुक्कड़ और चाय की दुकानों पर प्रत्याशी अपनी किस्मत आज़मा रहे थे। दूसरा मोर्चा टेलीविज़न के सेटों का मैदान था। भारत के आम चुनावों में पहली बार 2014 का चुनाव ऐसा था जिसमे टेलीविज़न प्रचार और राजनीतिक मुद्दे पेश करने और उन पर परिचर्चा का एक महत्वपूर्ण साधन बन गया था।

मैंने एक पत्रकार के रूप में 1989 में पहला चुनाव कवर किया था। इस समय देश में सिर्फ दूरदर्शन ही था। 2004 में, करीब आधा दर्जन राष्ट्रीय चैनल और लगभग एक दर्जन क्षेत्रीय टेलीविज़न थे। लेकिन 2014 में सूचना एवं प्रसारण मंत्रालय की सूची से पता चलता है कि इस समय देश में करीब 400 चैनल हैं जो 24 घंटे समाचार और ताज़ा घटनाएं लगातार दिखाते हैं। चैनलों की यह संख्या संभवतः दुनिया के किसी भी देश के मुकाबले अधिक है। यह एक तरह से लघु क्रांति है जो बता रही है कि भारतीयों में समाचारों के मामले में किस तरह का बदलाव आ रहा है। स्थिति यह हो गई है कि टेलीविज़न ही अब राजनीति को परिभाषित कर रहे हैं और टेलीविज़न पर ही राजनीति हो रही है। टेलीविज़न की प्रमुख खबर अक्सर राजनीतिक वर्ग के इर्द-गिर्द ही होती है। हर शाम जब चैनल प्राइम टाइम कार्यक्रम को लेकर अफरा-तफरी की स्थिति में होते हैं तो उस समय नेता और टीकाकार अपने विचार पेश करने के लिए तैयार रहते हैं।

2004 के चुनावों में, मैंने ही यह खबर दी थी कि सोनिया गांधी प्रधानमंत्री पद की दौड़ से हट रही हैं। मैं कुछ घंटे तो अपनी इस 'विशिष्ट' खबर को लेकर अपने प्रतिद्वंद्वी चैनलों से आगे ही था। मैं उस दिन 10, जनपथ के बाहर से दूसरे कैमरों की परवाह किए बगैर ही इस खबर को प्रसारित कर सका था। लेकिन 2014 में 'विशिष्ट' खबर अपना महत्व खो चुकी है। इधर आप अपनी विशेष खबर प्रसारित करेंगे और चंद मिनटों के भीतर ही प्रत्येक चैनल पर वह खबर होगी। कई बार तो ऐसा होता है कि कई चैनल एक साथ ही एक जैसी 'ब्रेकिंग न्यूज़' या फिर 'विशिष्ट' इंटरव्यू प्रसारित कर रहे होते हैं।

वास्तव में देखा जाए तो 'ब्रेकिंग न्यूज़' का महत्व खत्म हो चुका है। कई बार तो अब बेहद छोटी सी बात को ही ब्रेकिंग न्यूज़ बना दिया जाता है। न्यूज़ रूम का नया मंत्र है कि टेलीविज़न स्क्रीन को हर समय खबरों और चर्चा से भरा रखो। तत्काल खबर देने के लिए हांफते हुए नज़र आना हमारा ट्रेड मार्क है और संकट और खुशी सिर्फ तीस मिनट के समाचार बुलेटिन तक ही टिकाऊ होती है जो हर घंटे प्रसारित होती है। मैं जब टेलीविज़न की दुनिया में आया तो मुझे *द वर्ल्ड दिस वीक* के लिए अपनी पहली स्टोरी करने में पूरा एक सप्ताह लग गया था। अब, संवाददाता से अपेक्षा की जाती है कि वह चंद घंटों के भीतर ही अपनी स्टोरी दे दे। इस पेशे में उत्तेजकता और निरर्थकता आ गई है जो शायद 'साउंड बाइट सोसाइटी' की मांग से प्रभावित है।

इस तरह के चहल पहल से भरे माहौल मे अभी भी 'सबसे पहले' खबर प्रसारित करने की होड़ रहती है। विशेषकर, चुनाव के दो प्रमुख नेताओं नरेंद्र मोदी और राहुल गांधी का सबसे पहले इंटरव्यू कौन करेगा। राहुल का इंटरव्यू करने की होड़ में बाज़ी, एनडीटीवी में मेरे पूर्व सहयोगी और अब टाइम्स नाउ के प्रमुख संपादक अर्णब गोस्वामी के हाथ लगी थी। अर्णब और मैं बहुत पुराने साथी हैं। मुझे याद है कि 1990 के दशक की एक सुबह एक दुबला पतला नौजवान टीवी में काम करने के अवसरों के बारे में जानकारी प्राप्त करने मेरे घर आया था। मैं उस समय एक तरह से उसका मार्गदर्शक था। हमने लगभग एक दशक तक साथ साथ काम किया और यहां तक एक कार्यक्रम भी साथ साथ पेश किया। लेकिन टेलीविज़न की दुनिया बहुत ही प्रतिस्पर्धात्मक है और आगे निकलने की होड़ में मामूली पेशेगत समीकरणों में उतार-चढ़ाव आने पर परस्पर सम्मान पर आधारित निजी रिश्तों में भी दरार आने लगती है। अर्णब की कार्यक्रम पेश करने के दौरान 'नेशन वांट्स टु नो' की आक्रामक शैली के कारण उन्हें चाहने वालों की संख्या बहुत बढ़ी है। कई बार मैं इसे बहुत अधिक

परेशान करने वाला, अव्यवस्थित और विषय को सनसनीखेज़ बनाने वाला तरीका पाता हूं।

राहुल गांधी के इंटरव्यू के पीछे की कहानी आधुनिक टीवी पत्रकारिता मे परस्पर होड़ को परिलक्षित करती है। कई न्यूज़ चैनल राहुल गांधी का इंटरव्यू करने के अनुरोध के साथ उनके कार्यालय का चक्कर लगा रहे थे। एक और प्रमुख एंकर तथा एनडीटीवी में मेरी पूर्व सहयोगी बरखा दत्त से वायदा किया गया था कि उन्हें ही पहला इंटरव्यू दिया जाएगा। वह दिसंबर, 2013 में राहुल और प्रियंका से मिली थीं और इस बारे में एक 'समझ' तैयार हो गई थी। एनडीटीवी को वाम-उदारवादी राजनीतिक नज़रिया अपनाने वाले ऐसे चैनल के रूप में देखा जाता है जिसके साथ बातचीत करने में कांग्रेस नेतृत्व अधिक सहज महसूस करता है। इंटरव्यू के लिए 12 जनवरी का दिन निर्धारित हुआ था। चैनल के प्रोड्यूसर इंटरव्यू का स्थान देखने राजीव फाउंडेशन भी गए थे और उन्होंने लाइट और कैमरे लगाने की जगहों का भी निरीक्षण किया था।

इस समय तक टीवी जगत में यह खबर फैल चुकी थी कि एनडीटीवी को राहुल गांधी का पहला इंटरव्यू मिलने जा रहा है। परंतु निर्धारित दिन आते ही राहुल गांधी के कार्यालय ने अचानक ही उनका कार्यक्रम बदल दिया। अखिल भारतीय कांग्रेस का 17 जनवरी को अधिवेशन था और राहुल के सलाहकारों ने सोचा कि इस अवसर पर उनका महत्वपूर्ण भाषण होने तक इंटरव्यू टाल दिया जाए। एनडीटीवी से यह वायदा किया गया था कि एआईसीसी के अधिवेशन समाप्त होने के अगले ही दिन 18 जनवरी को यह इंटरव्यू किया जाएगा।

अर्णब ने स्थिति को भांप लिया। उन्होंने राहुल गाधी के कार्यालय को एक लंबा चौड़ा मेल भेजा जिसमें कहा गया था कि टाइम्स नाउ की टीआरपी तो एनडीटीवी और दूसरे अंग्रेज़ी चैनलों से कहीं अधिक है। अर्णब ने बाद में मुझे बताया, 'हमने अपने दर्शकों के विवरण का पूरा चार्ट और यह भी बताया कि किस तरह अमेरिकी राष्ट्रपति के चुनाव में पहला इंटरव्यू आमतौर पर सबसे अधिक रेटिंग वाले चैनल को दिया जाता है।' भारत में टीआरपी प्रणाली बहुत ही विषम है। चंद हज़ार टेलीविज़न मीटरों से अपेक्षा की जाती है कि देश के करोड़ों केबल और सेटलाइट घरों में देखे जाने वाले टेलीविज़न चैनल और उनके कार्यक्रम पसंद करने वाले दर्शकों के आंकड़ों की गणना करें। इसके बावजूद, देश में टीवी या उसके कार्यक्रमों की लोकप्रियता का आकलन करने के लिए यही एकमात्र उपलब्ध तरीका है।

राहुल गांधी का कार्यालय इससे प्रभावित हो गया। एनडीटीवी का इंटरव्यू एक बार फिर अंतिम क्षणों में रद्द हो गया और टाइम्स नाउ को 25 जनवरी

को राहुल गांधी का पहला इंटरव्यू दिया गया। इंटरव्यू के लिए कांग्रेस नेता के आने से पहले प्रियंका और राहुल के स्टाफ अर्णब से मिला था। इंटरव्यू 45 मिनट का होना था। लेकिन यह 80 मिनट चला। अर्णब ने बताया, 'राहुल ने पहले से सवालों की सूची नहीं मांगी थी—उन्होंने कहा था कि वह उनके किसी भी सवाल का जवाब देने के लिए तैयार हैं।' तमाम अटकलों के विपरीत, अर्णब का दावा है कि इंटरव्यू की रिकार्डिंग के दौरान वहां न तो प्रियंका थीं और न ही कांग्रेस का कोई अन्य नेता मौजूद था। सिर्फ एम. एफ. हुसैन की एक पेंटिंग इस इंटरव्यू की एकमात्र गवाह थी।

चैनल पर निरंतर इस इंटरव्यू के प्रोमो दिखाये जाने के बाद 27 जनवरी की रात नौ बजे इसका प्रसारण किया गया था। जब इंटरव्यू शुरू हुआ तो राहुल गांधी आत्मविश्वास से भरपूर नज़र आ रहे थे जिसमें उनकी भली मंशा झलक रही थी। लेकिन इंटरव्यू खत्म होने तक कार्यक्रम देख रहे दर्शकों के सामने यह स्पष्ट हो गया था कि उनमें चातुर्य का अभाव था और उनके पास कोई ठोस जवाब, विचार या संदेश नहीं था। अर्णब पूरी तैयारी से आए थे। इसके विपरीत, राहुल गांधी भ्रमित और सही जानकारी नहीं रखने वाले व्यक्ति नज़र आ रहे थे और ऐसा लग रहा था कि वह कठिन सवालों के लिए तैयारी के बगैर ही आए थे।

वह खुद को आत्मविश्वास से भरपूर दिखाने की कोशिश कर रहे थे और अक्सर तीसरे पक्ष के रूप में अपने बारे में बोल रहे थे। वह कहते हैं, 'मैं आपको राहुल गांधी की सोच के बारे में बताना चाहता हूं।' परंतु जब उनसे सीधा सवाल पूछा गया कि क्या वह मोदी की चुनौती स्वीकार करने के लिए तैयार हैं तो राहुल गांधी विषय बदल देते हैं और कहते हैं, 'राहुल गांधी जो करना चाहते हैं वह यह है कि देश में महिलाओं का सशक्तीकरण हो-वह इन महिलाओं को अधिकार के साथ खड़ा करना चाहते हैं।'

हकीकत तो यह है कि महिलाओं का सशक्तीकरण, सूचना का अधिकार कानून और 'व्यवस्था में परिवर्तन' ऐसे विषय थे जिनका इंटरव्यू के दौरान राहुल गांधी ने बार बार और कई बार तो पूछे गए सवाल से इतर भी इसका उल्लेख किया। गुजरात के 2002 के दंगों के बारे में स्पष्ट रूप से पूछे गए एक सवाल के जवाब में राहुल गांधी सूचना का अधिकार कानून को सुदृढ़ बनाने, महिलाओं के सशक्तीकरण और लोकतंत्र की बात करते रहे। ऐसे लग रहा था कि मानो वह दूसरे ग्रह से बोल रहे हैं।

राहुल गांधी की राजनीति के बारे में समझ उस समय और अधिक बेपर्दा हो गई जब अर्णब ने 1984 के सिख विरोधी दंगों में कांग्रेस की भूमिका और

इसके विपरीत, 2002 के गुजरात दंगों के प्रति उसके नज़रिए को लेकर सवाल पूछे। राहुल गांधी ने बचकाना दावा करते हुए दावा किया कि कांग्रेस सरकार ने 1984 की हिंसा की घटनाओं को रोकने का प्रयास किया जबकि 2002 में भाजपा इन्हें हवा देने में सक्रिय रही। अजीब स्थिति तो उस वक्त हुई जब 1984 के लिए प्रधानमंत्री डॉ. मनमोहन सिंह की तरह स्पष्ट रूप से माफी मांगने के बजाए राहुल स्कूली बच्चे की तरह बातों को घुमाते रहे। उन्होंने कहा, पहले तो, 'मैं दंगों में शामिल नहीं था। मैं इसका हिस्सा नहीं था। मैं कांग्रेस पार्टी में सक्रिय नहीं था।'

गुजरात के 2002 के दंगों के लिए मोदी पर दोष मढ़ना एक बात है लेकिन 1984 के जनसंहार के लिए कांग्रेस को दोषमुक्त ठहराना एकदम अलग बात है। राहुल गांधी को सिर्फ यह करना चाहिए था कि इसके प्रति अपनी गंभीर चिंता व्यक्त करते हुए दिल से क्षमा याचना करते और दंगा पीड़ितों को हर तरह की कानूनी सहायता का आश्वासन ही नहीं देते बल्कि इस बात का भी ज़िक्र करते कि कांग्रेस ने बाद में एक सिख को प्रधानमंत्री बनाया है। लेकिन उन्होंने ऐसा कुछ भी नहीं किया। इस पर कोई अचरज नहीं हुआ कि उनके ढुलमुल विचारों ने सिख समूहों को अगले ही दिन कांग्रेस के खिलाफ़ विरोध प्रकट करने का अवसर दे दिया। एक बार फिर 1984 समाचार पत्रों के पहले पन्ने पर आ गया। सिख प्रदर्शनकारियों की नज़रों में, राहुल गांधी, नये दौर का वायदा करने वाले युवा नेता की बजाए, 1984 के दंगों के मामले में दोहरी बात करने वाले पुराने कांग्रेसी नेताओं की जमात में शामिल हो चुके थे। सिख प्रदर्शनकारियों का अब मोह भंग हो चुका था।

राहुल गांधी का इंटरव्यू टीआरपी की दृष्टि से ज़बर्दस्त सफल रहा। यूट्यूब पर भी बीस लाख से अधिक लोगों ने इसे देखा। इससे भी आगे, इस इंटरव्यू ने राहुल पर व्यंग्य और परिहास वाले कई वीडियो और ट्वीट्स को भी जन्म दिया। उदाहरण के लिएः 'अर्णब लंदन की ओर देख रहे हैं, राहुल टोक्यो की बात कर रहे हैं।' 'अर्णब का सवालः यदि दूसरे ग्रह के लोग भारत पर चढ़ाई कर दें? राहुल का जवाबः मैं बताना चाहता हूं कि मेरी सरकार आरटीआई लाई थी।' 'अर्णब का सवालः चीन की राजधानी कहां है? राहुल का जवाबः महिला सशक्तीकरण।' 'यह इंटरव्यू देखने के बाद अपनी कब्र में हंसते हुए चार्ली चैपलिन का कल फिर निधन हो गया।' 'कामेडी नाइट्स विद कपिल देखने के बाद हमें कॉमेडी नाइट्स विद राहुल देखनी चाहिए!' यह सिलसिला चलता ही रहा और यहां तक कि अमुल ने भी अपने विज्ञापन के होर्डिंग में कहा, 'नाजवाब राहुल!'

इंटरव्यू तक राहुल गांधी को (साइबरस्पेस में इन्हें रागा संबोधित किया जाता है) उनके आलोचक 'पप्पू' कह कर निशाना बनाते थे और कहते थे कि मोदी की तुलना में तो वे नौसिखिया और बच्चे है। कांग्रेस दावा करती थी कि इस तरह की आलोचनाएं अनुचित हैं और राहुल खुद को वज़नदार नेता सिद्ध करने के लिए उचित अवसर की तलाश में हैं। लेकिन अब, इस इंटरव्यू ने इस बात की पुष्टि कर दी कि राजनीति के मैदान में वह अभी बच्चे ही हैं। अब अधिकांश शहरी और अंग्रेज़ी भाषी मध्यम वर्ग के घरों में रागा वास्तव में पप्पू ही थे जो देश का प्रधानमंत्री बनने लायक नहीं थे और उनमें मतदाताओं को आकर्षित करने की क्षमता और कला भी नहीं थी।

अगली सुबह, मैंने राहुल गांधी के मुख्य सहयोगी कनिष्क सिंह को याद दिलाया कि इंटरव्यू के बारे में उनका अनुरोध लंबे समय से लंबित है। मैंने कहा, 'अब चूंकि आप एक इंटरव्यू दे चुके हैं, मुझे विश्वास है कि आप और दे सकते हैं।' उन्होंने कहा, 'निश्चित ही, हम और अधिक करेंगे और मुझे विश्वास है कि आपको भी इंटरव्यू देंगे। लेकिन यह तो बताईए कि आप इंटरव्यू के बारे में क्या सोचते हैं?' मैं समझ ही नहीं सका कि क्या प्रतिक्रिया दूं। यदि मैं पूरी तरह ईमानदार होता तो शायद मैं राहुल गांधी का इंटरव्यू करने का अवसर गंवा देता। यदि झूठ बोलता तो मैं अपने पेशे के प्रति ईमानदार नहीं होता। इसलिए मैंने कूटनीति से काम लेते हुए कहा, 'यह देखकर अच्छा लगा कि राहुल ने सारे सवालों के जवाब दिए लेकिन अच्छा होता यदि उन्होंने और अच्छी तैयारी की होती।' इस पर कनिष्क ने कहा कि वह ऐसा करेंगे।

दुखद यह रहा कि उन्होंने ऐसा नहीं किया। इस इंटरव्यू के बाद राहुल गांधी और उनकी पूरी टीम ही पीछे हट गई। चुनाव प्रचार के दौरान उन्होंने हिंदी में कुछ इंटरव्यू दिये लेकिन वह कोई विशेष नहीं थे। मैं हर सप्ताह उनके कार्यालय में मेल भेजता था लेकिन शिष्टाचार में उसका जवाब तक नहीं मिलता। एनडीटीवी की स्थिति तो और भी दयनीय थी। टाइम्स नाउ के इंटरव्यू के बाद एक बार फिर उनसे इंटरव्यू का वायदा किया गया लेकिन तीसरी बार भी इसे निर्धारित कार्यक्रम से पहले रात में तीन बजे रद्द कर दिया गया। बरखा ने बाद में मुझसे कहा, 'अगर तुम मुझसे पूछो तो यह बहुत ही दुखद और साफ साफ कहूं तो गैरपेशेवर तरीका था।'

मैंने बाद में कांग्रेस के मीडिया प्रबंधकों से जानना चाहा कि यह सब इतना अधिक गड़बड़ कैसे हो गया। वह बताते हैं, 'देखो, हमने सोचा कि यदि हम अर्णब जैसे सख्त इंटरव्यूअर को इंटरव्यू दें और उसे देश के सबसे बड़े समाचार

पत्र *टाइम्स ऑफ इंडिया* समूह में व्यापक कवरेज मिलती है तो राहुल गांधी एक राजनीतिक के रूप में स्थापित हो जाएंगे जो जनता की परख के लिए उपलब्ध होंगे न कि मोदी की तरह जो इंटरव्यू से वाकआउट कर गए। हम समझते हैं कि हमें आभास ही नहीं था कि राहुल गांधी इतने असहाय लगेंगे।'

हां, राहुल ने एक बड़ा अवसर गंवा दिया था। जब उन्हें पूरी दृढ़ता के साथ एक परिपक्व नेता के रूप में खुद को स्थापित करना था तो वह अपने जीवन के पहले मैच में बल्लेबाज़ी के लिए उतरे खिलाड़ी की तरह अनिश्चय वाले और अनुभवहीन नज़र आए। इसके साथ ही विज्ञापनों में यह नारा आ गया, 'पप्पू पास नहीं हुआ!' अब यह मोदी के लिए अवसर था कि वह अपने युवा प्रतिद्वंद्वी को दिखाएं कि यह कैसे किया जाता है।

अक्तूबर 2007 में सीएनएन-आईबीएन के इंटरव्यू से बीच में ही उठकर जाने की घटना के बाद से मोदी सार्वजनिक रूप से बातचीत में बहुत सजग रहते हैं। अहमदाबाद में मेरे गुजराती पत्रकार दोस्तों की अक्सर यह शिकायत रहती है, 'मोदी हमें तुच्छ समझते हैं। बात ही नहीं करता।' हालांकि उन्होंने 2009 और 2012 के चुनावों के दौरान कुछ इंटरव्यू (बस में मेरे साथ दिये गए इंटरव्यू सहित) दिए थे, लेकिन वह इसके लिए चयन करते समय बहुत ही सतर्क रहते। उन्होंने जुलाई 2013 में रॉयटर को इंटरव्यू दिया था जिसने नए विवादों को जन्म दिया था। यह पूछे जाने पर कि क्या उन्हें 2002 की गुजरात की हिंसा का दुख है, उन्होंने जवाब दिया कि यदि कार के पहिए के नीचे 'पपी (कुत्ते का पिल्ला) आ जाए तो आपको कैसा महसूस होगा। पपी की उपमा ने उनके आलोचकों ने उन पर बहुत ही संवेदनहीन होने के आरोप लगाये। मोदी ने ज़ोर देकर कहा कि उनके कथन को तोड़-मरोड़ कर पेश किया गया है। इसने उन्हें इंटरव्यू देने के प्रति और अधिक सतर्क बना दिया।

गुजरात दंगों के बाद मोदी को मीडिया के कड़े तेवरों का सामना करना पड़ा था। उस समय तक मोदी को मीडिया से रूबरू होने में काफी मशक्कत करनी पड़ी जबकि 1990 के दशक में भाजपा महासचिव के रूप में वह हमेशा ही टेलीविज़न कार्यक्रम में शामिल होने के लिए तैयार हो जाते थे (देखें अध्याय-1)। अब उन्हें लगता था कि मीडिया उनके पीछे पड़ा हुआ है और वह खुद को 'पीड़ित' बताना अधिक बेहतर समझते थे। वह निजी बातचीत में अक्सर कहते भी थे, 'कुछ लोगों ने मन बना लिया है कि मोदी गुनाहगार है।' ऐसा वह मूलतः मुख्य धारा वाले अंग्रेज़ी भाषी मीडिया के बारे में सोचते थे। उनकी नज़र में अंग्रेज़ी

भाषाई पत्रकारों का समूह गैर सरकारी संगठनों के साथ मिलकर उनकी छवि को धूल धूसरित करने पर तुला हुआ है। मोदी के लिए मीडिया महत्वपूर्ण है लेकिन भरोसे लायक नहीं है, प्रचार के लिए तो उपयोगी है लेकन कई मुद्दों पर उसका रवैया विरोधात्मक होता है। यह उनका अभिन्न बैरी है और इसके लिए वह बेमन से उससे मिलने वाले फीडबैक पर भरोसा करते हैं लेकिन जब वही उन्हें आईना दिखाता है तो उससे नफरत करने लगते हैं। यदि वह अपनी ज़िंदगी की सबसे बड़ी परीक्षा में आगे निकलना चाहते हैं तो उन्हें किसी न किसी पर पूरी तरह भरोसा करना ही पड़ेगा।

रजत शर्मा ऐसे ही भरोसेमंद व्यक्ति थे। रजत मूलतः प्रिंट पत्रकार थे जो 1990 के शुरुआती दौर में टेलीविज़न पत्रकारिता के क्षेत्र में आ गए थे। उन्होंने ज़ी टीवी पर *आपकी अदालत* कार्यक्रम से प्रतिष्ठा अर्जित की। कार्यक्रम स्थल को अदालत के कक्ष का रूप देकर रजत खुद जनता के अभियोजक बनकर अपने मेहमान से सवाल करते थे। इस कार्यक्रम में आने वाले अतिथि को कृत्रिम रूप से बने गवाह के कठघरे में बैठाया जाता था और बाकायदा इसमें एक व्यक्ति न्यायाधीश के रूप में होता था तथा सामने सभागार में जनता के लोग होते थे। 2004 आते आते, रजत शर्मा ने अपना हिंदी चैनल इंडिया टीवी शुरू कर दिया और इसके साथ ही वह एक सफल उद्यमी बन गए। उनका चैनल बालीवुड शैली की तीन मंज़िला इमारत में इस समय नोएडा हाईवे पर स्थित है।

पत्रकारिता में आने से पहले रजत शर्मा 1970 के दौर में भाजपा की छात्र ईकाई अखिल भारतीय विद्यार्थी परिषद के सक्रिय सदस्य थे। आपातकालविरोधी आंदोलन के दौरान वह गिरफ्तार भी हुए थे और 11 महीने जेल में रहे थे। यही वह समय था जब वह आरएसएस प्रचारक नरेंद्र मोदी के संपर्क में आए। जेटली, 1970 के दौर में छात्र आंदोलन में उभरते एक नये सितारे, इन दोनों के मित्र थे। जेटली दिल्ली विश्वविद्यालय छात्र संघ के अध्यक्ष चुने गए तो रजत शर्मा इसके महासचिव बने।

मोदी-रजत की मित्रता समय की कसौटी पर खरी उतरी थी। रजत ने मुझे बताया भी, '1990 के दौर में दिल्ली आने पर मोदी शाकाहारी भोजन के लिए मेरे घर आया करते थे। मुझे लगता है कि शुरू से ही हमारे बीच बेहतर तालमेल स्थापित हो गया था।' गुजरात दंगों के बाद जब दिसंबर, 2002 में मोदी ने गुजरात के मुख्यमंत्री पद की शपथ ली तो उन्होंने विशेष अतिथि के रूप में रजत शर्मा को आमंत्रित किया थां। रजत ने बताया, 'मैं बतौर पत्रकार मंच पर मोदी के साथ बैठने में अनिच्छुक था लेकिन उन्होंने बहुत ज़ोर दिया और कहा कि वह

उन्हें पत्रकार के रूप में नहीं बल्कि अपने मित्र के रूप में आमंत्रित कर रहे हैं।'

रजत को मोदी स्नेहपूर्वक 'पंडितजी' कह कर संबोधित करते थे। इसलिए जब मोदी सितंबर, 2013 में भाजपा के प्रधानमंत्री पद के उम्मीदवार घोषित हुए तो रजत ने उनका इंटरव्यू लेने के लिए उनसे संपर्क किया और इस पर प्रतिक्रिया भी सकारात्मक थी। उन्होंने रजत से कहा, 'मैं दूंगा, मैं वायदा करता हूं पंडित जी लेकिन सही समय के लिए थोड़ा प्रतीक्षा कर लें।'

यह 'सही समय' मार्च मे पूरे जोर शोर से चुनाव प्रचार शुरू करने से ठीक पहले का निर्धारित हुआ था लेकिन टिकटों के बंटवारे और देश भर में चुनाव सभाओं की आपाधापी में इंटरव्यू टलता गया। अतंतः 12 अप्रैल, 2014 का दिन इंटरव्यू के लिए निर्धारित हुआ। यह बिल्कुल उचित समय था। चुनाव में पहले दो दौर का मतदान हो चुका था, और अब यह उत्तर भारत में महत्वपूर्ण दौर में पहुंचने वाला था। ऐसे समय में रजत शर्मा के आपकी अदालत कार्यक्रम सबसे उचित मंच था। यह हिंदी टेलीविज़न का सबसे लंबे समय तक चलने वाला कार्यक्रम है जिसे दर्शक भी पसंद करते हैं। कार्यक्रम का मेज़बान भी ऐसा व्यक्ति था जिसके साथ मोदी काफी हद तक सहज महसूस करते थे।

यह इंटरव्यू उस दिन भी नहीं हो सका। हुआ कुछ यूं, मोदी बिहार और बंगाल में अनवरत चुनाव प्रचार कर रहे थे और उन्होंने करीब आधा दर्जन जनसभाओं को संबोधित किया था। उन्होंने रजत से वायदा किया था कि वह इन जनसभाओं के बाद विमान से दिल्ली पहुंचेंगे और फिर वहां से सीधे इंडिया टीवी के स्टूडियो पहुंच जाएंगे। एयरपोर्ट से इंडिया टीवी के स्टूडियो तक कार से पहुंचने में कम से कम 90 मिनट का वक्त लगता है। मोदी जब रात पौने ग्यारह बजे स्टूडियो पहुंचे तो वह बुरी तरह थके हुए थे। उनका गला खराब हो रहा था और उन्हें बोलने में कठिनाई हो रही थी। रजत बताते हैं, 'हमने उन्हें कुछ समय आराम करने की सलाह थी और उम्मीद थी कि इससे वह बेहतर महसूस करेंगे। हमने उनसे कुछ खाने का भी अनुरोध किया लेकिन उन्होंने कहा कि नवरात्र चल रहे हैं और वह सिर्फ पानी पिएंगे।' एक बाद करीब एक घंटे मोदी ने आराम किया और इस दौरान फ्लास्क में गरम पानी उनके पास था। इसके बाद थके हुए मोदी ने रजत से कहा, 'पंडितजी, प्रोग्राम करते हैं, लेकिन 15 से 20 मिनट के लिए, उससे ज़्यादा करना मुश्किल होगा।

नीली जैकेट और कुर्ता पहने मोदी के स्टूडियो में प्रवेश करते ही मानो सब कुछ बदल गया था। रजत शर्मा ने जैसे ही उनका नाम पुकारा तो स्टूडियो में उपस्थित दर्शकों में उल्लास की लहर दौड़ गई। वे अभिभूत होकर उनके नाम

की माला जपने लगे। दर्शकों में उपस्थित लड़कियों में से एक ने चिल्लाकर कहा, 'मोदी, आई लव यू', इस पर प्रधानमंत्री पद के उम्मीदवार की हंसी छूट गई। रजत शर्मा बताते हैं, 'मैंने आपकी अदालत के सैकेड़ों कार्यक्रम किए लेकिन ऐसा जुनून पहले कभी नहीं देखा था। सलमान और शाहरूख जैसे अभिनेताओं को भी इस तरह का जुनून देखने को नहीं मिला था।'

इस कार्यक्रम के दर्शकों में उत्तर भारत के मध्यम वर्ग के लोगों की बहुलता थी जिसमे गृहणियां, कॉलेज जाने वाले छात्र, सरकारी महकमे में कार्यरत लिपिक और व्यापारी शामिल थे। यह उसी शहरी क्षेत्र की जनता थी जिससे मोदी को बल मिल रहा था। रजत ने बताया, 'हमने अपने स्टाफ के सदस्यों से कहा था कि इस कार्यक्रम के लिए वे अपने मित्रों और रिश्तेदारों को ले आएं क्योंकि हम जानते थे कि यह कार्यक्रम देर से शुरू होगा और इस वजह से दर्शकों को कार्यक्रम खत्म होने तक रुकना पड़ेगा।'

स्टूडियो में कैमरे चालू होते ही मोदी एकदम नये रूप में नज़र आने लगे। दर्शकों के उत्साह और मोदी को सुनने और देखने की चाहत तो उनका टॉनिक था और वह इससे उनकी दिन भर की चुनाव प्रचार की थकान भूल गए। वह अब मोदी थे जो अपने प्रशंसक और चाहने वालों के सामने कार्यक्रम प्रस्तुत कर रहे थे। यह उन्होंने अपने शुरुआती दिनों में वडनगर के थिएटर में सीखा था--इसमें दर्शकों के भाव का अनुमान लगाना और अपना स्वर तेज़ करना और नरम होकर अपना पक्ष सामने रखना तथा अचानक ही परिहास का ऐसा अभिनय करना जिससे लोग हंसने लगे, भी शामिल है। मोदी यह सब भलीभांति जानते और समझते थे और वह दर्शकों से उसी तरह पेश आते थे जैसे कि आर्केस्ट्रा का कार्यक्रम संचालित कर रहे हों।

मोदी एक ही वक्त में गंभीर और विनोदपूर्ण व्यवहार करने की कला में पारंगत हैं। मोदी कार्यक्रम के दौरान बीच बीच में विनोदपूर्ण टीका टिप्पणी करने के साथ ही माहौल को हल्का फुल्का बनाये रखने के लिए चुटकियां भी ले रहे थे। रजत ने जब उनसे सवाल किया कि मुस्लिम धार्मिक नेता द्वारा दी गई टोपी उन्होंने क्यों नहीं पहनी तो मोदी ने तपाक से जवाब दिया, 'आपने क्या कभी गांधी और सरदार को टोपी पहनते देखा है?' जब उनकी अल्पसंख्यक विरोधी छवि के बारे में पूछा गया तो उन्होंने दावा किया, 'मैं चाहता हूं कि मुसलमानों के एक हाथ में कुरान हो और दूसरे हाथ में कंप्यूटर हो।' जब यह कहा गया कि सपा नेता आज़म खान उन्हें 'पपी का बड़ा भाई' बुलाते हैं तो उनका जवाब था, 'मैं उन्हें बहुत बहुत धन्यवाद कहता हूं क्योंकि कुत्ते की वफादारी बेमिसाल है।'

सभी जवाबों का दर्शकों ने ज़ोरदार तालियों के साथ स्वागत किया और दर्शक बीच बीच मे 'मोदी, मोदी' की आवाज़ें भी लगा रहे थे। एक दर्शक को तो ऐसा लगा कि मानो वह भाजपा की किसी रैली में आ गया है। मोदी जनता के साथ संवाद स्थापित करने में प्रवीण थे और यहां पर भी उनका यह एकल प्रदर्शन था। इस कार्यक्रम की रिकार्डिंग करीब नब्बे मिनट तक चली और यह तड़के सुबह सवा एक बजे खत्म हुआ। अब पूरा क्रू और स्टाफ अपने हीरो के साथ 'सेल्फी' लेना चाहता था।

अगले गुरुवार को टीआरपी के आंकड़े आए थे। मोदी के कार्यक्रम का प्रसारण शनिवार को रात दस बजे हुआ था और नंबर एक की दौड़ में सबसे आगे था और उसे करीब करीब 70 प्रतिशत दर्शकों ने देखा था। रजत कहते हैं, 'हम यह आंकड़े देखकर दंग रह गए। यह हमारे किसी भी आपकी अदालत से कहीं ज़्यादा थे।'

जिस समय मोदी के कार्यक्रम का प्रसारण हो रहा था, उसी समय प्रमुख हिंदी चैनल आजतक राहुल गांधी का इंटरव्यू प्रसारित कर रहा था। टीआरपी मीटर में बमुश्किल यह दर्ज हुआ था। चुनाव खत्म होते होते मोदी का यह इंटरव्यू यू ट्यूब पर 70 लाख लोग देख चुके थे। इस कार्यक्रम का सात बार प्रसारण किया गया (अक्सर चुनाव के मुख्य दिन से पहले) और हर बार इसके दर्शकों की संख्या बढ़ती ही गई।

इसके बावजूद, यह सवाल उठ रहा था कि क्या यह इंटरव्यू पूर्वनियोजित था। रजत ज़ोर देकर कहते हैं कि उन्होंने मोदी से बेहद कठिन सवाल पूछे थे और दर्शकों को भी भाजपा के प्रधानमंत्री पद के उम्मीदवार की प्रशंसा करने के लिए सिखाया पढ़ाया नहीं गया था। वह कहते हैं, 'वास्तविकता तो यह है कि वाजेपयी जी के बाद मैंने मोदी को ही सबसे अच्छे संवाद स्थापित करने वाले नेता के रूप में देखा है। वह जानते हैं कि दर्शकों के दिल तक कैसे पहुंचना है और यह सब अनायास ही हुआ था।'

परंतु इंडिया टीवी के संपादकीय निदेशक क़मर वहीद नकवी इससे सहमत नहीं थे। इस कार्यक्रम के प्रसारण की अगली सुबह ही उन्होंने इस्तीफा दे दिया। उन्होंने बाद में मुझसे कहा, 'पूरा कार्यक्रम ही मोदी के प्रचार तंत्र का हिस्सा था। इसमें कोई भी कठिन सवाल नहीं पूछा गया और दर्शकों में भी सारे मोदी भक्त थे जिन्हें सिर्फ उनकी प्रशंसा करनी थी।'

रजत शर्मा इन आरोपों का यह कहते हुए खंडन करते हैं कि नकवी कार्यक्रम के मसौदे अच्छी तरह जानते थे और इसकी रिकार्डिंग के बाद उन्होंने इसकी प्रशंसा

भी की थी। उन्होंने दावा किया, 'मुझे लगता है कि आप पार्टी के सदस्यों ने नकवी को इस्तीफा देने के लिए बाध्य किया और इसे राजनीतिक रंग देने की कोशिश की।' रजत की मोदी से निकटता का मतलब था कि उनके आलोचक हमेशा ही उनकी तटस्थता पर सवाल उठाते। लेकिन यह भी सही है कि जब भी कोई पत्रकार किसी राजनीतिक के काफी नज़दीक होता है तो इस तरह की सीमा अक्सर लांघ ली जाती है।

सच्चाई जो कुछ भी हो लेकिन यह इंटरव्यू बहुत सफल रहा। यदि राहुल गांधी के इंटरव्यू ने कांग्रेस को पीछे हटने पर मजबूर किया तो मोदी के इंडिया टीवी कार्यक्रम ने उनके आभामंडल का ही विस्तार किया। अगले 28 दिन-12 अप्रैल से 10 मई के दौरान-मोदी ने प्रिंट और टीवी को करीब 50 इंटरव्यू दिये। यह तो ऐसा लगता कि मानो वह पांच साल से अपने उपर लगाये गए आत्म नियंत्रण के दायरे से 'मुक्त' हो गए हैं।

मीडिया में प्रचार बेहद सुव्यवस्थित तरीके से हो रहा था। मोदी चुनाव के कैलेंडर के कार्यक्रम के अनुरूप इंटरव्यू दे रहे थे। उदाहरण के लिए, मोदी ने अति महत्वपूर्ण पांचवें चरण के मतदान से ठीक पहले न्यूज़ एजेंसी एएनआई को इंटरव्यू दिया। 12 राज्यों में 121 सीटों के लिए चुनाव प्रचार थम गया था लेकिन मोदी जानते थे कि मतदान से ठीक पहले उनका इंटरव्यू उन सभी चैनलों से प्रसारित होगा जो एएनआई की सेवाएं लेते हैं। जब तमिलनाडु में मतदान होता था, तो उन्होंने तमिल चैनलों से बात की और जब बंगाल में मतदान होना था तो उन्होंने क्षेत्रीय बांग्ला चैनलों को प्रमुखता दी। इसी तरह जब गुजरात में मतदान होने वाला था तो मोदी ने गुजराती न्यूज़ चैनलों को इंटरव्यू दिये। टीम मोदी के एक सदस्य ने अपनी बात स्पष्ट करते हुए मुझसे कहा, 'नरेंद्रभाई क्षेत्रीय टीवी नेटवर्क की ताकत और पहुंच के बारे में अच्छी तरह जानते थे और वास्तव में उन्होंने ही हमसे कहा था कि वे उनसे बात करना पसंद करेंगे।'

उनमें असीमित उर्जा थी। वह चुनाव प्रचार के लिए सुबह नौ बजे निकलने से पहले या फिर रात के दस बजे अपने अभियान से लौटकर गांधीनगर में अपने निवास पर इंटरव्यू देते थे। मोदी को कैमरों से विशेष लगाव था और ऐसा लगता था कि वह अब अपने उन गुज़रे हुए सालों की भरपाई करना चाहते थे जब वह जानबूझ कर इससे दूर रहे थे।

मोदी के इंटरव्यू के कार्यक्रम निर्धारित करने का काम अधिकारियों, मुख्य रूप से गुजरात सरकार, के एक छोटे समूह पर छोड़ रखा गया था। मोदी के पास बहुत अधिक योग्यता वाले पेशेवर मीडिया सलाहकार नहीं थे। उदाहरण के

लिए उनके जनसंपर्क अधिकारी जगदीश ठक्कर राज्य सूचना विभाग से थे और वह 1989 से गुजरात के मुख्यमंत्री के कार्यालय में हैं (वह बाद में मोदी के साथ पीएमओ में आ गए।) जब कभी भी मैं जगदीशभाई को इंटरव्यू के लिए समय के बारे में फोन करता तो वह इसकी बजाए मुझसे मेरे पिता की बल्लेबाज़ी के बारे में बात करते। वह कहते, 'वाह, दिलीप सरदेसाई क्या बल्लेबाज थे!' और मैं ठगा सा रह जाता। मैं उनसे कहा भी कि अपने पिता के क्रिकेट कौशल के बारे में सुनकर मुझे जितनी प्रसन्नता होती है उससे अधिक मुझे मोदी का इंटरव्यू करने में होगी।

मुझे मोदी ने इंटरव्यू नहीं दिया हालांकि उन्होंने इसका वायदा किया था और यह भी कहा था, 'अरे तुमसे कोई दुश्मनी नहीं है, राजदीप।' लेकिन मेरे टीवी नेटवर्क को उन्होंने कोई इंटरव्यू नहीं दिया। दूसरा सबसे बड़ा टीवी नेटवर्क जिसे मोदी ने इंटरव्यू नहीं दिया वह था एनडीटीवी। ऐसा लगता है कि मोदी ने गुजरात दंगों और उसके बाद की घटनाओं की रिपार्टिंग को लेकर एनडीटीवी को अभी तक माफ नहीं किया था और न ही उसे भूले थे। यही नहीं, 2013 में नेटवर्क 18 के एक आयोजन में मोदी ने तल्ख टिप्पणी भी की थी कि एनडीटीवी के 'सेव द टाइगर्स' अभियान को प्रायोजक मिले क्योंकि 'टाइगर सेक्यूलर था और लायन शायद कम्यूनल।' मोदी की इस टिप्पणी कार्यक्रम में मौजूद भाजपा सदस्यों ने ज़ोरदार ठहाके लगाए थे। हालांकि मुझे लगा कि ये टिप्पणी बहुत ही घटिया थी।

हालांकि मोदी मीडिया के प्रति मित्रवत व्यवहार करने का प्रयास करते नज़र आ रहे थे लेकिन इसके बावजूद कुछ चीज़ें नहीं बदली थीं। जब भी उनका इंटरव्यू लेने वाला व्यक्ति कोई कठिन या असहज सवाल पूछता तो आपको मोदी की आंखों में एक अलग भाव नज़र आता दिखेगा। ऐसा उस वक्त भी हुआ जब उनकी पत्नी जसोदाबेन के बारे में उनसे सवाल किया गया और जब इंटरव्यू लेने वाले ने एक बार फिर दंगों के बारे में सवाल किया। वह अपनी आलोचनाओं को 'न्यूज़ ट्रेडर्स' की कारगुज़ारी करार देते थे लेकिन उनका इंटरव्यू करने वाला कोई भी व्यक्ति इसे चुनौती देने का साहस नहीं कर सकता था। यह तो ऐसा लगता था कि मानो मोदी ने पत्रकारों को अलग अलग समूहों में बांट कर रखा था और अपने समर्थकों को यह अहसास दिलाना चाहते थे कि उनकी किसी भी आलोचना को 'पेड मीडिया' की नज़र से देखो और दूसरा पेशेवर पत्रकारों को हमेशा बचाव करने की स्थिति में रखो।

सच्चाई यह है कि वस्तुस्थिति पर मोदी का पूरा नियंत्रण था। वह मीडिया

के साथ अपने कार्यक्रम निर्धारित करते थे और इस चुनौती का आनंद ले रहे थे। अधिकांश पत्रकार सीमित उपस्थिति और अपनाये जाने के लिए उपकृत महसूस करते थे। एक कुशल और वाकपटु मोदी जानते थे कि दर्शक क्या चाहते हैं और क्या पसंद नहीं करते हैं। कर्णप्रिय नारे या अच्छी बातें सुनना वह चूकते नहीं थे। शुरूआती गड़बड़ियों के बाद राहुल गांधी में जहां घबराहट और बेचैनी थी वहीं मोदी आगे बढ़ रहे थे। व्यक्ति की चाल ढाल भी संवाद कायम करती है। मोदी और राहुल गांधी के व्यक्तित्व में काफी अंतर था। मोदी जहां पूरे आत्म विश्वास के साथ आते थे वहीं 'राहुल गांधी शिष्टता के साथ हाथ हिलाते नज़र आते थे। जनता के सामने मंच पर मोदी पूरी तरह छाये रहते थे जबकि इसके विपरीत राहुल गांधी एक ऐसे शर्मीले स्कूली छात्र की व्यवहार करते नज़र आते थे जिसे ज़बर्दस्ती नाटक की कक्षा में भेज दिया गया हो। एक राजनीतिक टीकाकार की इन दोनों के व्यक्तित्व के बारे में टिप्पणी थी, 'संवाद स्थापित करने में पूरी महारथ रखने वाले व्यक्ति के सामने ऐसा व्यक्ति खड़ा कर दिया गया है जो अभी केजी में ही है। दोनों में कोई मुकाबला नहीं था और प्राइम टाइम के मुद्दे का निबटारा हो चुका था।

रोज़ाना रात में आप अपने घरों में टेलीविज़न स्क्रीन पर अदालत जैसे आयोजन का सीधा प्रसारण देखते जिसमें कई बार समाचार पढ़ने वाला एंकर कभी जज और अभियोजक की भूमिका में और 'निर्दोष साबित होने तक दोषी' जैसे भाव के साथ नज़र आता था। टीवी पर होने वाली परिचर्चाओं में वही जाने पहचाने चेहरे एक चैनल से दूसरे चैनल में नज़र आते हैं। स्टूडियो में होने वाली वार्ता सतही हो गई थी। वस्तुस्थिति के बारे में ठोस रिपोर्टिंग के लिए विषय की अच्छी तरह से जानकारी ज़रूरी है। पत्रकारिता में परिश्रम से कोताही और विकृत कारोबारी तौर तरीकों ने यह सुनिश्चत कर दिया था कि न्यूज़ चैनलों पर पूरे ज़ोर शोर से कोटमार्शल करने जैसे कार्यक्रम सहजता से उपलब्ध रहें। ऐसे कार्यक्रमों में अक्सर काम की बातें तथा सार कम और शोर अधिक होता था। ये भले ही रचनात्मक नहीं हों लेकिन इनमें भरपूर मनोरंजन होता था।

चुनाव का समय भी इससे अलग नहीं होता है। प्रत्येक राजनीतिक दल को अपनी स्थिति का बचाव करने और अपना पक्ष रखने के लिए पार्टी प्रवक्ताओं को तैयार रखना होता है। इस मोर्चे पर भी असमानता ही थी। भाजपा के पास अपनी बात सलीके और प्रभावशाली ढंग से कहने के लिए प्रवक्ताओं की कतार थी और कांग्रेस के अच्छे प्रवक्ता बाहर निकल कर आक्रामक एंकर के सवालों की बौछारों सामना नहीं करना चाहते थे।

जून, 2013 में अजय माकन को कांग्रेस के संवाद विभाग का प्रभारी नियुक्त किया गया। खेल मंत्री के रूप में माकन पहले ही अपनी उपयोगिता साबित कर चुके थे और अब पार्टी को उम्मीद थी कि वह चुनाव से पहले इस नयी ज़िम्मेदारी में भी कुछ नवीनता और उर्जा का संचार करेंगे। उनके पूर्ववर्ती जनार्दन द्विवेदी पुराने समय के नेता थे जो साउंड बाइट की बजाए कविता पाठ अधिक पसंद करते थे। मुझे ऐसा लगा कि वह कांग्रेस के उस कुंठित और हताश समूह का हिस्सा थे जिसे सरकार की किरकिरी होते देख मज़ा आता था। कांग्रेस में यह चर्चा आम थी कि द्विवेदी को यह जिम्मेदारी सिर्फ इसलिए दी गई क्योंकि उन्होंने सोनिया गांधी को हिंदी सिखायी थी।

माकन के सामने पहली सबसे बड़ी चुनौती यह सुनिश्चित करने की थी कि कांग्रेस के पास पार्टी का पक्ष प्रभावी तरीके से रखने वाले वाकपटु लोग हों। उनकी टीम ने टेलीविज़न पर परिचर्चाओं में हिस्सा लेने वाले पार्टी के नेताओं की विस्तृत सूची तैयार की। लेकिन माकन के सहयोगी कहते हैं, 'यह व्यर्थ का काम था। हमारा कोई भी बड़ा नेता जो अब मंत्री है, टीवी पर होने वाली बहस में शामिल होने के लिए तैयार ही नहीं था।' मैंने ऐसे ही एक मंत्री से इसकी वजह पूछी तो उन्होंने कहा, 'निरर्थक बहस में हम क्यों शामिल हों और हंसी का पात्र बनें।'

आनंद शर्मा सरीखे कांग्रेस के कुछ मंत्रियों ने माकन को यह स्पष्ट कर दिया था कि कभी कभी इंटरव्यू देने के लिए उपलब्ध हो सकते हैं। शर्मा ने कहा, 'आप हमसे यह अपेक्षा मत कीजिये कि हम उस डिबेट में हिस्सा लेंगे जिसमें भाजपा का कोई जूनियर प्रवक्ता शामिल हो रहा होगा।' कभी टेलीविज़न के लिए सहजता से उपलब्ध रहने वाले मनीष तिवारी अब सूचना एवं प्रसारण मंत्री थे। उन्होंने अपनी सफाई में कहा, 'मैं अब सरकार का हिस्सा हूं, इसलिए हर मुद्दे पर खुल कर नहीं बोल सकता हूं।'

यह एक जाना पहचाना बहाना था। संप्रग सरकार में प्रभावशाली वक्ताओं की कमी नहीं थी। चिदंबरम, कपिल सिब्बल, ज्योतिरादित्य सिंधिया और सचिन पायलट जैसे प्रभावी वक्ताओं को शामिल करके प्रवक्ताओं की एक अच्छी टीम बनायी जा सकती थी। लेकिन उन्होंने जख्मी शेरों की तरह मीडिया से किनारा कर लिया था जबकि इस तथ्य से मुंह नहीं मोड़ा जा सकता कि संप्रग की अधिकांश दुर्गति के लिए 24 घंटे वाला मीडिया काफी हद तक ज़िम्मेदार था। 2010 तक सरकार के सबसे भरोसेमंद नेता चिदंबरम सहजता से स्टूडियो आने के लिए तैयार हो जाते थे। अब न तो वह और न ही कोई ऐसा दमदार व्यक्ति 'शोर शराबे'

वाले टेलीविज़न की बहस में आने के लिए तैयार था। अब तो ऐसा लगता था कि मानो अण्णा आंदोलन के दौरान हुए कोलाहल और फिर तमाम घोटालों की वजह से सरकार के मुख्य वार्ताकारों ने जनता के समक्ष समर्पण ही कर दिया था। 2009 में इनमें से अधिकांश कांग्रेस की ओर से बहुत ही मुखर थे लेकिन इस बार इनका कोई अता पता ही नहीं था। इनकी खामोशी ने भी पार्टी के ऊपर मंडरा रहे निराशा के बादलों और बढ़ा दिया था।

इसके विपरीत, भाजपा ने पार्टी का पक्ष रखने और विरोधियों पर तीखा वार करने के लिए स्मृति ईरानी, पीयूष गोयल, रवि शंकर प्रसाद, निर्मला सीतारमण, मीनाक्षी लेखी और यहां तक कि अरुण जेटली को मोर्चे पर तैनात कर रखा था। भाजपा टेलीविज़न पर संघर्ष के लिए पूरी तरह तैयार थी। विपक्षी दल होने की वजह से आक्रामक रूप अपनाना शायद थोड़ा आसान होता है। इस चुनाव में भाजपा ने मीडिया के लिए बहुत ही बढ़िया बंदोबस्त किया था। रोज़ सवेरे करीब साढ़े दस बजे भाजपा के सारे प्रवक्ताओं की टेलीकान्फ्रेसिंग होती थी जिसमें किसी एक विषय पर पार्टी के अधिकृत दृष्टिकोण के बारे में फैसला लिया जाता था। अपराह्न तीन बजे पार्टी यह निर्णय करती थी कि कौन सा प्रवक्ता किस न्यूज़ चैनल पर जाएगा।

अजय माकन की कमान के तहत कांग्रेस ने काफी देर से इस तरह की कवायद शुरू की लेकिन ऐसा लगता था कि उनके पास पार्टी का पक्ष रखने के लिए लोग ही नहीं थे। भाजपा से इतर कांग्रेस के अनेक प्रवक्ता चुनाव लड़ रहे थे और वे दिल्ली में उपलब्ध ही नहीं थे। हताशा में कांग्रेस ने पार्टी के लंबे समय तक प्रवक्ता रहे डॉ. अभिषेक मनु सिंघवी का पुनर्वास किया। पार्टी ने सिंघवी की एक सेक्स सीडी सामने आने के बाद करीब एक साल तक उन्हें किनारे लगा रखा था। पार्टी ने सुसभ्य और विनम्र थरूर को इस जोड़ने का प्रयास किया कि टेलीविज़न पर होने वाली बहस में वह प्रभावी तरीके से उसका पक्ष रख सकेंगे। लेकिन तिरूअनंतपुरम की सीट से चुनाव लड़ रहे थरूर भी अक्सर अपने चुनाव प्रचार में ही व्यस्त रहते थे। पार्टी के मीडिया प्रकोष्ठ के सदस्य ने कांग्रेस की परेशानी को इंगित करते हुए कहा, 'बहुत अधिक न्यूज़ चैनल हैं और बहुत कम विश्वसनीय चेहरे हैं।'

कांग्रेस की दुर्दशा का एक नमूना उसके एक प्रवक्ता संजय झा हैं। मैं करीब एक दशक पहले झा से मिला था जब वह क्रिकेट की वेबसाइट में व्यस्त थे। वह मुझे एक भले और नियमित मुंबई वाले व्यक्ति लगे। उनका कारोबार के क्षेत्र में आगे निकलने के लिए प्रशिक्षण देने का कारोबार था और वह सभी

अच्छे क्लब के सदस्य थे। उन्हें अपना काम और कभी कभी लेखन करना पसंद था।

अचानक ही 2012 में, मैंने देखा कि हमाराकांग्रेस डॉट काम नाम की वेबसाइट के संस्थापक के रूप में संजय झा टेलीविज़न पर नज़र आ रहे हैं। उनका कहना था कि इंटरनेट पर कांग्रेस की नगण्य उपस्थिति की तस्वीर बदलने के लिए इसका सृजन किया गया। एक साल बाद ही उन्हें कांग्रेस का अधिकृत प्रवक्ता बना दिया गया। शीघ्र ही वह एक ही रात में तीन से चार न्यूज़ चैनल पर बोलते नज़र आने लगे। यह तो एक ऐसे व्यक्ति के लिए अप्रत्याशित सफलता लगती थी जिसने कभी स्थानीय निकाय का चुनाव तक नहीं लड़ा। उन्होंने मुझसे कहा भी, 'एक ही दिन में कई कार्यक्रमों में शामिल होना कठिन होता है परंतु संघर्ष करना मुझे पसंद है और मैं पूरी शिद्दत से महसूस करता हूं कि कांग्रेस भारत के डीएनए और इसके स्वभाव का हिस्सा है।'

झा ने बहुत दिलेरी से सामना करने का प्रयास किया लेकिन अक्सर वह बूचड़खाने में मेमने की तरह ही नज़र आते थे। उनमें वाद करने का कौशल था परंतु कई अवसरों पर राजनीतिक प्रतिद्वंद्वियों का सामना करने के लिए उनका अपना बहुत अधिक राजनीतिक प्रभाव नहीं था। क्या रात में टेलीविज़न पर होने वाली बहस का मतदाताओं पर बहुत असर पड़ता है? हो सकता है नहीं। समूचे टेलीविज़न क्षितिज पर न्यूज़ टेलीविज़न, विशेषकर अंग्रेज़ी टीवी न्यूज़, की बहुत कम भागीदारी है। लेकिन यह चुनाव के दौरान अपना असर छोड़ता है और इसने राय बनाने वाले तबके में एक महत्वपूर्ण स्थान हासिल कर रखा है। यही नहीं, एक खबरों का एजेंडा भी तय कर सकता है। 2009 में, मैं अक्सर लोगों को यह बात करते सुनता था कि किसी तरह से भारत अमेरिका परमाणु संधि के मुद्दे पर कांग्रेस इतनी ताकतवर होकर कैसे सामने आयी। इसके विपरीत, 2014 में कांग्रेस प्रवक्ता 2जी या फिर मंहगाई के मुद्दे पर सरकार का बचाव करने का प्रयास कर रहे थे जबकि इनका बचाव किया ही नहीं जा सकता था। कांग्रेस के एक वरिष्ठ नेता ने यह स्वीकार भी करते हुए कहा, 'आपको पता है, जितनी बार रेणुका चौधरी बहस के दौरान अपना पक्ष रखने के लिए ज़ोर से बोलने का प्रयास करती थीं, उतनी बार हमारे सौ वोट और कम हो जाते थे।'

परंतु 2014 में मीडिया में चल रहे मुकाबले में टेलीविज़न की भी प्रतिस्पर्धा थी—यह लड़ाई साइबरस्पेस, विशेषकर सोशल मीडिया, की पुरानी डिबेट की शैली बदलने के लिए थी। कई मायनों में इसका मकसद यह साबित करना था कि ये किसी व्यक्ति विशेष की नहीं बल्कि 'टीम मोदी' के विचार की जीत है।

नरेंद्र मोदी 2009 में फेसबुक और ट्विटर पर आ गए थे। यह बहुत धमाकेदार प्रवेश नहीं था जैसा भाजपा का नेता आमतौर पर पसंद करता है। पहले दो साल तो मोदी ने लोकप्रिय सोशल नेटवर्किंग साइट पर कोई हलचल नहीं की। 2011 में, फेसबुक के उनके पेज के फालोअर सिर्फ छह लाख ही थे। ट्विटर पर उनके चाहने वालों की संख्या भी बहुत कम थी और वह शशि थरूर सरीखे नेताओं से बहुत पीछे थे जो वास्तव में ट्विटर पर आने वाले पहले राजनीतिक व्यक्ति थे।

मई में चुनाव संपन्न होते होते, मोदी के फेसबुक पेज को पसंद करने वालों की संख्या बढ़कर 15 लाख तक पहुंच गई जो प्रशंको के मामले में सिर्फ अमेरिकी राष्ट्रपति बराक ओबामा से ही पीछे थे। फेसबुक के प्रवक्ता के अनुसार 2014 के दौरान दुनिया भर के राजनीतिकों के मामले में मोदी के पेज को पसंद करने वालों की संख्या सबसे तेज़ी से बढ़ी। मोदी के एक सहयोगी ने स्वीकार किया, 'फेसबुक हमारी मदर साइट थी जिसने सोशल मीडिया पर हमारे प्रचार को आगे बढ़ाया।' कई दूसरे लोगों ने अपने भी 'मोदी फेसबुक पेज' बनाए थे—जैसे एक स्वयेंसवी विकास पांडे ने 'आई सपोर्ट मोदी' पेज बनाया था तो एक अन्य ने 'नमो फॉर पीएम' पेज बनाया। यह सब मोदी की सोशल मीडिया मशीन को गति प्रदान करने में सहायक हुए।

ट्विटर पर भी मोदी की मौजूदगी निरंतर बढ़ रही थी। चुनाव प्रचार का कोलाहल थमने और संपन्न होने तक ट्विटर पर मोदी को फालो करने वालों की संख्या 40 लाख 27 हज़ार पार गई गई थी। ट्विटर इंडिया के अनुसार, दस में से पांच प्रमुख चुनावी ट्वीट मोदी के खाते से हुए थे। इसमें उनका अपनी मां के साथ सेल्फी और जीत संबंधी ट्वीट भी शामिल था।

राहुल गांधी की स्थिति इसके एकदम विपरीत थी। कांग्रेस का यह 'युवा' चमत्कारी नेता युवकों से संवाद की गतिविधियों वाली दुनिया की दो सबसे लोकप्रिय साइट पर भी नहीं था। मैंने कांग्रेस के सोशल मीडिया प्रकोष्ठ के एक सदस्य से इस बारे में पूछा तो उन्होंने सफाई देते हुए कहा, 'आप तो जानते ही हैं, राहुल जी अवैयक्तिक संवाद पसंद नहीं करते हैं। यदि वह ट्विटर पर जाएंगे तो वह अपना एकाउंट खुद ही हैंडल करना पसंद करेंगे और वैसे भी उनके पास इस सबके लिए वक्त नहीं है।'

मोदी अपना फेसबुक और ट्विटर पेज खुद हैंडल नहीं करते हैं। इस काम के लिए उन्होंने पेशेवर लोगों की टीम बना रखी है जो अहमदाबाद, गांधीनगर और दूसरे छोटे केंद्रों में हैं। इनमें राजस्थान के भीलवाड़ा के एक कॉलेज में कंप्यूटर

साइंस के लेक्चरर हितेन जोशी हैं जिन्हें मोदी के विशेष कार्य अधिकारी का ज़िम्मा सौंपा गया था। यही वह टीम थी जो ट्विटर पर निंतर व्यस्तता सुनिश्चत करती थी। जोशी की मोदी से पहली मुलाकात 2009 में गुजरात सरकार द्वारा कंप्यूटर इंजीनियरों के लिए आयोजित एक समारोह में हुई थी। इस आयोजन के दौरान एक तकीनीकी खराबी आ गई थी जिसे जोशी ने तत्काल ही दूर कर दिया था। मोदी इससे बहुत प्रभावित हुए और उन्होंने अपनी सोशल मीडिया की पहुंच का दायरा बढ़ाने के लिए अपने साथ जोड़ लिया—एक प्रतिभा को परखने की मोदी के कौशल का एक और प्रमाण था। यह जोशी ही थे जो रोज़ाना देर रात मोदी को उनके ट्विटर संदेशों की पूरी जानकारी देते और ट्विटर पर होने वाली बातचीत की निगरानी करने के साथ ही मोदी के ट्विटर एकाउंट को करीब आधा दर्जन भाषाओं में अनुवाद करने में मदद करते थे।

मोदी की सोशल मीडिया टीम के एक सदस्य के अनुसार, 'हमारा लक्ष्य स्पष्ट था—चुनाव के दौरान मोदीजी को लेकर होने वाली चर्चा थमने मत दो, हमारे नेता को सक्रिय रखो और जो वह कहते हैं और अपनाते हैं उसे चलाते रहो।'

आंकड़ों के आधार पर तो यह एकतरफा ही था। ट्विटर इंडिया के अनुसार चुनाव के दौरान पांच करोड़ 60 लाख चुनाव से संबंधित ट्वीट भेजे गए। इनमें एक करोड़ 11 लाख या यों कहें कि कुल ट्वीट के 20 प्रतिशत में मोदी का ज़िक्र था। इसके बाद अरविंद केजरीवाल थे जिनके पचास लाख (नौ प्रतिशत) ट्वीट थे और राहुल गांधी तो बहुत ही पीछे थे और उनके सिर्फ 12 लाख (या दो प्रतिशत) ही ट्वीट थे।

केजरीवाल कम से कम सोशल मीडिया मीटर पर मोदी को चुनौती दे रहे थे। दिल्ली में पार्टी मुख्यालय में कार्यरत एक छोटी सी टीम प्रवासी भारतीय समर्थकों से जुड़ी हुई थी जो निरंतर भाजपा की मीडिया मशीन का मुकाबला कर रही थी और पार्टी के लिए धन संग्रह का काम कर रही थी। इस संबंध में केजरीवाल ने मुझसे कहा, 'हमने पाया कि अपना संदेश आगे पहुंचाने के लिए सोशल मीडिया बहुत सस्ता और सुगम तरीका है।'

सोशल मीडिया मीटर केजरीवाल की एक साल पुरानी राजनीतिक पार्टी कांग्रेस से बेहतर कर रही थी और इसी से पता चलता था कि राहुल गांधी की टीम पूरी तरह तैयार नहीं है। सोशल मीडिया पर 'पप्पू' (राहुल) बनाम 'फेंकू' (मोदी) के बीच हैशटैग युद्ध चल रहा था और यहां भी निःसंदेह एक ही नेता था। राहुल गांधी जैसे ही कुछ बोलते, भाजपा समर्थन उनका मखौल बनाने के लिए तुरंत 'पप्पू' की सिलसिला शुरू कर देते थे। इसके जवाब में कांग्रेस ने मोदी को 'फेंकू'

नाम दिया लेकिन इसे एक तरह से प्रतिक्रिया के रूप में की गई कार्यवाही की तरह देखा गया।

कांग्रेस पार्टी के सोशल मीडिया प्रकोष्ठ के प्रभारी सांसद दीपेंद्र हुडा खुद भी रोहतक से अपना चुनाव भी लड़ रहे थे। सोशल मीडिया मीटर में भाजपा की बढ़त के तथ्य को स्वीकार करते हुए उन्होंने कहा, 'भाजपा शुरू से ही हमसे आगे थी और उसने गुजरात के 2012 के चुनाव प्रचार से पहले ही यह सब शुरू कर दिया था। वास्तव में हमने तो 2013 के अंत में इस ओर ध्यान केंद्रित किया।'

हुडा कहते हैं कि भाजपा ने अपना सोशल मीडिया अभियान सफलतापूर्वक मोदी के इर्द-गिर्द ही केंद्रित किया जबकि कांग्रेस की रणनीति इसे संगठनात्मक बनाने की थी। कांग्रेस के मीडिया प्रकोष्ठ के एक अन्य सदस्य स्वीकार करते हैं, 'हमने सबसे बड़ा सबक तो यह लिया कि सोशल मीडिया पर व्यक्ति आधारित अभियान संगठन की तुलना में अधिक आकर्षित करता है। हमने अधिक से अधिक लोगों के बीच अपनी पहुंच बनाने के किसी भी प्रयास का आकलन किए बगैर ही इसे मैकेनिकल कवायद के रूप में लिया।'

इसके उलट, भाजपा की सोशल मीडिया टीम रोज़ नये-नये तरीके अपना रही थी। मसलन प्रत्येक मतदान के दिन, वे लोगों को ट्विटर पर व्यक्तिगत संदेश भेजकर घर से निकलने और वोट डालने के लिए प्रोत्साहित करते थे। टीम मोदी के एक सदस्य ने बताया, 'हमने फेसबुक और ट्विटर को ठीक उसी तरह अपनी चुनाव रणनीति के सूक्ष्म प्रबंधन का हिस्सा बनाया था जैसे अमेरिका में ओबामा ने किया था।'

सोशल मीडिया ने मतदाता और नेता के बीच की दूरी खत्म कर दी थी। व्यक्तिगत संपर्क ने काम किया। मसलन, हैदराबाद में एक जनसभा से ठीक पहले, मोदी के एक समर्थक ने ट्वीट किया कि कैसे उसकी वृद्ध मां भाजपा नेता की प्रशंसक हैं और वह उनसे मिलना चाहती हैं। भाजपा की स्थानीय इकाई से कहा गया कि इस महिला से संपर्क स्थापित करो--उसे मंच पर लाया गया और मोदी ने उससे आर्शीवाद लिया। मोदी के सहयोगी का कहना था, 'यह सिर्फ उस मानवीय पहलू को छूना था जिसकी हमें दरकार थी।'

मोदी जब मत डालने गए तो उनकी सेल्फी भी इसकी एक और ज्वलंत बानगी थी। उनका सहयोगी बताता है, 'प्रधानमंत्री पद के उम्मीदवार अपना सेल्फी दिखाते हैं--एक प्रौद्योगिकी प्रेमी नेता के लिए इससे बेहतर प्रतीक और क्या हो सकता है। काले सफेद कमल के साथ सेल्फी की एक और उपयोगिता भी थी।

इस तरह से चुनाव चिह्न लेने का एक और मकसद था क्योंकि इलेक्ट्रानिक वोटिंग मशीन में पार्टी का चुनाव चिह्न इसी तरह नज़र आता था और इस तरह से वह अपने चेहरे को इससे जोड़ते थे ताकि जो भाजपा को नहीं बल्कि मोदी को वोट देना चाहें वे इससे खुद को जोड़ सकें। मोदी ने अपने सभी सार्वजनिक कार्यक्रमों के लिए मतदान की पहली तारीख 7 अप्रैल 2014 से अपने कुर्ते के साथ ही 'काला सफेद' कमल अंकित करा रखा था।

मोदी अपने डिज़ाइनर कुर्तों की तरह ही आधुनिक प्रौद्योगिकी और तकनीक पसंद करते हैं। उन्होंने 2002 में उस समय अपनी वेबसाइट शुरू की थी जब बहुत ही कम राजनीतिक लोग इंटरनेट की ओर देखते थे। मोदी के एक पुराने सहयोगी याद करते हैं कि जब एक अनुभवी नेता को एक बार इलेक्ट्रॉनिक डायरी उपहार में दी गई तो वह किस तरह बच्चों की तरह खुश हो गए थे। मोदी के मित्र उनके तकनीक प्रेमी नये अवतार पर टिप्पणी करते हुए कहते हैं, 'वह हमेशा ही इन नये इलेक्ट्रॉनिक़ उपकरणों के साथ खेलने में खुशी महसूस करते थे। हो सकता है कि उनके पास इन्हें सीखने के लिए हमेशा वक्त नहीं हो लेकिन वह इनके साथ नज़र आना पसंद करते हैं।'

मोदी को यह भी पता रहता था कि उनके बारे में क्या ट्वीट किया जा रहा है। एकबार टेलीफोन पर बातचीत के दौरान अचानक ही वह कहते हैं, 'अरे, तुम और तुम्हारी बीवी आजकल बहुत ट्विटर पर हो।' सागरिका ने कुछ समय पहले ही ट्वीट किया था कि कैसे मोदी को अपनी पत्नी जसोदाबेन के बारे में काफी पहले ही स्वीकारोक्ति करनी चाहिए थी। किसी ट्वीट विशेष का ज़िक्र किए बगैर ही मोदी ने वह संदेश दे दिया था जो वह देना चाहते थे।

मोदी भले ही अपने ट्वीट पर खुद पैनी नज़र न रखते हों लेकिन उनकी टीम और उनके फॉलोअर इस पर नज़र रखते थे। यदि गांधी परिवार के पास अपने राजनीतिक चमचे थे तो मोदी के पास 'इंटरनेट हिंदू' (उन्हें मैं भक्त पुकारता हूं) थे। मैं अक्सर उनके आक्रोश का शिकार बनता था जो किसी के भी प्रति एक सुनियोजित दुष्प्रचार का हिस्सा लगता था। उनकी सोशल मीडिया की प्रोफाइल 'प्राउड हिंदू नेशनलिस्ट' और 'वांट नमो फॉर पीएम' होती थी। इंटरनेट के हिंदू बहुत ही संगठित और उत्प्रेरित है और वे अपना लक्ष्य हासिल करने के लिए मुख्यधारा की मीडिया को नीचा दिखाने में जुटे रहते हैं।

इस समूह के साथ मेरे सबसे खराब क्षण वह थे जब मैंने ट्वीट कियाा, 'जब नमो देश का भ्रमण कर रहे हैं, मेरे नीमो को टहलाने के लिए पार्क ले जाने की ज़रूरत है। अलग लोग, अलग प्राथमिकताएं।' यह एक हानि रहित

सीधा सादा, हो सकता है शब्दों का चयन सही नहीं हो, मामला था--मेरी बेटी तारिणी ने अपनी पसंदीदा फिल्म 'फाइंडिंग नीमो' के नाम पर पालतू कुत्ते का नाम नीमो रखा था। परंतु ये भक्त इससे प्रभावित नहीं हुए और उन्होंने सोशल मीडिया पर मेरे पर अभद्र भाषा की बौछार कर दी। कुछ घंटे बाद मुझे धमकी भरे टेलीफोन आए जिसमें कहा गया, 'तुमने हमारे नेता को कुत्ते से जोड़ा है। तुम्हें और तुम्हारे परिवार को इसका खामियाजा भुगतना होगा। हम तुम्हारे टुकड़े टुकड़े कर देंगे।'

मैंने सोचा कि पुलिस से संपर्क किया जाए लेकिन फिर विचार त्याग दिया। हां, मैंने एक बार इस तरह की अभद्र भाषा के बारे में मोदी से शिकायत ज़रूर की थी। उन्होंने कहा, 'गलत है लेकिन मैं हर व्यक्ति को कैसे रोक सकता हूं।' मुझे यह स्वीकार करने में कठिनाई हो रही थी कि अपनी पार्टी और वफादारों पर इतना प्रचंड नियंत्रण रखने वाला कोई नेता कैसे इतना असहाय हो सकता है। हो सकता है कि किसी शरारती व्यक्ति ने यह फोन किया हो लेकिन इससे यह भी पता चलता था कि संवाद प्रेषण की व्यवस्था का कोई व्यक्ति किस हद तक दुरूपयोग कर सकता था।

सवाल उठता है कि क्या ये ट्विटर वालों की भाजपा की मशीनरी के साथ सांठगांठ थी? भाजपा के एक भीतरी सदस्य ने स्वीकार किया कि मोदी के आलोचकों से निबटने के लिए स्वयंसेवकों का एक 'मीडिया वाच ग्रुप' बनाया गया था। यह स्पष्ट नहीं है कि इन स्वयंसेवकों को किसी नेता की छवि सुधारने या खराब करने के लिए कोई पैसा भी दिया जाता था या नहीं। ट्विटर पर बहुत ही अभद्र भाषा का इस्तेमाल करने वाले कुछ लोगों के बारे ऐसा लगता है कि उनका संबंध या तो भाजपा समर्थित वेबसाइट से था या फिर वे पार्टी के कुछ सदस्यों से व्यक्तिगत रूप से संबद्ध थे। परंतु भाजपा की आईटी प्रकोष्ठ के प्रभारी अरविंद गुप्ता इस तरह के किसी भी संबंध को ज़ोरदार तरीके से खंडन करते हैं। वह ज़ोर देकर कहते हैं, 'इसका सवाल ही नहीं उठता, हम ऐसे आचरण का कभी समर्थन नहीं करते हैं।'

मैं इस तरह के स्पष्टीकरण से संतुष्ट नहीं था। यह अभियान इतना सुनियोजित था कि इसमें नेतृत्व का किसी न किसी रूप में वरदहस्त नहीं होना समझ में नहीं आता था। 'एचडीएल' या 'हिंदू डिफेंस लीग' ट्विटर पर इस तरह का मधुमखियों के झुंड जैसा था जो उनकी राजनीतिक आस्था पर सवाल उठाने वाले किसी भी व्यक्ति पर एक साथ धावा बोल देता था। यह स्वस्थ्य तरीका नहीं था- गुमनामी की आड़ में विष वमन के लिए इसका दुरूपयोग हो रहा था। मेरे एक सदाबहार इंटरनेट हिंदू गाली देने वाले ने तो एक बार मुझे फोन भी

किया और हिंदुत्व पर हो रहे सम्मेलन में आमंत्रित भी किया। मैंने पहले सिर्फ मनोरंजन की मंशा से इसमें शामिल होने के बारे में सोचा लेकिन बाद में विचार त्याग दिया। ऐसा नहीं था कि कांग्रेस और आप पार्टी जैसे दल इंटरनेट पर नहीं थे लेकिन सोशल मीडिया पर वे इतने अधिक सक्रिय नहीं थे।

इस शोर शराबे के बावजूद 2014 में भाजपा की सुव्यवस्थित सोशल मीडिया को सकारात्मक मुद्दों से भटकाया नहीं जा सकता था। गुप्ता ने इंडिया हैबिटेट सेंटर में दोपहर के भोजन पर इस बारे में बहुत ही विस्तार से बताया। मुझे लगा कि कांग्रेस में इस तरह के पूरी तरह केंद्रित अभियान की कमी है। वह आईआईटी से शिक्षित और अमेरिका से उच्च शिक्षा की डिग्री प्राप्त कर चुके थे तथा भारत से बुलावा मिलने से पहले सिलिकन वैली में काम कर रहे थे। वह लंबे समय से भाजपा के समर्थक रहे हैं और उन्होंने 2010 में पार्टी के लिए डिजिटल रणनीति तैयार करने के लिए पार्टी नेतृत्व से संपर्क किया था। उन्होंने बताया, 'वह पार्टी को इस बारे में संतुष्ट करने में कामयाब हो गए कि यह भावी चुनावों के लिए महत्वपूर्ण तरीका होगा।' जुलाई, 2013, उन्होंने दिल्ली में पार्टी मुख्यालय में नेशनल डिजिटल ऑपरेशंस सेंटर स्थापित किया जिसका यही एजेंडा था कि 2014 का चुनाव जीतने में किस तरह डिजिटल प्रौद्योगिकी महत्वपूर्ण होगी। भाजपा के 'मिशन 272+' की योजना को मूर्तरूप देने के बारे मे बताते हुए वह कहते हैं, 'यह एक दिन का काम नहीं था--इस बड़े मैच के लिए पूरी तरह तैयार होने से पहले हम अनेक क्वार्टर फाइनल और सेमी फाइनल से गुज़रे।'

मेरी गुप्ता के साथ बातचीत में तीन बातें उभर कर सामने आईं। पहली तो यह थी कि उनकी टीम में कुछ न कुछ नया करने की ललक थी जिसमें कुछ काम बहुत ही साधारण लेकर शानदार थे। उदाहरण के लिए इस टीम ने 2011 में ही 'मिस्ड कॉल' का तरीका खोजा--आप भाजपा के पूर्व निर्धारित नंबर पर मिस्ड काल दीजिए और तत्काल ही पार्टी का कार्यकर्ता आपसे संपर्क करके आपको मोदी के चुनाव प्रचार का विवरण देगा या फिर आप भी स्वयंसेवी के रूप में शामिल हो सकते हैं। इस तरीके से भाजपा को 13 लाख स्वयंसेवक मिले। दूसरा तरीका था 'डायल इन नंबर' जिसमें एक टेलीफोन नंबर डायल करके आप मोदी की रैली सीधे सुन सकते थे। गुप्ता ने एक इंटरनेट चैनल 'युवा टीवी' भी शुरू किया जो भाजपा के चुनाव प्रचार को वेबकास्ट करता था। गुप्ता बताते हैं, 'हमारा लक्ष्य था--ऑफ लाइन सफलता के लिए ऑन लाइन संगठित करो। इसका एकमात्र उद्देश्य तकनीक का इस्तेमाल करके मोदी को देश के प्रत्येक नागरिक के लिए उपलब्ध कराना था।'

दूसरा तरीका था पूरी शिद्दत के साथ टीम भावना। उनके नेता जब राजनीति में आए तो उस समय हो सकता है कि वह व्यक्तिवादी हों लेकिन उन्होंने आधुनिक तकनीक से सुसज्जित एक शानदार टीम का गठन किया। दिल्ली में, गुप्ता एनडीओसी की देखरेख करते थे जो भाजपा का इंटरनेट और मोबाइल नियोजन देखती थी। परंतु इस काम के लिए वह अकेले नहीं थे।

आधुनिक प्रौद्योगिकी की पहुंच वाले एक सदस्य मुंबई स्थित राजेश जैन थे जो इंटरनेट के एक सफल उद्यमी थे और जिन्होंने 1999 में अपनी इंडियावर्ल्डडॉटकाम को 499 करोड़ रूपए में बेच दिया था। जैन की नेटकॉम सॉल्यूशन नाम की मोबाइल डाटा कंपनी थी जब आम चुनाव के दौरान बड़ी संख्या में एसएमएस भेजने के लिए बेहतर दरों के सिलसिले में जनवरी, 2009 में उसकी मुलाकात भाजपा कोषाध्यक्ष पीयूष गोयल से हुई। गोयल इस मुलाकात को याद कर कहते हैं, 'मैं कांग्रेस को भाजपा से बदलने के लिए उसकी दृढ़ 'राष्ट्रवादी' इच्छा से बेहद प्रभावित था।' कुछ दिन बाद ही दोनों एक जैसे विचारों वाले लोगों के समूह के साथ रात्रि भोजन पर मिले जिसकी परिणति 'फ्रेंड्स ऑफ भाजपा' समूह के रूप में हुई। जैन इस समूह के संयोजक थे।

मई, 2011 में जैन ने एक शानदार ब्लॉग लिखा जिस पर मोदी की निगाह पड़ी। इसका सार था, 'भाजपा का नज़रिया 2014 में देश भर में, विशेष रूप से उन 330-350 सीटों पर, अपने पक्ष में एक लहर पैदा करने का होना चाहिए जहां वह मुकाबले में हैं। 2014 के लिए अधिक से अधिक सहयोगी बनाने की बजाए अधिक से अधिक सीट जीतने का लक्ष्य निर्धारित किया जाए। पार्टी को 175 सीटें जीतने के नज़रिए में बदलाव लाकर इसे 250 से 275 सीटें जीतने का लक्ष्य बनाना चाहिए।'

2014 के चुनावों के लिए, जैन ने एक क्रांतिकारी डिजिटल प्रणाली विकसित की। इसमें मतदान केंद्र तक के मतदाताओं की पहचान के आंकड़े तैयार किए गए। मोदी टीम के एक सदस्य ने बाद में मुझे बताया, 'हम छोटे से छोटे घरों का पता लगा सकते हैं और इन आंकड़ों के सहारे मतदान केंद्र स्तर तक स्वयंसेवियों का आधार खड़ा किया जा सकता है जो किसी भी चुनाव के लिए बहुत महत्वपूर्ण है।' यदि कोई व्यक्ति मोदी के प्रचार के लिए स्वयंसेवी बनने का इच्छुक था तो उसे सिर्फ 7820078200 नंबर डायल करके अपने मतदान पहचान पत्र का नंबर डालना होता था। नरेंद्र मोदी को प्रधानमंत्री पद का उम्मीदवार बनाये जाने की घोषणा के तुरंत बाद 'नमो स्वयंसेवी' कार्यक्रम शुरू किया गया। भाजपा के एक नेता इसकी सराहना करते हुए कहते हैं, 'यह राजेश ही थे जिन्होंने ''एक

वोट की ताकत'' मतदाता पंजीकरण और नमो स्वयंसेवक कार्यक्रम पहले, को आगे बढ़ाया और यह सब उन्होंने अपने पैसे से किया था।' जैन ने बेंगलूरू स्थित आईटी विशेषज्ञ बी. जी. महेश के साथ मिलकर 'इंडिया272डॉटकाम' पोर्टल तैयार किया जिसका उद्देश्य मोदी के प्रचार अभियान के लिए स्वयंसेवकों का दायरा बढ़ाना था। उन्होंने मोदी समर्थक दक्षिणपंथी वेबसाइट नीतिसेंट्रलडॉट काम भी स्थापित की। प्रचार से दूर रहने वाले जैन सामने आकर कुछ नहीं कहना चाहते थे लेकिन भाजपा के एक नेता ने कहा, 'वही असली रॉक स्टार' हैं।

तीसरा महत्वपूर्ण और चुनाव प्रचार के लिए पूरी तरह 360 डिग्री का दृष्टिकोण अपनाने का कार्यक्रम था। भाजपा के चुनाव घोषणा पत्र के सिलसिले में जब अप्रैल में कुछ पत्रकार पार्टी मुख्यालय पहुंचे तो उन्हें एक पेन ड्राइव दी गई जिसमें एक फिल्म और घोषणा पत्र का विवरण था। पार्टी घोषणा पत्र जारी करने के कार्यक्रम का सिर्फ टेलीविज़न पर ही सीधा प्रसारण नहीं हो रही थी बल्कि यह पार्टी की वेबसाइट, यू ट्यूब, ट्विटर, फेसबुक, डायल इंस और व्हाट्सैप पर भी दिखाया जा रहा था। ज़रूरत के मुताबिक 30 सेकेंड से लेकर 30 मिनट तक की वीडियो क्लिपिंग तैयार की गई। गुप्ता ने मुझे बताया, 'यह मल्टीमीडिया कार्पेट बमवर्षा थी।'

इंटरनेट की क्षमता और पहुंच से प्रभावित मोदी कई बार प्रौद्योगिकी टीम की बैठकों में शामिल होते थे। टीम मोदी के एक सदस्य इस सारी कवायद के बारे में बताते हैं, 'वह एक श्रेष्ठ श्रोता हैं। वह प्रेजेंटेशन देखेंगे और अपनी राय देकर इस पर अमल का काम हमारे ऊपर छोड़ देते।' वह ज़ोर देकर कहते हैं कि चुनाव प्रचार अभियान के किसी भी चरण में सूक्ष्म प्रबंधन के मामले में भाजपा के प्रधानमंत्री पद के उम्मीदवार ने बहुत ही कम दखल दिया।

टेलीविज़न के मामले में यह कहना अतिशयोक्ति ही होगी कि 2014 के चुनाव में डिजिटल आक्रामकता की वजह से मोदी जीते। यह कहना अधिक बेहतर होगा कि इसकी वजह से फायदा कई गुणा बढ़ गया था। देश के अनेक ग्रामीण इलाके अभी भी इंटरनेट से जुड़े हुए नहीं है। लेकिन यदि आप उन लाखों लोगों की ओर देखें जो स्मार्टफोन का इस्तेमाल करते हैं, इंटरनेट और मोबाइल एसोसिएशन का दावा है कि इंटरनेट इस्तेमाल करने वालों की संख्या 2014 के मध्य तक 18.5 करोड़ हो गई है, तो इसमें कोई संदेह नहीं रह जाता कि भावी चुनाव प्रचार की योजनाओं में डिजिटल मीडिया को और अधिक नज़रअंदाज़ नहीं किया जा सकता।

मोदी के नित नये तरीके खोजने की प्रक्रिया में इंटरनेट का बखूबी इस्तेमाल

भी एक महत्वपूर्ण पहलू रहा है। उदाहरण के लिए, ट्विटर पर बड़ी संख्या में चाहने वालों को तैयार करके मोदी पारंपरिक मीडिया और जनता में राय तैयार करने वाले वर्ग को चुनौती देने में सफल रहे थे। मोदी इस बात के प्रति पूरी तरह आश्वस्त थे कि अंग्रज़ी भाषी मीडिया का एक बड़ा वर्ग उन्हें 2002 के दंगों को कभी भुलाने नहीं देगा। अब, ट्विटर चलाने वाले हज़ारों हाथ बहुत ही सुनियोजित तरीके से किसी भी उस आलोचना का आक्रामक तरीके से जवाब देते थे जो भाजपा और विशेषकर मोदी को चुनौती देता था। पत्रकारों के लिए संवाद एजेंसियों की तरह ही ट्विटर पर नज़र रखने और सोशल मीडिया को देखते रहने का सिलसिला संवाददाताओं के काम का हिस्सा बन गया। इस तरह टीम मोदी ने सोशल मीडिया की ताकत को बढ़ाकर मुख्य धारा की समाचार प्राथमिकताओं तक पहुंचा दिया। फेसबुक पर भी वह शहरी जनताा के साथ खुद को इस तरह के नेता के रूप में पेश करने में सफल रहे जैसा कि वह देखना चाहती थी। यह मोदी के विचारों का प्रसार करने का एक और साधन बन गया था। (एक अनुमान के अनुसार फेसबुक पर चुनाव के दो महीनों के दौरान एक करोड़ तीस लाख व्यक्तियों ने मोदी से संबंधित साढ़े सात लाख बातचीत कीं)।

इससे भी अधिक महत्वपूर्ण बात यह थी कि आधुनिक प्रौद्योगिकी से मिली सफलता के सहारे मोदी एक आधुनिक तकनीक पसंद प्रशासक के रूप में अपनी नयी छवि को अधिक सुदृढ़ करने में कामयाब हो गए। यह वह प्रचारक नहीं था जिसका दायरा प्राचीन शैली की शाखा के विचारक का था परंतु उसकी तो भविष्य की ओर देखने वाले नेता की दृष्टि थी। तकनीक के मामले में अव्यवस्थित व्यक्ति सैद्धांतिक रूप से हठी और संकीर्ण हो सकता है लेकिन प्रौद्योगिकी उपलब्ध मेरिट और अवसरों का लाभ उठाने का प्रतीक भी है। मोदी भले ही राहुल गांधी से उम्र में बीस साल बड़े हों लेकिन तकनालॉजी ने उन्हें कहीं अधिक युवा नज़र आने में मदद की। इसीलिए इसमें कोई अचरज नहीं हुआ कि उनको चाहने वालों में सबसे अधिक 30 साल की कम आयु वर्ग के लोग थे।

भाजपा को यही कहा जाता रहा है कि एक प्राचीन हिंदू रूढ़िवादी पर चलने वाली पार्टी है जो अक्सर राम मंदिर जैसे विघटनकारी मुद्‌दों को उठाती रहती है। लेकिन आधुनिक प्रौद्योगिकी के इस्तेमाल से वह एक नये अवतार के रूप में सामने आयी जो 'डिजिटल लोकतंत्र' का सपना दिखा रही थी--मोदी के शब्दों में यह सांप और संपेरों का नहीं बल्कि माउस राष्ट्र है। युवा भारत के लिए आशाओं का यही सर्वथा उपयुक्त संदेश था जो वह अपने नेता से सुनना चाहते थे।

अब इस संदेश को डिजिटल की दुनिया से आगे ले जाने की आवश्यकता

थी। विज्ञापन और मीडिया के नियोजन विशेषज्ञ अब ब्रांड मोदी को एक नये स्तर पर ले जाने के लिए तैयार थे।

फरवरी, 2014 के प्रथम सप्ताह में विज्ञापन क्षेत्र की प्रतिष्ठित कंपनी ओगील्वी एंड माथर्स (ओएंडएम) के कार्यकारी चेयरमैन एवं नेशनल क्रिएटिव निदेशक पीयूष पांडे के पास फोन आया कि नरेंद्र मोदी तत्काल उनसे मिलना चाहते हैं। पांडे 2010 में गुजरात पर्यटन विज्ञापन अभियान के समय मोदी को जानते थे। इन विज्ञापनों में अमिताभ बच्चन भी थे और ये विज्ञापन बहुत सफल रहे थे। वह इस मुलाकात के लिए विमान से गांधीनगर पहुंचे। मोदी का एक साधारण सा आग्रह थाः 'मैं चाहता हूं कि मेरे विज्ञापन की कमान तुम संभालो। सिर्फ तुम ही मेरे लिए यह कर सकते हो।'

फील्ड मार्शल अंदाज़ की बड़ी बड़ी मूंछों वाले पांडे विज्ञापन की दुनिया के श्रेष्ठ व्यक्ति हैं और उन्हें अनेक पुरस्कार भी मिले हैं। मोदी के अनुरोध ने उनके लिए थोड़ी मुश्किल में डाल दिया। वह इससे पहले 2012 में गुजरात विधान सभा चुनाव के लिए मोदी और कांग्रेस के आग्रह सहित राजनीतिक विज्ञापन करने के अनेक अनुरोध ठुकरा चुके थे। पांडे के गुरू डेविड ओग्लीवी ने उन्हें राजनीतिक दलों का काम नहीं करने की सलाह दी थी। मोदी, हालांकि, जवाब में न सुनने नहीं जा रहे थे। वह बताते हैं, 'वह बहुत ही समझा बुझा रहे थे। इसके अलावा, मैं भी उन्हें पसंद करता हूं, और महसूस किया कि वह भारत के लिए बेहतर होंगे ओर चाहता था कि वह जीतें। इस बार मैं उन्हें इंकार नहीं कर सका।'

पांडे जब मुंबई अपने घर लौटे तो भाजपा के कोषाध्यक्ष पीयूष गोयल, जो मीडिया रणनीति बनाने के लिए मुख्य व्यक्ति के रूप में उभर रहे थे, करार के साथ उनकी प्रतीक्षा कर रहे थे। दो घंटे बाद बात बन गई थी।

पांडे प्रचार सामग्री की डिज़ायन तैयार करते और उसका निरीक्षण करते लेकिन यह सब वह निजी हैसियत से कर रहे थे। ओएंडएम की सहायक कंपनी सोहो स्क्वायर भाजपा का एकाउंट देख रही थी। सैम बलसारा की अध्यक्षता वाली एक अन्य विश्वविख्यात कंपनी मैडीसन मीडिया की खरीद और नियोजन जैसे काम देख रही थी। अगले तीन महीने-फरवरी से मई के दौरान यह टीम भाजपा नेताओं, शुभचिंतकों और पेशेवर लोगों की मदद से- इस तरह का विज्ञापन प्रचार किया जो भारत के चुनावी इतिहास में पहले कभी नहीं देखा गया था। इस टीम का एक ही लक्ष्य था--ब्रांड मोदी को अपराजेय बनाना है।

जब क्रिएटिव टीम ने रणनीति की योजना बनानी शुरू की तो उनके दिमाग में तीन लक्ष्य स्पष्ट थे। पहला, मोदी को एक भरोसेमंद, निर्णायक नेता के रूप में पेश करना, दूसरा, अनिश्चितता वाले लोगों की भावनायें अपनी ओर मोड़ना और तीसरा ऐसा माहौल बनाना जिससे भाजपा 272 से आगे निकल जाए। इस लक्ष्य के लिए भी दो भाग थे--पहला तो संप्रग सरकार के खिलाफ़ जनता के आक्रोश को निशाना बनाना और फिर इस आशा को जन्म देना कि मोदी परिवर्तन की राह दिखायेंगे। आक्रोश और आशा विज्ञापन के माध्यम से हमले के दो पहलू होंगे।

फरवरी के तीसरे सप्ताह तक पांडे अपने प्रजेंटेशन के साथ तैयार थे। भाजपा ने दिल्ली में व्यस्त खान मार्केट के निकट 1, लोदी इस्टेट में अपना वार रूम बनाया था। यह बंगला गोवा के सांसद श्रीपद नायक को आवंटित था। भाजपा के ताकतवर नेता इस विज्ञापन को देखने के लिए वहां एकत्र हुए। इनमें जेटली, स्वराज, शाह, गोयल और निर्मला सीतारमण के साथ ही मोदी समर्थक कारोबारी एग्ज़ीक्यूटिव सुनील अलघ, दक्षिणपंथी स्तंभकार स्वपन दासगुप्ता और अशोक मलिक तथा भाजपा में हाल ही में शामिल हुए एम. जे. अकबर और हरदीप पुरी शामिल थे।

इतनी बड़ी संख्या में प्रभावशाली स्वर एक ही कमरे में मौजूद होने के कारण उनमें असहमति होना भी स्वाभाविक था। विषय यह था कि क्या विज्ञापन एजेंसी के सुझाव अनुसार ही प्रचार का नारा होना चाहिए। सवाल यह था कि क्या 'अबकी बार मोदी सरकार' या फिर 'अबकी बार भाजपा सरकार' नारा होना चाहिए? सुषमा स्वराज बाद वाले नारे के पक्ष में थीं क्योंकि उनका मानना था कि किसी व्यक्ति की बजाए पार्टी को आगे रखना अधिक उचित होगा। शाह और जेटली ने उनके विचार को अस्वीकार कर दिया (भीतरखाने के कुछ लोग अबकी बार मोदी सरकार नारे का श्रेय शाह को देते हैं)। जेटली ने एक सर्वे पेश किया जिसके मुताबिक भाजपा से ज़्यादा लोकप्रियता मोदी की है। आमसहमति यह थी, 'यह राष्ट्रपति प्रणाली जैसा चुनाव है, इसे इसी तरह से रहने दिया जाए।'

तीन सप्ताह बाद, पार्टी अध्यक्ष राजनाथ सिंह ने ट्वीट किया, 'टाइम फॉर चेंज, टाइम फॉर बीजेपी, बहुत हुई मंहगाई की मार, अबकी बार भाजपा सरकार,।' लेकिन कुछ ही मिनटों में उन्होंने इस नारे को वापस ले लिया और नया ट्वीट किया, 'टाइम फॉर मोदी।' 2014 के चुनाव में मोदी प्रभाव से बचने का कोई रास्ता नहीं था। एक तरह से यह व्यक्ति ही करीने से तैयार किया गया संदेश था। उनका चेहरा ही सारे प्रचार में प्रमुख रहेगा

चुनाव अभियान की अतिमहत्वपूर्ण टैग लाइन मिल गई थी। पांडे और उनकी टीम अब इसे मूर्तरूप देने में जुट गई। पहली आउटडोर होर्डिंग सात मार्च को सुबह साढ़े पांच बजे दिल्ली के मिंटो रोड पर लगी। इसका नारा सहज था, 'जनता माफ नहीं करेगी। बहुत हुआ भ्रष्टाचार, अबकी बार मोदी सरकार।' विज्ञापनों में 'मंहगाई' और 'भ्रष्टाचार' का प्रयोग बार होगा जो संप्रग-दो के खिलाफ़ जनता का आक्रोश दर्शायेगा।

मार्च का पहला सप्ताह पांडे के अनुसार बहुत थकाने वाला था। एक सौ टेलीविज़न विज्ञापन के स्पाट–दस दस विभिन्न भाषाओं में–दस दिन के भीतर शूट किए गए। पांडे बताते हैं, 'हमने इन विज्ञापनों को ब्लैक-व्हाइट में शूट किया जिसमें स्थानीय लोगों को अपनी भाषा में बोलते दिखाया गया। हम यह दिखाना चाहते थे कि सड़क पर आम आदमी के भीतर का गुस्सा बाहर निकल रहा है। इस प्रचार अभियान का पहला चरण देश के सामने आ चुका था।

इसके बाद, वे असली सुझबूझ ले कर आए। बांग्लादेश में 16 मार्च को वर्ल्ड टी-20 शुरू हो रहा था। पांडे क्रिकेट के दीवाने थे और राजस्थान की ओर से रणजी ट्राफी खेल चुके थे। जेटली भी सालों से क्रिकेट के प्रशासन से जुड़े थे। पांडे का सुझाव था, 'क्यों न हम क्रिकेट के इर्द गिर्द राजनीतिक प्रचार को रूप दें और इसे वर्ल्ड कप के दौरान स्टार स्पोर्ट्स पर दिखाएं।' क्रिकेट के दीवाने इस देश के लिए यह पूरी तरह उपयुक्त था।

पांडे की टीम फिर से काम पर जुट गई। इस बार उन्होंने कई एनीमेशन विज्ञापन बनाये जिसमें राजनीति को क्रिकेट से जोड़ दिया। इसका पहला विज्ञापन तो बहुत ही मज़ेदार था। एक अंपायर टॉस के लिए कप्तान के साथ मैदान में जाता है, लेकिन उसे कप्तान कहीं नज़र नहीं आता और यहीं पर नारा था, 'बिना कप्तान की टीम खाई मार, अबकी बार मोदी सरकार।' पांडे ने बात में बताया, 'मुझे नहीं लगता कि किसी ने राजनीतिक प्रचार अभियान में एनीमेशन का इस्तेमाल किया हो। लोगों ने इसे पसंद किया। इसने यह दिखाया कि मोदी को वोट देना अच्छी बात है। इस अभियान के लिए 17 एनीमेशन फिल्में बनायी गई थी–अक्सर चार-पांच एक ही रात में तैयार की गई और टी20 और आईपीएल के दौरान इन्हें दिखाया गया।

क्रिकेट के विज्ञापन तो अप्रैल में चुनाव से पूर्व संध्या पर किए गए अंतिम हमले के सेतु भर थे। यदि पहले दौर के विज्ञापनों में जनता का आक्रोश दिखाया गया था तो दूसरे चरण में 'आशा' को पेश कियाा गया था। संवाद स्थापित करने के लिऐ एक ओर साधारण संदेश था 'मोदी का मतलब आशा'। यहीं से 'अच्छे

दिन आने वाले हैं' की संकल्पना ने जन्म लिया और इसका श्रेय सोहो स्क्वायर के क्रिएटिव प्रमुख अनुराग खंडेलवाल को जाता है।

जब 1 लोदी इस्टेट में भाजपा नेताओं के समक्ष ये विज्ञापन दिखाये गए तो लोगों की राय अलग अलग थी। भाजपा के कुछ नेता 'अच्छे दिन' को लेकर चिंतित थे और उन्हें लगता था कि 'अच्छे दिन' को केंद्र में रखने से स्थिति कहीं 2004 के 'उदय भारत' या 'शाइनिंग इंडिया' जैसे भाजपा प्रचार अभियान जैसी न हो जाए। एक सवाल यह भी उठा, 'क्या हमें इतनी जल्दी लोगों की उम्मीदों को बढ़ाना चाहिए?' इस बार, पहली बार जेटली और सुषमा एक साथ इसके पक्ष में बोले। इस समय देश बुरी तरह नकारात्मक विचारों से घिरा हुआ है। मोदी लोगों के मन में बदलाव की उम्मीद जगा रहे हैं--'अच्छे दिन।'

मैंने अपने पुत्र ईशान, जो कर्नाटक के मनिपाल में मेडिसिन की पढ़ाई कर रहा है, से टेलीफोन पर बातचीत के दौरान ही वहां चुनाव के माहौल के बारे में पूछा तो उसने तपाक से कहा, 'डैड, अच्छे दिन आने वाले हैं।' साफ था, भाजपा के पक्ष में माहौल बना हुआ था।

भाजपा के विज्ञापन अभियान के पीछे की गतिविधियों से पता चलता है कि पार्टी ने कितनी मेहनत से 2014 का चुनाव लड़ा और इसे शानदार तरीके से जीता। पहली बार, यह भी पता चला कि मोदी ने किसी तरह अपनी टीम को सशक्त बनाया था। इसमें नेतृत्व का न्यूनतम हस्तक्षेप था जिसकी वजह से फैसले तुरंत लिए जाते थे जो चुनाव के प्रचार अभियान के लिए बहुत ही महत्वपूर्ण है। जब नया विज्ञापन तैयार होता तो उसे अक्सर, देर रात व्हाट्सएप से मोदी के कार्यालय भेजा जाता था। उनके सहायक ओ. पी. सिंह गुजरात के मुख्यमंत्री को यह दिखाते और कुछ ही क्षणों में यह वापस आ आता था।

पांडे बताते हैं कि मोदी ने सिर्फ दो बार हस्तक्षेप किया। पहली बार, जब यह विचार था कि विज्ञापन का ज़ोर 'दस साल से बुरा हाल।' वह कहते हैं, 'मैं उनके पास यह कहने के लिए गया कि हम समझते हैं कि यह काम नहीं करेगा।' उन्होंने सिर्फ इतना ही कहा, 'पीयूष जी, आगे बढ़िये।' एक अन्य अवसर पर उन्हें एक क्रिएटिव काम दिखाया गया जिसमें मोदी के प्रत्येक पोस्टर में नीचे सीधी हरी लाइन थी। मोदी ने देखा और इसे तिरछी रेखा में बदल दिया। पांडे हंसते हुए कहते हैं, 'यह पहले से बेहतर थी।'

इस अभियान ने एक बार फिर 'टीम मोदी' के महत्व और प्रचार अभियान के प्रति उसकी कार्यशैली को इंगित किया। राजनीतिक प्रचार कई बार बहुत अव्यवस्थित भी हो जाता है जिसमें बड़े बड़े दर्प और आंतरिक खींचतान अव्यवस्था

को जन्म देते हैं। भाजपा संवाद स्थापित करने की रणनीति में विशुद्ध पेशेवर दृष्टिकोण और काम में एकजुटता लाने में सफल थी।

लंदन में जन्मे ब्रिटेन में रहने वाले वकील मनोज लडवा, जिन पर मोदी बहुत भरोसा करते हैं, आंतरिक मीडिया शोध टीम के प्रभारी थे और उन्हें यह सुनिश्चित करना था कि सारे संदेश सहज ढंग से जाएं। 41 वर्षीय लडवा 1990 के दौर में गुजराती प्रवासी भारतीय नेटवर्क के ज़रिये मोदी के संपर्क में आए थे और उम्र में अंतर होने के बावजूद दोनों में तत्काल तालमेल स्थापित हो गया था। उन्होंने 2002 के दंगों के बाद मोदी के लिए ब्रिटिश सरकार के साथ लॉबिंग भी की थी। गुजरात से मोदी के एक और भरोसेमंद व्यक्ति थे विजय चौथाईवाले, जो जीववैज्ञानिक और एबीवीपी के कार्यकर्ता थे, जिन्होंने दिल्ली और गांधीनगर में बने वार रूम के बीच समन्वय की ज़िम्मेदारी संभाल रखी थी। प्रमोद महाजन के साथ 'इंडिया शाइनिंग' चुनाव प्रचार में काम करने वाले अजय सिंह मीडिया संबंधी क्रय और नियोजन में मुख्य भूमिका निभा रहे थे। पीयूष गोयल हर समस्या के निदान के लिए उपलब्ध थे और वही धन के प्रवाह को नियंत्रित कर रहे थे। शाह राजनीतिक विचारों वाले व्यक्ति थे जबकि क्रिएटिव कार्यों के संदर्भ मे जेटली का निर्णय अंतिम होता था।

मेडीसन के चेयरमैन एवं प्रबंध निदेशक सैम बलसारा बताते हैं, 'हमें शीघ्र ही यह अहसास हो गया कि हम किसी राजनीतिक दल से नहीं बल्कि ऐसे वर्ग के साथ काम कर रहे हैं जो पेशेवर नज़रिया अपना रहा है और जिसका अधिकांश कार्पोरेट भी मुकाबला नहीं कर सकते हैं।' मीडिया नियोजन के बारे में मेडीसन को गोयल 'दस में 11 अंक' देते हैं।

परंतु तीसरी और सबसे दिलचस्प पहलू तो भाजपा के प्रचार अभियान की रफ्तार थी। नौ सप्ताह के भीतर सोहो स्क्वायर ने करीब दो सौ टेलीविज़न के विज्ञापन, 300 रेडियो विज्ञापन और एक हज़ार से अधिक प्रेस और अन्य क्षेत्रों के लिए विज्ञापन तैयार किए। मेडीसन के मीडिया नियोजन में 1,30,000 विज्ञापनों को 226 चैनलों, 295 प्रकाशनों और 16 भाषाओं में नौ हज़ार विज्ञापन और वेबसाइट्स पर 1,50,000 विज्ञापनों में भूमिका थी।

मतदान के प्रत्येक चरण में, मतदान वाले क्षेत्रों में क्षेत्रीय समाचार पत्रों में स्थानीय भाषा में मोदी के बड़े बड़े विज्ञापन होते। प्रत्येक क्षेत्रीय चैनल-न्यूज़ या मनोरंजन- मतदान से पहले रात नौ ब्जे मोदी के लगातार विज्ञापन होते। विज्ञापन टीम के एक सदस्य ने बताया, 'हमने कुल मिलाकर करीब पांच सौ टीवी विज्ञापन तैयार किए थे क्योंकि हमें नहीं पता था कि अंत में निर्वाचन आयोग

किसे मंजूरी देगा। निर्वाचन आयोग के एक अधिकारी ने हमसे कहा भी, 'अब और कितना दिखाओगे।'

मोदी के चुनाव अभियान में 'स्थानीयता' को महत्व सबसे अनोखा और दिलचस्प पहलू था। विज्ञापन फिल्म और गीतों को बिहार में मतदाताओं को आकर्षित करने के लिए भोजपुरी और मैथिली जैसी स्थानीय भाषा शैली में तैयार किया गया था। उत्तर प्रदेश के पांच क्षेत्रों के लिए इसी तरह से अलग अलग विज्ञापन सामग्री तैयार की गई थी। भाजपा के उर्दू भाषा में पहले से कहीं अधिक विज्ञापन तैयार किए गए थे। इसमे कश्मीर घाटी को ध्यान में रखते हुए बनाया गया विज्ञापन, 'जन्नत यहां, तरक्की कहां' भी शामिल था। छोटे शहरों में एफएम पर विज्ञापन के लिए समय लिया गया था। यदि बंगाल के विज्ञापनों में चिट फंड घोटाले को केंद्रित किया गया तो उत्तराखंड में बाढ़ राहत कार्यों के प्रति उदासीनता को निशाना बनाया गया। अजय सिंह कहते हैं, 'मैं समझता हूं कि माइक्रो स्तर पर इस तरह का संदेश संप्रेषण ही 2004 और 2014 के चुनाव अभियान में सबसे बड़ा अंतर था।'

इसमें पार्टी का गीत भी था जिसे गीतकार और विज्ञापन विशेषज्ञ प्रसून जोशी ने तैयार किया था और सुखविंदर ने इसे अपनी आवाज़ दी थी। यह गीत भी बहुत ही प्रभावशाली था, 'सौगंध मुझे इस मिट्टी की, मैं देश नहीं मिटने दूंगा।' व्यक्तिगत रूप से, मैंने इस गीत को बहुत प्रभावशाली और सही संदर्भ वाला नहीं पाया लेकिन मोदी को इसके बोल बहुत पसंद आए और उन्होंने अपने भाषण में इनका इस्तेमाल किया। मोदी खुद इस गीत में मुट्ठी ताने नज़र आए। यह गीत मनोरंजन चैनलों पर चलाया गया क्योंकि मीडिया नियोजकों के अनुसार, 'वहीं पर सबसे अधिक दर्शक होते हैं।' इसे पंजाब में दर्शकों के लिए पंजाबी भाषा में अनुदित भी किया गया था।

मोदी के विज्ञापनों उर्जा दर्शाने के लिए दो उदाहरण हैं। पहला तो जब मोदी अप्रैल के मध्य में वाराणसी में विशाल जनसमूह के साथ अपना नामांकन पत्र दाखिल करने गए। इस जुलूस में शामिल मोटर गाड़ियों का काफिला उनके समर्थन को दिखा रहा था। उसी रात वाराणसी के दृश्यों को समाहित करते हुए नया विज्ञापन तैयार किया गया जिसमें मोदी का, 'मां गंगा ने बुलाया है' स्वर इसमें शामिल किया गया। एक ब्रांड नीतिकार कहते हैं कि यह एक प्रभावशाली दृश्य था जो एक बड़ी महत्ता की ओर ध्यान दिला रहा था ओर दर्शक इसे 'अच्छे दिन' से जोड़ सकते थे।

पांडे और भी दिलचस्प बातें बताते हैं। मई के प्रारंभ में मोदी ने अचानक

ही गांधी परिवार के गढ़ अमेठी में जनसभा करने का फैसला किया। इस जनसभा से दो दिन पहले, पांडे को गोयल ने फोन किया और कहा कि मोदी अमेठी की उपेक्षा के इर्द-गिर्द एक फिल्म चाहते हैं। पांडे उस समय अपनी बीमार सास के पास गोवा में थे और उन्होंने कहा कि यहां से निकलना मुश्किल होगा। गोयल ने कहा, 'प्लीज पीयूष, तुम्हें हमारे लिए यह करना ही होगा। मैं हमेशा ही तुम्हारा और तुम्हारी पत्नी का ऋणी रहूंगा।' चंद घंटों के भीतर दो पीयूष अहमदाबाद की उड़ान भर रहे थे।

अगले 24 घंटों में पांडे और ओएंडएम में उनके क्रिएटिव पार्टनर राजकुमार झा अहमदाबाद में एक छोटे से स्टूडियो में अमेठी पर विज्ञापन फिल्म पर काम किया। एक कैमरा टीम अमेठी भेजी गई थी जिसे गड्ढों वाली सड़कों और झुग्गियों की तस्वीरें लेनी थीं। ये तस्वीरें अमेठी से सड़क मार्ग से 90 मिनट की दूरी पर स्थिति लखनऊ से कंप्यूटर से अपलोड की गईं। पांडे बताते हैं कि हम अहमदाबाद में ही लिख रहे थे, संपादन कर रहे थे और रिकार्डिंग कर रहे थे।

अगली सुबह आठ बजे, अमेठी में जनसभा से कुछ घंटे पहले आठ मिनट की फिल्म तैयार हो गई और उसे विमान से लखनऊ भेजा गया। इस फिल्म का टाइटिल था, 'अमेठीः कांग्रेस के लिए वोट की पेटी।' 59 वर्षीय पांडे कहते हैं कि उनके विज्ञापन करियर के यह 24 घंटे सबसे अधिक रोमांचकारी थे लेकिन इसमें मज़ा आया और मैं खुद को एक बार फिर 25 का महसूस करने लगा।

चुनाव के अंतिम दिन तक उर्जा में किसी प्रकार की कमी नहीं आई थी। वाराणसी में ज़िला प्रशासन ने मोदी को जनसभा की अनुमति नहीं दी तो उन्होंने आठ मई को शहर की सड़कों पर शानदार रोड शो किया। इसके प्रति जनता के उल्लास और जोश को देखते हुए भाजपा की मीडिया टीम ने इसमे प्रचार के लिए एक नयी फिल्म तैयार करने का अवसर देखा। अगले 24 घंटों में वाराणसी में मोदी के शॉट्स के साथ नयी फिल्म तैयार थी इसमे कई बार सुधार किया गया और औपचारिक रूप से प्रचार समाप्त होने तक इसका निरंतर प्रसारण किया गया।

यह जुझारूपन और तीव्रता कांग्रेस के चुनाव प्रचार से नदारद थी। मैंने 2004 का वह दौर भी देखा था जब जयराम रमेश ने अपनी छोटी सी टीम के साथ 'आम आदमी' का नारा तैयार किया था। उस समय, शायद कांग्रेस के पास खोने के लिए कुछ नहीं था। यही मैंने 2009 में भी देखा था जब कांग्रेस ने एक बार फिर 'आम आदमी' के नारे का सफलतापूर्वक प्रयोग किया था। लेकिन 2014 के चुनाव में कांग्रेस के पास न तो कोई बड़ा विचार था और न ही उस पर अमल करने की इच्छा।

'आम आदमी' का पेटेंट भी अब कांग्रेस के पास नहीं था। केजरीवाल की पार्टी ने इसे हड़प लिया और उसने इसी के इर्द-गिर्द अपना राजनीतिक मॉडल तैयार किया। इसके साथ ही, कीमतों में वृद्धि आम आदमी को बेहाल किए थी और ऐसी स्थिति में 'आम आदमी' का नारा दिलों को जीतने में मददगार नहीं होने वाला था। कांग्रेस के एक नेता इस तथ्य को कुछ इस तरह रखा, 'हम अब कुछ अलग चाहते थे। कुछ ऐसा चाहते थे जो प्रतिस्पर्धा में अलग नज़र आए।'

भाजपा का प्रचार मोदी केंद्रित था। कांग्रेस ने काफी पहले ही फैसला कर लिया था कि हालांकि राहुल गांधी ही चुनाव का चेहरा होंगे लेकिन नारों में इस बात पर ज़ोर दिया जाएगा कि पार्टी और देश व्यक्ति से पहले है। कांग्रेस ने अपने प्रचार अभियान में समेकित भारत पर ज़ोर देने का प्रयास किया। कांग्रेस का शुरुआती वाक्य था, 'मैं नहीं, हम', 'तोड़े नहीं, जोड़े' और 'हर हाथ शक्ति, हर हाथ तरक्की।' पार्टी के पोस्टरों में बीच में राहुल गांधी का चित्र था जिसके चारों ओर विभिन्न परिधानों में तमाम चेहरे थे--सिर पर स्कार्फ बांधे मुस्लिम लड़की, पगड़ी पहने सिख युवक और धोती में आदिवासी। इसमें मौलिकता का अभाव था। जयराम रमेश बताते हैं, 'हम दिखाना चाहते थे कि भाजपा एक विघटनकारी समूह है जबकि हम प्रत्येक भारतीय के साथ हैं।'

कांग्रेस के विज्ञापनों में शामिल भारतीयों के समूह में गोवा की युवा कार्यकर्ता हसीबा अमीन भी थी। वह एनएसयूआई की गोवा इकाई की अध्यक्ष थी और कांग्रेस के उन विज्ञापनों का चेहरा थी जो कहता था, 'कट्टर सोच नहीं, युवा जोश।' कांग्रेस की यह युवा मुस्लिम नेता सोशल मीडिया पर इंटरनेट हिंदू के दुष्प्रचार का आसानी से निशाना बनी। उस पर आरोप लगा कि वह 300 करोड़ रुपए के घोटाले में संलिप्त है और जेल जा चुकी है। जब मैंने अपने गोवा संवाददाता से पता किया तो उन्होंने बताया कि यह रिपोर्ट पूरी तरह गलत है। मुझे उसके प्रति हमदर्दी थी क्योंकि किसी को भी इस तरह बदनाम नहीं किया जाना चाहिए। मैंने टेलीफोन करके उसके प्रति सहानुभूति वयक्त की। उसने ट्वीट करके मुझे धन्यवाद दिया। अगली बात जो मैं जानता था कि अब मुझे 'कांग्रेस एजेंट' बताया जाएगा। चुनाव अभियान के गर्म माहौल में ऐसा होना बहुत अचरज वाला नहीं था।

हसीबा प्रकरण ने कांग्रेस की विज्ञापन रणनीति पर भी सवाल उठाये क्योंकि यदि पार्टी युवाओं के प्रति अपनी प्रतिबद्धता दर्शाना चाहता था तो उसे अपने में से ही किसी की गवाही दिलाने की ज़रूरत नहीं थी। पार्टी को बाहर निकल कर कॉलेज छात्रों को इस अभियान में अपने साथ जोड़ना चाहिए था। चुनाव प्रचार से जुड़े एक विज्ञापन एग्ज़ीक्यूटिव ने बताया, 'हमने देश के विभिन्न हिस्सों

से करीब 60 विज्ञापन शूट किए थे क्योंकि पार्टी को अपने काडर में जोश फूंकने का यह एक उचित उपाय नज़र आ रहा था।'

कांग्रेस का चुनाव प्रचार 'देन्त्सू' संभाल रही थी। इस एजेंसी का दावा था कि पहले चरण में प्रदर्शन बहुत खराब नहीं रहा था। इस एजेंसी के एक एग्ज़ीक्यूटिव ने बताया, 'हमें जनवरी में अच्छा समर्थन मिल रहा था लेकिन तभी राहुल गांधी का इंटरव्यू हुआ और फिर वहीं से हम नीचे की ओर खिसकने लगे।' टेलीविज़न पर कांग्रेस नेता राजनीतिक रूप से नौसिखिया नज़र आए और वहीं से निराशा बढ़ने लगी।

जनवरी तक विज्ञापन एजेंसी मुख्य रूप से जयराम रमेश, प्रदीप कौल (गांधी परिवार के मित्र और विज्ञापन की दुनिया के व्यक्ति) और सुमन दुबे (पत्रकार और गांधी परिवार के एक अन्य मित्र) के साथ काम कर रही थी। प्रियंका गांधी को भी सारे विज्ञापन दिखाये जा रहे थे। अचानक ही फरवरी में एक नया नाम मनोज भार्गव का सामने आया। बताते हैं कि अमेरिका स्थित प्रवासी भारतीय मनोज भार्गव का एनर्जी ड्रिंक का कारोबार करते हैं और राहुल गांधी उससे बहुत प्रभावित थे। पार्टी की विज्ञापन टीम के एक सदस्य बताते हैं, 'इस व्यक्ति ने हमे आदेश देना और बात बात में राहुल गांधी के नाम का उपयोग करना शुरू कर दिया। वह पूरी रणनीति ही बदलना चाहता था।'

इस वजह से पार्टी की विज्ञापन रणनीति को लेकर पूरी तरह से भ्रम की स्थिति बन गई थी। कांग्रेस के अपने मूल आचरण के अनुरूप ही इसमें भी कई सत्ता केंद्र बन गए थे। ऐसी स्थिति में देन्त्सू ने अपने हाथ खड़े कर लिए। अंततः पार्टी की मीडिया टीम ने इस मामले को सोनिया के समक्ष रखा और मनोज को तत्काल अमेरिका वापस भेज दिया गया। देन्त्सू एजेंसी के एक सदस्य ने स्वीकार किया, 'भ्रम की इस स्थिति में हमने कीमती समय गंवा दिया। यह बेवजह का भटकाव था।' दूसरे चरण के प्रचार अभियान के लिए एजेंसी के तैयार होने तक बहुत देर हो चुकी थी।

दोनों दलों के चुनाव अभियान में एक सबसे बडा अंतर था। भाजपा के विज्ञापनों में साफ और स्पष्ट संदेश था जबकि कांग्रेस के विज्ञापनों में शब्दों का उलझाव था। कांग्रेस के हिंदी के विज्ञापनों में 'अराजकता, काजनीति और सशक्तीकरण' जैसे शब्दों का इस्तेमाल किया गया। कांग्रेस के विज्ञापन अभियान की विफलता पर टिप्पणी करते हुए विज्ञापन जगत के एक विशेषज्ञ कहते हैं कि किसी समय दूरदर्शन इस तरह की भाषा का इस्तेमाल करता था लेकिन आज तो ऐसा नहीं होता है।

कांग्रेस के विज्ञापनों में यह स्पष्ट नहीं हो रहा था कि आखिर यह किस वर्ग को केंद्रित करके तैयार किए गए हैं। अचानक ही मार्च महीने में एजेंसी से कहा गया कि 'सैंडविच वर्ग'–धनाढ्य नहीं, मध्यम वर्ग नहीं, गरीबी रेखा से नीचे वाला वर्ग नहीं बल्कि इन सबके बीच में पिस रहे वर्ग को केंद्रित किया जाए। राहुल गांधी के सलाहकार मोहन गोपाल ने इस बात का ज़िक्र किया था कि असंगठित क्षेत्र के 70 करोड़ भारतीय इसके दायरे में आते हैं और पार्टी को इस आय वर्ग की ओर विशेष ध्यान देना चाहिए क्योंकि इसे ही संप्रग-दो सरकार की नीतियों से सबसे अधिक लाभ पहुंचा है। इसके साथ ही विज्ञापन के लिए नया वाक्य सामने आया, 'भारत के मज़दूर हाथ, हम सब हैं एक साथ।' देन्त्सू ने स्वीकार किया, 'मतदाता महंगाई और भ्रष्टाचार पर जवाब चाहता था लेकिन हम उससे अलग तरह की बात कर रहे थे।' गोपाल इससे असहमति व्यक्त करते हुए कहते हैं, 'विज्ञापन एजेंसी यह समझ ही नहीं पा रही थी कि असंगठित क्षेत्र किस संदर्भ में है और इस तक कैसे पहुंचा जाए।' कांग्रेस के कई नेताओं का कहना था कि सिर्फ धनबल की वजह से ही भाजपा हमसे आगे निकल गई थी। रमेश इस स्थिति पर टिप्पणी करते हुए कहते हैं, 'कांग्रेस एक गरीब पार्टी है जिसमें पैसे वाले हैं, 2014 के चुनाव भाजपा पैसे वाली पार्टी थी जिसमें धनाढ्य लोग थे।' भाजपा को अंदर से जानने वाले एक व्यक्ति का दावा था कि चुनाव पर पार्टी ने करीब 385 करोड़ रूपए खर्च किए जबकि उसके विरोधियों का दावा था कि भाजपा ने इस मद में 600 करोड़ रूपए से अधिक खर्च किए। कांग्रेस ने विज्ञापनों पर करीब 300 करोड़ रूपए खर्च करने का दावा किया। (पार्टी के एक अंदरूनी सूत्र ने बताया कि अप्रैल में पार्टी के पास पैसा ही नहीं बचा था)।

जहां तक पैसे के इस्तेमाल का सवाल है तो यह तो कहानी का एक हिस्सा है। हकीकत तो यह है कि भाजपा ने बहुत चतुराई दिखाई। कांग्रेस का विज्ञापन अभियान जनवरी में शुरू हुआ जबकि भाजपा ने मतदान के महत्वपूर्ण चरण से ठीक पहले अपनी पूरी ताकत झोंक दी। कहते हैं कि उन्होंने विज्ञापन दिखाने के लिए चैनलों के रेट को लेकर भी मोल-तोल किया। पार्टी की मीडिया के बारे में भाजपा नेता बताते हैं, 'हमारी योजना मतदान से पहले के सप्ताह मीडिया में अधिकतम जगह पर कब्ज़ा करने की थी--यही वह समय है जब मतदाता सबसे अधिक प्रभावित होता है।'

ऐसा नहीं है कि सत्तारूढ़ गठबंधन के पास सरकार में रहते हुए पैसा नहीं था। संप्रग सरकार ने 2011 से 2014 के तीन सालों में भारत निर्माण कार्यक्रम

के प्रचार पर चार सौ करोड़ रूपए से अधिक धन खर्च किया था और करीब 187 करोड़ रूपए तो उसने अपने कार्यकाल के अंतिम वर्ष में खर्च किए थे। इस पर सबसे अधिक ज़ोर देने के लिए तिवारी का दबाव था जो अक्तूबर, 2012 में सूचना एवं प्रसारण मंत्री बने थे।

मई, 2013 में भारत निर्माण अभियान शुरू होने से पहले तिवारी ने विशेष रूप से इसकी स्क्रीनिंग के लिए हम लोगों को आमंत्रित किया था। फिल्म *परिणीता* के निदेशक प्रदीप सरकार ने यह लघु फिल्म तैयार की थी और राज्य सभा के सांसद जावेद अख्तर ने इसका गीत–'मीलों हम आए हैं, मीलों हमें जाना है' लिखा था। इस फिल्म में चारों ओर खुशहाली को दिखाया गया था जिसमें किसान भी खुश हैं, युवाओं में भी उल्लास है, महिलाओं का भी सशक्तीकरण हुआ है। इसके साथ संप्रग सरकार की उपलब्धियों को गिनाया गया था। तिवारी ने कहा, 'आप लोग इस बारे में क्या सोचते हो?' मैंने कुछ कहा तो नहीं लेकिन मन ही मन बुदबुदाया, 'इंडिया शाइनिंग पार्ट-दो!'

हकीकत तो यह है कि तमाम दावों के बावजूद संप्रग-दो सरकार कमज़ोर नेतृत्व, भ्रष्टाचार, घोटाले, विकास की धीमी रफ्तार और मंहगाई के लिए ही जानी गई। सरकार की उपलब्धियों के बारे में तमाम विज्ञापन और प्रचार से वास्तविकता नहीं बदलने वाली थी। सबसे बड़ा मुद्दा विश्वसनीयता का था और सरकार दृष्टिकोण के हिसाब से लड़ाई पहले ही हार चुकी थी। अब मुकाबला दागी अतीत और उज्ज्वल भविष्य के बीच था। कांग्रेस बनाम भाजपा की लड़ाई पहले ही मतदाताओं के मन में जगह बना चुकी थी। कांग्रेस में इसे चुनौती देने की किसी में ताकत नहीं बची थी।

रमेश ने बाद में मुझसे स्वीकार किया, 'देखो, भाजपा के पास आशा की किरण थी जो नरेंद्र मोदी के इर्द गिर्द ही घूम रही थी जबकि हमारा विचार भोजन का अधिकार जैसे समेकित विषयों के इर्दगिर्द था। उनके विचारों की जीत हुई। किसी भी चुनाव में एक पक्ष जीतता है तो दूसरा हारता है--इसके लिए विज्ञापन और प्रचार को दोष क्यों दिया जाए।' पांडे भी इस तथ्य को स्वीकार करते हैं कि किसी भी सफलता के लिए उत्पाद का बिकना ज़रूरी है। मोदी में यह आकर्षण था।

16 मई को जब चुनाव परिणाम आए तो पांडे की टीम ने भाजपा के 1, लोदी इस्टेट के नजदीक ही स्थिति होटल ताज विवांता (पूर्व एंबेसडर होटल) में एक पार्टी का आयोजन किया। चुनाव के दौरान विज्ञापन कंपनी के लिए स्थायी रूप से तीन कमरे बुक थे और अब जश्न मनाने का वक्त था। पार्टी में अच्छी

खासी शराब की व्यवस्था थी। इस पार्टी के लिए अस्थायी रूप से बने बार में दो ही शब्द लिखे थे, 'अबकी बार।'

चुनाव नतीजों के कुछ सप्ताह बाद जून के महीने में मुंबई प्रेस क्लब ने एक परिचर्चा का आयोजन किया। इसका विषय था, 'क्या मीडिया ने मोदी लहर पैदा की?' यह आत्म निरीक्षण का अवसर था क्योंकि लगातार यह धारणा ज़ोर पकड़ रही थी कि मोदी के लिए मीडिया ने चीयरलीडर्स के रूप में काम किया। पूरे चुनाव अभियान के दौरान मैंने यही सुना कि मोदी के प्रभाव में तुम लोग बिक गए।

सेंटर फॉर मीडिया स्टडीज़ (सीएमएस) ने पांच समाचार चैनलों (तीन हिंदी और दो अंग्रेज़ी) के चुनाव कवरेज के सर्वे के आधार पर दावा किया कि इनमें 33 प्रतिशत से कुछ अधिक समय मोदी को मिला। इसके बाद खबरों में स्थान पाने वालों में केजरीवाल रहे जिन्हें 10 प्रतिशत से अधिक समय मिला जबकि राहुल गांधी को सिर्फ 4.33 प्रतिशत समय ही मिला। मुलायम सिंह यादव, ममता बनर्जी, नवीन पटनायक और जयललिता जैसे क्षेत्रीय नेताओं को इस चार्ट में नाम मात्र की जगह मिली।

मीडिया की गतिविधियों पर निगाह रखने वाली वेबसाइट 'द हूट' को दिये गए इंटरव्यू में आप पार्टी के नेता योगेन्द्र यादव की शिकायत थी कि मोदी की लगातार हो रही कवरेज के कारण उन्हें अतिरिक्त मत भी मिले। उनका निष्कर्ष था, 'मैं तो यही कहूंगा कि यदि भाजपा पांच प्रतिशत पीछे गई होती तो वह करीब अस्सी सीटें हार जाती। मीडिया के प्रभाव को इसी तरह इंगित किया जा सकता है।'

योगेन्द्र की तरह मैं संख्या को मानने वाला व्यक्ति नहीं हूं और न ही सीएमएस के आंकड़ों को मीडिया में मोदी के प्रति झुकाव का संकेत मानूंगा। सच्चाई तो यह है कि इस चुनाव में मोदी ही केंद्र में थे और चर्चा भी उन्हीं पर केंद्रित थी। 2014 के चुनाव में मोदी चुनाव प्रचार की रफ्तार और एजेंडा निर्धारित कर रहे थे। मीडिया भी एक सीमा तक देश के बड़े हिस्से की गतिविधियों की हकीकत ही बयां कर रहा था। उन्हें ज़रूरत से अधिक कवरेज मिली क्योंकि वह खबर के मामले में अव्वल थे। हमें यह नहीं भूलना चाहिए कि भाजपा ने झारखंड और छत्तीसगढ़ जैसे राज्यों में भी शानदार प्रदर्शन किया जहां मीडिया की उपस्थिति अपेक्षाकृत कम है।

एक और सच्चाई यह भी है कि मीडिया, विशेषकर टेलीविज़न, भाजपा के

प्रधानमंत्री पद के उम्मीदवार के नेतृत्व के गुणों पर गंभीरता से मंथन करने की क्षमता खो चुका था। मोदी गुजरात माडल का वास्तव में कहीं कोई परीक्षण ही नहीं हुआ जबकि पूरे चुनाव में वह अपनी सफलता के लिए इसकी दुहाई देते रहे। मोदी ने कहा और हमने यकीन कर लिया।

इस चुनाव में हालांकि मीडिया के सम्मोलन का लाभ मोदी को मिला लकिन हमें यह नहीं भूलना चाहिए कि गांधी परिवार के प्रति टीवी कैमरों का काफी गहरा लगाव रहा है। सालों तक हमने गांधी परिवार की गहरी चुप्पी पर कभी भी गंभीरता से सवाल नहीं उठाया और विवादित विषयों को उठाने में दिलचस्पी नहीं दिखायी—चाहे वह बोफोर्स के आरोपी क्वात्रोच्चि का मामला रहा हो या उनकी संपदा के स्रोत या फिर फैसले लेने की सामंती शैली रही हो। सोनिया गांधी पिछले दो दशकों से राजनीति में हैं--हम कितनी बार उनसे सवाल जवाब कर पाए हैं? मैंने जब 2005 में उनका इंटरव्यू किया तो वंशवाद की राजनीति के बारे में पूछे गए सवाल पर वह लगभग वाकआउट ही कर गई थीं। गुजरात के 2002 के दंगों के मामले में मोदी की भूमिका लेकर काफी गहन छानबीन तो हुई थी।

परंतु 2014 में सारे समीकरण बदल गए। वही मीडिया जो कल तक उनका बैरी बना हुआ था आज उनके साथ खड़ा था। उनके एक एक अंदाज़ की तारीफ हो रही थी और आलोचना तो नगण्य ही थी। इसके विपरीत, संप्रग नेतृत्व को खुलकर विरोध कर रही मीडिया का सामना करना पड़ रहा था। गांधी परिवार की भूमिका का विश्लेषण हो रहा था और संप्रग-दो के पास छिपने की कोई जगह नहीं थी। सीएजी ने अपनी रिपोर्ट में कहा था कि स्पेक्ट्रम आवंटन में देश को 1.76 लाख करोड़ रूपए का नुकसान हो गया। हमने बगैर किसी नानुकुर के इस पर भरोसा कर लिया। विपक्ष ने जितनी बार हमें जानकारी दी, हमने इसे 'घोटाला' पुकारा। हो सकता है क यह मीडिया की पारिस्थितिकी व्यवस्था की देन हो जिसमें खबर का स्थान शोर और अभिप्राय की जगह सनसनी ले लेता है।

या यह भी हो सकता है कि 24 घंटे के समाचार चैनल की आपाधापी में हम आसपास के माहौल के प्रभाव में आ जाते हैं। चुनाव के दौरान नरेंद्र मोदी की लगभग सभी सभाओं का सीधा प्रसारण हुआ जो हमारी भेड़चाल को ही दर्शाता है। यदि एक चैनल कोई घटना दिखाता है तो बाकी चैनल तुरंत ही उसका अनुसरण करने लगते हैं। मोदी की चुनाव सभाओं के दौरान तो हमने विज्ञापन के लिए होने वाले ब्रेक भी खत्म कर दिये। एक दिन तो मोदी की चार जनसभाएं थीं और हमने इनमें से दो का सीधा प्रसारण किया था। मैंने सुझाव दिया कि अब

हमें तीसरी सभा का सीधा प्रसारण नहीं करना चाहिए क्योंकि इसमें वही बातें दोहराई जा रही हैं। पांच मिनट बाद ही मैंने देखा कि सभा का सीधा प्रसारण हो रहा हैं। पूछे जाने पर जवाब मिला, 'सर, सभी इसे दिखा रहे हैं, हमें भी इसे दिखाना चाहिए।' एक सहयोगी ने तो और बेबाकी से कहा, 'मोदी तो टीआरपी है बॉस।'

हम लोग मोदी के एजेंडे का किस सीमा तक हिस्सा बन रहे थे ये भाजपा के घोषणा पत्र को लेकर उठे विवाद के दौरान भी सामने आ गया था। भाजपा के घोषणा पत्र को जारी करने के दिन प्रथम चरण में असम सहित पूर्वोत्तर के राज्यों में मतदान हो रहा था। भाजपा के पदाधिकारियों ने ज़ोर देकर कहा कि उन्होंने जानबूझ कर मतदान के दिन घोषणा पत्र जारी करने का निश्चय नहीं किया लेकिन इसमें विलंब की वजह चुनाव के लिंए शुरू में तैयार की गई मोटी पुस्तिका थी जिससे मोदी संतुष्ट नहीं थे। चुनावी वायदों की यह पुस्तिका पार्टी के वरिष्ठ नेता मुरली मनोहर जोशी की अध्यक्षता वाली टीम ने तैयार की थी।

घोषणा पत्र जारी होने से 24 घंटे पहले, समाचार चैनलों के बीच इस बात को लेकर ज़बर्दस्त बहस छिड़ी थी कि क्या उन्हें जब मतदान चल रहा हो तो चुनाव घोषणा पत्र जारी करने के कार्यक्रम का सीधा प्रसारण करना चाहिए क्योंकि इससे आचार संहिता का उल्लंघन हो सकता है। न्यूज़ ब्रॉडकास्टर्स एसोसिएशन के अध्यक्ष शाज़ी ज़मां ने मुझसे पूछा, 'क्या आप इसका पता लगा सकते हैं?'

मैंने आधिकारिक दृष्टिकोण जानने के लिए मुख्य निर्वाचन आयुक्त वी. एस. संपत को फोन किया। उन्होंने कानूनी विशेषज्ञ से राय प्राप्त करने के लिए सूचित करने का आश्वासन दिया। रात 11 बजे के बाद उन्होंने फोन करके बताया कि चुनाव घोषणा पत्र जारी करने के कार्यक्रम को मतदान वाले क्षेत्रों के अलावा शेष हिस्से में दिखाया जा सकता है। मैंने जब उन्हें बताया कि नेशनल समाचार चैनल के रूप में हमारा कार्यक्रम तो पूरे देश में दिखाया जाता है तो उन्होंने कहा, 'मैं यह फैसला आपके विवेक पर छोड़ता हूं कि यह कैसे सुनिश्चित किया जाए कि इससे कानून का उल्लंघन नहीं हो।'

मैंने शाज़ी को फोन करके मुख्य निर्वाचन आयुक्त के साथ हुई बातचीत का सारांश बताया। मेरा सुझाव था, 'जो भी फैसला हो वह सामूहिक होना चाहिए।' वैसे भी मैं इस मसले पर अलग-थलग पड़ने का जोखिम नहीं ले सकता था।

अगली सुबह, सारे राष्ट्रीय चैनलों ने इसकी सीधा प्रसारण किया हालांकि मेरा मानना था कि हम चुनाव कानूनों के साथ खिलवाड़ कर रहे हैं। सार्वजनिक रूप से बचाव के लिए हमारा तर्क था--दर्शकों और राष्ट्रहित में इसे दिखाना महत्वपूर्ण

था। इसके विपरीत, निजी बातचीत में हम जानते थे कि इससे कानून का उल्लंघन हुआ है लेकिन हमने उस स्थिति में जोखिम उठाया क्योंकि चुनाव आयोग ने हमें लिखित में कुछ नहीं दिया था।

यही तर्क 24 अप्रैल को वाराणसी में नरेंद्र मोदी द्वारा नामांकन पत्र दाखिल किए जाते वक्त भी दिया गया। उस दिन 12 राज्यों में 117 सीटों पर मतदान हो रहा था। सवाल उठा कि क्या जब 12 राज्यों में मतदान हो रहा है तो वाराणसी में मोदी के नामांकन पत्र भरने के कार्यक्रम का सीधा प्रसारण करने से चुनाव कानूनों का उल्लंघन नहीं होगा? यह एक सवाल था। इससे हो भी सकता था और नहीं भी क्योंकि कई चरणों के चुनाव में एक तो कानूनी व्यवस्था पुरानी हो रही थी और दूसरी ओर इंटरनेट पर इस कार्यक्रम को दिखाया जा रहा था। इसकी एक वजह यह भी थी कि नौ चरणों में चुनाव कराने के चुनाव आयोग की आदर्श आचार संहिता से सामान्य अभिप्राय संहिता के उल्लंघन को लेकर लगातार आवाज़ें उठ रही थीं।

भले ही ऐसा करना वैध हो लेकिन क्या नैतिक दृष्टि से यह उचित था? दुखद बात तो यह भी कि इस तरह के सवालों पर कोई भी विचार नहीं करना चाहता था। मोदी शानदार जीत की ओर बढ़ रहे थे। वह ऐसा बॉक्स ऑफिस थे जिसे देश देखना और सुनना चाहता था। हम भी टीवी स्टूडियो को उसका लाउडस्पीकर बनकर दिखाने में खुश थे और उसके आक्रामक प्रचार का हिस्सा बन रहे थे। पत्रकार के रूप में हमारी नैतिकता टीआरपी की दौड़ में कहीं पीछे छूट चुकी थी।

टेलीविज़न पर मनमोहन सिंह और राहुल गांधी की तुलना में मोदी बेजोड़ थे। संप्रग और मनमोहन सिंह की चुप्पी की वजह से टीवी कैमरे मोदी की ओर मुखातिब हुए क्योंकि वहीं से लगातार आक्रामक शैली में साउंड बाइट मिल रही थीं। सवाल यह है कि क्या इस प्रक्रिया में हम निर्विकार भाव के पर्यवेक्षक की बजाए इसके भागीदार हो गए? शायद मीडिया भी मोदी के प्रचार तंत्र का हिस्सा बन गया था। प्रधानमंत्री पद के उम्मीदवार हमेशा ही सलीके के परिधान में नज़र आए और अलग अलग स्थानों पर पहुंचने के बावजूद संभवतः पूरे चुनाव अभियान में उन्होंने कोई भी परिधान दुबारा नहीं पहना था।

इससे इंकार नहीं किया जा सकता कि जितनी बार भी मोदी के कार्यक्रम का प्रसारण हुआ, उसने हमेशा दर्शकों को आकर्षित किया। मोदी की सभाओं में उपस्थित जनसमूह और सोशल मीडिया पर मोदी की लोकप्रियता भी टेलीविज़न पर उनके कार्यक्रमों की अधिक कवरेज की एक वजह था। टीवी कैमरे की भूमिका

तो अच्छा और बुरा दोनों ही दिखाने की होती है और जहां भी कुछ घट रहा होता है कैमरे वहां पहुंच जाते हैं। चाहें वह निर्भया को लेकर विरोध प्रदर्शन हो या फिर रामदेव की सभा, अण्णा हज़ारे या फिर केजरीवाल का धरना हो, टीवी कैमरे हर जगह पहुंचते हैं।

अंतिम आंकलन में न तो दिखावटी नैतिकता या खुद पर चोट करने की ज़रूरत है। ये मानना कि मीडिया ने मोदी लहर बनाई स्वयं को ज़रूरत से ज़्यादा महत्व देना होगा। शायद करोड़ों ने जो वोट मोदी को दिये है और उनमें आस्था व्यक्त की है उसका भी अनादर होगा।

मुंबई प्रेस क्लब में हुई परिचर्चा के संदर्भ में विज्ञापन की दुनिया के पीयूष पांडे का यह निष्कर्ष सही था कि मीडिया ने लहर नहीं बनायी बल्कि वह सिर्फ इस पर सवार था।

8

बनना एक लहर का

राहुल गांधी के राजनैतिक जीवन के लिए जो साल सबसे अधिक निर्णायक था उस दौरान वह देश से ही अनुपस्थित रहे। कांग्रेस के इस युवा नेता की विदेश यात्राएं मीडिया में ही नहीं बल्कि कांग्रेस पार्टी में भी चर्चा का केंद्र रहीं। हमेशा यही सुनने को मिलता था कि वह दुबई या लंदन में हैं। राहुल गांधी की विदेश यात्राओं का बचाव करते हुए कांग्रेस के लोग कहते हैं, 'वह नया वर्ष हमेशा बाहर ही बिताते हैं, राजीवजी भी ऐसा ही करते थे।'

राहुल गांधी जब जनवरी 2014 के प्रथम सप्ताह में विदेश से लौटे तो दिल्ली शीत लहर की चपेट में थी। धीरे धीरे ऐसा अहसास भी होने लगा था कि जल्दी ही कांग्रेस पार्टी भी अलग थलग रह जाएगी। दिसंबर में संपन्न चार राज्य विधान सभाओं में पार्टी पहले ही सत्ता से बाहर हो चुकी थी। सीएनएन-आईबीएन का जनवरी का चुनावी सर्वे और बुरी खबर लाया था--राजग को अब 230 सीटों से अधिक मिलले की संभावना व्यक्त की जा रही थी जबकि भाजपा को अकेले ही 210 के आसपास सीटों पर विजय हासिल करते दिखाया जा रहा था। इसके विपरीत, इन सर्वे में संप्रग काफी पीछे नज़र आ रही थी और उसे करीब 120 सीटें ही मिलने की उम्मीद थी जबकि अकेले कांग्रेस को तीन आंकड़ों से नीचे ही दिखाया जा रहा था। कीमतों में वृद्धि अभी भी परेशानी का सबब बनी हुई थी क्योंकि खुदरा बाज़ार में महंगाई करीब दो अंकों में ही थी। हमारे चुनाव सर्वे के अनुसार यह चिंता का सबसे बड़ा मुद्‌दा था। मतदाता अभी भी संप्रग से काफी नाराज़ लग रहा था। चुनाव सर्वे से पता चलता था कि अधिकांश लोग यही मानते हैं कि प्रधानमंत्री ने उच्च पदों पर भ्रष्टाचार होने दिया अथवा वह

इस पर काबू नहीं पा सके।

इस सर्वे का दूसरा महत्वपूर्ण बिंदु राहुल गांधी और नरेंद्र मोदी के बीच नेतृत्व प्रदान करने के बारे में था। जब जनता से सीधा सवाल किया गया कि उनके विचार से किसे प्रधानमंत्री होना चाहिए तो 52 प्रतिशत लोगों ने मोदी को बेहतर माना जबकि सिर्फ 16 प्रतिशत लोग ही राहुल को चाहते थे। उत्तर और पश्चिम भारत में जब यही सवाल किया गया तो अंतर और बढ़ गया। सिर्फ केरल ही एक राज्य था जहां राहुल अपने प्रतिद्वंद्वी मोदी से आगे थे। इन सर्वे से कांग्रेस की स्थिति चिंताजनक नज़र आ रही थी।

कांग्रेस के वरिष्ठ नेता दिग्विजय सिंह इस स्थिति को लेकर बहुत चिंतित थे। दूसरे कांग्रेसियों की तरह वह भी आसन्न संकट महसूस कर रहे थे। परंतु दूसरे कांग्रेसजनों की तुलना में उनकी राहुल तक सीधी पहुंच थी। दिग्विजय सिंह अभी तक इस चुनाव को राहुल बनाम मोदी बनाने के खिलाफ़ थे। अब, वह महसूस कर रहे थे कि कम से कम अब इस युवा नेता को पार्टी कार्यकर्ताओं तक यह संदेश पहुंचाये कि वह नेतृत्व के लिए तैयार है। दिग्विजय सिंह कहते हैं, 'राहुल जी, कार्यकर्ताओं में जोश पैदा करने की ज़रूरत है, उन्हें यह अहसास कराने के लिए आपके मार्ग निर्देशन की ज़रूरत है कि हम चुनाव जीत सकते हैं। आपको आगे आकर हमारा नेतृत्व करना चाहिए।' राहुल इससे सहमति व्यक्त करते हुए कहते हैं, 'हां, हां, मैं जानता हूं दिग्विजयजी। जब समय आएगा तो मैं तैयार रहूंगा।'

परंतु समय तेज़ी से निकलता जा रहा था। दिल्ली के तालकटोरा स्टेडियम में एआईसीसी का अधिवेशन 17 जनवरी से हो रहा थां देश भर से आए पार्टी के सैकड़ों प्रतिनिधि अपने नेता को सुनने के लिए एकत्र हुए थे। मनमोहन सिंह, जो राजनीति से अवकाश ग्रहण करने की घोषणा कर चुके थे, ने सुबह के सत्र को संबोधित किया था। दोपहर के भोजन से पहले सोनिया गांधी भी अधिवेशन को संबोधित कर चुकी थीं। अधिवेशन में उपस्थित प्रतिनिधि और कार्यकर्ता अब राहुल गांधी को सुनने के लिए बेचैन हो रहे थे। बीच बीच में नारे लग रहे थे, 'राहुल गांधी आगे बढ़ो हम तुम्हारे साथ हैं।' अधिवेशन में एक प्रस्ताव भी पारित किया गया था कि पार्टी उनके नेतृत्व में ही 2014 का चुनाव लड़ेगी।

राहुल ने अपराह्न करीब साढ़े तीन बजे अधिवेशन को संबोधित किया। एक साल पहले, राहुल ने इसी तरह के आयोजन को जयपुर में संबोधित किया था जहां उन्होंने अपने भाषण में 'सत्ता को ज़हर' बताया था। इस बार के संबोधन

में स्वतः परित्याग करने जैसा कोई भावनात्मक संदेश नहीं दिया गया। पार्टी चुनाव जीतने की तैयारी कर रही थी और वह चाहती थी कि नेतृत्व विरोधी के सामने संघर्ष का बिगुल बजाए। पहली बार, राहुल ने उन्हें निराश नहीं किया।

राहुल गांधी ने एक घंटे के हिंदी और अंग्रेज़ी के मिले जुले भाषण में उस आक्रामकता का परिचय दिया जो अभी तक नज़र नहीं आ रही थी। उन्होंने बगैर नाम लिए ही बार बार नरेंद्र मोदी को निशाना बनाया। उन्होंने कहा, 'लोकतंत्र एक व्यक्ति से शासित नहीं होता है, लोकतंत्र जनता के निर्वाचित प्रतिनिधियों से होता है।' उन्होंने कहा, 'विपक्षी बहुत अच्छी मार्केटिंग करते हैं, वे गाते हैं, वे नाचते हैं, वे गंजों को कंघे बेच सकते हैं। उनकी बातों के बहकावे में आप नहीं आएं।'

यदि पार्टी अपने जुझारू स्वरूप को फिर से पाना चाहती थी तो राहुल गांधी के इस भाषण से उसकी उम्मीदें जगी थीं। उन्होंने बहुत ही विश्वास के साथ कहा, 'इससे कोई फर्क नहीं पड़ता कि रात कितनी अंधेरी है, भारत हमें संघर्ष करना सिखाता है। हम योद्धाओं की तरह पूरी तैयारी से लड़ाई के मैदान में उतरेंगे।' अधिवेशन में उपस्थित गांधी परिवार के वफादारों में कुछ क्षण के लिए एक नयी उत्तेजना व्याप्त हो गई थी।

राहुल गांधी ने खुद को पार्टी के प्रधानमंत्री पद के उम्मीदवार घोषित करने से गुरेज किया लेकिन यह ज़रूर कहा कि कांग्रेस एक लोकतांत्रिक पार्टी है और निर्वाचित सांसद ही अपने नेता का चुनाव करेंगे। लेकिन उन्होंने यह स्पष्ट संकेत दे दिया था कि अब वह इस पद के प्रति अपनी अनिच्छा का त्याग कर चुके हैं। उन्होंने कार्यकर्ताओं और समर्थकों के नारों के बीच कहा, 'मैं आपका सिपाही हूं। आप जो कहेंगे, मैं करूंगा।'

और यदि पार्टी में नेतृत्व में बदलाव के बारे में किसी भी प्रकार की शंका थी तो उसे भी दूर करते हुए राहुल गांधी ने मंच पर उपस्थित प्रधानमंत्री से यह 'मांग' कर डाली, 'प्रधानमंत्री जी, सब्सीडी वाले एलपीजी के नौ सिलेंडर काफी नहीं हैं। इस देश की महिलाएं साल में 12 सिलेंडर चाहती हैं।' दो सप्ताह बाद ही संप्रग सरकार ने मिमियाते हुए सब्सिडी वाले रसोई गैस के सिलेंडरों की संख्या नौ से बढ़ाकर 12 कर दी।

स्टूडिया में, हमने राहुल गांधी के भाषण का विश्लेषण करने पर महसूस किया कि वह अब नेतृत्व प्रदान के लिए तैयार हो गए हैं। नरेंद्र मोदी पर हमला काफी तेज़ था और यह ठीक वैसा ही था जिसकी चुनाव के समय में अपेक्षा की जाती है। उनकी भाषण करने की शैली और भाव भंगिमाएं भी पार्टी को नेतृत्व

प्रदान करने वाले नेता जैसी ही थीं। उनके हिंदी ज्ञान में भी काफी सुधार हुआ था और उनका भाषण लगभग त्रुटिहीन था। इस भाषण के लिए अधिकांश विश्लेषणकर्ताओं ने उन्हें दस में से आठ अंक दिये थे।

हमने सवाल किया कि क्या चुनाव आ गए हैं। टेलीविज़न तो तत्काल फैसला चाहता है और हमारा निर्णय था कि यह भाषण कांग्रेस पार्टी के उज्ज्वल भविष्य का सूचक हो सकता है। होता भी क्यों नहीं, आखिर पार्टी एक ही परिवार से जो बंधी हुई है और इसका युवराज पार्टी की कमान संभालने के अब संकेत दे रहा है।

लेकिन यह गुब्बारा फटने में अधिक वक्त नहीं लगा। पार्टी अधिवेशन में उसी दिन सुबह मणिशंकर अय्यर ने एएनआई न्यूज़ एजेंसी से बातचीत में नरेंद्र मोदी पर हमला बोला था। अय्यर के मन में मोदी के प्रति नफरत थी। हमारे स्टूडियो में भी चर्चा के दौरान लगभग आवेश में आते हुए वह भाजपा के प्रधानमंत्री पद के उम्मीदवार की तुलना हिलटर से और आरएसएस की तुलना नाज़ियों से कर रहे थे। और अब जब उनसे मोदी के बारे में पूछा गया तो उन्होंने तपाक से जवाब दिया, 'वह कभी भी भारत के प्रधानमंत्री नहीं बन सकते। कभी नहीं। लेकिन यदि वह चाहें तो हम उनके लिए यहीं पर चाय के स्टाल का बंदोबस्त कर सकते हैं।'

मैंने जब उसी रात मणिशंकर अय्यर का इंटरव्यू किया तो उन्होंने यह स्वीकार करने से ही इंकार कर दिया कि उन्होंने मोदी को 'चायवाला' कहा। मणिशंकर अय्यर ने अपना माइक हटाते हुए तल्खी भरे अंदाज़ में कहा, 'राजदीप, मैं जो भी कहता हूं उसे तोड़ मरोड़ कर पेश करने की तुम्हारी बहुत खराब आदत है। तुम्हें और तुम्हारे चैनल को ऐसा करने में महारत हासिल है।'

मणिशंकर की राजनीतिक यात्रा उतार-चढ़ावों से भरी हुई है। भारतीय विदेश सेवा के पूर्व अधिकारी और दून तथा कैंब्रिज में राजीव गांधी के सीनियर रह चुके मणिशंकर अय्यर 1980 के उस दौर में राजनीति में आए जब नयी तरह की राजनीति शुरू करने की इच्छा रखने वाले राजीव नये चेहरे लाने का प्रयास कर रहे थे। हालांकि यह ख्वाब जल्द ही टूट गया लेकिन मणिशंकर खुद को 'धर्मनिरपेक्ष कट्टरपंथी' बताते हुए इस परिवार के प्रति हमेशा ही वफादार बने रहे। आलोचक उन्हें चाटुकार कहते थे और इस दौरान उनका राजनीतिक जीवन भी भंवर में उतरा रहा था और वह लगभग गुमनामी में चल गए थे। उन्होंने पंचायती राज को अपनी सबसे बड़ी उपलब्धि बना रखा था लेकिन राजनीति में हमेशा बने रहने के लिए यह पर्याप्त नहीं था। ऐसा इसलिए भी था कि वह तमिलनाडु से थे जहां उनकी

पार्टी बड़ी भूमिका में नहीं है। उन्हें पेट्रोलियम मंत्री के पद से हटा दिया गया था क्योंकि कथित रूप से वह अंबानी के सामने झुक नहीं रहे थे। उन्हें खेल मंत्री पद से भी हटाया गया क्योंकि वह राष्ट्रमंडल खेलों की आयोजन समिति के मुखिया सुरेश कलमाड़ी के अनुरूप नहीं थे। इस समय वह सोनिया गांधी के सौजन्य से राज्य सभा के मनोनीत सदस्य थे और सदन में पिछली कतार में बैठते हैं।

मणिशंकर अय्यर की चुटीली बातें और हाज़िर जवाबी ने उन्हें टेलीविज़न के लिए मनोरंजन का साधन बना दिया। उनकी तीखी जबान के कारण राजनीति में उनके बहुत कम मित्र बचे हैं। कई बार तो ऐसा लगता है कि वह अभी भी दून स्कूल और सेंट स्टीफन कॉलेज की वाद विवाद करने वाली बिरादरी से कभी ऊपर उठ ही नहीं सके। परंतु यह स्कूल और कॉलेज की वाद विवाद प्रतियोगिता नहीं हैं जहां आप चुटीले संवाद करें और फिर उस पर होने वाली हंसी का आनंद लें। यह तो असली राजनीति का अखाड़ा था जिसका टेलीविज़न पर सीधा प्रसारण हो रहा है। आप राजनीति में अपने विरोधी की आलोचना करते समय तीखे शब्दों का इस्तेमाल कर सकते हैं, उनके प्रति अनादर और तिरस्कार पूर्ण शब्दों के इस्तेमाल बहुत खतरनाक होता है।

मैंने मणिशंकर के दोनों पहलू देखे हैं। मेज़बान व्यक्ति रूप में वह बहुत शानदार व्यक्ति हो सकते हैं लेकिन टेलीविज़न चर्चा के दौरान वह बहुत ही क्रूर और व्यक्तिगत भी हो जाते हैं। एक बार रात के कार्यक्रम के दौरान उन्होंने मुझसे कहा, 'मैं अब दुबारा आपके चैनल पर नहीं आना चाहता--आपको अनुमान ही नहीं है कि आप क्या कह रहे हो।' लेकिन अगले ही दिन संसद में वह पाकिस्तान के साथ होने वाली बातचीत, जो उनका प्रिय विषय है, पर चर्चा के लिए मुझे निमंत्रण देते हैं।

अभी वह मुझे और दूसरे चैनलों को मोदी के बारे में उनकी टिप्पणी को तोड़-मरोड़ कर पेश करने का आरोप लगा रहे थे। हकीकत तो यह है कि हमने मणि की व्यंग्यात्मक टिप्पणियों में कोई छेड़छाड़ नहीं की थी। चर्चा का संदर्भ सीधे सीधे 'असली चाय की दुकान' से था। चुनाव प्रचार के दौरान मोदी अक्सर यह कहते थे कि किसी तरह एक लड़के के रूप में उन्होंने वडनगर रेलवे स्टेशन पर चाय बेचते हुए अपनी ज़िंदगी शुरू की। यह उनका खुद को सुविधा संपन्न गांधी परिवार से इतर बताने का एक तरीका था और अपने भाषणों में उन्होंने खुद को आलीशान बंगलों में जन्म लेने और बेहद लाढ़ प्यार से लालन पालन पाने वाले बच्चे की बजाए अपनी मेहनत और लगन के साथ इस मुकाम तक

पहुंचने वाले व्यक्ति के रूप में पेश किया। यही वजह थी कि अब एक सभ्रांत कांग्रेसी, जो खुद की पहचान पूरी तरह गांधी परिवार के साथ करता है, चाय बेचने वाले लड़के के बारे में परिहास कर रहा है। इस अवसर को गंवाया नहीं जा सकता था।

टेलीविज़न पर प्राइम टाइम कार्यक्रम में राहुल गांधी का यह सबसे अच्छा भाषण छाया रहना चाहिए था। लेकिन इसकी बजाए, मणिशंकर द्वारा भाजपा के नेता के प्रति अनादर के शब्दों का इस्तेमाल करने के कारण विरोधी पार्टी को सारी चर्चा पर ही हावी होने का मौका मिल गया। इसके बाद राहुल को लेकर छिड़े युद्ध में भाजपा ने इसे 'शहज़ादा बनाम चायवाला' का रूप दे दिया। भारत में बहुत तेज़ी से आगे बढ़ने की ललक और सभी सुविधाओं का लाभ प्राप्त करने वाले सभ्रांत तबके प्रति बढ़ते आक्रोश के बीच ही मणिशंकर ने अपनी ही पार्टी को एक बार फिर बचाव की मुद्रा में पहुंचा दिया था।

भाजपा के कई रणनीतिकारों से मैंने जानना चाहा, 'चाय पर चर्चा' का विचार कहां से आया?' किसी ने भी मुझे स्पष्ट जवाब नहीं दिया। टीम मोदी के एक सदस्य ने कूटनीतिक अंदाज़ में कहा, 'अच्छे विचार हमेशा ही नेता से मिलते हैं।'

इसमें मोदी की छाप स्पष्ट नज़र आ रही थी। शुरू से ही जब मैं पहली बार अयोध्या रथ यात्रा के दौरान मोदी से मिला था, मैं अनुमान लगा सकता हूं कि किसी भी आयोजन का बेहतरीन तरीके से प्रबंधन करने में वह बहुत ही चतुर हैं। मैं अक्सर ऑफिस में मज़ाक में कहता, 'यदि मोदी चुनाव हार गए तो हमें उन्हें मुख्य विपणन अधिकारी रख लेना चाहिए!' वह अचानक ही किसी भी अवसर पर ऐसे विचार को अपना लेते हैं जिससे उन्हें लगता है कि यह मतदाताओं को लुभायेगा। 'चाय पर चर्चा' ऐसा ही एक मौका था।

सिटीजंस फॉर एकाउंटेबल गवर्नेंस के प्रशांत किशोर 'चाय पर चर्चा' की अवधारणा के बारे में बताते हैं, 'विचार नुक्कड़ सदन बनाने का था।' चाय की दुकान तो देश भर में हर जगह होती है। छोटे गांव से लेकर महानगरों तक में एक कप चाय तो आम बात है और अब मोदी ने अपनी पहचान को इससे जोड़ दिया।

इसके पीछे एक और कम महत्वपूर्ण वजह भी थी। फरवरी के शुरू में आम आदमी पार्टी की लोकप्रियता बहुत अधिक थी। आप पार्टी अपनी राजनीति को सड़कों पर ले जाकर सीधे जनता से संवाद स्थापित करने के कारण रोज़ाना सुर्खियों में रहती थी। आप पार्टी ने भी कॉर्पोरेट जगत के साथ मोदी की निकटता को लेकर उस पर हमले शुरू कर दिये थे। आप पार्टी यह संदेश देने का प्रयास कर

रही थी कि 'खास आदमी' हैं जिन्हें 'असली भारत' की समस्याओं का अंदाज़ ही नहीं है। ये हमले कांग्रेस के हमलों से कहीं अधिक मोदी के चुनाव प्रचार को नुकसान पहुंचाने की क्षमता रखते थे। भाजपा के एक नेता ने स्वीकार किया, 'आप पार्टी जो भी कर रही थी, उसे हम जानते थे और हम आप की संवाद स्थापित करने की रणनीति को उसी की शैली में चुनौती देना चाहते थे।'

चाय पर चर्चा ऐसे किसी भी विचार का उचित जवाब थी कि मोदी 'आम आदमी' नहीं है। एक चाय की दुकान जहां प्रधानमंत्री पद का उम्मीदवार अपने साथी नागरिकों के साथ बैठकर जाय पी रहा हो--इससे अधिक बराबरी और क्या हो सकती है? यह सर्वविदित था कि मोदी निर्धनता में ही बड़े हुए हैं और वह इसका लाभ भी उठाएंगे। मणिशंकर अय्यर की व्यंग्यात्मक टिप्पणी ने टीम मोदी को अपने नेता के प्रति जनता की सहानुभूति हासिल करने के लिए एक नया फार्मूला दे दिया था।

दिलचस्प यह है कि कई अवसरों पर मैंने मोदी से बात की है, मैंने कभी भी उनके मुंह से रेलवे स्टेशन पर चाय बेचने के बारे में नहीं सुना। वास्तव में, गुजरात के मुख्यमंत्री के रूप में अपने राजनीतिक प्रचार के दौरान मोदी ने वडनगर में अपनी जिंदगी के शुरूआती सालों का कभी कोई ज़िक्र ही नहीं किया। उनकी राजनीति अतीत पर नहीं बल्कि हमेशा ही वर्तमान और भविष्य के इर्द गिर्द टिकी रही। गुजरात के एक वरिष्ठ पत्रकार ने मुझे विश्वास में लेते हुए कहा, 'सब झूठ है, उन्होंने कोई चाय नहीं बेची।'

लेकिन मोदी के छोटे भाई प्रह्लाद ज़ोर देकर कहते हैं कि उनके भाइयों ने वडनगर रेलवे स्टेशन के पास चाय की दुकान लगाने वाले अपने पिता का हाथ बंटाया था। प्रह्लाद ने मुझे बताया, 'हमारा स्कूल रेलवे स्टेशन के बगल में ही था तो जब भी हमारी छुट्टी होती तो हम जाकर पिता का हाथ बंटाते थे।' बाद में, किशोर वय होने पर मोदी ने अपने चाचा बाबूभाई की अहमदाबाद के बस अड्डे के पास कैंटीन और चाय की दुकान पर काम किया। प्रह्लाद का दावा है, 'नरेंद्रभाई सुबह साढ़े चार बजे उठ जाते और गर्म पकौड़े तथा चाय बनाकर बस स्टैंड पर बेचते थे।' कांग्रेस के नेता अहमद पटेल के अनुसार, 'मोदी अपने चाचा की कैंटीन के बिलिंग काउंटर पर बैठते थे।' पटेल दावा करते हैं, 'मुझे जो कुछ पता चला है उसके अनुसार उन्होंने वास्तव में कभी चाय नहीं बेची।' मुझे तो यह सब गढ़ी हुई बातें लगती हैं। इसमें कोई दो राय नहीं है कि मोदी का बचपन बहुत मुश्किलों भरा था।

हो सकता है कि कुछ वर्षों के दौरान इन कठिनाइयों को बढ़ा चढ़ा दिया

गया हो। आंबेडकर ने भारत में व्यक्ति पूजा की संस्कृति का विरोध किया था परंतु हम भारतीय अपने नेताओं को बड़ी जल्दी बहुत बड़ा दिग्गज बना देते हैं। ऐसे व्यक्ति के कसीदे पढ़ने के दौरान उसकी शान में तमाम अप्रमाणित कहानियां गढ़ दी जाती हैं। वडनगर में ही मुझे बताया गया कि मोदी ने बाल्यावस्था में ही मगरमच्छों से भरी एक झील तैर कर पार की थी।

सच हो या काल्पनिक, चाय वाले की कहानी अपना रंग जमा चुकी थी। हमेशा की तरह ही मोदी के प्रचार के दौरान तकनीक और कोरियोग्राफी का बहुत ही बेहतरीन उपयोग किया गया था। पहले, अहमदाबाद में इस्कान टी स्टाल से 12 फरवरी, 2014 को चाय पर चर्चा का आयोजन किया गया। वीडियो कॉन्फ्रेंस के माध्यम से इस कार्यक्रम का 300 शहरों में 1000 चाय की दुकानों में सीधा प्रसारण किया गया। इस कार्यक्रम के दौरान चाय का गिलास लिए मोदी प्रत्येक चाय की दुकान पर लगे एक बड़े से स्क्रीन पर आते और फिर सीएजी की वेबसाइट से चुने गए सवालों के जवाब देते। किशोर बताते हैं, 'हमने वास्तव में मल्टीमीडिया कार्यक्रम का आयोजन किया जिसे टेलीविज़न, इंटरनेट, मोबाईल और डीटीएच पर दिखाया।'

पहली 'चर्चा' का विषय मोदी का प्रिय था--सुशासन। मार्च महीने में अंतरराष्ट्रीय महिला दिवस का आयोजन होता है। इसलिए 'चाय पर चर्चा' के दूसरे आयोजन का विषय महिलाओं की सुरक्षा और उनका सशक्तीकरण था। मोदी दिल्ली में एक चाय की दुकान में बैठे जो बलात्कार विरोधी प्रदर्शनों के कारण ऐसे विषय पर चर्चा के लिए सर्वथा उचित स्थान था। तीसरी और अंतिम चर्चा का आयोजन मार्च के अंत में महाराष्ट्र के विदर्भ से किया गया जहां किसानों की आत्महत्या की घटनाओं पर चिंता व्यक्त करते हुए बातचीत की गई। टीम मोदी के एक सदस्य बताते हैं, 'ऐसी चर्चा के विषय और स्थान का चयन इस बात को ध्यान में रखते हुए किया गया कि लोगों को कहां और क्या आकर्षित करेगा।' चाय पर चर्चा के तीन आयोजनों के लिए सेटेलाइट तकनीक का इस्तेमाल किया गया और इसने 500 शहरों के 4000 स्थानों पर इसे दिखाया गया। इसमें मोदी की शैली में ही संदेश जगह जगह पहुंचाया गया। दिलचस्प तथ्य यह भी है कि चाय पर चर्चा के आयोजनों के लिए वीडियोकॉन ने बुनियादी सुविधा मुहैया कराने के लिए अपना फील्ड स्टाफ मुहैया कराया था। यह टीम मोदी का खुद का बनाया हुआ कार्यक्रम था जिस पर अमल के लिए दक्षता प्राप्त बाहरी वेंडर की मदद ली गई।

मैंने इन चर्चाओं के विवरण को बहुत अधिक खबरों के लायक नहीं पाया।

इनमें पूछे गए सवालों की सावधानी से छानबीन की गई थी। अधिकांश समय मोदी सवाल के लंबे जवाब देते और इसमें कोई पूरक सवाल नहीं पूछा गया। पत्रकारिता की नज़र से या फिर लोकतंत्र में किसी राजनीतिक से सवाल पूछना बहुत अधिक काम का नहीं होता है। यह जनता से सीधे संपर्क स्थापित करने का नया तरीका था जो काफी सफल रहा था। मोदी, एक चाय वाला, देश का प्रधानमंत्री बनना चाहता था--यह रंक से राजा बनने की एक ऐसी बेहतरीन कहानी थी जिससे शायद सलीम जावेद की जोड़ी भी इससे बेहतर नहीं लिख सकते है।

मैंने दक्षिण बेंगलूरू में चुनाव कवर करते समय महसूस किया कि चाय पर चर्चा कितनी प्रभावकारी रही है। मैं सड़क पर सामान्य रूप से कुछ लोगों से बात करके यह जानने की कोशिश कर रहा था कि वे मोदी के बारे में क्या सोचते हैं। एक स्थानीय रेस्तरां पर युवाओं का एक समूह मिला जिसने मुस्कुराते हुए कहा, 'हम सब मोदी के साथ हैं' और फिर उन्होंने हाथ में कप लेकर अपनी खुशी का इज़हार किया। 'चाय पर चर्चा का वक्त' जैसा जुमला देश के कॉफी प्रेमी दक्षिण भारतीयों के दिल से निकल रहा था जिससे आपको कहीं कुछ नया होने का अहसास हो रहा था।

निर्वाचन आयोग ने पांच मार्च को 16वें आम चुनाव का बिगुल बजा दिया। आयोग ने 16वीं लोकसभा के लिए सात अप्रैल से 10 मई के दौरान नौ चरणों में चुनाव कराने और 16 मई को मतगणना कराने की घोषणा की। इसके साथ ही हमने एक बार फिर चुनाव सर्वे कराया- इस बार भी राजग आगे बढ़ता नज़र आया और अब वह 240 सीटों से आगे जा रहा था। इसमें संप्रग और भी ज़्यादा पिछड़ता नज़र आया। अब ऐसा लग रहा था कि मोदी के नेतृत्व में देश की नयी सरकार बनना निश्चित है। टेलीविज़न स्टूडियो में हो रही चर्चाओं में एक ही सवाल उठ रहा था कि क्या मोदी को गठबंधन सरकार बनाने के लिए पर्याप्त सहयोगी मिलेंगे या फिर वह भी 'सांप्रदायिक ठप्पा लगा होने के कारण' 1996 में वाजपेयी तरह ही अलग थलग पड़ जाएंगे। स्टूडियो में विशेषज्ञों के रूप में मौजूद प्रसिद्ध पत्रकार पी साईनाथ ने बेहद प्रभावी टिप्पणी की, 'राजदीप, भाजपा के एक बार 220 सीटों का आंकड़ा छूते ही वह सभी के लिए धर्मनिरपेक्ष दल बन जाएगा।'

यह एकदम सत्य वचन थे। चुनाव की घोषणा से चंद सप्ताह पहले राम विलास पासवान राजग में शामिल हो गए। यह मनोवैज्ञानिक दृष्टि से बहुत ही महत्वपूर्ण क्षण था। पासवान ने इससे पहले गुजरात दंगों को लेकर ही 2002 में राजग का साथ छोड़ते हुए मोदी के इस्तीफे की मांग की थी। अब बिहार का

वही दलित नेता एक बार फिर मंच पर उसी व्यक्ति के साथ नज़र आ रहा था जिस पर उन्होंने देश को 'बांटने' का आरोप लगाया था।

पासवान का फिर से राजग में लौटना इस बात का संकेत था कि किस तरह चुनाव की रणनीति तैयार की जा रही है। इससे पहले, कई महीने तक पासवान बिहार में लालू प्रसाद और कांग्रेस के साथ मिलकर एक महाधर्मनिरपेक्ष गठबंधन बनाने की कोशिश कर रहे थे। लालू प्रसाद उनसे बात नहीं करते थे और कांग्रेस अनिश्चय की स्थिति में थी। इसी बीच, विमान से यात्रा के दौरान पासवान की मुलाकात बिहार से भाजपा नेता शाहनवाज़ हुसैन से हो गई। हुसैन ने उनसे कहा, 'आप राजग में शामिल होने के बारे में क्यों नहीं सोचते--हो सकता है कि हम आपको बेहतर सम्मान दे सकें।'

पासवान ने शुरू में तो इसे टालने का प्रयास किया लेकिन उनके पुत्र चिराग ने इस विचार को लपक लिया। पासवान के इस जोशीले बेटे ने हिंदी फिल्मों में हाथ आज़माया था लेकिन उसे इसमें सफलता नहीं मिली और अब पारिवारिक व्यवसाय 'राजनीति' में आने के लिए हाथ पैर मार रहा था। चिराग ने अपने पिता से कहा, 'मोदी चुनाव जीत रहे हैं। हमें इस बार सही पक्ष में शामिल होना चाहिए।' मैंने जब एक कार्यक्रम के लिए पासवान का इंटरव्यू किया तो उस समय उनका बेटा ही सारी बातें कर रहा था। यहां पर भी मोदी समर्थक पीढ़ी का अंतर साफ नज़र आ रहा था।

पासवान का साथ मिलना आरएसएस को भी माफिक आ रहा था। संघ परिवार की रणनीति थी कि यथासंभव अधिक से अधिक दलित नेताओं को अपने साथ लेकर चलाया जाए--दिल्ली में उदित राज, महाराष्ट्र में रामदास अठावले पहले ही जुड़ चुके थे। भाजपा के एक रणनीतिकार ने स्वीकार किया, 'हम खुलकर कुछ भी कहने की बजाए एक हिंदूवादी पहचान का आभास दिलाना चाहते थे।'

इसके साथ ही और भी लोग जुड़ने लगे। महाराष्ट्र से महत्वपूर्ण किसान नेता राजू शेट्टी भी शामिल हो गए। कुछ सप्ताह पहले ही राजू शेट्टी मुझसे मिलने आए थे और उन्होंने बताया था कि उन्हें आप पार्टी में शामिल होने की पेशकश की गई है। बाद में मैंने उनसे पूछा कि वह मोदी कैंप में कैसे चले गए। उन्होंने बताया, 'महाराष्ट्र के ग्रामीण क्षेत्रों में आप का कोई वजूद नहीं है। ग्रामीण क्षेत्रों के युवक सिर्फ मोदी को ही सुनना चाहते हैं!' राजू शेट्टी को पार्टी के साथ जोड़ने का काम महाराष्ट्र के भाजपा नेता गोपीनाथ मुंडे ने किया था।

भाजपा ने महाराष्ट्र नवनिर्माण सेना के नेता राज ठाकरे से भी गुपचुप सौदा करने का प्रयास किया। 2009 के चुनावों में राज ठाकरे की पार्टी के कारण वोट

जाने की वजह से भाजपा-शिवसेना गठबंधन को करीब आठ सीटें गंवानी पड़ीं थीं। राज ठाकरे को तैयार करने की ज़िम्मेदारी गडकरी को सौंपी गई थी। इन दोनों की मुलाकात मुंबई के एक पांच सितारा होटल में होनी थी। राज ने बाद में मुझे बताया, 'समस्या यह हुई कि जब हम लिफ्ट में पहुंचे तो एक पत्रकार ने हमें देख लिया। इस तरह यह मुलाकात गोपनीय नहीं रह सकी।' शिव सेना, जिसकी एमएनएस के साथ पारिवारिक लड़ाई चल रही थी, इस तरह के तालमेल की अनुमति नहीं देती। परंतु इसके बावजूद इस बात पर सहमति हो गई कि राज ठाकरे कम से कम मोदी की प्रधानमंत्री पद की दावेदारी का समर्थन करेंगे।

अपने चचेरे भाई उद्धव ठाकरे से इतर राज का व्यक्तित्व प्रभावशाली है। उसने अपने चाचा, शिव सेना के संस्थापक बाल ठाकरे की शैली को अपनाया। बाल ठाकरे की तरह ही वह भी ज़िंदगी में अच्छी चीज़ों - बीयर, सिगार और पुरानी फिल्मों की डीवीडी लाइब्रेरी के शौकीन हैं। उनके पास बहुत अच्छे आफ्टरशेव भी हैं। हम दोनों के एक साझा मित्र हैं सचिन तेंदुलकर। राज को कैमरे के सामने अभिनय करना पसंद हैं। वह सामान्य बातचीत में गर्मजोशी से मिलते हैं और बेहद मिलनसार भी हैं लेकिन कैमरे चालू होते ही उनका दूसरा रूप सामने नज़र आता है। चुनाव के दौरान मैंने उनका एक इंटरव्यू किया तो वह मुझसे लगातार, 'चुप रहो', 'बैठे रहो' और 'ठीक से पेश आओ' जैसे शब्दों का इस्तेमाल करते रहे लेकिन इंटरव्यू खत्म होते ही उन्होंने ज़ोर का ठहाका लगाया। वह बोले, 'अरे, राजदीप, क्या तुम्हें मेरा अंदाज़ पसंद आया, मज़ा आया? मुझे पूरा विश्वास है कि इंटरव्यू के लिए ज़बर्दस्त टीआरपी मिलेगी।' मुंबई की भाषा में इसे 'फुल ऑफ ड्रामा' कहेंगे।

भाजपा ने जब कर्नाटक के पूर्व मुख्यमंत्री बी. एस. येदियुरप्पा को वापस लेने का फैसला किया तो यह स्पष्ट था कि पार्टी के लिए एक एक सीट महत्वपूर्ण थी। भ्रष्टाचार के आरोपों में घिरे युदियुरप्पा को कई महीने पार्टी ने इंतज़ार कराया था। आडवाणी उन्हें वापस भाजपा में शामिल करने के खिलाफ़ थे। इसके विपरीत, मोदी को इसे लेकर कोई मलाल नहीं था। इस संबंध में फैसला था, 'यदि येदियुरप्पा कर्नाटक में हमें एक या दो सीटें और जिता सकते हैं तो यह ठीक है।' वैसे भी कर्नाटक में अभी भी वह अकेले ही पार्टी के सबसे ताकतवर लिंगायत नेता हैं।

माथे पर चंदन का तिलक और उंगलियों में कई अंगूठियां पहनने वाले येदियुरप्पा की भी तमाम दूसरे नेताओं की तरह ही ज्योतिषियों और गुरुओं में अगाध आस्था है। एक मुलाकात के दौरान उन्होंने ऐसे ही एक व्यक्ति का मुझसे

परिचय कराया और यह विश्वास दिलाया कि वह मेरा भविष्य बता सकते हैं। यह थोड़ा सा विचित्र लगाया क्योंकि मैं तो एक ताकतवर नेता का इंटरव्यू करने गया था लेकिन वह तो मुझे हस्तरेखा विज्ञान और नक्षत्रों के बारे में प्रवचन दे रहे थे।

शायद 2014 में राजनीतिक सितारे मोदी के साथ थे और नेताओं को उनमे ही अपना भी भविष्य नज़र आ रहा था। पूर्वात्तर के छोटे राजनीतिक दल भी राजग में शामिल हो गए थे। परंतु बड़ी सफलता तो उस समय मिली जब आंध्र प्रदेश में एक और ताकतवर पूर्व मुख्यमंत्री चंद्रबाबू नायडू ने भाजपा से हाथ मिलाया। इस गठबंधन के लिए कई महीनों से प्रयास हो रहा था। हमें बताया गयाा कि नायडू इस समझौते के लिए बेकरार थे क्योंकि उनके पास धन खत्म हो रहा था और आंध्र प्रदेश जैसे राज्य में चुनाव के समय पैसा बहुत ही महत्वपूर्ण भूमिका निभाता है। उनके चिरपरिचित विरोधी जगन रेड्डी के पास धन की कोई कमी नहीं थीं। अपने राजनीतिक जीवन के लिए नायडू को मोदी के सहारे की ज़रूरत थी।

चंद्रबाबू नायडू के राजनीतिक जीवन से ही पता चलता है कि भारतीय राजनीति में किसी को भी आसानी से दरकिनार नहीं किया जा सकता। 1999 से 2004 के दौरान हैदराबाद को 'साइबर सिटी' के रूप में बनाने और उद्योग जगत के चहेते चंद्रबाबू नायडू देश के एक बहुत ही ताकतवर नेता और वाजपेयी के नेतृत्व वाली राजग के महत्वपूर्ण घटक हुआ करते थे। आर्थिक समाचार पत्र नायडू को आंध्र प्रदेश का मुख्य कार्यकारी अधिकारी (सीईओ) कहते नहीं अघाते थे क्योंकि वह हैदराबाद को सूचना प्रौद्योगिकी के क्षेत्र में नयी बुलंदियों पर ले जा रहे थे। कहते हैं कि उन्होंने ही 2004 में राजग को समय से पहले चुनाव कराने के लिए बाध्य किया था जो खुद उनके लिए भी बहुत ही घातक सिद्ध हुआ। चंद्रबाबू नायडू के चुनाव हारते ही अचानक ही दुनिया ने उनसे मुंह मोड़ लिया। जब वह सत्ता में थे तो हम सभी उनका इंटरव्यू करने के लिए लाइन में लगे रहते थे लेकिन उनके सत्ता से बाहर होते ही सबने उन्हें नज़रअंदाज़ करना शुरू कर दिया। वह जब भी कभी वह फोन करके कहते, 'हम लोग मिलते हैं', तो मैं भी कोई न कोई बहाना बनाता था। दिल्ली की राजनीति वैसे भी बहुत ही बेरहम है और सत्ता से बाहर होने के कारण नायडू से खबर नहीं बनती थी।

लेकिन मैं, 2014 के शुरू में उनसे मिला तो उस समय उनकी भाजपा के साथ गठबंधन के लिए बातचीत चल रही थी। उन्होंने मुझसे कहा, 'मोदी बहुत ही दूरगामी नेता हैं। कांग्रेस को हराने के लिए हमें एकजुट होना पड़ेगा

क्योंकि उसने हमारे राज्य का विभाजन कर दिया है।' मैंने उनसे सवाल किया कि क्या मोदी के नेतृत्व वाले राजग के साथ हाथ मिलाने से उनका 'धर्मनिरपेक्ष' राजनतिक होने का दावा प्रभावित नहीं होगा? इस पर उन्होंने जवाब दिया, 'फिलहाल तो हमारे सामने आंध्र प्रदेश को बचाने का लक्ष्य है।' स्थिति यह थी कि कभी मोदी के कभी राजनीतिक विरोधी रहे नायडू अब उनका अतीत भुलाने का प्रयास करते नज़र आ रहे थे।

एक अवसर पर तो मोदी को यह भी भरोसा था कि जयललिता भी उनके साथ हाथ मिला लेंगी, परंतु वह तो खुद ही नेतृत्व करना चाहती थीं। अब चूंकि सीमित विकल्प बचे थे तो भाजपा ने तमिलनाडु में अभिनेता से नेता बने विजयकांत के साथ हाथ मिलाना उचित समझा। हमें बताया गया कि कि विजयकांत की पार्टी देसीय मुर्पोक्कू द्रविड़ कषगम (डीएमडीके) नये दौर का वह छोटा राजनीतिक दल था जो सबसे अधिक बोली लगाने वाले के साथ जाने के लिए तैयार था। ये उस तरह के छोटे राजनीतिक दल हैं जिनका एक सीमित दायरे में काफी प्रभाव होता है और जो अपनी ताकत के बल पर बडे राजनीतिक दलों के साथ सौदा करने की क्षमता रखते हैं। उदाहरण के लिए 2009 के लोक सभा चुनाव में विजयकांत की पार्टी को 10 प्रतिशत वोट मिले थे जो चुनाव में हवा का रूख किसी के भी पक्ष में करने में महत्वपूर्ण हो सकते थे। तमिलनाडु के एक पत्रकार ने विजयकांत की राजनीति के बारे मे बताते हुए कहा, 'वह सबके साथ बाचतीत करते हैं लेकिन जाते उसके ही साथ हैं जहां से उन्हें सबसे ज़्यादा धन मिलता है।

भाजपा तो तमिलनाडु में एक छोटी ताकत के रूप में ही थी। इससे पहले के 15 लोकसभा चुनावों में उसे सिर्फ सीत सीटें ही मिल सकी थीं। लेकिन यह तथ्य मोदी को चेन्नै में बड़ी जनसभा करने या फिर अप्रैल 2014 में तमिलनाडु में चुनाव ठीक पहले तमिल सुपरस्टार रजनीकांत से मुलाकात करने से रोक नहीं सके। रजनीकांत से इस मुलाकात को हालांकि शिष्टाचारवश भेंट बताया गया था लेकिन इसका उद्‌देश्य तो कहीं अधिक था। रजनीकांत ने मोदी को एक 'ताकतवर नेता' और 'अच्छा दोस्त' बताया। भाजपा के एक रणनीतिकार कहते हैं, 'रजनी-मोदी की फोटो ने भले ही तमिलनाडु में अतिरिक्त वोट नहीं दिलाएं हों लेकिन हम देश में यह संदेश पहुंचाने में सफल रहे कि दक्षिण भारत का सबसे अधिक लोकप्रिय चेहरा भी प्रभावी तरीके से हमारे साथ है।'

मोदी लगातार अपने चुनाव को अभियान को अधिक पैना बनाने के लिए इरादे से देशव्यापी स्वीकार्यकता की अपील करने में जुटे हुए थे। तमिलनाडु में गठबंधन होने के कुछ दिन बाद मोदी से बातचीत में मैंने महसूस किया कि

वह राजग के बढ़ते कद को एक ईमानदार राष्ट्रीय नेता के रूप में अपनी छवि के लिए भी बहुत महत्वपूर्ण मानते थे। इसी तरह की एक बातचीत के दौरान उन्होंने मुझसे कहा, 'यह पॉलिटिकल पंडितों को लगता था कि कोई हमें ज्वाइन नहीं करेगा...कि मोदी अनटचेबल है। अब यह क्या कहेंगे?' मोदी इसे स्वीकार नहीं करेंगे लेकिन सालों के राजनीतिक 'वनवास' के कारण उनके मन में आक्रोश था। अब उन्हें लगता था कि राजनीतिक दृष्टि से वह स्वीकार्य हैं और अब उनका पुनर्वास हो रहा है।

व्यापक स्वीकार्यता के इस अभियान में मोदी ने मुसलमानों को भी प्रभावित करने का प्रयास किया। हमारे चुनावी सर्वे लगातार यही बता रहे थे कि मुस्लिम अभी भी भाजपा के प्रधानमंत्री पद के उम्मीदवार के प्रति सशंकित थे। गुजरात से मोदी के समर्थक और मीडिया से बातचीत करने वाले मुस्लिम चेहरे ज़फर सरेशवाला को यह मोर्चा सौंपा गया। ज़फर के हिंदी फिल्मों के पटकथा लेखक सलीम खान और उनके बेटे सलमान से बहुत अच्छे संबंध हैं। सलीम तो 2009 से ही मोदी के संपर्क में थे और दोनों में मित्रता हो गई थी। हिंदी सिनेमा के बॉक्स ऑफिस के बादशाह सलमान कुछ अधिक ही सजग थे। उन्होंने एक बार मुझसे कहा भी था, 'मेरा राजनीतिक दृष्टि से बिलकुल भी रूझान नहीं हैं।' कभी हम एक साथ कॉलेज में थे और अब जब मैं उम्रदराज़ हो रहा हूं लेकिन सिक्स पैक अभिनेता में अभी भी 18 साल के युवा जैसा ही जोश है।

सलीम खान ने ही सलमान को अहमदाबाद जाने के लिए तैयार किया था। सलमान की फिल्म *जय हो* का 24 जनवरी को प्रदर्शन हो रहा था और वह जी जान से इसके प्रचार में जुटे हुए थे। मोदी ने मुलाकात के लिए 14 जनवरी की तारीख सुझाई क्योंकि उस दिन गुजरात प्रसिद्ध उत्तरायण पतंगोत्सव का आयोजन होता है। गुजरात पहुंचते ही सलमान खान का राज्य अतिथि के जैसा स्वागत सत्कार हुआ। राजनीतिक चातुर्य और सुखियों में बने रहने की कला में माहिर मोदी सलमान को पतंग उड़ाने के लिए बाहर ले गए। 'बीइंग ह्यूमन' की टी शर्ट पहने सलमान अब मोदी के साथ पतंग उड़ा रहे थे। यह भाजपा नेता के लिए फोटो खिंचाने का बेहतरीन अवसर था भले ही सलमान ने प्रधानमंत्री पद के लिए उनकी दावेदारी का समर्थन करने में गुरेज किया हो। सरेशवाला का दावा था, 'जब हम मुसलमानों को मोदी को एक मौका देने के लिए तैयार करने का प्रयास कर रहे थे तो ऐसे समय में सलमान जैसे लोकप्रिय अभिनेता के मोदी के साथ खड़े होने ने हम बहुत मदद मिली।' ज़फर ने बताया कि पतंगबाज़ी का आयोजन हिंदु बहुल घटलोडिया इलाके में हुआ था। (जफर के अनुसार कोई

मुस्लिम वहां नहीं जाता है।) इस अवसर पर खींची गई तस्वीरों को गुजरात के तमाम शहरों में हिंदु-मुसलमानों के बीच खिंची अदृश्य दीवार को गिराने के लिए उपयोग में लाया जा रहा था।

फरवरी महीने में सरेशवाला ने एक व्यापार मेले का आयोजन किया। इसका उद्‌देश्य गुजरात में मुसलमानों के कारोबार को दिखाना था। इस आयोजन का मुख्य आकर्षण मोदी ही थे। उन्होंने मुझसे कहा, 'आप यहां ज़रूर आइएं और देखिए कि मोदी मुसलमानों के लिए क्या कर रहे हैं। आप विशेष आमंत्रित व्यक्ति के रूप में मंच पर मोदी के बगल में बैठ सकते हैं।' मैं इस आयोजन में शामिल हुआ लेकिन मंच पर नहीं बैठा। अपने संक्षिप्त भाषण में मोदी ने गुजरात के कच्छ के मुस्लिम दस्तकारों और शिल्पकारों और इस समुदाय के लोकाचारों का ज़िक्र किया। उन्होंने दावा किया, 'हमारी सरकार आपके लिए है।' इस कार्यक्रम में हालांकि पैसे वाले प्रापर्टी डिवलपर्स, रेस्तरां मालिक और कार डीलर्स थे। ऐसा लगता था कि औसत मुस्लिम मोदी को अभी भी 2002 के चश्मे से ही देख रहा था। उसे इस तरह के फोटो अवसरों से कहीं आगे निकलकर समुदाय में भरोसा पैदा करने के लिए अधिक कुछ करने की आवश्यकता थी।

मुस्लिम समुदाय के बीच में बहुत सीमित उपस्थिति दर्ज कराने में मिली सफलता को लेकर मोदी बहुत अधिक चिंतित नहीं थे। कुछ छोटे बड़े दलों के साथ मिल जाने के कारण वह अब 24 से अधिक दलों के गठबंधन राजग का प्रतिनिधित्व करने की ओर बढ़ रहे थे। इसके विपरीत, कांग्रेस के सामने नये साथी नहीं मिलने या फिर पुराने साथियों में से ही वर्तमान सांसदों का साथ छोड़ने का खतरा मंडरा रहा था।

कांग्रेस के प्रवक्ता और उत्तर प्रदेश से सांसद जगदंबिका पाल सिंह ने चुनाव से पहले ही पार्टी छोड़ दी। कांग्रेस पार्टी कवर करने वाले कुछ पत्रकारों से उन्होंने बताया कि चूंकि पार्टी अच्छा नहीं कर रही है, इसलिए वह इससे अपना नाता तोड़ रहे हैं। लेकिन बताते हैं कि कांग्रेस उपाध्यक्ष राहुल गांधी से मुलाकात के लिए कई सप्ताह से प्रयास कर रहे थे, उनका कहना है, 'जब भी मैंने कोशिश की, उनके कार्यालय में कार्यरत कुछ लोग मुझे लंबे समय तक फोन पर इंतज़ार कराते रहे। मैं भी इंतज़ार करते करते थक गया था।' कांग्रेस के कई दूसरे सांसदों की तरह ही राहुल तक उनकी सीधी पहुंच नहीं थी और न ही उनका मोबाइल नंबर उपलब्ध था। इसके बावजूद, हकीकत तो यह है कि तमाम दूसरे लोगों की तरह ही जगदंबिका पाल भी जीतने वाले पक्ष के साथ रहनाा चाहते थे। उत्तर प्रदेश में एक कहावत है, 'उगते सूरज को सब नमस्कार करते हैं।'

कांग्रेस को सिर्फ एक नया साथी बिहार में लालू प्रसाद के राष्ट्रीय जनता दल के रूप में मिला लेकिन यह भी विवादों से परे नहीं था। राहुल गांधी राजद सुप्रीमो लालू प्रसाद को पसंद नहीं करते। वह महसूस करते थे कि राजद नेता पुरानी शैली की जाति पर आधारित राजनीति का प्रतिनिधित्व करते हैं और भ्रष्टाचार ने उन्हें किनारे लगा दिया है। राहुल गांधी ने जब दोषी सांसदों को राहत प्रदान करने वाले अध्यादेश के खिलाफ़ आवाज़ उठायी थी तो लालू प्रसाद जैसे नेताओं ने ही उन्हें निशाना बनाया था। 2009 के लोकसभा और 2012 के बिहार विधान सभा चुनावों के दौरान राहुल ने कांग्रेस-राजद गठबंधन का विरोध किया था। इस बार भी उन्होंने लालू प्रसाद को काफी इंतज़ार कराया था।

लालू प्रसाद का मुलाकात के लिए कांग्रेस की सहमति के इंतज़ार में राहुल गांधी के अ1ावास पर लंबे समय तक इंतज़ार से ही मुझे उनमें पनप रही हताशा की झलक नज़र आ रही थी। मैंने लालू प्रसाद से कहा कि मैं उनका इंटरव्यू करना चाहता हूं। इस पर वह बोले, 'अरे, इंटरव्यू तो ठीक है, पर पहले बोलने को कुछ होना चाहिए।' मैंने पूछा कि आखिर समस्या क्या है? इस पर वह बोले, 'हमें क्यों पूछते हो, राहुल गांधी से पूछिए।' कांग्रेस के साथ समझौता करने के लिए लालू प्रसाद को एक महीने तक इंतज़ार करना पड़ा जबकि इस दौरान उन्हें बिहार के चुनावी मैदान में होना चाहिए था।

राहुल-लालू के बीच असहज समीकरण की वजह कांग्रेस नेता सीमित दुनियादारी बताते हैं। राहुल की नज़र में लालू प्रसाद गांव के गंवार थे और वह गंभीर काम करने योग्य सहयोगी नहीं थे। राहुल यह आकलन करने में विफल रहे कि बाहरी रूप से हंसाने वाला नज़र आने वाले लालू के पास तेज़ राजनीतिक दिमाग है। लालू प्रसाद से मैं पहली बार 1990 के दशक में मिला था—यह दक्षिण मुंबई के एक अंग्रेज़ी स्कूल के शिक्षित युवक की ठेठ बिहारी के साथ मुलाकात थी। हमारा इंटरव्यू का समय ठीक 11 बजे का तय हुआ था। मैं सुबह ठीक 11 बजे पहुंच गया तो पता चला कि लालू का कहना रात के 11 बजे था। हमने उनके कार्यालय में ही इंटरव्यू की तैयारी की लेकिन हमें बताया कि यह इंटरव्यू कार्यालय में नहीं बल्कि उनकी गौशाला में होगा ताकि प्रसारण में इसका सही 'प्रभाव' नज़र आए। गौशाला में गोबर कर रही गाएं और गायों के रंभाने की आवाज़े सभ्रांत राजनीति में उनकी रणनीति की गवाही दे रही थीं। इंटरव्यू खत्म हुआ तो लालू ने मुझे यह सिखाने की कोशिश की कि गाय से कैसे दूध निकाला जाता है। वह कहते हैं, 'तुम अंग्रेज़ी लोगों को यह सब सीखना चाहिए।'

सन 1990 में रथ यात्रा के दौरान लाल कृष्ण आडवाणी को गिरफ्तार किए

जाने की वजह से लालू प्रसाद की छवि मुसलमानों के रक्षक की बन गई थी। लालू का राजनीतिक दायरा मुसलमानों के साथ ही उनकी यादव बिरादरी तक फैसला हुआ था। 1995 में जब बिहार में उन्हें ज़बर्दस्त जीत मिली तो उन्होंने मुझे रात के एक कार्यक्रम में आमंत्रित किया। मुख्यमंत्री के आवास के बगीचे को गीत संगीत और रात्रि भोज के स्थान में तब्दील कर दिया गया था। वहां पर ड्रिंक्स का भी बंदोबस्त था। वहीं पर एक कोने में एक वृद्ध व्यक्ति बैठा था जिसकी शर्ट थोडी फटी हुई थी। मैं उसके पास गया और पूछा कि वह यहां क्या कर रहा है। उसने बताया, 'मैं सड़क पर रेहड़ी लगाता हूं। लालू जी ने हम सभी को आज रात यहां जश्न मनाने के लिए आमंत्रित किया है।' उनमें से ही एक कहा, 'पहले तो हम चीफ मिनिस्टर बंगले को बाहर से भी देख नहीं सकते थे, आज लालूजी ने तो हमें इज़्ज़त दी।'

इसके बावजूद, पिछड़ी जातियों को अधिकार दिलाने का लालू प्रसाद का अभियान भ्रष्टाचार, अपराध और परिवार राज के दौर में पहुंच गया। मुझे याद है जब मैंने राबड़ी देवी के मुख्यमंत्री बनने पर उसी दिन उनका इंटरव्यू किया था और बातचीत के दौरान लालू प्रसाद बराबर उन्हें बता रहे थे। उस समय ही यह अहसास होने लगा था कि लालू प्रसाद का समय अब खत्म हो रहा है और कभी क्रांति का बिगुल बजाने वाला यह चैंपियन अब खत्म हो रहा है। फिर भी, उनकी इस बात के लिए सराहना की जानी चाहिए कि बहुसंख्यक सांप्रदायिकता के खिलाफ़ खड़े रहने के सिद्धांत पर वह अभी भी टिके हुए थे। उपेक्षित तबके के लिए इसे मेरा लगाव कहिए लेकिन मेरे लिए लालू एक अद्वितीय व्यक्ति थे।

निश्चित ही राहुल के मन में लालू के प्रति मेरे जैसा लगाव नहीं था। हालांकि वह इस गठबंधन को भी लटकाए रहे जबकि इस दौरान मोदी और भाजपा टिकट बंटवारे के मामले में भी आगे निकल गई थी। आरएसएस नेताओं के साथ हुई बैठक में भाजपा के रणनीतिकारों ने साफ कर दिया था--इस बार उम्मीदवारों के जीतने की संभावना ही मुख्य आधार होगा और भावनाओं को एक तरफ रखना होगा। अनुमान के मुताबिक ही भाजपा के पुराने नेताओं ने अपनी बात मनवाने का एक और अंतिम प्रयास किया। लाल कृष्ण आडवाणी गांधीनगर की बजाए भोपाल सीट से चुनाव लड़ना चाहते थे। उन्हें यह चिंता थी कि उनके पुराने साथी नरेंद्र मोदी चुनाव में भितरघात कर सकते हैं और इसीलिए वह मध्य प्रदेश में 'सुरक्षित' सीट से चुनाव लड़ना चाहते थे। भाजपा के नये नेतृत्व ने पूरी दृढ़ता से इस दलील को ठुकरा दिया। भाजपा के एक वरिष्ठ नेता ने मुझसे कहा,

'आडवाणीजी एक बार फिर मोदी और शिवराज सिंह चौहान के बीच बेवजह का टकराव पैदा करने की कोशिश कर रहे हैं।'

भाजपा के एक और पुराने नेता जसवंत सिंह का भाग्य ने ज़्यादा साथ नहीं दिया। वह राजस्थान में अपने गृहनगर बाड़मेर से चुनाव लड़ने के इच्छुक थे। पार्टी हालांकि बेमन से इसके लिए तैयार भी हो गई थी लेकिन राजस्थान की मुख्यमंत्री वसुंधरा राजे अड़ गई। उन्होंने ज़ोर देकर कहा, 'उनकी पत्नी ने एक बार मेरे खिलाफ़ प्राथमिकी दर्ज कराई थी। वह मेरे खिलाफ़ बोलते रहते हैं। उन्हें यहां से टिकट नहीं दिया जा सकता।'

जसवंत सिंह हमेशा से ही भाजपा में एक अलग किस्म के व्यक्ति रहे हैं। वह पूर्व सैनिक हैं जिन्हें स्कॉच और साहित्य पसंद है और ब्रिटिश सैनिक जैसे लहजे में उनकी भाषण देने की शैली उपनिवेशवाद की ही याद दिलाती थी। अपनी किताब में आधुनिक पाकिस्तान के संस्थापक जिन्ना की प्रशंसा करने के कारण 2009 में उन्हें भाजपा से बाहर जाने के लिए मजबूर होना पड़ा था। पार्टी में लौटने के बावजूद भाजपा में उनके गिने-चुने ही मित्र थे। उनके एकमात्र सहयोगी वाजपेयी जी उसकी मदद करने में असमर्थ थे। 76 साल की उम्र में वह भाजपा का अतीत थे जबकि वसुंधरा वर्तमान थीं। उन्हें टिकट नहीं मिला जिस वजह से उन्होंने पार्टी छोड़ दी। इस विद्रोह के दौरान ही जसवंत सिंह ने एक बार फिर मुझसे बातचीत में राजपूताना अंदाज़ में काफी प्रभावशाली प्रतिक्रिया व्यक्त की, 'वे समझते हैं मैं जीवाश्म हो चुका हूं लेकिन मुझे इस पर गर्व है।'

भाजपा के एक वरिष्ठ नेता ने बाद में मुझसे कहा, 'यदि वह पार्टी में बने रहते तो हम उन्हें राज्यपाल बनाने या फिर अमेरिका में भारत का राजदूत बनाने पर विचार कर सकते थे।' अनुमानों के विपरीत जसवंत प्रकरण से यह तो स्पष्ट हो गया था कि कि टिकट बंटवारे में मोदी ही अकेले फैसला नहीं ले रहे थे। यह एक सामूहिक प्रक्रिया था जिसमें राज्य के नेताओं की अधिक भूमिका रही। परंतु गुजरात में कुछ सीटों के लिए मोदी ने अपने वीटो अधिकार का इस्तेमाल किया। ऐसी ही एक सीट अहमदाबाद पूर्व की थी। देश की सबसे सुरक्षित सीटों में से एक इस सीट पर सात बार के सांसद हरिन पाठक भाजपा का प्रतिनिधित्व कर रहे थे। परंतु मोदी पूरी तरह आश्वस्त थे कि आडवाणी के नज़दीकी पाठक गुजरात में उनके वर्चस्व को कम कर आंकने वाले समूह में शामिल हैं। पाठक ने बाद में बेहद आहत भरे स्वर में मुझसे कहा, 'मैंने पार्टी के लिए अपनी पूरी जिदंगी लगा दी जब गुजरात में हम कुछ भी नहीं थे, परंतु आप तो मोदी के बारे में जानते ही हैं। वह बहुत प्रतिशोधी हो सकते हैं।' हरिन पाठक की बजाए

इस सीट से फिल्म स्टार परेश रावल को टिकट दिया गया जिनके बारे में कहा जाता है कि उनकी संवाद करने की शैली मोदी से काफी मिलती है।

भाजपा में जहां टिकट चाहने वालों की लंबी सूची थी वहीं कांग्रेस दूसरे तरह की चुनौती का सामना कर रही थी--उसके पास बंगाल जैसे कुछ राज्यों में चुनाव लड़ने के लिए पर्याप्त प्रत्याशी ही नहीं थे। कांग्रेस के एक नेता ने मज़ाकिया लहजे में मुझसे कहा, 'यदि तुम किसी अच्छे बांग्ला बोलने वाले व्यक्ति को जानते हो तो मुझे बताना।' इससे अधिक दयनीय स्थिति तो यह थी कि मनीष तिवारी जैसे कुछ वर्तमान मंत्री इस बार चुनाव लड़ना ही नहीं चाहते थे। टिकट वितरण के दौरान ही मनीष तिवारी सीने में दर्द की शिकायत होने पर अस्पताल में भर्ती हो गए थे। उन्होंने औपचारिक रूप से मुझे जो कारण बताया वह था, 'मुझे नहीं लगता कि मैं चुनाव अभियान की गति का सामना कर सकूंगा।' उनकी सेहत चिंता का विषय थी लेकिन मनीष इस बात से भी नाराज़ थे कि पार्टी ने उन्हें उनकी प्रिय सीट चंडीगढ़ ने चुनाव नहीं लड़ने दिया। तमिलनाडु में कोई सहयोगी नहीं मिलने के कारण वित्त मंत्री पी. चिदंबरम चुनाव मैदान से हट गए और उन्होंने यहां से अपने बेटे को चुनाव लड़ाया। कांग्रेस मुख्यालय में इसे लेकर हंसी मज़ाक में कहा जाता था, 'चिदंबरम अपनी सीट का त्याग नहीं कर रहे हैं बल्कि वह अपने बेटे का बलिदान कर रहे हैं।'

इस बीच, राहुल गांधी ने पार्टी के एआईसीसी अधिवेशन में अपना ही एक 'नया' विचार पेश किया--15 विर्निदिष्ट निर्वाचन क्षेत्रों में अमेरिकी शैली में प्राइमरी प्रत्याशियों का चयन करने का सुझाव। उन्होंने कांग्रेस के अधिवेशन में कहा, 'हमें ज़मीन से जुड़े अपने कार्यकर्ताओं को अधिकार देना चाहिए। उन्हें भी यह अवसर दिया जाए कि वे किसे अपना उम्मीदवार बनाना चाहते हैं।' सैद्धांतिक रूप से यह बहुत ही साहसी और राजनीतिक प्रणाली को 'खोलने' वाला कदम था। व्यावहारिक दृष्टि से यह विनाशकारी कदम था--कुछ सांसदों ने इस मकसद के लिए उनके निर्वाचन क्षेत्र को चुने जाने पर आपत्ति भी की और फर्ज़ी मतदान तथा अंदरूनी झगड़ों के आरोप भी लगाये गए। कांग्रेस के एक वरिष्ठ नेता ने बाद में मुझसे कहा, 'बेवकूफी भरी सारी बातों में यह सबसे अधिक मूर्खतापूर्ण था। चुनाव लड़ने की बजाए, हम आपस में ही लड़ रहे थे।' उनका कहना भी सही था। भारत अमेरिका तो है नहीं और यदि राजनीतिक प्रयोग के प्रयास करने भी हैं तो ऐसा महत्वपूर्ण आम चुनावों से ठीक पहले तो नहीं किया जा सकता। आम चुनाव के लिए प्रचार अभियान शुरू हो रहा था और इसी दौरान फरवरी और मार्च में प्राइमरी हुई। इस प्रक्रिया से चुने गए 15 प्रत्याशियों में से एक

भी अपना चुनाव नहीं जीत सका--इस तरह राहुल गांधी टीम को इस तरह के अभिनव प्रयोग में एकबार फिर बुरी तरह मुंह की खानी पड़ी।

'प्राइमरी' के विचार ने एक बार फिर राहुल और पुराने कांग्रेसी नेताओं के बीच की दूरी बढ़ाई। कांग्रेस में टिकट वितरण बहुत ही पेचीदा और विभिन्न गुटों को ध्यान में रखने वाला होता है। कांग्रेस विभिन्न समूहों को पारंपरिक संरक्षण और ग्राहक परिपाटी के आधार पर टिकट देती है। यह शायद काम करने का बहुत ही पुराना और घिसा पिटा तरीका है परंतु अधिकांश कांग्रेसी नेता मानते हैं कि यही तरीका काम करता है। कांग्रेस के एक वरिष्ठ नेता ने मुझसे कहा, 'पहले के चुनावों में, अहमदभाई (सोनिया के राजनीतिक सचिव अहमद पटेल) सारी चीज़ें देखते थे और हमें भी स्पष्ट जानकारी होती थी। लेकिन राहुल के साथ हम हमेशा यही अनुमान लगाते रहते हैं कि वह अगली बार के लिए क्या सोच रहे हैं।' एक अन्य पुराने कांग्रेसी नेता की टिप्पणी अधिक व्यग्यात्मक थी। वह कहते हैं, 'जब आप चुनाव लड़ते हैं तो आप प्रत्याशी के जीतने की संभावना के आधार पर टिकट देते हैं--राहुल ऐसा लगता है कि चरित्र प्रमाण पत्र दे रहे हैं।' लेकिन इसमें भी तारतम्यता नहीं है। आदर्श घोटाले के दाग से पूरी तरह छुटकारा मिले बगैर ही अशोक चव्हाण को टिकट दिया गया जबकि सुरेश कलमाड़ी की दावेदारी को ठंडे बस्ते में डाल दिया गया।

एक वरिष्ठ राजनीतिक टीकाकार फरवरी के शुरू में राहुल से मिला जब वह चुनाव प्रचार के लिए तैयारी कर रहे थे। दो घंटे की बैठक के बाद जब वह बाहर आए तो पूरी तरह इस बात से आश्वस्त थे कि राहुल को इस बारे में कुछ भी नहीं पता। यह टीकाकार उस मुलाकात को याद करते हुए कहते हैं कि यह सिर्फ एक निरर्थक बैठक थी। वह मुझसे यही कहते रहे कि वह तो केवल मामूली आदमी हैं और संप्रग-दो सरकार ने कांग्रेस के लिए कितनी मुश्किलें पैदा कर दी हैं और पार्टी के लिए सही व्यक्तियों को खोजना उनके लिए कितना मुश्किल हो रहा है। वह बताते हैं, 'राहुल को यह भी लगता था कि शायद 'महंगाई' से कांग्रेस पर असर नहीं पड़ेगा क्योंकि कीमतें बढ़ने की शिकायत तो सिर्फ रईस ही करते हैं जबकि गरीबों के पास खाद्य संरक्षण है। मुझे समझ में नहीं आता कि राहुल किस दुनिया में रहते हैं।'

दिलचस्प बात यह भी है कि दिसंबर 2013 में विधान सभा चुनावों में पार्टी के खराब प्रदर्शन के बाद राहुल एकदम अलग भाषा बोल रहे थे। उस समय कांग्रेस मुख्यालय में बहुत दिलेरी के साथ आए और वहां मौजूद मीडिया से कहा था, 'मैं कांग्रेस संगठन में सुधार लाने जा रहा हूं और मैं इस तरह से करूंगा

जिसकी आप कल्पना नहीं कर सकते।' अब सिर्फ दो महीने बाद, वह 'मामूली आदमी' होने का दावा कर रहे थे। सुधार की बात तो दूर, कांग्रेस और उसके नेता चुनाव से ही घबराते नज़र आ रहे थे।

हमने जब मार्च के अंत में अपने पहले चुनाव सर्वेक्षण के नतीजों की घोषणा की तो राजग का आंकड़ा 260 सीटों की ओर बढ़ता नज़र आ रहा था—272+ अब निश्चित लग रहा था। कांग्रेस पूरी तरह अस्त-व्यस्त थी और वह अस्सी सीटों से भी नीचे खिसकती लग रही थी। इस चुनाव को हर कीमत पर जीतने के लिए पूरी तरह चौकन्नी भाजपा ने अब पूरी तरह शिकार करने का फैसला किया क्योंकि हवा में जीत की खुशबू फैल रही थी।

नरेंद्र मोदी ने 26 मार्च को वैष्णो देवी के दर्शन करने के बाद जम्मू में भारत विजय रैली के साथ ही दिल्ली की ओर कूच किया था। मोदी सितंबर में पार्टी का प्रधानमंत्री पद का उम्मीदवार घोषित किए जाने के बाद से अब तक 200 से अधिक जनसभाओं को संबोधित कर चुके थे। अब पहले मतदान में दो सप्ताह से भी कम समय रहने पर मोदी ने अपने चुनाव प्रचार को एक नये स्तर पर ले जाने का फैसला किया। अगले सात सप्ताहों में उन्होंने 295 निर्वाचन क्षेत्रों में 185 जनसभाएं करने का निश्चय किया और इस प्रयास में कभी कभी वह एक दिन में चार से छह तक चुनाव सभाएं करते थे। *इंडिया टुडे* की एक रिपोर्ट के अनुसार इस तरह चुनाव प्रचार खत्म होने तक मोदी ने 3,00,000 किलोमीटर की यात्रा कर ली होगी।

नरेंद्र मोदी की चुनाव सभाओं की सारी व्यवस्थाओं के लिए दिल्ली में पार्टी मुख्यालय में सासंद मुख़्तार अब्बास नकवी के नेतृत्व में करीब 50 व्यक्तियों की टीम काम कर रही थी। यह बहुत ही बड़ी कवायद थी। उदाहरण के लिए सभी न्यूज़ चैनलों तक फीड के अपलिंक के लिए भाजपा के निजी स्तर पर किराये पर लिए गए कैमरा टीमें सभी प्रमुख स्थानों पर उपलब्ध थीं। इस कैमरा टीम को मोदी के तमाम क्लोज़अप और भीड़ के दृश्य फिल्माने का निर्देश था जो इन जनसभाओं की विशालता को प्रभावी तरीके से दिखाते।

भाजपा के मुख्यालय में एक छोटी सी शोध टीम भी थी जो समूचे मीडिया की सिर्फ यह पता करने के लिए निगरानी करते थे कि विपक्ष मोदी के बारे में क्या कह रहा है और यह सुनिश्चित करते थे कि यदि ज़रूरी हो तो उनके नेता समय गंवाए बगैर ही उसका जवाब दे सकें। नकवी ने बताया, 'हमने मोदी के दौरे वाले निर्वाचन क्षेत्रों के बारे में सारी पृष्ठभूमि उपलब्ध कराने के साथ ही तत्काल फीडबैक की प्रणाली विकसित की थी।' यह सारी जानकारी मुख्यमंत्री

के कार्यालय भेजी जाती थी जहां मुख्यमंत्री के विशेष कार्य अधिकारी प्रतीक दोषी इनका छिद्रान्वेषण करते थे जो एक फेलोशिप कार्यक्रम के तहत इंटर्न के रूप में शुरू में मोदी के सचिवालय में आए थे। मोदी की टीम के तमाम सदस्यों प्रतीक सबसे युवा, मेधावी और पेशेवर थे (उन्होंने सिंगापुर से प्रबंधन की डिग्री हासिल की थी)।

परंतु इस सबके बावजूद सबसे अधिक काम मोदी खुद करते थे। मोदी की दिनचर्या सुबह पांच बजे शुरू होती थी और वह आधी रात के बाद ही सोने जाते थे। ध्यान, हल्का नाश्ता और पहले से निर्धारित इंटरव्यू। सुबह साढ़े आठ बजे तक और कई बार तो इससे भी पहले वह अपने वफादार निजी सहायक ओ. पी. सिंह के साथ उड़ान पर होते जबकि दो अन्य दिनेश ठाकुर और तन्मय मेहता मुख्यमंत्री के कार्यालय में मोर्चा संभालते। इन तीनों को आरएसएस के पूल से लाया गया था।

मोंदी देश में एक स्थान से दूसरे स्थान और एक भाषण के बाद दूसरे भाषण के लिए दौरों के बीच में अपना गला ठीक रखने के लिए सिर्फ गरम पानी ही पीते थे। उनका भोजन भी साधारण था—दाल, रोटी और सब्ज़ी—जो स्थानीय आयोजक तैयार कराते थे। मोदी के एक सहायक ने मुझसे बताया, 'हम सिर्फ यही कहते थे कि तेल और नमक कम रखा जाए और यही बुनियादी ज़रूरत थी।' लंबी दूरी की उड़ान के दौरान मोदी हल्की नींद लेते थे लेकिन वह अधिकतर अपने भाषणों और गुजरात सरकार की फाइलों पर काम करते रहते थे। वह आमतौर पर हमेशा ही रोज़ रात को गांधीनगर लौट आते थे क्योंकि वह अदानी से किराये पर लिए गए निजी विमान की पार्किंग का अतिरिक्त खर्च वहन नहीं करना चाहते थे।

वह कभी न थकने वाले व्यक्ति थे। नकवी ने बाद में मुझे बताया, 'शुरू में तो हमारा लक्ष्य सारे जीतने वाले इलाकों का दौरा करने का था लेकिन चुनाव खत्म होते होते सारे प्रत्याशी चाहते थे कि मोदी जी उनके इलाके में कम से कम एक जनसभा को संबोधित करें।' भाजपा के 272+ के लिए उत्तर, मध्य और पश्चिमी भारत पर मुख्य रूप से ध्यान केंद्रित किया गया था और मोदी की मूल यात्रा योजना इसी पर केंद्रित थीं। परंतु, चुनाव सभाओं में उमड़ रही भीड़ को देखते हुए टीम मोदी बंगाल और ओडीशा जैसे राज्यों से अतिरिक्त सीटें निकालने की संभावना टटोल रही थी। मोदी ने बहुत उत्साहित होकर एक बार मुझसे कहा था, 'ओडीशा और बंगाल में चमत्कार हो सकता है।' मोदी का मंत्र था, 'एक एक सीट का महत्व है' और इसी को ध्यान में रखते हुए उन्होंने अरुणाचल प्रदेश ओर मणिपुर सरीखे छोटे राज्यों का भी दौरा किया।

मैंने एक बार बातचीत के दौरान ही मोदी से उनकी इस उर्जा के बारे में पूछा तो उन्होंने कहा, 'यह तो अब एक मिशन है, एक जुनून है। मेहनत करने से आदमी कभी नहीं थकता।' मुझे लगता है कि प्रारंभिक वर्षों में आरएसएस के प्रचारक के रूप में अनुशासन ही इस समय उनके जीवन की पूंजी बन गया है।

मोदी के भाषण देने के कौशल के बारे में काफी कुछ कहा और लिखा जा चुका है। मोदी के एक नज़दीकी सहयोगी ने बताया कि उनके नेता में न्यूनतम तैयारी के साथ ही शानदार भाषण देने की क्षमता है। वह बताते हैं, 'हमें तो सिर्फ स्थानीय मुद्‌दों के बारे में कुछ बिंदु ही बताने की आवश्यकता होती है, बाकी सब उनके दिमाग में ही रहता है।' उनका एक सबसे बड़ा कौशल यह भी है कि वह कल्पनाशील विचार को भी लोकप्रिय मुहावरे के साथ पेश करने की क्षमता रखते हैं। इसीलिए, जब चुनाव प्रचार के अंतिम दौर में उनके रणनीतिकारों ने सुझाव दिया कि भाजपा को स्थिर सरकार के बारे में ज़ोर देना चाहिए तो मोदी ने हिमाचल प्रदेश की जनसभा में परमवीर चक्र विजेता और करगिल युद्ध के हीरो कैप्टन विक्रम बत्रा का हवाला देते हुए नारा दिया, 'यह दिल मांगे मोर!' कांग्रेस ने जब उनके 'भारत के विचार' को चुनौती दी तो मोदी ने उपनिषद और ऋग वेद का ज़िक्र करते हुए इंद्रधनुषी विचारों से इसका जवाब दिया।

वाजपेयी भाजपा के सबसे कुशल राजनीतिक वक्ता थे। मुझे याद है एक बार आडवाणी ने इस तथ्य को स्वीकार भी किया, 'हम सभी एकाग्रचित होकर अटलजी का भाषण सुना करते थे।' वाजपेयी के भाषण की शैली कवि राजनीतिक की थी–गीत संगीत और भावनात्मक पुट के साथ वह हिंदी भाषा के जादू के साथ उपस्थित जनता को मंत्रमुग्ध कर देते थे। यही नहीं, भाषण के दौरान ही उनकी लंबी खामोशी के भी मतलब होते थे। वह अपने भाषण के कौशल की वजह से आपकी आंखों में आंसू लाने की क्षमता रखते थे। मेरे साथ 1999 की लाहौर बस यात्रा के दौरान ऐसा ही हुआ था जब मैंने उन्हें बोलते हुए सुना था। मोदी इससे अलग हैं। उनकी शैली सड़क पर लड़ाई करने वाले योद्धा सरीखी है। वह आपको अपनी उपस्थिति से बांध कर रख सकते हैं और तेज़ी से एक एक वाक्य करके हमला भी कर सकते हैं लेकिन वह आपके दिल को नहीं छूते हैं।

जनसभाओं में मोदी के भाषण एक निर्धारित शैली में होते हैं। वह जनसभा को उत्साहित करते हुए भाषण शुरू करते हैं और धीरे धीरे अपनी आवाज़ तेज़ करते जाते हैं। स्थानीय भाषा के कुछ शब्द उपस्थित जनसमूह का उत्साह बढ़ाते हैं। स्थानीय मुद्‌दा उठाते वक्त वह उस राज्य की स्थिति की तुलना भाजपा शासित

राज्यों के 'विकास' से करते हैं। इसके बाद वह असल मुद्दे पर आते हैं और कहते हैं, 'आप मुझे साठ महीने दीजिये, मैं परिवर्तन लाकर दिखाऊंगा।' एक और दिलचस्प बात यह है कि टीम मोदी यह सुनिश्चित करती है कि उसके प्रशिक्षित काडर के लोग भीड़ में घुल मिल कर जनता के मन की टोह लेने के साथ ही उचित मौके पर जनसमूह को उत्साहित करने का भी काम करते थे।

चुनाव प्रचार के दौरान मैंने मोदी की एक जनसभा देखी थी। मुजफ्फरनगर के दंगों की पृष्ठभूमि में मेरठ में फरवरी, 2014 में मोदी की रैली हुई थी। इस रैली में समूचे पश्चिमी उत्तर प्रदेश से ट्रकों में सवार होकर लोग मोदी को सुनने पहुंचे थे। यह बहुत विशाल रैली थी जिसे विजय शंखनाद रैली का नाम दिया गया था। इसमें कई लोग तो उन्हें सुनने और देखने के लिए बिजली के खंभों पर चढ़ गए थे। मोदी का भाषण शुरू होने से करीब साठ सेकेंड पहले तक उपस्थित जनता 'मोदी के नारे लगाती रही और शंखनाद करती रही।' मोदी ने जब 'बिजली विहीन' उप्र का ज़िक्र करते हुए गुजरात के पूर्ण विद्युतीकरण का जिक्र किया तो जनता ने दिल खोलकर उनकी प्रशंसा की।

सोनिया गांधी ने हाल ही में मोदी पर 'ज़हर की खेती' करने का आरोप लगाते हुए हमला बोला था। अब मोदी ने जवाबी हमला बोलते हुए कहा कि कांग्रेस तो सांप्रदायिक विभाजन का ज़हर फैला रही है। मोदी हमेशा ही राहुल गांधी को 'शहज़ादा' के नाम से संबोधित करते रहे। सोनिया गांधी को मोदी कुछ सम्मान देते थे जबकि 2002 के चुनावों में उन्होंने उन्हें 'इटली की महिला' के नाम से संबोधित किया था। अब मोदी ने 'कांग्रेस मुक्त भारत' का नारा दिया। एकदम उन्मादी जनसमूह को संबोधित करते हुए वह कहते, 'कांग्रेस ने ही वोट बैंक की राजनीति का ज़हर फैलाया है और आज़ादी के बाद से अधिकांश वर्षों तक एक ही परिवार ने देश पर शासन किया है।'

गांधी परिवार पर सीधा हमला जानबूझ कर किया जा रहा था। मोदी के चुनाव अभियान का मुख्य विषय 'सुशासन' था जिसमें मोदी नये मतदाताओं को भाजपा की ओर आकर्षित करते थे लेकिन इसके साथ ही उनके भाषणों में 'वंशवाद' एक मुख्य मुद्दा था। वह कहते यह 'हमारे' बनाम 'उनके', धरती पुत्र बनाम सत्ता के लिए ही पैदा हुए पहले परिवार के बीच लड़ाई है। गैर कांग्रेसी नेताओं पर अक्सर नेहरू-गांधी से थोड़ा भयभीत रहने का आरोप लगता रहा था लेकिन मोदी तो कांग्रेस पार्टी का अस्तित्व ही खत्म करने की बात कर रहे थे।

मोदी ने जब पहली बार राहुल को शहज़ादा कह कर संबोधित किया तो मैंने उनसे इस बारे में पूछा और कहा कि राजनैतिक दृष्टि से उनका लहजा और

शब्द त्रुटिपूर्ण लगता है। मोदी अपने चिरपरिचित आक्रामक अंदाज़ में पूछते हैं, 'क्या गलत कहा है? वह तो शहज़ादा ही तो है।' भाजपा के अन्य नेता निजी बातचीत में मुझसे सहमत होते कि मोदी की भाषा कभी कभी असभ्य हो सकती है लेकिन उनमें से ही एक ने मुझे याद दिलाया, 'चुनावों में विनम्रता के लिए कोई जगह नहीं है।'

चुनाव में जीत हासिल होने की गंध मिलते ही मोदी और अधिक आक्रामक हो गए थे। वह अपने भाषण को स्थानीय लोगों की समस्याओं के अनुरूप ढालते थे। बिहार और उप्र में उनका ज़ोर शासन और गुजरात मॉडल पर रहता था लेकिन असम और बंगाल में पहुंचते ही उन्होंने सांप्रदायिक दृष्टि से अधिक संवेदनशील बांग्लादेशी प्रवासियों का मुद्‌दा उठाया। भाजपा के एक नेता ने व्यंग्यात्मक शैली में मुझसे कहा, 'आप उनसे यह अपेक्षा नहीं कर सकते कि असम में वह बुलेट ट्रेन की बात करेंगे।' यही शुद्ध राजनीति थी।

इससे पहले, मोदी क्षेत्रीय नेताओं पर हमला करते समय संयम बरतते थे। लेकिन अब प्रचार के अंतिम दौर में यह 'मोदी बनाम सब' हो चुका था। बंगाल में उन्होंने चिट फंड घोटाले में कथित भूमिका के लिए ममता बनर्जी पर हमला बोला और उनकी पेंटिंग की बिक्री का मुद्‌दा भी उछाला। ओडीशा में राज्य का विकास नहीं होने के कारण नवीन पटनायक को उन्होंने निशाना बनाया। महाराष्ट्र में उनके निशाने पर पवार थे। मोदी ने अपनी पुरानी मित्र जयललिता को भी नहीं बख़्शा। बाद में वह कहते, 'ये सब मेरे राजनीतिक विरोधी हैं, शत्रु नहीं।'

मोदी के हमलों ने विपक्षी नेताओं को परेशान कर रखा था। ममता बोलीं कि अगर वह दिल्ली में सत्ता में होतीं तो उन्होंने भाजपा के नेता को जेल में डाल दिया होता। उनके प्रवक्ता डेरेक ओ ब्रायन तो एक कदम और आगे निकल गए और उन्होंने ट्वीट किया, 'गुजरात का कसाई जो अपनी पत्नी की देखभाल नहीं कर सका वह देश को कैसे संभालेगा।' यह हर तरह से बेहद निम्न स्तर का बयान था। उसी रात मेरे एक कार्यक्रम में उपस्थित डेरेक को इस कथन पर कोई पाश्चाताप नहीं था। एक शोमैन के अंदाज़ में उन्होंने कहा, 'राजदीप, मेरे होंठों को पढ़ो, मोदी गुजरात का कसाई है।' टीवी पर इन शब्दों को दोहराए जाने का मतलब साफ था कि तृणमूल कांग्रेस बंगाल में मुस्लिम मतदाताओं को आकर्षित करने के लिए ही इन शब्दों का प्रयोग कर रही थी।

मोदी की पत्नी जसोदाबेन का मुद्‌दा डेरेक ने उठाया था। मोदी का बाल विवाह हुआ था और पत्नी को सुदूर गांव में रखना गुजरात की राजनीति का सबसे खुला गोपनीय तथ्य था। मैंने 2007 में गुजरात विधान सभा चुनाव के दौरान

एक बार जसोदाबेन से मिलने का प्रयास किया था लेकिन स्थानीय मित्र ने इस मुद्दे को उछालने से गुरेज करने की सलाह देते हुए कहा था, 'मोदी इस बारे में बहुत ही संवेदनशील हैं। बेहतर होगा कि उनका इंटरव्यू नहीं किया जाए और मुख्यमंत्री से रिश्ते और बिगाड़े नहीं जाएं।' मैंने मित्र के संकेतों को समझा और इस मसले पर आगे नहीं बढ़ने का निश्चय किया क्योंकि ये दो व्यक्तियों का निजी मामला था।

परंतु क्या वास्तव में यह 'निजी मामला' था? मोदी ने 2014 के चुनाव के लिए वडोदरा से नामांकन पत्र भरते समय पहली बार जसोदाबेन के बारे में स्वीकार किया। इससे पहले, वह वैवाहिक स्थिति से संबंधित खाना रिक्त ही छोड़ देते थे क्योंकि चुनाव आयोग के नियमों में इसकी जानकारी देना अनिवार्य नहीं था। लेकिन क्या चुनावी दस्तावेज़ में सार्वजनिक रूप से यह स्वीकार करना मोदी के लिए कानूनन ज़रूरी था कि उनकी पत्नी है?

हां, हो सकता है कि यह किशोरवय में मोदी का जबरन विवाह कराया गया हो जिसने इसके तुरंत बाद ही आरएसएस में शामिल होने के लिए घर छोड़ दिया था। हां, मोदी के एक कुशल प्रशासक होने पर इसका कोई प्रभाव नहीं होना चाहिए। परंतु क्या उन्हें जसोदाबेन के अस्तित्व को स्वीकार नहीं करना चाहिए था या फिर विवाह को खत्म कराके उन्हें आज़ाद नहीं करना चाहिए था? *इंडियन एक्सप्रेस* को दिये एक इंटरव्यू में जसोदाबेन ने एक स्कूल शिक्षिका के रूप में, जिसने दूसरा विवाह नहीं किया, अपने अकेलेपन की ओर इशारा किया। वह अपने भाई के घर पर रहती रहीं। मोदी जिस दौर में राजनीति में यश प्राप्त करने के लिए काम कर रहे थे तो क्या कभी उनके मन में उस लड़की के बारे में विचार आया जिससे किशोरवय में उनका विवाह हुआ था?

यह एक ऐसा महत्वपूर्ण सवाल था जो मैं मोदी से पूछना पसंद करता परंतु मैंने कभी ऐसा किया नहीं, या निजी बातचीत में भी इसका साहस नहीं किया। मुझे नहीं लगता कि वह इसका कभी जवाब भी देते। शायद, चायवाले की कहानी की तरह ही उनकी एकांगी जीवन की छवि उनकी राजनीति के अनुरूप थी--आदर्श ब्रह्मचारी राजनीतिक जिसने अपना पूरा जीवन राष्ट्र निर्माण को समर्पित कर दिया और जो मोदी की छवि बनाने वाली व्यवस्था का भी हिस्सा था। ब्रह्मचारी मुख्यमंत्री का गुजराती महिला मतदाताओं में विशेष आकर्षण सर्वविदित था और बगैर परिवार वाले कर्मयोगी के रूप में उनकी पहचान को सभी विज्ञापनों और राजनीतिक अभियानों में बखूबी प्रचारित किया गया। जसोदाबेन की पहचान दुखद रूप से विस्तार योग्य थी।

इसके बावजूद, मोदी पर उनके कुछ आलोचकों के तीखे हमले झकझोरने वाले थे। सबसे तीखे हमलावर तो सपा नेता आज़म खान थे। एक जनसभा में उन्होंने कहा, 'मोदी के हाथ निर्दोष लोगों के खून से सने हुए हैं' तो दूसरी सभा में वह बताते हैं कि कैसे करगिल की चोटियों पर हिंदुओं ने नहीं मुसलमानों ने फतह हासिल की थी।' यह निश्चित ही समुदायों को बांटने के इरादे से नफरत पैदा करने वाले भाषण थे और इस मामले में निर्वाचन आयोग के प्रतिबंध से भी आगे की कार्रवाई होनी चाहिए थी।

स्पष्ट रूप से कहूं तो मैं आज़म खान के व्यवहार से अचंभित था। मेरा 2006 में आज़म खान से उस समय सामना हुआ था जब हमने उनके इलाके रामपुर में उनके द्वारा कथित रूप से भूमि पर कब्ज़ा करने का पर्दाफाश किया था। उन्होंने तब मुझे धमकी देते हुए कहा था, 'मैं आपको जेल में डालूंगा।' एक साल बाद, उत्तर प्रदेश विधान सभा के अध्यक्ष के रूप में, वह चाहते थे कि मैं उप्र के नेताओं को पैसे के बदले मादक पदार्थों का धंधा करने के स्टिंग आपरेशन के संबंध में राज्य विधान सभा के सामने पेश होऊं। वह लच्छेदार उर्दू बोलने के साथ ही कई बार अनुचित भी बोलने लगते थे। वह राजनीतिकों की ऐसी खतरनाक जमात का प्रतिनिधित्व करते हैं जो खुद को ऐसे नेता के रूप में देखते हैं जो आस्था के रक्षक हैं।

खान का मोदी विरोधी उवाच अपेक्षित था। इसके विपरीत कांग्रेस भ्रमित नज़र आ रही थी। जब 2013 में मोदी का उत्थान शुरू हुआ तो कुछ कांग्रेसजन उन्हें अपने नेता के बराबर मानने के लिए तैयार नहीं थे। पार्टी का अधिकृत नज़रिया था, 'वह भी एक मुख्यमंत्री ही हैं--उन्हें अधिक महत्व क्यों दिया जाए।' दूसरे उन्हें रोकने का साहस नहीं कर सके। कपिल सिब्बल ने मोदी को आमने सामने वाद विवाद की चुनौती दी। सलमान खुर्शीद ने उन्हें 'मेढ़क' कहा तो जयराम रमेश ने उन्हें फासीवादी और भस्मासुर तक कह डाला।

राहुल गांधी का नज़रिया भी काफी भ्रमित करने वाला था। वह अपनी तमाम सार्वजनिक सभाओं में मोदी का सीधे ज़िक्र करने से बचते रहे। लेकिन चुनाव का मौसम आते ही उन्होंने अचानक ही हमला तेज़ कर दिया। मोदी को अब हिटलर और न जाने क्या क्या कह डाला। मैंने गाज़ियाबाद में राहुल की एक जनसभा देखी थी जिसमें उन्होंने अपने प्रतिद्वंद्वी भाजपा पर ज़ोरदार हमला बोला था। इस संसदीय सीट से अभिनेता से नेता बने चमत्कारिक राज बब्बर कांग्रेस के प्रत्याशी थे। यदि मेरठ की मोदी की जनसभा में उपस्थित जनसमूह को देसी रॉक कंसर्ट का अहसास हो रहा था तो यहां एकदम खामोशी थी। भारतीय चुनाव

के मौसम में होने वाला शोर शराबा और उत्सव जैसा माहौल यहां नज़र नहीं आ रहा था। ऐसा लग रहा था कि मानो वहां जो कुछ भी कहा जा रहा था जनता उससे तालमेल नहीं बिठा पा रही थी।

राहुल गांधी ने मोदी के 'टॉफी मॉडल' विकास पर टिप्पणी की। उन्होंने दावा किया कि भाजपा नेता ने कीमती ज़मीन सिर्फ एक रूपए में अदानी को बेच दी जबकि गरीब किसानों की अनदेखी की गई। राहुल का आरोप था, 'जहां कभी वाजपेयी और आडवाणी की विरासत थी, अब मोदी और अदानी की कारोबार में पार्टनशिप है।' इस पर चुनिंदा लोगों ने ज़बर्दस्ती तालियां बजाईं।

केजरीवाल पहले ही मोदी के व्यावसायिक संबंधों को चुनौती दे रहे थे--ऐसा लग रहा था कि मानो राहुल उनकी नकल कर रहे हैं। यदि राहुल वास्तव में गंभीरता से मोदी के गुजरात माडल पर सवाल उठाना चाहते थे तो उन्हें काफी पहले ऐसा करना चाहिए था। इसके लिए 2012 के गुजरात विधान सभा शायद सबसे अच्छा मौका था। मोदी की टीम के एक सदस्य ने मुझसे स्वीकार भी किया, 'हम उस समय कहीं अधिक कमज़ोर स्थित में थे। कांग्रेस ने उस समय एक बहुत बड़ा अवसर गंवा दिया।' अब तो ऐसा लगता है कि सोच विचार के बाद यह सब हो रहा है। 2002 के बाद के दशक में कांग्रेस का दंगों से निबटने के तरीके को लेकर मोदी पर मुख्य रूप से हमला हो रहा था। कांग्रेस पार्टी के लिए, जैसा सोनिया गांधी ने कहा था, 'एक मौत का सौदागर' थे। लेकिन यह दांव विफल हो गया था। इस तरह की पैनी आलोचना ने मोदी को एक पीड़ित की भूमिका में खुद को पेश करने का मौका दे दिया था। जहां कांग्रेस मोदी को चुनौती देने में विफल रही वहीं उनके कथनों में किए जा रहे दावों के अनुसार गुजरात के विकास की कहानी के लिए सिर्फ वही ज़िम्मेदार थे। कांग्रेस के एक रणनीतिकार ने बात में स्वीकार किया, 'मोदी ने गुजरात को दूध और शहद पैदा करने वाली धरती के रूप में दिखाया और खुद को एकमात्र विकासोन्मुख नेता के रूप में पेश किया।'

गलतियों की सूची यहीं खत्म नहीं हुई। इंदौर में एक जनसभा में राहुल गांधी ने दावा किया कि पाकिस्तानी खुफिया एजेंसी आईएसआई ने मुजफ्फरनगर में कुछ दंगा प्रभावित कुछ मुस्लिम परिवारों से संपर्क किया है। इस कथन ने मोदी को वह मौका दे दिया जिसकी उन्हें तलाश थी। मोदी ने कहा, 'राहुल को उन परिवारों के नाम बताने चाहिए अन्यथा उन्हें सभी मुस्लिम युवाओं से माफी मांगनी चाहिए।'

सच्चाई तो यह थी कि खुफिया ब्यूरो की रिपोर्ट ने पश्चिमी उप्र में आईएसआई

के संपर्कों की संभावना की ओर इशारा किया था। लेकिन गुप्तचर ब्यूरो की तमाम रिपोर्टों की तरह ही इसमें भी स्पष्ट कुछ नहीं था। गुप्तचर ब्यूरो के एक अधिकारी ने मुझसे कहा, 'आप आईबी की रिपोर्ट को इस तरह से अपनी राजनीतिक बहस का हिस्सा नहीं बनाते हैं।' यदि राहुल गांधी राष्ट्रीय सुरक्षा की ओर ध्यान आकर्षित करना चाहते थे तो उन्हें इसे दूसरी तरह से पेश करना चाहिए था। इतने संवेदनशील मसले पर सार्वजनिक रूप से बोलकर उन्होंने मुसलमानों को भी नाराज़ कर लिया था जो महसूस कर रहे थे कि उन्हें संभावित आतंकियों के रूप में देखा जा रहा है और हिंदुओं की इस आशंका की पुष्टि कर रहे थे जो पहले से ही खुद को घेरेबंदी में महसूस कर रहे थे। यहां पर तो सारी भूमिका ही बदल गई थी। मोदी सांप्रदायिक सद्भाव की बात कर रहे थे तो राहुल ध्रुवीकरण की।

उत्सुकतावश, मैंने यह जानने का प्रयास किया कि राहुल का भाषण कौन लिखता है। लेकिन इसका मुझे कोई स्पष्ट जवाब नहीं मिला। मुझे बताया गया, 'उनकी मदद के लिए एक टीम है।' अब सवाल यह था कि इस टीम में कौन कौन हैं? हां, इसमे जयराम रमेश हुआ करते थे लेकिन अब इसमें मोहन गोपाल है। सैम पित्रोदा भी सुझाव देते हैं। कनिष्क और सचिन राव के अलावा प्रियंका भी इसमें सहयोग करती हैं। यह सब भाषण के विषय पर निर्भर करता है। यह भानुमती के पिटारे जैसा ही लग रहा था।

जयराम, जो राहुल गांधी के भाषण लिखने वाली टीम का नेतृत्व कर सकते थे, ऐसा लगता था कि धीरे धीरे किनारे होते जा रहे थे। मुझे याद है मैंने एक बार उन्हें टेलीफोन किया और सुझाव दिया कि हम राहुल गांधी के साथ युवाओं पर आधारित कार्यक्रम कर सकते हैं जिसमें वह आईआईटी/आईआईएम के छात्रों के सवालों के जवाब दे सकते हैं। जयराम ने मुझसे कहा, 'बहुत अच्छा विचार हे। राहुल के साथ इसे साझा करूंगा।' कुछ सप्ताह बाद जब मैंने जयराम से इसकी प्रगति के बारे में जानना चाहा तो उन्होंने कंधे हिलाते हुए असमर्थता का इज़हार किया। कभी राहुल के राजनीतिक 'गुरू' रहे दिग्विजय सिंह के दामाद प्रणंजयादित्यसिंह परमार, गुजरात में संतरामपुर राजघराने के उत्तराधिकारी जो गुजरात से टिकट चाहते थे, अंतिम सूची से बाहर हो चुके थे। यह एकदम ऐसा लगता था कि आसन्न पराजय के कारण राहुल ऐसे एकांकी जीवन में पहुंच गए थे जहां वह बहुत कम लोगों पर ही भरोसा कर रहे थे।

वरिष्ठ पत्रकार कूमी कपूर एक दिलचस्प किस्सा बताती हैं जो राहुल और पार्टी के बीच बढ़ती दूरी पर प्रकाश डालता है। राहुल गांधी दक्षिणी गुजरात में आदिवासी बहुत दाहोद निर्वाचन क्षेत्र के देवगढ़ बरिया में चुनाव रैली को संबोधित

करने आए थे। इस सीट से पार्टी की प्रत्याशी प्रभा तेवियाड को एसपीजी ने मंच पर उस समय बैठने से रोक दिया था जब राहुल गांधी भाषण दे रहे थे। उन्होंने एसपीजी को यह बताने का प्रयास भी किया कि वह स्थानीय प्रत्याशी हैं। जनसभा समाप्त होने पर राहुल ने कुछ लोगों से हाथ मिलाया और फिर अपने हेलीकॉप्टर की ओर बढ़ गए। पार्टी प्रत्याशी अपने नेता से दो शब्द बात करना चाहती थी। उनके बच्चों ने कहा, 'भाग मम्मी भाग।' वह राहुल के पीछे दौड़ीं भी लेकिन तब तक वह दूसरी जनसभा में जाने के लिए हेलीकॉप्टर में बैठ चुके थे।

चुनाव प्रचार अपने चरम पर पहुंच रहा था लेकिन ऐसा लग रहा था कि भाजपा की चुनौती का मुकाबला करने के नये तरीकों की खोज के लिए राहुल की टीम अभी भी अंधेरे में ही हाथ पैर चला रही थी। मोदी ने जब 'चाय पर चर्चा' शुरू की तो एक बार फिर वे आम आदमी की बात करने के लिए बाध्य हुए। राहुल ने 'खुले घोषणा पत्र' के बारे में कहा था जिसका तात्पर्य था कि पार्टी के कार्यकर्ताओं, सिविल सोसायटी के समूहों और असंगठित क्षेत्र में कार्यरत लोगों से चर्चा के बाद ही इसे तैयार किया जाएगा। मोहन गोपाल को यह ज़िम्मेदारी सौंपी गई थी।

प्रमुख गैर सरकारी संगठनों और रेलवे के कुलियों, मछुआरों, रिक्शा चालकों, रेहड़ी पटरी वालों के साथ ही आंगनवाड़ी कार्यकर्ताओं जैसे असंगठित क्षेत्र के समूहों के साथ अनेक दौर के विचार विमर्श का आयोजन किया गया। गोपाल ने बाद में मुझसे कहा, 'भारत की राजनीति में यह अद्भुत अनुभव था। पहली बार कोई नेता उन लोगों से बातचीत कर रहा था जो निर्णय लेने की प्रक्रिया में किनारे पर थे। इस तरह के अभियान से हम सैकड़ों गैर सरकारी संगठनों को सक्रिय करके उनकी सद्भावना हासिल कर सकते हैं।'

राहुल गांधी की टीम का लक्ष्य वह वर्ग था जो गरीबी की रेखा से ऊपर तो था लेकिन मध्यम वर्ग भी नहीं था और दबाव महसूस कर रहा था। फिर से आर्थिक विकास को तेज़ी से पटरी पर लाने का मोदी का वायदा इस समूह को आकर्षित कर रहा था। राहुल और मोदी के दृष्टिकोण के बीच के अंतर को इंगित करते हुए गोपाल कहते हैं, 'हम उन्हें कानूनी अधिकारों पर आधारित नयी सोच मुहैया करा रहे हैं जबकि मोदी फासीवादी तरीके से सत्ता हथियाने के लिए इस वर्ग की भावनाओं से खिलवाड़ कर रहे हैं।'

सच्चाई तो यह थी कि चुनाव में बुरी तरह पिछड़ रही कांग्रेस को फिर से पूरी ताकत से सामने आने की ज़रूरत थी। राहुल का इंटरव्यू विनाशकारी रहा था और पार्टी अपने नेता की चुनौती फिर से पेश करने के अथक प्रयास कर

रही थी। राहुल जितनी बार भी सार्वजनिक कार्यक्रम में जाते तो कांग्रेस के मीडिया प्रकोष्ठ के सदस्य हमसे इसे दिखाने का अनुरोध करते हुए कहते कि यह दिलचस्प होगा लेकिन अफसोस ऐसा नहीं था।

कुल मिलाकर राहुल गांधी का यह घिसा-पिटा प्रयास ही होता था। राहुल गांधी ने आमिर खान के *सत्यमेव जयते* की तर्ज पर 'असली भारत' के साथ संवाद स्थापित करने का प्रयास किया लेकिन यह उनकी अपनी समझ के कारण असफल हो गया। आमिर का कार्यक्रम सफल हो गया था क्योंकि यह नियमित मनोरंजन कार्यक्रम से अलग था। अभी तक नियमित और रियलटी कार्यक्रमों से थक चुके दर्शक कुछ नया देखना चाहते थे। राहुल का अड्डा लोगों की निगाह में नहीं आया क्योंकि वह ऐसे समय में सिर्फ उपदेश दे रहे थे जब कि देश बढ़ती कीमतों से लेकर भ्रष्टाचार तक के तमाम ज्वलंत विषयों पर जवाब चाहता था।

हां, इस प्रयास में जीवंतता थी। उदाहरण के लिए राहुल की रेलवे के कुलियों के साथ चर्चा। लेकिन यह बहुत ही संक्षिप्त था और निश्चित राजनीतिक बहस की दिशा मोड़ने के लिए पर्याप्त नहीं था। भारत की जातीय गणित, विभिन्न समुदायों के अधिकारों और सत्ता के विकेंद्रीकरण जैसे विषयों पर राहुल की अपनी सोच थी।

मोदी की चाय पर चर्चा ने सबका ध्यान आकर्षित किया क्योंकि इसको आकर्षक कलेवर के साथ पेश किया गया था। लेकिन राहुल गांधी के टाउन हाल जैसे कार्यक्रम सफल नहीं हुए क्योंकि न तो इसका अच्छी तरह से प्रचार किया गया और न ही इसमें कोई स्पष्ट संदेश था। राहुल की इस शैली से हताश एक कांग्रेसी नेता ने मुझसे कहा, 'ईमानदारी से कहूं, हमें विरोधी के खेमे में जाकर लड़ना चाहिए था। लेकिन ऐसा करने की बजाए, हमारा नेता तो एक झोलेवाले की तरह छोटे छोटे समूहों में चर्चा के माध्यम से भारत के गरीबों की खोज में लगा है।'

मार्च और अप्रैल में मैंने चुनाव के दौरान वस्तुस्थिति की जानकारी प्राप्त करने के लिए देश के कई हिस्सों का भ्रमण किया और मैं महसूस कर सकता था कि देश में राजनीतिक हवा किस ओर बह रही है। दक्षिण बेंगलुरू में, जहां से इन्फोसिस के पूर्व मुख्य कार्यकारी अधिकारी नंदन नीलकेणी चुनाव लड़ रहे थे, मैं उन्हीं के पेशे के एक समूह से मिला। इन सभी ने एक स्वर में कहा, 'वे नंदन को वोट देना पसंद करेंगे लेकिन वह एक सही व्यक्ति परंतु गलत पार्टी में हैं।' इसके साथ ही उन्होंने 'अबकी बार मोदी सरकार' का नारा बुलंद कर दिया।

शिक्षित युवा वर्ग में सम्मान वाली छवि रखने वाले नंदन नीलकेणी 2009 में सरकार का हिस्सा बन चुके थे और उन्होंने नागरिकों की पहचान संबंधी महत्वाकांक्षी आधार परियोजना शुरू की थी। देर से राजनीति में कदम रखने वाले नंदन निजी क्षेत्र के उन तमाम पेशेवर लोगों के लिए उम्मीद की किरण थे जो जन सेवा में आना चाहते थे। कोई सामान्य चुनाव होता तो निश्चित ही नंदन अपने प्रतिद्वंद्वी 'पांच बार लोकसभा के सदस्य रहे अनंत कुमार से आगे नज़र आते क्योंकि भाजपा के इस नेता पर शहर के लिए कुछ भी नहीं करने के आरोप लगते रहे थे। परंतु यह सामान्य चुनाव नहीं था। बेंगलुरू में सबसे प्रसिद्ध दक्षिण भारतीय व्यंजन केंद्र 'मावाली टिफिन रूम' में मैंने एक वृद्ध व्यक्ति से जानना चाहा कि यदि अनंत कुमार सांसद के रूप में विफल रहे हैं तो वह इस बार भी उन्हें वोट क्यों देना चाहता है? इस व्यक्ति ने अपने डोसे पर घी उड़ेलते हुए कहा, 'यह चुनाव मोदी के लिए है न कि अनंत कुमार के लिए।'

दक्षिण मुंबई में मिलिंद देवड़ा की कांग्रेस के टिकट पर जीत निश्चित मानी जा रही थी। लेकिन मुझे तभी पता चल गया था कि वह परेशानी में है जब मैं अपने स्कूल के दिनों के एक मित्र से मिला और उसने कहा कि वह पहली बार शिवसेना को वोट देने जा रहा है। उसका तर्क था, 'मैं पूरी तरह शिवसेना जैसी राजनीति का विरोध करता हूं परंतु मैं मोदी को अपने प्रधानमंत्री के रूप में देखना चाहता हूं।'

दिल्ली के चांदनी चौक संसदीय क्षेत्र में मेरे पुराने पत्रकार सहयोगी आशुतोष आप पार्टी के टिकट पर चुनाव लड़ रहे थे। आप पार्टी की अभी भी कुछ साख थी परंतु यह दिल्ली विधान सभा के चुनाव नहीं अपितु राष्ट्रीय जनादेश का मौका था। स्थानीय कारोबारियों का स्पष्ट फैसला था, 'हमने कांग्रेस को देखा, आप को परखा, अब तो भारत के लिए सिर्फ मोदी हैं।'

चुनाव अभियान के दौरान मुझे सिर्फ अमृतसर में ही जनता की राय कुछ बंटी हुई नज़र आयी जहां मोदी के भरोसेमंद साथी अरुण जेटली का मुकाबला पंजाब के पूर्व मुख्यमंत्री कैप्टन अमरिंदर सिंह से था। जेटली पहली बार लोकसभा चुनाव लड़ रहे थे। जेटली दिल्ली से चुनाव लड़ सकते थे लेकिन विधान सभा चुनावों में आप पार्टी का प्रदर्शन देखते हुए वह 'सुरक्षित' सीट की तलाश में पंजाब के अमृतसर पहुंच गए थे। अकाली सांसद नरेश गुजराल ने उन्हें अमृतसर सीट से चुनाव लड़ने के लिए राज़ी किया और कहा कि बादल परिवार के समर्थन से यह सीट उनके लिए सुरक्षित रहेगी। जेटली के उंचे संपर्कों वाले सारे मित्र अपने यार के प्रति एकजुटता दिखाने के लिए दिल्ली से अमृतसर पहुंच गए

थे। यह एकदम शादी की बारात नज़र आ रही थी जिसमें जेटली दूल्हा जैसे थे। अमृतसर में चुनाव अभियान का जायज़ा लेने के दौरान कई बार मेरी मुलाकात किसी न किसी दिल्लीवासी से हो जाती थी। सबका यही कहना था, 'हम उम्मीद करते हैं अरुण जीत जाएं, वह बहुत ही अच्छा बंदा है।' मैं समझ ही नहीं पा रहा था कि इन सबकी मौजूदगी अरुण जेटली के चुनाव प्रचार में कैसे मदद कर रही है क्योंकि इनमें से कई तो अमृतसर की सबसे अच्छी कुलचे छोले की दुकान खोजने में ही व्यस्त रहते थे। इसके विपरीत, हरमंदिर साहिब के शहर में शानदार पगड़ी बांधे अमरिंदर सिंह का काफिला पूरी तरह से उनके 'सन ऑफ द सॉइल' होने का अहसास दिलाता था।

यह सही है कि पंजाब में भी मोदी लहर नज़र आ रही थी। अमृतसर के एक मशहूर ढाबे पर मैंने प्रातः काल सैर करने वाले कुछ लोगों के साथ एक गिलास स्वादिष्ट लस्सी ली। उनके साथ बातचीत में लोगों ने मोदी के समर्थन की बजाए अकाली विरोधी भावनाएं अधिक ज़ाहिर कीं। मुझे बताया गया कि यहां स्थानीय नेता तो बुरी तरह भ्रष्ट हैं। आम बातचीत में लोग कहते थे, 'हां, हम चाहते हैं कि मोदी प्रधानमंत्री हों। जेटली अच्छे व्यक्ति हैं, लेकिन इससे पहले हम बादल सरकार को सबक सिखाना चाहते हैं।' अकालियों पर परिवारवाद का बहुत ही खराब नमूना पेश करने के आरोप लग रहे थे जिसमें राज्य के सारे संसाधनों पर उनके रिश्तेदारों का ही एकाधिपत्य था। यह इस बात का एक और सूचक था कि भारतीय मतदाताओं को हमेशा ही अपना मानकर नहीं चलना चाहिए। जेटली आप पार्टी से बचने के लिए भले ही दिल्ली से अमृतसर आ गए परंतु पंजाब में आप पार्टी का भ्रष्टाचार विरोधी मोर्चा कहीं अधिक कारगर था और पंजाब में उसके चारों प्रत्याशी लोक सभा की सीटों पर विजयी रहे।

अमृतसर, हालांकि देश की 543 सीटों में से सिर्फ एक ही सीट थी। देश के दूसरे हिस्सों से ज़बर्दस्त मोदी लहर की सूचना मिल रही थी। कांग्रेस बदहाली की अवस्था में थी। यह भी प्रयास किया किया गया कि चुनाव अभियान में सोनिया गांधी और अधिक आक्रामक रुख अपनाएं। सोनिया गांधी शायद बहुत सोच समझ कर ही इस चुनाव अभियान में बहुत आगे नहीं आ रही थीं। वैसे भी यह राहुल गांधी के राजनीति में उदय का अवसर था। सोनिया गांधी के लंबे समय से सहयोगी रहे अहमद पटेल और गुलाम नबी आज़ाद सरीखे नेता खुद को राहुल टीम द्वारा अलग थलग किया महसूस कर रहे थे। अहमद पटेल की सोनिया गांधी तक सीधी पहुंच थी और वह उनके आवास 10 जनपथ पर बेरोक-टोक आ जा सकते थे जबकि राहुल गांधी के 12 तुगलक लेन आवास एवं कार्यालय की स्थिति कुछ

अलग थी। तुगलक लेन में पटेल को मुलाकात के लिए पहले समय लेना पड़ता था और उन्हें चुनाव प्रचार की रणनीति से जुड़े कई पहलुओं से दूर ही रखा जाता था। मैंने जब उनसे इस बारे में पूछा तो उन्होंने राहुल के साथ किसी प्रकार के मतभेदों से इंकार किया। पटेल का सपाट का जवाब था, 'वह हमारे नेता हैं।' सच्चाई तो यह है कि यहां पीढ़ी का अंतर था। पटेल और आज़ाद दोनों ही पार्टी के पुराने संकट मोचक थे और वे राजीव गांधी के समकालीन थे। उनमें संवाद स्थापित करने की समस्या भी थे। ऐसा लगता है कि राहुल गांधी अंग्रेज़ी में बात करने वाले उन राजनीतिकों के साथ अधिक सहज महसूस करते थे जो उनके राजनीतिक विचारों से सहमत होते थे। राहुल को अच्छी तरह जानने वाले और पुराने कांग्रेसी नेताओं के प्रति उनके नज़रिये से परिचित एक व्यक्ति ने बताया, 'मैं समझता हूं कि वह एक विशेष किस्म के कांग्रेस के नेताओं को तिरस्कार की नज़र से देखते थे। हो सकता है कि वह उन्हें सौदागर नज़र आते हों।

सोनिया गांधी जानती थीं कि राहुल अकेले दम पर मोदी को चुनौती देने में समक्ष नहीं है। इसलिए उन्होंने भाजपा नेता पर हमले तेज़ करने का निश्चय किया। उनमें अभी भी राहुल गांधी से कहीं अधिक साहस और आक्रोश था। सोनिया के एक वफादार बताते हैं, 'पार्टी में अब सिर्फ वही एक असली नेता बची हैं।' एक अप्रैल की शाम मैं रात नौ बजे का बुलेटिन की तैयारी कर रहा था तभी कांग्रेस पार्टी कवर कर रही हमारी संवाददाता पल्लवी घोष ने मुझे एसएमएस किया, 'सोनिया गांधी शीघ्र ही टीवी पर राष्ट्र को संबोधित करने जा रही हैं। यह महत्वपूर्ण हो सकता है।' यह थोड़ा सा अटपटा लगा क्योंकि आमतौर पर प्रधानमंत्री या फिर राष्ट्रपति ही राष्ट्र को संबोधित करते हैं न कि कांग्रेस अध्यक्ष। मन में सवाल उठा, 'क्या सोनिया गांधी नाटकीयता के साथ यह घोषणा करने जा रही हैं कि राहुल नहीं बल्कि वह चुनाव के अंतिम चरण में कांग्रेस का नेतृत्व करेंगी?'

किसी बड़ी खबर को लेकर हमारा सारा जोश और उत्साह व्यर्थ गया। कांग्रेस ने सोनिया गांधी का देशवाशियों को संबोधित करते हुए एक छोटा वीडियो अपनी वेबसाइट पर डाला था और जनता को आगाह किया था कि यदि भाजपा सत्ता में आयी तो वह देश की 'भारतीयता' और 'हिंदुस्तानियत' को नष्ट कर देगी। इस संबोधन में सोनिया गांधी थकी थकी और रूक रूक कर हिंदी में बोल रही थीं। सोनिया गांधी का यह संक्षिप्त हस्तक्षेप नरेंद्र मोदी का दिल्ली मार्च रोकने के लिए पर्याप्त नहीं था।

हाल के महीनों में गांधी परिवार का रुतबा और आकर्षण तेज़ी से कम

हुआ था। सोनिया का हिंदी उच्चारण धीरे धीरे हंसी का स्थान लेने लगा था। भारतीयता की रक्षा के लिए सोनिया का आह्वाहन कांग्रेस की दुर्बल हुंकार ही लग रहा था। भारतीयता की रक्षा का बयान देने से कई दिन पहले सोनिया गुपचुप तरीके से जामा मस्जिद के शाही इमाम सैयद अहमद बुखारी से मिली थीं। शाही इमाम ने मुसलमानों से कांग्रेस का साथ देने और 'सांप्रदायिक' मोदी से दूर रहने की अपील की थी। अल्पसंख्यकों को आकर्षित करने के लिए एक अप्रतिष्ठित धर्माचार्य की मदद लिए जाने से ही धर्मनिरपेक्षता के प्रति कांग्रेस के दिवालिएपन का पता चल रहा था। देश मोदी के नेतृत्व वाली सरकार बनने पर भारत को बांटने के भय से काफी आगे निकल चुका था। हिंदुत्व के प्रति स्वाभाविक विमुखता से इतर ऐसा लग रहा था कि सोनिया गांधी समय के चक्र में फंस गई थीं। यह चुनाव हिंदू-मुस्लिम टकराव के अतीत को उभारने की बजाय इस मुद्दे पर लड़ा जा रहा था कि कौन बेहतर शासन उपलब्ध कराएगा और कौन देश की अर्थव्यवस्था को बेहतर तरीके से पटरी पर ला सकेगा।

मेरा यही मानना है कि इस समय तक कांग्रेस मोदी के आकर्षण और उनके प्रति दीवानगी को समझने में विफल रही थी। कांग्रेस यह भी समझने में विफल हो गई थी कि उस समय तक मोदी उदारीकरण के बाद के दौर में खुद को भारत के सच्चे नेता के रूप मे पेश करने में सफल रहे थे। 1991 के बड़े आर्थिक सुधारों को शुरू करने के बाद सामाजिक बदलाव हो रहे थे जिसने ऐसी पीढ़ी को जन्म दिया जिसके लिए धन संपदा अर्जित करना और आगे बढ़ना ही अच्छे जीवन का संकेत था भले ही लाइसेंस परमिट राज के उनके माता पिता और दादा दादी की लालसा सरकारी नौकरी और शैक्षणिक योग्यता के इर्द-गिर्द ही रही हो। अब एक नये भारत का उदय हो रहा था जो बहुराष्ट्रीय और वैश्विक स्तर पर सारे अवसरों का भरपूर लाभ उठाने के लिए अधीर था। बढ़ती क्रय शक्ति, खरीदारी के लिए नयी मॉल संस्कृति, फलता फूलता सेवा उद्योग, पर्यटन और मनोरंजन के नये उद्योग धंधों ने भी समाज में बहुत योगदान किया है जहां उपभोक्ता नागरिकों से एक कदम आगे चल रहे थे। यह नये मिजाज का भारत था जो निपुणता, अच्छी सेवा और तेज़ी से अमीर बनने की दक्षता चाहता था (और हां बेहतरीन स्मार्टफोन)।

वैश्वीकरण के दौर में पाश्चात्य संस्कृति को लेकर जन्मी राष्ट्रीयता की भावना ने लोगों को अपनी जड़ों की ओर से लौटने के लिए प्रेरित किया। यह एक ऐसा ऐतिहासिक क्षण था जब उपभोक्तावादी संस्कृति और संपदा के लिए ललक राष्ट्रीयता के साथ नज़र आ रही थी जहां मोदी के लिए भारत को आर्थिक रूप से संपन्न

दुनिया पहला देश बनाने का माहौल बनाने की इच्छा थी। उन्होंने नव मध्यम वर्ग के लिए संपत्ति, राष्ट्रवाद और बढ़िया सामान उपलब्ध कराने का वायदा किया। कांग्रेस के आम आदमी का जवाब मोदी का यह नव मध्यम वर्ग था जिन्होंने तेज़ी से बदलते भारत में टैक्सी चालक से लेकर कॉल सेंटर आपरेटर और पिज़्ज़ा डिलीवरी ब्याय से लेकर छोटे शहरों के हेयर स्टाइलिस्ट तक की आकांक्षाओं को पंख लगा दिये थे।

इस नये भारत में जहां राजनीतिक माहौल ज़बर्दस्त प्रतिस्पर्धात्मक था, सोनिया गांधी गुज़रे ज़माने की नेता जैसी लग रही थीं और तेज़ी से आगे निकलने की लालसा रखने वाली युवा पीढ़ी के पास भारतीयता के इतिहास का सबक सीखने के लिए वक्त नहीं है।

अप्रैल शुरू होते ही कांग्रेस के गलियारों में यह सुगबुगाहट तेज़ होने लगी थीः 'यदि राहुल से बात नहीं बन रही और सोनिया हमें पुनर्जीवित नहीं कर सकतीं तो क्या प्रियंका हमारा बेड़ा पार लगाएंगी?'

9

महासमर : अमेठी और वाराणसी

अपनी मां तरह प्रियंका गांधी वाड्रा भी हमेशा ही एक पहेली बनी रही हैं। हालांकि परिवार का उपनाम उनके साथ जुड़ा है लेकिन इसके बावजूद वह दृढ़ता के साथ इससे अलग रहती हैं। वह बहुत ही गरिमामय परिधान पहनती हैं। कई बार वह दिल्ली की पार्टियों में अंतरराष्ट्रीय स्टाइल के डिज़ाइनर परिधान में भी नज़र आती हैं लेकिन अमेठी और रायबरेली में वह हैंडलूम की साड़ियां पहन कर पूरी तरह राष्ट्रीय हो जाती हैं। करिश्माई, मोहक, सुंदर और बुद्धिमान प्रियंका हमेशा ही मीडिया की चहेती हैं जो बगैर किसी प्रयास के ही अखबारों के पहले पन्ने और टीवी की सुर्खियों में रहती हैं।

मैं पहली बार 1999 के आम चुनावों के दौरान प्रियंका गांधी से मिला था। वह अमेठी में थीं, देश की चुनावी राजनीति में सोनिया गांधी के पदार्पण का संचालन कर रहीं थी। हमारा एनडीटीवी पर एक कार्यक्रम होता था 'फॉलो द लीडर' और न्यूज़रूम में आम राय थी कि इसके लिए प्रियंका सबसे उपयुक्त होंगी। मैंने महाराष्ट्र से कांग्रेस के वरिष्ठ नेता सुशील कुमार शिंदे को टेलीफोन किया क्योंकि वह उस वक्त अमेठी में पार्टी का काम देख रहे थे। मैंने उनसे कहा कि क्या वह प्रियंका के साथ इंटरव्यू की व्यवस्था कर सकते हैं। उन्होंने कहा, 'मैं पक्के तौर पर कुछ नहीं जानता, राजदीप। मगर तुम अमेठी आकर कोशिश क्यों नहीं करते?'

जब मैं अमेठी पहुंचा तो वहां की सुरक्षा व्यवस्था भयभीत करने वाली थी। हमें ठहरने के लिए कोई ढंग की जगह नहीं मिली। मैंने शिंदे के साथ एक छोटे कमरे में रात गुजारी। शिंदे ने सलाह दी, 'हमें सवेरे ही प्रियंका के ठिकाने पर

चलना चाहिए। वहां पर उस समय कम सुरक्षा थी। हो सकता है तुम्हें देखकर वह इंटरव्यू के लिए तैयार हो जाएं।'

अतः अगले दिन सवेरे छह बजे, इंटरव्यू करने की उत्सुकता में, मैं मुंशीगंज अतिथिगृह के बाहर पहुंच गया जहां गांधी परिवार ठहरा हुआ था। मुझे बहुत परेशान होने की ज़रूरत नहीं थी। प्रियंका वहां पहुंचने पर मुझे देखते ही ऐसा लगा कि पहचान गईं (टेलीविज़न का यह लाभ है) और उन्होंने मुझे एक कप चाय दी। मैंने उन्हें बताया कि हम चुनाव प्रचार के दौरान एक दिन उनके साथ बिताना चाहते हैं। वह सहर्ष तैयार हो गईं और उन्होंने तत्काल ही अपने पहले मीडिया इंटरव्यू के लिए माइक लगा लिया।

अगले बारह घंटे तक यह युवा महिला पूरी तरह टेलीविज़न के बॉक्स आफिस पर थी। वह ठीक उसी तरह सहज थीं जैसे पार्टी कार्यकर्ताओ से मिलती थीं और भीड़ देखकर खुश होती थीं। वह विशेषकर महिलाओं के साथ सहजता से घुल मिल जाती थीं। इनमें से अधिकांश उनसे कहतीं, 'बेटी, आप तो बिल्कुल इंदिराजी की तरह दिखती हैं!'

मैं स्वीकार करूंगा कि मैं खुद उनके व्यवहार से दंग रह गया था। हमने अमेठी में एक खेत में दोपहर का भोजन किया जहां शिंदे प्रेम से पराठा और अचार दे रहे थे, यह सब कैमरे में कैद किया गया। कुछ साल बाद जब शिंदे महाराष्ट्र के मुख्यमंत्री बने तो मैंने उन्हें चिढ़ाते हुए कहा कि यह अमेठी में उनका खिलाया गया भोजन ही था जिसने काम बनाया।

मैंने प्रियंका से पूछा क्या वह राजनीति में आएंगी। उन्होंने मुस्कुराते हुए जवाब दिया, 'नहीं, नहीं, मैं तो यहां सिर्फ अपनी मां की मदद के लिए ही हूं। अन्यथा, मैं इस सबसे दूर ही खुश हूं।' यह अनिच्छा मैं लगभग पंद्रह साल तक सुनता आया। 2004 में जब मैं फिर अमेठी गया तो वह भी वहां थीं लेकिन इस बार अपने भाई और मां की मदद के लिए जो अब पड़ोस की रायबरेली संसदीय सीट से चुनाव लड़ रही थीं।

मैं प्रियंका के संपर्क में रहा। उन्होंने मुझे अपना मोबाइल नंबर दे दिया था और हमेशा ही एसएमएस का जवाब देती थीं और आड़े वक्त पर सोनिया से मुलाकात कराने में भी मददगार रहती थीं। कई बार, अचानक ही निजी आयोजनों में हमारी मुलाकात हो जाती थी जहां वह बेहद विनम्रता से मिलती थीं। एक समय के अच्छे संबंध 2012 में उस समय बिगड़ते नज़र आए जब केजरीवाल ने पहली बार उनके पति राबर्ट वाड्रा ज़मीन संबंधी सौदों का मुद्दा उठाया था। मैंने उनसे पूछा कि क्या वह या उनके पति राबर्ट इस पर कोई प्रतिक्रिया देना चाहेंगे।

प्रियंका का संक्षिप्त सा जवाब था, 'तुम पत्रकार हमें अकेला क्यों नहीं छोड़ देते? क्या तुम्हें पता है कि इस सबका मेरे बच्चों पर क्या असर पड़ रहा है?' मैंने पढ़ा था कि प्रियंका किस तरह अपने बच्चों के प्रति पूरी तरह समर्पित हैं और स्कूल में बच्चों के खेल के आयोजन में भी शामिल होती हैं। उन्होंने उन चर्चाओं का भी कड़े शब्दों में खंडन किया था कि वह और राबर्ट अलग हो गए हैं। इस संबंध में पूछे जाने पर उन्होंने आहत और नाराज़गी भरे शब्दों में कहा था, 'कहां से तुम लोगों को यह सब कहानियां मिलती हैं?' यह सुनकर मैं भी खामोश हो गया था।

2014 तक यह पूरी तरह स्पष्ट था कि प्रियंका ने राजनीति में अपनी संलिप्तता को लेकर एक लक्ष्मणरेखा खींच रखी थी। जब भी कोई कांग्रेसी नेता सार्वजनिक रूप से उनसे चुनाव लड़ने की याचना करता उनका कार्यालय कठोर शब्दों में इससे इंकार करता था। वह मुझसे कहती थीं, 'यदि मैं राजनीति में आना चाहूंगी तो मैं इसे गोपनीय नहीं रखूंगी।' 2009 के लोकसभा चुनाव में मिली जीत ने इन शंकाओं पर पूर्णविराम लगा दिया था कि परिवार की विरासत को कौन आगे ले जाएगा। प्रियंका अपने भाई का साया बनकर रहने में खुश थीं। 2012 में उप्र विधान सभा चुनावों की हार के बाद भाई बहन की हाथ में हाथ डाले एक दूसरे को सात्वना देने वाली तस्वीर भी चर्चित थी।

2014 का साल कुछ अलग था। कांग्रेस गहरे संकट में थी और राहुल के नेतृत्व पर सबकी पैनी निगाहें थीं। प्रियंका अभी भी औपचारिक रूप से पार्टी में निर्णय लेने वाली भूमिका निभाने की अनिच्छुक थीं लेकिन यह स्पष्ट हो गया था कि अमेठी से आगे भी उनकी भूमिका बढ़ रही है। वह पार्टी की रणनीति तैयार करने के लिए हो रही बैठकों के वक्त राहुल के घर पर नज़र आती थीं और कांग्रेस के चुनावी विज्ञापनों में भी दिलचस्पी ले रही थीं। पार्टी का प्रत्येक विज्ञापन उन्हें दिखाया जाता था। कांग्रेस के एक भीतरी सूत्र ने उनकी मौजूदगी के बारे में बताते हुए कहा था, 'वह हो सकता है सक्रिय नहीं हों, लेकिन निश्चित ही इससे परे भी नहीं हैं।'

अप्रैल के शुरू से ही प्रियंका ने अमेठी और रायबरेली में डेरा डाल रखा था। उनकी मां और भाई दूसरे निर्वाचन क्षेत्रों में पार्टी के मुख्य प्रचारक थे जबकि उन्हें अपने परिवार के क्षेत्र को सुरक्षित रखने की आवश्यकता थी। अमेठी अब पहले जैसा सुरक्षित क्षेत्र नहीं रह गया था--2012 के विधान सभा चुनाव में सपा ने पांच में से तीन निर्वाचन क्षेत्रों में विजय हासिल कर ली थी जबकि कांग्रेस को सिर्फ दो सीटों पर ही जीत मिली थी (रायबरेली में तो वे सारी सीटों पर ही

हार गए थे)। राहुल ने अपने क्षेत्र में कुछ अच्छे काम किए थे--महिलाओं की सेल्फ हेल्प ग्रुप परियोजना प्रमुख थी लेकिन उप्र के बिजली, सड़क, पानी और शिक्षा जैसे शास्वत मुद्दे भी निवासियों की परेशानी का सबब थे। अमेठी के लोग मुझसे कहते, 'सर, यहां तो अंधेरा ही अंधेरा है।'

वास्तव में, अमेठी की स्थिर स्थिति को लेकर लोगों में अब कुंठा पैदा होने लगी थी। प्रियंका को कई 'नुक्कड़ सभाओं' में ग्रामीणों के आवेश को सुनना पड़ा। ग्रामीण कहते, 'प्रियंकाजी, दस साल हो गए, राहुलजी के आने से कुछ नहीं बदला।' भारतीय मतदाता अभी भी उनके परिवार के नाम से जुड़े हुए थे। नेहरू-गांधी ब्रांड का उनके क्षेत्र में जादुई प्रभाव था। लेकिन अमेठी का मतदाता भी दूसरी जगह के मतदाता से अलग नहीं था और अब वे वायदों के पूरा हुए बगैर ही समर्थन के लिए तैयार नहीं थे।

मैं कभी यह समझ नहीं पाया कि उप्र की अमेठी और रायबरेली जैसे संसदीय क्षेत्रों में अधिक प्रगति क्यों नहीं हुई। इसके लिए आपको सिर्फ पवार के संसदीय क्षेत्र महाराष्ट्र के बारामती को देखकर समझना होगा कि वीआईपी निर्वाचन क्षेत्र कैसा नज़र आता है। अमेठी से एकदम उलट पवार ने इस क्षेत्र को कृषि आधारित औद्योगिक क्षेत्र में बदल दिया है। निश्चित ही गांधी परिवार ने इस पिछड़े हुए क्षेत्र का कायाकल्प करने में पवार जैसी उद्यमशीलता नहीं दिखाई थी।

शायद कुछ गंगा के मैदानी इलाके की आबोहवा ही कुछ ऐसी थी जिससे विकास प्रभावित हो रहा था। यह उतना ही कठिन और चुनौतीपूर्ण है जितना कि यहां की राजनीति में विकास से पहले जाति और समुदायों का महत्व है। या फिर यह भी हो सकता है कि निहित स्वार्थ की खातिर यहां सक्रिय माफिया हर कीमत पर इस इलाके के पिछड़ेपन को बनाये रखना चाहता है। निश्चित ही राज्य और केंद्र सरकार के परस्पर विरोधी रिश्ते भी उप्र के विकास में मददगार नहीं हुए हैं। मेरा अपना मानना है कि गांधी भी तमाम सामंती नेताओं की तरह 'माई-बाप' की संस्कृति में उलझ कर रहे गए और सार्वजनिक क्षेत्र के इक्का दुक्का उपक्रम कभी भी दीर्घकालीन संरचना का स्थान नहीं ले सके। (अमेठी की सड़कें तो इस तरह की हैं जिनसे आपकी कमर दुखने लगे)।

भाजपा को उप्र में परिवर्तन की लहर न सही तो भी हवा का आभास हो गया था जो पूर्वी उप्र के गांधी परिवार के प्रभाव वाले इलाके में चुनौती दे रही थी। सालों से विपक्ष पर आरोप लग रहा था कि वह जानबूझ कर गांधी परिवार के उम्मीदवारों के लिए कमज़ोर प्रत्याशी खड़ा करता है। नरेंद्र मोदी और अमित शाह इस धारणा बदलने के लिए कृतसंकल्प थे।

यही वजह थी कि उन्होंने बेहद नाटकीय तरीके से अमेठी के लिए स्मृति ईरानी को उम्मीदवार बनाने की घोषणा की। टेलीविज़न कार्यक्रम की अभिनेत्री से नेता बनी जुझारू स्मृति इस नई भूमिका के लिए तैयार थीं। स्मृति ने एक बार गुजरात दंगों को लेकर मोदी के खिलाफ़ बयान भी दिया था लेकिन बाद में बहुत ही चतुराई से उन्होंने उनका दिल जीत लिया। मोदी को स्मृति का बेधड़क होना और संवाद स्थापित करने का कौशल पसंद आया। (मैं यह भी महसूस करता हूं कि उन्होंने आधुनिक नारी को साड़ी और सिंदूर में देखा जिनमें दीर्घकालीन रणनीति में सुषमा स्वराज का विकल्प बनने की क्षमता भी हो सकती हैं जिन्हें वह पसंद नहीं करते)। प्राइम टाइम कार्यक्रमों में हम पत्रकार स्मृति द्वारा पूरी दृढ़ता से अपनी बात कहने का अंदाज़ पसंद करते थे। वह टेलीविज़न कार्यक्रम के लिए पूरी तैयारी करके आती थीं। राज्य सभा सांसद के रूप में वह राहुल गांधी का मुकाबला कर रही थीं और ऐसी स्थिति में उनके पास खोने के लिए कुछ नहीं था। उन्होंने मुझसे कहा भी था, 'मैं अमेठी जीतने के लिए जा रही हूं। यह सांकेतिक लड़ाई नहीं है।'

अमेठी से आप पार्टी भी चुनाव लड़ रही थी। उसने टीवी के चर्चित चेहरे कुमार विश्वास को अपना उम्मीदवार बनाया था। स्मृति अमेठी को अपनी राजनीतिक सीढ़ी के एक और पायदान के रूप में ले रही थीं जबकि कुमार विश्वास इसमें भी पंद्रह मिनट तक चर्चा में रहने के मौके तलाश रहे थे। हिंदी कवि कुमार विश्वास अपने चुटीले और सटीक अंदाज़ के लिए हिंदी न्यूज़ चैनलों के चेहते थे। मैंने एक बार एक इंटरव्यू में उनसे कहा था, 'आपको अमेठी में जोकर की तरह देखा जा रहा है।' उन्होंने बहुत ही बेबाकी से जवाब दिया, 'सर्कस में सबकी निगाहें जोकर पर ही तो होती हैं।'

राहुल और प्रियंका बनाम स्मृति बनाम विश्वास--अचानक ही टीवी के लिए अमेठी एक महत्वपूर्ण निर्वाचन क्षेत्र बन गया। प्रियंका जानती थीं कि इस बार उन्हें कड़ी मेहनत करनी पड़ेगी, इसीलिए उन्होंने यहीं पर डेरा डालने का फैसला किया। जैसी ही चुनाव सभा को संबोधित करने निकलीं, वह अमेठी की चहेती बन गईं। कैमरे हर जगह उनका पीछा करते। यह एक तरह से मीडिया सर्कस बन गया था। न्यूज़रूम को यह स्पष्ट संदेश था कि एक संवाददाता हर समय प्रियंका के साथ रहेगा-आपको नहीं मालूम किस समय वह क्या बोल दें। चुनाव अभियान में पत्रकारों के समूह के लिए प्रियंका का पीछा आसान काम नहीं था। उन्हें गरमी के मौसम से ही नहीं बल्कि एसपीजी से भी निबटना पड़ रहा था।

मेरी पुरानी सहयोगी श्रेया ढौंढियाल को प्रियंका पर निगाह रखने की ज़िम्मेदारी

सौंपी गई थी। उसने मुझे एक दिन की गतिविधि के बारे में बताया। सवेरे नौ बजेः मुंशीगंज अतिथि गृह के बाहर खड़े होना, 10.30 बजेः अतिथि गृह से बाहर निकलते ही प्रियंका के लिए कार की खिड़की पर माइक लगाना लेकिन किस्मत ने साथ नहीं दिया, 10.35 बजेः पचास दूसरे क्रू और ओबी वैन के साथ कार का पीछा करना और इसमें भी एसपीजी के काफिले से बीच बीच में उलझना, 11 बजेः प्रियंका लोगों से मिलने के लिए रुकती हैं तो आप भी रुकिए और एके 47 से लैस कमांडो के बीच से अपनी जगह बनाने की कोशिश कीजिये और जहां तक संभव हो उनके निकट तक माईक पहुंचाओ ताकि उनकी बात सुनी जा सके, वह सिर्फ मुस्कुराई और कार से आगे निकल गईं। श्रेया ने बाद में मुझे बताया, 'आखिरकार, हमने यह करार किया कि यदि प्रियंका हमसे रोज़ सवेरे तीस सेकेंड बात कर लेंगी तो हम उन्हें पूरे दिन अकेला छोड़ देंगे।'

मुझे याद है जब मैने प्रियंका की सचिव प्रीति सहाय से पूछा था कि क्या मेरा अमेठी आना और उनका इंटरव्यू करना उचित होगा? मुझे स्पष्ट रूप से कहा गया, 'अभी तो कोई इंटरव्यू नहीं। वह चुनाव प्रचार के दौरान ही साउंड बाइट देंगी।' 2014 तो 1999 नहीं था। उस समय तो कुछ ही कैमरे थे लेकिन आज तो सैकड़ों न्यूज़ चैनल थे और ऐसी स्थिति में प्रियंका के साथ एक्सक्लूसिव करना बहुत ही मुश्किल काम था।

साउंड बाइट भी बहुत सावधानी से तैयार की जाती थी कि ताकि हमारे संवाददाता भी संतुष्ट रहें और भाजपा नेतृत्व पर छींटाकशी भी करते रहें। 'आपके पास देश चलाने के लिए 56 इंच का सीना नहीं, बड़ा दिल चाहिए!' 'एक व्यक्ति जो दूसरी महिलाओं की जासूसी कराता हो भारतीय महिलाओं का सम्मान कैसे कर सकता है।' इंदिरा गांधी की शैली में भाजपा के बारे में उनकी टिप्पणी बहुत ही दिलचस्प थी कि वह 'भयभीत चूहों की तरह इधर से उधर भाग रहे हैं।' न्यूज़ चैनलों के लिए इस तरह की टिप्पणियां एकदम सटीक हेडलाइन थीं। व्यापक चुनाव अभियान की पृष्ठभूमि में एक पखवाड़े तक प्रियंका गांधी का मोदी से इस तरह मुकाबला एक नियमित कार्यक्रम बन गया था।

प्रियंका गांधी की चुटीली टिप्पणियां ऐसा लगता था कि मोदी को आहत करती थीं। वह पलट वार करते और राबर्ट वाड्रा को अपना निशाना बनाते। मोदी कहते, 'संप्रग सरकार का माडल है आरएसवीपी (राहुल, सोनिया, वाड्रा प्रियंका)।' वह सवाल करते, 'एक व्यक्ति पांच साल में एक लाख रूपए से 400 करोड़ कैसे कमा सकता है?' भाजपा के मीडिया प्रकोष्ठ ने तो वाड्रा के ज़मीन के सौदों का विवरण देते हुए एक वीडियो भी तैयार किया था।

पूरे चुनाव अभियान के दौरान प्रियंका ने अपने पति के बारे में पूछे गए किसी भी सीधे सवाल का जवाब नहीं दिया--हाथ के इशारों से ही इसे नकारतीं और वह इसे 'भयभीत लोगों का झूठ का पुलिंदा' करार देती। मुझे यह तो अहसास हो गया कि प्रियंका कोई भी लंबा इंटरव्यू क्यों नहीं देना चाहतीं क्योंकि उन्हें डर था कि अनायास ही इसमें वाड्रा से जुड़ा सवाल भी आ ही जाएगा।

कई सामाजिक आयोजनों में मेरी वाड्रा से संक्षिप्त मुलाकात हुई थी लेकिन उनसे वास्वत में कभी बात नहीं हुई। अक्सर काले परिधानों में बेल्ट बांधे, करीने से मूछें तराशे सुगठित शरीर वाले वाड्रा कारोबारी से कहीं अधिक 'इंडिया गॉट टैलेंट' में 'डांस' में प्रतिभागी नज़र आते थे। (मुझे बताया गया कि प्रियंका जब वाड्रा से पहली बार मिलीं तो उनके नृत्य कौशल से बहुत प्रभावित थीं)। रॉबर्ट ने मीडिया में अपना पक्ष भी रखा था लेकिन आरोप थमने वाले नहीं थे। हकीकत तो यह भी उन्होंने अधिकांश लाभ कांग्रेस शासित हरियाणा और राजस्थान जैसे राज्यों से ही अर्जित किया था और वह इस सच्चाई से बच नहीं सकते थे। उन्हें और अधिक पैने सवालों का जवाब देने आवश्यकता थी। जब तक वाड्रा इन सवालों के स्वेच्छा से जवाब नहीं देंगे तो यदि प्रियंका कभी राजनीति में आती हैं तो भी उन्हें हमेशा ही इनका सामना करना होगा। पहले से ही हवाई अड्डों पर सुरक्षा जांच से छूट प्राप्त विशेष व्यक्तियों की सूची में उनका नाम शामिल होने पर आम जनता में आक्रोश है क्योंकि वह इसे अपात्रता का प्रतीक मानती है।

चुनाव में प्रियंका एक महत्वपूर्ण पहलू थीं। कम से कम कुछ दिन के लिए तो मीडिया की नज़रें मोदी से हट गई लगती थीं। मैंने जब बाद में अमित शाह का इंटरव्यू किया तो उन्होंने व्यंग्यात्मक तरीके से टिप्पणी की, 'प्रियंका आपकी टीआरपी के लिए अच्छी हो सकती हैं, चुनाव पर उनका कोई असर नहीं होगा।'

अमित शाह चुनाव प्रचार का जायज़ा लेने के लिए अचानक ही 2 मई को अमेठी पहुंच गए। उन्हें बहुत ही चौंकाने वाला फीडबैक मिला। स्मृति ईरानी अपनी भाषण देने की कला और अथक ऊर्जा की बदौलत तेज़ी से अपनी स्थिति मज़बूत कर रही हैं। आमधारणा थी कि इस निर्वाचन क्षेत्र में पार्टी बड़ा उलट फेर करने की स्थिति में है। अमेठी में ही डेरा डाले भाजपा के नेता सुधांशु मित्तल बताते हैं, 'हमें लगा कि यहां तो कांटे की टक्कर है।'

इससे उत्साहित शाह ने मोदी को फोन कर कहा, 'मैं समझता हूं कि आपको अमेठी में भी एक सभा करनी चाहिए। यह ऐसा हो सकता है जहां हम चौंका सकते हैं।' अमेठी मोदी के कार्यक्रमों में शामिल नहीं थी। विपक्ष के बीच यह

अघोषित समझ थी कि चुनाव में प्रत्यक्ष रूप से गांधी से नहीं टकराया जाए। हालांकि मोदी इस ओर बढ़ रहे थे।

अमेठी में 5 मई चुनाव प्रचार का अंतिम दिन था। उस दिन मोदी ने एक और जनसभा का कार्यक्रम रद्द करके राहुल के क्षेत्र में जनसभा करने का फैसला किया। लगभग पूरी रात में ही अमेठी की दयनीय स्थिति पर एक विज्ञापन फिल्म तैयार की गई (अध्याय सात देखें) शाह ने आरएसएस-विहिप-भाजपा के स्थानीय नेताओं से पड़ोसी क्षेत्रों से काडर को एकजुट करने के लिए कहा। चुनाव सभा में शामिल होने के लिए पड़ोसी गांवों से बड़ी संख्य में स्मृति के कार्यकर्ता भी पहुंच गए। ट्रकों और बोलेरो गाड़ियों में भी सवार होकर लोगों को लाया गया। शाह ने अपनी टीम से कहा, 'हमको सर्वश्रेष्ठ दिखाना है क्योंकि हमारे पास खोने के लिए कुछ नहीं है।'

मोदी का अमेठी का भाषण संभवतः गांधी परिवार पर सबसे तेज़ हमला था। मोदी के प्रत्येक वाक्य में आक्रोश और व्यंग्य झलक रहा था। मोदी ने पूरे जोश से कहा, 'चालीस सालों में एक परिवार ने तीन पीढ़ियों के सपनों को नष्ट कर दिया। मैं सुनिश्चत करूंगा कि आपके सपने पूरे हों,' 'मैं अगर पीएम नहीं बना तो वापस जाकर चाय बेच सकता हूं, राहुल क्या करेंगे?' 'मेरी छोटी बहन स्मृति आपको अमेठी के सौ गांवों के नाम बता सकती है, गांधी तो दस से ज़्यादा गांवों के नाम नहीं बता सकेंगे।' इससे पहले कभी किसी राजनीतिक व्यक्ति ने गांधी परिवार पर उनके ही घर में इस तरह से निशाना नहीं साधा था। भाजपा के एक नेता की टिप्पणी थी कि 'यह तो ठीक उसी तरह था कि मानो पाकिस्तान में शोएब की गेंद पर सहवाग ने छक्का जड़ दिया हो।'

मोदी के इस हमले ने प्रियंका को प्रतिक्रिया देने के लिए बाध्य कर दिया था। उन्होंने मोदी पर आरोप लगाया कि उन्होंने चुनावी जंग में उनके स्वर्गीय पिता राजीव गांधी तक को घसीट लिया है और दावा किया कि भाजपा नेता 'नीच राजनीति' कर रहे हैं। दुर्भाग्य से यह एक गलत शब्द का प्रयोग हो गया क्योंकि यहां, विशेषकर उप्र के इस हिस्से में, 'नीच' शब्द का निम्न जाति के संबंध मे अपमानजनक माना जाता है। निष्पक्ष रूप से देख जाए तो प्रियंका ने किसी जाति के संदर्भ में इस शब्द का प्रयोग नहीं किया था। लेकिन मोदी ने प्रियंका पर उनकी जाति को अपमानित करने का आरोप जड़ दिया। यह राजनीति का ठेठ मोदी अंदाज़ था--किसी भी शब्द को खूबसूरती से अपने विरोधियों की ओर मोड़ने और क्षण भर में राजनीतिक लाभ हासिल करने की कला। प्रियंका के लिए यह सजग रहने का संकेत था।

चुनाव प्रचार के अंतिम दिन अमेठी से रवाना होने से पहले प्रियंका ने उन पत्रकारों का आभार प्रकट किया जो एक पखवाड़े से उनकी गतिविधियों पर निगाह रखे थे। इनमें से अधिकांश उनकी शालीनता और सौम्यता से प्रभावित थे। यहां पर भी अंतिम बार उनसे फिर पूछा गया कि क्या वह राजनीति में आएंगीं। उनका जवाब था, 'मुझे अपने बेटे को स्कूल छोड़ना है। दून के नियम बहुत सख्त हैं। जब आप हमारे जैसे परिवार से हों जिसे व्यक्तिगत क्षति हुई हो, तो आपकी प्राथमिकताएं अलग होती हैं। आपका परिवार ही सबकुछ होता है।'

शायद, यही एक टिप्पणी नेहरू-गांधी परिवार की नयी पीढ़ी के असमंजस को रेखांकित करती है। मोतीलाल और जवाहरलाल के लिए स्वतंत्रता आंदोलन वह आकर्षण था जिसने उन्हें आनंद भवन के सुखों से दूर सड़कों पर आंदोलनों में खींचे रखा। इंदिरा गांधी ने अपने पिता के साथ रहकर राजनीति सीखी, भले उनकी कार्यशैली अलग रही हो। सोनिया भी कुछ हद तक अपनी सास के सतत संपर्क में रहकर लाभान्वित हुईं।

इसके विपरीत, प्रियंका और राहुल कड़ी सुरक्षा के बीच बड़े हुए--परिवार में हुई त्रासदी और शायद उनकी व्यक्तिगत बाध्यताओं ने उन्हें रोज़मर्रा की राजनीति से परे रखा। मसलन, प्रियंका की 25 साल में शादी हो गई और वह दो साल बाद मां बन गईं जबकि 21वीं सदी की राजनीति में सार्वजनिक और निजी जीवन की रेखा बहुत ही धुंधली होती है। यदि आप जनता के दिल और दिमाग को जीतना चाहते हैं तो इसमें आपकी निजता एक बड़ी बाधा होती है और आखिर में राजनीतिक महत्वाकांक्षाओं को हासिल करने के लिए पारिवारिक ज़िम्मेदारियां हमेशा ही पीछे छूट जाती हैं। मोदी, ममता, मायावती, जयललिता, नवीन, नीतीश आदि आज के युग के नेता इसका उदाहरण हैं--अकेले ही महिला और पुरुष हैं जिनका सब कुछ राजनीति ही है।

प्रियंका अपने बच्चों पर ध्यान दे रही थीं जबकि भाजपा की प्राथमिकताएं भिन्न थीं। पार्टी ने वह हासिल कर लिया था जो वह हासिल करना चाहती थी--यह संदेश देना चाहती थी कि उप्र में अमेठी सहित कोई भी सीट ऐसी नहीं है जो 2014 के चुनाव में जीती नहीं जा सके। परंतु एक और बड़ी लड़ाई थी जिस पर मोदी-शाह की निगाहें टिकी हुई थीं और वह था वाराणसी का चुनावी दंगल।

वाराणसी, काशी, बनारस--दुनिया की एक सबसे प्राचीन नगरी जिसके कई नाम है और जो पवित्र गंगा नदी के तट पर बसा हुआ है। कवियों, पंडितों, दार्शनिकों और नेताओं के साथ ही ठगों का शहर। प्राचीन हिंदू शास्त्रों में वाराणसी को धरती

के स्वर्ग के रूप में परिभाषित किया गया है जबकि आधुनिक समय के यात्री इसे पूर्वी उत्तर प्रदेश के इस हिस्से की नारकीय ज़िंदगी से तुलना करते हैं।

भोर पहर गंगा पवित्र नज़र आती है लेकिन सूर्यास्त होते होते यह सीवर जैसी लगने लगती है। शादी विवाह के मौके पर बनारसी साड़ी बहुत ही सुंदर लगती है लेकिन इसे बनाने वाले बुनकर छोटी छोटी जगहों में बगैर बिजली के ही ज़िंदगी बसर कर रहे होते हैं। इसके घाटों पर गंगा आरती के दौरान आपको बहुत शांति की अनुभूति होती है लेकिन शहर की तंग सड़कों पर यातायात से बचने की प्रक्रिया में आपके दबाव का स्तर काफी बढ़ जाता है। कभी अनेक विद्वानों को जन्म देने वाला बनारस हिंदू विश्वविद्यालय आज बदहाल अवस्था में था। आप यहां पर शहर के ज्ञान के बोध में रह तो सकते हैं लेकिन हमेशा ही बंदूकधारी गिरोहों का भी भय बना रहता है। यही नहीं, यहां पर आप गाय की पूजा कर सकते हैं लेकिन यह आपको सोचना होगा कि सड़कों पर लगे गोबर के ढेर से कैसे निबटा जाए?

लाखों कहानियों और किवदंतियों वाला शहर वाराणसी 2014 में नये राजनीतिक युद्ध की पटकथा तैयार कर रहा था। नरेंद्र मोदी को भाजपा ने यहां से अपना उम्मीदवार घोषित किया था, इस फैसले ने आप पार्टी के नेता अरविंद केजरीवाल को भी इसी शहर से चुनाव के लिए अपनी उम्मीदवारी घोषित करने के लिए प्रेरित किया। कांग्रेस ने अपने एक विधायक और स्थानीय ताकतवर व्यक्ति (जिसे पूर्वी उप्र में बाहुबली कहते हैं) अजय राय को अपना प्रत्याशी बनाया (हालांकि उप्र कांग्रेस का एक वर्ग इस सीट से प्रियंका के चुनाव लड़ने की उम्मीद कर रहा था लेकिन उनका ऐसा कोई इरादा नहीं था)। इस चुनाव को महासमर का नाम दिया गया।

मोदी को वाराणसी से चुनाव लड़ाने का फैसला उन्हें प्रधानमंत्री पद का उम्मीदवार बनाने के औपचारिक निर्णय से काफी पहले ही अगस्त 2013 में लिया जा चुका था। आरएसएस के साथ बैठक में अमित शाह ने सुझाव दिया था कि मोदी को राष्ट्रीय नेता के रूप में पेश करने के लिए वाराणसी सबसे उपयुक्त स्थान होगा। शाह ने आरएसएस नेताओं से कहा था, 'मोदी जी निश्चित ही गुजरात से चुनाव लड़ेंगे लेकिन वाराणसी से चुनाव लड़ना कहीं अधिक महत्वपूर्ण होगा।'

संघ परिवार ने तत्काल इस विचार को स्वीकार कर लिया। होता भी क्यों नहीं, आखिरकार वाराणसी को हिंदू सभ्यता का गढ़ है। वाराणसी के बारे में डायना इक भी अपने सांस्कृतिक अनुभव *बनारसः दीपकों का शहर* में कहती हैं, 'यहां सभी हिंदू देवता आस्था की परछाइयों से प्रकट हुए हैं और श्रद्धालु उन्हें समझने

आते हैं, उनके रूपों को देखते हैं और फिर उनकी विभिन्न रूपों में उनका चित्रण करते हैं। यदि मोदी हिंदू हृदय सम्राट हैं तो वाराणसी उनके राज्य की स्वाभाविक राजधानी थी।

शाह ने अधिक व्यावहारिक राजनीतिक मकसद से वाराणसी के बारे में निर्णय लिया था। उप्र के बारे में उनके विश्लेषण में पूर्वांचल या पूर्वी उप्र उनके लिए अधिक चिंता का कारण था। 2009 के चुनाव में इस क्षेत्र की 25 सीटों में से भाजपा को सिर्फ चार पर ही विजय मिली थी। सपा और बसपा का यहां पर प्रभुत्व था। यदि मिशन 272+ हासिल करना था तो इसके लिए पूर्वांचल और बिहार में भोजपुर क्षेत्र में बड़े पैमाने पर उलट फेर की ज़रूरत थी। ऐसी स्थिति में भाजपा के चेहरे को चुनाव लड़ाने से बेहतर और क्या हो सकता था? शाह ने बाद में मुझसे स्वीकार किया, 'मुझे पूरा भरोसा था कि इससे हमारे कार्यकर्ताओं में जोश पैदा होगा और इससे मतदाताओं को भी सशक्त संदेश मिलेगा।'

केजरीवाल को भी वाराणसी से चुनाव लड़ने में लाभ नज़र आ रहा था। फरवरी के मध्य में अचानक ही दिल्ली के मुख्मंत्री पद से इस्तीफा देने की वजह से आप नेता को अलग थलग पड़ जाने का डर सता रहा था। लोकसभा चुनाव में 450 सीटों पर चुनाव लड़ने के उनके फैसला सही नहीं था और आप कार्यकर्ता भी इससे संशय में पड़ गए थे। केजरीवाल खुद को मोदी को मुख्य चुनौती देने वाले व्यक्ति के रूप में देख रहे थे। वह एक बार फिर मीडिया की सुर्खियों में रहने का मौका तलाश रहे थे। वाराणसी इसके लिए पूरी तरह उपयुक्त थी। यह एक बार फिर 'डेविड बनाम गोलियथ' का मुकाबला था जिसमें केजरीवाल के पास गंवाने के लिए कुछ नहीं था।

चुनाव मैदान में केजरीवाल के कूदने से शाह का गणित एक बार फिर गड़बड़ा गया। वह यहां से मोदी के लिए आसान जीत की उम्मीद कर रहे थे लेकिन अब वाराणसी सीट पर मुकाबला पहले की अपेक्षा कहीं अधिक दिलचस्प हो गया था। शाह की पहली समस्या पार्टी के भीतर उपजे असंतोष से निबटने की थी। यहां के सांसद भाजपा के वयोवृद्ध नेता डॉ. मुरली मनोहर जोशी पार्टी में वरिष्ठता के हिसाब से खुद को वाजपेयी और आडवाणी के बाद स्वयं को वरिष्ठ नेता के रूप में देखते थे। डॉ. जोशी के विश्वासपात्र लोग अक्सर मुझसे कहते, 'पार्टी के प्रधानमंत्री पद के उम्मीदवार बनने के उनमें सभी गुण हैं। आप उन्हें इसके लिए बेहतर तरीके से पेश करें।'

भाजपा के भीतर ही कुछ और लोग भी थे जो डॉ. जोशी की क्षमताओं के बारे में उनकी राय से सहमत थे। उनकी अपनी छवि भी एक विद्वान की थी

जो इलाहाबाद विश्वविद्यालय से न्यूक्लीयर फिज़िक्स में डॉक्टरेट थे लेकिन ज़मीनी हकीकत में उनका कोई आधार नहीं था। वाराणसी में, जहां 2009 के चुनाव में वह सिर्फ 17000 मतों से जीते थे, डॉ. जोशी के प्रति आक्रोश साफ नज़र आ रहा था। स्थानीय लोगों का कहना था, 'उन्हें डब्ल्यूटीओ पर चर्चा में कम समय और वाराणसी की स्थानीय समस्याओं से निबटने में अधिक समय देना चाहिए।' डॉ. जोशी को जब वाराणसी से टिकट देने से इंकार किया गया तो शुरू में तो वह नाराज़ हो गए लेकिन बाद में उन्होंने कानपुर जाना ही बेहतर समझा।

वाराणसी में शाह की दूसरी समस्या निर्वाचन क्षेत्र की आबादी से संबंधित थी। करीब तीन लाख की आबादी में मुस्लिम मतदाता करीब 15 प्रतिशत थे। अन्य पिछड़े वर्ग दलित वर्ग भी अच्छा खासा था। सवर्ण भाजपा की रीढ़ थे लेकिन शाह को मुसलमानों के एकजुट होने से उत्पन्न होने वाली चुनौतियों से निबटने के लिए दूसरे सामाजिक समूहों में भी अपनी पैठ बनानी थी। कुर्मी प्रभुत्व वाले स्थानीय अपना दल के साथ गठबंधन, जिसका वाराणसी के आसपास ठोस आधार था, इस दिशा में पहला कदम था (देखें अध्याय 5)। परंतु शाह जानते थे कि गंगा को उद्वेलित करने के लिए कुछ और बड़ा करना होगा। यह धूम धड़ाका करने का वक्त है।

भारतीय चुनावी राजनीति में नामांकन पत्र दाखिल करने की प्रक्रिया शक्ति प्रदर्शन का ज़रिया भी होता है। कलेक्टर कार्यालय में नामांकन दाखिल करने के लिए जाते वक्त प्रत्याशी अपने समर्थकों और गाड़ियों के काफिले के बीच ढोल नगाड़ों के साथ जुलूस में पहुंचते हैं और रास्ते में उनके समर्थक उन्हें माला पहनाते हैं तथा फूल बरसाते हैं। इस अवसर पर विजय हासिल करने जैसा माहौल बनाना होता है। लेकिन 24 अप्रैल को वाराणसी में जो कुछ हुआ वह किसी अन्य रोड शो जैसा नहीं था। यह भारतीय चुनाव में नामांकन पत्र भरने के दौरान हुआ सबसे बड़ा राजनीतिक शक्ति का प्रदर्शन था।

मोदी के नामांकन पत्र भरने की तैयारियां निश्चित दिन से एक सप्ताह से दस दिन पहले ही शुरू हो गई थीं। वाराणसी मे मीडिया के समन्वयक की भूमिका निभा रहे भाजपा के नलिन कोहली बताते हैं, 'हमने कई बैठकें कीं और इसे पूरी तरह त्रुटिहीन आयोजन बनाने के लिए कई ट्रायल भी किए थे।' मीडिया के बड़े दस्ते के इस्तेमाल के लिए सड़क के किनारे ऊंचाई पर मंच बनाये गए थे। मोदी को लेकर चलने वाली खुली ट्रक के ठीक सामने कैमरों और सेटलाइट उपकरणों से सुसज्जित मोबाइल वैन तैनात की गई थी ताकि उपस्थित जनसमूह

का हाथ हिलाकर अभिवादन कर रहे मोदी की छवि का सीधा प्रसारण होता रहे। भाजपा के सभी स्थानीय नेताओं से कहा गया था कि वे बड़ी संख्या में अपने समर्थकों के साथ एकत्र हों। नामांकन पत्र दाखिल करने के जुलूस के रास्ते के चप्पे चप्पे पर अधिकतम भीड़ और अधिकतम सुरक्षा सुनिश्चित करने के लिए पर्याप्त कदम उठाये गए थे।

इस प्रक्रिया में 'समेकित' भाव प्रदान करने के प्रयास में भाजपा ने वाराणसी के भारत रत्न शहनाई वादक उस्ताद बिस्मिल्लाह खान के पुत्र ज़मीन हुसैन बिस्मिल्लाह को मोदी के नामांकन के प्रस्तावकों में शामिल करने का भी प्रयास किया। उन्होंने ऐसा करने से इंकार कर दिया। उन्होंने मुझसे कहा, 'हमारा परिवार सालों से कांग्रेसी रहा है। इसके अलावा, अब्बा का संगीत राजनीति से परे था।' भाजपा की तैयारियों में संभवतः यही एक मात्र गलत कदम था।

यहां तक कि ऐसा लगता है कि मोदी के नामांकन पत्र दाखिल करने की तारीख भी बहुत सोच समझ कर निश्चित की गई थी। 24 अप्रैल को 12 राज्यों और केंद्र शासित प्रदेशों की 117 सीटों पर छठे दौर का मतदान हो रहा था। मध्य उप्र के साथ ही समूचे तलिनाडु, मुंबई, राजस्थान, मध्य प्रदेश और बिहार के कुछ हिस्सों में भी उस दिन मतदान हो रहा था। भाजपा के एक वरिष्ठ नेता ने स्वीकार भी किया, 'हम जानते थे कि यदि हमने इसे एक भव्य टेलीविज़न कार्यक्रम बना दिया तो कैमरे मोदी पर केंद्रित होंगे और मतदान के दौरान भी हम इसे देख सकेंगे।' इसकी एक और वजह यह भी थी कि पूवी उप्र के लोगों को यह अहसास कराना था कि देश की नयी राजनीतिक राजधानी अब वाराणसी है और मोदी उसके कल्पित महाराजा हैं।

मोदी का विमान वाराणसी के लाल बहादुर शास्त्री हवाई अड्डे पर सुबह 11 बजे से कुछ पहले उतरा। वहां से उन्हें हेलीकाप्टर से बनारस हिंदू विश्वविद्यालय परिसर ले जाया गया जहां से उन्हें गाड़ी से सीधे वाराणसी के सबसे सम्मानित स्वतंत्रता सेनानी पंडित महामना मदन मोहन मालवीय की प्रतिमा पर माल्यार्पण के लिए ले जाया गया। मालवीय जी की प्रतिमा पर माल्यार्पण के बाद हेलीकॉप्टर से उन्हें काशी विद्यापीठ ले जाया गया जहां उन्होंने सरदार पटेल की प्रतिमा पर मार्ल्यपण किया और फिर वह नामांकन पत्र भरने के लिए खुली ट्रक में कलेक्टर के कार्यालय की ओर चल पड़े। सामान्य दिनों में यह दूरी पूरी करने में आधा घंटे से अधिक समय नहीं लगता है, लेकिन उस दिन इसमें लगभग चार घंटे लग गए। मोदी की इस खुली ट्रक में शाह के साथ ही भाजपा नेता रविशंकर प्रसाद भी थे। वह बताते हैं कि उस दिन ने इंदिरा विरोधी 1970 के दशक के

जेपी आंदोलन की यादें सजीव कर दी थीं। उन्होंने बाद में मुझसे कहा, 'मैंने इससे पहले चुनाव में इतना अधिक जुनून लोगों में नहीं देखा था।'

मेरे सहयोगी भूपेंद्र चौबे वाराणसी में थे जबकि मैं स्टूडियो में था। स्टूडियो में हम लोग थोड़ा सशंकित थे-हम समझ रहे थे कि यह किराये की भीड़ है। लेकिन भूपेंद्र का अलग ही कहना था। उनका इस माहौल से विस्मित होकर बताते हैं, 'ये पैसा लेकर लायी गई जनता नहीं है। उत्सव जैसा माहौल है, लोग यहां आए थे क्योंकि वह मोदी की एक झलक देखना चाहते थे। मैं एक सज्जन से मिला जो छह घंटे का बस का सफर तय करके बिहार से आए थे ताकि वह मोदी की एक तस्वीर ले सकें।'

ट्रक पर गुलाब के फूलों की पंखुड़ियां बरसाई जा रही थीं, हज़ारों युवक सिर पर भगवा टोपी, मोदी टी शर्ट पहने और मोदी के चेहरे लगाये सड़क के नुक्कड़ों पर कतार बनाकर खड़े थे। यह राजनीति का महाकुंभ था जिसका टेलीविज़न पर सीधा प्रसारण हो रहा था। संवाद एजेंसी एएनआइ ने तो पूरे रास्ते के कार्यक्रम के एक एक क्षण को कैमरों में कैद करने के लिए सात 3जी सैटलाइट यूनिट तैनात कर रखी थीं। स्टूडियो में मेरे प्रोड्यूसर मुझसे लगातार पूछ रहे थे कि क्या उन्हें इससे इतर देश के दूसरे हिस्सों में उस दिन हो रहे मतदान के दृश्य दिखाने चाहिए। 'मुंबई में शाहरूख खान वोट डालने आए थे, क्या हमें उन्हें कट कर देना चाहिए?' मैंने कुछ क्षण के लिए सोचा फिर छोड़ दिया। 'मेरा मानना है कि आज तो बालीवुड का असली खेल तो वाराणसी में चल रहा है जिसमें एक सितारा जो शाहरूख से भी बड़ा हो गया है!'

शाहरूख की तरह ही मोदी ने एक बार फिर खुद को टीवी का बड़ा खिलाडी साबित कर दिया जिनके पास राजनीतिक रंगमंच के लिए यादगार साउंड बाइट या चुटीले संवादों की कभी भी कमी नहीं थी। नामांकन पत्र दाखिल करने के बाद मोदी ने एक बार फिर स्मरणीय वाक्य बोले, 'मेरा मन कहता है मैं आया नहीं हूं, मुझे भेजा भी नहीं है। मुझे मां गंगा ने बुलाया है।'

नामांकन पत्र दाखिल करने के दिन का अंतिम वाक्य तो कम बोलने वाले अमित शाह ने अपने पास सुरक्षित रखा था। उन्होंने वहां मौजूद पत्रकारों से कहा, 'मोदी लहर अब सुनामी बन गई है।' कांग्रेस ने तुरंत ही पलटकर किया और दिसंबर 2004 में तमिलनाडु में के तटवर्ती इलाकों में आयी सुनामी की याद दिलाई जो सिर्फ मौत ही लाई थी। हकीकत तो यह थी कि भारत में राजनीतिक ज़मीन अब हिलने लगी थी और ज़मीनी स्तर पर चीज़ें तेज़ी से बदल रही थीं। मोदी का नामांकन दाखिल करने की शैली एक और सुनियोजित राजनीतिक कारीगरी

थी लेकिन यह अब दिखावटी 'लहर' नहीं थी। मोदी को स्वतः ही मिल रहा जनसमर्थन न थमने वाला था। कैमरे तो झूठ नहीं बोलते हैं।

मोदी के प्रति इस दीवानगी का क्या तात्पर्य है? 2013 के प्रारंभ में तो वह सिर्फ एक और मुख्यमंत्री थे और वह भी ऐसे राज्य के जिसके पास अपेक्षाकृत कम सांसद थे। लेकिन 18 महीने के भीतर देश में उनकी सबसे अधिक मांग थी। राज्य स्तर के किसी अन्य नेता ने खुद को इतनी जल्दी और इतने प्रभावी तरीके से नये रूप में नहीं ढाला था। हां, दिल्ली में नेतृत्व का अभाव था और प्रधानमंत्री का नज़र नहीं आना तथा राहुल की अपरिपक्वता ने बदलाव की इच्छा को और अधिक बलवती कर दिया था। अर्थव्यवस्था में तेज़ी से गिरावट हो रही थी और उच्च स्तर पर भ्रष्टाचार के कारण मध्यम वर्ग विमुख हो गया था। संप्रग का अंत निश्चित था।

प्रधानमंत्री पद के किसी भी दूसरे दावेदार की तुलना में मोदी को अधिक पसंद क्यों किया जा रहा था? मेरा मानना है कि मोदी के पक्ष में चल रही हवा का मुख्य कारण उनका स्थिरप्रज्ञ अवस्था में परिवर्तन लाने का वायदा था--उनका विशुद्ध आक्रामक रवैया नये भारत को पसंद आ रहा था। चाकलेटी हीरो की फिल्में देखकर ऊब चुकी जनता को 1970 के दौर में अमिताभ बच्चन की एंग्री यंग मैन की छवि खूब पसंद आई थी। ठीक उसी तरह 2014 में मोदी की 'मैन ऑफ एक्शन' वाली छवि ने उन्हें मतदाताओं की पसंद में निर्णायक रूप से आगे रखा जो धीमे धीमे चल रही सरकार के इन जुमलों से थक चुकी थी, 'पैसा पेड़ पर नहीं उगता है।' जैसा कि मोदी को देखने की इच्छा में छह घंटे बस में यात्रा करने वाले व्यक्ति ने हमारे संवाददाता से कहा था, 'मोदीजी तो देश को बचाने आए हैं।' हो सकता है कि वह भी अमिताभ बच्चन की ही किसी फिल्म का संवाद बोल रहा हो।

मैं ज़मीनी स्थिति की रिपोर्ट करने के इरादे से मई के पहले सप्ताह वाराणसी पहुंचा। उस समय चुनाव प्रचार चरम पर था। भाजपा नेता और कार्यकर्ता चारों तरफ फैले हुए थे। जिस होटल में मैं ठहरा था वहीं मुझे गुजरात के एक नेता गोर्धन झडफिया मिल गए जिन्होंने कभी मोदी के खिलाफ़ विद्रोह किया था परंतु जल्दी ही वह फिर से उनके पाले में आ गए थे। मैंने उनसे पूछा कि वह वाराणसी में क्या कर रहे हैं? उन्होंने मुझे बताया, 'मुझे वाराणसी में गुजराती मतदाताओं से संपर्क स्थापित करने की ज़िम्मेदारी सौंपी गई है।' हालांकि सच्चाई यह थी कि भाजपा का हर नेता, छोटा हो या बड़ा, उसके लिए ताकतवर मोदी-शाह द्वय

को अपना चेहरा दिखाना अनिवार्य हो गया था। भाजपा के चुनाव प्रचार संयोजकों में से एक ने स्वीकार किया, 'हमारे इतने अधिक नेता एक ही स्थान पर एकत्र हो गए, हम समझ नहीं पा रहे थे कि उनमें से किसे क्या काम सौंपा जाए।'

सड़कों पर भाजपा का नारा, 'हर हर मोदी, घर घर मोदी' विवादित हो रहा था। द्वारका के शंकराचार्य ने इस पर आपत्ति की थी। उनका दावा था कि इस तरह के जाप का तात्पर्य मोदी को देवता तुल्य बनाना है और यह हिंदू धर्म के विपरीत है। मोदी ने भी ट्वीट करके अपने समर्थकों से यह नारा नहीं लगाने का आग्रह किया था। इसके बावजूद, जब हम घर घर चुनाव प्रचार के दौरान भाजपा-आरएसएस कार्यकर्ताओं की फिल्म बना रहे थे तो हमने बार बार इस नारे का सुना। मैंने जैसे ही पार्टी कार्यकर्ताओं के साथ यह मुद्दा उठाया, उन्होंने तुरंत ही नारा बदल दिया। अब उन्होंने 'हर हर मोदी' को हटा दिया लेकिन 'घर घर मोदी' पूर्ववत ही रहने दिया। मुझे पूरा विश्वास है कि जब हमारी कैमरा टीम वहां से वापस आ गई तो फिर वही पुराना नारा लगने लगा होगा। वहां पर अतिउत्साही कार्यकर्ताओं ने मुझसे कहा, 'आप जो भी कुछ कहना चाहें, मोदी हमारे लिए भगवान बराबर हैं।'

वाराणसी के मध्य में स्थित सूर्या होटल की एक पूरी मंज़िल भाजपा ने अपने लिए बुक करा रखी थी और इसे मीडिया सेंटर का रूप दे दिया गया था। मीडिया के साथ संबंध स्थापित करने में भाजपा जैसी महारथ किसी और पार्टी के पास नहीं है। व्यवस्था में कहीं कोई कमी नहीं थी। मीडिया सेंटर में दर्जनों कंप्यूटर लगे थे। चाय और समोसे का कोई अंत नहीं था। नेताओं के इंटरव्यू के लिए एक अलग कक्ष था। मीडिया के इतने लंबे चौड़े दस्ते खुश रखना भाजपा के लिए सहज हो गया था। मैं स्वीकार करूंगा कि मुझे यह देखकर अचरज हो रहा था कि वरिष्ठ पत्रकार भी शाह की चापलूसी कर रहे थे। उन्हीं में से एक ने शाह से पूछा, 'सर, क्या मैं आपके लिए और केचप की व्यवस्था करूं? जबकि वहीं पर भूखे प्रचार प्रबंधक चीज़ सैंडविच की प्लेट साफ कर रहे थे।

नामांकन पत्र दाखिल करने के दौरान हुए शानदार प्रदर्शन के बावजूद शाह किसी प्रकार का जोखिम लेने के लिए तैयार नहीं थे। उन्होंने चुनाव प्रचार के अंतिम चरण में समूचे पूर्वी उत्तर प्रदेश के प्रबंध संचालन के लिए वाराणसी को अपना डेरा बना लिया था। एक दिन उन्हें रिपोर्ट मिली कि यहां पर विजय के प्रति पार्टी कार्यकर्ता पूरी तरह आश्वस्त हो गए हैं और अब पहले जैसी मेहनत नहीं कर रहे हैं। रात 10 बजे सभी स्थानीय नेताओं को बुलाया गया और उन्हें चेतावनी दी गई, 'कल से मैं आप सभी को सड़कों पर देखना चाहता हूं, कोई

बहाना नहीं चलेगा।' शाह सच्चे आरएसएस स्वयंसेवक की तरह घर घर जाकर संपर्क करने की ताकत में सबसे अधिक विश्वास करते हैं। प्रत्येक नेता को यह सुनिश्चित करने के लिए कहा गया था कि उनके क्षेत्र का कोई भी घर छूटना नहीं चाहिए।

इसके विपरीत, केजरीवाल के पास कोई धन बल नहीं था-निश्चित ही भाजपा के चुनाव तंत्र से उसका कोई मुकाबला नहीं था। न ही इस बार मीडिया का समर्थन उनके साथ था। वह अप्रैल के मध्य में ट्रेन से वाराणसी पहुंचे थे और यहां वह अपने राजनीतिक जीवन की सबसे दुरूह राह पर चलने की कोशिश कर रहे थे। वाराणसी आने से ठीक पहले केजरीवाल ने गुजरात की यात्रा भी की थी जहां वह अपने राजनीतिक साहस का परिचय देते हुए गांधीनगर में मोदी के निवास के पास तक पहुंच गए थे। कहते हैं कि वह मोदी से मिलना चाहते थे। गुजरात में भाजपा कार्यकर्ताओं के साथ झड़प, रोके जाने और पथराव की घटनाओं से उनका सामना हुआ था। उनके हाथ में एक नोट पैड था जिस पर वह खस्ता हाल स्कूलों और कर्मचारियों की कमी वाले औषधालयों आदि की संख्या लिखते जा रहे थे। इन्हीं के आधार पर वह इस निष्कर्ष पर पहुंचे कि विकास का गुजरात माडल कहीं है ही नहीं। केजरीवाल की गुजरात यात्रा से भले ही उन्हें राजनीतिक लाभ नहीं मिला हो लेकिन यह ताकत का सांकेतिक प्रदर्शन तो था ही--वह शेर की मांद में जाने से भी भयभीत नहीं हुए।

वाराणसी में, केजरीवाल शुरू में तो कुछ हलचल पैदा करने में कामयाब हुए-- उनके समर्थकों भाजपा का कार्यकर्ताओं का सड़क पर सामना करते हुए उनका प्रचार शुरू में तो कुछ नज़र भी आया लेकिन शीघ्र ही उन्हें अहसास हो गया कि वाराणसी दिल्ली नहीं है। उनके अनेक स्वयंसेवक दूसरे राज्यों से आए थे। वे शहर की संकरी गलियों से परिचित नहीं थे जिसका हर मोड़ एक अलग ही तस्वीर पेश करता था। आप के एक नेता ने स्वीकार किया, 'मैं समझता हूं कि हमने वस्तुस्थिति को कम करके आंका था।'

एक समूह जिसे आप पार्टी की सफेद टोपी पहनने वाला समझा गया था वे वास्तव में मुलिस्म जुलाहे थे। जुलाहों की बस्ती में घूमते हुए मुझे इस चुनाव में मुलसमानों के चेहरे एक अजीब सी विवशता देखने को मिली। स्थानीय कारीगर दिलकश साड़ियां बुनते हैं लेकिन उनकी ज़िंदगी उपेक्षित और लगभग गरीबी के चक्र में ही उलझी नज़र आती है। एक अच्छी बनारसी साड़ी की कीमत 30,000 से 50,000 रूपए के बीच होती है लेकिन छोटे से कमरे में एक महीने से भी ज्य़ादा समय तक मेहनत करके तैयार करने वाले कारीगर को अगर 5000 रूपए

मिल जाए तो वह खुशकिस्मत है। यह तो असमानता की पराकाष्ठा थी।

राजनीतिक पसंद में भी असमानता अपनी गहरी पैठ जमा चुकी थी। जुलाहों का मानना था कि कांग्रेस ने उन्हें निराश किया। अनेक वायदे किए गए और पैकेज की घोषणायें हुईं परंतु उन तक बहुत कम पहुंचा। सपा और बसपा ने वोट बैंक के रूप में उनका दोहन किया और इसके एवज में उन्हे कुछ नहीं मिला। मोदी के नेतृत्व वाली भाजपा उन्हें भयभीत करती है। 'वह तो दंगा करवाते हैं।' आप उन्हें अधिक आकर्षित कर रही थी। आप पार्टी की बैज और टोपी पहने एक जुलाहे ने मुझसे कहा, 'केजरीवाल हमारी भाषा बोल रहे हैं, बीजेपी को वही एक टक्कर दे सकते हैं।' फिर भी केजरीवाल के सामने संकट यह था कि यदि वह मुस्लिम केंद्रित पार्टी बन गए तो आप हिंदुओं से दूर हो जाएगी। आने-जाने के लिए सार्वजनिक वाहन का इस्तेमाल करने, फुटपाथ पर सोने और मोदी के साथ कॉर्पोरेट जगत के समर्थन के खिलाफ़ आम आदमी की आवाज़ उठाने का संदेश राजनीकि दृष्टि से कहीं अधिक फायदेमंद था।

मैं केजरीवाल के साथ वाराणसी के आसपास के गांवों में चुनाव प्रचार में गया था। मौसम के अत्यधिक बढ़े हुए तापमान में ऐसा लगता था कि वह चुनौती देने की स्थिति में हैं। केजरीवाल ने मुझसे कहा, 'मोदी तो हवाई नेता है, वह आते हैं और हेलीकॉप्टर से बाहर चले जाते हैं। मैं एक ज़मीनी नेता हूं, ज़मीन पर रहता हूं।' वह चुनाव में चिरपरिचित अंदाज़ में कहते, 'मोदी अदानी-अंबानी के साथ जुड़ा हुआ हैं, वह पैसा बनाएंगे, आपको कोई फायदा नहीं होगा।' परंतु वाराणसी के ग्रामीण क्षेत्रों में उनके भाषण की यह पंक्ति किसी की समझ में नहीं आती थी। गांव में जिनसे भी मेरी बात हुई उन्होंने कभी भी अंबानी या अदानी का नाम नहीं सुना था।

मैंने बाद में केजरीवाल से पूछा कि क्या वाराणसी से चुनाव लड़ के उन्होंने गलती तो नहीं की। जो भी हो, उनकी उपस्थिति का मतलब तो यही हुआ कि आप की सारी ताकत एक ही निर्वाचन क्षेत्र में लग कर रह गई। उनका जवाब था, 'नहीं, मैं इससे सहमत नहीं हूं। हमें वाराणसी में चुनाव लड़कर संदेश देना था—हम यह दिखाना चाहते थे कि हम मोदी से डरते नहीं हैं।'

भाजपा भी अपनी बात सिद्ध करना चाहती थी। एक साल पहले ही अस्तित्व में आयी आप पार्टी को वह अब सबक सिखाना चाहती थी। भाजपा के कोहली ने बाद में मुझसे कहा, 'वाराणसी में असली लड़ाई तो इस बात को लेकर थी कि चुनाव में दूसरे स्थान पर कौन रहता है और किनकी ज़मानत ज़ब्त होती है। हम चाहते थे कि केजरीवाल की जमानत ज़ब्त हो, यही हमारा लक्ष्य था।'

मोदी कभी भी वाराणसी में हार नहीं रहे थे। सबसे बड़ा सवाल यह था कि जीत का अंतर कितना होगा। मुझे याद है कि दिल्ली के कुछ सामाजिक कार्यकर्ताओं से मेरी मुलाकात हुई थी जो मोदी के खिलाफ प्रचार कर रहे थे। इन्हीं में से एक महिला ने बेहद गुस्से में कहा, 'उसे हराया जा सकता है--आप सभी मीडिया वालों को उन्होंने खरीद लिया है।'' मैंने इस आरोप का प्रतिवाद किया लेकिन शीघ्र ही मुझे यह अहसास हो गया कि बहस में इनसे जीतना मुश्किल है। मुझे तो भय था कि वैचारिक चश्मा पहनकर चुनाव के समय में तर्कसंगत बात करने वाले व्यक्ति भी अतार्किक हो जाते हैं।

वाराणसी में मोदी के बारे में कहीं अधिक तर्कसंगत जवाब शहर की प्रसिद्ध पान की दुकान काशी पान भंडार के मालिक ने मुझे दिया। जब वह मेरे लिए प्रेम से मीठा पान बना रहा था तो मैंने उससे पूछा कि वह मोदी को वोट क्यों दे रहा है। इस पर उसका जवाब था, 'भाईसाइब, अगर वह प्रधानमंत्री बनते हैं, तो वाराणसी का कुछ तो भला होगा।'

भारत के अधिकांश दूसरे हिस्सों की तरह ही वाराणसी भी आशा पर टिकी हुई थी। बिस्मिल्लाह खान की धरती और उसकी 'गंगा-जमुनी तहज़ीब, जैसा कि वे उर्दू ज़ुबान में कहते हैं, 'उम्मीद पर दुनिया कायम है।'

अमेठी में 7 मई को मतदान हुआ था जबकि वाराणसी में 12 मई को चुनाव होना था। नौ चरणों के इतने लंबे चुनावी कार्यक्रम में अब 543 सीटों में से सिर्फ 41 सीट पर ही मतदान शेष था। चुनाव के इसी अंतिम चरण में भाजपा ने अपनी पूरी ताकत लगा दी थी। चुनाव प्रचार के अंतिम सप्ताह का सार बताते हुए भाजपा के एक नेता कहते हैं, 'यह दस गुणा के अनुपात में कार्पेट बमबारी थी।'

मोदी अब दिन में छह- छह जनसभाएं कर रहे थे और उनका सारा ध्यान इस समय शेष बचे तीन राज्यों उप्र, बिहार और बंगाल पर लगा हुआ था। विज्ञापनों का हमला भी तेज़ हो गया था। नित नये विज्ञापन सामने आ रहे थे। चुनाव वाले राज्यों में टीवी चैनलों के स्क्रीन पर हर कुछ मिनट बाद मोदी कैमरे के सामने नज़र आते थे जो अपनी छाती पर बने भाजपा के चिह्न पर हाथ लगाते हुए कहते, 'आपका दिया गया वोट सीधे मुझे आएगा।' मोदी के रणनीतिकार बताते हैं, 'हम प्रत्याशियों को महत्वहीन बनाना चाहते थे--अब यह सिर्फ मोदी को पीएम बनाने के लिए हो रहा था।'

अपने नेता का चुनावी समर में लगभग सारे निर्वाचन क्षेत्रों तक पहुंच

सुनिश्चित करने के इरादे से टीम मोदी ने अपने अंतिम ब्रह्मास्त्र--3डी में मोदी का अभिनव प्रयोग किया। 3डी में मोदी को दिखाने का विचार गुजरात के 2012 के विधान सभा चुनाव से आया था। गुजरात विधान सभा चुनाव, टीम मोदी के लिए 2014 की तमाम रणनीति की भांति ही, नये नये प्रयोगों के लिए एक प्रयोगशाला के रूप में काम आया। 3डी तकनीक को ब्रिटेन की कंपनी म्यूज़ियन ने पेटेंट करा रखा है। इसके भारत के अधिकारों को प्राप्त किया गया और 200 देशी विदेशी तकनीकी विशेषज्ञों ने सटीक प्रसारण के लिए इस पर करीब छह महीने काम किया। इस दिशा में दिसंबर, 2012 में पहला प्रयास किया गया था जब मोदी का 55 मिनट का भाषण उनके राजनीतिक ठिकाने गांधीनगर से एक साथ 26 शहरों में 53 स्थानों पर प्रसारित हुआ। इस अवधारणा की रूपरेखा तैयार करने वाले प्रशांत किशोर बताते हैं, 'हम एकसाथ हज़ारों किलोमीटर के दायरे में लाखों व्यक्तियों से एक साथ संपर्क कर सके थे। इसका ज़बर्दस्त प्रभाव हुआ था।'

मैंने गुजरात विधान सभा चुनाव के दौरान वडोदरा से ठीक बाहर मोदी का 3डी प्रदर्शन देखा था। तमाम भारतीयों की तरह ही गुजराती भी सिनेमा बहुत पसंद करते हैं। यह बिल्कुल वैसा ही था जैसे कोई राजनीतिक सिनेमा उनके सामने दिखाया जा रहा हो और मोदी इसमें मुख्य अभिनेता हों। यह वह तकनीक थी जिसमें मोदी के चारों ओर एक आभामंडल बनता था और जो भीड़ को यह अहसास कराने के लिए पर्याप्त था कि 'पैसा वसूल' है। दर्शकों के बीच से कुछ लोग स्क्रीन के पास जाते और मोदी को छूने का प्रयास करते और फिर उत्साह के साथ चीखते जब उन्हें यह महसूस होता कि यह तो उनके नेता का चलचित्र है।

अब, आम चुनाव में, गुजरात के प्रयोग राष्ट्रव्यापी स्तर पर ले जाया गया। अप्रैल में मोदी तीन से चार दिन में एक 3डी रैली करते थे जबकि चुनाव के अंतिम चरण में वह लगभग रोज़ाना ही ऐसा करते थे। इसका परिणाम यह हुआ कि वह एक साथ 1300 स्थानों पर पहुंच सके, इनमें 325 अकेले उप्र में ही थे। दूर दराज के इलाकों में पहुंचने के लिए भी 3डी तकनीक का इस्तेमाल किया गया। टीम मोदी के सदस्य बताते हैं, 'हम उत्तराखंड के ऊपरी इलाके तक पहुंचने में सफल रहे। यहां तक सारे उपकरण पहुंचाना हमारे लिए एक चुनौती थी लेकिन हम इसमें कामयाब हुए।'

यह मोदी के अंदाज़ का 'चकित और विस्मित' करने वाला सर्वोत्कृष्ट प्रचार अभियान था। इसके लिए दिल्ली और गांधीनगर में दो स्टूडियो बनाये गए थे।

इस अभियान में 2500 क्रू सदस्य 125 3डी प्रोजेक्टर ईकाइयों को संभाल रहे थे और 12 दिन के भीतर 70 लाख से अधिक लोगों ने 3डी कार्यक्रम देखा। गुजरात विधान सभा के 2012 के चुनाव में मोदी हमेशा ही एक स्थिर अंदाज़ में सामने आते थे लेकिन इस बार उनकी तकनीकी टीम ने कुछ नया किया और उनके विभिन्न पहलुओं को कैद करके दिखाने का प्रयास किया। मसलन कोई व्यक्ति उन्हें प्याले में चाय दे रहा है या पसीना पोंछने के लिए तौलिया मांगा जा रहा है। 3डी टीम के सदस्य बताते हैं, 'हम मोदी को यथासंभव सजीव दिखाना चाहते थे ताकि दर्शकों की उत्सुकता बढ़ती रहे।' मैंने बाद में किशोर से पूछा कि 3डी कार्यक्रमों पर कितना खर्च आया। उसने तो मुझे नहीं बताया लेकिन भाजपा के सूत्रों ने बताया कि यह चुनाव अभियान का सबसे मंहगा पहलू था। मुझे बताया गया, '200 करोड़ रूपए से ज्यादा ही हुआ होगा।' खैर जो भी अंतिम राशि रही हो। इसका मकसद सफल रहा। वास्तव में हर जगह मोदी ही मोदी थे।

8 मई को दो जनसभाओं के साथ मोदी वाराणसी में अपना चुनाव प्रचार समाप्त करने वाले थे और फिर इसके बाद उनका कार्यक्रम गंगा के तट पर आरती में शामिल होने का था। परंतु उनके वाराणसी पहुंचने से चौबीस घंटे पहले स्थानीय प्रशासन ने सुरक्षा कारणों का हवाला देते हुए उन्हें शहर के बीच बेनियाबाग में जनसभा करने और शाम को आरती में शामिल होने की अनुमति देने से इंकार कर दिया।

अमृतसर के चुनाव प्रचार से मुक्त होने के बाद अरुण जेटली अब वाराणसी में अंतिम चरण की बागडोर संभाले हुए थे। प्रशासन के निर्णय की भनक मिलते ही उन्होंने आक्रामक होने का निर्णय किया। तुरंत अपना कानूनी बचाव तैयार करके निर्वाचन आयोग और जिलाधीश के कार्यालय में पत्र भेजा गया। भाजपा के स्थानीय नेताओं को विरोध में धरना आयोजित करने के लिए कहा। जेटली ने बाद में मुझसे कहा, 'हमने वास्तव में महसूस किया कि प्रशासन मोदी को शहर नहीं आने देने के लिए सपा सरकार के दबाव में था।' भाजपा के इस प्रचार को इस तथ्य से बल मिला कि ज़िलाधिकारी प्रांजल यादव भी यादव थे और इसी आधार पर चुपचाप यह दुष्प्रचार किया गया कि वह उप्र के सत्ताधारी परिवार के रिश्तेदार थे।

ज़िलाधिकारी जब तक नरम पड़ते, काफी देर हो चुकी थी। भाजपा इस प्रतिकूल स्थिति को अपने पक्ष में बनाना चाहती थी। खुद को पीड़ित दर्शाते हुए

मोदी ने निर्वाचन आयोग पर पक्षपात करने और राजनीतिक दबाव में काम करने का आरोप लगाया। मुख्य निर्वाचन आयुक्त बी. एस. संपत शांत स्वभाव के और किसी भी प्रकार के टकराव से दूर रहने वाले व्यक्ति हैं। वह टी. एन. शेषन जैसे अपने कुछ पूर्ववर्ती मुख्य निर्वाचन आयुक्तों जैसे नहीं हैं। पक्षपात का आरोप लगने से संपत स्तब्ध रह गए। मैंने जब मुख्य निर्वाचन आयुक्त की प्रतिक्रिया जानने के लिए उन्हें फोन किया तो उन्होंने कहा, 'हमने पूरी तरह निष्पक्ष और स्वतंत्र तरीके से चुनाव कराने के प्रयास किए हैं—मोदी इस तरह की बात क्यों कर रहे हैं?' संपत भी धीरे धीरे यह समझने लगे थे कि मोदी औसत दर्जे के राजनीतिक नहीं थे। उनकी आक्रामक शैली यही संकेत देती थी कि उनके गुस्से से मुख्य निर्वाचन आयुक्त भी नहीं बच सकते (इससे पहले 2002 में एक और मुख्य निर्वाचन आयुक्त जे. एम. लिंग्दोह को इसका पता चल चुका था)।

मोदी अपनी बात पर अडिग रहने वाले व्यक्ति हैं। वाराणसी पहुंचते ही उन्होंने अचानक ही शहर के बीच से पार्टी मुखयालय के लिए रोड शो का आयोजन कर दिया। यदि नामांकन पत्र दाखिल करते समय आयोजित यात्रा एक विजय प्रदर्शन था तो यह अंतिम दौर का कृत्य ललकार और अवज्ञा थी। 24 अप्रैल को बड़ी संख्या में जन सैलाब उमड़ पडा था। इस बार, सड़कों पर भगवा टोपी लगाये भाजपा समर्थक मौजूद थे। मैंने जेटली से पूछा कि क्या यह रोड शो भी 'एक और सुनियोजित' कार्यक्रम था। जेटली ने तत्परता से जवाब दिया, 'देखो, यदि आप हमें जनसभा आयोजित करने के हमारे अधिकार से वंचित करेंगे तो आप राजनीतिक दल से खामोश रहने की अपेक्षा नहीं कर सकते हैं।'

इस चुनाव प्रचार के पहले दिन से भाजपा ने हाथ में आए अवसर को गंवाने का मौका नहीं दिया। वाराणसी के ज़िलाधिकारी ने जानबूझ कर या अंजाने में ही स्थिति का लाभ उठाने का अंतिम क्षणों में एक और अवसर प्रदान कर दिया था। चुनाव प्रचार के अंतिम दिन, राहुल गांधी ने भी शहर की सड़कों पर इसी प्रकार का रोड शो किया। यह पूरी तरह नकल लग रहा था और ईमानदारी से कहूं तो हमेशा की तरह विलंब से किया गया प्रयास था। राहुल एक बार फिर 'ट्यूबलाइट' की मानिंद ही रहे।

मोदी ने पूर्वी उप्र के बलिया ज़िले में आखिरी चुनाव सभा को संबोधित करके अपना प्रचार अभियान समाप्त किया। उनके प्रचारक फटाफट इसका ब्योरा उपलब्ध कराने में भी तेज़ थे। सितंबर के मध्य में भाजपा का प्रधानमंत्री पद का उम्मीदवार घोषित किए जाने के बाद से उनके नेता 3 लाख किलोमीटर से अधिक की यात्रा

की और इस दौरान 437 चुनाव सभाओं को संबोधित किया। यदि एक बाद भी वह थके हुए तो भी उनके चेहरे से ऐसा लगता नहीं था।

बलिया से लौटते वक्त मोदी वाराणसी हवाई अड्डे पर रूके जहां उनके विश्वासपात्र सहयोगी अरुण जेटली और अमित शाह उनका इंतज़ार कर रहे थे। इसी तिकड़ी ने 2014 के भाजपा के चुनाव की रणनीति तैयार की और उसे अंजाम तक पहुंचाया था। इसके बाद वे तीनों विमान से एक साथ ही दिल्ली रवाना हो गए। जेटली ने बाद में मुझसे कहा, 'हम सभी पूरी तरह संतुष्ट थे। नरेंद्र मोदी पूरी तरह आश्वस्त थे कि जीत हमारी होगी और मिशन 272+ हकीकत बनेगा और इसे लेकर किसी प्रकार का संदेह नहीं था।'

दिल्ली पहुंचने पर मोदी तुरंत ही झंडेवाला स्थित आरएसएस मुख्यालय पर रुके जहां उन्होंने संघ प्रमुख मोहन भागवत से मुलाकात की। यह इस बात का स्मरण कराता है कि प्रधानमंत्री पद का उम्मीदवार नामित होने के बावजूद वह पहले और हमेशा ही स्वयंसेवक थे। यह एक तरह से भागवत जी के प्रति आभार प्रकट करना भी था। होता भी क्यों नहीं, आखिरकार, संघ का पूरी तरह से चाक चौबंद काडर अपने संगठन की पूरी ताकत के साथ चुनाव मैदान में मोदी और भाजपा को समर्थन देने उतरा था। आरएसएस ने अपने सभी संगठनों, प्रचारकों और जनता को आकर्षित करने वाले सारे स्रोतों को ठीक उस तरह इसमें लगा दिया था जैसे उसने जेपी के आंदोलन में इंदिरा गांधी के आपातकाल के खिलाफ़ किया था। घर घर जाकर चुनाव प्रचार करने वाले ये स्वयंसेवक अंतिम समय तक चलने वाले मोदी की पैदल सेना के योद्धा थे।

उसी रात मोदी विमान से गांधीनगर चले गए। भारतीय चुनाव की सबसे अधिक थकाने वाला प्रचार अभियान थम चुका था। मोदी ने अभूतपूर्व शक्ति का परिचय दिया था। भारतीय राजनीति का सबसे आकर्षक 7, रेस कोर्स रोड पता अब उनकी मुट्ठी में था।

10

यही है सुनामी!

नरेंद्र मोदी 11 मई को देर तक सोने वाले थे। पिछले आठ महीने में संभवतः यह पहला रविवार था जब उन्हें तैयार होकर एक और भाषण के लिए नहीं निकलना था। परंतु एक स्वयंसेवक के लिए पुरानी आदतें बड़ी मुश्किल से छूटती हैं। हालांकि उस दिन पहला कार्यक्रम सुबह आठ बजे के बाद का था लेकिन मोदी सवेरे 6 बजे तक तैयार हो गए और समाचार पत्रों की सुर्खियों के साथ ही सरकारी फाइलों का अवलोकन किया। मैं पिछले एक पखवाड़े से मोदी से बात करने का प्रयास कर रहा था लेकिन इसमें कोई सफलता नहीं मिली थी। आमतौर पर मोदी हमेशा मिस्ड काल का जवाब देते हैं। परंतु अंतिम चरण के चुनाव प्रचार की गहमागहमी में ऐसा लगता है कि उनके पास संक्षिप्त बातचीत के लिए भी समय नहीं था। मुख्यमंत्री कार्यालय में अतिरिक्त सचिव विजय नेहरा ने वायदा किया था कि इस रविवार को वह मोदी से संपर्क कराने का प्रयास करेंगे।

आखिरकार, सुबह करीब 10.30 बजे, मुख्यमंत्री ने वापस फोन किया। मेरा पहला वाक्य था, 'क्या मुझे भारत के अगले प्रधानमंत्री को पहले ही बधाई देनी चाहिए!' मैं दूसरे छोर पर हल्की ही मुस्कुराहट महसूस कर सकता था। हमारे मतदान के बाद के सर्वे के नतीजे अगले दिन शाम को आने वाले थे और मोदी इसके नतीजे जानने के उत्सुक थे। उन्होंने पूछा, 'क्या नंबर दे रहे हो, राजदीप?' मैंने उन्हें पूरा भरोसा दिलाते हुए कहा, 'सर, मेरा अनुमान कहता है कि यह संख्या 270 से 280 के बीच होनी चाहिए।'

ऐसा लगा कि मोदी इससे बहुत खुश नहीं हुए। उन्होंने कहा, 'हम 300 सीट तक पहुंचेंगे--वेव है, वेव।' मैं उनसे सहमत हुआ। 'हां, मैं भी महसूस करता

हूं कि 300 का आंकड़ा छू लेगा। सर, उत्तर और पश्चिमी भारत में आपकी लहर है।' उन्होंने कहा, 'यह जो दिल्ली में बैठे पॉलिटिक पंडित हैं, इनको कहो स्टूडियो के बाहर जाएं।' और अचानक ही उन्होंने अंग्रेज़ी में कहा, '1984 के बाद पहली बार दिल्ली में बहुमत की सरकार बनेगी।'

मोदी की आवाज़ में पूरा विश्वास झलक रहा था, एकदम उसी तरह का जैसे वह प्रधानमंत्री बन ही गए हों। मैंने उन्हें थोड़ा छेड़ने की कोशिश की। मैंने पूछा, 'जयललिता, मायावती या ममता का क्या होगा, क्या आप इनमें से किसी का समर्थन लेंगे?' मोदी ने जवाब दिया, 'किसी की ज़रूरत नहीं पड़ेगी। बिल्कुल स्पष्ट बहुमत होगा।' फोन रखने से पहले मैंने आखिरी सवाल पूछा, 'नरेंद्रभाई, आपने अपने पुराने मित्र को चुनाव प्रचार के दौरान इंटरव्यू नहीं दिया। मैं उम्मीद करूं कि एक बार प्रधानमंत्री बनने के बाद आप कम से कम मुझे एक इंटरव्यू देंगे।' मोदी इस सवाल का जवाब टाल गए और कहा, 'अब दिल्ली में मिलेंगे।'

दिल्ली पहले से ही सत्ता परिवर्तन की तैयारी कर रही थी। अब तो सिर्फ यही सवाल था कि क्या मोदी 272 का आंकड़ा आसानी से पार कर लेंगे और पूर्ण बहुमत प्राप्त करेंगे या उन्हें बाहर से समर्थन की ज़रूरत पड़ेगी। एयरटेल के मुखिया सुनील मित्तल ने उसी शाम अमृता शेरगिल मार्ग स्थित निवास पर अपने कुछ घनिष्ठ मित्रों को रात में भोजन पर आमंत्रित किया था। उस शाम को कुछ अधिक रोमांचक बनाने के लिए उन्होंने एक प्रतियोगिता की घोषणा की और अपने मेहमानों से कहा कि वे भाजपा को मिलने वाली अंतिम सीटों का अनुमान लगायें। उन्होंने कहा कि जो भी भाजपा को मिलने वाली सीटों के आसपास का अनुमान लगायेगा उसे पुरस्कार के रूप में फ्रैंक मुलर घड़ी मिलेगी और जो सबसे दूर रहेगा उसे अगले डिनर का आयोजन करना होगा।

रात्रि के इस भोजन पर नेता, मीडिया प्रमुख और कॉर्पोरेट जगत की हस्तियां मौजूद थीं। इन मेहमानों में से एक प्रमुख उद्योगजगत परिवार की, सिर्फ मीनाक्षी दास ने भाजपा को जादुई 272 सीटों के आंकड़े के आसपास सीटें मिलने का अनुमान लगाया था। उनका अनुमान था कि भाजपा को 266 सीटें मिलेंगी। अरुण जेटली का अनुमान भी अधिक से अधिक 245 सीटें मिलने का ही था। इस आयोजन में मौजूद मीडिया प्रमुखों ने दो सौ से कम सीटें भाजपा को दीं। हम पत्रकारों को ज़मीनी हकीकत के बारे में इतना ही पता था।

इस मामले में आरएसएस भी सुरक्षित अनुमान लगा रहा था। संघ परिवार के आंतरिक आकलन ने भी भाजपा के इस अनुमान का ही समर्थन किया कि उसे 230 के आसपास सीटें मिलेंगी। आरएसएस के एक नेता ने मुझसे कहा,

'हमें चुनाव नतीज़ों के बाद कुछ तालमेल करना पड़ सकता है।' शायद यह खुशफहमी ही थी, चूंकि भगवा ब्रिगेड में सभी इस तरह के हावी होने वाले व्यक्तित्व से इतनी शानदार विजय मिलने के प्रति आश्वस्त नहीं थे। गुजरात में बार बार मिली सफलता की वजह से मोदी कई बार अपनी पार्टी में नहीं बल्कि संघ परिवार के सदस्यों से भी बेअदबी से पेश आ जाते थे।

इसके बावजूद इतनी बड़ी संख्या में मतदाताओं के बाहर निकलने और वोट डालने के कारण मोदी कैंप के एक वर्ग में स्वाभाविक चिंता थी। पूरे देश में, कुछ राज्यों में तो अप्रत्याशित रूप से, मतदान के प्रतिशत में वृद्धि हुई थी। भाजपा के एक रणनीतिकार ने बाद में मुझसे स्वीकार भी किया, 'यह एक ऐसा पहलू था जो हमारी चिंता का सबब था। हम समझ नहीं पा रहे थे कि ये अतिरिक्त वोट किसे मिले होंगे।'

चुनाव नतीजे आने से एक दिन पहले एक वरिष्ठ पत्रकार की राकांपा के नेता शरद पवार से मुलाकात हुई तो उन्हें अभी भी लग रहा था कि त्रिशंकु संसद ही रहेगी और किसी भी दल को स्पष्ट बहुमत नहीं मिलेगा। पवार से मुलाकात के बाद इस पत्रकार ने मुझसे कहा, 'मुझे लगता है कि उन्हें अभी भी उम्मीद है कि भाजपा यदि 200 या 220 सीटों तक ही रह गई तो सरकार के गठन में छोटे दलों की महत्वपूर्ण भूमिका हो सकती है।'

कांग्रेस के कुछ नेता तो अभी भी यह स्वीकार करने के लिए तैयार नहीं थे। मैंने जब एक केंद्रीय मंत्री से बात की और कहा कि राजग को 300 सीटें मिलने की संभावना से इंकार नहीं किया जा सकता है तो वह बहुत ज़ोर से हंसते हुए बोलेः 'तुम लोग कभी भी नहीं सीखोगे। तुम 2004 और 2009 में गलत साबित हुए, तुम एक बार फिर गलत साबित होगे।' न्यूयार्क स्थित एक बैंकर मित्र की भी यही प्रतिक्रिया थी। 'बेसब्री से कल होने वाले तुम्हारे मतदान बाद के सर्वे का इंतज़ार है, राजदीप, मैं उम्मीद करता हूं कि इस बार तुम लोग हमारे लिए 2004 जैसा नहीं करोगे।'

आह, 2004! उस चुनाव ने तो चुनाव विश्लेषण या चुनाव पूर्वानुमान के विज्ञान की ही धज्जियां उड़ा दी थीं। किसी ने भी यह संभावना व्यक्त नहीं की थी कि वाजपेयी और उनका उदय भारत चुनाव हार जाएगा और कांग्रेस गठबंधन की सरकार बनाएगी। ईमानदारी से पूछें तो उस समय भी चुनाव के अंतिम चरण तक राजग की सीटें कम होने के संकेत थे लेकिन कोई भी सामने आकर वाजपेयी के चुनाव हारने की संभावना व्यक्त नहीं करना चाहता था। उस समय दो राज्यों आंध्र प्रदेश और तमिलनाडु ने चुनाव नतीजे बदल दिये थे। इस बार, टकराव

दक्षिण की बजाएं उत्तर में पहुंच गया था। अंतिम संख्या का रहस्य तो उप्र और बिहार में छिपा हुआ था और सवाल था कि 1984 में राजीव गांधी को मिली अभूतपूर्व विजय के बाद पहली बार देश में किसी एक दल की सरकार मिलेगी।

मतदान बाद होने वाले एक्ज़िट पोल अब भारतीय चुनाव महोत्सव का एक अभिन्न अंग बन चुके हैं। इन चुनाव सर्वेक्षणों के निष्कर्षों के बारे में अधिकांश लोग थोड़ा सशंकित रहते हैं लेकिन इसके बावजूद ऐसे बहुत कम लोग ही होते हैं जो इन आंकड़ों पर ध्यान नहीं देते हैं। एक्ज़िट पोल के नतीजों की घोषणा शुरू होते ही दलाल स्ट्रीट से लेकर नॉर्थ ब्लॉक तक सभी टेलीविज़न चालू करके उससे चिपक जाते हैं।

एनडीटीवी में मेरे पुराने बॉस डॉ. प्रणय रॉय भारत में चुनाव नतीजों के पूर्वानुमान बताने वाले गुरू हैं और 1984 के चुनावों के नतीजों का एक एकदम सटीक आकलन करके उनकी एक अलग छवि बन चुकी है। प्रशिक्षण से अर्थशास्त्री प्रणय का संख्याओं के साथ बच्चों जैसा लगाव है। मैं इस संबंध में प्रणय और उनके मुंबई की पुरानी शैली के पारसी सहयोगी दोराब सोपारीवाला को कागज़ पर जोड़ घटाव और तरह तरह की गणना करते देखा करता था।

प्रणय और दोराब मतदान को बहुत ही गंभीरता से लेते थे और उन्होंने आकंड़ों की गणना के लिए विपक्षी एकता का पैमाना (इंडेक्स ऑफ अपोजीशिन यूनिटी) निर्धारित किया था। उन्होंने कांग्रेस को चुनाव में मुख्य राजनीतिक दल में रखा और फिर कांग्रेस विरोधी विपक्ष की एकता के आधार पर संभावित जीत और हार का निर्धारण किया। 1980 के दौर में यह पद्धति काफी सफल रही थी। 2014 के चुनाव अधिक प्रतिस्पर्धात्मक थे और अब कांग्रेस ऐसी स्थिति में नहीं थी जिसे हराया नहीं जा सके। ऐसी स्थिति में चुनाव नतीजों का पूर्वानुमान करने के लिए नयी पद्धति अपनाने की ज़रूरत थी। 2004 के चुनावों के पूर्वानुमान में पूरी तरह गलत हो जाने के कारण प्रणय और दोराब का इसमें विश्वास डगमगा गया था। अपने कार्यक्रमों के दौरान वे अक्सर यह वैधानिक चेतावनी भी देते थे–'देखिये, ऐसा नहीं है कि हमारे पास कोई जादूई फार्मूला है, इसलिए आप ऐसा करते समय इसमें गलत भी हो सकते हैं।'

मेरे एक और चुनाव विश्लेषण विशेषज्ञ योगेन्द्र यादव भी इस तरह की चेतावनी दिया करते थे। वह कहते, 'राजदीप, क्या हम अपने दर्शकों को यह बता सकते हैं कि यह सामान्य गणित नहीं है।' इस मामले में योगेन्द्र का नज़रिया एक शिक्षाविद जैसा था--वह खुद को पहले राजनीतिक विज्ञानी और बाद में आंकड़ों

से खेलने वाला मानते थे। सीएसडीएस में उनकी टीम ने मतदान बाद के सर्वेक्षण की अधिक तर्कसंगत पद्धति विकसित की थी जिसमें सैंपल का आकार छोटा होता था लेकिन साथ ही प्रश्नावली के साथ लोगों से उनके घरों में संपर्क किया जाता था। योगेन्द्र का तर्क होता, 'मतदान केंद्र के बाहर तो भय के कारण या फिर बहादुरी दिखाने के लिए कई बार लोग इस बारे में गलत भी बता देते हैं कि उन्होंने किसे वोट दिया--लेकिन अपने घरों में उनके गलत बताने की संभावना थोड़ी कम रहती है।' किसी भी मतदान के बाद रैंडम तरीके से एकत्र किए गए आंकड़ों के बारे में बड़ी चुनौती यह है कि आप किस तरह इनको किसी सीट के मतदान प्रतिशत में तब्दील करते हैं? आकंड़ों की बाज़ीगरी यहीं पर होती है और इसी में चुनाव विश्लेषक कभी कभी गलती कर बैठते हैं।

निश्चित ही, मतदाताओं के व्यवहार का आकलन करते हुए बहुत अधिक सावधानी बरतने की तमाम कोशिशों के बावजूद 2014 के चुनाव के बाद होने वाले इन एक्ज़िट पोल की विश्वसनीयता को लेकर बहुत बड़ा संकट था। कुछ स्वयंभू चुनाव विश्लेषकों के लिए टेलीविज़न चैनलों को मतदान बाद के सर्वेक्षण के आंकड़े मुहैया कराना एक कारोबारी अवसर बन गया था। 2014 के चुनाव प्रचार से ठीक पहले हुए एक स्टिंग ऑपरेशन ने इस बात का भी पर्दाफाश किया कि कुछ चुनाव विश्लेषक आवश्यकता पड़ने पर आंकड़ों के साथ हेरा फेरी करने के लिए भी तैयार थे। एक पुराने राजनीतिक ने एक बार पूरी गंभीरता से मुझसे कहा, 'राजदीप, टेलीविज़न चैनल रेटिंग फिक्स कर सकते हैं और मैं सर्वे फिक्स कर सकता हूं।'

व्यक्तिगत रूप से मैं मतदान बाद होने वाले सर्वेक्षण के तमाशे को लेकर चिंतित हो रहा था। ऐसा लगता था कि किसी भी चुनाव की महीने तक रिपोर्टिंग और विश्लेषण को सिर्फ एक संख्या तक सीमित किया जा रहा है। यदि आपके मतदान बाद के सर्वेक्षण के आंकड़े सही हो गए तो मानो आपकी पूरी चुनाव कवरेज सही थी। यदि आपके आंकड़े गलत हुए तो आप हंसी के पात्र बन जाते हैं और चुनाव के दौरान आपका सारा अच्छा काम व्यर्थ हो जाता है। यह तो ऐसा लगता है कि पत्रकारिता की आत्मा ही बाज़ार की ताकतों के समक्ष गिरवी रख दी गई हो--प्रत्येक चैनल को चुनावी सर्वे करना होता है क्योंकि दर्शक यही चाहते हैं।

मैं तो 2012 में उप्र विधान सभा चुनाव के दौरान हुए कटु अनुभव को कभी नहीं भूलूंगा। हमारे चुनावी सर्वेक्षण में समाजवादी पार्टी के लिए शानदार विजय की संभावना व्यक्त की गई थी जबकि कांग्रेस और भाजपा के सफाया हो जाने का अनुमान था। चुनाव परिणाम के दिन शुरुआती दौर में अधिकांश

स्थानों पर भाजपा आगे थी। यह शुरुआती रुझान ही भाजपा के एक वरिष्ठ नेता के लिए मुझसे और योगेन्द्र से चुनावी अनुमानों को लेकर सार्वजनिक रूप से क्षमा याचना की मांग करने के लिए पर्याप्त थे। भाजपा नेता ज़ोर देकर कहने लगे, 'देशवासियों को गुमराह करने के लिए आपको उनसे माफी मांगनी चाहिए। आपके चुनाव नतीजों के अनुमान पूरी तरह गलत साबित हो गए हैं।' भाजपा हमेशा ही यही कहती है कि अंग्रेज़ी मीडिया उसके प्रति दुराग्रह रखती है और यह उसका प्रिय मुद्‌दा है और ऐसी स्थिति में मीडिया से माफी की मांग करना भी एकदम स्वाभाविक था। योगेन्द्र हतप्रभ थे क्योंकि उन्हें लगा कि उनकी निष्ठा पर सवाल उठाया जा रहा है।

लेकिन दोपहर होते होते, अंतिम नतीजे आ गए और स्थिति एकदम बदल गई—समाजवादी पार्टी ने चुनाव में प्रचंड बहुमत हासिल कर लिया था और भाजपा का सफाया हो गया था और हमारा अनुमान एकदम सही साबित हुआ था। मैं चाहता था कि भाजपा के वही नेता उसी दिन शाम के प्राइम टाइम बुलेटिन में भी आते थे। यदि ऐसा होता, हो सकता है कि मैं भी उनसे भी मीडिया और उसकी मंशा पर संदेह ज़ाहिर करने के लिए माफी मांगने का अनुरोध करता।

कारण जो भी हो, लेकिन हम सभी एक्ज़िट पोल की रेस में शामिल थे। निवार्चन आयोग के नियमों के तहत मतदान के दिन अंतिम मत पड़ने तक इस तरह के संभावित चुनावी नतीजों का प्रसारण नहीं किया जा सकता था। अतः 12 मई को शाम 5.30 बजे अंतिम दौर का मतदान समाप्त होने के बाद सारे चैनलों ने अपने अपने चुनाव नतीजों के पूर्वानुमानों का प्रसारण शुरू कर दिया। कुछ चैनल दूसरे चैनलों से अधिक ज़ोर शोर से दावे कर रहे थे--लेकिन पहली बार अधिकांश चैनलों का इशारा एक ही ओर था—वे मोदी के नेतृत्व वाले राजग की विजय की संभावना व्यक्त कर रहे थे। इनके अनुमानों में सिर्फ इस जीत के अंतर को लेकर ही भिन्नता थी।

एबीपी न्यूज़ का अनुमान था कि राजग 281 सीटों पर विजय हासिल कर सकती है, एनडीटीवी का अनुमान 280 सीटों का था, टीवी टुडे राजग को 261 से 283, इंडिया टीवी 289, सीएनएन-आईबीएन 275 से 286 राजग को दे रहा था। टाइम्स नाउ अकेला चैनल था जो राजग को 249 सीटों के साथ इस चुनाव के बाद त्रिशंकु संसद की संभावना व्यक्त कर रहा था जबकि न्यूज़ 24 चैनल तो सबसे आगे निकल कर राजग को 340 सीटें दे रहा था। सभी चुनावी सर्वेक्षणों में कांग्रेस के नेतृत्व वाले संप्रग को सौ सीटों के आंकड़े तक पहुंचने के लिए संघर्ष करने का अनुमान व्यक्त किया गया था।

न्यूज़ 24 का चुनाव सर्वेक्षण टुडेज़ चाणक्य नामक संस्था ने किया था और अंत में उसका अनुमान ही काफी हद तक सही रहा। टुडेज़ चाणक्य के सर्वेक्षण का काम वी. के. बजाज के पास था। मेरी करीब एक दशक पहले 2003 के राजस्थान विधान सभा चुनावों के दौरान उनसे पहली बार मुलाकात हुई थी। बीकानेर निवासी बजाज अपने शहर की प्रसिद्ध भुजिया का पैकेट लेकर मुझसे मिलने आए थे।

उन्होंने मुझसे कहा, 'सर, वसुंधरा जी चुनाव जीत रही हैं। चुनाव नतीजों की भविष्यवाणी करने में मेरी दिलचस्पी है, कृपया आप मुझे एक अवसर दीजिए!' मैंने भुजिया तो ले ली लेकिन चुनाव विश्लेषक के रूप में उसके दावे पर भरोसा नहीं किया। उसने चुनाव नतीजों के बारे में अपने निष्कर्षों का एक कागज़ मुझे थमाया था। वह निष्कर्ष काफी हद तक सही थे। हर बार चुनाव होने पर वह मुझे अपने अनुमानों की संख्या एसएमएस या ईमेल से भेजते थे। अधिकांश समय उनका अनुमान सही निकला (कभी कभी अनुमान गलत भी होता था)। मैंने उनसे पूछा कि आखिर इसका सीक्रेट क्या है क्योंकि उनके पास अपने सर्वेक्षण के नमूने भी नहीं हैं। वे मुस्कुराते हुए कहते है, 'सर, ज़मीन पर मेरी नाक रहती है।' मैं उन्हें 'वीके' संबोधित करता था, इस बात का प्रमाण था कि एक सफल चुनाव विश्लेषक होने पर किसी का एकाधिकार नहीं था। कोई आश्चर्य नहीं है कि भारत में लोग सट्टा को भी गंभीरता से लेते हैं।

मतदान बाद के चुनावी नतीजों के अनुमान को लेकर एक समस्या और है—इन अनुमानों में जीत दर्शाने वाली पार्टी के नेता को आपके चुनावी सर्वेक्षण की प्रशंसा करेंगे और इसमें पराजित दिखाए जा रहे दल के नेता आप पर दुराग्रह के आरोप लगाएंगे। 12 मई का दिन भी कोई अलग नहीं था। कांग्रेस ने तो यहां तक कह दिया कि एक्ज़िट पोल के आंकड़ों में हेरा-फेरी की गई है और यह अवैज्ञानिक तरीके पर आधारित हैं। यही नहीं, इन अनुमानित नतीजों के आधार पर टीवी पर होने वाली चर्चा में भी कांग्रेस का कोई नेता भाग नहीं ले रहा था।

भाजपा नेताओं में अपेक्षा के अनुरूप ही उत्साह था जबकि तथाकथित तीसरा या फिर चौथा मोर्चे के नेता थोड़े अचंभित थे। मैंने तृणमूल कांग्रेस के डेरेक ओ ब्रॉयन से कहा, 'अब आपकी हो सकता है कोई भूमिका नहीं हो।' इस पर उनका बेहद संतुलित अंदाज़ में जवाब था, '16 मई तक इंतज़ार कीजिए, तब ममतादी अपने पत्ते खोलेंगी।' एक्ज़िट पोल के अनुसार तृणमूल कांग्रेस, अन्नाद्रमुक और बीजू जनता दल के चुनाव के अच्छा प्रदर्शन करने का अनुमान व्यक्त किया गया था परंतु वे किंगमेकर की भूमिका निभाने की स्थिति में नहीं थे।

ऐसा लगता है कि असली किंगमेकर तो अमित शाह ही थे। अधिकांश चुनावी सर्वे उत्तर प्रदेश में भाजपा को 50 या उससे अधिक सीटें दे रहे थे। चुनावी सर्वे आने के बाद उसी रात अमित शाह हमारे कार्यक्रम में आए थे। अमित शाह ने अपने चिरपरिचित अंदाज़ में कहा, 'आपके चुनावी नतीजों ने हमें थोड़ा कम कर आंका है। मेरा अंतिम अनुमान है कि राजग को 295 से 305 के बीच सीटें मिलेंगी।' मैंने उनसे कहा कि क्या वह इसके लिए बाजी लगाने को तैयार हैं। इस पर उनका जवाब था, 'राजदीपजी, यह सब छोड़िये, हम 16 मई को बारह बजे बात करेंगे।'

पूरी ईमानदारी से, मैं शाह के आकलन से सहमत हूं। मैंने चेन्नई मैथमेटिकल इंस्टीट्यूट के अपने सांख्यिकी विशेषज्ञ डॉ. राजीवा कारंदिकर से बहस भी की कि उन्हें राजग को 300 के आसपास सीटें देने की गणना पर विचार करना चाहिए। मेरा कहना था, 'राजीवा, यदि भाजपा को उप्र में 40 प्रतिशत मत भी मिल रहे हैं, तो राज्य में उसे बड़ी सफलता मिल जाएगी।' आंकड़ों के मामले में विलक्षण प्रतिभा के धनी राजीवा इसके बावजूद थोड़ी सावधानी बरतना चाहते थे। उनकी सलाह थी, 'हो सकता है, लेकिन कई बार थोड़ा सावधान रहना बेहतर होता है।' शायद इस बार हम 2004 के अनुभव की वजह से ही अतिरिक्त सावधानी बरत कर गलती कर रहे थे।

अमित शाह तो इससे (2004 के अनुभव) से प्रभावित नहीं थे। अमित शाह पहले राजनीतिक थे जिसने मोदी लहर को सुनामी का नाम दिया और अंततः वही सही निकले।

एग्ज़िट पोल के नतीजे घोषित होने के चंद घंटों के भीतर ही सभी लोग गांधीनगर की ओर जा रहे थे। स्थिति यह थी कि अब राजनीतिक, नौकरशाह, उद्योगपति और शुभ चिंतक सभी उस व्यक्ति के साथ दो शब्द बात करना चाहते थे जो देश का अगला प्रधानमंत्री बनने वाला था और अपने स्वभाव के अनुसार ही मोदी ने बहुत कम लोगों से ही मुलाकात की। उनका घर हमेशा ही बहुत छोटा रहा है--इसमें न्यूनतम फर्नीचर होता है—वह नहीं चाहते कि फूल मालाओं से उन्हें लाद दिया जाए। कम से कम अभी तो नहीं।

मोदी से सबसे पहले मिलने वालों में गडकरी थे जो दिल्ली से विमान से आए थे और उन्होंने इसे 'शिष्टाचार की मुलाकात' बताया था। भाजपा में हंसी मज़ाक में कहा जाता था कि मंत्रिमंडल के गठन से पहले पार्टी के पूर्व अध्यक्ष अपनी उपस्थिति दर्ज कराना चाहते थे। भाजपा के एक नेता ने दावा किया, 'हर

व्यक्ति मलाईदार पद पर आंख गड़ाए थे। मोदी हमेशा की तरह ही बहुत खुल नहीं रहे थे। इसकी बजाए उन्होंने सुझाव दिया कि अब व्यापक परामर्श का सिलसिला शुरू किया जा सकता है। उन्होंने गडकरी को संकेत दिया था, 'यदि आप चाहें तो मैं दिल्ली आ सकता हूं।' गडकरी को संकेत मिल गया था। अड़तालीस घंटे बाद वह पार्टी अध्यक्ष राजनाथ सिंह और वरिष्ठ नेता अरुण जेटली के साथ विमान से गांधीनगर की उड़ान पर थे। इसमें एक दिलचस्प पहलू यह था कि सुषमा स्वराज यहां मौजूद नहीं थीं जबकि आडवाणी को पूरी तरह नज़रअंदाज़ कर दिया गया था। पार्टी के भीतर अब सत्ता संतुलन मोदी के इर्द गिर्द केंद्रित हो रहा था। अब उन्हें दिल्ली आने की ज़रूरत नहीं थी, दिल्ली खुद ही उनके दरवाज़े पहुंच गई थी।

इन चार नेताओं ने सरकार गठन और अगले पखवाड़े के संभावित कार्यक्रमों के मामले में प्रारंभिक मंत्रणा की। जेटली ने बाद में मुझे बताया, 'हमने यह चर्चा नहीं की कि किसको कौन सा मंत्रालय मिलेगा, परंतु हमने चुनाव नतीजों के बाद बनने वाले नये राजनीतिक परिदृश्य पर चर्चा की। और हां, यही आकलन था कि हम चुनाव में जीत हासिल कर रहे हैं।' यदि भाजपा को दस साल बाद फिर सत्ता हासिल होने की उम्मीद थी तो वहीं कांग्रेस धीरे-धीरे संभावित पराजय से समझौता करने की मुद्रा में आ गई थी। कांग्रेस तो अब डगमगाती अवस्था में थी। संप्रग सरकार के एक मंत्री ने बहुत ही उत्सुकता से मुझसे जानना चाहा, 'क्या तुम्हें लगता है कि हमें 100 से भी कम सीटें मिलेंगी?'

चुनाव नतीजे आने से दो दिन पहले, 14 मई को, सोनिया गांधी ने डॉ. मनमोहन सिंह और उनकी पत्नी को विदाई भोज दिया। प्रधानमंत्री पहले ही जनवरी में सेवानिवृत्त होने की घोषणा कर चुके थे और यह पार्टी के लिए उनके प्रति आभार व्यक्त करने का अवसर था। यह सोनिया गांधी का सुविचारित आभार प्रकट करने का तरीका था जिसमें सभी केंद्रीय मंत्री और कांग्रेस कार्यसमिति के सारे सदस्य उपस्थित थे। इस विदाई भोज में शानदार व्यंजनों का प्रबंध किया गया था (बाद में एक मंत्री ने बताया कि इसमें कबाब बहुत शानदार और स्वादिष्ट थे)। डॉ. मनमोहन सिंह को उनके मंत्रिमंडल के सभी सहयोगियों द्वारा हस्ताक्षरित एक रजत फलक और प्रशस्तिपत्र और उनकी पत्नी गुरशरण कौर को शाल भेंट किया गया। कांग्रेस ने डॉ. सिंह के दस साल के नेतृत्व के प्रति आभार प्रकट करते हुए दो मिनट का वीडियो भी जारी किया। यदि इतने लंबे समय के दौरान किन्हीं वजहों को लेकर कोई कडुवाहट भी आई हो तो ऐसा लगता था कि इस मौके पर उसे भुला दिया गया था।

इस सबके बावजूद, कांग्रेस और डॉ सिंह के लिए जो सबसे यादगार और विशेष क्षण थे उसे राहुल गांधी की अनुपस्थिति ने चर्चा का विषय का बना दिया था। 10 जनपथ, के बाहर एकत्र मीडिया का एक ही सवाल था, 'राहुल कहां हैं?' कैमरों की भीड़ के बीच ऐसा लग रहा था कि मानो कांग्रेस के पास इसका कोई जवाब नहीं है। करीब एक घंटे बाद, एआईसीसी ने एक प्रेस बयान जारी किया जिसमें कहा गया था कि तीन महीने लंबे सघन चुनाव प्रचार के बाद राहुल ने अवकाश लिया है और वह 'शहर के बाहर' थे। बताते हैं कि इस आयोजन से पहले सप्ताहांत में ही राहुल गांधी ने प्रधानमंत्री से मुलाकात कर व्यक्तिगत रूप से उनका आभार प्रकट किया था।

लेकिन नुकसान तो हो ही चुका था। ट्विटर पर सक्रिय उमर अब्दुल्ला ने सबसे पहले इस पर प्रतिक्रिया व्यक्त की। उन्होंने ट्वीट किया, 'यदि आपको मालूम था कि वह रात्रि भोज में शामिल नहीं हो रहे हैं और उन्होंने अपनी अनुपस्थिति के बारे में पहले ही प्रधानमंत्री को बताया दिया था तो उनकी अनुपस्थिति के बारे में खबर आने से पहले ही इस बारे में बयान दिया जाना चाहिए था।' अतः सवाल उठ रहा था कि राहुल कहां हैं? हमेशा की तरह कांग्रेस उनके बारे मे कुछ नहीं बता रही थी। एक अनुमान था कि वह दुबई में हैं। एक अन्य ने कहा, 'फार ईस्ट' (सीडब्ल्यूसी के एक सदस्य ने कहा कि शायद म्यामां के योग शिविर में)। यह सब बड़ा अजीब लग रहा था। पहले से ही इसे अच्छा नहीं माना जा रहा था कि राहुल गांधी अपने जन्म दिन के अवसर पर शहर में नहीं होते थे जबकि कांग्रेस समर्थक उन्हें बधाई देने के लिए पहुंचते थे, और अब वह कांग्रेस पार्टी के रात्रि भोज में भी शामिल नहीं हुए जिसका आयोजन पार्टी अपने प्रधानमंत्री के सम्मान में कर रही है और जिसके वह उपाध्यक्ष हैं। यह सिर्फ गलत तरीका ही नहीं बल्कि उनकी अशिष्टता को भी दर्शाता है। मुझे बाद में बताया गया कि राहुल गांधी के इस आचरण से सोनिया गांधी नाराज़ थीं लेकिन इस मामले में वह बहुत अधिक कुछ करने की स्थिति में नहीं थीं। कांग्रेस के एक वरिष्ठ सांसद के अनुसार, 'हकीकत तो यह है कि कांग्रेस में एक ही व्यक्ति पर, जो उनका बेटा था, उनका कोई नियंत्रण नहीं था और जो उनकी बात को ठुकरा सकता था।'

चुनाव के ऐसे समय में जहां कांग्रेस के लिए बहत कुछ खराब हो गया हो वहां यह ऐसी शर्मसार करने वाली घटना थी जिसे टाला जा सकता था।

गर्मी के मौसम के किसी अन्य तपिश वाले दिन की तरह ही 16 मई का दिन

भी था। मेरे लिए यह कुछ आरामदायक था क्योंकि मैं सीधे प्रसारण के लिए सुबह 6 बजे से ही वातानुकूलित स्टूडियो में मौजूद था। उस दिन सवेरे गाड़ी चलाकर स्टूडियो जाते समय मैं टेलीविज़न पर अपने पहले चुनावी कार्यक्रम में बारे में सोच रहा था। 1996 के आम चुनावों से मैंने टेलीविज़न में पदार्पण किया था--उस समय हम दूरदर्शन के लिए चुनाव का काम कर रहे थे। आज अगर मतगणना का दिन टी-20 मैच सरीखा है तो उस समय यह पांच दिन के टेस्ट मैच जैसा हुआ करता था।

हमारे साथ स्टूडियो में डॉ. रॉय और विनोद दुआ की अंग्रेज़ी-हिंदी में बात करने वाली अनोखी जोड़ी थी। उस समय तक निजी टेलीविज़न नेटवर्क शुरू नहीं हुआ था, इसलिए दर्शकों पर हमारा एकाधिकार था। समूचे राष्ट्र की निगाहें हमारी ओर टिकी हुई थीं। वैसे भी यह इलेक्ट्रॉनिक वोटिंग मशीन से पहले का युग था--उस समय हिंदी फिल्मों की तरह ही चुनाव के नतीजे भी बहुत धीरे-धीरे आते थे और मतगणना का काम तीन दिन तक चलता था। यही नहीं, मतगणना के नतीजों के दौरान दर्शकों को बांधे रखने के लिए दूरदर्शन बीच बीच में पुरानी हिंदी फिल्में भी दिखाया करता था।

मैं उस समय के 72 घंटों के दौरान कांग्रेस मुख्यालय के बाहर से रिपोर्टिंग कर रहा था और मेरे सहयोगियों में अर्णब और बरखा भी शामिल थे। उस समय की एक घटना मेरे दिमाग में है। मतगणना की कवरेज़ के तीसरे दिन मुझे कांग्रेस के वरिष्ठ नेता कमलनाथ का फोन आया। जैन हवाला कांड में नाम उछलने के कारण चुनाव में कमलनाथ को टिकट नहीं मिला था। उन्हें लगता था कि इसकी साजिश में प्रधानमंत्री नरसिंह राव का हाथ है जो अपने राजिनीतिक प्रतिद्वंद्वी से पीछा छुड़ाना चाहते थे। चुनाव के नतीजे आने के साथ ही यह लगने लगा कि नरसिंह राव अब सत्ता से बाहर हो रहे हैं। कमलनाथ अब अपना बदला लेना चाहते थे।

शाम को करीब आठ बजे उन्होंने मुझसे संपर्क किया और कहा कि वह चाहते हैं कि कांग्रेस मुख्यालय से ही हम उनके इंटरव्यू का सीधा प्रसारण करें। मैंने उन्हें आगाह किया कि पार्टी उन्हें इस समय अवांछित व्यक्ति के रूप में देख रही है और हो सकता है कि उन्हें मुख्यायालय परिसर में आने ही न दिया जाए। उन्होंने मुझसे कहा, 'दोस्त, अब इसकी चिंता मत करो, नरसिंह राव अब इतिहास बन चुके हैं। अब मैं देश के सामने उन्हें बेपर्दा करूंगा।' मुझे लगा कि यह बड़ी घटना है और मैंने उन्हें प्रसारण में शामिल होने के लिए आमंत्रित कर लिया।

एक घंटे बाद, हल्के मदमस्त अंदाज़ में कमलनाथ वहां पहुंचे। हमें उनका सीधी प्रसारण किया। वहां वह अपने वायदे के अनुरूप राव सरकार पर जमकर बरसे। इसमें सिर्फ एक ही समस्या था–यह दूरदर्शन था और तकनीकी दृष्टि से नरसिंह राव अभी भी देश के प्रधानमंत्री थे। इस इंटरव्यू के कुछ मिनटों के भीतर ही मुझे लगातार सीधा प्रसारण रोकने के लिए सिग्नल मिलने लगे। नाथ अपने अंदाज़ में बोल रहे थे। उन्होंने कहा, 'इतिहास ने राव को एक ऐसा सबक सिखाया है जिसके वह हकदार थे। भगवार का शुक्र है कि देश को उनसे छुटकारा मिल गया।' संभवतः यह पहला और आखिरी अवसर था जब दूरदर्शन पर प्रधानमंत्री के बारे में इस तरह से बोला गया था।

अब अट्ठारह साल बीत चुके हैं। अब हम निजी चैनलों के दौर में एक आम चुनाव देख रहे हैं जिसमें दर्जनों समाचार चैनलों में प्रतिस्पर्धा हो रही है। सीएनएन-आईबीएस में हम पूरे यकीन से कह सकते हैं कि हमने 'राजनीति में सर्वश्रेष्ठ लोगों' को अपने यहां एकत्र किया था।

इसमें स्वपन दासगुप्ता थे जो दक्षिणपंथी विचारधारा की मुखर आवाज़ थे और जो मोदी खेमे के अंदर की बात की भी जानकारी रखते थे। दूसरी ओर, उदारवादी इतिहासकार रामचंद्र गुहा थे। इसी तरह, स्वपन के मोदीनामा का चुटीले अंदाज़ में जवाब देने के लिए टेलीग्राफ की मानिनी चटर्जी और मैग्सेसे पुरस्कार से सम्मानित वरिष्ठ पत्रकार पी साईनाथ भी थे जिन्होंने ग्रामीण भारत पर बहुत अधिक काम किया है। इसके अलाव पुरानी शैली के पत्रकार कुमार केतकर भी थे। हमारे विशेषज्ञों की टीम में राजनीतिक और आर्थिक टीकाकार सुरजीत भल्ला भी थे। आंकड़ों के मामले में हमारे साथ प्रो करंदीकर और राजनीतिक बिंदुओं की जानकारी देने के लिए लोकनीति टीम डॉ. संदीप शास्त्री भी स्टूडियो में मौजूद थे। हमारी चुनावी कार्यक्रम की असली टीम के सिर्फ एक सदस्य प्रो दीपांकर गुप्ता हमारे साथ नहीं थे।

सभी विशेषज्ञ कई घंटे तक स्टूडियो में रहने की तैयारी के साथ आए थे। मैंने उन्हें भरोसा दिलाया, 'चिंता नहीं कीजिए, हमने आप सभी के खाने पीने के लिए पर्याप्त बंदोबस्त किया है।' अंततः तीन घंटे में ही सब कुछ संपन्न हो गया। टेलीविज़न कार्यक्रमों में आने वाली पहले दौर की बढ़त हमेशा की तरह डाक मतपत्रों से मिली थी और इनकी शुरुआती संख्या से किसी को भी गलतफहमी हो सकती है। लेकिन मतगणना शुरू होने के आधे घंटे के भीतर ही स्पष्ट रूझान सामने आने लगे थे।

उत्तर भारत और पश्चिम भारत की अधिकांश सीटों से मिल रहे रूझानों

से पता चल रहा था कि वहां भाजपा काफी आगे चल रही थी। सवेरे करीब नौ बजे हमने राहुल गांधी के पीछे चलने के बारे में न्यूज़ फ्लैश दिया। मेरी पहली स्वाभाविक प्रतिक्रिया थी कि क्या स्मृति ईरानी 2014 की राज नारायण बन जाएंगी? (1977 में समाजवादी नेता राजनारायण ने ही राय बरेली में इंदिरा गांधी को हरा दिया था)। इसके बाद दूसरा फ्लैश आया, शरद पवार की बेटी सुप्रिया सुले बारामती से पीछे चल रही हैं। मैं मन ही मन बुदबुदाया–ऐसा नहीं हो सकता। शरद पवार पिछले चार दशकों से इस सीट से जीतते रहे हैं। तभी तिरुअनंतपुरम से खबर आई कि शशि थरूर भी पीछे हैं। तो क्या इस बार भाजपा केरल में अपना खाता खोल लेगी? मतगणना के पहले दौर में कमलनाथ और ज्योतिरादित्य सिंधिया के अलवा कांग्रेस के सारे नेता पीछे चल रहे थे।

परंतु सबसे बड़ा विजय शंखनाद तो उत्तर प्रदेश में हो रहा था। सवेरे 9.30 बजे तक हम राज्य से करीब 50 सीटों का रूझान मिल गया था। राय बरेली में सोनिया गांधी और मैनपुरी में मुलायम सिंह यादव की सीट के अलावा बाकी सभी सीटों पर भाजपा ही आगे चल रही थी। मैंने कार्यक्रम के दौरान ही कहा–अमित शाह सही थे, चुनाव के नतीजे तो राजनीतिक सुनामी हो सकते हैं।

सवेरे 9.32 मिनट पर, मैंने अपने प्रोड्यूसर से कहा कि बड़ी ब्रेकिंग न्यूज़ वीडियो के पर्दे पर दिखाओ–2014 के चुनावों में राजग की जीत पक्की थी, नरेंद्र मोदी देश के अगले प्रधानमंत्री बनने वाले थे। न्यूज़ टेलीविज़न ऐसे दिनों में झुंड की तरह काम करते हैं। यह फ्लैश टीवी पर देते ही देश भर में दूसरे सारे चैनल भी यही दिखाने लगे।

कुछ घंटे बाद इसका शोर थोड़ा थमा। राहुल गांधी की स्थिति में सुधार हुआ था और अब वह अमेठी में आगे चल रहे थे। अंततः वह एक लाख से अधिक मतों से विजयी रहे जबकि 2009 के चुनावों में वह 3.70 लाख मतों से विजयी हुए थे। सुप्रिया सुले और शशि थरूर भी अब आगे चल रहे थे, हालांकि दोनों की जीत का अंतर काफी कम हो गया था। कांग्रेस के अधिकांश मंत्री चुनाव में खेत रहे थे। इस चुनाव में भाजपा के एक मात्र महत्वपूर्ण नेता अरुण जेटली अमृतसर सीट से चुनाव हार गए थे क्योंकि अकालियों के प्रति लोगों के आक्रोश का आकलन करने में उनसे चूक हो गई थी।

अब चुनाव के नतीजों में बहुत अधिक दिलचस्पी बची नहीं थी। आंध्र प्रदेश एक और महत्वपूर्ण चुनावी मैदान था। आंध्र प्रदेश मे चंद्रबाबू नायडू और तेलंगाना में चंद्रशेखर राव ने जीत का परचम फहराया। आंध्र प्रदेश विधान सभा के चुनाव नतीजे घोषित होने के चंद मिनटों में ही नायडू के सहायक का एसएमएस

आया, 'शपथ ग्रहण समारोह में आप ज़रूर आइए।' तेलंगाना के प्रथम मुख्यमंत्री के पुत्र केटीआर ने भी मुझसे कुछ दिन बाद इसी तरह का संदेश भेजा। लेकिन हमेशा की तरह मैं इससे दूर ही रहा।

इस बीच, चुनावी दंगल के बीच एक और दंगल चल रहा था—ममता बनर्जी और जयललिता के बीच उनकी निजी जंग छिड़ी थी कि दोनों में से कौन तीसरे स्थान पर रहता है। अंत में, जया ही आगे रहीं लेकिन अम्मा और दीदी में से कोई भी दिल्ली में चल रहे घटनाक्रम की दिशा मोड़ने की स्थिति में नहीं था। प्रधानमंत्री पद के अन्य दावेदारों का तो एक तरह से सफाया ही हो गया था। सबसे अधिक अचरज तो मायावती की बसपा के मामले में हुआ जिसे इस चुनाव में एक भी सीट नहीं मिली। मुलायम सिंह यादव को सिर्फ पांच सीटें ही मिलीं, जो उनके परिवार के सदस्यों ने जीती थी। शरद पवार की राकांपा को सिर्फ पांच, नीतीश की पार्टी को दो और केजरीवाल की आप पार्टी को चार सीटों पर ही विजय मिली। आप को ये चारों सीटें पंजाब से मिलीं।

यह अब तक की कांग्रेस की सबसे बड़ी पराजय थी। स्वतंत्रता आंदोलन के समय की समय पुरानी और ताकतवर कांग्रेस पार्टी 44 सीटों पर सिमट गई थी जो उसका अब तक का सबसे खराब प्रदर्शन था। 1977 में आपातकाल के बाद हुए चुनावों में भी कांग्रेस का इतना खबरा प्रदर्शन नहीं रहा था। उन सभी राज्यों में जहां भाजपा से सीधा मुकाबला था, कांग्रेस का सफाया हो गया था। उस समय एसएमएस पर एक चुटकुला चल रहा था कि यदि आप मुंबई से राजमार्ग पर उत्तर की ओर चलें तो आपको कांग्रेस का पहला निर्वाचन क्षेत्र अमृतसर मिलेगा!

इसके विपरीत, भाजपा ने अपने दम पर 282 सीटों पर शानदार जीत हासिल की थी जो 1984 के बाद किसी भी एक दल को बहुमत मिलने की पहली घटना थी। उप्र में भाजपा ने अपना दल के साथ मिलकर 80 में से 73 सीटें अपनी झोली में कर ली थीं। पार्टी ने राजस्थान और गुजरात में सारी सीटों पर जीत हालिस की थी। उसके गठबंधन ने महाराष्ट्र में 48 सीटों में से 42 सीटों पर और बिहार में 40 में से 31 सीटों विजय पताका फहराई थी। जिन 70 सीटों पर मतदान 15 प्रतिशत से अधिक हुआ था उनमें से भाजपा और उसके सहयोगियों ने 67 सीटें जीती थीं। स्टूडियो में हमारे नक्शे पर उत्तर, पश्चिम और मध्य भारत पर सिर्फ केसरिया रंग ही नज़र आ रहा था।

यह तो पूरी तरफ सफाया था। यदि इसे टी-20 मैच कहा जाए तो यह पहले पावर प्ले के बाद ही खत्म हो गया था।

मोदी, हमेशा की तरह ही सवेरे जल्दी उठ गए। यदि उनके मन में किसी प्रकार की उत्सुकता थी तो भी वह उसका प्रदर्शन नहीं कर रहे थे। वह सीबीएसई के उस टॉपर छात्र की तरह आचरण कर रहे थे जो शायद यह जानता था कि उसे शत प्रतिशत अंक मिलने हैं परंतु वह सिर्फ अंतिम निर्णय की प्रतीक्षा कर रहा था। उन्होंने प्रातःकालीन की अपनी साधन की और टेलीविज़न के सामने बैठने से पहले हल्का नाश्ता लिया। उनकी टीम उन्हें हर क्षण की जानकारी दे रही थी। उन्हें खुद भी पहले दो घंटे में पता चल गया था कि अब यह काम पूरा हो चुका है।

मोदी के सहयोगी ने उनके एकाउंट से ट्वीट किया, 'भारत जीत गया!' इस जीत के क्षणों में भी वह सतत् संवाद कायम रखने के महत्व को नहीं भूले थे। दोपहर के बाद वह अपने आवास से निकले और गाड़ी से अपनी मां हीराबेन से मुलाकात करने उनके पास गए। मोदी की टेलीविज़न पर पहली तस्वीर बहुत ही सुविचारित थी–वह एक कुर्सी पर बैठे हैं और उनकी मां उन्हें आर्शीवाद दे रही हैं तथा कुछ दूसरे रिश्तेदार इस क्षण का आनंद ले रहे हैं। नरेंद्र, जिन्होंने आरएसएस का प्रचारक बनने के लिए किशोरवय में घर छोड़ा था, अब लौट आए थे। यह निश्चित ही बहुत ही असाधारण यात्रा थी।

चुनाव में मिली विजय के बाद उन्होंने वडोदरा में आयोजित अभिनंदन समारोह में पहली बार सार्वजनिक टिप्पणी की। उन्होंने वडोदरा सहित दो सीटों से चुनाव लड़ा था। यहां पर जीत का अंतर करीब 5.7 लाख मतों का था। इस विजय के बाद एक विनम्र राजनीतिज्ञ सरीखे नज़र आए। सलीके से आधी बाजू वाला कुर्ता पहने नरेंद्र मोदी ने अपनी चिरपरिचित अंदाज़ में कहा, 'मैं अपने सभी भारतवासी मित्रों से कहना चाहता हूं कि मैं सारे भारतीयों को अपने साथ लेकर चलूंगा।' ये मुख्यमंत्री मोदी के नहीं थे बल्कि यह प्रधानमंत्री बोल रहे थे।

मोदी ने वायदा किया कि वह यहां रहने आए हैं। मोदी ने कहा, 'मैं 21वीं सदी को भारत की सदी बनानाा चाहता हूं। इसमें बहुत ज्यादा नहीं, दस साल लगेंगे।' इतना सुनने ही मोदी के प्रशंसकों और समर्थकों ने 'मोदी मोदी' नारे लगाकर उनका अभिभावन शुरू कर दिया। मोदी भी अपने समर्थकों और प्रशंसकों के बीच पूरे रंग में थे। मोदी ने पूरे ज़ोर से कहा, 'अच्छे दिन' तो इसका जनसमूह ने उतने ज़ोर से जवाब दिया 'आ गए।'

रात में 8.30 बजे के थोड़ा बाद, उस दिन का उनका आखिरी सार्वजनिक कार्यक्रम और वह–जैसा कि विदित हो मुख्यमंत्री के रूप में भी–अहमदाबाद में प्रशंसकों के बीच एक और भाषण था। 1971 में, मोदी गुमनामी में अपने

चाचा की छोटी सी कैंटीन में काम करने के लिए इस शहर में आए थे। यह उनके राजनीति की सीढ़ी के पहले पायदान पर कदम रखने से पहले की बात है। इस बार, एक बार फिर यह घर वापसी की घटना को फिर याद करने का अवसर था। उनकी आवाज़ से थकान महसूस हो रही थी लेकिन वह अपनी बात कहने के लिए कृतसंकल्प थे। उन्होंने कहा, 'देश चल पड़ा है, हमें कदम मिलाना है।'

इसके विपरीत, कांग्रेस मुख्यालय में उदासीनता का माहौल था। पार्टी ने पत्रकारों को गर्मी से बचने के लिए छोटा सा तंबू लगा रखा था जिसमें कूलर लगे हुए थे और उनके खान पान के लिए कुछ विशेष प्रबंध किए गए थे। उन्हें बहुत अधिक परेशान भी नहीं होना पड़ा। दोपहर होने तक वहां वीरानी नज़र आने लगी। चुनाव में जीतने वाले टेलीविज़न पर दिखना चाहते थे जबकि हारने वालों के लिए अदृश्य होना अधिक बेहतर था।

शाम चार बजे के थोड़ा बाद, सोनिया गांधी और राहुल कांग्रेस मुख्यालय में टेलीविज़न कैमरों के सामने आए। दोनों नेताओं ने चुनाव में पराजय की ज़िम्मेदारी स्वीकार करते हुए नयी सरकार को बधाई दी। सोनिया ने कहा, 'जनता का फैसला हमारे खिलाफ़ है और मैं इस फैसले को स्वीकार करती हूं। मैं कांग्रेस अध्यक्ष के रूप में इस हार की ज़िम्मेदारी लेती हूं।' राहुल ने भी इसी भाव का प्रदर्शन किया लेकिन उनके चेहरे के हाव भाव इस अवसर के अनुरूप नहीं थे। दोनों में से किसी ने भी मोदी का नाम नहीं लिया। निश्चित ही चुनाव प्रचार के दौरान की कटुता अभी पूरी तरह खत्म नहीं हुई थी।

चुनाव में विजयी मोदी द्वारा जनता का अभिवादन स्वीकार करने और कांग्रेस नेतृत्व द्वारा शिष्टता पूर्वक पराजय स्वीकार करने की घटनाओं को देखते हुए मेरे दिमाग में 2004 में जेद्दाह में पाकिस्तानी प्रधानमंत्री नवाज़ शरीफ से मुलाकात का दृश्य कौंध गया। शरीफ उस समय निर्वासन में एक महलनुमा आवास में रह रहे थे क्योंकि जनरल परवेज़ मुशर्रफ ने उन्हें देश छोड़कर जाने के लिए मजबूर कर दिया था। कश्मीरी कहवा की चुस्कियों के दौरान ही शरीफ ने कहा, 'राजदीपजी, आपके यहां का लोकतंत्र ही वास्तव में असली है। एक सरकार आती है, दूसरी जाती है लेकिन वहां कोई प्रतिशोध या खूनखराबा नहीं होता है। हमारे पाकिस्तान में देखो। मैं यहां जेद्दाह में हूं, बेनजीर लंदन और दुबई के बीच आती जाती हैं। हम दोनों में से कोई भी अपने वतन नहीं लौट सकता। आप का वतन बहुत खुशकिस्मत है।' निश्चित ही। यह कठिन हो सकता है लेकिन सच्चाई तो यही है कि भारत का प्रत्येक चुनाव हमारे लोकतंत्र

की बुद्धिमत्ता को दर्शाता है। 2014 का चुनाव भी इससे अलग नहीं था।

मतगणना के दिन शाम का प्राइम टाइम आमतौर पर बड़ी खबर बनाने वालों के लिए ही होता है। रात में 9.30 के थोड़ा बाद, हमारे साथ नरेंद्र मोदी के बाद सबसे बड़ी खबर बनाने वाले अमित शाह थे। यदि नरेंद्र मोदी राष्ट्रपति के चुनाव की शैली में चुनाव प्रचार को सफलतापूर्वक अंजाम तक पहुंचाने के लिए मैन आफ द सिरीज़ थे तो निश्चित ही सूक्ष्मता के साथ चुनावी प्रबंधनों को प्रभावी तरीके से निष्पादित करने के लिए अमित शाह मैन आफ द मैच के हकदार थे। उप्र में यदि भाजपा को इतनी ज़बर्दस्त सफलता नहीं मिली होती तो यह पार्टी चुनाव नतीजों के बाद गठबंधन के लिए दूसरे साथियों की तलाश के लिए बाध्य होती।

शाह ने सवेरे से बहुत कुछ टेलीविज़न पर देखा था। जब सवेरे 8.30 पर दक्षिण दिल्ली के जंगपुरा क्षेत्र में उनके किराये के मकान पर एक पत्रकार गया तो वह उस समय उठ ही रहे थे। नौ बजे के बाद जब वह पूरी तरह आश्वस्त हो गए कि हवा उनके ही पक्ष में चल रही है तो उन्होंने समाचारों के लिए टीवी चालू किया। यहां पर भी उनकी पहली दिलचस्पी उप्र के चुनाव नतीजे दिखाने वाले चैनल में थी।

उप्र से आने वाले प्रत्येक चुनाव के नतीजे के साथ शाह राहत की सांस ले रहे थे। शाह का अनुमान था कि उप्र से भाजपा को 60 सीटें मिलेंगी। लेकिन रूझानों से स्पष्ट था कि पार्टी इससे भी ज़्यादा सीटों पर विजय हासिल कर सकती है। उन्हें सिर्फ इस बात का अफसोस था कि उनके मित्र अरुण जेटली चुनाव हार गए थे। चुनाव के नतीजे आने के बाद उन्होंने सबसे पहले जेटली से संपर्क किया। इस चुनाव में मिली शानदार सफलता के बीच एक यही निराशा का पहलू था।

मैंने शाह से पूछा कि उन्हें मैन ऑफ द मैच के रूप में पेश किए जाने पर कैसा लग रहा है। इस पर अमित शाह का जवाब था, 'राजदीपजी, यह मेरी जीत नहीं है, यह हर कार्यकर्ता की जीत है।' मैंने जब उनसे पूछा कि क्या उन्हें इतनी शानदार जीन अनुमान था? उन्होंने मंद मंद मुस्कुराते हुए कहा, 'सच कहूं तो हमें भी अनुमान नहीं था कि इतनी बड़ी जीत होगी। यह तो वाकई में एक सुनामी ही है।'

हमने दिन भर स्टूडियों में थकाने वाली गतिविधियों में व्यस्त रहने के बाद रात में करीब 11 बजे न्यूज़ कवरेज समाप्त की। मैं कोक के साथ ओल्ड मॉन्क

लेकर तैयार था। लेकिन उस समय तक एक फोन और करना बाकी था। मैंने गांधीनगर में मोदी को बधाई देने के लिए उनके घर पर फोन किया। फोन उठाने वाले आपरेटर ने बताया कि मोदीजी बैठक में हैं और वह बाद में फोन करेंगे। आधी रात के समय, मैं बुरी तरह थका हुआ था और मैने एक बार फिर कोशिश की। ऑपरेटर ने कहा, 'सॉरी, साहेब, सोवा चाली गया।'

महत्वाकांक्षाओं से लबरेज आंखों वाला वडनगर का यह बालक अब भारत का प्रधानमंत्री बनने जा रहा था। आरएसएस का एक प्रचारक अब देश के मुख्य कार्यकारी का पद ग्रहण करने जा रहा था। राजनीति में बरसों के अथक परिश्रम और अनेक विवादों के बावजूद अपना अलग वजूद बनाने के प्रति दृढ़संकल्प लिए नरेंद्र मोदी की यह असाधारण उपलब्धि थी। और एक रात की अच्छी नींद के तो वे हकदार थे ही।

उपसंहार

नरेंद्र मोदी ने 26 मई 2014 को देश के पंद्रहवें प्रधानमंत्री पद की शपथ ग्रहण की। क्रीम रंग का आधी बाजू वाला कुर्ता और उस पर बंद गले की जैकेट पहने मोदी इस पद पर आसीन आज़ादी के बाद जन्म लेने वाले पहले व्यक्ति हैं। इस शपथ ग्रहण समारोह में भी मोदी के अपने अंदाज़ की झलक तो नज़र आनी ही थी। शपथ ग्रहण के लिए परंपरागत दरबार हॉल, जहां मुश्किल से करीब 500 अतिथि ही आ सकते हैं, के बजाए मोदी ने इस अवसर के लिए राष्ट्रपति भवन के प्रांगण का चयन किया। राजपथ जगमग हो उठा था - यह एक शानदार नज़ारा था जिसका सीधा प्रसारण किया गया था। टीम मोदी में शामिल प्रोफेशनल कार्यक्रम प्रबंधकों से कहा गया था कि राष्ट्रपति भवन के साथ तालमेल करके काम करें ताकि त्रुटिहीन तरीके से इसका आयोजन सुनिश्चित किया जा सके। इससे स्पष्ट था, नए प्रधानमंत्री को पूरा भरोसा नहीं था कि सरकारी अधिकारी अकेले सही तरीके से यह काम कर सकेंगे।

विजयोल्लास के इस अविस्मरणीय अवसर के लिए अतिथियों की सूची में सभी को शामिल करने का गंभीरता से प्रयास किया गया। 3000 से भी अधिक निमंत्रण भेजे गए--मुझे भी नियंत्रण मिला था, हालांकि स्टूडियो में होने के कारण मैं इसमें शामिल नहीं हो सका था। परंतु इस समारोह में मोदी के अनेक प्रतिद्वंद्वी उपस्थित थे--सोनिया और राहुल गांधी भी उपस्थित थे। मुलायम सिंह यादव, मोदी के पूर्व परामर्शदाता लाल कृष्ण आडवाणी भी वहां उपस्थित थे। कुछ दिन पहले ही संसद भवन के केंद्रीय कक्ष में पार्टी का नेतृत्व औपचारिक रूप से स्वीकार करते समय भावुक होकर मोदी रूआंसे हो गए थे, आडवाणी की आंखों में भी

आंसू थे। इस अवसर पर ऐसा लग रहा था कि मानो भाजपा परिवार में अश्रुपूरित माहौल में पुराने और नए लोगों का मिलन हो रहा था।

चुनाव प्रचार के दौरान अंबानी और अदानी को मोदी की उदारता से लाभान्वित होने के लिए निशाना बनाया गया था। लेकिन इस तरह की आलोचना से बेखबर दोनों परिवार पूरे दल बल के साथ उपस्थित थे। मोदी ने अपनी हिंदुत्व की जड़ों को भी भुलाया नहीं था--साधु संतों के साथ ही सार्वजनिक रूप से कम दिखाई पड़ने वाली विवादास्पद साध्वी श्रृतंभरा भी शपथ ग्रहण समारोह में थीं। हिंदी सिनेमा जगत का प्रतिनिधित्व सलमान खान कर रहे थे जिन्होंने जनसंपर्क अभियान के हिस्से के रूप में गुजरात में मोदी के साथ पतंग उड़ाई थी। महान क्रिकेट खिलाड़ी सुनील गावस्कर बीसीसीआई के अंतरिम अध्यक्ष के रूप में वहां मौजूद थे। हालांकि मोदी के परिवार को आमंत्रित नहीं किया गया था- एक बार फिर उन्होंने अपने निजी जीवन को सार्वजनिक चमक से दूर ही रखा।

मोदी ने अपने चुनाव प्रचार अभियान की तरह ही शपथ ग्रहण समारोह को भी भव्य आयोजन के रूप में तैयार किया था। कुछ दिन पहले ही, एक सामर्थ्यवान प्रतीकात्मक सद्‌भाव का परिचय देते हुए, उन्होंने पाकिस्तान के प्रधानमंत्री नवाज़ शरीफ सहित सभी दक्षेस राष्ट्रों के प्रमुखों को भी शपथग्रहण समारोह में आमंत्रित किया था। यह अप्रत्याशित निमंत्रण एक कूटनीतिक चातुर्य था- भारत के प्रधानमंत्री पहले दिन से ही एक राजनीतिज्ञ और दक्षिण एशिया के प्रमुख नेता के रूप में अपना स्थान बना रहे थे। उन्होंने पश्चिमी देशों, विशेषरूप से अमेरिका को जिसने 2002 के दंगों के उन्हें निशाना बनाया था, को यह संदेश भी दे रहे थे कि उन्हें उनकी मंजूरी की दरकार नहीं है। नए प्रधानमंत्री अपने पड़ोसी देशों के साथ मुख्य रूप से विदेश नीति पर ज़ोर देंगे। बाद में जब उन्होंने वाशिंगटन यात्रा का निमंत्रण स्वीकार किया तो वह भी पूरी तरह अपनी शर्तों पर। अमेरिका ने उन्हें कई साल तक वीज़ा नहीं दिया था और अब वह उनके सामने झुक रहा था--वह खुद को अब दोषमुक्त महसूस कर रहे थे।

दक्षेस देशों को निमंत्रण भेजे जाने से विदेश मंत्रालय भौंचक्का रह गया--उसे यह तो समझ में आने लगा था कि अब उनका प्रधानमंत्री ऐसा व्यक्ति है जिसे प्रोटोकाल की ज़ंजीरों से बांधा नहीं जा सकेगा। दक्षेस राष्ट्रों को निमंत्रण भेजना एक इतना शानदार कदम था जिसने मोदी का कद काफी बढ़ा दिया। यहां तक पाकिस्तान विरोधी शिवसेना भी चुप थी क्योंकि वह भी इस अवसर पर विघ्नसंतोषी के रूप में नहीं दिखना चाहती थी। समस्या सिर्फ बाहर गरमी की तपिश को लेकर थी, पांच सितारा सुविधाओं के अभम्यस्त-शरीफ, को यह कहते सुना जा

सकता था कि वह वातानुकूलित माहौल पसंद करेंगे।

मोदी को 45 मंत्रियों के साथ शपथ दिलाई गई। इसमें 25 कैबिनेट स्तर के मंत्री थे। मुझे बताया गया कि मंत्रियों की पहली सूची मोदी के भरोसेमंद अरुण जेटली और अमित शाह ने तैयार की थी फिर उस पर आरएसएस ने गौर किया था। सूची को अंतिम रूप देने के साथ ही मंत्रियों के विभाग वितरण का काम प्रधानमंत्री ने खुद किया था। मोदी के पास सीमित प्रतिभाओं और उनकी काम करने की अपनी शैली का संकेत इसी से मिल रहा था। जेटली, जिनपर वह सबसे अधिक भरोसा करते थे, को सबसे महत्वपूर्ण वित्त मंत्रालय और रक्षा मंत्रालय दिया गया था। सुषमा स्वराज को, जिन पर वह भरोसा नहीं करते थे, अंतिम क्षणों में समझौते के तहत विदेश मंत्रालय दिया। स्मृति ईरानी को, जिन्हे अब मोदी की पसंद माना जाता था, महत्वपूर्ण मानव संसाधन विकास मंत्रालय दिया गया था। इसने निजी बातचीत में उन लोगों को आलोचना का भरपूर अवसर दिया जो छूट गए थे। यह भी चर्चा थी कि स्मृति ईरानी को मोदी ने सिर्फ इसलिए महत्वपूर्ण मंत्रालय दिया गया क्योंकि वह सुषमा को यह संदेश देना चाहते थे कि सिर्फ वही भाजपा का महिला चेहरा नहीं हैं। चुनाव प्रचार के दौरान महत्वपूर्ण भूमिका निभाने वाले पीयूष गोयल को समेकित उर्जा मंत्रालय (कोयला और विद्युत) दिया गया जबकि गडकरी को सड़क परिवहन मंत्रालय से संतोष करना पड़ा। गडकरी की इस नयी नियुक्ति के बाद दिल्ली के सत्ता के गलियारे में हास परिहास में कहा जाता था कि महाराष्ट्र से सारे ठेकेदारों को अब दिल्ली की दौड़ लगानी पड़ेगी।

आडवाणी और पार्टी के पुराने वरिष्ठ नेताओं को अभी तक उपकृत नहीं किया गया था। भाजपा का यह पुरोधा अब सांविधानिक पद प्राप्त करने के लिए दबाव बना रहा था--उनका आग्रह था कि मुझे लोक सभा का अध्यक्ष बना दिया जाए। मोदी इसके लिए तैयार नहीं थे। संसद के केंद्रीय कक्ष में निकले आंसुओं ने अब सत्ता की जोड़ तोड़ की जगह ले ली थी। इसी प्रक्रिया में फैसला लिया गया कि 75 साल से अधिक उम्र के किसी भी व्यक्ति को मंत्री नहीं बनाया जाएगा। मोदी ने बाद में एक सहयोगी से कहा, 'हम उन्हें राज्यपाल बना देंगे, यदि वे चाहेंगे।' (आखिरकार आडवाणी और डॉ. मुरली मनोहर जोशी संसदीय बोर्ड से भी बाहर हो गए।

गठबंधन के सहयोगी दलों को भी आइना दिखा दिया गया था। राम विलास पासवान किसी 'मलाईदार' एटीएम मंत्रालय की आस लगाए थे--उन्हें अपेक्षाकृत कम महत्वपूर्ण उपभोक्ता मामलों का मंत्रालय दिया गया था। मंत्रिमंडल के एक

सहयोगी ने बाद में मुझसे कहा, 'पासवान' के अतीत को लेकर प्रधानमंत्री कुछ सशंकित थे--वह अपनी सरकार में ऐसे किसी व्यक्ति को नहीं चाहते थे जिससे उनकी साफ-सुथरी छवि प्रभावित हो।' शिव सेना भी कुछ अधिक चाहती थी लेकिन उसे भी भारी उद्योग मंत्रालय तक ही सीमित रखा गया। मोदी स्पष्ट संदेश देना चाहते थे कि अब वह बिग बॉस हैं- यह संप्रग-दो जैसी सरकार नहीं हैं जहां गठबंधन के सहयोगी मंत्रालयों के बारे में फैसला लेंगे। और निश्चित ही मनमोहन सिंह की तरह उन्हें धमकाया नहीं जा सकेगा। मोदी ने सिर्फ राजस्थान की मुख्यमंत्री वसुंधरा राजे की ही मांग स्वीकार की कि राज्य में भाजपा को सारी सीटें मिलने के बावजूद उनकी पहली सूची में उनके प्रदेश के किसी सदस्य का नाम नहीं था, इसलिए निहालचंद मेघवाल को राज्य मंत्री बनाया गया।

इस सरकार में दक्षिणपंथी राजनीति के सर्वश्रेष्ठ व्यक्तियों में से एक अरुण शौरी को, जिन्होंने प्रधानमंत्री पद के लिए नरेंद्र मोदी की दावेदारी का खुलकर समर्थन किया था, जगह नहीं मिली थी। मंत्रिमंडल के गठन से कुछ दिन पहले ही मैंने अरुण शौरी का इंटरव्यू किया था और मुझे ऐसा आभास हुआ था कि वह सरकार में वापस आने की तैयारी कर रहे थे। उन्होंने अत्यधिक उत्साह के साथ बताया था कि नई सरकार को किसी तरह काम करना चाहिए। नई सरकार में शामिल होने के लिए निमंत्रण मिलने की आशा में वह राजधानी में ही रुके हुए थे। लेकिन इसका निमंत्रण कभी नहीं मिला। शायद, जेटली के साथ शौरी के पुराने वैमनस्य ने उन्हें सरकार में नहीं आने दिया--शानदार विजय के बावजूद भाजपा को विभाजित हिंदू परिवार का भय सता रहा था।

यही नहीं, मोदी की एक अधिकारवादी नेता के रूप में काम करने की शैली को लेकर भी उनका पीछा नहीं छोड़ रही थी। मोदी ने मुख्यमंत्री के रूप में अत्यधिक गोपनीय तरीके से सरकार चलाई थी। गुजरात सरकार को उन्होंने एक व्यक्ति की सरकार जैसे चलाया जिसमें सब कुछ मुख्यमंत्री के कार्यालय में केंद्रित था और नौकरशाह तो मंत्रियों से अधिक ताकतवर थे। परंतु नई दिल्ली तो गांधीनगर नहीं है। चुनौतियों के पैमाने के मद्देनज़र यहां नेतृत्व के लिए मंत्रिमंडल के सहयोगियों को अधिकार देने और कार्य सौंपना आवश्यक था। परंतु जेटली और कुछ अन्य के अलावा, मोदी कभी भी अपने मंत्रिमंडल के अधिकांश सहयोगियों की कार्यक्षमता के प्रति पूरी तरह आश्वस्त नहीं थे। इसके विपरीत, वह नौकरशाही को यह संदेश देना चाहते थे कि वे ही उनकी मूल संपदा हैं।

प्रधानमंत्री नरेंद्र मोदी के साथ सचिवों की बैठक में शामिल होने के बाद एक वरिष्ठ नौकरशाह तो उनसे बेहद प्रभावित थे। इस नौकरशाह ने मुझसे कहा,

'उन्होंने कहा कि वह उनके द्वारा लिए गए किसी भी निर्णय का पूरा समर्थन करेंगे और यदि किसी प्रकार की कठिनाई हो रही है तो वे सीधे उनसे संपर्क कर सकते हैं।' प्रधानमंत्री कार्यालय में नौकरशाहों की पसंद भी उनके दृष्टिकोण का परिचायक था- चुपचाप काम करने वाले अनुभवी नौकरशाह जो कभी भी अपने बॉस से आगे निकलने का प्रयास नहीं करें। इनमें से अधिकांश नौकरशाह वही थे जिन्होंने गुजरात में मोदी के साथ सफलतापूर्वक काम किया था। मोदी के प्रधानमंत्री कार्यालय में बृजेश मिश्र जैसी शख्सियत वाले व्यक्ति के लिए कोई जगह नहीं थी, जिन्हें वाजपेयी सरकार के दौरान ही वास्तव में सरकार का मुखिया समझा जाता है।

प्रधानमंत्री के इस कदम से हालांकि नौकरशाह संतुष्ट लग रहे थे लेकिन मंत्री नहीं थे। मोदी उनसे लंबी अवधि तक काम करने की अपेक्षा कर रहे थे। एक मंत्री जो दोपहर में अपने घर में आराम कर रही थीं, उन्हें अचानक ही प्रधानमंत्री कार्यालय से फोन आता है कि उनसे रोज़ सवेरे 9 बजे कार्यालय पहुंचने की अपेक्षा की जाती है। प्रत्येक मंत्रालय को प्रधानमंत्री कार्यालय में अपने पहले साल के लक्ष्य के बारे में विस्तृत प्रस्तुतीकरण करने के लिए कहा गया था। शास्त्री भवन में यह चर्चा थी कि हमारे 'मंत्रियों के' दोपहर के भोजन का लंबा समय खत्म हो गया। मंत्रालयों के कामकाज में अनुशासन और जवाबदेही स्वागत योग्य पहल थी।

दूसरी बात, मोदी अपने मंत्रिमंडल पर सख्त नियंत्रण बनाए रखने के लिए कृतसंकल्प थे। सरकार में दूसरे नंबर के मंत्री राजनाथ सिंह जब एक आईपीएस विशेष को अपना निजी सचिव बनाना चाहते थे तो मोदी के प्रधानमंत्री कार्यालय ने इस नियुक्ति को निरस्त कर दिया। संबंधित अधिकारी ने इसी पद पर कांग्रेस के सलमान खुर्शीद के साथ भी काम किया था। भाजपा के एक नेता ने बताया, 'राजनाथ गुस्से से आग बबूला थे लेकिन वह इस बारे में कुछ नहीं कर सकते थे-मोदी को कोई चुनौती नहीं दे सकता था।'

तीसरा, मोदी ने अपने मंत्रिमंडल के सहयोगियों में भय बिठा दिया था, भय यह था कि उनका सर्वोच्च नेता उनके हर कदम पर निगाह रखे हुए है। मुझे इसका अनुभव उस समय हुआ जब मुझे इस पुस्तक के लिए एक मंत्री का इंटरव्यू लेना था। मैं अब मंत्री के निवास पर पहुंचने ही वाला था कि मुझे उनके एक सहायक ने फोन कर कहा, 'कृपया, क्या आप पिछले दरवाज़े से आ सकते हैं?' जब मैं मंत्री से मिला तो उन्होंने ज़ोर देकर कहा कि वह घर के मुख्य कक्ष में बात नहीं करेंगे बल्कि घर के पीछे बने बगीचे में बातें करेंगे। आपको

नहीं मालूम कि कौन से कमरे में बातचीत सुनने वाला यंत्र लगा हुआ है।'

एक और कहानी, संभवतः असत्य है, यह है कि मोदी सरकार के सूचना एवं प्रसारण तथा पर्यावरण मंत्री प्रकाश जावडेकर जब हवाई अड्डे के निकट पहुंच रहे थे तो उन्हें प्रधानमंत्री कार्यालय से संदेश मिला था। उन्हें आगाह किया गया, 'सर, आप सरकारी कार्य पर जाते समय जींस पहने हुए हैं--आपको औपचारिक परिधान पहनने चाहिए।' जावडेकर से, जो बताते हैं कि तुरंत ही वापस लौटे, जब मैंने इस बारे में पूछा तो उन्होंने ऐसी किसी भी घटना से इन्कार किया।

मंत्रियों की तरह मीडिया भी लाचारी महसूस कर रही थी। गुजरात में, मोदी पत्रकारों से संवाद स्थापित करने के लिए सूचना विभाग की विज्ञप्ति भेजना उचित समझते थे। अब, दिल्ली में भी वह मीडिया से कुछ दूरी बनाए रखने का ही सिलसिला अपनाना चाहते थे। प्रधानमंत्री ने बड़े नाम वाले किसी व्यक्ति को प्रेस सलाहकार नियुक्त नहीं किया, इसकी बजाए लंबे समय से मोदी के सहायक जगदीश ठक्कर को सरकारी विज्ञप्तियां भेजने का प्रभारी बनाकर नियुक्त कर दिया गया। आम चुनाव की भांति ही मोदी की ट्विटर टीम प्रधानमंत्री के कार्यक्रमों की मिनट मिनट की खबरें और फोटो पूरी तत्परता से भेजने का काम कर रही थी। मंत्रियों को स्पष्ट हिदायत थी कि वे अपनी बारी से पहले नहीं बोलें या फिर टेलीविज़न पर होने वाली बहस में शामिल नहीं हों और इसकी बजाए अपने काम पर पूरा ध्यान केंद्रित करें। सरकार के कामकाज पर निगाह रखने वाले एक वरिष्ठ पत्रकार ने मुझसे कहा, 'संप्रग-दो के दौरान तो हम किसी भी समय किसी भी मंत्री को फोन कर सकते थे और वे जवाब भी देते थे। अब तो हर व्यक्ति चौकन्ना रहना चाहता है।' संप्रग-दो की अधिक उदारता और पारदर्शिता ने मीडिया को एक ऐसी अराजकता वाली स्थिति में पहुंचा दिया था जहां मंत्री ही परस्पर विरोधी बात करते नज़र आते थे। सूचनाओं पर कड़ा नियंत्रण और मीडिया की दखल सीमित करके, ऐसा लगता है कि मोदी, शायद प्राइम टाइम टेलीविज़न के लिए एजेंडा निर्धारित करने के लिए मनमोहन सरकार द्वारा उपलब्ध कराए गए स्थान पर अपना अधिकार बनाए रखना चाहते थे, परंतु साथ ही यह भी भय था कि खबरों को सीमित करने से शासन में अस्पष्टता की भावना को बढ़ावा मिल सकता है। मान्यता यह हैः कम खबर—कम अव्यवस्थता। परंतु हमें यह भी नहीं भूलना चाहिए कि अधिक गोपनीयता का मतलब भी कम आज़ादी है।

मोदी ने प्रधानमंत्री की विदेश यात्राओं के दौरान अपने साथ पत्रकारों के दल को ले जाने की परंपरा भी बंद कर दी। मुझे वाजपेयी के साथ कई यात्राओं का अवसर मिला था। हां, विमान यात्रा कुछ विलासितापूर्ण होती थी, विमान में

भरपूर मुफ्त मदिरा और चाकलेट मिलती थी जो निश्चित ही करदाताओं के पैसे की होती है। प्रधानमंत्री के विमान के लिए एयरइंडिया का सबसे अच्छा बेड़ा और सेवाएं उपलब्ध होतीं--इसके आतिथ्य सरकार का कोई मुकाबला नहीं था। मैं यह भी स्वीकार करूंगा कि मेरे कुछ सहयोगी पत्रकार तो इस तरह की यात्राओं पर जाने के लिए हर तरह के प्रयास करते थे। इन्हीं में से एक को तो पुलिस के आने से पहले ही पेरिस के एक नाइट क्लब से नशे की हालत में जबरन पकड़ कर बाहर निकाला गया था।

परंतु गंभीर और पेशेवर पत्रकारों को इस तरह की लंबी उड़ान के दौरान प्रमुख सरकारी अधिकारियों के साथ लंबी बातचीत करने और अनौपचारिक रूप से संबंध बनाने का अवसर भी मिलता था। यह हमें साउथ ब्लाक के गलियारे से बाहर भी प्रधानमंत्री के कामकाज के तरीके का भी अनुभव कराता था। वाजपेयी ने एक बार हम लोगों को सलाह दी थी कि न्यूयार्क में खाने पीने के कौन से सबसे अच्छे स्थान हैं। मोदी के भीतर का प्रचारक उन्हें न्यूयार्क की तमाम आकर्षक चीज़ों की ओर आकर्षित नहीं होने देता है। एक अधिकारी ने जब पत्रकारों के पक्ष में बात रखने का प्रयास किया तो मोदी का दो टूक सवाल था, 'हमें मीडिया को उपकृत करने की क्या ज़रूरत हैं? हो सकता है कि मोदी की सोच सही हो—इस तरह की यात्रा संस्कृति बंद करने का यही समय हो।

यह सिर्फ मीडिया की ही बात नहीं है। न्यायपालिका को भी सचेत कर दिया गया है। न्यायिक नियुक्तियों में कार्यपालिका की प्रमुखता बहाल करने संबंधी राष्ट्रीय न्यायिक आयोग विधेयक को पारित कराने की कवायद को गति प्रदान करके मोदी न्यायपालिका और कार्यपालिका में संतुलन स्थापित करने का प्रयास कर रहे हैं। ऐसा करने में खतरा भी है। इस तरह का प्रयास करके राजनीतिक वर्ग न्यायपालिका की स्वतंत्रता को प्रभावित करने का प्रयास कर रहा है। इंदिरा गांधी के 1970 के दौर के अधिनाकवाद की यादें अभी पूरी तरह भुलायी नहीं जा सकी हैं।

एक तरह से, मोदी की व्यक्तिगत नेतृत्व की शैली काफी कुछ इंदिरा गांधी जैसी ही है जिसमे संस्था व्यक्ति के अधीन होती है यहां तक कि मोदी की व्यक्ति पूजा में शिक्षक दिवस को भी जोत दिया गया। कांग्रेस द्वारा नियुक्त राज्यपालों के मामले में उनका दृष्टिकोण सर्वविदित है। परंपराओं के अनुसार नयी सरकार के गठन के साथ ही राजनीतिक दृष्टि से हुई नियुक्तियों वाले पदों पर आसीन व्यक्तियों से अपेक्षा की जाती है कि वे स्वतः ही अपने पद से इस्तीफा दे दें। परंतु इस मामले में जिस तरह से मोदी ने कदम उठाए हैं उससे राज्यपाल के

पद के प्रति उनके भाव का ही संकेत मिलता है। कम से कम राज्यपालों का स्थानांतरण हुआ, जिनमें गुजरात की पूर्व राज्यपाल कमला बेनीवाल को मिजोरम भेज दिया गया जिस पर उस राज्य के मुख्यमंत्री को भी यह शिकायत करने का अवसर मिला कि संविधानिक पदों पर आसीन असहज हो रहे व्यक्तियों को एजॉल भेजना सही नहीं है।

इंदिरा गांधी की तरह ही मोदी भी विपक्ष के साथ संपर्क करने के मूड में नहीं नज़र आ रहे हैं। लोकसभा चुनाव के बाद कांग्रेस लगातार लोकसभा में प्रतिपक्ष के नेता के पद के लिए दबाव बना रही है लेकिन सरकार ने इस आग्रह को स्वीकार करने से इन्कार कर दिया है। भाजपा का दावा है कि वह लोकसभा अध्यक्ष के कार्यालय द्वारा बनाये गए नियमों और संसदीय परंपराओं के अनुसार ही चल रही है जिसके अंतर्गत प्रतिपक्ष के नेता का पद प्राप्त करने के लिए एक पार्टी के पास लोकसभा की कुल संख्या के कम से कम 10 प्रतिशत सदस्य होने चाहिए। कांग्रेस को 55 सदस्यों की आवश्यकता है जबकि उसके पास सिर्फ 44 सदस्य ही हैं। भाजपा के एक मंत्री ने मुझसे सवाल किया, 'जब संसद में हमारे पास कम संख्या थी तो क्या कांग्रेस ने हमें प्रतिपक्ष के नेता का पद दिया था?'

लेकिन यह लड़ाई संख्या से आगे निकल चुकी थी। पूरे चुनाव प्रचार के दौरान मोदी लगातार 'कांग्रेस मुक्त भारत' की बात कर रहे थे। चुनाव में यह सिर्फ कांग्रेस को हराने का मसला नहीं था बल्कि कांग्रेस को ऐसी स्थिति में पहुंचाना था जहां उसके अस्तित्व का ही संकट होने लगे। प्रतिपक्ष का स्थान देने से इन्कार करके मोदी यह स्पष्ट संदेश देना चाहते हैं कि असली 'राष्ट्रीय' पार्टी होने का कांग्रेस का दावा अब गंभीर जांच के दायरे में है।

यह सही है कि विजयी मोदी अब बहुत ही सख्ती के साथ सरकार पर अपने अधिकार की छाप छोड़ना चाहते हैं तो कांग्रेस नेतृत्व के लिए भी अपनी पार्टी को गहरे अवसाद से बाहर निकालने की आवश्यकता है। 1977 के चुनाव के बाद पहली बार यह सवाल उठा था कि क्या कांग्रेस खत्म हो गई लेकिन अब यह अधिक जोर से पूछा जा रहा है।

चुनाव में कांग्रेस पार्टी की दुर्गति कराने के कुछ ही हफ्तों के भीतर राहुल गांधी एक बार फिर विदेश यात्रा पर चले गए। दिल्ली में जून का महीना बहुत ही कष्टप्रद होता है और राहुल इस गर्मी से निजात पाना चाहते थे। हकीकत तो यह है कि राहुल सिर्फ मौसम के बढ़ते तापमान से ही नहीं बचना चाहते थे बल्कि वह कांग्रेस के भीतर पनप रहे असंतोष का भी सामना नहीं करना चाहते थे।

सोलहवीं लोकसभा का जब गठन हुआ तो अपेक्षा की जा रही थी कि संसद में राहुल गांधी कांग्रेस के नेता होंगे। लेकिन एक बार फिर वह इस ज़िम्मेदारी को लेने से बचते रहे और इसका नतीजा यह हुआ कि इस ज़िम्मेदारी के लिए कर्नाटक के 72 वर्षीय कांग्रेसी नेता मल्लिकार्जुन खड़गे को चुना गया। गांधी परिवार के प्रति वफादार खड़गे लगतार दसवीं बार चुनाव जीते थे लेकिन यह भी तथ्य है कि पार्टी के लिए असहज स्थिति उत्पन्न नहीं करने वाले थे। इस ज़िम्मेदारी को स्वीकार नहीं करके राहुल गांधी ने एक बार फिर पार्टी को आगे आकर नेतृत्व प्रदान करने में अपनी अक्षमता का ही परिचय दिया है। राहुल गांधी के इस कदम से उनके स्वयंभू राजनीतिक गुरु दिग्विजय सिंह भी काफी निराश हुए थे। उन्होंने मुझसे कहा, 'जब चुनौती हो तो उसका पूरी दृढ़ता से सामना करना चाहिए। इस चुनौती को स्वीकार नहीं करके राहुल गलती कर रहे हैं।' व्यक्तिगत बातचीत में कांग्रेसी नेताओं में यह सुगबुगाहट होती रहती है कि राहुल गांधी लोकसभा में पहली कतार में इसलिए नहीं बैठना चाहते कि उंघतें हुए उन्हें पकड़ा नहीं जा सके।

इस स्थिति की तुलना इंदिरा गांधी से की जा सकती है जो 1977 में पार्टी कीं करारी पराजय के बाद इसी तरह की परेशानी से रूबरू हुई थीं। उन्हें जेल भेजा गया था। पार्टी में फूट पड़ गई थी और कहा जा रहा था कि राजनीतिक दृष्टि से वह खत्म हो गई लकिन तीन साल में ही पूरे वेग के साथ वापस लौटीं। इंदिरा गांधी की चुनौतियों का मुकाबला करने की इच्छा शक्ति का परिचय बिहार में बेलछी कांड के बाद देखने को मिला जब वह हाथी पर सवार होकर पीड़ित दलित परिवारों से मिलने पहुंची थीं। यहां तक कि सोनिया गांधी ने भी उस समय राजनीतिक दृष्टि से साहस का परिचय दिया था जब उनके खिलाफ विदेशी मूल के मुद्दे का दुष्प्रचार किया गया था। राहुल गांधी में इस तरह की दृढ़ इच्छा शक्ति का अभाव नज़र आ रहा है। द *इकोनॉमिस्ट* ने राहुल गांधी पर अपने एक तीखे लेख में लिखा था, 'राहुल, जिन्हे लंबे समय से नेतृत्व के लिए तैयार किया जा रहा था, बुद्धू हैंः ईमानदार हैं लेकिन उनमें ऊर्जा, विचारों, रणनीति और पार्टी कार्यकर्ताओं तथा मतदाताओं के बीच संपर्क स्थापित करने की क्षमता का अभाव है।'

क्या राहुल वास्तव में 'बुद्धू' हैं? मैं निश्चित रूप से इस सवाल का जवाब देने की स्थिति में नहीं हूं क्योंकि मैं उन्हें अच्छी तरह से जानता नहीं हूं परंतु मैं निश्चित ही यह कहना चाहूंगा कि वह वह नेतृत्व की कोई भी योग्यता दिखाने में विफल रहे हैं जो संकट से जूझ रही पार्टी को इससे बाहर निकालने में मददगार

हो। वह नेहरू गांधी परिवार के शायद पहले सदस्य हैं जिनका अपनी ही पार्टी के लोग सम्मान नहीं करते हैं। एक बार दोपहर के भोजन पर कांग्रेस के एक उद्वेलित नेता ने मुझसे कहा, 'हमें नेतृत्व में परिवर्तन करना होगा, राहुल को जाना ही होगा!' मैंने उनसे पूछा कि उनके दिमाग में क्या कोई नाम हैं। उन्होंने कहा कि तत्काल वह किसी एक व्यक्ति का नाम लेने की स्थिति में नहीं है। विकल्प के रूप में अक्सर प्रियंका का नाम ही लिया जाता है जो लगातार ज़ोर देकर कह रही हैं कि वह औपचारिक रूप से राजनीति में नहीं आ रही हैं।

इस हद तक, गांधी परिवार एक विरासत और बोझ दोनों ही है—किसी वैकल्पिक नेतृत्व के अभाव में यह पार्टी को एकजुट बनाए रखे हुए है परंतु चाटुकारिता की राजनीतिक शैली को बढ़ावा देने और क्षेत्रीय नेताओं को अधिकार देने के प्रति अनिच्छा ने इसके विकास को बुरी तरह प्रभावित कर रखा हैं। सिर्फ वंशवाद के सहारे तो कांग्रेस चल नहीं सकेगी—इसे व्यापक जनसमर्थन वाले नेता की आवश्यकता है जो पार्टी में नए विचार और नई ऊर्जा का संचार कर सके।

पिछले कई सालों के दौरान ऐसी पार्टी, जिसकी छत्रछाया में परस्पर हितों के टकराव वाले समूह भी एकजुट थे, वह अब नष्ट होने लगी है। उप्र और बिहार इसका सबसे ज्वलंत उदाहरण हैं—ये दो सबसे बड़े हिंदी भाषी प्रदेश हैं जहां कांग्रेस जर्जर है। उप्र के एक नेता कांग्रेस की दुर्दशा पर टिप्पणी करते हुए कहते हैं, 'आप किसी व्यक्ति की उम्र देखकर उसके कांग्रेसी होने का पता लगा सकते हैं। वे जितने उम्र दराज हैं उनके किसी न किसी समय कांग्रेस का समर्थक होने की संभावना है।'

सवाल यह है कि अब इतनी पुरानी पार्टी जिसका संगठन अब कमज़ोर पड़ रहा है, वह भाजपा जैसी काडर वाली पार्टी का मुकाबला किस तरह करेगी? कांग्रेस के एक सांसद इस स्थिति पर टिप्पणी करते हुए कहते हैं, 'राजनीति में कुछ भी स्थायी नहीं है, पांच साल में बहुत कुछ बदल जाएगा। 2009 में कौन यह सोच सकता था कि 2014 में हम इतनी बुरी तरह चुनाव हारेंगे?' यदि कांग्रेस का यही रवैया रहा तो मोदी एक बार फिर उन्हें आगाह करने का संकेत दे सकते हैं। यह ध्यान रखना चाहिए कि मोदी जनता पार्टी सरकार के प्रधानमंत्री मोरारजी देसाई सरीखे नहीं हैं जो अपने सहयोगी दलों को एकजुट नहीं रख सके थे। इस बार कांग्रेस को एक दृढ़ और सख्त राजनेता से निबटना है जो सिर्फ यही नहीं जानता कि सत्ता हासिल कैसे की जाती है बल्कि यह भी जानता है कि इसे अपने पास कैसे रखना है। मोदी ने गुजरात में ऐसा करके भी दिखाया है। मोदी की सत्ता को चुनौती देने के लिए कांग्रेस को पुराने पड़ चुके नारों

से आगे निकल कर ऐसे मुद्दों को उठाना होगा जो देश और इसके नौजवानों की आकांक्षाओं को पूरा करने के लिए और अधिक आकर्षक हों।

उदाहरण के लिए, कांग्रेस के धर्मनिरपेक्ष गणराज्य के दृष्टिकोण को अब उसके अपने ही परंपरागत समर्थकों से चुनौती मिल रही है। पटना में एक सेमिनार में एक युवा मुस्लिम ने वरिष्ठ शिक्षाविद प्रताप भानु मेहता से कहा कि वह राहुल गांधी से तीन सवाल पूछना चाहता है। उसने कहा, 'मैं जानना चाहता हूं क्या कांग्रेस शासित राज्यों में मुस्लिम युवकों को कम पक्षपात का सामना करना पड़ता है? क्या असम और दिल्ली जैसे कांग्रेस शासित राज्यों का दंगाई को सजा दिलाने का रिकार्ड बेहतर है? क्यों, कांग्रेस के साठ साल के शासन के बाद भी मुसलमान यह महसूस करते हैं कि उन्हें अपनी 'सुरक्षा' के लिए वोट देना चाहिए?'

ये तीन तीखे सवाल भारतीय मुसलमानों के असमंजस को रेखांकित करते हैं— क्या मोदी के नेतृत्व वाली सरकार से भयभीत करने के लिए धर्मनिरपेक्षता के नाम पर ब्लैकमेलिंग एक पार्टी को वोट देने की पर्याप्त वजह है जो खुद ही अल्पसंख्यकों के विकास या उन्हें संरक्षण प्रदान करने में विफल रही है? कांग्रेस अब इस तरह की बयानबाज़ी के सहारे चल नहीं सकती है। कांग्रेस के लिए भी अब जनता से जुड़े मुद्दों को लेकर बड़े पैमाने पर जन आंदोलन शुरू करने की ज़रूरत है। पार्टी के बंद कमरों में बैठकर राजनीति करने और कार्यकर्ताओं को निर्देशित करने का युग खत्म हो रहा है। किसी भी राजनीतिक दल के खत्म होने के बारे में कुछ भी लिखना जल्दबाज़ी होगी लेकिन कांग्रेस के सामने अब बहुत की कठिन डगर है।

जहां तक दूसरे दलों का सवाल है तो उन्हें भी 2014 के विस्मित करने वाले चुनाव नतीजों के बाद धीरे धीरे खुद को संभालना होगा। बिहार में हमने 'महाधर्मनिरपेक्ष गठबंधन' बनने देखा--नीतीश, लालू प्रसाद और कांग्रेस 2015 के विधान सभा चुनाव में एक साथ आ सकते हैं। यह ऐसा गठबंधन है जिससे राजनीतिक अवसरवाद की बू आती है। कभी राजनीति में एक दूसरे के कट्टर विरोधी अब भाजपा को सत्ता से दूर रखने के लिए एकसाथ आने का प्रयास कर रहे हैं। लालू प्रसाद ने मुझसे कहा, 'नरेंद्र मोदी सबसे बडा शत्रु हैं। बड़े दुश्मन को हराने के लिए कभी-कभी समझौता करना पड़ता है।' यदि बिहार के उपचुनाव के नतीजे से कोई संकेत मिलता है तो यही कि राजनीति में बने रहने के लिए लालू सरीखा होना चाहिए।

दूसरे क्षेत्रीय दल भी इस बात को लेकर चिंतित हैं कि मोदी के उदय के साथ उनके भविष्य का क्या होगा। मसलन, बंगाल में ममता बनर्जी ने अब यह

महसूस किया कि उनके राज्य की राजनीति में अब भाजपा भी एक ताकत बन कर उभर रही है और उन्हें बहुत ही स्पष्ट रूप से वाम मोर्चे से भी संपर्क स्थापित करने का संकेत दिया है। मुलायम सिंह को भी अपनी रणनीति में बदलाव करना पड़ेगा--2014 के चुनावों ने उन्हें दिखा दिया है कि खुल्लमखुल्ला अल्पसंख्यकों की तुष्टीकरण की नीति का उन्हें खामियाजा भुगतना पड़ेगा। मायावती भले ही मुलायम सिंह के साथ हाथ नहीं मिलाएं लेकिन उन्हें भी सशक्तीकरण के थोथे मुद्दे से आगे बढ़कर राजनीति करनी होगी और यह समझना होगा कि मूर्तियां विकास का विकल्प नहीं हैं। महाराष्ट्र में शरद पवार यह सोच कर बहुत बड़ी गलती कर रहे हैं कि मराठों को आरक्षण का लाभ प्रदान करने से राज्य की राजनीति में बड़ा उलट फेर हो सकता है क्योंकि जब भी आप किसी एक समूह या वर्ग को आरक्षण का लाभ देंगे तो ऐसा करते समय आप कई दूसरे समूहों से दूर होने लगते हैं। इस राजनीतिक उलट फेर के दौर में क्षेत्रीय नेताओं में संभवतः नवीन पटनायक और जयललिता ही खुद को अधिक सुरक्षित महसूस कर सकते हैं। वैसे भी मोदी की सुनामी ने 2014 के चुनाव में तटवर्ती ओडीशा और तमिलनाडु को अपने प्रभाव से मुक्त रखा था।

अरविंद केजरीवाल भी 2014 के चुनाव के नतीजों के बाद से नरम हैं। ऐसा राजनीतिक व्यक्ति जो लोकसभा चुनाव में देश में 400 सीटों पर चुनाव लड़ने पर अड़ा हुआ था, हरियाणा विधान सभा चुनाव लड़ने से भी कतराता रहा। वह कहते हैं कि उनका एकमात्र लक्ष्य दिल्ली में अपना आधार बनाना है। ऐसे राजनेता का यूटर्न लेना बहुत अजीब लगता है जिसने 2014 के शुरू में सोचा था कि वह पानी पर चलने जैसे असंभव को भी कर दिखाएगा। अरविंद केजरीवाल ने कम से कम यह साहस तो दिखाया था कि जब मोदी सरकार के 49 दिन पूरे हुए तो उसने दिल्ली में जगह जगह पोस्टर लगाकर प्रधानमंत्री के साथ अपनी सरकार की उपलब्धियों की तुलना की थी। राहुल भी इसी तरह का जज़्बा दिखा सकते हैं और ऐसा करके देश की राजनीति को एकतरफा होने से बचाया जा सकता है।

राजनीति में कुछ भी स्थायी नहीं है और इसका सबसे ज्वलंत उदाहरण वाममोर्चे की दयनीय स्थिति से मिलता है। 2004 के लोक सभा चुनाव में केंद्र में सत्ता संतुलन उनके पास था और उन्होंने संप्रग की प्रथम सरकार के गठन में भी अहम भूमिका निभाई। लेकिन दस साल बाद, अब वाममोर्चा एक छोटे दल के रूप में सिमट कर रह गया है—बदलते भारत को अपनाने के प्रति अनिच्छा के कारण आज वह राष्ट्रीय परिप्रेक्ष्य में उनका महत्व खत्म होता जा रहा है।

प्रत्येक प्रधानमंत्री को, विशेषकर ऐसे, जिसे इतनी शानदार जीत हासिल हुई हो, अपने हिसाब से काम करने के लिए पर्याप्त समय मिलना चाहिए। 2014 के चुनाव में मतदाताओं के लिए मोदी का एक ही वाक्य था, 'अच्छे दिन आने वाले हैं।' मोदी ने अपने भाषणों और अपनी आक्रामक भाव भंगिमाओं से जनता की आशाओं को बल प्रदान किया। जनता को यह भरोसा दिलाया कि चुनाव में उनकी जीत होने के साथ ही परिस्थितियां बदलेंगी, विकास की दर बढ़ेगी, मंहगाई कम होगी और देश में सशक्त तथा भ्रष्टाचार मुक्त सरकार आएगी। आशाओं के साथ ही जनता की अपेक्षाएं भी बढ़ीं। नई सरकार के गठन के बाद पहले ही सप्ताह में जब टमाटर के दाम बढ़ने लगे तो मेरे ड्राइवर ने मुझसे पूछा, 'सर, वह अच्छे दिन का क्या हुआ?' मोदी सरकार ने जब अपने पहले बजट में कोई बड़ी घोषणा नहीं की तो उनके आलोचकों ने सुधारों के प्रति उनकी मंशा पर सवाल किए। प्रख्यात स्तंभकार स्वामीनाथन अययर ने अपने लेख में व्यंग्यात्मक अंदाज में इसे 'केसरिया लिपस्टिक के साथ चिदंबरम का बजट' करार दिया। खाद्य सब्सिडी पर अपने रुख पर अडिग भारत सरकार ने जब डब्लयूटीओ के समझौते में अड़ंगा लगाया तो मोदी प्रशंसक और दक्षिणपंथी अर्थशास्त्री सुरजीत भल्ला ने तल्ख अंदाज़ में टिप्पणी की, 'भारत के इतिहास में शानदार जीत के साथ सत्ता में आने वाली सरकार के नेता को निष्क्रिय हो चुकी सरकार के हथकंडों को अपनाने की बजाए पूरे दृढ़ निश्चय के साथ अपनी नीति बनानी चाहिए।'

हकीकत तो यह है कि प्रधानमंत्री के रूप में मोदी चुनाव प्रचार की तुलना में अभी तक कहीं अधिक सतर्क हैं और फिलहाल तेज़ी से सुधार करने में साहस की कमी नज़र आ रही है। हो सकता है कि वह खुद को मार्ग्रेट थैचर जैसा पेश नहीं करना चाहते हों जो निजीकरण के प्रयासों में सारी व्यवस्थाओं को ही तार तार कर देगा। ऐसा लगता है कि वह अधिक सक्षम और परियोजनाओं को मूतरूप देने वाले सीईओ हैं जिसके नए भारत के लिए पास श्रमिक सुधारों और सार्वजनिक उपक्रमों के विनिवेश की बजाए बुलेट ट्रेन और स्मार्ट सिटी बनाने जैसी योजनाएं हैं।

दृढ़ निश्चय के साथ सालों तक अथक परिश्रम करने और इस दौरान अनेक उतार चढ़ाव देखने वाले नरेंद्र मोदी खुद को क्रिकेट की भाषा में 'लंबी रेस का घोड़ा' के रूप में देखते हैं। प्रधानमंत्री से मुलाकात करने आए एक उद्योगपति से वह कहते हैं, 'मेरी सरकार यहां पांच साल के लिए है, यदि दस साल के नहीं भी--आप पहले 100 दिन में मेरा आकलन क्यों रहे हो?' एक नज़दीकी सहायक ने भी मुझसे कहा कि यह उनके गुजरात के मुख्यमंत्री का पहली बार

पद ग्रहण करने जैसा ही था और इसमें कोई अंतर ही नहीं था। उसने मुझे सफाई दी, 'वह दिल्ली में बड़े फैसले लेने से पहले केंद्र सरकार के कामकाज से पूरी तरह परिचित होना चाहते हैं।'

परंतु एक अनुभवी राजनीति के रूप में मोदी को यह भलीभांति पता होना चाहिए कि उन्हें निरंतरता बनाए रखने के लिए नहीं बल्कि बदलाव के लिए चुना गया है। यही 'आशा' का दायरा है। मोदी के सहयोगी ने बताया कि किस तरह उनके नेता ने योजना आयोग को आड़े हाथ लिया था जब वह गुजरात के मुख्यमंत्री थे। मोदी पूरी तरह आश्वस्त थे कि तेज़ी से विकास के काम में योजना आयोग बड़ी बाधा है। इसलिए, योजना आयोग की बैठक में उन्होंने अतिरिक्त सहायता के विषय पर विचार से पहले आयोग के सभी सदस्यों को दस मिनट की वीडियो फिल्म दिखाने पर ज़ोर दिया। इस वीडियो में स्पष्ट शब्दों में यह दिखाया गया था कि मोदी क्यों मानते हैं कि योजना आयोग नहीं होना चाहिए।

इसी तरह से नियमों को फिर से लिखने की मंशा उस समय भी दिखाई दी जब मोदी सरकार ने पाकिस्तान के उच्चायुक्त की कश्मीरी हुर्रियत अलगाववादियों से मुलाकात के बाद भारत-पाक विदेश सचिव स्तर की बातचीत रद्द कर दी। पाकिस्तानी उच्चायोग में हुर्रियत नेताओं की यह बैठक कबाब और कहवा के बीच रस्मोअदायगी की होती है और ऐसा लगता था कि विदेश मंत्रालय भी इसे लेकर बहुत चिंतित नहीं होता था। हालांकि, मोदी ने भारत-पाक कूटनीति के लिए एक लक्ष्मण रेखा खींची है। एक अनुभवी राजनयिक ने इसी संदर्भ में टिप्पणी करते हुए कहा, 'आप एक ही समय में सीमा पार से फायरिंग और साड़ी-शाल की कूटनीति नहीं होने देंगे। मोदी मनमोहन नहीं हैं, वह वाजपेयी भी नहीं है।'

यही वह काबिलियत है जो परंपराओं को तोड़ेगी और लुटियंस की दिल्ली के प्रतिष्ठान को चुनौती देते हुए विचारों में साहसी होने के साथ ही उस पर प्रभावी तरीके से अमल करने वाले प्रधानमंत्री के रूप में मोदी की कार्यशैली को परिभाषित करेगा। मोदी सही मायने में देश की पहली दक्षिणपंथी बहुमत वाली सरकार का नेतृत्व कर रहे हैं--वाजपेयी के नेतृत्व वाली राजग तो कामचलाऊ गठबंधन था, इसलिए उन्हें सुधारों के लिए जनादेश प्राप्त है।

ते क्या यह अंतर-समुदाय रिश्तों को भी बदलेगा? 2014 के चुनाव के नतीजों ने आरएसएस और उसके संगठनों को नया जीवन दिया है और उन्हें अधिक मुखर बनाया है। आरएसएस प्रमुख मोहन भागवत ने भारत को हिंदू राष्ट्र और हिंदुत्व को उसकी मुख्य पहचान बताया है। भाजपा के गोवा के एक मंत्री ने भी इसी भावना को प्रकट किया है। अल्पसंख्यक मामलों की मंत्री नजमा हेप्तुल्लाह

तो एक कदम और आगे बढ़ गई और उन्होंने कहा कि सारे भारतीयों को 'हिंदू' कहने में कोई बुराई नहीं है—यह तो राष्ट्रीय नागरिकता का प्रतीक है। मोदी ने इस तरह की टिप्पणियों की न तो आलोचना की और न ही इससे स्वयं को दूर रखे है। गुजरात में एक बार सत्ता पर अपनी पकड़ बनाने के बाद मोदी ने विहिप के गर्म दिमाग वाले लोगों को एक किनारे लगा दिया था। प्रधानमंत्री के रूप में भी वह इसी तरह की चुनौतियों का सामना कर रहे हैं। अब देखना यह है कि क्या अल्पसंख्यकों तक पहुंचने के लिए गंभीरता से प्रयास होते हैं या फिर वे हिंदुत्व की राजनीति करेंगे।

2014 के रमज़ान के महीने में मोदी ने प्रधानमंत्री की परंपरागत इफ़्तार दावत नहीं दी। प्रधानमंत्री कार्यालय के एक अधिकारी ने स्पष्टीकरण देते हुए कहा, 'आप तो जानते ही हैं कि वह इस तरह के दिखावे में विश्वास नहीं करते हैं।' इसकी बजाए इस अधिकारी ने मुझे ध्यान दिलाया कि किस तरह प्रधानमंत्री की जन धन योजना में हिंदू और मुसलमानों में किसी प्रकार का पक्षपात नहीं करती है। मुझे भरोसा दिलाया गया कि हमारा तो यही नारा है, 'सबका साथ, सबका विकास।' क्या इस तरह का आश्वासन अल्पसंख्यक समुदायों को संतुष्ट करेगा जो लगातार भय और उग्र राजनीति के बीच असमंजस के साथ ज़िंदगी गुज़ार रहे हैं।

आकर्षक नारे तो मोदी की पहचान हैं—जब वह कारगिल पहुंचे तो उन्होंने सीमा पर तैनात जवानों को विश्वास दिलाया, 'ना खाऊंगा, ना खाने दूंगा।' इसके कुछ दिन बाद ही मेरी मुलाकात एक वरिष्ठ नौकरशाह से हुई तो मैंने उनसे उनसे जानना चाहा कि क्या उन्हें लगता है कि सरकार में लाल फीताशाही और भ्रष्टाचार में कमी आई है। वह सिर्फ हल्के से मुस्कराते हुए बोले, यह हिंदुस्तान है, राजदीप। रातों रात कुछ नहीं बदलता।'

स्वतंत्रता दिवस के अवसर पर 15 अगस्त, 2014 को नरेंद्र मोदी ने पहली बार लाल किले की प्राचीर से राष्ट्र को संबोधित किया। एक साल पहले ही, स्वतंत्रता दिवस के दिन, उन्होंने प्रधानमंत्री पद के लिए अपनी दावेदारी पेश करने के प्रयास के दौरान ही मनमोहन सिंह को सार्वजनिक बहस की चुनौती दी थी। अब चुनौती देने वाली ही प्रधानमंत्री था। आधी बाजू का कुर्ता और राजस्थानी पगड़ी पहने मोदी एक बार फिर 2014 के चुनावों की सफलता वाले मंत्र में नज़र आए--कुशल वक्ता के रूप में वह सीधे मतदाताओं से संवाद स्थापित कर रहे थे। अपने विचारों के सहारे बगैर किसी तैयारी के उन्होंने भाषण दिया। मोदी ने खुद 'सेवक' और

दिल्ली के लिए 'बाहरी' व्यक्ति बताया। उन्होंने स्वच्छता और 'शौचालय निर्माण' को राष्ट्रीय मिशन बताया और अपने चिरपरिचित अदांज में कहा, 'यह किस तरह का प्रधानमंत्री है जो लाल किला पर खड़ा होकर शौचालय निर्माण की बात कर रहा है?' यह मोदी का सर्वश्रेष्ठ अंदाज़ था--परंपरा को तोडते हुए सत्तारूढ़ वर्ग को नए सिरे से प्राथमिकताएं तैयार करने की चुनौती दे रहे थे।

उन्होंने 'मेक इन इंडिया' का नारा दिया। यह दुनिया के लिए भारत को निर्माण का मुख्य केंद्र बनाने का निमंत्रण था। उन्होंने दस साल के लिए विघटनकारी राजनीति से दूर रहने और महिलाओं के प्रति बढ़ते अपराधों के लिए माता पिता से अपने बेटों को शिक्षित करने और उन पर ध्यान देने पर ज़ोर दिया। यही नहीं, उन्होंने योजना आयोग को खत्म करने का भी वायदा किया। स्वतंत्रता दिवस के अवसर पर राष्ट्र को संबोधित करते हुए पिछली उपलब्धियों का गुणगान करने की परंपरा का उन्होंने पूरी तरह त्याग कर दिया। इसकी बजाए, मोदी देशवासियों को उज्ज्वल भविष्य और सद्‌भाव की झलक दिखा रहे थे। मोदी के संबोधन का भरपूर स्वागत हुआ। टेलीविज़न आडियंस मीटर (टैम) की रेटिंग के अनुसार 2013 के स्वतंत्रता दिवस के संबोधन की तुलना में तीन गुना अधिक दर्शकों ने इसे सुना। मोदी ने इस संबोधन में सभी सही बिंदुओं को छुआ और अब इस पर आगे बढ़ने की ज़रूरत थी।

नरेंद्र मोदी के उत्कृष्ट प्रदर्शन से कुछ दिन पहले ही उनके आम चुनाव के मैन ऑफ द मैच अमित शाह को भी पुरस्कृत किया गया--उन्हें भाजपा का अध्यक्ष नियुक्त किया गया। एक ऐसा व्यक्ति जो सिर्फ अठारह महीने पहले तक फर्ज़ी मुठभेड़ के मामले में ज़मानत पर था उसके लिए सब कुछ अचानक ही बदल गया था। यह भी सच है कि इससे पहले कभी भी हिंदी भाषी क्षेत्र से इतर किसी एक ही राज्य के दो नेता अचानक ही इस तरह से राष्ट्रीय राजनीति पर नहीं छाए थे। एक नौकरशाह ने मज़ाकिया लहजे में मुझसे कहा, 'मैं आशा करता हूं कि अब हमें दिल्ली में कम से कम आधा दर्जन अच्छे गुजराती रेस्तरां मिलेंगे।'

शाह की ज़िम्मेदारी निर्धारित है--उन्हें पार्टी और सरकार के बीच सेतु की भूमिका निभानी है परंतु इससे भी अधिक महत्वपूर्ण आम चुनाव में अभूतपूर्व विजय के फार्मूले पर अमल करते हुए राज्यों के चुनाव में भी यह सिलसिला बनाए रखना है। भाजपा अध्यक्ष के रूप में अपने प्रथम संबोधन में अमित शाह ने भाजपा का लक्ष्य निर्धारित किया और कहा, 'हमें जम्मू कश्मीर से लेकर केरल और नगालैंड से लेकर गुजरात तक सत्ता हासिल करनी है।' यह बहुत ही महत्वाकांक्षी लक्ष्य

है परंतु उप्र में मिली अभूतपूर्व सफलता ने शाह में यह विश्वास पैदा कर दिया है कि उनके पास संगठनात्मक व्यवस्था है जो यह परिणाम दे सकती है। निश्चित ही, विस्तृत सूक्ष्म प्रबंधन पर उनकी पैनी निगाह ही उन्हें एक आदर्श चुनाव रणनीतिकार बनाती है।

शाह की चुनाव लड़ने की रणनीति ने एक बार फिर सांप्रदायिकता और विघटनकारी राजनीति के फिर से सिर उठाने की आशंकाओं को भी बल दिया है। उदाहरण के लिए पार्टी के भड़काने वाले भाषण देने वाले गोरखपुर के सांसद योगी आदित्यनाथ को उप्र में अपना प्रमुख प्रचारक बनाने के शाह के निर्णय ने यह संकेत दिया कि भाजपा की उप्र की रणनीति के लिए भगवा राजनीति उसका अभिन्न अंग है। पश्चिमी उप्र लगातार धार्मिक ध्रुवीकरण के चक्र में फंसा हुआ हैं। भाजपा की उप्र इकाई 'लव जिहाद' को चुनावी मुद्दा बनाना चाहती थी--यह ऐसा परेशानी पैदा करने वाला मसला था जिसमें तथ्यों को इस तरह पेश किया जा रहा था कि मानो हिंदू-मुस्लिम के बीच होने वाला विवाह जबरन धर्मपरिवर्तन पर आधारित है। जम्मू कश्मीर में 'राष्ट्रवादी' सरकार के गठन का आह्वान, जो अनुच्छेद 370 को खत्म कर देगी, परेशानी पैदा करने वाला और राजनीतिक दृष्ट से संवेदनशील मुद्दा है और इसे इतनी आसानी से हल नहीं किया जा सकता है। कश्मीर घाटी में कई सालों तक तैनात रहने वाले एक सुरक्षा अधिकारी ने इस पर टिप्पणी करते हुए आगाह किया, 'हम आग से खेल रहे हैं।'

आम चुनावों में 'विकास' के मुद्दे पर चुनाव जीतने के बाद अचानक ही इससे हटकर आक्रामक 'हिंदुत्व' की राजनीति के सहारे चुनाव लड़ने की रणनीति कई उप चुनावों में नुकसानदेह साबित हुई है। 2014 के चुनावों में मिली अभूतपूर्व सफलता के पीछे यह मान्यता थी कि भाजपा में भी अब खुद को नई सिरे से आत्मचिंतन की आवश्यकता है और वह मोदी के साथ बदलते भारत में सुशासन और विकास को मुख्य मुद्दा बनाना चाहती है। हालांकि जब ऐसा लग रहा था कि प्रधानमंत्री नए प्रतिमानों को अपनाने की दिशा में बढ़ रहे हैं तभी संघ परिवार के कुछ संगठन उन्हें एक कदम पीछे खींच रहे थे। राजनीतिक पर्यवेक्षक भी मोदी और शाह की जुगलबंदी को अलग-अलग नज़रिए से देख रहे हैं।

महाराष्ट्र में शिव सेना जैसे 25 साल पुराने सहयोगी के साथ गठबंधन तोड़ने के भाजपा के फैसले को इसी नज़रिए से देखा जा रहा है कि मोदी और शाह पूरी तरह आश्वस्त हैं कि 2014 का जनादेश राजग जैसे गठबंधन के लिए नहीं बल्कि मोदी के नेतृत्व में भाजपा सरकार के लिए ही है। ऐसा लगता है कि एकात्मतावाद ही भाजपा के नए नेतृत्व का मंत्र है।

मोदी और शाह विवादास्पद लेकिन सफल हैं--आसानी से ही दोनों 2014 के सफलतम राजनीतिक हैं। उनकी तरक्की को लेकर हमेशा ही बंटी हुई राय रहेगी। मोदी को हमेशा ही उनके आलोचक संशय से देखेंगे और उन पर विश्वास नहीं करेंगे। प्रबुद्ध सामाजिक विज्ञानी आशीष नंदी ने 2002 में *सेमिनार* पत्रिका में अपने लेख में उस इंटरव्यू का ज़िक्र किया था जो उन्होंने 1990 के प्रारंभ में प्रचारक मोदी का लिया था। वह लिखते हैं: 'यह एक लंबा और घुमावदार इंटरव्यू था लेकिन इसके बाद मुझे इसमें कोई संदेह नहीं रहा कि यह फासीवाद का उत्कृष्ट नमूना था। यह सब एक साफ-साफ उन्मादी और सनकी व्यक्तित्व की विशेषताओं के भीतर स्थापित था।' मोदी के समर्थक नंदी के इस विचार को सिरे से नकारते हैं। इन्हीं में से एक ने मुझसे कहा, 'मोदी एक बेहतरीन राजनीतिक हैं जिनमें मानवीय संवेदनाएं और संवाद स्थापित करने का कौशल है और जो निरंतर संघर्ष करके उस पर विजय हासिल करते रहे हैं। वह भारतीय लोकतंत्र की विजय का प्रतिनिधित्व करते हैं।'

यह नरेंद्र मोदी की निंदा करने या उन्हें ललकारने का उचित समय नहीं है। प्रधानमंत्री पद पर उनका आसीन होना प्रगति का सूचक है। एक बात निश्चित है कि 2014 के फैसले ने भारत को बदलाव की स्थिति में ला खड़ा किया है जिसमें भविष्य की असीम संभावनाएं हैं। यदि नेहरू ने भारत को गणराज्य का संविधान दिया तो मोदी के नेतृत्व में भाजपा भी भारत की कल्पना को नई पहचान दे सकती है या यह दिखा सकती है कि वह कैसे शासन करती है।

परिशिष्ट 1

2014 के चुनाव परिणामः भारतीय निर्वाचन आयोग (ईसीआई) के आंकड़ों पर आधारित कुछ रोचक पहलू

- जिन 282 सीटों पर भाजपा ने जीत हासिल की, उनमें से 137 सीटें ऐसी थीं, जिनपर उसने डाले गए मतों की कुल संख्या के आधे से ज्यादा मत हासिल किए। इसके अलावा, 169 सीटों पर पार्टी का वोट शेयर दूसरे, तीसरे और चौथे स्थान पर रही पार्टियों को मिले मतों की संख्या को एकसाथ जोड़ देने पर बनी संख्या से भी ज्यादा रहा।
- भाजपा को मिलीं लगभग हर चार में से तीन या 73 प्रतिशत जीतें एक लाख से ज्यादा मतों के अंतर के साथ हासिल की गई थीं।
- भाजपा की सफलता मुख्यतः कांग्रेस के खिलाफ थी क्योंकि भाजपा को लगभग हर पांच में से तीन जीतें उसके खिलाफ मिली थीं।
- पहली बार भाजपा का राष्ट्रीय वोट शेयर कांग्रेस के वोट शेयर से ज्यादा था। यहां तक कि, वाजपेयी के दौर में आयोजित राष्ट्रीय चुनावों में भी, कांग्रेस समग्र वोट शेयर के मामले में भाजपा से आगे रही थी।
- पंजाब देश का एकमात्र ऐसा राज्य है, जहां भाजपा का मतप्रतिशत वर्ष 2009 के चुनाव की तुलना में कम हुआ। सभी राज्यों में से जिस राज्य में भाजपा के मतप्रतिशत में सबसे अधिक इजाफा हुआ, वह था उत्तरप्रदेश। यहां वोटशेयर में इजाफा 24.8 प्रतिशत का रहा।
- भाजपा और उसके सहयोगी दलों को 70 में से 67 सीटें मिलीं और मतदान

प्रतिशत वर्ष 2009 से 15 प्रतिशत ज्यादा रहा। छह राज्यों में भाजपा, कुल पड़े मतों की संख्या के आधे से भी अधिक मत हासिल करने में सफल रही। ये राज्य हैं—गुजरात, उत्तराखंड, राजस्थान, मध्यप्रदेश, गोवा और हिमाचल प्रदेश।

- छह राज्यों में, भाजपा ने हर उस सीट को जीता, जो उसने लड़ी थी। ये राज्य हैं—गुजरात, राजस्थान, दिल्ली, उत्तराखंड, हिमाचल प्रदेश और गोवा।
- भाजपा ने उत्तरप्रदेश और बिहार में हर तीन में से एक सीट जीती।
- भाजपा ने दो तिहाई बड़ी शहरी सीटों (37/57)पर और आधी से अधिक ग्रामीण सीटों (178/342) पर जीत हासिल की। 75 प्रतिशत से अधिक शहरी जनसंख्या वाली महज दो ही सीटें कांग्रेस जीत सकी। ये दो सीटें थीं—एर्नाकुलम और लुधियाना।
- कांग्रेस ने जो 44 सीटें जीतीं, उनमें से महज 13 सीटें ही एक लाख से अधिक मतों के अंतर से जीती गई थीं। सात सीटें 10 हज़ार से भी कम मतों के अंतर से जीती गईं।
- कांग्रेस द्वारा लड़ी गईं 464 सीटों में से 178 सीटों पर, पार्टी के उम्मीदवारों को, कुल डाले गए मतों की संख्या के 16.66 प्रतिशत से भी कम मत मिले और इस तरह वे अपनी ज़मानत भी जब्त करवा बैठे।
- **2014** चुनाव : सेंटर फॉर स्टडी आफ डेवलपिंग सोसाइटीज (सीएसडीएस) के सर्वेक्षणों पर आधारित कुछ रोचक बिंदू लोकसभा चुनावों के समय नरेंद्र मोदी की लोकप्रियता (प्रधानमंत्री के रूप में लोगों की पहली पसंद) राहुल गांधी, सोनिया गांधी और मनमोहन सिंह की लोकप्रियता को एकसाथ रख दिए जाने से भी लगभग दोगुनी थी। मोदी को 36 प्रतिशत मतदाताओं ने अपनी पहली पसंद बताया था जबकि राहुल, सोनिया और मनमोहन को कुल मिलाकर 19 प्रतिशत मतदाताओं ने अपनी पसंद बताया था।
- जुलाई 2013 और अप्रैल मई 2014 के बीच मोदी की लोकप्रियता बढ़कर लगभग दो गुनी (19 प्रतिशत से 36 प्रतिशत) हो गई। राहुल गांधी की लोकप्रियता 12 प्रतिशत से बढ़कर महज 14 प्रतिशत तक ही पहुंची।
- राष्ट्रीय चुनावों में यह पहली बार था, जब ज्यादा हिंदू दलितों और हिंदू आदिवासियों ने कांग्रेस के बजाय भाजपा के पक्ष में मतदान किया। सिर्फ मुस्लिमों और ईंसाइयों के मामले में कांग्रेस भाजपा से आगे रही।
- हर पांच में से दो मुस्लिमों ने कांग्रेस के पक्ष में मतदान किया, वहीं उच्च जातियों के हिंदुओं में हर दो में से एक व्यक्ति का वोट भाजपा को गया।

- भाजपा को युवा/पहली बार के मतदाताओं (18 22 वर्ष) में 36 प्रतिशत मत मिले। कांग्रेस को इसके आधे से भी कम यानी 17 प्रतिशत मत मिले।
- महिला मतदाताओं के बीच भाजपा की तुलनात्मक अलोकप्रियता वर्ष 2014 में भी जारी रही। 29 प्रतिशत महिलाओं ने भाजपा के पक्ष में मतदान किया जबकि पुरूषों का प्रतिशत 33 प्रतिशत रहा। इन दोनों में चार प्रतिशत का अंतर रहा। वर्ष 2009 में, दोनों मतदाताओं के समूह का यह अंतर दो प्रतिशत का था।

नोट

भारतीय निर्वाचन आयोग के आंकड़ों और सीएसडीएस सर्वेक्षण के डाटा का विश्लेषण और संग्रहण लोकनीति, सेंटर फॉर द स्टडी आफ डेवलपिंग सोसाइटीज के शोधकर्ताओं द्वारा किया गया।

2014 लोकसभा चुनाव के लिए भारतीय निर्वाचन आयोग के आंकड़ों तक http://eciresults-nic-in/ के जरिए पहुंचा और डाउनलोड किया गया। सर्वेक्षण का डाटा लोकनीति, सीएसडीएस द्वारा कराए गए इन चुनावी अध्ययनों पर आधारित है—

1. राष्ट्रीय चुनाव अध्ययन 2014, मतदान पश्चात, 26 राज्यों में संचालित प्रतिदर्श आकार : 22,301
2. राष्ट्रीय चुनाव अध्ययन 2014, मतदान पूर्व, 21 राज्यों में संचालित प्रतिदर्श आकार : 20,957
3. चुनाव ट्रैकर जनवरी 2014, 18 राज्यों में संचालित, प्रतिदर्श आकार : 18,596
4. चुनाव ट्रैकर जुलाई 2013, 18 राज्यों में संचालित, प्रतिदर्श आकारः 19,062
5. राष्ट्रीय चुनाव अध्ययन 2009, मतदान पश्चात, 29 राज्यों और एक केंद्र शासित प्रदेश में संचालित, प्रतिदर्श आकार : 36,641
6. राष्ट्रीय चुनाव अध्ययन 2004, मतदान पश्चात, 29 राज्यों और दो केंद्र शासित प्रदेशों में संचालित, प्रतिदर्श आकारः 27,189
7. राष्ट्रीय चुनाव अध्ययन 1999, मतदान पश्चात, 20 राज्यों और एक केंद्र शासित प्रदेश में संचालित, प्रतिदर्श आकार : 9436
8. राष्ट्रीय चुनाव अध्ययन 1998, मतदान पश्चात, 18 राज्यों और एक केंद्र शासित प्रदेश में संचालित, प्रतिदर्श आकार : 8133
9. राष्ट्रीय चुनाव अध्ययन 1996, मतदान पूर्व, 20 राज्यों और एक केंद्र शासित प्रदेश में संचालित, प्रतिदर्श आकारः 9602

यहां बताए गए सभी सर्वेक्षणों में, विशेषतौर पर प्रशिक्षित प्रश्नकर्ताओं द्वारा नवीनतम मतदाता सूची में से यदृच्छया चुने गए मतदाताओं से प्रत्यक्ष रूप से साक्षात्कार लिए गए। अखिल राष्ट्रीय चुनाव अध्ययन मतदान पश्चात डाटा सेटों की तुलना मुख्य दलों/ सहयोगियों द्वारा उसी चुनाव में जुटाए गए मतों की संख्या से की गई।

परिशिष्ट 2

वास्तविक परिणामों (भारतीय निर्वाचन आयोग–ईसीआइ) या सर्वेक्षण डाटा (सेंटर फ़ॉर स्टडी आफ डेवलपिंग सोसाइटीज–सीएसडीएस) पर आधारित सारणियां

यह एक आसान जीत थी, भाजपा की 73 प्रतिशत या लगभग हर चार में से एक जीत एक लाख से अधिक मतों के अंतर से हासिल की गई थी।

जीत का अंतर (मतों में)	भाजपा द्वारा जीती गई सीटें
3 लाख और उससे ज्यादा	42
2–2.99 लाख	74
1–1.99 लाख	90
50,000–99,999	44
25,000–49,999	17
10,000–24,999	6
10,000 से कम	9
कुल	**282**

स्रोत : सीएसडीएस डाटा इकाई

पहली बार भाजपा का राष्ट्रीय वोट शेयर कांग्रेस के वोट शेयर से ज़्यादा था। यहां तक कि, वाजपेयी के दौर में आयोजित राष्ट्रीय चुनावों में भी, कांग्रेस समग्र वोट शेयर के मामले में भाजपा से आगे रही थी।

वर्ष	वोट शेयर के रूप में कांग्रेस की भाजपा पर बढ़त (प्रतिशत अंक)
1984	+ 40.61
1989	+ 28.17
1991	+ 16.60
1996	+ 8.51
1998	+ 0.23
1999	+ 4.55
2004	+ 4.37
2009	+ 9.75
2014	− 11.74

स्रोत : सीएसडीएस डाटा इकाई

छह राज्यों में, अकेली भाजपा का वोट शेयर 50 प्रतिशत को पार कर गया।

राज्य	भाजपा द्वारा अपने दम पर हासिल किए गए मतों का प्रतिशत
गुजरात	58.7
उत्तराखंड	55.3
राजस्थान	54.9
मध्यप्रदेश	54.0
गोवा	53.5
हिमाचल प्रदेश	53.4

स्रोत : सीएसडीएस डाटा इकाई

नौ राज्यों में राजग की स्ट्राइक रेट 90 प्रतिशत से ज्यादा रही; छह राज्यों में यह शत प्रतिशत थी

राज्य	राजग द्वारा जीती गई सीटें/कुल सीटें
गुजरात	26/26
राजस्थान	25/25

दिल्ली	7/7
उत्तराखंड	5/5
हिमाचल प्रदेश	4/4
गोवा	2/2
मध्यप्रदेश	27/29
उत्तरप्रदेश	73/80
छत्तीसगढ़	9/10

स्रोत : सीएसडीएस डाटा इकाई

दक्षिण भारत में भी भाजपा ने अपना अब तक का सर्वश्रेष्ठ प्रदर्शन किया।

वर्ष	भाजपा द्वारा दक्षिण भारत में जीती गई सीटें	वोट शेयर (%)	राज्य और केंद्रशासित प्रदेश, जहां से यह आई
1984	1	1.9%	आंध्रप्रदेश
1989	0	2.0%	
1991	5	9.9%	कर्नाटक (4), आंध्रप्रदेश (1)
1996	6	8.8%	कर्नाटक
1998	20	15.4%	कर्नाटक (13), आंध्रप्रदेश (4), तमिलनाडु (3)
1999	19	12.5%	आंध्रप्रदेश (7), कर्नाटक (7), तमिलनाडु (4), अंडमान और निकोबार द्वीप समूह (1)
2004	18	14.2%	कर्नाटक
2009	20	12.0%	कर्नाटक (19), अंडमान और निकोबार द्वीप समूह (1)
2014	22	15.6%	कर्नाटक (17), आंध्रप्रदेश (3),तमिलनाडु (1), अंडमान और निकोबार द्वीप समूह (1)

स्रोत : सीएसडीएस डाटा इकाई

नोट : दक्षिण भारत में आंध्रप्रदेश (अविभाजित आंध्रप्रदेश), कर्नाटक, तमिलनाडु, केरल, पुडुचेरी, अंडमान और निकोबार द्वीपसमूह और लक्षद्वीप शामिल हैं।

भाजपा वर्ष 2009 में जीती गई कुल 116 सीटों में से 103 सीटें बचाने में कामयाब रही और इसने कांग्रेस से 109 सीटें छीनी।

सीटें जो...	संख्या
2009 के बाद से भाजपा ने बचाए रखीं	103
भाजपा ने कांग्रेस से छीनीं	109
भाजपा ने कांग्रेस सहयोगियों से छीनीं	52
भाजपा ने अन्य से छीनीं	58
कुल	**282**

स्रोत : सीएसडीएस डाटा इकाई

भाजपा ने दो तिहाई शहरी सीटें और आधी से ज्यादा ग्रामीण सीटें जीतीं, कांग्रेस 75 प्रतिशत से अधिक शहरी जनसंख्या वाली सिर्फ दो ही सीटें जीत सकी (एर्नाकुलम और लुधियाना)

वर्ग	कुल	कांग्रेस		भाजपा	
	सीटें	2009	2014	2009	2014
ग्रामीण (25 प्रतिशत से कम शहरी)	342	116	27	66	178
उप शहरी (25–74.9 प्रतिशत शहरी)	144	67	15	32	67
शहरी (75 प्रतिशत से अधिक शहरी)	57	23	2	18	37

स्रोत : सीएसडीएस डाटा इकाई

कांग्रेस का दुर्भाग्यपूर्ण प्रदर्शन

कांग्रेस	सीटें	
लड़ी	464	178 सीटों पर जमानत जब्त
जीती	44	एक लाख से अधिक मतों के अंतर से महज 13 सीटें जीतीं
दूसरे स्थान पर रही	223	इनमें से 157 सीटें एक लाख से अधिक मतों के अंतर से हारीं
तीसरे स्थान पर रही	65	इनमें से 35 सीटों पर 15 प्रतिशत से कम वोट मिले

चौथे स्थान पर रही	117	इनमें से 70 सीटों पर 5 प्रतिशत से कम वोट मिले

यहां तक कि आरक्षित सीटों पर भी कांग्रेस का प्रदर्शन खराब रहा

वर्ग	सीटें	कांग्रेस		भाजपा	
		2009	2014	2009	2014
आरक्षित (एससी)	84	30	7	12	40
आरक्षित (एसटी)	47	20	5	14	27
सामान्य	412	156	32	90	215

स्रोत : सीएसडीएस डाटा इकाई

राष्ट्रीय चुनावों में पहली बार ज्यादा दलितों और आदिवासियों ने कांग्रेस से ज्यादा मतदान भाजपा के पक्ष में किया।

वर्ष	भाजपा के लिए दलित वोट (%)	कांग्रेस के लिए दलित वोट (%)
1996	14	34
1998	14	28
1999	14	30
2004	13	27
2009	12	27
2014	24	19

वर्ष	भाजपा के लिए आदिवासी वोट (%)	कांग्रेस के लिए आदिवासी वोट (%)
1996	21	42
1998	21	32
1999	22	46
2004	28	37
2009	24	38
2014	38	28

स्रोत : सीएसडीएस द्वारा कराए गए राष्ट्रीय चुनाव अध्ययन

नोट : संबंधित वर्षो में दलों के असल वोट शेयर पर आधारित आंकड़े
हालांकि दलितों और आदिवासियों के बीच कांग्रेस का प्रदर्शन खराब रहा, पार्टी के लिए मुस्लिम समर्थन वर्ष 2009 की ही तरह 38 प्रतिशत ही बना रहा।

वर्ष	कांग्रेस के लिए मुस्लिम वोट (%)	भाजपा के लिए मुस्लिम वोट (%)	अन्य के लिए मुस्लिम वोट (%)
1971	59	0	41
1996	36	2	62
1998	32	6	62
1999	40	7	53
2004	36	7	57
2009	38	4	58
2014	38	8	54

स्रोत : सीएसडीएस डाटा इकाई, सीएसडीएस द्वारा आयोजित राष्ट्रीय चुनाव अध्ययन
नोट : संबंधित वर्षों में दलों के असल वोट शेयर पर आधारित आंकड़े
जिन राज्यों में कांग्रेस की सीधी लड़ाई भाजपा के साथ थी, वहां कांग्रेस के लिए मुस्लिम समर्थन कही ज्यादा था।

राज्य जहां मुकाबला था...	कांग्रेस के लिए मुस्लिम वोट (%)	भाजपा के लिए मुस्लिम वोट (%)	अन्य के लिए मुस्लिम वोट (%)
कांग्रेस बनाम भाजपा सीधी लड़ाई (द्विध्रुवीय)	73	19	8
कांग्रेस बनाम भाजपा बनाम अन्य (बहुध्रुवीय)	37	7	56

स्रोत : लोकनीति, सीएसडीएस द्वारा आयोजित राष्ट्रीय चुनाव अध्ययन, 2014
नोट : द्विध्रुवीय राज्य हैं हिमाचल प्रदेश, उत्तराखंड, छत्तीसगढ़, मध्यप्रदेश, गुजरात, राजस्थान और महाराष्ट्र (भाजपा–शिवसेना बनाम कांग्रेस–राकांपा)
हिंदू उच्च जातियों और ओबीसी की ओर से भारी एवं अभूतपूर्व–समर्थन के दम पर, भाजपा के लिए समग्र हिंदू समर्थन अब तक के सबसे उच्च स्तर यानी 36 प्रतिशत पर पहुंच गया। इसने किसी भी गैर भाजपाई पार्टी के पीछे के

किसी भी अल्पसंख्यक एकीकरण को लगभग निष्प्रभावी कर दिया। बीते समय में कभी भी भाजपा के लिए हिंदू समर्थन 30 प्रतिशत से ज्यादा नही हुआ था।

वर्ष	हिंदुओं के बीच भाजपा के लिए वोट(%)
1996	23
1998	28
1999	27
2004	25
2009	22
2014	36

स्रोत : सीएसडीएस द्वारा आयोजित राष्ट्रीय चुनाव अध्ययन
नोट : संबंधित वर्षों में दलों के असल वोट शेयर पर आधारित आंकड़े

लोकसभा चुनाव के समय मोदी की लोकप्रियता (36 प्रतिशत) राहुल गांधी, सोनिया गांधी और मनमोहन सिंह की लोकप्रियता को एकसाथ मिला देने पर प्राप्त प्रतिशत (19 प्रतिशत) से लगभग दोगुनी थी।

प्रधानमंत्री के रूप में पसंद	एनईएस, 2014 मतदान पश्चात (%)
नरेंद्र मोदी	36
राहुल गांधी	14
सोनिया गांधी	3
मायावती	3
मुलायम सिंह यादव	2
अरविंद केजरीवाल	2
मनमोहन सिंह	2
अन्य	9
कोई राय नहीं	29

स्रोत : लोकनीति, सीएसडीएस द्वारा आयोजित राष्ट्रीय चुनाव अध्ययन, 2014
पूछा गया प्रश्नः इस चुनाव के बाद, आप किसे भारत के अगले प्रधानमंत्री के

रूप में देखना चाहेंगे? (यह एक खुला सवाल था और उत्तरदाताओं को नामों के कोई विकल्प नहीं दिए गए थे।)

जुलाई 2013 और अप्रैल मई 2014 के बीच मोदी की लोकप्रियता लगभग दोगुनी हो गई; राहुल की लोकप्रियता लगभग पहले जैसे ही रही।

प्रधानमंत्री के रूप में पसंद	जुलाई 2013 (%)	जनवरी 2014 (%)	मार्च 2014 (%)	एनईएस, 2014 मतदान पश्चात(%)
नरेंद्र मोदी	19	34	34	36
राहुल गांधी	12	15	15	14
सोनिया गांधी	5	5	3	3
मायावती	3	2	2	3
मुलायम सिंह यादव	2	2	2	2
अरविंद केजरीवाल		3	2	2
मनमोहन सिंह	6	3	2	2
अन्य	14	10	10	9
कोई राय नहीं	39	26	30	29

स्रोत : राष्ट्रीय चुनाव ट्रैकर सर्वेक्षण और राष्ट्रीय चुनाव अध्ययन, 2014 (लोकनीति, सीएसडीएस द्वारा आयोजित)

पूछा गया प्रश्न : इस चुनाव/ 2014 लोकसभा चुनाव के बाद, आप किसे भारत के अगले प्रधानमंत्री के रूप में देखना चाहेंगे?(किसी नाम का विकल्प न दें और दिया गया उत्तर रिकॉर्ड करें)

मोदी को प्रधानमंत्री पद का उम्मीदवार घोषित किए जाने से पहले वोट शेयर के मामले में भाजपा कांग्रेस से पीछे थी और घोषणा के कुछ ही माह में इसने उसे पीछे छोड़ दिया।

	कांग्रेस पर भाजपा की वोट की बढ़त (प्रतिशत अंक)
जुलाई 2013 (सर्वेक्षण)	- 1
जनवरी 2014 (सर्वेक्षण)	+ 7

मार्च 2014 (सर्वेक्षण)	+ 10
मई 2014 (असल)	+ 11.8

स्रोत : सीएसडीएस डाटा इकाई

मोदी को लेकर लैंगिक अंतरः पुरुष समर्थकों की तुलना में मोदी की महिला समर्थक बहुत कम थी।

लिंग	प्रधानमंत्री के रूप में चाहिए नरेंद्र मोदी (%)	प्रधानमंत्री के रूप में चाहिए राहुल गांधी (%)
पुरुष	41	16
महिलाएं	30	13

स्रोत : सीएसडीएस द्वारा आयोजित राष्ट्रीय चुनाव अध्ययन, 2014

महिला मतदाताओं में भाजपा की तुलनात्मक अलोकप्रियता बनी रहीः 33 प्रतिशत पुःषों की तुलना में 29 प्रतिशत महिलाओं ने भाजपा के लिए मतदान किया। वर्ष 2009 में दोनों के बीच का अंतर दो प्रतिशत का था; यदि सिर्फ महिलाओं ने ही मतदान किया होता, तो भाजपा को बहुमत में कमी पड़ सकती थी।

वर्ष	भाजपा के लिए महिला पुरुष के मतदान का अंतर (प्रतिशत अंक)	कांग्रेस के लिए महिला पुरुष के मतदान का अंतर (प्रतिशत अंक)
1996	-3	+ 1
1998	-5	+ 3
1999	-3	+ 5
2004	-1	+ 1
2009	-2	+ 1
2014	-4	0

स्रोत : सीएसडीएस द्वारा आयोजित राष्ट्रीय चुनाव अध्ययन

बड़ी उम्र के मतदाताओं की तुलना में युवा मतदाताओं के बीच मोदी को प्रधानमंत्री के रूप में अधिक प्राथमिकता दी गई थी।

आयु वर्ग (वर्षों में)	प्रधानमंत्री के रूप में चाहिए नरेंद्र मोदी(%)	प्रधानमंत्री के रूप में चाहिए राहुल गांधी(%)
18-25	42	16
26-35	38	15
36+	32	14

स्रोत : सीएसडीएस द्वारा आयोजित राष्ट्रीय चुनाव अध्ययन, 2014

सुरक्षित किए गए वोटों के आधार पर भाजपा की कांग्रेस पर बढ़त बुर्जुगों मतदाताओं (55 वर्ष से अधिक आयु वाले) के बीच सबसे कम (8 प्रतिशत अंक) थी और यह बढ़त युवा मतदाताओं (18 से 22 वर्ष के बीच की आयु वाले) के बीच सबसे अधिक (19 प्रतिशत अंक) थी।

आयु वर्ग	भाजपा के लिए वोट	कांग्रेस के लिए वोट
18-22	36	17
23-25	33	20
26-35	33	20
36-45	30	18
46-55	30	20
56+	27	20

स्रोत : सीएसडीएस द्वारा आयोजित राष्ट्रीय चुनाव अध्ययन, 2014

संप्रग सरकार के प्रति असंतोष पिछले तीन सालों तक बढ़ता रहा।

संप्रग 2 की सरकार के प्रदर्शन से संतुष्टि	संतुष्ट	असंतुष्ट	कुल संतुष्टि
जुलाई 2011	49	31	+ 18
जुलाई 2013	38	40	- 2
जनवरी 2014	35	50	- 15
मार्च 2014	42	48	- 6

स्रोत : स्टेट आफ द नेशन सर्वेक्षण, 2011 और राष्ट्रीय चुनाव ट्रैकर सर्वेक्षण, 2013 14 (लोकनीति, सीएसडीएस द्वारा आयोजित)

सत्ता विरोधी लहर भी बढ़ती रही।

क्या संप्रग सरकार को एक और मौका मिलना चाहिए?	हां	नही	सत्ता समर्थन की/विरोधी लहर (% अंक)
जुलाई 2011	37	35	+ 2
जुलाई 2013	31	39	- 8
जनवरी 2014	26	52	- 26
मार्च 2014	23	54	- 31

स्रोत : स्टेट आफ द नेशन सर्वेक्षण, 2011 और राष्ट्रीय चुनाव ट्रैकर सर्वेक्षण, 2013 14 (लोकनीति, सीएसडीएस द्वारा आयोजित)

संप्रग–2 पिछली दो सरकारों की तुलना में बेहद अलोकप्रिय थी।

वर्ष/सरकार	क्या केंद्र सरकार को एक और मौका मिलना चाहिए? हां	क्या केंद्र सरकार को एक और मौका मिलना चाहिए? नही
2004/राजग	48	30
2009/संप्रग 1	54	45
2014/संप्रग 2	23	54

स्रोत : सीएसडीएस द्वारा आयोजित राष्ट्रीय चुनाव अध्ययन

महंगाई, भ्रष्टाचार और विकास के लिए एक ललक संप्रग 2 सरकार के खिलाफ तीव्र सत्ता विरोधी लहर की वजहें प्रतीत होते हैं।

चुनाव का एकमात्र सबसे महत्वपूर्ण मुद्दा (मुक्त प्रश्न)	महंगाई (%)	विकास (%)	भ्रष्टाचार (%)	रोज़गार (%)
जुलाई 2013	11	9	6	5
जनवरी 2014	18	9	7	6
मार्च 2014	19	15	12	7
अप्रैल 2014	19	17	12	8

स्रोत : राष्ट्रीय चुनाव ट्रैकर सर्वेक्षण, 2013 14, और राष्ट्रीय चुनाव अध्ययन, 2014 (लोकनीति, सीएसडीएस द्वारा आयोजित)

महंगाई के कारण शायद भाजपा पहली बार गरीबों में कांग्रेस पर बढ़त हासिल कर पाई।

वर्ष	भाजपा के पक्ष में गरीब(%)	कांग्रेस के पक्ष में गरीब(%)	गरीबों में भाजपा की कांग्रेस पर बढ़त (% अंकों में)
1999	20	29	- 9
2004	19	26	- 7
2009	15	26	- 11
2014	24	20	+ 4

स्रोत : सीएसडीएस द्वारा आयोजित राष्ट्रीय चुनाव अध्ययन

45 प्रतिशत उत्तरदाताओं द्वारा संप्रग 2 को एक बेहद भ्रष्ट सरकार के तौर पर देखा गया, यह प्रतिशत वर्ष 2013 के 34 प्रतिशत से ज्यादा था।

संप्रग 2 सरकार कितनी भ्रष्ट है?	2011	2013	जनवरी 2014	मार्च 2014
बहुत भ्रष्ट	28	34	45	41
कुछ भ्रष्ट	42	42	30	32
बिल्कुल भ्रष्ट नहीं	5	4	6	8
कह नहीं सकते	25	20	19	19

स्रोत : स्टेट आफ द नेशन सर्वेक्षण, 2011 और राष्ट्रीय चुनाव ट्रैकर सर्वेक्षण, 2013 14 (लोकनीति, सीएसडीएस द्वारा आयोजित)

भारतीय निर्वाचन आयोग (ईसीआई) के आंकड़ों पर आधारित कुछ बिंदू :

जिन 432 सीटों पर आप ने चुनाव लड़ा, उनमें से 414 सीटों पर पार्टी के उम्मीदवारों को कुल डाले गए मतों की संख्या के छठवें हिस्से से भी कम मत मिले। इस तरह वे अपनी जमानत जब्त करवा बैठे।

265 सीटों पर आप के उम्मीदवारों ने कुल डाले गए मतों की संख्या के एक प्रतिशत से भी कम मत हासिल किए। दूसरे शब्दों में, जिन सीटों पर आप लड़ी, हर पांच में तीन से कुछ अधिक सीटों पर, पार्टी एक प्रतिशत वोट भी नहीं जुटा पाई।

सीटों की संख्या, जहां आप का वोट शेयर था...	
16.66% (ज़मानत जब्त)	414
10% से कम	411
5% से कम	397
2% से कम	355
1% से कम	265
नोटा वोटशेयर से कम	260

ईसीआई का डाटा, जिसका सीएसडीएस डाटा इकाई द्वारा पुनः परिकलन किया गया।

सर्वेक्षण के आंकड़ों पर आधारित कुछ और बिंदू :

नरेंद्र मोदी की लोकप्रियता (प्रधानमंत्री के रूप में लोगों की पहली पसंद) युवा मतदाताओं में सबसे अधिक (43 प्रतिशत) और अधिक उम्र के मतदाताओं (30 प्रतिशत) में तुलनात्मक रूप से काफी कम थी।

राहुल गांधी पर मोदी की बढ़त भी युवा मतदाताओं के बीच सबसे अधिक (29 प्रतिशत अंक) थी और अधिक उम्र के मतदाताओं के बीच यह कम (17 प्रतिशत अंक) थी।

आयु वर्ग (वर्ष)	प्रधानमंत्री के रूप में चाहिए मोदी (%)	प्रधानमंत्री के रूप में चाहिए राहुल (%)	राहुल पर मोदी की बढ़त(प्रतिशत अंक)
18-22	43	14	+29
23-25	40	17	+23
26-35	38	15	+23
36-45	36	14	+22
46-55	33	14	+19
56+	30	13	+17

स्रोत : सीएसडीएस द्वारा आयोजित राष्ट्रीय चुनाव अध्ययन, 2014

परिशिष्ट 3

क्र. सं.	राज्य	कुल सीट	मतदान %	कांग्रेस जीत	कांग्रेस वोट	कांग्रेस सहयोगी जीत	वोट %	भाजपा जीत	वोट %	भाज सहयोगी जीत	वोट %	वाम जीत	वोट %	बसपा जीत	वोट %	अन्य जीत	वोट %
1	आंध्रप्रदेश*	42	74.5	2	11.5	0	0.0	3	8.5	16	29.1	0	0.7	0	0.8	21	49.4
2	अरूणाचल प्रदेश	2	78.6	1	41.2	0	0.0	1	46.1	0	0.0	0	0.0	0	0.0	0	12.7
3	असम	14	80.1	3	29.6	0	2.2	7	36.5	0	0.0	0	0.8	0	0.0	4	30.9
4	बिहार	40	56.3	2	8.4	5	21.3	22	29.4	9	9.4	0	1.5	0	2.1	5	27.9
5	गोवा	2	77.0	0	36.6	0	0.0	2	53.4	0	0.0	0	1.2	0	0.0	0	8.8
6	गुजरात	26	63.6	0	32.9	0	0.0	26	59.1	0	0.0	0	0.2	0	0.9	0	6.9
7	हरियाणा	10	71.4	1	22.9	0	0.0	7	34.7	0	6.1	0	0.4	0	4.6	2	31.3
8	हिमाचल प्रदेश	4	64.4	0	40.7	0	0.0	4	53.3	0	0.0	0	0.8	0	0.7	0	4.5

9	जम्मू कश्मीर	6	49.7	0	22.9	0	11.1	3	32.4	0	0.0	0	0.0	0	1.5	3	32.1
10	कर्नाटक	28	67.2	9	40.8	0	0.0	17	43.0	0	0.0	0	0.2	0	0.9	2	15.1
11	केरल	20	73.9	8	31.1	4	10.9	0	10.3	0	0.5	8	40.1	0	0.4	0	6.7
12	मध्यप्रदेश	29	61.6	2	34.9	0	0.0	27	54.0	0	0.0	0	0.4	0	3.8	0	6.9
13	महाराष्ट्र	48	60.5	2	18.1	4	16.6	23	27.3	19	24.0	0	0.5	0	2.6	0	10.9
14	मणिपुर	2	79.6	2	41.7	0	0.0	0	11.9	0	0.0	0	14.0	0	0.0	0	32.4
15	मेघालय	2	68.8	1	37.9	0	0.0	0	8.9	1	22.2	0	0.7	0	0.0	0	30.3
16	मिजोरम	1	61.7	1	48.6	0	0.0	0	0.0	0	47.2	0	0.0	0	0.0	0	4.2
17	नागालैंड	1	87.8	0	30.1	0	0.0	0	0.0	1	68.7	0	0.0	0	0.0	0	1.2
18	ओडिशा	21	73.8	0	26.0	0	0.0	1	21.5	0	0.0	0	0.5	0	1.0	20	51.0
19	पंजाब	13	70.6	3	33.1	0	0.0	2	8.7	4	26.3	0	0.5	0	1.9	4	29.5
20	राजस्थान	25	63.4	0	30.4	0	0.0	25	54.9	0	0.0	0	0.6	0	2.3	0	11.8
21	सिक्किम	1	83.4	0	2.3	0	0.0	0	2.4	0	0.0	0	0.0	0	0.0	1	95.3
22	तमिलनाडु	39	73.7	0	4.3	0	0.0	1	5.5	1	13.1	0	1.1	0	0.4	37	75.6
23	त्रिपुरा	2	84.7	0	15.2	0	0.0	0	5.7	0	0.0	2	64.0	0	0.0	0	15.1
24	उत्तरप्रदेश	80	58.4	2	7.5	0	0.0	71	42.3	2	1.0	0	0.2	0	19.6	5	28.5
25	पश्चिम बंगाल	42	82.2	4	9.6	0	0.0	2	16.8	0	0.0	2	29.6	0	0.5	34	43.5
26	अंडमान औरनिकोबार द्वीपसमूह	1	70.7	0	43.7	0	0.0	1	47.8	0	0.0	0	1.1	0	0.6	0	6.8
27	चंडीगढ़	1	73.7	0	26.8	0	0.0	1	42.2	0	0.0	0	0.0	0	3.5	0	27.5

28	दादरा और नगर हवेली	1	84.1	0	45.1	0	0.0	1	48.9	0	0.0	0	0.0	0	0.6	0	5.4
29	दमन और दीव	1	78.0	0	43.3	0	0.0	1	53.8	0	0.0	0	0.0	0	0.6	0	2.3
30	दिल्ली	7	65.1	0	15.1	0	0.0	7	46.4	0	0.0	0	0.1	0	1.2	0	37.2
31	लक्षद्वीप	1	86.6	0	46.6	0	0.0	0	0.4	0	0.0	0	1.5	0	0.0	1	51.5
32	पुडुचेरी	1	82.1	0	26.3	0	0.0	0	0.0	1	34.6	0	1.7	0	0.3	0	37.1
33	झारखंड	14	63.8	0	13.3	2	10.9	12	40.1	0	0.0	0	1.4	0	1.1	0	33.2
34	छत्तीसगढ़	11	69.4	1	38.4	0	0.0	10	48.7	0	0.0	0	0.6	0	2.4	0	9.9
35	उत्तराखंड	5	61.6	0	34.0	0	0.0	5	55.3	0	0.0	0	0.3	0	4.7	0	5.7
	अखिल भारतीय	543	66.4	44	19.3	15	3.7	282	31.0	54	7.4	12	4.8	0	4.1	139	29.7

* अविभाजित आंध्रप्रदेश

कांग्रेस सहयोगीः बीपीएफ (असम), राजद (बिहार, झारखंड), झामुमो (झारखंड), राकांपा (महाराष्ट्र, बिहार), बीवीए (महाराष्ट्र), आईयूएमएल (केरल), आरएसपी(केरल), एसजेडी (केरल), केसीएम (केरल), आरएलडी (उत्तरप्रदेश) महान दल (उत्तरप्रदेश), केएनसी (जम्मू कश्मीर)

भाजपा सहयोगीः शिवसेना (महाराष्ट्र), आरपीआई–ए (महाराष्ट्र), एसडब्ल्यूपी (महाराष्ट्र), आरएसपीपी (महाराष्ट्र), तेदेपा (आंध्रप्रदेश), एसएडी (पंजाब), लोजपा (बिहार), आरएलएसपी (बिहार), अपना दल (उत्तरप्रदेश), पीएमके (तमिलनाडु), डीएमडीके (तमिलनाडु), आरएसपीबी (केरल), निर्दलीय (केरल), हजकां (हरियाणा), एनपीएफ (नागालैंड), एनपीपी (मेघालय), एआईएनआरसी (पुडुचेरी)

वामरू माकपा, भाकपा, एआईएफबी, आरएसपी (केरल के अलावा

आभार

किताब लिखना एक राजनतिक दल द्वारा चुनाव जीतने के लिए प्रयास करने समान है। यह किसी एक अकेले व्यक्ति का काम नहीं हो सकता है भले ही पुस्तक के मुख्य पृष्ठ पर लेखक का नाम चमक रहा हो। यह पुस्तक लिखी नहीं गई होती यदि पेंगुइन की चिकी सरकार ने मुझसे इसके लिए नहीं कहा होता और संपादक नंदिनी मेहता ने मुझे यह काम करने पर डटे रहने के लिए प्रेरित नहीं किया होता। पत्रकार एक समय सीमा के भीतर काम करने के अभ्यस्त होते हैं और आमतौर हम 1000 शब्द ही लिखते हैं। एक लाख शब्दों से अधिक के साथ किताब लिखना एकदम अलग अनुभव है। चिकी और नंदिनी द्वारा स्नेह उत्साहवर्धन किए जाने के बगैर मेरे लिए इसे मूर्तरूप देना संभव नहीं होता। मैं कहीं खो गया होता।

मैं अपने सारे पत्रकार मित्रों और सहयोगियों का विशेष रूप से आभार प्रकट करना चाहता हूं जिन्होंने इस पुस्तक के लिए सहर्ष ढेर सारी जानकारियां और ज्ञान की बातें मुझसे साझा कीं। जो भी यह कहते हैं कि इस प्रतिस्पर्धात्मक दुनिया में सौहार्द की भावना खत्म हो गई है और तमाम उन दूसरे लोगों की जो अपना ज्ञान साझा करने के लिए तैयार हुए, मैं उन सबका आभारी हूं। कुछ लोगों के कथन का उल्लेख पुस्तक में किया गया है जबकि कुछ अन्य अपनी बात को ऑफ द रिकॉर्ड रखने के पक्ष में थे। आप सभी राजनीतिकों का भी धन्यवाद जिन्होंने इस पुस्तक में योगदान किया। हम अपने नेताओं का मज़ाक उड़ाने का प्रयास करते हैं लेकिन मेरा विश्वास कीजिए उनमें से अधिकांश की जड़े काफी गहरी हैं और वे काफी ज्ञानी भी हैं। मेरे पास कोई औपचारिक शोधकर्ता नहीं था लेकिन सीएनएन-आईबीएन में मोनिका स्वरूप सदैव पृष्ठभूमि सामग्री

के साथ उपलब्ध थीं। सीएसडीएस की टीम, विशेषकर संजय कुमार और श्रेयस सरदेसाई उत्कृष्ट चुनावी आंकड़ों और विश्लेषण के साथ उपलब्ध रहे। मैं अपने सहायक सुंरिदर नागर का विशेष उल्लेख करना चाहता हूं जो हमेशा मेरे साथ रहा। इस किताब के आवरण के फोटोग्राफ का श्रेय भी सुंरिदर को ही जाता है।

मैं अनेक अच्छे मित्रों का सहयोग पाकर गौरवान्वित महसूस कर रहा हूं जो मेरे अच्छे और बुरे वक्त में मेरे साथ खड़े रहे। मैं रामचंद्र गुहा का विशेष रूप से आभार प्रकट करना चाहता हूं जिन्होंने इस पुस्तक को लिखने के लिए मुझे प्रेरित किया और मार्गदर्शक के रूप में मेरे सबसे निकट रहे। मैं किसी और ऐसे बुद्धिजीवी के बारे में नहीं जानता जो अपने विचारों के साथ इतना अधिक उदार हो, विशेषकर कुन्नूर स्थित अपने शानदार निवास में आतिथ्य के बारे में। मैं अपनी मित्र शिखा त्रिवेदी का धन्यवाद करना चाहता हूं जिन्हें यह विश्वास था कि मुझमें पुस्तक लिखने की क्षमता है। इसी तरह, समीर मनचंदा और पीयूष गोयल सदैव मेरे साथ रहे। मैं सौभाग्यशाली था कि अपने शुरुआती दौर में मुझे उन संपादकों और मीडिया जगत की हस्तियों के साथ काम करने का अवसर मिला जिन्होंने मुझ जैसे युवा पत्रकार को दो दुर्लभ उपहार—काम की आज़ादी और अवसर प्रदान किए। इसलिए डैरिल डि मोन्टे, दिलीप पडगांवकर, राधिका और प्रणय राय के प्रति आभार प्रकट करता हूं। हां, प्रसिद्ध व्यंग्यकार आर. के. लक्ष्मण का विशेष आभार जिन्होंने मुझे पत्रकारिता का पहला सबक सिखायाः साधारण भाषा में संवाद की कला।

इस सबके साथ अपने परिवार का भी आभारी हूं, मेरी पुत्री तारिणी जिसने मुझे वह सब सिखाया जो कंप्यूटर के प्रयोग के लिए ज़रूरी होता है जबकि मेरा पुत्र ईशान मुझे अडिग होकर लेखन पर ध्यान केंद्रित करने की याद दिलाता रहा। मैं अपनी मां नंदिनी के प्रति भी आभार प्रकट करता हूं जो शायद मेरी इकलौती प्रशंसक हैं और जिन्होंने जीवन के प्रारंभिक दौर में शिक्षित किया। मैं अपने दिवंगत पिता, जो चैंपियन टेस्ट क्रिकेटर और मेरे हीरो थे, का भी धन्यवाद करता हूं। मैं एक क्रिकेटर बनना चाहता था, वह चाहते थे कि मैं चाहें जो भी चुनूं मगर खुश रहूं। सोनाली, तैमूर, अमन, मम्मीमा, चित्रा और भास्कर घोष आप सभी का हमेशा ही मेरे साथ रहने के लिए आभारी हूं।

सबसे अंत में सागरिका, मेरी प्रिय पत्नी और मित्र का भी मैं आभारी हूं। वह परिवार की असली रचनाकार हैं और मुझे लगता है कि उनका मुझमें मुझसे कहीं अधिक अटूट विश्वास था कि मैं वास्तव में यह पुस्तक लिख सकता हूं। मैं सिर्फ यह आशा कर सकता हूं कि आप, पाठक, मेरे इस योगदान के प्रति उदारता दिखाएंगे।